Winfried Schwabe

Lernen mit Fällen
Schuldrecht II
Gesetzliche Schuldverhältnisse

Winfried Schwabe

Lernen mit Fällen

Schuldrecht II
Gesetzliche Schuldverhältnisse

Materielles Recht
& Klausurenlehre

9., überarbeitete Auflage, 2018

 AchSo! | BOORBERG

Bibliografische Information der Deutschen Nationalbibliothek | Die Deutsche
Nationalbibliothek verzeichnet diese Publikation in der Deutschen Nationalbiblio-
grafie; detaillierte bibliografische Daten sind im Internet über www.dnb.de abrufbar.

9. Auflage, 2018
ISBN 978-3-415-06244-3

Druck und Bindung: Beltz Bad Langensalza GmbH, Am Fliegerhorst 8,
99947 Bad Langensalza

Richard Boorberg Verlag GmbH & Co KG | Scharrstraße 2 | 70563 Stuttgart
Stuttgart | München | Hannover | Berlin | Weimar | Dresden
www.boorberg.de

Vorwort

Die 9. Auflage bringt das Buch auf den Stand von Februar 2018. Rechtsprechung und Literatur sind bis zu diesem Zeitpunkt berücksichtigt und eingearbeitet.

Dem Leser lege ich wie immer ans Herz, zunächst die Hinweise zur sinnvollen Arbeit mit diesem Buch – gleich folgend auf der nächsten Seite – sorgfältig durchzusehen.

Köln, im März 2018   Winfried Schwabe

Zur Arbeit mit diesem Buch

Das Buch bietet dem Leser zweierlei Möglichkeiten:

Zum einen kann er anhand der Fälle das *materielle Recht* erlernen. Zu jedem Fall gibt es deshalb zunächst einen sogenannten »Lösungsweg«. Hier wird Schritt für Schritt die Lösung erarbeitet, das notwendige materielle Recht aufgezeigt und in den konkreten Fallbezug gebracht. Der Leser kann so in aller Ruhe die einzelnen Schritte nachvollziehen, in unzähligen Querverweisungen und Erläuterungen die Strukturen, Definitionen und sonst notwendigen Kenntnisse erwerben, die zur Erarbeitung der Materie, hier also konkret der gesetzlichen Schuldverhältnisse, unerlässlich sind.

Zum anderen gibt es zu jedem Fall nach dem gerade beschriebenen ausführlichen Lösungsweg noch das klassische *Gutachten* im Anschluss. Dort findet der Leser dann die »reine« Klausurfassung, also den im Gutachtenstil vollständig ausformulierten Text, den man in der Klausur zum vorliegenden Fall hätte anfertigen müssen, um die Bestnote zu erzielen. Anhand des Gutachtens kann der Leser nun sehen, wie das erarbeitete Wissen tatsächlich nutzbar gemacht, sprich in *Klausurform* gebracht wird. Der Leser lernt bzw. wiederholt die klassische zivilrechtliche Gutachtentechnik: Gezeigt wird, wie man richtig subsumiert, mit welchen Formulierungen man dabei arbeiten sollte, mit welchen Formulierungen man *nicht* arbeiten sollte, wie man einen Meinungsstreit in der Klausur souverän darstellt, wie man einen Obersatz und einen Ergebnissatz vernünftig aufs Papier bringt, wie man Wichtiges von Unwichtigem trennt usw. usw.

Und noch ein Tipp zum Schluss: Die im Buch zitierten Paragrafen sollten auch dann nachgeschlagen und vor allem gelesen werden, wenn der Leser meint, er kenne sie schon. Das ist nämlich leider zumeist ein Irrtum. Das Bürgerliche Recht erschließt sich – entgegen allgemeiner Studentenüberzeugung – nur mit der sorgfältigen Lektüre des Gesetzes. Wer anders arbeitet, verschwendet seine Zeit. Versprochen.

Inhaltsverzeichnis

1. Abschnitt

Die ungerechtfertigte Bereicherung → §§ 812 ff. BGB

Fall 1: Tragisches aus Hamburg   **16**

Grundfall zur Bereichung nach den §§ 812 ff. BGB; die Leistungskondiktion (»condictio indebiti«) nach § 812 Abs. 1 Satz 1, 1. Alt. BGB; die einzelnen Tatbestandsvoraussetzungen des Anspruchs; das Prinzip des Vorranges der Leistungskondiktion; das Abstraktionsprinzip; der Umfang des Bereichungsanspruchs nach § 818 BGB; die Ersatzpflicht bei Unmöglichkeit der Herausgabe; die Herausgabepflicht im Hinblick auf gezogene Nutzungen.

Fall 2: Goethe und die Mickey Mouse   **29**

Die Leistungskondiktion; Probleme bei der Weiterveräußerung des empfangenen Gegenstandes; der Umfang des Bereicherungsanspruchs nach § 818 BGB; die »Kondiktion der Kondiktion«; Wertersatz bei Verkauf unter Wert; der Wegfall der Bereicherung gemäß § 818 Abs. 3 BGB.

Fall 3: Der blöde Reitlehrer   **37**

Der Umfang der Herausgabepflicht nach § 818 BGB; die Herausgabe von Nutzungen gemäß § 818 Abs. 1 BGB; Wertersatz bei Unmöglichkeit der Herausgabe; Wegfall der Bereicherung im Sinne des § 818 Abs. 3 BGB bei ersparten Aufwendungen; der Ausgleich bei Vermögensminderung infolge der Bereicherung innerhalb des § 818 Abs. 3 BGB; der Verweis auf das Bereicherungsrecht beim Widerruf einer Schenkung nach § 531 Abs. 2 BGB.

Fall 4: Der blöde Reitlehrer II   **47**

Die verschärfte Haftung des Empfängers nach den §§ 819 Abs. 1, 818 Abs. 4 BGB; Begriff der Bösgläubigkeit; die Rechtshängigkeit nach § 818 Abs. 4 BGB; der Verweis auf die »allgemeinen Vorschriften«; die Haftung nach dem Eigentümer-Besitzer-Verhältnis; Zufallshaftung im Verzug nach § 287 Satz 2 BGB.

Fall 5: Fahrradgeschichten   57

Die bereicherungsrechtliche Abwicklung beim gegenseitigen Vertrag; die »Saldo-Theorie«; die »Zwei-Kondiktionen-Theorie«; der Wegfall der Bereicherung nach § 818 Abs. 3 BGB bei einem Diebstahl; die Wertersatzpflicht nach § 818 Abs. 2 BGB; Verhältnis von § 818 Abs. 2 BGB zu § 818 Abs. 1 BGB.

Fall 6: Saldo-Theorie!?   66

Die »Saldo-Theorie« bei arglistiger Täuschung; die »Zwei-Kondiktionen-Theorie«; die Wirkung der Anfechtung im Rahmen des § 812 Abs. 1 BGB; der spätere Wegfall des rechtlichen Grundes nach § 812 Abs. 1 Satz 2 BGB.

Fall 7: 2. FC Köln   76

Die »condictio ob rem« (auch »condictio causa data causa non secuta«) gemäß § 812 Abs. 1 Satz 2, 2. Alt. BGB; Abgrenzung zur Störung der Geschäftsgrundlage nach § 313 BGB; Rücktritt nach den §§ 346, 313 Abs. 3 BGB; Anspruchskonkurrenz zwischen Rücktritt und Bereicherung.

Fall 8: Gute, Böse, Berechtigte und Nichtberechtigte   87

Der Anspruch aus § 816 Abs. 1 Satz 1 BGB; die sogenannte »Eingriffskondiktion«; die Begriffe des Berechtigten und Nichtberechtigten; die Wirksamkeit einer Verfügung; der Erwerb vom Nichtberechtigten; die Genehmigung eines unwirksamen Rechtsgeschäfts nach § 185 BGB; die Wirkung der Genehmigung nach § 184 BGB; der Umfang der Herausgabepflicht aus § 816 Abs. 1 Satz 1 BGB; Abzugsfähigkeit des Kaufpreises nach § 818 Abs. 3 BGB.

Fall 9: Der heimliche Untermieter   100

Das Problem der unberechtigten Untervermietung; Ansprüche aus Bereicherung nach § 816 Abs. 1 Satz 1 BGB; analoge Anwendung des § 816 Abs. 1 Satz 1 BGB; Ansprüche aus Geschäftsführung ohne Auftrag; Ansprüche aus dem Eigentümer-Besitzer-Verhältnis; Anspruch aus der Eingriffskondiktion des § 812 Abs. 1 Satz 1, 2. Alt. BGB.

Fall 10: Die große weite Welt   113

Der »Flugreise-Fall« des BGH aus BGHZ 55, 128; Abgrenzung der Leistungs- von der Eingriffskondiktion; Problem der nichtgegenständlichen Zuwendung; Bestimmung des Wortes »Etwas« aus § 812 Abs. 1 Satz 1 BGB; Abgrenzung zum Begriff der »Bereicherung« aus § 818 BGB; verschärfte Haftung beim Minderjährigen nach § 819 BGB.

Fall 11: Wer gegen wen?   127

Die bereicherungsrechtliche Abwicklung im Drei-Personen-Verhältnis; Problem der sogenannten »Durchlieferung«; der Eigentumsübergang beim Geheißerwerb; die Abwicklung innerhalb der jeweiligen Leistungsverhältnisse; der Vorrang der Leistungskondiktion. Im Anhang: Der sogenannte »Doppel-Mangel«; die Rückabwicklung bei Nichtigkeit beider Verträge.

Fall 12: August Macke   137

Die bereicherungsrechtliche Abwicklung bei Anweisungen im Bankverkehr; die Leistungsbeziehungen bei der Anweisung an das Kreditinstitut; der Vorrang der Leistungskondiktion; Rückabwicklung über das Dreieck; Änderung der Rechtsprechung durch BGHZ **205**, 378 wegen der §§ 675j und 675u BGB.

Fall 13: Sehr dumm gelaufen!   151

BGHZ 105, 365: Der bereicherungsrechtliche Ausgleich bei der Abtretung einer nicht bestehenden Forderung; Leistungsbeziehungen zwischen Zedent und Zessionar; Rückabwicklung über das Dreieck.

Fall 14: Frikadellen   158

BGHZ 55, 176: Der »Jungbullen-Fall«; die Haftung nach dem Eigentümer-Besitzer-Verhältnis; Haftung des redlichen Besitzers; die Regel des § 993 Abs. 1, 2. Halbsatz BGB; die Haftung nach der Verarbeitung einer redlich, aber unwirksam erworbenen Sache nach den §§ 951, 950, 812 BGB; § 951 BGB als Rechtsgrundverweisung; die mögliche Abzugsfähigkeit des gezahlten Kaufpreises.

2. Abschnitt

Die unerlaubten Handlungen (das Deliktsrecht)
→ §§ 823 ff. BGB und angrenzende Vorschriften

Fall 15: Geschockt!   168

Der Anspruch aus § 823 BGB im Fall des sogenannten »Schockschadens«; Ansprüche dritter Personen, die nicht unmittelbar geschädigt sind; Abgrenzung Gesundheits- und Körperverletzung in § 823 BGB; haftungsbegründende und haftungsausfüllende Kausalität; Äquivalenz- und Adäquanzformel; Lehre vom Schutzzweck der Norm; der Umfang des Ersatzanspruchs, die §§ 249 ff. BGB.

Fall 16: Stromkabel-Geschichten   187

Eigentumsverletzung im Rahmen des § 823 Abs. 1 BGB; Begriff und Reichweite des Eigentums; die Stromkabelfälle; Kausalitätstheorien; die Lehre vom Schutzzweck der Norm; das Mitverschulden nach § 254 BGB. Im Anhang: Die sogenannten »Gebrauchsbeeinträchtigungen«; Eigentumsschaden bei fehlender Nutzung der Sache; das Recht am eingerichteten und ausgeübten Gewerbebetrieb; betriebsbezogener Eingriff als Anspruchsvoraussetzung.

Fall 17: Kurzes Vergnügen   203

Der Begriff des »weiterfressenden Mangels«; Eigentumsschaden gemäß § 823 Abs. 1 BGB; Begriff der Stoffgleichheit; das Nutzungs- bzw. Äquivalenzinteresse; das Integritätsinteresse; der Anspruch nach dem ProdHaftG.

Fall 18: Summertime in Unterföhring   215

Das allgemeine Persönlichkeitsrecht; das Recht am eigenen Bild; Schadensersatzansprüche aus § 823 Abs. 1 BGB; Probleme des Schutzbereiches; die Interessenabwägung bei der Rechtswidrigkeit; das Kunsturhebergesetz; Unterlassungsansprüche in analoger Anwendung des § 1004 BGB.

Fall 19: Doppelter Rittberger?   232

Das Recht am eingerichteten und ausgeübten Gewerbebetrieb; der Begriff des Gewerbebetriebes; Probleme bei der Betriebsbezogenheit des Eingriffs.

Fall 20: Polizisten-Pech?   241

Die sogenannten »Verfolger-Fälle«: BGH NJW **2012**, 1951; BGH NJW **1971**, 1982; BGHZ **63**, 189; BGHZ **132**, 164; Probleme der haftungsbegründenden Kausalität; der Schutzzweck der Norm; Überbürdung des Haftungsrisikos auf den Flüchtenden; das Mitverschulden nach § 254 BGB.

Fall 21: Er liebt es!   253

Die Haftung für den Verrichtungsgehilfen nach § 831 Abs. 1 Satz 1 BGB; Tatbestandsaufbau des § 831 Abs. 1 BGB; Vergleich zu § 278 BGB; Problem des Merkmals »in Ausübung der Verrichtung«; Rechtsfolgen bei ungeklärter Schuldfrage; fehlendes Verschulden des Verrichtungsgehilfen; die Exkulpationsmöglichkeit des § 831 Abs. 1 Satz 2 BGB.

Fall 22: Tiere suchen ein Zuhause 265

Die Tierhalterhaftung nach § 833 BGB; die Haftung des Tieraufsehers nach § 834 BGB; Begriffe des Tierhalters und des Tieraufsehers; Gefährdungshaftung und Haftung für vermutetes Verschulden; die Haftung des Tierhalters gegenüber dem Tieraufseher; die Sicherungspflicht des Tieraufsehers.

Fall 23: Das einzig wahre Warsteiner! 279

Die Verkehrssicherungspflichten bei § 823 Abs. 1 BGB; Haftung für ein Unterlassen; die sogenannte »Produzentenhaftung« im Rahmen des § 823 Abs. 1 BGB; die sogenannte »Produkthaftung« nach dem Produkthaftungsgesetz; Begriff des »Fehlers« bei den §§ 1 Abs. 1, 3 Abs. 1 ProdHaftG.

Fall 24: Die schönste Stadt Deutschlands 290

Die Haftung nach dem Straßenverkehrsgesetz (StVG); Ansprüche gegen den Halter und den Fahrer des Wagens aus den §§ 7 und 18 StVG; der Begriff des »Fahrzeughalters« aus § 7 StVG; Ansprüche aus Gefährdungshaftung und Haftung für vermutetes Verschulden; Begriff der »höheren Gewalt«; Anspruchskonkurrenz zu den §§ 823 ff. BGB.

3. Abschnitt

Die Geschäftsführung ohne Auftrag → §§ 677 ff. BGB

Fall 25: Undankbarer Mistkerl 306

Die Geschäftsführung ohne Auftrag (GoA) nach den §§ 677 ff. BGB; Grundfall der echten berechtigten GoA; der Fremdgeschäftsführungswille; das »auch fremde Geschäft«; der wirkliche und mutmaßliche Wille nach § 683 Satz 1 BGB; Problem um die Ersatzpflicht von Schäden beim Geschäftsführer; Ansprüche des Geschäftsherrn bei Verletzung von eigenen Rechtsgütern.

Fall 26: Schöne Grüße vom Zuckerhut! 322

Die GoA im Falle der sogenannten »Erbensucher«; BGH NJW 2000, 72; die Frage nach dem Fremdgeschäftsführungswillen; Vergütung für Aufwendungen in Erwartung eines Vertragsschlusses; Grundsätze des Bürgerlichen Rechts zum Aufwendungsersatz bei der Vertragsanbahnung. Im Anhang: Die GoA bei der Abwicklung nichtiger Verträge.

Fall 27: Retter ohne Not 332

Die echte unberechtigte GoA; Voraussetzungen und Rechtsfolgen eines möglichen Anspruchs aus § 678 BGB; der wirkliche und mutmaßliche Wille des Geschäftsherrn; Widerspruch zwischen Handlung und Willen; die Regel des § 680 BGB im Falle der Scheingefahr; Schadensersatzansprüche des scheinbaren Nothelfers.

Sachverzeichnis 344

1. Abschnitt

Die ungerechtfertigte Bereicherung

→ §§ 812 ff. BGB

Fall 1

Tragisches aus Hamburg

Opa O hat seinem Enkel E im März 2017 zum Beginn des Jura-Studiums eine kleine Zweizimmerwohnung an der *Elbchaussee* in Hamburg im Wert von 200.000 Euro geschenkt und ihm auch das Eigentum daran verschafft. E war daraufhin sofort eingezogen und hatte im August 2017 seiner neuen Freundin F eines der beiden Zimmer zum Preis von 250 Euro untervermietet. Nachdem F die Beziehung im Januar 2018 beendet hat und wieder ausgezogen ist, verläßt auch der frustrierte E im März 2018 seine Wohnung und verkauft und übereignet sie an den Käufer K zum Preis von 220.000 Euro.

Anschließend stellt sich dann zur allgemeinen Überraschung heraus, dass der Schenkungsvertrag zwischen O und E aus dem März 2017 wegen rechtsgeschäftlicher Mängel von Anfang an nichtig war. Da E inzwischen sein Studium hingeschmissen und sich aus Frust über die Trennung von F auch noch dem Suff und den üblichen Verlockungen der *Reeperbahn* hingegeben hat, will der schwer enttäuschte O wissen, welche Ansprüche ihm nun gegen E zustehen.

Rechtslage?

> **Schwerpunkte:** Grundfall zur Bereichung nach den §§ 812 ff. BGB; die Leistungskondiktion (»condictio indebiti«) nach § 812 Abs. 1 Satz 1 BGB; die einzelnen Tatbestandsvoraussetzungen des Anspruchs; das Prinzip des Vorranges der Leistungskondiktion; das Abstraktionsprinzip; der Umfang des Bereichungsanspruchs nach § 818 BGB; die Ersatzpflicht bei Unmöglichkeit der Herausgabe; die Herausgabepflicht im Hinblick auf gezogene Nutzungen.

Lösungsweg

Einstieg: Wir beginnen das Buch mit dem Bereicherungsrecht und wollen uns anhand der kleinen Geschichte da oben mal einen ersten groben Überblick verschaffen. Gegenstand des Falles ist die sogenannte »**Leistungskondiktion**« (»condictio indebiti«) aus **§ 812 Abs. 1 Satz 1, 1. Alt. BGB**, die mit weitem Abstand am häufigsten nicht nur im richtigen Leben, sondern vor allem auch in den universitären Übungsarbeiten und im Examen vorkommt. Um bei der ganzen Sache von Anfang an den Durchblick zu behalten, werden wir uns gleich zunächst einmal in aller Ruhe die einzelnen Tatbestandsvoraussetzungen des Anspruchs anschauen; im zweiten Schritt wollen wir

dann aber auch schon mal einen Blick auf die im Bereicherungsrecht eminent wichtigen *Rechtsfolgen*, namentlich den § 818 BGB, werfen. Das ist deshalb wichtig und
notwendig, weil die Klausuren und Hausarbeiten mit bereicherungsrechtlichem Bezug in der Regel gerade bei den ziemlich kniffligen Rechtsfolgen (→ §§ 818–820 BGB)
die Schwerpunkte setzen. Hier werden wir Vorarbeit leisten, um später die richtig
schwierigen Fälle besser bewältigen zu können. Und wem das dann noch nicht genug
ist, für den hält dieser erste Fall auch noch ein paar allgemeine Grund- bzw. Ver-
ständnisregeln aus den §§ 812 ff. BGB bereit, die uns in der weiteren Folge des Buches
noch gute Dienste leisten werden.

> Und eine der gerade benannten Grundregeln des Bereicherungsrechts wollen wir
> dann auch direkt schon mal vorschalten, denn zum allgemeinen Verständnis der
> Thematik ist es unerlässlich, das – hoffentlich bereits im Studium erlernte – *Abstrak-*
> *tionsprinzip* des Bürgerlichen Rechts zu kennen. Denn genau genommen existiert ein
> großer Teil des Bereicherungsrechts nur deshalb, weil das BGB es möglich macht,
> trotz unwirksamen Grundgeschäfts dennoch wirksame (dingliche) Verfügungen
> vornehmen zu können (= Abstraktionsprinzip). Wir werden sehen, dass die Vor-
> schriften der §§ 812 ff. BGB zumeist nach dem Prinzip funktionieren, dass wirksame
> dingliche Verfügungen getätigt werden konnten – z.B. eine Eigentumsübertragung –,
> obwohl das der Verfügung zugurndeliegende schuldrechtliche Geschäft – z.B. ein
> Kaufvertrag oder auch eine Schenkung – unwirksam war. Das ist nach deutschem
> Recht möglich, denn das BGB trennt das schuldrechtliche und das dingliche Geschäft
> streng voneinander. Die dingliche Seite kann also auch dann wirksam sein, wenn der
> zugrundeliegende schuldrechtliche Vertrag nichtig ist. Und genau dann kommt das
> Bereicherungsrecht ins Spiel, denn dieses ermöglicht, dass die durch die Verfügung
> eingetretene Vermögensvermehrung, die aufgrund eines unwirksamen Grundge-
> schäfts getätigt wurde, *rückgängig* gemacht wird. Dieser Vermögensvermehrung
> fehlte nämlich der »rechtliche Grund« (= die schuldrechtliche Grundlage), und des-
> halb möchte das Gesetz auch, dass die Vermehrung rückgängig gemacht wird, der
> andere Teil das Erhaltene also wieder zurückgeben muss.

Und mit diesem Wissen lies jetzt bitte: § 812 Abs. 1 Satz 1 BGB.

Gut, dann können wir anfangen:

Anspruch des O gegen E auf Rückgabe der Wohnung

<u>AGL.:</u> § 812 Abs. 1 Satz 1 BGB (Bereicherung)

Voraussetzungen: Der E müsste ohne rechtlichen Grund durch Leistung des O oder
in sonstiger Weise etwas auf Kosten des O erlangt haben (bitte lies noch einmal sorgfältig den § 812 Abs. 1 Satz 1 BGB).

1.) Der E müsste also zunächst »etwas« erlangt haben.

> **Definition:** Unter *etwas* im Sinne des § 812 Abs. 1 BGB ist jede vermögensrecht-
> liche Besserstellung des anderen zu verstehen (BGH NJW **2017**, 2997; BGH NJW
> **2012**, 523; BGH ZIP **2000**, 461; BGH NJW **1995**, 53; *Palandt/Sprau* § 812 BGB Rz. 8).

Im vorliegenden Fall hat der E das Eigentum und den Besitz an der Wohnung erlangt und hierdurch eine vermögensrechtliche Besserstellung erfahren. E hat somit »etwas« im Sinne des § 812 Abs. 1 BGB erlangt.

> **Achtung:** An dieser Stelle darf man nicht unsauber argumentieren und etwa schreiben, der E hätte »die Wohnung« erlangt. Das wäre juristisch außerordentlich unpräzise und demnach falsch, denn die »Wohnung« an sich (oder auch jeden anderen Gegenstand) kann man im Sinne der §§ 812 ff. BGB nicht erlangen; man erlangt stets eine bestimmte *Rechtsposition* an der konkreten Sache. Und das ist dann – so wie auch in unserem Fall – regelmäßig der *Besitz* und das *Eigentum* (*Erman/Buck-Heeb* § 812 BGB Rz. 7). Merken, wird häufig falsch gemacht.

2.) Unser E müsste den Besitz und das Eigentum an der Wohnung entweder durch »Leistung« des O oder »in sonstiger Weise« erlangt haben.

Definition: *Leistung* im Sinne des § 812 Abs. 1 Satz 1, 1. Alt. BGB ist die bewusste und zweckgerichtete Mehrung fremden Vermögens (BGH WM **2014**, 2269; BGH NJW **2012**, 523; BGH MDR **2010**, 591; BGH NJW **2009**, 2051; BGH WM **2009**, 1271; BGHZ **58**, 188; *Staudinger/Lorenz* § 812 BGB Rz. 4; *Brox/Walker* BS § 40 Rz. 6).

Im vorliegenden Fall verschafft O dem E den Besitz und das Eigentum an der Wohnung in Erfüllung des vorher geschlossenen Schenkungsvertrages. Dass dieser Schenkungsvertrag – wie sich nachher herausstellt – unwirksam gewesen ist, spielt insoweit übrigens keine Rolle. Es kommt bei dem Leistungsbegriff allein auf die bewusste und gewollte Zweckerreichung der erbrachten Vermögensmehrung an (*Palandt/Sprau* § 812 BGB Rz. 4). Und diese liegt hier vor, denn O wollte seine Verpflichtung aus dem Schenkungsvertrag erfüllen.

> **Beachte:** Damit haben wir den Leistungsbegriff des § 812 Abs. 1 Satz 1, 1. Alt. BGB bejaht und brauchen uns keine Gedanken mehr über die Alternative der Bereicherung »in sonstiger Weise« zu machen. Genau genommen *dürfen* wir das auch gar nicht mehr, denn es gilt innerhalb des § 812 Abs. 1 Satz 1 BGB folgendes Prinzip: Liegt zwischen den beteiligten Personen ein Leistungsverhältnis vor (was stets zuerst zu prüfen ist), ist die Bereicherung »in sonstiger Weise« ausgeschlossen (*Brox/Walker* BS § 42 Rz. 1). Denn was schon durch Leistung in das Vermögen geflossen ist, kann nicht gleichzeitig auch *in sonstiger Weise* das Vermögen vermehrt haben (wichtiger Satz, bitte noch einmal lesen). Eine Bereicherung »in sonstiger Weise« darf man in der Klausur demnach auch nicht mehr prüfen, wenn man ein Leistungsverhältnis zwischen den Parteien bejaht hat (BGH NJW **2011**, 66; BGH NJW **1999**, 1393; BGHZ **40**, 272; MüKo/*Schwab* § 812 BGB Rz. 57; *Staudinger/Lorenz* § 812 BGB Rz. 62).

Der E hat also den Besitz und das Eigentum an der Wohnung durch Leistung des O erlangt; in Betracht kommt hier mithin nur die sogenannte »Leistungskondiktion« (= »**condictio indebiti**«).

3.) Dafür muss E den Besitz und das Eigentum an der Wohnung allerdings auch »ohne rechtlichen Grund« von O erlangt haben.

> **Definition:** Eine Leistung ist dem Empfänger immer dann *ohne rechtlichen Grund* zugewendet, wenn sie ihm nach den Vorstellungen der Beteiligten, insbesondere nach den zugrundeliegenden schuldrechtlichen Beziehungen nicht zusteht, ein Grund zum Behaltendürfen der Leistung also nicht besteht (*Palandt/Sprau* § 812 BGB Rz. 51; *Bamberger/Roth/Wendehorst* § 812 BGB Rz. 24; *Erman/Buck-Heeb* § 812 BGB Rz. 44; *Brox/Walker* BS § 40 Rz. 24).

Genau so liegt es in unserem Fall, denn der E hat den Besitz und das Eigentum an der Wohnung erlangt – und der diesem Vorgang zugrundeliegende, schuldrechtliche Schenkungsvertrag war nach Schilderung des Sachverhaltes *nichtig*. E hat somit aufgrund einer in Wahrheit nicht bestehenden schuldrechtlichen Beziehung (nichtiger Schenkungsvertrag) eine Leistung (Besitz und Eigentum an der Wohnung) erhalten.

> **Durchblick:** An dieser Stelle offenbart sich nun der eigentliche Sinn und Hauptanwendungsbereich der Leistungskondiktion. Wir hatten das im Vorspann schon mal angedeutet: Die §§ 812 ff. BGB beziehen ihre Existenzberechtigung größtenteils aus dem Umstand, dass im deutschen Recht das schuldrechtliche und das dingliche Geschäft streng abstrakt voneinander betrachtet werden. So können (dingliche) Verfügungen durchaus wirksam sein, obwohl die zugrundeliegenden schuldrechtlichen Geschäfte unwirksam sind. Und da in einem solchen Fall der § 985 BGB nicht hilft (der andere ist ja wirksam Eigentümer geworden), muss es eine sonstige Möglichkeit geben, den »ungerechtfertigten« Vermögensaustausch zu korrigieren. Und das sind die §§ 812 ff. BGB. In den meisten anderen europäischen Rechtsordnungen gibt es eine solche Konstruktion übrigens gar nicht, denn dort (so z.B. im französischen Recht) wird man gleich mit dem Abschluss des Kaufvertrages auch Eigentümer; eine bereicherungsrechtliche Abwicklung ist also überflüssig, da diese Rechtsordnungen das Abstraktionsprinzip nicht kennen.

Wir lernen hier deutsches Recht, müssen uns deshalb mit den §§ 812 ff. BGB beschäftigen und wollen im konkreten Fall dann bitte festhalten, dass der E in Ermangelung eines wirksamen Schenkungsvertrages den Besitz und das Eigentum an der Wohnung »ohne rechtlichen Grund« im Sinne des § 812 Abs. 1 Satz 1 BGB erlangt hat.

4.) Schließlich muss E diese Bereicherung auch »auf Kosten« des O erlangt haben.

> **Definition:** Die Bereicherung ist *auf Kosten* des anderen erlangt worden, wenn dem Vermögensvorteil des einen unmittelbar ein Vermögensnachteil des anderen gegenübersteht; erforderlich ist die sogenannte »Einheitlichkeit des Bereicherungsvorganges« (BGH WM **2017**, 2382; BGH WM **2014**, 2269; BGH NJW **2012**, 523; *Palandt/Sprau* § 812 BGB Rz. 43; *Bamberger/Roth/Wendehorst* § 812 BGB Rz. 60).

Achtung: Dieses Merkmal haben wir hier nur der allgemeinen Verständlichkeit halber aufgenommen, denn eigentlich gehört es nicht zur Leistungskondiktion, sondern wird ausschließlich problematisch bei der Bereicherung »in sonstiger Weise« (BGH WM **2017**, 2382; BGH WM **2014**, 2269; BGH NJW **2012**, 523; BGH NJW **2002**, 2871). Im Rahmen der Leistungskondiktion ist nämlich klar, dass derjenige, der geleistet hat, auch den Vermögensnachteil erleidet. Er hat ja bewusst und zweckgerichtet aus seinem Vermögen etwas dem anderen übertragen. Die herrschende Meinung wendet das Merkmal »auf Kosten« daher auf die Leistungskondiktion auch nicht an (BGH WM **2014**, 2269; *Palandt/Sprau* § 812 BGB Rz. 43; *Staudinger/Lorenz* § 812 BGB Rz. 4 ff.; *Larenz/Canaris* § 67 II 1b; *Bamberger/Roth/Wendehorst* § 812 BGB Rz. 60; *Brox/Walker* BS § 38 Rz. 6; *Erman/Buck-Heeb* § 812 BGB Rz. 64).

Klausurtipp: Der souveräne Kandidat spart sich aus den gerade genannten Gründen im Rahmen der Leistungskondiktion jede Erläuterung und verzichtet im Prüfungsaufbau ganz auf das in § 812 Abs. 1 Satz 1 BGB genannte Merkmal »auf dessen Kosten«. Das ist sehr gut vertretbar und daher auch richtig; die meisten Lehrbücher machen das übrigens so (vgl. etwa *Brox/Walker* BS § 40 Rz. 37; *Medicus/Lorenz* SR II Rz. 633; *Rolf Schmidt*, Gesetzliche Schuldverhältnisse, Rz. 274). Der nicht ganz so souveräne, dafür aber »auf Nummer sicher« gehende Kandidat erwähnt das Merkmal »auf Kosten« auch bei der Leistungskondiktion, erklärt aber in maximal zwei Sätzen, dass und warum es bei der Leistungskondiktion eben nicht einschlägig ist (siehe oben). Auch dieser Weg ist »richtig«, und wenn man einen pedantischen Korrektor hat (die soll es geben), gibt es dafür unter Umständen sogar einen Sonderpunkt.

Wir haben hier den zweiten der gerade genannten Wege gewählt und sind damit »auf Nummer sicher« gegangen, werden das aber in den kommenden Fällen nicht mehr tun – wir wissen ja jetzt, dass wir das dürfen. Wie gesagt, beide Wege sind richtig. Merken.

ZE.: Damit haben wir nun festgestellt, dass der E den Besitz und das Eigentum an der Wohnung auf Kosten des O ohne rechtlichen Grund und durch Leistung des O erlangt hat (= die Tatbestandsvoraussetzungen des § 812 Abs. 1 Satz 1, 1. Alt. BGB).

Die Rechtsfolgen der §§ 812 ff. BGB:

Gemäß § 812 Abs. 1 Satz 1 BGB ist der Bereicherte dem anderen »zur Herausgabe verpflichtet«. Diese vergleichsweise unbestimmte Formulierung wird präzisiert durch **§ 818 BGB**, der ausweislich seiner Überschrift den »Umfang des Bereicherungsanspruchs« regelt. Wir werden uns jetzt anhand des konkreten Falles mal die Grundzüge des § 818 BGB ansehen, und zwar:

1.) Grundsätzlich hat der Bereicherte immer das herauszugeben, was er konkret, also quasi in natura, erlangt hat. Das ist zunächst von der Abwicklung her nicht schwierig und ergibt sich bereits aus § 812 Abs. 1 Satz 1 BGB und der dort gewählten Formulierung »ist ihm zur Herausgabe verpflichtet« (*Brox/Walker* BS § 43 Rz. 1). Man liest diese Formulierung zum leichteren Verständnis am besten so: »... ist ihm zur Herausgabe *des Erlangten* verpflichtet« (*Erman/Wilhelmi* § 828 BGB Rz. 6). Und übertragen auf unseren Fall würde das bedeuten, dass E dem O den Besitz und das Eigentum an der Wohnung herausgeben müsste (sogenannter »Anspruch auf Rückauflassung«), denn genau *das* hat er von O ursprünglich erlangt (siehe unsere Prüfung weiter oben).

> Problematisch wird das Ganze aber nun deshalb (und so ist das in den Klausurfällen immer!), weil der E gar nicht mehr Eigentümer und Besitzer der Wohnung ist. Die hat er nämlich inzwischen dem K verkauft und vor allem hat er dem K auch das Eigentum und den Besitz daran übertragen. Es stellt sich somit die Frage, wie in den Fällen zu verfahren ist, in denen der Bereicherte das Erlangte gar nicht mehr herausgeben kann, die Herausgabe ihm also *unmöglich* geworden ist.

Lösung: Hier hilft der § 818 BGB, genau genommen **§ 818 Abs. 2 BGB** (aufschlagen!). Gemäß § 818 Abs. 2 BGB hat der Empfänger der Bereicherung im Falle der Unmöglichkeit der Herausgabe des Erlangten einen entsprechenden *Wertersatz* in Geld zu leisten. Und aufgepasst: Bei diesem Wertersatz handelt es sich um den *objektiven* Verkehrswert der Bereicherung, ein darüber hinausgehender Erlös – etwa durch einen gewinnbringenden Verkauf – ist davon *nicht* erfasst (BGHZ **112**, 381; BGHZ **82**, 299; *Palandt/Sprau* § 818 BGB Rz. 19; *Jauernig/Stadler* § 812 BGB Rz. 12; *Staudinger/Lorenz* § 818 BGB Rz. 26; MüKo/*Schwab* § 818 BGB Rz. 76). Den Bereicherungsschuldner trifft grundsätzlich auch keine Pflicht zur Wiederbeschaffung der veräußerten Sache, er muss nur den objektiven Wertersatz – berechnet zum Zeitpunkt des Eintritts der Unmöglichkeit – leisten (BGH NJW **2006**, 2847; BGH NJW **1991**, 917; BGH BB **1971**, 1348; *Bamberger/Roth/Wendehorst* § 818 BGB Rz. 19; MüKo/*Schwab* § 818 BGB Rz. 76; *Staudinger/Lorenz* § 818 BGB Rz. 21).

---

1. Merksatz: Die in § 818 Abs. 2 BGB im Falle der Unmöglichkeit der Herausgabe angeordnete Pflicht zum Wertersatz umfasst nur den objektiven Verkehrswert der ursprünglich erlangten Sache (BGHZ **112**, 381; BGHZ **82**, 299; MüKo/*Schwab* § 818 BGB Rz. 76; *Palandt/Sprau* § 818 BGB Rz. 19; *Jauernig/Stadler* § 812 BGB Rz. 12; *Staudinger/Lorenz* § 818 BGB Rz. 26).

<u>ZE.:</u> Im vorliegenden Fall hat dies zur Konsequenz, dass E dem O zunächst einmal nur den objektiven Verkehrswert der Wohnung zurückzahlen muss, also 200.000 Euro. Der darüber hinausgehende Erlös in Höhe von 20.000 Euro verbleibt – zumindest nach den Regeln der §§ 812 Abs. 1 Satz 1, 1. Alt., 818 Abs. 2 BGB – bei E.

2.) Etwas anderes könnte sich aber noch aus **§ 818 Abs. 1 BGB** ergeben. Gemäß § 818 Abs. 1 BGB erstreckt sich die Verpflichtung zur Herausgabe auf die gezogenen Nutzungen sowie auf dasjenige, was der Empfänger auf Grund des erlangten Rechts oder als Ersatz für die Zerstörung, Beschädigung oder Entziehung des erlangten Gegenstandes erwirbt (Gesetz lesen). Man nennt das auch die Herausgabepflicht für »**Surrogate**«, also für Gegenstände oder Geld, die an die Stelle des Erlangten getreten sind (BGH NJW **2017**, 2997; *Erman/Buck-Heeb* § 818 BGB Rz. 14). Und im Hinblick auf die verkaufte Wohnung könnte man angesichts dessen nun auf die Idee kommen, den *gesamten* Veräußerungserlös als »Surrogat« im gerade genannten Sinne zu betrachten und deshalb eine Herausgabepflicht aus § 818 Abs. 1 BGB zu bejahen, denn E hat das Geld ja tatsächlich im Austausch für die Wohnung und damit eigentlich als »Surrogat« im eben benannten Sinne erhalten (vgl. *Erman/Buck-Heeb* § 818 BGB Rz. 14).

Aber: Dem widerspricht die ziemlich herrschende Meinung mit dem Argument, dass der Veräußerungserlös nur aufgrund eines neuen *selbstständigen* Rechtsgeschäfts des Bereicherten und insbesondere nicht durch die bestimmungsgemäße Nutzung des Bereicherungsgegenstandes erlangt worden sei (BGH NJW **2004**, 1314; BGH NJW **1984**, 229; BGH NJW **1983**, 868; *Palandt/Sprau* § 818 BGB Rz. 15; PWW/*Prütting* § 818 BGB Rz. 8; *Erman/Buck-Heeb* § 818 BGB Rz. 14; *Jauernig/Stadler* § 818 BGB Rz. 11).

---

2. Merksatz: Die aus § 818 Abs. 1 BGB folgende Pflicht zur Herausgabe von Surrogaten, also Gegenständen oder Geld, die an die Stelle des Erlangten getreten sind, umfasst im Falle der Veräußerung nach herrschender Meinung *nicht* den Verkaufserlös, der seitens des Bereicherten erzielt worden ist (BGH NJW **2007**, 3127; BGH NJW **2004**, 1314; BGH NJW **1984**, 229; *Palandt/Sprau* § 818 BGB Rz. 15; PWW/*Prütting* § 818 BGB Rz. 8; *Erman/Buck-Heeb* § 818 BGB Rz. 14; *Jauernig/Stadler* § 818 BGB Rz. 11).

ZE.: Dies hat im vorliegenden Fall zur Konsequenz, dass O den Verkaufserlös in Höhe von 220.000 Euro auch nicht über §§ 812 Abs. 1 Satz 1, 1. Alt., 818 Abs. 1 BGB fordern kann. Und da weitere Anspruchsgrundlagen insoweit nicht mehr in Betracht kommen, verbleibt es bei einem Anspruch auf Zahlung der 200.000 Euro Wertersatz aus den §§ 812 Abs. 1 Satz 1, 818 Abs. 2 BGB.

3.) Möglicherweise ergibt sich zudem ein Anspruch des O gegen E auf Herausgabe der von F an E gezahlten Mieten für die Monate August 2017 bis Januar 2018 aus § 818 Abs. 1 BGB.

Bitte lies zunächst noch einmal § 818 Abs. 1 BGB.

In Betracht kommt jetzt natürlich nur die Herausgabepflicht im Hinblick auf die »**gezogenen Nutzungen**«, da die Mieten nicht an die Stelle der Sache (Wohnung) getreten und mithin keinesfalls Surrogate sind, sondern nur durch die Vermietung der Wohnung erzielt wurden (BGH NJW **2017**, 2997). Und demnach stellt sich die Frage, ob die von F an E gezahlten Mieten aus den Monaten August 2017 bis Januar 2018 (6 × 250 Euro = 1.500 Euro) tatsächlich solche *Nutzungen* im Sinne des § 818 Abs. 1 BGB sind. Und jetzt schön schulmäßig:

Nutzungen sind legal definiert in § 100 BGB und demnach Früchte einer Sache oder eines Rechts sowie die Vorteile, welche der Gebrauch der Sache oder des Rechts gewährt. *Früchte* einer Sache sind gemäß § 99 Abs. 1 BGB die Erzeugnisse der Sache und die sonstige Ausbeute, welche aus der Sache ihrer Bestimmung gemäß gewonnen wird. Und gemäß § 99 Abs. 3 BGB sind Früchte auch die Erträge, welche eine Sache oder ein Recht vermöge eines Rechtsverhältnisses gewährt.

Also: Wer das Ganze gerade aufmerksam gelesen und verstanden hat, kennt die Lösung: Bei den von E erzielten Mieten handelt es sich um *Früchte* im Sinne des § 99 Abs. 3 BGB und demzufolge auch um *Nutzungen* im Sinne des § 100 BGB. Und das wiederum hat zur Konsequenz, dass sich die Herausgabepflicht des E gegenüber O auch auf die erhaltenen Mieten der F bezieht, vgl. § 818 Abs. 1 BGB.

> **3. Merksatz:** Die Herausgabepflicht aus § 812 Abs. 1 Satz 1 BGB umfasst gemäß § 818 Abs. 1 BGB auch die gezogenen Nutzungen; der Begriff der Nutzung ist in den §§ 100, 99 BGB legal definiert und schließt gemäß § 99 Abs. 3 BGB insbesondere auch die durch Rechtsgeschäft erzielten Erträge der Sache, z.B. Mieteinnahmen, ein (BGH NJW **2017**, 2997; RGZ **105**, 409; RGZ **138**, 72; *Jauernig/Stadler* § 818 BGB Rz. 7; *Staudinger/Lorenz* § 818 BGB Rz. 11; *Palandt/Sprau* § 818 BGB Rz. 8).

<u>ZE.:</u> E muss O die von R erhaltenen Mietzinszahlungen in Höhe von 1.500 Euro gemäß den §§ 812 Abs. 1 Satz 1, 818 Abs. 1 BGB als gezogene Nutzungen herausgeben.

4.) Damit sind wir aber noch nicht fertig. Denn bei ganz sorgfältiger Betrachtung der Geschichte hat der gute E noch etwas anderes erlangt, nämlich: E hat genau ein Jahr lang mietfrei gewohnt (März 2017 bis März 2018). Und es stellt sich die Frage, ob und vor allem in welcher Form er insoweit zur Herausgabe verpflichtet sein kann. In Betracht kommt wieder eine Herausgabepflicht nach § 818 Abs. 1 BGB, und zwar wiederum für gezogene *Nutzungen*, allerdings jetzt mit dem Unterschied bzw. der Besonderheit, dass E einfach nur in der Wohnung gewohnt hat. Es fragt sich, ob er auch insoweit zur Herausgabe (wovon?) verpflichtet sein kann.

Lösung: Es ist einfacher, als es zunächst aussieht. Wir lesen bitte wieder das Gesetz, nämlich den **§ 100 BGB.** Demnach sind Nutzungen die Früchte einer Sache oder eines Rechts sowie die Vorteile, welche der Gebrauch der Sache oder des Rechts gewährt. Und wenn wir das jetzt mal ganz sauber subsumieren, dann stellen wir fest, dass der Gebrauch der Wohnung ein (geldwerter) Vorteil ist und demnach von E auch gemäß § 818 Abs. 1 BGB als gezogene Nutzung grundsätzlich herausgegeben werden muss. Und da die Herausgabe einer Wohnungsbenutzung wegen der Beschaffenheit dieses Erlangten nicht möglich ist (wie soll man das herausgeben?), greifen wir auf den uns inzwischen bekannten **§ 818 Abs. 2 BGB** zurück mit der Folge, dass E den *objektiven Verkehrswert* für die einjährige Bewohnung an O herausgeben muss (vgl. BGH NJW **2017**, 2997; BGH NJW-RR **2000**, 382). Denn E hat die entsprechenden Aufwendungen für eine andere Wohnung gespart. **Beachte aber:** Nach BGH NJW **2017**, 2997 entfällt ein solcher Anspruch auf Nutzungsherausgabe dann, wenn der Mieter tatsächlich gar nicht – aus welchen Gründen auch immer – in der Wohnung gewohnt hat. Denn dann hat er auch nichts, vor allem keinen vermögenswerten Vorteil erlangt.

---

4. Merksatz: Bei der tatsächlichen Nutzung einer erlangten Sache umfasst die Herausgabepflicht nach den §§ 812 Abs. 1 Satz 1, 818 BGB auch die üblichen Nutzungsgebühren, sofern der Bereicherte durch die Nutzung der Sache Aufwendungen, die er sonst hätte anderweitig tätigen müssen, erspart hat (BGH NJW **2017**, 2997; BGH NJW-RR **2000**, 382; BGHZ **142**, 186; *Palandt/Sprau* § 818 BGB Rz. 23; PWW/*Prütting* § 818 BGB Rz. 17).

ZE.: Die Pflicht zur Herausgabe gemäß den §§ 812 Abs. 1 Satz 1, 818 Abs. 1 und 2 BGB umfasst auch die ortsübliche Miete, die E für die Zeit der Bewohnung hätte ansonsten entrichten müssen.

Ergebnis: Damit ist E dann insgesamt zur Herausgabe der 200.000 Euro Wertersatz für die Wohnung, der 1.500 Euro von F erhaltener Mietzinszahlungen und der ortsüblichen Jahresmiete für die Wohnung verpflichtet. Die 20.000 Euro Mehrerlös, die E durch den Verkauf erzielt hatte, darf er indessen behalten.

Zum Schluss

So, und weil das der allererste Fall aus dem Bereicherungsrecht war, kommt hier jetzt – ausnahmsweise – noch mal die Kurzfassung zur entspannten Wiederholung, dann prägt sich der Kram nämlich besser ein. Im günstigsten Fall schlägt man beim Lesen übrigens die zitierten Paragrafen noch mal nach. Es lohnt sich, versprochen.

Also: Der E ist gegenüber O gemäß § 812 Abs. 1 Satz 1, 1. Alt. BGB grundsätzlich zur Herausgabe des von O ohne Rechtsgrund Erlangten verpflichtet. Bei diesem Erlangten handelt es sich um den Besitz und das Eigentum an der Wohnung. Da E die Wohnung inzwischen aber an K weiterveräußert hat, ist ihm insoweit die Herausgabe an O unmöglich geworden. Für den Fall der Unmöglichkeit der Herausgabe sieht das Gesetz in § 818 Abs. 2 BGB vor, dass der Wert des Erlangten zu ersetzen ist. Bei diesem Wertersatz handelt es sich um den objektiven (Verkehrs-)Wert der Sache; ein möglicher Mehrerlös, der durch die Weiterveräußerung erlangt wurde, wird nicht erstattet. E hat somit aus den §§ 812 Abs. 1 Satz 1, 1. Alt., 818 Abs. 2 BGB nur die 200.000 Euro zu ersetzen. Eine weitergehende Ersatzpflicht im Hinblick auf den Mehrerlös folgt zudem auch nicht aus § 818 Abs. 1 BGB, da es sich beim dem Mehrerlös nicht um ein Surrogat im Sinne des § 818 Abs. 1 BGB handelt.

Des Weiteren hat E die von F erhaltene Miete (1.500 Euro) als Nutzung im Sinne des § 818 Abs. 1 BGB zu erstatten. Der Begriff der Nutzung ist in den §§ 100, 99 BGB legal definiert und umfasst gemäß § 99 Abs. 3 BGB auch die durch Rechtsgeschäft erlangten Vorteile der Sache. Hierunter fallen unstreitig auch die Mieteinnahmen. Schließlich muss E auch die von ihm selbst ersparten Mietzinszahlungen erstatten. Zwar kann E die Bewohnung als Nutzung im Sinne der §§ 818 Abs. 1, 100 BGB nicht in natura zurückerstatten, allerdings folgt die Zahlungspflicht aus § 818 Abs. 2 BGB. Insoweit muss E wieder den objektiven Verkehrswert, also die ortsübliche Miete, an O zahlen.

Gutachten

Und jetzt kommt, wie oben im Vorspann (vgl. dort: »Zur Arbeit mit diesem Buch«) schon angekündigt, die ausformulierte Lösung, also das, was man dem Prüfer als Klausurlösung des gestellten Falles vorsetzen sollte, das *Gutachten*.

Hierzu vorab noch zwei Anmerkungen:

1.) Zunächst ist wichtig zu verstehen, dass diese ausformulierte Lösung – also das Gutachten – sich sowohl vom Inhalt als auch vom Stil her maßgeblich von dem eben dargestellten Lösungsweg, der ausschließlich der *inhaltlichen* Erarbeitung der Materie diente, unterscheidet:

In der ausformulierten (Klausur-)Lösung haben sämtliche Verständniserläuterungen nichts zu suchen. Da darf nur das rein, was den konkreten Fall betrifft und ihn zur Lösung bringt. Inhaltlich darf sich die Klausurlösung, die man dann zur Benotung abgibt, ausschließlich auf die gestellte Fall-Frage beziehen. Abschweifungen, Erläuterungen oder Vergleiche, wie wir sie oben in den Lösungsweg haufenweise zur Erleichterung des Verständnisses eingebaut haben, dürfen *nicht* in das Niedergeschriebene aufgenommen werden. Die ausformulierte Lösung ist mithin deutlich kürzer und inhaltlich im Vergleich zum gedanklichen Lösungsweg erheblich abgespeckt. Wie gesagt, es darf nur das rein, was den konkreten Fall löst. Alles andere ist überflüssig und damit – so ist das bei Juristen – *falsch*.

2.) Man sollte sich als Jura-StudentIn rechtzeitig darüber im Klaren sein, dass die Juristerei eine Wissenschaft ist, bei der – mit ganz wenigen Ausnahmen – nur das *geschriebene* Wort zählt. Sämtliche Gedanken und gelesenen Bücher sind leider so gut wie wertlos, wenn die gewonnenen Erkenntnisse vom Kandidaten nicht vernünftig, das heißt in der juristischen Gutachten- bzw. Subsumtionstechnik, zu Papier gebracht werden können. Die Prüfungsaufgaben bei den Juristen, also die Klausuren und Hausarbeiten, werden nämlich bekanntermaßen *geschrieben*, und nur dafür gibt es dann auch die Punkte bzw. Noten. Übrigens auch und gerade im Examen.

Deshalb ist es außerordentlich ratsam, frühzeitig die für die juristische Arbeit ausgewählte (Gutachten-)Technik zu erlernen. Die Gutachten zu den Fällen stehen aus genau diesem Grund hier stets im Anschluss an den jeweiligen Lösungsweg und sollten im höchsteigenen Interesse dann auch nachgelesen werden. Es ist nur geringer Aufwand, hat aber einen beachtlichen Lerneffekt, denn der Leser sieht jetzt, wie das erworbene Wissen tatsächlich nutzbar gemacht wird. Wie gesagt: In der juristischen Prüfungssituation zählt nur das *geschriebene* Wort. Alles klar!?

Und hier kommt der (Gutachten-) Text für unseren ersten Fall:

Anspruch des O gegen E auf Rückgabe der Wohnung

O könnte gegen E einen Anspruch auf Herausgabe der Wohnung aus § 812 Abs. 1 Satz 1 BGB haben.

I. Dann müsste E ohne rechtlichen Grund durch Leistung des O oder in sonstiger Weise etwas auf Kosten des O erlangt haben.

1.) E müsste somit zunächst etwas erlangt haben. Unter »etwas« im Sinne des § 812 Abs. 1 BGB ist jede vermögensrechtliche Besserstellung des anderen zu verstehen. Im vorliegenden Fall hat E das Eigentum und den Besitz an der Wohnung erlangt und damit eine vermögensrechtliche Besserstellung erfahren. E hat mithin »etwas« im Sinne des § 812 Abs. 1 BGB erlangt.

2.) E müsste des Weiteren den Besitz und das Eigentum an der Wohnung entweder durch »Leistung« des O oder »in sonstiger Weise« erlangt haben. Leistung im Sinne des § 812 Abs. 1 Satz 1 BGB ist die bewusste und zweckgerichtete Mehrung fremden Vermögens. Im vorliegenden Fall verschafft O dem E den Besitz und das Eigentum an der Wohnung in Erfüllung des vorher geschlossenen Schenkungsvertrages. Eine Leistung im benannten Sinne liegt vor.

3.) Des Weiteren muss E den Besitz und das Eigentum an der Wohnung »ohne rechtlichen Grund« erlangt haben. Eine Leistung ist dem Empfänger immer dann ohne rechtlichen Grund zugewendet, wenn sie ihm nach den Vorstellungen der Beteiligten, insbesondere nach den zugrundeliegenden schuldrechtlichen Beziehungen nicht zusteht, ein Grund zum Behaltendürfen der Leistung also nicht besteht. So liegt es im vorliegenden Fall, der E hat den Besitz und das Eigentum an der Wohnung erlangt – und der dem zugrundeliegende, schuldrechtliche Schenkungsvertrag war von Anfang an nichtig. E hat somit aufgrund einer in Wahrheit nicht bestehenden schuldrechtlichen Beziehung (nichtiger Schenkungsvertrag) eine Leistung (Besitz und Eigentum an der Wohnung) erhalten.

4.) Schließlich muss E diese Bereicherung auch »auf Kosten« des O erlangt haben. Die Bereicherung ist auf Kosten des anderen erlangt worden, wenn dem Vermögensvorteil des einen unmittelbar ein Vermögensnachteil des anderen gegenübersteht; erforderlich ist die sogenannte »Einheitlichkeit des Bereicherungsvorganges«. Im Rahmen der Leistungskondiktion erleidet stets derjenige, der geleistet hat, auch den Vermögensnachteil. Er hat bewusst und zweckgerichtet aus seinem Vermögen etwas dem anderen übertragen. Das Merkmal »auf dessen Kosten« liegt aus diesem Grund innerhalb der Leistungskondiktion grundsätzlich vor.

Zwischenergebnis: Damit steht fest, dass E den Besitz und das Eigentum an der Wohnung auf Kosten des O ohne rechtlichen Grund und durch Leistung des O erlangt hat. Die Tatbestandsvoraussetzungen der Leistungskondiktion (condictio indebiti) des § 812 Abs. 1 Satz 1, 1. Alt. BGB liegen vor.

II. Fraglich ist, inwieweit E zur Herausgabe verpflichtet ist. Gemäß § 812 Abs. 1 Satz 1 BGB ist der Bereicherte dem anderen zur Herausgabe des Erlangten verpflichtet. Der Umfang des Herausgabeanspruchs richtet sich nach § 818 BGB.

1.) Grundsätzlich hat der Bereicherte immer das herauszugeben, was er konkret erlangt hat. Das bedeutet hier zunächst, dass E dem O den Besitz und das Eigentum an der Wohnung herausgeben müsste, denn dies hat er von dem O ursprünglich erlangt. Problematisch ist indessen insoweit, dass E gar nicht mehr Eigentümer und Besitzer der Wohnung ist. Die Wohnung hat E inzwischen dem K verkauft und ihm auch das Eigentum und den Besitz daran übertragen. Es stellt sich somit die Frage, wie in einem solchen Fall zu verfahren ist, in dem der Bereicherte das Erlangte gar nicht mehr herausgeben kann, ihm also die Herausgabe unmöglich geworden ist.

Dies richtet sich nach § 818 Abs. 2 BGB. Gemäß § 818 Abs. 2 BGB hat der Empfänger im Falle der Unmöglichkeit der Herausgabe des Erlangten einen entsprechenden Wertersatz in Geld zu leisten. Zu ersetzen ist der objektive Verkehrswert der Bereicherung; ein darüber hinausgehender Erlös – etwa durch einen gewinnbringenden Verkauf – ist davon nach allgemeiner Meinung nicht erfasst. Den Bereicherungsschuldner trifft grundsätzlich auch keine Pflicht zur Wiederbeschaffung der veräußerten Sache, er muss nur den objektiven Wertersatz leisten. Im vorliegenden Fall hat dies zur Konsequenz, dass E dem O zunächst nur den objektiven Verkehrswert der Wohnung zurückzahlen muss, also 200.000 Euro. Der darüberhinausgehende Erlös in Höhe von 20.000 Euro verbleibt – zumindest nach den Regeln der §§ 812 Abs. 1 Satz 1, 818 Abs. 2 BGB – bei E.

2.) Etwas anderes könnte sich aber noch aus § 818 Abs. 1 BGB ergeben. Gemäß § 818 Abs. 1 BGB erstreckt sich die Verpflichtung zur Herausgabe auf die gezogenen Nutzungen sowie auf dasjenige, was der Empfänger auf Grund des erlangten Rechts oder als Ersatz für die Zerstörung, Beschädigung oder Entziehung des erlangten Gegenstandes erwirbt. Im Hinblick auf die verkaufte Wohnung könnte dies zur Folge haben, dass E verpflichtet ist, den gesamten Veräußerungserlös als »Surrogat« im gerade genannten Sinne herauszugeben, denn E hat das Geld im Austausch für die Wohnung und damit eigentlich als ein solches »Surrogat« erhalten.

Dem ist jedoch zu widersprechen, denn der Veräußerungserlös ist nur aufgrund eines neuen selbstständigen Rechtsgeschäfts des Bereicherten und insbesondere nicht durch die bestimmungsgemäße Nutzung des Bereicherungsgegenstandes erzielt worden. Und dies hat im vorliegenden Fall zur Konsequenz, dass O den Verkaufserlös in Höhe von 220.000 Euro auch nicht über §§ 812 Abs. 1 Satz 1, 818 Abs. 1 BGB fordern kann. Da weitere Anspruchsgrundlagen insoweit nicht mehr in Betracht kommen, verbleibt es bei einem Anspruch auf Zahlung der 200.000 Euro Wertersatz aus den §§ 812 Abs. 1 Satz 1, 818 Abs. 2 BGB.

3.) Möglicherweise ergibt sich zudem ein Anspruch des O gegen E auf Herausgabe der von F an E gezahlten Mieten für die Monate August 2017 bis Januar 2018 aus § 818 Abs. 1 BGB. In Betracht kommt die Herausgabepflicht im Hinblick auf die gezogenen Nutzungen. Die Mietzinszahlungen sind nicht an die Stelle der Sache (Wohnung) getreten und demnach auch keine Surrogate. Sie sind durch die Vermietung der Wohnung erzielt worden. Insoweit stellt sich die Frage, ob die von F an E gezahlten Mieten aus den Monaten August 2017 bis Januar 2018 (6 x 250 Euro = 1.500 Euro) tatsächlich solche Nutzungen im Sinne des § 818 Abs. 1 BGB sind.

Der Begriff der Nutzungen ist legal definiert in § 100 BGB. Es handelt sich dabei um Früchte einer Sache oder eines Rechts sowie die Vorteile, welche der Gebrauch der Sache oder des Rechts gewährt. Früchte einer Sache sind gemäß § 99 Abs. 1 BGB die Erzeugnisse der Sache und die sonstige Ausbeute, welche aus der Sache ihrer Bestimmung gemäß gewonnen wird. Und gemäß § 99 Abs. 3 BGB sind Früchte auch die Erträge, welche eine Sache oder ein Recht vermöge eines Rechtsverhältnisses gewährt.

Die Mieteinnahmen entstammen dem mit F geschlossenen Mietvertrag. Bei den von E erzielten Mieten handelt es sich folglich um Früchte im Sinne des § 99 Abs. 3 BGB und demzufolge auch um Nutzungen im Sinne des § 100 BGB. Und das wiederum hat zur Konsequenz, dass sich die Herausgabepflicht des E gegenüber O auch auf die von F gezahlten Mieten bezieht, vgl. § 818 Abs. 1 BGB. E muss O mithin die von R erhaltenen Mietzinszahlungen in Höhe von 1.500 Euro gemäß den §§ 812 Abs. 1 Satz 1, 818 Abs. 1 BGB als gezogene Nutzungen herausgeben.

4.) Schließlich stellt sich die Frage, ob E auch im Hinblick auf die Tatsache, dass er selbst ein ganzes Jahr mietfrei gewohnt hat, zur Herausgabe verpflichtet ist. In Betracht kommt wieder eine Herausgabepflicht nach § 818 Abs. 1 BGB, und zwar abermals für gezogene Nutzungen. Gemäß § 100 BGB sind Nutzungen die Früchte einer Sache oder eines Rechts sowie die Vorteile, welche der Gebrauch der Sache oder des Rechts gewährt. Der Gebrauch der Wohnung ist ein (geldwerter) Vorteil und demnach von E auch gemäß § 818 Abs. 1 BGB als gezogene Nutzung grundsätzlich herauszugeben. Und da die Herausgabe einer Wohnungsbenutzung wegen der Beschaffenheit dieses Erlangten nicht möglich ist, richtet sich die Rückgabepflicht nach § 818 Abs. 2 BGB mit der Folge, dass E mithin den objektiven Verkehrswert für die einjährige Bewohnung an O herausgeben muss. E hat die entsprechenden Aufwendungen für eine andere Wohnung gespart. Die Pflicht zur Herausgabe gemäß den §§ 812 Abs. 1 Satz 1, 818 Abs. 1 und 2 BGB umfasst auch die ortsübliche Miete, die E für die Zeit der Bewohnung ansonsten hätte entrichten müssen.

Ergebnis: Damit ist E dann insgesamt zur Herausgabe der 200.000 Euro Wertersatz für die Wohnung, der 1.500 Euro von F erhaltener Mietzinszahlungen und der ortsüblichen Jahresmiete für die Wohnung verpflichtet. Die 20.000 Euro Mehrerlös, die E durch den Verkauf erzielt hatte, darf er indessen behalten.

Fall 2

Goethe und die Mickey Mouse

Rechtsstudent R hat zum Abschluss des Grundstudiums von seinem Opa O zwei alte Bücher geschenkt bekommen, und zwar eine 100 Jahre alte Fassung von Goethes »Dichtung und Wahrheit« (Wert: 2.000 Euro) und einen Mickey Mouse-Comic aus dem Jahre 1950 (Wert: 250 Euro). Da R wenig Interesse an den Büchern hat, bietet er sie einige Tage später im Internet zum Verkauf an. Das Goethe-Werk erwirbt zwei Tage danach der Antiquitätenhändler A zum Preis von 1.300 Euro, den Mickey Mouse-Comic kauft der Schüler S zum Preis von 250 Euro.

Einen Monat später stellt sich heraus, dass die Schenkungen des O an R wegen rechtsgeschäftlicher Mängel von Anfang an nichtig waren und zudem der S beim Kauf des Comics erst 17 Jahre alt gewesen ist.

O fragt nun nach seinen Ansprüchen gegen R.

Schwerpunkte: Die Leistungskondiktion; Probleme bei der Weiterveräußerung des empfangenen Gegenstandes; der Umfang des Bereicherungsanspruchs nach § 818 BGB; die »Kondiktion der Kondiktion«; Wertersatz bei Verkauf unter Wert; der Wegfall der Bereicherung gemäß § 818 Abs. 3 BGB.

Lösungsweg

Anspruch des O gegen R auf Herausgabe der Bücher

AGL.: § 812 Abs. 1 Satz 1, 1. Alt. BGB (Leistungskondiktion)

I. Die *Tatbestandsvoraussetzungen* der Leistungskondiktion (»condictio indebiti«) haben wir im ersten Fall schon kennengelernt und können sie – da sie nicht problematisch sind – hier nun kürzer fassen, **nämlich:** Unser Rechtsstudent R hat den Besitz und das Eigentum an den Büchern (= »etwas«) durch eine bewusste und zweckgerichtete Mehrung seines Vermögens (= »Leistung«) aufgrund eines nichtigen Schenkungsvertrages (»ohne rechtlichen Grund«) von O erlangt.

> **Beachte:** Wir wollen uns bitte zur Wiederholung noch mal klarmachen, dass trotz des nichtigen Schenkungsvertrages der R dennoch wirksam Eigentümer der Bücher werden konnte. Im BGB gilt ja bekanntlich das *Abstraktionsprinzip*, und das besagt, dass schuldrechtliches und dingliches Geschäft schön brav getrennt voneinander betrachtet werden müssen (PWW/*Prütting* vor § 854 BGB Rz. 15). Wenn also der Schen-

kungsvertrag laut Sachverhaltsschilderung wegen rechtsgeschäftlicher Mängel hier unwirksam ist, beeinflusst das, solange der Sachverhalt keinen weiteren besonderen Hinweis gibt, die Wirksamkeit des dinglichen Rechtsgeschäfts, also der Übereignung nach den §§ 929 ff. BGB, nicht. Merken.

II. Als *Rechtsfolge* ordnet § 812 Abs. 1 Satz 1, 1. Alt. BGB an, dass R dem O »zur Herausgabe verpflichtet« ist, wobei wir ja inzwischen wissen, dass dieser Satz anders gelesen werden muss, nämlich dass man stets zur »Herausgabe *des Erlangten* verpflichtet« ist. Und im vorliegenden Fall hat dies zur Konsequenz, dass R dem O den Besitz und das Eigentum an den Büchern zurück verschaffen muss, denn genau *das* hatte er ja erlangt.

> **Problem:** R ist derzeit weder Besitzer noch Eigentümer der Bücher; er hat die Werke zwischenzeitlich ja schon an A und S weiter veräußert. Und diese Übereignungen waren auch *wirksam*, denn zum einen hat A unproblematisch das Eigentum und den Besitz an dem Goethe-Werk von R erhalten; R war ja selbst Eigentümer und konnte dem A daher als Berechtigter das Eigentum nach § 929 Satz 1 BGB verschaffen. Zum anderen ist trotz Minderjährigkeit des S auch diese Übereignung wirksam, denn die Eigentumsübertragung ist für den S lediglich rechtlich vorteilhaft im Sinne des § 107 BGB; und das bleibt sie auch, obwohl der zugurndeliegende Kaufvertrag wegen fehlender Zustimmung der Eltern unwirksam war. Denn mit der Übereignung erwirbt S eine für ihn ausnahmslos günstige Rechtsposition, die von dem unwirksamen Kaufvertrag abstrakt zu betrachten ist. Trotz unwirksamen Kaufvertrages kann der Minderjährige das Eigentum an der übereigneten Sache erwerben (OLG Köln NJW-RR **1998**, 363; BayObLG NJW **1998**, 3576; *Palandt/Ellenberger* § 107 BGB Rz. 4; *Jauernig/Jauernig* § 107 BGB Rz. 5; vgl. auch *Schwabe*, BGB-AT, Fall 20).

Wir haben also auf den ersten Blick die gleiche Situation wie im vorherigen Fall, nämlich die, dass der Bereicherungsschuldner die nach § 812 Abs. 1 Satz 1, 1. Alt. BGB herauszugebende Sache nicht mehr in seinem Besitz und Eigentum hat und daher die Herausgabe aus seiner Sicht *unmöglich* ist. Und wir wissen aus dem letzten Fall auch, dass in solchen Fällen der **§ 818 Abs. 2 BGB** anordnet, den (objektiven) Wertersatz zu leisten. Es handelt sich bei der Weiterveräußerung insbesondere *nicht* um einen Fall des § 818 Abs. 1 BGB, denn die Veräußerungserlöse sind nach herrschender Meinung keine »Surrogate« im Sinne des § 818 Abs. 1 BGB (BGH NJW **2004**, 1314; BGH NJW **1984**, 229; *Palandt/Sprau* § 818 BGB Rz. 14; PWW/*Prütting* § 818 BGB Rz. 8; *Erman/Buck-Heeb* § 818 BGB Rz. 14; *Jauernig/Stadler* § 818 BGB Rz. 11).

ZE.: Der R müsste demnach gemäß **§ 818 Abs. 2 BGB** dem O zum einen 2.000 Euro für den Goethe und zum anderen 250 Euro für den Comic herausgeben.

Aber: Das ist natürlich noch nicht das letzte Wort. Hier kommen jetzt einige neue, durchaus knifflige Regeln bzw. Finten, die man als Klausurbearbeiter freilich kennen muss und die sich wieder mit dem *Umfang* der Herausgabepflicht nach **§ 818 BGB** beschäftigen. Wir werden uns das jetzt mal in Ruhe anschauen, und um dabei auch von Anfang an den Überblick zu behalten, teilen wir die Lösung an dieser Stelle auf und wollen uns zunächst fragen, ob die Unwirksamkeit des Kaufvertrages mit dem Minderjährigen S Konsequenzen im Hinblick auf die Herausgabepflicht des R gegenüber O hat (gleich unter 1.). Im zweiten Schritt prüfen wir dann, ob der Umstand, dass R dem Antiquitätenhändler A den Goethe satte 700 Euro unter Preis bzw. Wert verkauft hat, Folgen für seine Herausgabepflicht gegenüber O hat (gleich unter 2.).

Zunächst machen wir uns aber bitte noch mal die Ausgangslage klar: Bislang haben wir festgestellt, dass R dem O wegen der Unmöglichkeit der Herausgabe der Bücher – beide Bücher sind wirksam weiter veräußert worden – gemäß § 818 Abs. 2 BGB zum *Wertersatz* (objektiver Verkehrswert!) verpflichtet ist. Und das wären bei dem Comic dann 250 Euro und bei dem Goethe-Werk 2.000 Euro. Etwas anderes könnte sich jedoch aus folgenden Umständen ergeben:

1.) Die Herausgabepflicht des R im Hinblick auf den veräußerten Comic

Einstieg: Wir haben eben festgestellt, dass der minderjährige S trotz unwirksamen Kaufvertrages dennoch wirksam das Eigentum an dem Buch erlangen konnte. Das lag daran, dass der S mit dem Eigentumserwerb nur einen *rechtlichen* Vorteil erhält und daher seine diesbezügliche Willenserklärung auch wirksam ist im Sinne der §§ 107, 108 BGB (siehe oben). Aus diesem Umstand folgt nun aber auch, dass dem R gegen S ein Anspruch aus **§ 812 Abs. 1 Satz 1, 1. Alt. BGB** auf Rückübertragung des Eigentums zusteht, denn S hat durch Leistung des R ohne rechtlichen Grund (Kaufvertrag ist unwirksam!) etwas auf Kosten des R erlangt, nämlich das Eigentum und den Besitz am Buch.

Streitig ist nun, ob sich die Herausgabepflicht des Zwischenempfängers auf diesen Bereicherungsanspruch beschränkt:

- Und davon geht auch tatsächlich eine Meinung aus und meint deshalb, der Zwischenempfänger (hier also der R) sei aus § 818 Abs. 1 BGB nur zur Abtretung seines Herausgabeanspruchs gegen den anderen Empfänger (hier also den S) verpflichtet. Der bereicherungsrechtliche Herausgabeanspruch sei nämlich an die Stelle der erlangten Sache getreten und damit ein »Surrogat« im Sinne des § 818 Abs. 1 BGB. Man nennt das dann die »**Kondiktion der Kondiktion**«; Gegenstand des Bereicherungsanspruchs ist ein anderer Bereicherungsanspruch, eben eine Kondiktion der Kondiktion (OLG Saarbrücken ZIP **1999**, 2054, 2057; *Lorenz* in JZ 1968, 53; *Reuter/Martinek* § 11 II 2; zweifelnd *Medicus/Lorenz* SR II Rz. 1218 sowie in NJW 1974, 538/542; vgl. auch BGHZ **72**, 13 für den Fall, dass die Wertbestimmung problematisch ist).

<u>ZE.:</u> Nach dieser Auffassung wäre R nur nach § 818 Abs. 1 BGB verpflichtet, dem O den bereicherungsrechtlichen Anspruch gegen S abzutreten.

- Die inzwischen herrschende Meinung lehnt die gerade dargestellte Variante indessen ab und gewährt dem Gläubiger im Falle der Unwirksamkeit beider Kausalgeschäfte einen Anspruch auf *Wertersatz* nach **§ 818 Abs. 2 BGB**. Jedenfalls so lange, wie der Zwischenerwerber seinen Anspruch aus § 812 Abs. 1

Satz 1 BGB gegen den letzten Empfänger nicht durchgesetzt hat, ist ihm die Herausgabe gegenüber dem Gläubiger *unmöglich* im Sinne des § 818 Abs. 2 BGB mit der Folge der Wertersatzpflicht (OLG München MDR **1998**, 1345; *Jauernig/Stadler* § 818 BGB Rz. 30; *Erman/Buck-Heeb* § 812 BGB Rz. 39; *MüKo/Schwab* § 812 BGB Rz. 73; *Staudinger/Lorenz* § 812 BGB Rz. 55; *Soergel/Schmidt-Kessel/ Hadding* § 818 BGB Rz. 60; *Palandt/Sprau* § 818 BGB Rz. 39; *Canaris* in WM 1980, 354).

Derjenige, der den empfangenen Gegenstand aufgrund eines weiteren unwirksamen Kausalgeschäfts entgeltlich wieder veräußert hat, ist dem ursprünglichen Eigentümer zum Wertersatz nach **§ 818 Abs. 2 BGB** verpflichtet. Der Gläubiger muss sich nicht mit der Abtretung des Herausgabeanspruchs gegen den Dritten begnügen (OLG München MDR **1998**, 1345). Und begründet wird dies damit, dass andernfalls der Gläubiger des ersten Bereicherungsanspruchs (hier also der O) zum einen das Insolvenzrisiko des letzten Empfängers (hier also des S) mittragen müsste und zum anderen der letzte Empfänger dem Gläubiger gemäß **§ 404 BGB** die ihm gegen den Zwischenerwerber zustehenden Einwendungen entgegenhalten könnte. Das sei aber nicht gerechtfertigt, da sich der Gläubiger die Person des letzten Empfängers nicht ausgesucht habe (exzellent erläutert bei *Staudinger/Lorenz* § 812 BGB Rz. 55). Der Gläubiger könne daher von seinem Vertragspartner Wertersatz nach § 818 Abs. 2 BGB verlangen. Er brauche sich insbesondere nicht mit der Abtretung des bereicherungsrechtlichen Anspruchs zu begnügen.

ZE.: Dem O steht gegen R ein Anspruch auf *Wertersatz* wegen des veräußerten Buches aus den §§ 812 Abs. 1 Satz 1, 1. Alt., 818 Abs. 2 BGB in Höhe von 250 Euro zu.

2.) Die Herausgabepflicht des R im Hinblick auf das veräußerte Goethe-Werk

Hier stellt sich die Situation jetzt noch anders dar: Der A ist zwar auch wirksam Eigentümer des Buches geworden; der dem zugrundeliegende Kaufvertrag ist in Ermangelung entsprechender Hinweise im Sachverhalt allerdings ebenfalls *wirksam*. Dem R stehen damit – im Gegensatz zu eben – keinerlei bereicherungsrechtliche Ansprüche gegen A zu, die er dem O unter Umständen hätte abtreten können oder müssen (»Kondiktion der Kondiktion«).

Der R muss also dem O den Wert der Sache nach **§ 818 Abs. 2 BGB** herausgeben. Und wir wissen insoweit aus dem letzten Fall schon, dass der § 818 Abs. 2 BGB immer den *objektiven Verkehrswert* meint und dass etwa ein beim Verkauf erzielter Mehrerlös nicht herausgegeben werden muss (BGHZ **112**, 381; BGHZ **82**, 299; *Palandt/Sprau* § 818 BGB Rz. 18 *Jauernig/Stadler* § 812 BGB Rz. 12; *Staudinger/Lorenz* § 818 BGB Rz. 26; *MüKo/Schwab* § 818 BGB Rz. 76). In unserem Fall haben wir es jetzt aber mit der Besonderheit zu tun, dass der Empfänger R die Sache deutlich *unter* Wert bzw. Preis weiter verkauft hat: Das Buch war 2.000 Euro wert, R hat aber nur 1.300 Euro von A bekommen. Und wenn es jetzt bei der aufgestellten Regel des § 818 Abs. 2 BGB bleibt, muss R dem O tatsächlich den objektiven Verkehrswert in Höhe von 2.000 Euro zahlen und hätte damit einen Verlust von 700 Euro zu beklagen.

Aber: An dieser Stelle kommt nun der **§ 818 Abs. 3 BGB** ins Spiel, den wir bitte (!) zunächst einmal in aller Ruhe lesen wollen.

Durchblick: Hinter dieser Norm verbergen sich die eigentlichen Dramen des Bereicherungsrechts, es geht namentlich um den sogenannten »**Wegfall der Bereicherung**«, der seinen Platz und Prüfungsstandort bei § 818 Abs. 3 BGB und in der dort nachzulesenden, unscheinbaren Formulierung des Gesetzes »soweit der Empfänger nicht mehr bereichert ist« hat. Der § 818 Abs. 3 BGB sorgt dafür, dass das grundlegende Prinzip der §§ 812 ff. BGB eingehalten wird, nämlich immer nur dasjenige beim Bereicherungsschuldner abzuschöpfen, was tatsächlich noch bei ihm vorhanden ist. Im Unterschied zum Recht der unerlaubten Handlungen aus den § 823 ff. BGB geht es hier nicht um einen klassischen Schadensausgleich auf Seiten des *Gläubigers*; das Gesetz stellt sich vielmehr auf die Seite des (Bereicherungs-) *Schuldners* und verpflichtet ihn dazu, nur das, was tatsächlich noch in seinem Vermögen aus der ungerechtfertigten Bereicherung vorhanden ist, auch zurück zu geben (*Brox/Walker* BS § 43 Rz. 6). Ob der Bereicherungsgläubiger dann am Ende dadurch einen »Schaden« bzw. einen vermögensrechtlichen »Verlust« erleidet, spielt im Rahmen der §§ 812 ff. BGB keine Rolle. Die Abwicklung nach den §§ 812 ff. BGB darf und soll nicht zu einer Vermögensminderung des Bereicherungsschuldners über den Betrag des ursprünglich Erlangten hinausgehen (BGH NJW **2017**, 2997; BGHZ **1**, 75). Denn der gutgläubige Empfänger der Bereicherung, der das rechtsgrundlos Erhaltene verbraucht hat, soll nicht über den Betrag hinaus haften, der ihm tatsächlich in seinem Vermögen verblieben ist; anderes widerspräche der gesetzlichen Wertung, wonach der redliche Empfänger der Leistung vor Vermögensminderungen geschützt werden soll (BGHZ **205**, 90; BGHZ **118**, 383; BGHZ **55**, 128; *Jauernig/Stadler* § 818 BGB Rz. 27).

Im Klartext heißt das, dass man bei der bereicherungsrechtlichen Abwicklung stets darauf zu achten hat, ob der Vermögenswert, der ursprünglich erlangt wurde, tatsächlich – entweder in der ursprünglichen Form oder auch z.B. durch ersparte Aufwendungen – noch im Vermögen des Schuldners vorhanden ist (*Palandt/Sprau* § 818 BGB Rz. 27). Nur dann ist der Schuldner auch zur Herausgabe verpflichtet. Freilich ist das oft außerordentlich schwierig zu klären, weswegen wir uns in diesem Buch mit dem § 818 Abs. 3 BGB auch ausführlich beschäftigen müssen.

Unser Fall hier ist vergleichsweise einfach und eignet sich deshalb auch gut zum Einstieg in die Problematik. Man arbeitet bei der Bestimmung eines möglichen Wegfalls der Bereicherung nach § 818 Abs. 3 BGB bitte nach dem folgenden Prinzip:

→ **1. Schritt:** Wie hoch war die tatsächlich erlangte Vermögensvermehrung?

→ **2. Schritt:** Wie viel ist im Zeitpunkt der Anspruchsstellung davon noch im Vermögen des Bereicherten vorhanden, und zwar entweder **a)** in natura, **b)** in anderen materiellen Vermögenswerten oder **c)** durch ersparte Aufwendungen?

→ **3. Schritt:** Würde die Herausgabepflicht in der Gesamtabrechnung beim Bereicherungsschuldner ein »Minus« ergeben?

Zum Fall: Die tatsächliche Vermögensvermehrung lag in der Übereignung des Buches, das einen Wert von 2.000 Euro hatte. Die Vermögensvermehrung bestand demnach in Höhe von 2.000 Euro. Zum Zeitpunkt der Anspruchsstellung war nun zum einen das Buch nicht mehr im Vermögen des R vorhanden, denn R hatte das Buch ja an A verkauft und übereignet. »In natura«, also so, wie der Bereicherte die Leistung empfangen hatte, ist die Vermögensmehrung demnach nicht mehr vorhanden. Dafür hat R allerdings den Kaufpreis in Höhe von 1.300 Euro erhalten mit der Folge, dass die Vermögensmehrung nunmehr in anderer (materieller) Form, namentlich in Geld, bei ihm verblieben ist. Die Bereicherung ist somit zumindest in Höhe von 1.300 Euro noch vorhanden mit der Folge, dass R jedenfalls insoweit noch (nach § 818 Abs. 2 BGB) herausgabepflichtig ist.

Die Differenz zwischen dem objektiven Verkehrswert und dem durch den Verkauf erlangten Erlös in Höhe von 700 Euro ist demgegenüber nicht mehr vorhanden. Dem R steht weder das Buch mit diesem Wert noch das erlangte Vermögen in einer anderen Form, etwa durch ersparte Aufwendungen, zur Verfügung. Würde er nun diese 700 Euro herausgeben müssen, entstünde ihm in der Gesamtabrechnung ein »Minus« von 700 Euro, denn diese 700 Euro müsste er jetzt aus seinem ursprünglichen (also *vor* der gesamten bereicherungsrechtlichen Abwicklung) bestehenden Vermögen zahlen. Das aber soll durch § 818 Abs. 3 BGB vermieden werden. Dem gutgläubigen und redlichen (sonst gilt § 819 BGB, dazu später) Bereicherungsschuldner darf in der Gesamtabrechnung kein »Minus« entstehen.

Daraus folgt: Veräußert der gutgläubige Bereicherungsempfänger die erlangte Sache unterhalb des objektiven Verkehrswertes, ist insoweit die Bereicherung gemäß § 818 Abs. 3 BGB weggefallen und muss demnach auch nicht mehr herausgegeben werden (*Palandt/Sprau* § 818 BGB Rz. 37; *Jauernig/Stadler* § 818 BGB Rz. 15).

Ergebnis: R ist nur zur Herausgabe von 1.300 Euro nach den §§ 812 Abs. 1 Satz 1, 1. Alt., 818 Abs. 2 BGB verpflichtet; im Übrigen kann er sich auf den Wegfall der Bereicherung nach § 818 Abs. 3 BGB berufen.

Gutachten

Anspruch des O gegen R auf Herausgabe der Bücher

O könnte gegen R einen Anspruch auf Herausgabe der Bücher aus § 812 Abs. 1 Satz 1, 1. Alt. BGB haben.

I. R hat im vorliegenden Fall den Besitz und das Eigentum an den Büchern als erlangtes Etwas durch eine bewusste und zweckgerichtete Mehrung seines Vermögens seitens des O, nämlich zur Erfüllung des nichtigen Schenkungsvertrages, erhalten.

Zwischenergebnis: Damit liegen die Tatbestandsvoraussetzungen der Leistungskondiktion aus § 812 Abs. 1 Satz 1, 1. Alt. BGB vor.

II. Es stellt sich angesichts der Tatsache, dass R die Bücher zwischenzeitlich schon weiterveräußert hat, die Frage nach dem Umfang der Herausgabepflicht. Grundsätzlich war R gemäß § 812 Abs. 1 Satz 1, 1. Alt. BGB verpflichtet, O den Besitz und das Eigentum an den Büchern zurück zu verschaffen, denn dies hatte R erlangt. R ist diese Herausgabe indessen aufgrund der Veräußerung unmöglich geworden mit der Folge, dass R gemäß § 818 Abs. 2 BGB dem O den objektiven Wert der Sachen erstatten muss. Dies wären im vorliegenden Fall 2.000 Euro für den Goethe-Band und 250 Euro für den Mickey Mouse Comic.

1.) Etwas anderes könnte sich jedoch zunächst im Hinblick auf den Mickey Mouse Comic daraus ergeben, dass der S, dem R den Comic verkauft und übereignet hatte, minderjährig war. Aufgrund der Minderjährigkeit des S ist der Kaufvertrag zwischen R und S wegen der §§ 106, 107 BGB nicht wirksam geschlossen worden; die Eigentumsübertragung erfolgte hingegen wirksam, der S erlangte dadurch das Eigentum an der Sache, was aus seiner Sicht einen lediglich rechtlichen Vorteil im Sinne des § 107 BGB darstellt. Hieraus ergibt sich, dass R gegen S seinerseits ein Herausgabeanspruch aus § 812 Abs. 1 Satz 1, 1. Alt. BGB zusteht. Man könnte nun annehmen, dass der Herausgabeanspruch des O gegen R auf die Abtretung dieses Anspruchs des R gegen S beschränkt ist, die sogenannte »Kondiktion der Kondiktion«. Dies ließe sich insbesondere damit begründen, dass der bereicherungsrechtliche Herausgabeanspruch an die Stelle der erlangten Sache getreten und damit ein »Surrogat« im Sinne des § 818 Abs. 1 BGB ist.

Dem kann jedoch nicht gefolgt werden. Derjenige, der den empfangenen Gegenstand aufgrund eines weiteren unwirksamen Kausalgeschäfts entgeltlich wieder veräußert hat, ist dem ursprünglichen Eigentümer vielmehr zum Wertersatz nach § 818 Abs. 2 BGB verpflichtet. Der Gläubiger muss sich nicht mit der Abtretung des Herausgabeanspruchs gegen den Dritten begnügen. Andernfalls nämlich würde der Gläubiger des ersten Bereicherungsanspruchs (O) zum einen das Insolvenzrisiko des letzten Empfängers (S) mittragen müssen, und zum anderen könnte der letzte Empfänger dem Gläubiger gemäß § 404 BGB die ihm zustehenden Einwendungen gegen den Zwischenerwerber entgegenhalten. Das aber ist nicht gerechtfertigt, da sich der Gläubiger die Person des letzten Empfängers nicht ausgesucht hat. Der Gläubiger kann daher von seinem Vertragspartner Wertersatz nach § 818 Abs. 2 BGB verlangen. Er braucht sich insbesondere nicht mit der Abtretung des bereicherungsrechtlichen Anspruchs zu begnügen.

O steht gegen R ein Anspruch auf Wertersatz wegen des veräußerten Mickey Mouse-Comics aus den §§ 812 Abs. 1 Satz 1, 1. Alt., 818 Abs. 2 BGB in Höhe von 250 Euro zu.

2.) Es fragt sich schließlich, welche Konsequenzen es auf den Zahlungsanspruch des O gegen R aus den §§ 812, 818 Abs. 2 BGB hat, dass R den Goethe-Band mit 1.300 Euro immerhin 700 Euro unter dem objektiven Wert verkauft hat. Gemäß § 818 Abs. 2 BGB muss R grundsätzlich den objektiven Wert, demnach 2.000 Euro, an O herausgeben.

Etwas anderes könnte sich jedoch aus § 818 Abs. 3 BGB ergeben. Gemäß § 818 Abs. 3 BGB ist die Verpflichtung zur Herausgabe ausgeschlossen, soweit der Empfänger nicht mehr bereichert ist. In diesem Rahmen ist zu prüfen, ob der Empfänger sich auf den Wegfall der Bereicherung berufen kann. Dem redlichen Empfänger darf namentlich durch die bereicherungsrechtliche Abwicklung kein vermögensmäßiger Nachteil entstehen. Diesbezüglich ausschlaggebend ist die Frage, wie hoch die tatsächlich erlangte Vermögensvermehrung war, inwieweit zurzeit der Anspruchsstellung davon noch etwas im Vermögen des Bereicherten vorhanden ist und ob die Herausgabepflicht in der Gesamtabrechnung beim Bereicherungsschuldner ein »Minus« ergeben würde.

Die tatsächliche Vermögensvermehrung lag in der Übereignung des Buches, das einen Wert von 2.000 Euro hatte. Die Vermögensvermehrung bestand demnach in Höhe von 2.000 Euro. Zum Zeitpunkt der Anspruchsstellung war zum einen das Buch nicht mehr im Vermögen des R vorhanden, denn R hatte das Buch an A verkauft und übereignet. »In natura«, also so, wie der Bereicherte die Leistung empfangen hatte, ist die Vermögensmehrung demnach nicht mehr vorhanden. Dafür hat R allerdings den Kaufpreis in Höhe von 1.300 Euro erhalten mit der Folge, dass die Vermögensmehrung nunmehr in anderer (materieller) Form, namentlich in Geld, noch bei R verblieben ist. Die Bereicherung ist somit zumindest in Höhe von 1.300 Euro noch vorhanden mit der Folge, dass R jedenfalls insoweit noch herausgabepflichtig (nach § 818 Abs. 2 BGB) ist. Die Differenz zwischen dem objektiven Verkehrswert und dem durch den Verkauf erlangten Erlös in Höhe von 700 Euro ist demgegenüber nicht mehr vorhanden. Dem R steht weder das Buch mit diesem Wert noch das erlangte Vermögen in einer anderen Form, etwa durch ersparte Aufwendungen, zur Verfügung. Müsste er nun diese 700 Euro herausgeben, entstünde ihm in der Gesamtabrechnung ein »Minus« von 700 Euro, denn diese 700 Euro müsste er aus seinem ursprünglichen – also vor der gesamten bereicherungsrechtlichen Abwicklung – bestehenden Vermögen zahlen. Das aber soll durch § 818 Abs. 3 BGB vermieden werden. Dem gutgläubigen und redlichen Bereicherungsschuldner darf in der Gesamtabrechnung kein »Minus« entstehen.

Veräußert der gutgläubige Bereicherungsempfänger die erlangte Sache unterhalb des objektiven Verkehrswertes, ist insoweit daher die Bereicherung gemäß § 818 Abs. 3 BGB weggefallen und muss somit auch nicht mehr herausgegeben werden.

Ergebnis: R ist nur zur Herausgabe von 1.300 Euro nach den §§ 812 Abs. 1 Satz 1, 1. Alt., 818 Abs. 2 BGB verpflichtet; im Übrigen kann er sich auf den Wegfall der Bereicherung nach § 818 Abs. 3 BGB berufen.

Fall 3

Der blöde Reitlehrer

Frau F ist Pferdeliebhaberin und hat von ihrem Mann M zum Geburtstag ein Reitpferd im Wert von 5.000 Euro geschenkt bekommen. F hat das Pferd sogleich in den Stallungen des S zu einer monatlichen Gebühr von 200 Euro untergebracht und auch angefangen, Reitstunden zu nehmen. Dummerweise hat sie sich dabei dann nach drei Monaten in den Reitlehrer verliebt und ein Verhältnis mit ihm angefangen. Als dies kurze Zeit später rauskommt, widerruft M sofort (wirksam) die Schenkung und verlangt von F die Herausgabe des Tieres und Wertersatz für die dreimonatige Nutzung.

F meint, sie sei zur Herausgabe des Pferdes nur gegen Erstattung der Unterbringungsgebühr in Höhe von 600 Euro (drei Monate zu je 200 Euro) und der 400 Euro Schadensersatz, die sie wegen der Beschädigung der Stalltür durch das Pferd an S habe zahlen müssen, verpflichtet. Für die dreimonatige Nutzung des Pferdes werde sie keinen Wertersatz zahlen, weil sie sich – was der Wahrheit entspricht – selbst niemals ein Pferd hätte leisten können.

Ansprüche des M gegen F?

Schwerpunkte: Der Umfang der Herausgabepflicht nach § 818 BGB; die Herausgabe von Nutzungen gemäß § 818 Abs. 1 BGB; Wertersatz bei Unmöglichkeit der Herausgabe; Wegfall der Bereicherung im Sinne des § 818 Abs. 3 BGB bei ersparten Aufwendungen; der Ausgleich bei Vermögensminderung infolge der Bereicherung innerhalb des § 818 Abs. 3 BGB; der Verweis auf das Bereicherungsrecht beim Widerruf einer Schenkung nach § 531 Abs. 2 BGB.

Lösungsweg

Vorab: In diesem Fall geht es hauptsächlich wieder um den *Umfang* der Bereicherung. Ich hatte das im letzten Fall schon angekündigt: Wir müssen uns mit § 818 BGB noch ausführlich beschäftigen, weil das Ding in nahezu jeder bereicherungsrechtlichen Klausur eine Hauptrolle spielt. Das werden wir jetzt auch tun, wollen vorher aber mal einen kurzen Blick darauf werfen, auf welchem Weg die §§ 812 ff. BGB hier eigentlich zur Anwendung kommen: Bislang stand im Sachverhalt ja immer, dass das zugurndeliegende Rechtsgeschäft nichtig bzw. unwirksam war mit der Konsequenz, dass die ungerechtfertigte Bereicherung wegen Fehlens des »rechtlichen Grundes« im Sinne des § 812 Abs. 1 Satz 1 BGB einschlägig gewesen ist.

Hier in diesem Fall nun haben wir es mit dem *Widerruf* einer Schenkung nach den §§ 530, 531 BGB zu tun, der nach dem Wortlaut des **§ 531 Abs. 2 BGB** die *Verweisung* auf die Bereicherungsvorschriften zur Folge hat (prüfen, bitte!). Insoweit soll uns der Streit, ob es sich hierbei um eine Rechtsfolgen- oder aber eine Rechtsgrundverweisung handelt (Streitdarstellung bei *Jauernig/Mansel* Anm. zu den §§ 530–533 BGB Rz. 8), nicht interessieren, da er in unserem Fall keine Rolle spielt. Der Widerruf der Schenkung ist übrigens ein Sonderfall der Störung der Geschäftsgrundlage im Sinne des § 313 BGB (BGH NJW **2014**, 2638; BGH NJW **2012**, 523; *Palandt/Grüneberg* § 313 BGB Rz. 13) und hat keine Änderung der dinglichen Rechtslage zur Folge (BayObLG NJW-RR **1992**, 1236), weswegen vom enttäuschten Schenker auch keine Ansprüche aus dem Eigentum nach § 985 BGB geltend gemacht werden können, denn die Eigentumsübertragung am geschenkten Gegenstand bleibt wirksam. Und genau deshalb verweist der **§ 531 Abs. 2 BGB** auf die Vorschriften der ungerechtfertigten Bereicherung, damit dann auf diesem Wege die Rückabwicklung gewährleistet ist. Zur ungerechtfertigten Bereicherung der §§ 812 ff. BGB kommt man also auch durch eine explizite *Verweisung* des Gesetzes, so wie hier in § 531 Abs. 2 BGB im Falle des wirksamen Widerrufs einer Schenkung, der übrigens dann einen Fall des »späteren Wegfalls des rechtlichen Grundes« im Sinne des **§ 812 Abs. 1 Satz 2, 1. Alt. BGB** – die sogenannte »**condictio ob causam finitam**« – darstellt (BGH NJW **2012**, 523; BGH NJW **2011**, 2880; *Palandt/Sprau* § 812 BGB Rz. 81; *Jauernig/Stadler* § 812 BGB Rz. 13).

Noch was: Dass der Widerruf der Schenkung *wirksam* war, steht deshalb ausdrücklich so im Sachverhalt, weil das bei »ehewidrigem Verhalten« auch schon mal problematisch sein kann und insbesondere von der Art des Ehebruchs und dem weiteren Verhalten des Partners abhängen soll. Zur Frage, ob Ehebruch ein »**grober Undank**« im Sinne des § 530 Abs. 1 BGB ist, gibt es deshalb auch eine ganze Latte von Gerichtsentscheidungen (BGH NJW-RR **2013**, 618; BGH NJW **2012**, 523; BGH NJW **1999**, 1623; BGHZ **87**, 145; BGHZ **91**, 273; BGH FamRZ **1985**, 351; BGH FamRZ **1982**, 1066; OLG Frankfurt FamRZ **1986**, 577), deren Lektüre wir uns hier aber sparen wollen, denn das ist kein Schwerpunkt des Falles. Wir konzentrieren uns vielmehr auf das Wesentliche und nehmen deshalb einfach an, dass die vorliegende Geschichte für einen »groben Undank« gemäß § 530 Abs. 1 BGB reicht und M demnach wirksam die Schenkung widerrufen hat. Und jetzt zur Lösung:

Anspruch des M gegen F auf Herausgabe des Pferdes

<u>AGL.:</u> §§ 531 Abs. 2, 812 Abs. 1 Satz 2, 1. Alt. BGB

I. Voraussetzungen: Die F hat das Eigentum und den Besitz an dem Pferd durch Leistung des M erlangt; der Rechtsgrund ist durch den Widerruf später weggefallen. Im Hinblick auf die Rückabwicklung finden die Vorschriften der §§ 812 ff. BGB gemäß § 531 Abs. 2 BGB Anwendung.

II. Rechtsfolgen: Die F ist zur Herausgabe *des Erlangten* verpflichtet.

1.) Als Erstes muss sie somit dem M das Erlangte »in natura« zurück verschaffen, ihm also das Eigentum und den Besitz an der Sache bzw. dem Pferd zurück übertragen (vgl. BGH NJW-RR **1988**, 584). Das ist kein Problem.

2.) Des Weiteren ist sie gemäß **§ 818 Abs. 1 BGB** verpflichtet, auch die gezogenen *Nutzungen* herauszugeben. Und insoweit kann zunächst festgestellt werden, dass die Nutzung des Pferdes – z.B. in Form von Reitstunden, die die F genommen hat – ein »Vorteil« ist, welchen der Gebrauch der Sache gewährt (bitte lies: § 100 BGB). Die Nutzung des Pferdes kann somit auch rechtstechnisch als »Nutzung« im Sinne der §§ 100, 818 Abs. 1 BGB subsumiert werden (*Erman/Schmidt* § 100 BGB Rz. 2).

> **Aber:** Die dreimonatige Nutzung des Pferdes kann F »in natura« jetzt natürlich nicht mehr herausgeben – wie soll das auch gehen? Die Herausgabe von Nutzungen in Form von Gebrauchsvorteilen ist grundsätzlich nicht möglich (*Palandt/Sprau* § 818 BGB Rz. 22). Die Herausgabe ist der F insoweit also **unmöglich**. Und wenn die Herausgabe wegen der Beschaffenheit des Erlangten unmöglich ist, greift der uns mittlerweile bekannte **§ 818 Abs. 2 BGB** ein, und der ordnet an, dass in diesem Falle die Pflicht zum (objektiven) *Wertersatz* besteht. Die F müsste demnach den Wert dessen erstatten, was objektiv für die dreimonatige Nutzung eines Pferdes – inklusive Reitstunden – aufgewendet werden muss.

Es stellt sich aber die Frage, ob F insoweit überhaupt noch bereichert ist. Sie erklärt ja, sie hätte sich ein Pferd selbst niemals leisten können. In Betracht kommt angesichts dessen der Wegfall der Bereicherung nach **§ 818 Abs. 3 BGB**. Wir erinnern uns bitte:

> Der **§ 818 Abs. 3 BGB** sorgt dafür, dass das grundlegende Prinzip der §§ 812 ff. BGB eingehalten wird, nämlich immer nur das beim Bereicherungsschuldner abzuschöpfen, was zur Zeit der Anspruchsstellung tatsächlich noch in seinem Vermögen vorhanden ist (BGH NJW **2017**, 2997). Im Unterschied zum Recht der unerlaubten Handlungen aus den § 823 ff. BGB geht es hier *nicht* um einen klassischen Schadensausgleich auf Seiten des *Gläubigers*; das Gesetz stellt sich vielmehr auf die Seite des (Bereicherungs-)*Schuldners* und verpflichtet ihn dazu, nur das, was tatsächlich noch in seinem Vermögen aus der ungerechtfertigten Bereicherung vorhanden ist, auch zurück zu geben (*Brox/Walker* BS § 43 Rz. 6). Die Abwicklung nach den §§ 812 ff. BGB darf nicht zu einer Vermögensminderung des Bereicherungsschuldners über den Betrag des ursprünglich Erlangten hinausgehen (BGH NJW **2017**, 2997; BGHZ **1**, 75). Denn der gutgläubige Empfänger der Bereicherung, der das rechtsgrundlos Erhaltene verbraucht hat, soll nicht über den Betrag hinaus haften, der ihm tatsächlich in seinem Vermögen verblieben ist; anderes widerspräche der gesetzlichen Wertung der §§ 812 ff. BGB, wonach der redliche Empfänger der Leistung vor Vermögensminderungen geschützt werden soll (BGHZ **118**, 383; BGHZ **55**, 128; *Jauernig/Stadler* § 818 BGB Rz. 27).

Wir hatten die drei Prüfungsschritte, anhand derer man am sinnvollsten innerhalb des § 818 Abs. 3 BGB arbeitet, im letzten Fall schon kennengelernt. Wir werden sie auch hier zu Rate ziehen, nämlich:

> → **1. Schritt:** Wie hoch war die tatsächlich erlangte Vermögensvermehrung?

> → **2. Schritt:** Wie viel ist zurzeit der Anspruchsstellung davon noch im Vermögen des Bereicherten vorhanden, und zwar entweder **a)** in natura, **b)** in anderen materiellen Vermögenswerten oder **c)** durch ersparte Aufwendungen?

> → **3. Schritt:** Würde die Herausgabepflicht in der Gesamtabrechnung beim Bereicherungsschuldner ein »Minus« ergeben?

Zum Fall: Die tatsächlich erlangte Vermögensvermehrung lag in der dreimonatigen Nutzung und dem Gebrauch des Pferdes. Zum Zeitpunkt der Anspruchsstellung ist diese Nutzung im Vermögen der F »in natura« nun selbstverständlich nicht mehr vorhanden, denn dies folgt aus der Beschaffenheit des Erlangten (siehe oben). In dem Moment, wo die Sache genutzt wird, ist die Nutzung quasi auch schon »weg« bzw. aus dem Vermögen verschwunden (*Palandt/Sprau* § 818 BGB Rz. 23). Es stellt sich daher jetzt die Frage, ob die Nutzungen in Form von »ersparten Aufwendungen« noch im Vermögen der F vorhanden sind.

Durchblick: An dieser Stelle muss man gut aufpassen, denn jetzt kommt eine *der* Finten des Bereicherungsrechts, insbesondere des § 818 Abs. 3 BGB – und die geht so: In den Klausurfällen ist es fast immer so, dass der Bereicherungsschuldner *nicht* mehr imstande ist, die erlangte Bereicherung *in natura* herauszugeben. Wenn dem so wäre, wäre der Fall nämlich zu einfach, deshalb gibt es das auch nur im Ausnahmefall. In der Regel kann der Schuldner – wie gesagt – die Bereicherung *in natura* nicht mehr herausgeben, und dann stellt sich die Frage, ob das Erlangte nicht in anderer Form noch in seinem Vermögen vorhanden ist. Und diese »andere Form« kann insbesondere eine sogenannte »**ersparte Aufwendung**« sein. Diese ersparten Aufwendungen zählen auch zu den Vermögensvorteilen, die den Wegfall der Bereicherung nach § 818 Abs. 3 BGB ausschließen (PWW/*Prütting* § 818 BGB Rz. 21; *Staudinger/ Lorenz* § 818 BGB Rz. 72). Zur Erläuterung folgendes **Beispiel:** Der A erlangt von B rechtsgrundlos das Eigentum an einer Wohnung, die er drei Monate bewohnt, bis sich die Unwirksamkeit des Kaufvertrages zwischen A und B herausstellt. Anschließend verlangt B von A die Herausgabe der Wohnung sowie 1.500 Euro für die dreimonatige Nutzung der Wohnung (→ 500 Euro ortsübliche Miete).

Lösung: Dass A die Wohnung (→ Eigentum und Besitz daran) nach § 812 Abs. 1 Satz 1 BGB herausgeben muss, ist kein Problem; dieses Erlangte hat er ja noch *in natura*. Die Nutzung der Wohnung hingegen kann er *nicht* mehr *in natura* herausgeben, das liegt in der Beschaffenheit dieses Erlangten begründet mit der Folge der **Wertersatzpflicht** nach **§ 818 Abs. 2 BGB**. Es fragt sich nun aber, ob die Zahlung der 1.500 Euro in der Gesamtabrechnung des Bereicherungsvorganges nicht zu einer Vermögensminderung des A führt, die ja durch das Bereicherungsrecht unbedingt vermieden werden soll (siehe oben). Wenn A nämlich jetzt 1.500 Euro an B zahlen müsste, hätte er insoweit tatsächlich in der Gesamtabrechnung einen Vermögensverlust in dieser Höhe zu beklagen. Dies könnte für einen »Wegfall der Bereicherung«

im Sinne des § 818 Abs. 3 BGB sprechen. **Aber:** Hier kommt jetzt die Geschichte mit den »ersparten Aufwendungen« zum Tragen. Berücksichtigt werden muss nämlich Folgendes: Dadurch, dass A in der Wohnung gewohnt hat, hat er Aufwendungen für eine andere Wohnung gespart. Denn irgendwo wohnen muss man schließlich, und A hätte dann eben woanders Miete aufwenden müssen. Wer also durch die Bereicherung Aufwendungen erspart, die er quasi »sowieso« hätte tätigen müssen oder wollen, ist insoweit auch noch bereichert und kann sich insbesondere *nicht* auf den Wegfall der Bereicherung nach § 818 Abs. 3 BGB berufen (BGH NJW **2003**, 3271; *Palandt/Sprau* § 818 BGB Rz. 34; MüKo/*Schwab* § 818 BGB Rz. 164). Kapiert!?

Gut. Dann testen wir das mal am vorliegenden Fall: Die F hat ein Pferd (Eigentum und Besitz daran) erlangt, und dieses Pferd hat sie drei Monate nutzen können. Inwieweit sie diesbezüglich noch bereichert ist, hängt nach dem eben Gesagten nun davon ab, ob sie Aufwendungen erspart hat, die sie sonst »sowieso« hätte tätigen müssen oder wollen.

Problem: Die F sagt, sie selbst hätte sich niemals ein Pferd leisten können.

Lösung: Damit hat sie erklärt, dass sie *diese* Aufwendungen – also für ein Pferd und dessen Nutzung – gerade nicht getätigt hätte (sogenannte »**Luxusausgaben**« oder »**Luxusgüter**«). Es handelt sich folglich nicht um die eben beschriebenen Aufwendungen, die der Empfänger des Erlangten »**sowieso**« getätigt hätte. Und daraus folgt, dass der Empfänger des Erlangten im vorliegenden Fall tatsächlich *nicht* mehr bereichert ist im Sinne des § 818 Abs. 3 BGB (BGHZ **38**, 356; *Brox/Walker* BS § 43 Rz. 7; PWW/*Prütting* § 818 BGB Rz. 21; MüKo/*Schwab* § 818 BGB Rz. 164).

<u>ZE.:</u> Die F kann sich erfolgreich auf den Wegfall der Bereicherung nach § 818 Abs. 3 BGB berufen, denn die Zahlung eines Geldbetrages für die dreimonatige Nutzung des Pferdes würde ihr Vermögen in der Gesamtabrechnung unzulässig vermindern. Die F muss somit keinerlei Zahlungen im Hinblick auf die dreimonatige Nutzung des Pferdes leisten, sie ist insoweit gemäß § 818 Abs. 3 BGB *entreichert*.

Noch mal: Wenn der Empfänger der Bereicherung das Erlangte – z.B. eine Nutzung oder einen Verbrauch – nicht mehr herausgeben kann und daher nach **§ 818 Abs. 2 BGB** an sich zum Wertersatz verpflicht ist, muss man sich stets fragen, ob ein Wegfall der Bereicherung im Sinne des § 818 Abs. 3 BGB eingetreten ist. Das ist dann *nicht* der Fall, wenn der Empfänger durch den Verbrauch oder die Nutzung der Sache solche Aufwendungen erspart hat, die er ansonsten »**sowieso**« hätte tätigen müssen oder wollen. Denn dann sind diese »ersparten Aufwendungen« noch in seinem Vermögen vorhanden mit der Folge, dass er durch die Wertersatzpflicht nach § 818 Abs. 2 BGB keinen Vermögensnachteil erleidet (*Palandt/Sprau* § 818 BGB Rz. 35). Handelt es sich hingegen um Verbrauch oder Nutzungen, die der Empfänger ansonsten nicht getätigt hätte (sogenannte »Luxusausgaben« oder »Luxusgüter«), ist er insoweit auch nicht mehr bereichert, denn dafür hat er keine Aufwendungen erspart, die ihm *sowieso* entstanden wären (*Erman/Buck-Heeb* § 818 BGB Rz. 35; *Bamberger/Roth/Wendehorst* § 818 BGB Rz. 53). Er ist dann *entreichert.*

3.) Abschließend stellt sich nun noch die Frage, inwieweit F die von ihr geleisteten 600 Euro Unterbringungskosten und den von ihr an S geleisteten Schadensersatz in Höhe von 400 Euro für das Pferd in Ansatz bringen bzw. von ihrem Bereicherungsgläubiger M verlangen kann.

Problem: Das Gesetz enthält in den §§ 812 ff. BGB keinerlei Regelungen zu der Frage, ob und in welcher Form der Bereicherungsschuldner die bei ihm durch die Bereicherung entstandenen vermögenstechnischen Nachteile ersetzt verlangen kann.

Lösung: Nach allgemeiner Meinung folgt aus dem Grundsatz, dass dem Bereicherungsschuldner keine vermögensmäßigen Nachteile entstehen sollen, das Recht des Bereicherungsschuldners, seine entstandenen Nachteile im Rahmen des § 818 Abs. 3 BGB als Entreicherung geltend zu machen (BGH NJW **2006**, 2847; BGHZ **140**, 275; BGHZ **132**, 198; BGH NJW **1988**, 585; MüKo/*Schwab* § 818 BGB Rz. 119; *Palandt/Sprau* § 818 BGB Rz. 45; *Erman/Buck-Heeb* § 818 BGB Rz. 35; *Bamberger/Roth/Wendehorst* § 818 BGB Rz. 64; PWW/*Prütting* § 818 BGB Rz. 24). Hierbei enthält die Vorschrift des § 818 Abs. 3 BGB aber keine eigene Anspruchsgrundlage, sondern ermöglicht dem Bereicherungsschuldner nur, den Abzug der entstandenen Nachteile vorzunehmen. Er muss dann den empfangenen Gegenstand nur Zug um Zug gegen Erstattung der erlittenen Nachteile herausgeben (BGHZ **140**, 275, 282; MüKo/*Schwab* § 818 BGB Rz. 119). Merken.

Fraglich und umstritten ist insoweit allerdings noch, was *genau* zu den abzugsfähigen »Nachteilen« im genannten Sinne gehört:

a) Weitestgehend unstreitig abzugsfähig sind zunächst sämtliche Nachteile, die dem Bereicherungsschuldner adäquat ursächlich durch die Bereicherung und insbesondere im *Vertrauen auf die Endgültigkeit des Erwerbs* entstanden sind (BGH WM **2000**, 1064; BGH NJW **1999**, 1629; BGH NJW **1976**, 152; *Brox/Walker* BS § 43 Rz. 9; *Palandt/Sprau* § 818 BGB Rz. 45; *Jauernig/Stadler* § 818 BGB Rz. 33; *Erman/Buck-Heeb* § 818 BGB Rz. 32; zweifelnd nur: MüKo/*Schwab* § 818 BGB Rz. 119). Und dazu gehören unter anderem die Unterhaltskosten der Sache, die Reparaturkosten und/oder möglicherweise gezahlte Steuern oder auch Sanierungskosten, da diese Kosten der Erhaltung, dem Unterhalt oder der Verbesserung der Sache dienen (BGHZ **140**, 275; *Jauernig/Stadler* § 818 BGB Rz. 33; *Palandt/Sprau* § 818 BGB Rz. 45).

<u>ZE.:</u> Damit fallen die von F an S gezahlten Unterhaltskosten für das Pferd in Höhe von 600 Euro unter die im Rahmen des § 818 Abs. 3 BGB abzugsfähigen Nachteile, die die Bereicherung insoweit wegfallen lassen.

b) Ziemlich umstritten ist, ob auch **Schäden**, die der Bereicherungsgegenstand an anderen Rechtsgütern verursacht hat, abzugsfähig sind:

▪ Nach einer Meinung sollen auch diese Schäden innerhalb des § 818 Abs. 3 BGB abzugsfähig sein; es genüge nämlich bereits die adäquate Verursachung des Nachteils durch die Bereicherung bzw. den Bereicherungsgegenstand (*Palandt/ Sprau* § 818 BGB Rz. 44; *RGRK/Heimann-Trosien* § 818 BGB Rz. 26; *Rengier* in AcP 177, 418, 430; *Medicus/Lorenz* SR II Rz. 1174).

▪ Nach anderer, überwiegender Auffassung können diese Schäden vom Bereicherungsschuldner hingegen *nicht* in Abzug gebracht werden, da sie unabhängig von der Rechtsgrundlosigkeit in die Sphäre des Empfängers fallen und vor allem auch unabhängig vom Vertrauen auf die Endgültigkeit des Erwerbs entstanden sind (*Brox/Walker* BS § 43 Rz. 9; *Jauernig/Stadler* § 818 BGB Rz. 33; *Larenz/Canaris* II/2 § 73 I 2g; *Reuter/Martinek* § 17 III 2b; *Erman/Buck-Heeb* § 818 BGB Rz. 37; PWW/*Prütting* § 818 BGB Rz. 27; *Soergel/Schmidt-Kessel/Hadding* § 818 BGB Rz. 39; *Staudinger/Lorenz* § 818 BGB Rz. 40; *Bamberger/Roth/Wendehorst* § 818 BGB Rz. 78).

ZE.: Wir wollen uns bei diesem Streit – ohne Wertung – mal der zuletzt genannten (herrschenden) Meinung anschließen mit der Folge, dass die F den von dem Bereicherungsgegenstand verursachten Schaden bei der Abwicklung über § 818 Abs. 3 BGB *nicht* in Abzug bringen kann. Die Beschädigung der Stalltür durch das Pferd fällt in den Risikobereich der F als Bereicherungsempfängerin und wäre auch bei Kenntnis des fehlenden Rechtsgrundes passiert. Daher erscheint es sachgerecht, den vorliegend eingetretenen Schaden nicht unter § 818 Abs. 3 BGB zu fassen (zur Streitdarstellung in der Klausur vgl. weiter unten das Gutachten zum Fall).

ZE.: Damit ist die F nur berechtigt, die Unterhaltskosten in Höhe von 600 Euro dem Anspruch des M auf Herausgabe des Pferdes im Rahmen des § 818 Abs. 3 BGB entgegen zu halten. Die 400 Euro Schadensersatz für die von dem Pferd beschädigte Stalltür hat F hingegen selbst zu tragen.

Ergebnis: Dem M steht ein Anspruch auf Herausgabe des Pferdes gemäß § 812 Abs. 1 Satz 2, 1. Alt. BGB nur Zug um Zug gegen Zahlung von 600 Euro an F zu.

Gutachten

Anspruch des M gegen F auf Herausgabe des Pferdes

M könnte gegen F einen Anspruch auf Herausgabe des Pferdes aus den §§ 531 Abs. 2, 812 Abs. 1 Satz 2, 1. Alt. BGB haben.

I. Die F hat das Eigentum und den Besitz an dem Pferd durch Leistung des M, der in Erfüllung eines Schenkungsvertrages gehandelt hat, erlangt. Durch den wirksamen Widerruf der Schenkung nach den §§ 530, 531 BGB ist der Rechtsgrund der Leistung nachträglich weggefallen im Sinne des § 812 Abs. 1 Satz 2, 1. Alt. BGB. Nach dem Verweis aus § 531 Abs. 2 BGB finden in diesem Falle die Vorschriften der §§ 812 ff. BGB Anwendung.

Zwischenergebnis: Die Voraussetzungen der §§ 531 Abs. 2 , 812 Abs. 1 Satz 2, 1. Alt. BGB liegen somit vor. F ist dem M mithin zur Herausgabe des Erlangten, also zur Rückverschaffung von Eigentum und Besitz an dem Pferd, verpflichtet.

II. Im Hinblick auf die Unterbringungskosten, den Schadensersatz und die Nutzung des Pferdes stellt sich die Frage nach dem konkreten Umfang des Bereicherungsanspruchs. Dieser bestimmt sich grundsätzlich nach § 818 BGB.

1.) Zunächst ist F gemäß § 818 Abs. 1 BGB verpflichtet, auch die gezogenen Nutzungen herauszugeben. Und insoweit kann zunächst festgestellt werden, dass die Nutzung des Pferdes – z.B. in Form von Reitstunden, die die F genommen hat – ein »Vorteil« ist, welchen der Gebrauch der Sache gewährt. Die Nutzung des Pferdes ist somit auch rechtstechnisch als »Nutzung« im Sinne der §§ 100, 818 Abs. 1 BGB zu subsumieren. Die dreimonatige Nutzung des Pferdes kann F »in natura« allerdings nicht herausgeben. Die Herausgabe von Nutzungen in Form von Gebrauchsvorteilen ist grundsätzlich nicht möglich. Und wenn die Herausgabe wegen der Beschaffenheit des Erlangten unmöglich ist, greift der § 818 Abs. 2 BGB ein, der anordnet, dass in diesem Falle die Pflicht zum (objektiven) Wertersatz besteht. Die F müsste demnach den Wert dessen erstatten, was objektiv für die dreimonatige Nutzung eines Pferdes – inklusive Reitstunden – aufgewendet werden muss.

2.) Allerdings fragt sich, ob die F insoweit überhaupt noch bereichert ist. Sie erklärt ja, sie hätte sich ein Pferd selbst niemals leisten können. In Betracht kommt angesichts dessen der Wegfall der Bereicherung nach § 818 Abs. 3 BGB. Gemäß § 818 Abs. 3 BGB ist die Verpflichtung zur Herausgabe ausgeschlossen, soweit der Empfänger nicht mehr bereichert ist. Im Rahmen dessen ist zu prüfen, ob der Empfänger sich auf den Wegfall der Bereicherung berufen kann. Dem redlichen Empfänger darf namentlich durch die bereicherungsrechtliche Abwicklung kein vermögensmäßiger Nachteil entstehen. Diesbezüglich ausschlaggebend ist die Frage, wie hoch die tatsächlich erlangte Vermögensvermehrung war, inwieweit zurzeit der Anspruchsstellung davon noch etwas im Vermögen des Bereicherten vorhanden ist und ob die Herausgabepflicht in der Gesamtabrechnung beim Bereicherungsschuldner ein »Minus« ergeben würde.

Die tatsächlich erlangte Vermögensvermehrung lag in der dreimonatigen Nutzung und dem Gebrauch des Pferdes. Zum Zeitpunkt der Anspruchsstellung ist diese Nutzung im Vermögen der F »in natura« nicht mehr vorhanden, denn dies folgt aus der Beschaffenheit des Erlangten. In dem Moment, wo die Sache genutzt wird, ist die Nutzung quasi auch schon »weg« bzw. aus dem Vermögen verschwunden. Es stellt sich indessen die Frage, ob die Nutzungen in Form von »ersparten Aufwendungen« noch im Vermögen der F vorhanden sind. Sofern der Empfänger Aufwendungen erspart hat, die er ansonsten sowieso hätte tätigen müssen, befindet sich das Erlangte noch in Form von ersparten Aufwendungen in seinem Vermögen.

Die F hat im vorliegenden Fall ein Pferd (Eigentum und Besitz daran) erlangt, und dieses Pferd hat sie drei Monate lang nutzen können. Inwieweit sie diesbezüglich noch bereichert ist, hängt nach dem eben Gesagten nun davon ab, ob sie Aufwendungen erspart hat, die sie sonst »sowieso« hätte tätigen müssen oder wollen. Die F sagt, sie selbst hätte sich niemals ein Pferd leisten können.

Damit hat sie erklärt, dass sie diese Aufwendungen – also ein Pferd und dessen Nutzung – ansonsten gerade nicht getätigt hätte. Es handelt sich aus ihrer Sicht damit um sogenannte »Luxusausgaben«. Und daraus folgt, dass sie als Empfänger des Erlangten im vorliegenden Fall tatsächlich nicht mehr bereichert ist im Sinne des § 818 Abs. 3 BGB, denn das Erlangte ist nicht mehr in Form von ersparten Aufwendungen im Vermögen vorhanden. Die F kann sich erfolgreich auf den Wegfall der Bereicherung nach § 818 Abs. 3 BGB berufen, denn die Zahlung eines Geldbetrages für die dreimonatige Nutzung des Pferdes würde ihr Vermögen in der Gesamtabrechnung unzulässig vermindern. Die F muss somit keinerlei Zahlungen im Hinblick auf die dreimonatige Nutzung des Pferdes leisten; sie ist insoweit gemäß § 818 Abs. 3 BGB entreichert.

3.) Abschließend stellt sich noch die Frage, inwieweit F die von ihr geleisteten 600 Euro Unterbringungskosten und den von ihr an S geleisteten Schadensersatz in Höhe von 400 Euro für das Pferd in Ansatz bringen bzw. von ihrem Bereicherungsgläubiger M verlangen kann. Das Gesetz enthält in den §§ 812 ff. BGB keinerlei Regelungen zu der Frage, ob und in welcher Form der Bereicherungsschuldner die bei ihm durch die Bereicherung entstandenen vermögenstechnischen Nachteile ersetzt verlangen kann.

Nach allgemeiner Meinung folgt aus dem Grundsatz, dass dem Bereicherungsschuldner keine vermögensmäßigen Nachteile entstehen sollen, das Recht des Bereicherungsschuldners, seine entstandenen Nachteile im Rahmen des § 818 Abs. 3 BGB als Entreicherung geltend zu machen. Hierbei enthält die Vorschrift des § 818 Abs. 3 BGB aber keine eigene Anspruchsgrundlage, sondern ermöglicht dem Bereicherungsschuldner nur, den Abzug der entstandenen Nachteile vorzunehmen. Er muss dann den empfangenen Gegenstand nur Zug um Zug gegen Erstattung der erlittenen Nachteile herausgeben. Fraglich und umstritten ist insoweit allerdings noch, was genau zu den abzugsfähigen »Nachteilen« im genannten Sinne gehört:

a) Weitestgehend unstreitig abzugsfähig sind zunächst sämtliche Nachteile, die dem Bereicherungsschuldner adäquat ursächlich durch die Bereicherung und insbesondere im Vertrauen auf die Endgültigkeit des Erwerbs entstanden sind. Und dazu gehören unter anderem die Unterhaltskosten der Sache, die Reparaturkosten und/oder möglicherweise gezahlte Steuern oder auch Sanierungskosten, da diese Kosten der Erhaltung, dem Unterhalt oder der Verbesserung der Sache dienen. Damit fallen die von F an S gezahlten Unterhaltskosten für das Pferd in Höhe von 600 Euro unter die im Rahmen des § 818 Abs. 3 BGB abzugsfähigen Nachteile, die die Bereicherung insoweit wegfallen lassen.

b) Umstritten ist, ob auch Schäden, die der Bereicherungsgegenstand an anderen Rechtsgütern verursacht hat, abzugsfähig sind: Nach einer Meinung sollen auch diese Schäden innerhalb des § 818 Abs. 3 BGB abzugsfähig sein, es genüge nämlich bereits die adäquate Verursachung des Nachteils durch die Bereicherung bzw. den Bereicherungsgegenstand.

Dem ist jedoch entgegen zu halten, dass diese Schäden unabhängig von der Rechtsgrundlosigkeit des Grundgeschäfts in die Sphäre des Empfängers fallen und vor allem auch unabhängig vom Vertrauen auf die Endgültigkeit des Erwerbs entstanden sind. Der Empfänger hat daher das Risiko des Schadenseintritts selbst zu tragen und kann dies insbesondere nicht auf den Gläubiger abwälzen. Die Beschädigung der Stalltür durch das Pferd fällt demnach in den Risikobereich der F als Bereicherungsempfängerin; dies wäre nämlich auch bei Kenntnis des fehlenden Rechtsgrundes passiert. Daher erscheint es sachgerecht, den vorliegend eingetretenen Schaden nicht unter § 818 Abs. 3 BGB zu fassen.

Damit ist die F nur berechtigt, die Unterhaltskosten in Höhe von 600 Euro dem Anspruch des M auf Herausgabe des Pferdes im Rahmen des § 818 Abs. 3 BGB entgegen zu halten. Die 400 Euro Schadensersatz für die von dem Pferd beschädigte Stalltür hat F hingegen selbst zu tragen.

Ergebnis: Dem M steht ein Anspruch auf Herausgabe des Pferdes gemäß § 812 Abs. 1 Satz 2, 1. Alt. BGB nur Zug um Zug gegen Zahlung von 600 Euro an F zu.

Fall 4

Der blöde Reitlehrer II

Frau F hat schon wieder von ihrem Mann M zum Geburtstag ein Pferd im Wert von 5.000 Euro geschenkt bekommen und sich auch in diesem Fall hier dann in den blöden Reitlehrer verliebt und ein Verhältnis mit ihm angefangen. Als M das herausbekommt, erklärt er gegenüber F den Widerruf der Schenkung und verlangt die Herausgabe des Pferdes. F indessen reagiert hierauf nicht, da sie nach Rücksprache mit ihrem Anwalt den Widerruf der Schenkung für unwirksam hält. Daraufhin reicht M beim Amtsgericht Klage auf Herausgabe des Tieres ein. Zwei Tage nachdem das Gericht diese Klage der F zugestellt hat, verendet das Pferd aus ungeklärten Gründen. M verlangt jetzt von F den Wertersatz in Höhe von 5.000 Euro. F verweigert die Zahlung und beruft sich auf den Wegfall der Bereicherung.

Wie entscheidet das Gericht, wenn der Widerruf der Schenkung wirksam war?

Schwerpunkte: Die verschärfte Haftung des Empfängers nach den §§ 819 Abs. 1, 818 Abs. 4 BGB; Begriff der Bösgläubigkeit; die Rechtshängigkeit nach § 818 Abs. 4 BGB; der Verweis auf die »allgemeinen Vorschriften«; die Haftung nach dem Eigentümer-Besitzer-Verhältnis; Zufallshaftung im Verzug nach § 287 Satz 2 BGB.

Lösungsweg

Anspruch des M gegen F auf 5.000 Euro Wertersatz

<u>AGL.:</u> §§ 531, Abs. 2, 812 Abs. 1 Satz 2, 1. Alt., 818 Abs. 2 BGB

I. Voraussetzungen: Hier können wir das im vorherigen Fall schon Erlernte nutzbar machen und feststellen, dass der M die Schenkung gemäß den §§ 530, 531 BGB (wirksam) widerrufen hat mit der Folge des Verweises auf die Bereicherungsvorschriften durch **§ 531 Abs. 2 BGB** (bitte nachsehen). Die F hat demnach – bei späterem Wegfall des rechtlichen Grundes durch den Widerruf (§ 812 Abs. 1 Satz 2, 1. Alt. BGB) – das Eigentum und den Besitz an dem Pferd erlangt.

II. Rechtsfolgen: Die F ist dem M somit gemäß den §§ 531 Abs. 2, 812 Abs. 1 Satz 2 BGB grundsätzlich zur Herausgabe *des Erlangten* verpflichtet. Da das Erlangte in Form von Besitz und Eigentum an dem Pferd nicht mehr vorhanden ist und im Fall auch nicht steht, dass F für die Verendung des Tieres einen Ersatz bzw. ein Surrogat im Sinne des § 818 Abs. 1 BGB erhalten hat, ist sie gemäß § 818 **Abs. 2 BGB** zum *Wertersatz* verpflichtet (vgl. etwa BGHZ **205**, 90).

Problem: In Betracht kommt der Untergang dieses Anspruchs wegen Wegfalls der Bereicherung nach § 818 **Abs. 3 BGB**. Und das kommt deshalb in Betracht, weil die F, würde sie nunmehr 5.000 Euro an M zahlen müssen, in der Gesamtabrechnung des Bereicherungsvorgangs ein »Minus« in Höhe von eben diesen 5.000 Euro zu beklagen hätte. Wir erinnern uns bitte:

Die Frage nach dem Wegfall der Bereicherung im Sinne des § 818 **Abs. 3 BGB** beantwortet man anhand folgender drei Prüfungspunkte:

→ **1. Schritt:** Wie hoch war die tatsächlich erlangte Vermögensvermehrung?

→ **2. Schritt:** Wie viel ist zurzeit der Anspruchsstellung davon noch im Vermögen des Bereicherten vorhanden, und zwar entweder **a)** in natura, **b)** in anderen materiellen Vermögenswerten oder **c)** durch ersparte Aufwendungen?

→ **3. Schritt:** Würde die Herausgabepflicht in der Gesamtabrechnung beim Bereicherungsschuldner ein »Minus« ergeben?

Zum Fall: Die F hat ursprünglich ein Pferd im Wert von 5.000 Euro erlangt. Zum Zeitpunkt der Anspruchsstellung ist davon in ihrem Vermögen nichts mehr vorhanden, weder das Pferd in natura noch sonstige Vermögenswerte oder ersparte Aufwendungen. Würde sie nun 5.000 Euro an M zahlen, müsste sie dieses Geld aus ihrem quasi »eigenen« Vermögen aufbringen und hätte insoweit in der Gesamtabrechnung ein »Minus« in entsprechender Höhe zu verzeichnen. Das aber soll durch die Abwicklung im Rahmen der Bereicherungsvorschriften vermieden werden (BGHZ **205**, 90; BGHZ **118**, 383; BGHZ **55**, 128; *Jauernig/Stadler* § 818 BGB Rz. 27; *Brox/Walker* BS § 43 Rz. 6) mit der Folge, dass bei F die Entreicherung im Sinne des § 818 Abs. 3 BGB eingetreten ist.

ZE.: Dadurch, dass das Pferd bei F verendet ist, ist auf Seiten der F ein Wegfall der Bereicherung nach § 818 Abs. 3 BGB eingetreten. Eine Pflicht zum Wertersatz bestünde demnach nicht mehr.

Aber: Etwas anderes könnte sich noch daraus ergeben, dass der Untergang der Sache (= Verenden des Pferdes) zu einem Zeitpunkt eingetreten ist, als die F zum einen schon wusste, dass der M den Widerruf der Schenkung erklärt und die Herausgabe des Pferdes verlangt hatte und zum anderen ihr die Klage auf Herausgabe durch das Gericht bereits zugestellt war.

Durchblick: Die Rückabwicklung der Bereicherung und insbesondere die Regel des § 818 Abs. 3 BGB basieren im Wesentlichen auf dem Umstand, dass die beteiligten Parteien von der Unwirksamkeit des zugurndeliegenden Rechtsgrundes zunächst nichts wissen und deshalb auch glauben, dass sie den empfangenen Gegenstand (dauerhaft) behalten dürfen (*Medicus/Lorenz* SR II Rz. 1171). Wer z.B. etwas geschenkt bekommt, denkt ja nicht darüber nach, ob denn der zugrundeliegende Schenkungsvertrag nicht vielleicht unwirksam war und er deshalb später unter Umständen zur Rückgabe des erhaltenen Gegenstandes verpflichtet ist; man nimmt die Sache an und benutzt oder verbraucht sie im guten Glauben an das Vorliegen eines wirksamen Rechtsgrundes. Stellt sich dann im Nachhinein aber heraus, dass die empfangenen Leistungen tatsächlich »ohne rechtlichen Grund« erbracht wurden, ordnet das Gesetz in den §§ 812 ff. BGB an, dass man immer nur dasjenige herausgeben muss, was tatsächlich auch noch im Vermögen vorhanden ist (→ § 818 Abs. 3 BGB). Denn man war ja im guten Glauben an das Vorliegen des rechtlichen Grundes und soll nun keinen Nachteil dadurch erleiden, dass sich später die Unwirksamkeit des zugrundeliegenden Geschäfts herausstellt (BGHZ **118**, 383; BGHZ **55**, 128; *Palandt/Sprau* § 818 BGB Rz. 27). Diese Entscheidung des Gesetzgebers, die sich übrigens ähnlich auch in den Vorschriften über das Eigentümer-Besitzer-Verhältnis der §§ 987 ff. BGB findet, gehört – wie wir inzwischen wissen – zum eigentlichen Grundgedanken und dem tragenden Prinzip der §§ 812 ff. BGB: Wer etwas erlangt und dabei gutgläubig darauf vertraut, dieses Erlangte dauerhaft behalten zu dürfen, ist grundsätzlich schutzwürdig bei einer möglichen Rückabwicklung, wenn sich später herausstellt, dass das zugurndeliegende Geschäft unwirksam war (*Jauernig/Stadler* § 818 BGB Rz. 27; *Medicus/Lorenz* SR II Rz. 1177).

So, und wenn wir das gerade Gesagte verstanden haben, können wir auch schon die Ausnahmen von dieser Regel erahnen, nämlich: Mit der Schutzwürdigkeit des Empfängers der Bereicherung ist es selbstverständlich dann gelaufen, wenn er beim Empfang weiß oder später erfährt, dass er den Gegenstand gar nicht behalten darf. Das leuchtet ein: Wir haben ja eben gesagt, dass die Schutzwürdigkeit des Bereicherungsschuldners allein auf dem Umstand beruht, dass er *gutgläubig* im Hinblick auf das »Behaltendürfen« der empfangenen Leistung war.

Und jetzt lesen wir bitte **§ 819 Abs. 1 BGB**. Und dann lesen wir bitte auch noch den **§ 818 Abs. 4 BGB**.

Der bösgläubige Empfänger haftet also nach »**den allgemeinen Vorschriften**«. Mit den »allgemeinen Vorschriften« sind nun zunächst mal die **§§ 291, 292 BGB** gemeint (BGH NJW **2014**, 2790; BGHZ **83**, 293; *Palandt/Sprau* § 818 BGB Rz. 52), die bitte aufgeschlagen und von denen jedenfalls der **§ 292 Abs. 1 BGB** gelesen werden muss. Der § 292 Abs. 1 BGB verweist seinerseits dann auf die **§§ 987 ff. BGB** und dort insbesondere auf die **§§ 989, 990 BGB**, die die in § 292 Abs. 1 BGB benannte Haftung des Besitzers gegenüber dem Eigentümer nach Eintritt der *Rechtshängigkeit* (Erklärung dieses Wortes kommt gleich) normieren. Im Ergebnis haftet der bösgläubige Bereicherungsschuldner also über die Paragrafenkette der **§§ 819 Abs. 1, 818 Abs. 4, 292 Abs. 1, 989, 990 BGB** nach den Vorschriften über das Eigentümer-Besitzer-Verhältnis, was die folgenden, wichtigen Konsequenzen hat:

Da die §§ 989, 990 BGB keine dem § 818 Abs. 3 BGB entsprechende Möglichkeit der Entreicherung vorsehen, ist dem bösgläubigen Bereicherungsschuldner der Einwand des Wegfalls der Bereicherung grundsätzlich versperrt (BGH NJW **2014**, 2790; *Brox/Walker* BS § 43 Rz. 23; *Medicus/Lorenz* SR II Rz. 1178). Insoweit kann sich der bösgläubige Bereicherungsschuldner jetzt zwar nicht mehr auf den Wegfall der Be reicherung berufen, hat beim Untergang der Sache aber nur dann nach § 989 BGB wertmäßig Ersatz zu leisten, wenn er diesen Untergang auch *verschuldet* hat (bitte lies § 989 BGB). Für eine Haftung des bösgläubigen Bereicherungsschuldners ist somit grundsätzlich das *Verschulden* in Bezug auf den Untergang (oder die Verschlechterung) der Sache erforderlich. Etwas anderes gilt aber dann, wenn sich der Bereicherungsschuldner zum Zeitpunkt des Untergangs oder der Verschlechterung der Sache mit der Herausgabe im *Verzug* befunden hat: Dann findet nämlich gemäß § 990 **Abs. 2 BGB** unter anderem die Vorschrift des § 287 **Satz 2 BGB** Anwendung, wonach der Schuldner auch für *Zufall* einstehen muss, sofern der Schaden nicht auch bei rechtzeitiger Leistung eingetreten wäre (BGH NJW-RR **2003**, 1490; *Erman/Buck-Heeb* § 819 BGB Rz. 4; *Jauernig/Stadler* § 818 BGB Rz. 46; *Palandt/Sprau* § 818 BGB Rz. 54; MüKo/*Baldus* § 990 BGB Rz. 17).

Mit diesen Regeln für die Haftung des bösgläubigen Bereicherungsschuldners werden wir nun arbeiten und sie auf den konkreten Fall anwenden; bislang haben wir ja nur festgestellt, dass die F eigentlich wegen des Untergangs der empfangenen Sache entreichert ist im Sinne des § 818 Abs. 3 BGB. Etwas anderes könnte sich jetzt aber daraus ergeben, dass sie unter Umständen *verschärft* nach den eben benannten Vorschriften haftet, im Einzelnen:

1.) Die verschärfte Haftung setzt zunächst gemäß § 819 **Abs. 1 BGB** voraus, dass der Empfänger der Leistung den Mangel des Rechtsgrundes entweder kennt oder ihn später erfährt (bitte lies noch einmal § 819 Abs. 1 BGB).

> **Beachte:** An dieser Stelle muss man den Wortlaut des Gesetzes sehr genau nehmen und insbesondere darauf achten, dass das bloße »Kennen müssen«, also die Fahrlässige Unkenntnis, *nicht* ausreicht, um die verschärfte Haftung des Bereicherungsschuldners zu begründen (BGH NJW **2014**, 2790; RGZ **72**, 162; *Bamberger/Roth/Wendehorst* § 819 BGB Rz. 6). Erforderlich ist vielmehr die *positive Kenntnis* vom Fehlen der die Unwirksamkeit des Kausalgeschäfts begründenden Tatsachen sowie der entsprechenden *Rechtsfolgen* aus dieser Tatsachenkenntnis (BGH NJW **2014**, 2790; BGHZ **133**, 246; BGHZ **118**, 383; PWW/*Prütting* § 819 BGB Rz. 3; *Erman/Buck-Heeb* § 819 BGB Rz. 1 BGB), wobei es im Hinblick auf die Rechtsfolgenkenntnis durchaus schon genügen soll, wenn der Empfänger sich bewusst der wahren Rechtslage verschließt (MüKo/*Schwab* § 819 BGB Rz. 2).

In der Übersetzung heißt das, dass der Empfänger nur dann *bösgläubig* im Sinne des § 819 Abs. 1 BGB ist, wenn er zum einen die positive Kenntnis von den Tatsachen hat, die die Rechtsunwirksamkeit des Kausalgeschäfts begründen, und ihm zum anderen diese Unwirksamkeit auch als »Rechtsfolge« klar bzw. bekannt ist. Streng genommen muss der Bereicherungsschuldner somit gleich *doppelt* bösgläubig sein, denn allein etwa die Tatsachenkenntnis reicht nicht aus (so nur OLG Hamburg NJW **1977**, 1824), wenn der Bereicherungsschuldner für sich nicht auch die entsprechenden rechtlichen Schlüsse daraus ziehen kann. Freilich werden die Anforderungen im Hinblick auf die erkennbaren Rechtsfolgen nicht zu eng gezogen; so sollen diejenigen Sachverhalte, aus denen sich für jeden recht und billig denkenden Menschen die Rechtsgrundlosigkeit des Kausalgeschäfts ergibt, die entsprechende Kenntnis der Rechtsfolgen indizieren (vgl. etwa BGHZ **133**, 246; OLG Hamburg OLGRp **1998**, 430; *Palandt/Sprau* § 819 BGB Rz. 2). Vollkommen lebensfremde und unter Umständen nur vorgeschobene Behauptungen des Bereicherungsschuldners hindern seine Kenntnis im Hinblick auf die Rechtsfolgen dementsprechend nicht (OLG Karlsruhe ZIP **1995**, 1748; OLG Hamm FamRZ **1997**, 431). Hat der Bereicherungsschuldner hingegen trotz Tatsachenkenntnis begründete und nachvollziehbare Zweifel in Bezug auf die Rechtsfolgen und damit seine Herausgabepflicht, liegt *keine* Kenntnis vom Fehlen des Rechtsgrundes im Sinne des § 819 Abs. 1 BGB vor (vgl. OLG Naumburg FamRZ **2005**, 365; OLG Zweibrücken FamRZ **1995**, 175; *Bamberger/Roth/Wendehorst* § 819 BGB Rz. 5; *Erman/Buck-Heeb* § 819 BGB Rz. 1; *Palandt/Sprau* § 819 BGB Rz. 2).

Zum Fall: Unsere F hat ihren Ehemann M mit dem Reitlehrer betrogen, weswegen der M dann auch die Schenkung (wirksam) widerrufen hat. Sämtliche Umstände sind der F insoweit fraglos bekannt. Es fragt sich indessen, ob die F auch die entsprechende positive Kenntnis der daraus zu ziehenden *Rechtsfolgen* hatte. Insbesondere steht im Sachverhalt, dass F selbst den Widerruf der Schenkung – nach Rücksprache mit ihrem Anwalt – für unwirksam hält und daher auch nicht auf das Herausgabeverlangen des M reagiert. Angesichts dessen dürfte hier gut zu vertreten sein, die positive Kenntnis der F insoweit abzulehnen. Dies gilt insbesondere vor dem Hintergrund, dass – wie im letzten Fall schon mal angedeutet – durchaus umstritten sein kann, ob ein Ehebruch tatsächlich für die Erfüllung des Merkmals »grober Undank« im Sinne des § 530 Abs. 1 BGB ausreicht und damit den Rechtsgrund der Schenkung entfallen lässt (BGHZ **87**, 145; BGHZ **91**, 273; BGH NJW **1999**, 1623; BGH FamRZ **1985**, 351; BGH FamRZ **1982**, 1066; OLG Frankfurt FamRZ **1986**, 577). Unter Berücksichtigung dessen kann nicht davon gesprochen werden, dass die F hier »lebensfremde« und »vorgeschobene« Behauptungen im Hinblick auf die fehlende Rechtsfolgenkenntnis abgibt.

ZE.: Sie ist mithin *nicht* bösgläubig im Sinne des § 819 Abs. 1 BGB.

2.) Möglicherweise ist die Bösgläubigkeit im Sinne des § 819 Abs. 1 BGB indessen gar nicht erforderlich, um eine verschärfte Haftung der F zu begründen. Das Gesetz sieht nämlich noch in einem anderen, hier unter Umständen einschlägigen Fall die verschärfte Haftung des Bereicherungsschuldners vor. Wir haben diese Variante sogar schon kennengelernt, freilich ohne es zu merken.

Bitte lies noch einmal: **§ 818 Abs. 4 BGB**.

Diese Norm, die wir eben quasi nur als Zwischenschritt und Verbindung von § 819 Abs. 1 BGB zu § 292 BGB und dann den §§ 987 ff. BGB genommen haben, hat durchaus auch *eigenständige* Bedeutung. Liegen ihre Voraussetzungen vor, benötigt man nämlich keine Bösgläubigkeit im Sinne des § 819 Abs. 1 BGB, um über die Verweisung des § 292 BGB zur Haftung nach dem Eigentümer-Besitzer-Verhältnis zu gelangen (*Medicus/Lorenz* SR II Rz. 1177 ff.). Wir wollen mal die Voraussetzungen prüfen: Gemäß § 818 Abs. 4 BGB haftet der Empfänger von dem Eintritt der Rechtshängigkeit nach den allgemeinen Vorschriften.

> **Definition:** Die *Rechtshängigkeit* wird gemäß **§ 261 Abs. 1 ZPO** durch die Erhebung der Klage begründet. Die Erhebung der Klage erfolgt gemäß **§ 253 Abs. 1 ZPO** durch die Zustellung der Klageschrift. Die Rechtshängigkeit tritt somit ein, wenn dem Gegner die Klageschrift zugestellt ist.

Beachte: Mit dem Eintritt der Rechtshängigkeit – also der Zustellung der Klage – weiß der verklagte Bereicherungsschuldner, dass er die erlangte Sache unter Umständen wieder herausgeben muss; der andere hat ja immerhin schon eine entsprechende Klage eingereicht (es muss übrigens tatsächlich eine Herausgabe- bzw. Leistungsklage sein, eine Feststellungsklage reicht nicht, vgl. BGHZ **93**, 183). Und weil der Bereicherungsschuldner aufgrund der zugestellten Klage nun weiß, dass er die Sache möglicherweise nicht behalten darf, ordnet das Gesetz ab diesem Zeitpunkt eine verschärfte Haftung an, verpflichtet den Bereicherungsschuldner somit, besondere Vorsicht im Hinblick auf die Sache, die er im Zweifel wieder zurückgeben muss, walten zu lassen (*Palandt/Sprau* § 818 BGB Rz. 51; PWW/*Prütting* § 818 BGB Rz. 36).

Die *Rechtsfolgen* sind dann exakt die gleichen, die wir eben schon bei der Bereicherungskette über § 819 Abs. 1 BGB kennengelernt haben, nämlich:

> Dem verklagten Bereicherungsschuldner ist der Einwand des Wegfalls der Bereicherung grundsätzlich verwehrt (*Brox/Walker* BS § 43 Rz. 23; *Medicus/Lorenz* SR II Rz. 1177). Er hat beim Untergang der Sache indessen nur dann nach § 989 BGB Ersatz zu leisten, wenn er diesen Untergang auch *verschuldet* hat (bitte lies § 989 BGB). Etwas anderes gilt aber dann, wenn sich der Bereicherungsschuldner zum Zeitpunkt des Untergangs der Sache mit der Herausgabe im *Verzug* befunden hat: Dann findet nämlich gemäß **§ 990 Abs. 2 BGB** unter anderem die Vorschrift des **§ 287 Satz 2 BGB** Anwendung, wonach der Schuldner auch für *Zufall* einstehen muss, sofern der Schaden nicht auch bei rechtzeitiger Leistung eingetreten sein würde (BGH NJW-RR **2003**, 1490; *Erman/Buck-Heeb* § 819 BGB Rz. 4; *Jauernig/Stadler* § 818 BGB Rz. 46; *Palandt/Sprau* § 818 BGB Rz. 54; MüKo/*Baldus* § 990 BGB Rz. 17).

Zum Fall: Mit der Zustellung der Klage bei F ist die Rechtshängigkeit im Sinne des § 818 Abs. 4 BGB eingetreten. Ab diesem Zeitpunkt haftet F mithin nach den allgemeinen Vorschriften, also den **§§ 292 Abs. 1, 989, 990 BGB**. Das Pferd ist zwei Tage nach Zustellung der Klage aus ungeklärten Gründen verendet. Es fragt sich, ob F angesichts dieser Umstände für den Untergang der Sache Ersatz zu leisten hat.

Lösung: Grundsätzlich muss der verklagte Bereicherungsschuldner gemäß den §§ 818 Abs. 4, 292 Abs. 1, 990 Abs. 1, 989 BGB nur dann für den Untergang der Sache Schadensersatz leisten, wenn er diesen Untergang der Sache auch *verschuldet* hat. Das steht ausdrücklich in **§ 989 BGB** drin, und das wissen wir mittlerweile. In unserem Fall kann nun nicht geklärt werden, warum das Pferd verendet ist, mit der Konsequenz, dass ein Verschulden der F im Hinblick auf den Untergang der Sache nicht angenommen werden kann.

ZE.: F müsste demnach für den Untergang des Pferdes nicht einstehen.

Etwas anderes könnte sich indessen aus **§ 990 Abs. 2 BGB** ergeben, wonach eine weitergehende Haftung wegen Verzugs »unberührt bleibt«, also grundsätzlich möglich ist, wenn die entsprechenden Voraussetzungen vorliegen (BGHZ **85**, 11; *Staudinger/ Lorenz* § 818 BGB Rz. 51; *Palandt/Sprau* § 818 BGB Rz. 55; *Brox/Walker* BS § 43 Rz. 23; *Baur/Stürner* § 11 Rz. 45). Sollte sich F zum Zeitpunkt des Untergangs der Sache im Verzug mit der Rückgabe befunden haben, hätte sie in Abänderung der bisher festgestellten Verschuldenshaftung insbesondere gemäß **§ 287 Satz 2 BGB** auch für den *zufälligen* Untergang einzustehen.

Prüfen wir mal: Die F müsste sich also zum Zeitpunkt des Untergangs der Sache im Verzug befunden haben. In Verzug gerät man nach **§ 286 Abs. 1 Satz 1 BGB** grundsätzlich mit der Mahnung des Gläubigers, jedenfalls aber gemäß **§ 286 Abs. 1 Satz 2 BGB** mit der *Klageerhebung* (prüfen!). Im vorliegenden Fall war zum Zeitpunkt des Untergangs der Sache die Klage bereits erhoben mit der Konsequenz, dass F sich gemäß § 286 Abs. 1 Satz 2 BGB im Verzug befand, als das Pferd verendete. Und daraus folgt, dass sie gemäß **§ 287 Satz 2 BGB** nunmehr auch für den *zufälligen* Untergang der Sache verantwortlich ist (vgl. *Jauernig/Stadler* § 818 BGB Rz. 46).

Ergebnis: Die F hat, da sie sich zum Zeitpunkt des Untergangs der Sache im Verzug befunden hat, gemäß den §§ 818 Abs. 4, 292 Abs. 1, 989, 990 Abs. 2, 287 Satz 2 BGB Schadensersatz für das verendete Pferd zu leisten. Und zwar gemäß § 251 Abs. 1 BGB genau 5.000 Euro, da sie das Pferd ja nicht mehr lebendig machen kann. Alles klar!?

Gutachten

Anspruch des M gegen F auf 5.000 Euro Wertersatz

M könnte gegen F einen Anspruch auf Wertersatz in Höhe von 5.000 Euro aus den §§ 531 Abs. 2, 812 Abs. 1 Satz 2, 1. Alt., 818 Abs. 2 BGB haben.

I. Die F hat das Eigentum und den Besitz an dem Pferd durch Leistung des M, der in Erfüllung eines Schenkungsvertrages gehandelt hat, erlangt. Durch den wirksamen Widerruf der Schenkung nach den §§ 530, 531 BGB ist der Rechtsgrund der Leistung nachträglich weggefallen im Sinne des § 812 Abs. 1 Satz 2, 1. Alt. BGB. Nach dem Verweis aus § 531 Abs. 2 BGB finden in diesem Falle die Vorschriften der §§ 812 ff. BGB Anwendung.

Zwischenergebnis: Die Voraussetzungen der §§ 531 Abs. 2, 812 Abs. 1 Satz 2, 1. Alt. BGB liegen somit vor. F ist dem M mithin grundsätzlich zur Herausgabe des Erlangten, also zur Rückverschaffung von Eigentum und Besitz an dem Pferd, verpflichtet.

II. Das Erlangte in Form von Besitz und Eigentum an dem Pferd ist indessen nicht mehr vorhanden, die Herausgabe ist dementsprechend unmöglich mit der Konsequenz, dass F gemäß § 818 Abs. 2 BGB grundsätzlich zum Wertersatz verpflichtet ist.

1.) In Betracht kommt jedoch der Untergang dieses Anspruchs wegen des Wegfalls der Bereicherung nach § 818 Abs. 3 BGB. Dies kommt deshalb in Betracht, weil die F, würde sie nunmehr 5.000 Euro an M zahlen müssten, in der Gesamtabrechnung des Bereicherungsvorgangs ein »Minus« in Höhe von eben diesen 5.000 Euro zu beklagen hätte. Gemäß § 818 Abs. 3 BGB ist die Verpflichtung zur Herausgabe ausgeschlossen, soweit der Empfänger nicht mehr bereichert ist. Dem redlichen Empfänger darf namentlich durch die bereicherungsrechtliche Abwicklung kein vermögensmäßiger Nachteil entstehen. Diesbezüglich ausschlaggebend ist die Frage, wie hoch die tatsächlich erlangte Vermögensvermehrung war, inwieweit zurzeit der Anspruchsstellung davon noch etwas im Vermögen des Bereicherten vorhanden ist und ob die Herausgabepflicht in der Gesamtabrechnung beim Bereicherungsschuldner ein »Minus« ergeben würde.

Die F hat ursprünglich ein Pferd (Eigentum und Besitz daran) im Wert von 5.000 Euro erlangt. Zum Zeitpunkt der Anspruchsstellung ist davon in ihrem Vermögen nichts mehr vorhanden, weder das Pferd in natura noch sonstige Vermögenswerte oder ersparte Aufwendungen. Würde sie nun 5.000 Euro an M zahlen, müsste sie dieses Geld aus ihrem quasi »eigenen« Vermögen aufbringen und hätte insoweit in der Gesamtabrechnung ein »Minus« in entsprechender Höhe zu verzeichnen. Dies aber widerspräche dem Zweck der bereicherungsrechtlichen Abwicklung mit der Folge, dass bei F die Entreicherung im Sinne des § 818 Abs. 3 BGB eingetreten ist. Dadurch, dass das Pferd bei F verendet ist, ist auf Seiten der F ein Wegfall der Bereicherung nach § 818 Abs. 3 BGB eingetreten. Eine Pflicht zum Wertersatz bestünde demnach nicht mehr.

2.) Etwas anderes könnte sich noch daraus ergeben, dass der Untergang der Sache (Verenden des Pferdes) zu einem Zeitpunkt eingetreten ist, als die F zum einen schon wusste, dass der M den Widerruf der Schenkung erklärt und die Herausgabe des Pferdes verlangt hatte und zum anderen ihr die Klage auf Herausgabe durch das Gericht bereits zugestellt war.

Gemäß den §§ 819 Abs. 1, 818 Abs. 4 BGB haftet der bösgläubige Empfänger nach den allgemeinen Vorschriften der §§ 292, 291, 987 ff. BGB. In Betracht kommt demnach namentlich eine Einstandspflicht der F nach den §§ 989, 990 BGB, die gemäß den §§ 819 Abs. 1, 818 Abs. 4, 292 Abs. 1 BGB anwendbar sind.

a) Die verschärfte Haftung setzt zunächst gemäß § 819 Abs. 1 BGB voraus, dass der Empfänger der Leistung den Mangel des Rechtsgrundes entweder kennt oder ihn später erfährt. Insoweit erforderlich ist die positive Kenntnis sowohl der die Unwirksamkeit des Kausalgeschäfts begründenden Tatsachen als auch der daraus folgenden rechtlichen Konsequenzen. Der Empfänger ist nur dann bösgläubig im Sinne des § 819 Abs. 1 BGB, wenn diese Voraussetzungen erfüllt sind. Streng genommen muss der Bereicherungsschuldner somit doppelt bösgläubig sein, denn allein etwa die Tatsachenkenntnis reicht nicht aus, wenn der Bereicherungsschuldner für sich nicht auch die entsprechenden rechtlichen Schlüsse daraus ziehen kann. Die Anforderungen im Hinblick auf die erkennbaren Rechtsfolgen werden indessen nicht zu eng gezogen; so sollen diejenigen Sachverhalte, aus denen sich für jeden recht und billig denkenden Menschen die Rechtsgrundlosigkeit des Kausalgeschäfts ergibt, die entsprechende Kenntnis der Rechtsfolgen indizieren. Vollkommen lebensfremde und unter Umständen nur vorgeschobene Behauptungen des Bereicherungsschuldners hindern seine Kenntnis im Hinblick auf die Rechtsfolgen dementsprechend nicht. Hat der Bereicherungsschuldner hingegen trotz Tatsachenkenntnis begründete und nachvollziehbare Zweifel in Bezug auf die Rechtsfolgen und damit seiner Herausgabepflicht, liegt keine Kenntnis vom Fehlen des Rechtsgrundes im Sinne des § 819 Abs. 1 BGB vor.

F hat ihren Ehemann M mit dem Reitlehrer betrogen, weswegen der M dann auch die Schenkung (wirksam) widerrufen hat. Sämtliche Umstände sind der F insoweit bekannt. Es fragt sich indessen, ob die F auch die entsprechende positive Kenntnis der daraus zu ziehenden Rechtsfolgen hatte. Insbesondere ist beachtlich, dass F selbst den Widerruf der Schenkung – nach Rücksprache mit ihrem Anwalt – für unwirksam hält und daher auch nicht auf das Herausgabeverlangen des M reagiert. Angesichts dessen kann davon ausgegangen werden, dass die positive Kenntnis der F insoweit fehlt. Dies gilt insbesondere vor dem Hintergrund, dass durchaus umstritten sein kann, ob ein Ehebruch tatsächlich für die Erfüllung des Merkmals »grober Undank« im Sinne des § 530 Abs. 1 BGB ausreicht, um den Rechtsgrund der Schenkung entfallen zu lassen. Unter Berücksichtigung dessen kann nicht davon gesprochen werden, dass die F hier »lebensfremde« und »vorgeschobene« Behauptungen im Hinblick auf die fehlende Rechtsfolgenkenntnis abgibt. Sie ist mithin nicht bösgläubig im Sinne des § 819 Abs. 1 BGB.

b) Möglicherweise ist die Bösgläubigkeit im Sinne des § 819 Abs. 1 BGB indessen gar nicht erforderlich, um eine verschärfte Haftung der F zu begründen. In Betracht kommt die direkte Anwendung des § 818 Abs. 4 BGB. Gemäß § 818 Abs. 4 BGB haftet der Empfänger von dem Eintritt der Rechtshängigkeit nach den allgemeinen Vorschriften. Die Rechtshängigkeit wird gemäß § 261 Abs. 1 ZPO durch die Erhebung der Klage begründet. Die Erhebung der Klage erfolgt gemäß § 253 Abs. 1 ZPO durch die Zustellung der Klageschrift. Die Rechtshängigkeit tritt somit ein, wenn dem Gegner die Klageschrift zugestellt ist. Mit der Zustellung der Klage bei F ist die Rechtshängigkeit im Sinne des § 818 Abs. 4 BGB eingetreten. Ab diesem Zeitpunkt haftet F mithin nach den allgemeinen Vorschriften, also den §§ 292 Abs. 1, 989, 990 BGB. Das Pferd ist zwei Tage nach Zustellung der Klage aus ungeklärten Gründen verendet.

Es fragt sich, ob F angesichts dieser Umstände für den Untergang der Sache Ersatz zu leisten hat. Grundsätzlich muss der verklagte Bereicherungsschuldner gemäß den §§ 818 Abs. 4, 292 Abs. 1, 990 Abs. 1, 989 BGB nur dann für den Untergang der Sache Schadensersatz leisten, wenn er den Untergang auch verschuldet hat. Im vorliegenden Fall kann nicht geklärt werden, warum das Pferd verendet ist, mit der Konsequenz, dass ein Verschulden der F im Hinblick auf den Untergang der Sache nicht angenommen werden kann. F müsste demnach für den Untergang des Pferdes nicht einstehen.

c) Etwas anderes könnte sich aber noch aus § 990 Abs. 2 BGB ergeben, wonach eine weitergehende Haftung wegen Verzugs »unberührt bleibt«, also grundsätzlich möglich ist, wenn die entsprechenden Voraussetzungen vorliegen. Sollte sich F zum Zeitpunkt des Untergangs im Verzug mit der Rückgabe der Sache befunden haben, hätte sie in Abänderung der bisher festgestellten Verschuldenshaftung insbesondere gemäß § 287 Satz 2 BGB auch für den zufälligen Untergang einzustehen. Die F müsste sich also zum Zeitpunkt des Untergangs der Sache im Verzug befunden haben. In Verzug gerät man nach § 286 Abs. 1 Satz 1 BGB grundsätzlich mit der Mahnung des Gläubigers, jedenfalls aber gemäß § 286 Abs. 1 Satz 2 BGB mit der Klageerhebung. Im vorliegenden Fall war zum Zeitpunkt des Untergangs der Sache die Klage bereits erhoben mit der Konsequenz, dass F sich gemäß § 286 Abs. 1 Satz 2 BGB im Verzug befand, als das Pferd verendete. Und daraus folgt, dass sie gemäß § 287 Satz 2 BGB nunmehr auch für den zufälligen Untergang der Sache verantwortlich ist.

Ergebnis: Die F hat, da sie sich zum Zeitpunkt des Untergangs der Sache im Verzug befunden hat, gemäß den §§ 818 Abs. 4, 292 Abs. 1, 989, 990 Abs. 2, 287 Satz 2 BGB Schadensersatz für das verendete Pferd zu leisten. Und zwar gemäß § 251 Abs. 1 BGB genau 5.000 Euro, da sie das Pferd nicht mehr lebendig machen kann.

Fall 5

Fahrradgeschichten

Rechtsstudent R ist pleite und hat daher sowohl sein nagelneues Mountainbike (Wert: 500 Euro) als auch sein altes Holland-Rad (Wert: 50 Euro) an seinen Kommilitonen K verkauft und übereignet. Für das Mountainbike hat R von K 500 Euro bekommen, für das Holland-Rad den Liebhaberpreis von 200 Euro. Im Fahrradkeller des von K bewohnten Studentenwohnheims werden dann gleich in der ersten Nacht die Räder von einem Unbekannten gestohlen. Und natürlich stellt sich am nächsten Tag heraus, dass die zwischen R und K geschlossenen Kaufverträge wegen rechtsgeschäftlicher Mängel nichtig waren.

K verlangt nun von R das gezahlte Geld zurück. R meint, dazu sei er nicht verpflichtet, da K ja auch die Räder nicht zurückgeben könne.

Rechtslage?

Schwerpunkte: Die bereicherungsrechtliche Abwicklung beim gegenseitigen Vertrag; die »Saldo-Theorie«; die »Zwei-Kondiktionen-Theorie«; der Wegfall der Bereicherung nach § 818 Abs. 3 BGB bei einem Diebstahl; die Wertersatzpflicht nach § 818 Abs. 2 BGB; Verhältnis von § 818 Abs. 2 BGB zu § 818 Abs. 1 BGB.

Lösungsweg

Vorab: Mit diesem Fall steigen wir in die bereicherungsrechtliche Abwicklung beim *gegenseitigen* Vertrag ein. Bislang hatten wir es ja nur zu tun mit Schenkungen, also mit einseitig verpflichtenden Verträgen, bei denen dann eben auch nur *eine* Seite Leistungen erbracht hatte. Wir konnten uns bei der Lösung der Fälle dann komplett auf die einseitige Rückabwicklung und vor allem auf den **Umfang** des Bereicherungsanspruchs aus § 818 BGB konzentrieren. Hier wird es jetzt ein bisschen kniffliger, denn die ganzen Regeln, die wir bisher gelernt haben, müssen nun übertragen werden auf Konstellationen, in denen *beide* Parteien die Rückgewähr der von ihnen erbrachten Leistungen einfordern. Unser erster Fall behandelt dann auch gleich einen echten Klausurklassiker, nämlich die Frage, was denn mit der bereicherungsrechtlichen Abwicklung passiert, wenn bei einer Partei das Erlangte komplett untergegangen ist. Kann diese Partei (bei uns oben ist das der K) dann dennoch die von ihr selbst erbrachte Leistung zurückfordern?

Das schauen wir uns jetzt mal in Ruhe an und bleiben wie immer schön sorgfältig im Prüfungsaufbau der in Betracht kommenden Anspruchsgrundlagen, also:

I. Anspruch des K gegen R auf Rückzahlung des Kaufpreises für die Räder

AGL.: § 812 Abs. 1 Satz 1, 1. Alt. BGB

I. Voraussetzungen: K hat in Erfüllung der mit R geschlossenen Kaufverträge das Vermögen des R um den Besitz und das Eigentum an insgesamt 700 Euro (500 Euro für das Mountainbike, 200 Euro für das Holland-Rad) ohne rechtlichen Grund – die Kaufverträge waren nichtig – vermehrt.

II. Rechtsfolgen: Der R ist dem K gegenüber daher aus § 812 Abs. 1 Satz 1, 1. Alt. BGB zur Herausgabe des Erlangten, also zur Rückübertragung der 700 Euro, verpflichtet.

Ergebnis: K steht gegen R ein Anspruch auf Rückzahlung der geleisteten 700 Euro aus § 812 Abs. 1 Satz 1, 1. Alt. BGB zu.

II. Anspruch des R gegen K auf Rückgabe der Fahrräder

AGL.: § 812 Abs. 1 Satz 1, 1. Alt. BGB

I. Voraussetzungen: R hat in Erfüllung der mit K geschlossenen Kaufverträge das Vermögen des R um den Besitz und das Eigentum an den beiden Fahrrädern ohne rechtlichen Grund – die Kaufverträge waren nichtig – vermehrt.

II. Rechtsfolgen: Der K ist dem R gegenüber daher aus § 812 Abs. 1 Satz 1, 1. Alt. BGB grundsätzlich zur Herausgabe des Erlangten, also zur Rückübertragung der Rechtspositionen an den Rädern, verpflichtet.

Problem: Da die Räder gestohlen wurden, kann K sie in natura nicht mehr herausgeben. Im Falle der Entziehung der Sache ist der Schuldner dann gemäß **§ 818 Abs. 1 BGB** zur Herausgabe des *Surrogats* verpflichtet, was bei einem Diebstahl eine mögliche Versicherungsleistung oder auch ein Schadensersatzanspruch gegen den Schädiger bzw. Dieb sein kann (*Erman/Buck-Heeb* § 818 BGB Rz. 14). Hat der Schuldner ein solches Surrogat nicht erlangt (und nur dann!), muss er hingegen *Wertersatz* nach **§ 818 Abs. 2 BGB** leisten (BGH NJW **1995**, 53; MüKo/*Schwab* § 818 BGB Rz. 75/76). Und da in unserem Fall der Täter des Diebstahls unbekannt ist und im Übrigen auch nichts von einer Versicherungsleistung steht, die K durch den Diebstahl der Räder erlangt hätte, ist K dem R gegenüber grundsätzlich zum Ersatz des objektiven Wertes der Fahrräder aus **§ 818 Abs. 2 BGB** verpflichtet.

Dem könnte schließlich aber noch **§ 818 Abs. 3 BGB** entgegenstehen, namentlich der »Wegfall der Bereicherung« auf Seiten des K durch den Diebstahl der Räder. Bekanntlich darf dem Empfänger der Leistung in der Gesamtabrechnung des Bereicherungsvorganges kein »Minus« entstehen. Der Wegfall der Bereicherung nach § 818 Abs. 3 BGB wird in den uns inzwischen bekannten drei Schritten geprüft:

→ **1. Schritt:** Wie hoch war die tatsächlich erlangte Vermögensvermehrung?

→ **2. Schritt:** Wie viel ist zum Zeitpunkt der Anspruchsstellung davon noch im Vermögen des Bereicherten vorhanden, und zwar entweder **a)** in natura, **b)** in anderen materiellen Vermögenswerten oder **c)** durch ersparte Aufwendungen?

→ **3. Schritt:** Würde die Herausgabepflicht in der Gesamtabrechnung beim Bereicherungsschuldner ein »Minus« ergeben?

Zum Fall: Ursprünglich hat K das Eigentum und den Besitz an den Rädern erhalten. Zurzeit der Anspruchsstellung (also jetzt) ist davon nichts mehr in seinem Vermögen vorhanden, weder in natura noch in sonstigen Vermögenswerten oder ersparten Aufwendungen. Müsste K nun den objektiven Wert der Fahrräder aus seinem (»eigenen«) Vermögen begleichen, wäre sein Vermögen um genau *diesen* Betrag in der Gesamtabrechnung – also im Vergleich seines Vermögens *vor* dem gesamten Geschäft zum Vermögen *nachher* – vermindert. Da das aber nach dem Zweck des Bereicherungsrechts nicht passieren darf, ist K mithin durch den Diebstahl der Fahrräder *entreichert* und muss folglich wegen des Wegfalls der Bereicherung nach § 818 Abs. 3 BGB auch keinen Wertersatz nach § 818 Abs. 2 BGB leisten.

Ergebnis: K muss keinen Wertersatz für die Räder leisten; er ist wegen des Diebstahls entreichert im Sinne des § 818 Abs. 3 BGB.

Gesamtergebnis: K ist wegen des Wegfalls der Bereicherung nicht verpflichtet, Wertersatz für die gestohlenen Fahrräder zu leisten, kann seinerseits aber von R die Rückzahlung des Kaufpreises in Höhe von 700 Euro fordern.

Wirklich?

Nein. Irgendwas stimmt da nicht. Und was da nicht stimmt, verstehen wir, wenn wir das bislang gefundene Ergebnis mal etwas näher beleuchten: Würde es dabei bleiben, hätten wir nämlich den sonderbaren Umstand, dass das Risiko des Unterganges der Sache nicht derjenige trägt, in dessen Obhut und Verfügungsmacht sich der Gegenstand befunden hat, sondern derjenige, der gar keinen Zugriff mehr auf die Sache hatte. Der R hat dem K im Glauben an die Rechtmäßigkeit des Kaufvertrages die Räder übereignet und soll nun dafür einstehen, dass die Fahrräder bei K gestohlen worden sind. Zudem würde mit diesem Ergebnis auch außer Acht gelassen, dass sich Leistung und Gegenleistung an sich ja durchaus in einem Gegenseitigkeitsverhältnis befunden haben, also synallagmatisch miteinander verbunden waren: R hat in Erfüllung des vermeintlich wirksamen Kaufvertrages nur deshalb die Fahrräder übereignet, weil er von K das Geld erhalten hat. Und wenn beide Parteien in Erfüllung eines vermeintlich wirksamen Kaufvertrages gutgläubig ihre Leistungen erbracht haben, erscheint es angemessen, jeder Partei auch das Schicksal des Unterganges der jeweils empfangenen Leistung aufzubürden. Denn genau so wäre das ja auch, wenn die Kaufverträge wirksam geblieben wären. In diesem Falle hätte nämlich jeder nach der Gefahrtragungsregel des **§ 446 BGB** (lesen, bitte!) mit der Übergabe der Sache das Risiko ihres Untergangs zu tragen.

Und aus den gerade genannten Erwägungen folgert die herrschende Meinung, dass auch im Bereicherungsrecht eine entsprechende Risikoverteilung erfolgen soll. Die Konstruktion und Abwicklung dessen ist freilich anders geregelt und nicht ganz so leicht zu verstehen: Dahinter verbirgt sich nämlich die berühmte »**Saldo-Theorie**«: Diese Saldo-Theorie besagt, dass bei der bereicherungsrechtlichen Abwicklung eines beidseitig erfüllten gegenseitigen Vertrages jede Partei dasjenige von ihrem Bereicherungsanspruch abziehen muss, was sie selbst wertmäßig erhalten hat (BGH MDR **2009**, 1167; BGH NJW **2006**, 2847; BGH NJW **2005**, 884; BGHZ **145**, 52; BGH NJW **2001**, 1863; *Jauernig/Stadler* § 818 BGB Rz. 40; *Palandt/Sprau* § 818 BGB Rz. 48; PWW/*Prütting* § 818 BGB Rz. 29; MüKo/*Schwab* § 818 BGB Rz. 210). Im Hinblick auf diesen Betrag kann sie sich dann insbesondere *nicht* mehr auf den Wegfall der Bereicherung gemäß § 818 Abs. 3 BGB berufen, sollte die erhaltene Sache untergegangen sein. Die Saldo-Theorie schränkt damit rechtstechnisch betrachtet den Anwendungsbereich des § 818 Abs. 3 BGB für den Bereicherungsschuldner in Höhe des selbst erhaltenen Wertes ein, stellt aber *keine* eigene Anspruchsgrundlage dar (*Medicus/Lorenz* SR II Rz. 1170/1171). Leistung und Gegenleistung werden nämlich im Rahmen des § 818 Abs. 3 BGB nur »**saldiert**« (daher natürlich auch der Name), also miteinander verrechnet.

Und derjenige, auf dessen Seite nach dieser Saldierung dann ein Überschuss verbleibt, wird dann Schuldner des bereicherungsrechtlichen Anspruchs auf Ausgleich dieses überschüssigen Betrages. Ihm selbst steht demgegenüber kein Anspruch mehr zu. In der Abwicklung entsteht somit am Ende immer nur *ein* Bereicherungsanspruch, und zwar zulasten desjenigen, bei dem die Saldierung einen Überschuss ergeben hat. Und genannt wird das Ganze dann Abwicklung im »**faktischen Synallagma**« (*Erman/Buck-Heeb* § 818 BGB Rz. 41), deshalb nur »**faktisches**« Synallagma, weil es streng genommen kein Synallagma ist; der zugurndeliegende Vertrag ist ja unwirksam. Die Risikoverteilung im Hinblick auf den Untergang der Sache wird durch Anwendung der Saldo-Theorie damit faktisch so geregelt, wie sie auch bei einem wirksamen Vertrag wäre (*Medicus/Lorenz* SR II Rz. 1184): Jeder trägt das Risiko des Unterganges der empfangenen Leistung.

Achtung: Bevor wir die Saldo-Theorie dann gleich mal an unserem Fall testen, müssen wir noch wissen, dass diese Theorie nicht ganz unumstritten ist. Es gibt zum einen sogar unstreitig zunächst einige Ausnahmen davon, etwa bei der Rückabwicklung unter Beteiligung Minderjähriger (vgl. dazu *Bamberger/Roth/Wendehorst* § 818 BGB Rz. 101 ff. oder *Palandt/Sprau* § 818 BGB Rz. 49); zum anderen lehnen diverse Autoren in der Wissenschaft sie auch ganz oder zumindest teilweise ab und bevorzugen vielmehr die sogenannte »**Zwei-Kondiktionen-Theorie**« (*Erman/ Buck-Heeb* § 818 BGB Rz. 41; dahin tendierend auch *Brox/Walker* BS § 43 Rz. 11; weitere Nachweise bei MüKo/*Schwab* § 818 BGB Rz. 110), nach der sich stets die jeweiligen Ansprüche aus § 812 BGB *einzeln* gegenüberstehen und auch entsprechend durchgesetzt werden müssen (§ 273 BGB). Eine Saldierung soll nicht stattfinden; ein etwa erfolgter Wegfall der Bereicherung geht dann logischerweise zulasten desjenigen, dem dadurch ein Verlust entsteht, also dem jeweiligen Bereicherungsgläubiger. Beide Parteien haben zwar jeweils eigene bereicherungsrechtliche Ansprüche, verlieren aber bei einer möglichen Entreicherung der Gegenseite diesen Anspruch ersatzlos.

Diese »Zwei-Kondiktionen-Theorie« haben wir übrigens schon kennengelernt, es ist nämlich genau das, was wir oben gleich zu Beginn des Falles geprüft und dabei festgestellt hatten, dass der R wegen des Wegfalls der Bereicherung bei K zwar den Kaufpreis zurückzahlen muss, selbst aber keinen eigenen bereicherungsrechtlichen Anspruch mehr geltend machen kann, weil der K ja wegen § 818 Abs. 3 BGB nicht mehr bereichert ist (siehe oben). Dieses, von uns als ungerecht entlarvtes Ergebnis würde die »Zwei-Kondiktionen-Theorie« im vorliegenden Fall erzielen. Und weil das in dieser Konstellation eben ungerecht ist (siehe oben), lehnen wir bzw. die herrschende Meinung diese Theorie auch ab und folgen vielmehr der »**Saldo-Theorie**«.

Zum Fall: Wir müssen bei der bereicherungsrechtlichen Abwicklung des zwischen R und K geschlossenen, unwirksamen Kaufvertrages jetzt also die jeweils erhaltenen Leistungen wertmäßig *saldieren*, demnach miteinander verrechnen. Bislang hatten wir ja nur festgestellt, dass dem K gegen R aus § 812 Abs. 1 Satz 1 BGB ein Anspruch auf Rückzahlung des Kaufpreises in Höhe von 700 Euro (500 Euro für das Mountainbike und 200 Euro für das Holland-Rad) zusteht und der R von K wegen der Entreicherung des K seinerseits aus § 812 Abs. 1 Satz 1 BGB nichts fordern kann.

Und an genau dieser Stelle steigen wir jetzt noch mal in die Prüfung ein und fragen uns, inwieweit der R unter Berücksichtigung der Saldo-Theorie zur Rückzahlung des kompletten Kaufpreises verpflichtet ist. Und dann ergibt sich Folgendes:

1.) Das Mountainbike

Der K hat von R ein Mountainbike im Wert von 500 Euro erhalten, das er jetzt wegen des Diebstahls nicht mehr herausgeben kann und daher diesbezüglich eigentlich entreichert war im Sinne des § 818 Abs. 3 BGB. Nach der Saldo-Theorie ist ihm nun aber die Berufung auf den Wegfall der Bereicherung in Höhe des selbst erhaltenen Wertes versperrt. Oder anders herum gesagt: Der R darf von seiner Rückzahlungsverpflichtung gegenüber K aus § 812 Abs. 1 Satz 1 BGB den Betrag abziehen, um den dem K die Berufung auf den Wegfall der Bereicherung versagt ist (schwerer, aber wichtiger Satz, bitte mindestens noch einmal lesen).

Ergebnis: R ist nur zur Rückzahlung des um den Wert der Kaufsache verringerten Betrages verpflichtet. Und da die Kaufsache mit 500 Euro genau ihren Wert auch gekostet hat, muss R insoweit gar nichts mehr zurückzahlen. Die Saldierung von

Leistung und Gegenleistung ergibt auf keiner Seite einen Überschuss. Im Hinblick auf das Mountainbike steht dem K mithin auch kein Anspruch auf Rückzahlung des Kaufpreises oder eines Teils davon mehr zu.

2.) Das Holland-Rad

K hat zudem ein Holland-Rad im Wert von 50 Euro zu einem Preis von 200 Euro erhalten. Und jetzt aufgepasst: Diesbezüglich kann R von seiner Rückzahlungsverpflichtung gegenüber K in Höhe von ursprünglich 200 Euro (siehe oben) nur den tatsächlichen Wert der Leistung, also die **50 Euro**, abrechnen. Leistung und Gegenleistung werden innerhalb der Saldo-Theorie nur in ihrem reinen *Wert* verrechnet, was im vorliegenden Fall zur Konsequenz hat, dass auch nur der Wert (und nicht der Kaufpreis) des geleisteten Fahrrads in Ansatz gebracht werden kann. In der Gesamtabrechnung verbleibt dann aber bei R ein Überschuss von 150 Euro. Denn bei K ist das Rad im Wert 50 Euro untergegangen, R hat dafür aber 200 Euro erhalten. R darf – wie gesagt – nur den *Wert* der untergegangenen Sache von seiner Bereicherungsverpflichtung gegenüber K abziehen, der Rest ist dem K als *Überschuss* nach § 812 Abs. 1 Satz 1 BGB herauszugeben.

Ergebnis: Im Hinblick auf das Holland-Rad verbleibt somit ein Anspruch des K gegen R auf Rückzahlung von **150 Euro** aus § 812 Abs. 1 Satz 1, 1. Alt. BGB.

Gesamtergebnis (nach der Saldo-Theorie): K kann von R die Rückzahlung des bei R nach der Gesamtsaldierung verbliebenen Überschusses in Höhe von 150 Euro aus § 812 Abs. 1 Satz 1, 1. Alt. BGB fordern. Weitere Ansprüche bestehen nicht.

Gutachten

I. Anspruch des K gegen R auf Rückzahlung des Kaufpreises für die Räder

K könnte gegen R einen Anspruch auf Rückzahlung der 700 Euro für die beiden Fahrräder aus § 812 Abs. 1 Satz 1, 1. Alt. BGB haben.

I. K hat in Erfüllung der mit R geschlossenen Kaufverträge das Vermögen des R um den Besitz und das Eigentum an insgesamt 700 Euro (500 Euro für das Mountainbike, 200 Euro für das Holland-Rad) ohne rechtlichen Grund – die Kaufverträge waren nichtig – vermehrt. Die Voraussetzungen des § 812 Abs. 1 Satz 1, 1. Alt. BGB liegen mithin vor.

II. Der R ist dem K gegenüber daher aus § 812 Abs. 1 Satz 1, 1. Alt. BGB zur Herausgabe des Erlangten verpflichtet, also zur Rückübertragung der 700 Euro.

Ergebnis: K steht gegen R ein Anspruch auf Rückzahlung der geleisteten 700 Euro aus § 812 Abs. 1 Satz 1, 1. Alt. BGB zu.

II. Anspruch des R gegen K auf Rückgabe der Fahrräder

R könnte gegen K einen Anspruch auf Rückgabe der Fahrräder aus § 812 Abs. 1 Satz 1, 1. Alt. BGB haben.

I. R hat in Erfüllung der mit K geschlossenen Kaufverträge das Vermögen des R um den Besitz und das Eigentum an den beiden Fahrrädern ohne rechtlichen Grund – die Kaufverträge waren nichtig – vermehrt. Die Tatbestandsvoraussetzungen des § 812 Abs. 1 Satz 1, 1. Alt. BGB liegen somit vor.

II. Der K ist dem R daher aus § 812 Abs. 1 Satz 1, 1. Alt. BGB grundsätzlich zur Herausgabe des Erlangten, also zur Rückübertragung der Rechtspositionen an den Rädern, verpflichtet. Es fragt sich indessen, welche Auswirkungen es auf diesen Anspruch hat, dass die Räder bei K gestohlen worden sind.

1.) Da die Räder gestohlen wurden, kann K sie in natura nicht mehr herausgeben. Im Falle der Entziehung der Sache ist der Schuldner gemäß § 818 Abs. 1 BGB zur Herausgabe des Surrogats verpflichtet, was bei einem Diebstahl eine mögliche Versicherungsleistung oder auch ein Schadensersatzanspruch gegen den Schädiger bzw. Dieb sein kann. Hat der Schuldner ein solches Surrogat nicht erlangt, muss er hingegen Wertersatz nach § 818 Abs. 2 BGB leisten. Im vorliegenden Fall ist der Täter des Diebstahls unbekannt, und es findet sich im Übrigen kein Hinweis auf eine Versicherungsleistung, die K durch den Diebstahl der Räder erlangt hätte. K ist dem R grundsätzlich zum Ersatz des objektiven Wertes der Fahrräder aus § 818 Abs. 2 BGB verpflichtet.

2.) Dem könnte aber noch § 818 Abs. 3 BGB entgegenstehen. Gemäß § 818 Abs. 3 BGB ist die Verpflichtung zur Herausgabe ausgeschlossen, soweit der Empfänger nicht mehr bereichert ist. Dem redlichen Empfänger darf namentlich durch die bereicherungsrechtliche Abwicklung kein vermögensmäßiger Nachteil entstehen. Diesbezüglich ausschlaggebend ist die Frage, wie hoch die tatsächlich erlangte Vermögensvermehrung war, inwieweit zurzeit der Anspruchsstellung davon noch etwas im Vermögen des Bereicherten vorhanden ist und ob die Herausgabepflicht in der Gesamtabrechnung beim Bereicherungsschuldner ein »Minus« ergeben würde. Ursprünglich hat K das Eigentum und den

Besitz an den Rädern erhalten. Zurzeit der Anspruchsstellung ist davon nichts mehr in seinem Vermögen vorhanden, weder in natura noch in sonstigen Vermögenswerten oder ersparten Aufwendungen. Müsste K nun den objektiven Wert der Fahrräder aus seinem (eigenen) Vermögen begleichen, wäre sein Vermögen um genau diesen Betrag in der Gesamtabrechnung – also im Vergleich seines Vermögens vor dem gesamten Geschäft zum Vermögen danach – vermindert. Da das aber dem Zweck des Bereicherungsrechts widerspricht, ist K als durch den Diebstahl der Fahrräder entreichert anzusehen und muss folglich wegen des Wegfalls der Bereicherung nach § 818 Abs. 3 BGB auch keinen Wertersatz nach § 818 Abs. 2 BGB leisten.

3.) Dem könnte jedoch noch entgegenstehen, dass mit dieser Lösung die Risikoverteilung im Hinblick auf den zufälligen Untergang der Sache bei der bereicherungsrechtlichen Rückabwicklung einem Wertungswiderspruch unterliegen würde. Würde es nämlich bei diesem Ergebnis bleiben, müsste das Risiko des Unterganges der Sache nicht derjenige tragen, in dessen Obhut und Verfügungsmacht sich der Gegenstand befunden hat, sondern derjenige, der gar keinen Zugriff mehr auf die Sache hatte. R hat K im Glauben an die Rechtmäßigkeit der Kaufverträge die Räder übereignet und müsste nun dafür einstehen, dass die Fahrräder bei K gestohlen worden sind. Zudem würde mit diesem Ergebnis auch außer Acht gelassen, dass sich Leistung und Gegenleistung an sich durchaus in einem Gegenseitigkeitsverhältnis befunden haben, also synallagmatisch miteinander verbunden waren: R hat in Erfüllung der vermeintlich wirksamen Kaufverträge nur deshalb die Fahrräder übereignet, weil er von K das Geld erhalten hat. Und wenn beide Parteien in Erfüllung eines vermeintlich wirksamen Kaufvertrages gutgläubig die Leistungen erbracht haben, erscheint es angemessen, jeder Partei auch das Schicksal des Unterganges dieser jeweils empfangenen Leistung aufzubürden. Denn so wäre die Abwicklung, wenn die Kaufverträge wirksam geblieben wären. In diesem Falle hätte nämlich jeder nach der Gefahrtragungsregel des § 446 BGB mit der Übergabe der Sache das Risiko des Untergangs selbst zu tragen.

Aus den genannten Gründen findet im vorliegenden Fall des unverschuldeten Untergangs der Sache die Saldo-Theorie Anwendung. Demnach hat bei der bereicherungsrechtlichen Abwicklung eines beidseitig erfüllten gegenseitigen Vertrages jede Partei dasjenige von ihrem Bereicherungsanspruch abzuziehen, was sie selbst wertmäßig erhalten hat. Im Hinblick auf diesen Betrag kann sie sich dann insbesondere nicht mehr auf den Wegfall der Bereicherung gemäß § 818 Abs. 3 BGB berufen, sollte die erhaltene Sache untergegangen sein. Nur derjenige, auf dessen Seite nach der Saldierung ein Überschuss verbleibt, ist dem anderen letztlich zur Herausgabe verpflichtet. Es entsteht mithin nach der Saldierung nur ein Bereicherungsanspruch.

Im vorliegenden Fall müssen bei der bereicherungsrechtlichen Abwicklung des zwischen R und K geschlossenen, unwirksamen Kaufvertrages demnach die jeweils erhaltenen Leistungen wertmäßig saldiert, also miteinander verrechnet werden.

a) K hat von R ein Mountainbike im Wert von 500 Euro erhalten, das er jetzt wegen des Diebstahls nicht mehr herausgeben kann und diesbezüglich er daher eigentlich entreichert war im Sinne des § 818 Abs. 3 BGB. Nach der Saldo-Theorie ist ihm nun aber die Berufung auf den Wegfall der Bereicherung in Höhe des selbst erhaltenen Wertes versperrt. Der R darf von seiner Rückzahlungsverpflichtung gegenüber K aus § 812 Abs. 1 Satz 1 BGB den

Betrag abziehen, um den dem K die Berufung auf den Wegfall der Bereicherung versagt ist.

Zwischenergebnis: R ist nur zur Rückzahlung des um den Wert der Kaufsache verringerten Betrages verpflichtet. Da die Kaufsache mit 500 Euro genau ihren Wert auch gekostet hat, muss R insoweit gar nichts mehr zurückzahlen. Die Saldierung von Leistung und Gegenleistung ergibt auf keiner Seite einen Überschuss. Im Hinblick auf das Mountainbike steht dem K mithin auch kein Anspruch mehr auf Rückzahlung des Kaufpreises oder eines Teils davon zu.

b) K hat zudem ein Holland-Rad im Wert von 50 Euro zu einem Preis von 200 Euro erhalten. Diesbezüglich kann R von seiner Rückzahlungsverpflichtung gegenüber K in Höhe von ursprünglich 200 Euro nur den tatsächlichen Wert der Leistung, also die 50 Euro, abrechnen.

Zwischenergebnis: Im Hinblick auf das Holland-Rad verbleibt somit ein Anspruch des K gegen R auf Rückzahlung von 150 Euro aus § 812 Abs. 1 Satz 1, 1. Alt. BGB.

Gesamtergebnis: K kann von R die Rückzahlung des bei R nach der Gesamtsaldierung verbliebenen Überschusses in Höhe von 150 Euro aus § 812 Abs. 1 Satz 1, 1. Alt. BGB fordern. Weitere Ansprüche zwischen R und K bestehen nicht.

Fall 6

Saldo-Theorie!?

Rechtsstudent R hat beim Gebrauchtwagenhändler H einen sieben Jahre alten *VW Polo* (Wert: 2.500 Euro) zum Preis von 3.000 Euro gekauft. Hierbei hat H dem R, um ihn zum Kauf zu bewegen, unter Fälschung der Fahrzeugpapiere vorgelogen, dass der Wagen erst einen einzigen Vorbesitzer hatte. R hatte den Wagen daraufhin gleich bezahlt und mitgenommen. Drei Tage später wird das Fahrzeug von einem Unbekannten gestohlen. Im Zuge der polizeilichen Ermittlungen erfährt R, dass der Wagen tatsächlich schon fünf Vorbesitzer hatte. Daraufhin erklärt R gegenüber H die Anfechtung des Kaufvertrages wegen arglistiger Täuschung und verlangt die Rückzahlung des Kaufpreises. H hat früher mal drei Semester Jura studiert und meint, wegen der hier anwendbaren Saldo-Theorie müsse er nichts mehr zurückzahlen.

Stimmt das?

Schwerpunkte: Die »Saldo-Theorie« bei arglistiger Täuschung; die »Zwei-Kondik-tionen-Theorie«; die Wirkung der Anfechtung im Rahmen des § 812 Abs. 1 BGB; der spätere Wegfall des rechtlichen Grundes nach § 812 Abs. 1 Satz 2 BGB.

Lösungsweg

Anspruch des R gegen H auf Rückzahlung der 3.000 Euro

AGL.: § 812 Abs. 1 Satz 1, 1. Alt. BGB

I. Voraussetzungen: Der H müsste durch Leistung des R etwas ohne rechtlichen Grund erlangt haben (lies: § 812 Abs. 1 Satz 1, 1. Alt. BGB).

> **Achtung:** Anders als in den meisten vorherigen Fällen steht hier in der Sachverhalts-schilderung jetzt nicht, dass das zugrundeliegende Rechtsgeschäft nichtig war; vielmehr hat eine Partei (der Käufer) den Kaufvertrag wegen arglistiger Täuschung *angefochten*. Diese Anfechtung kommt in bereicherungsrechtlichen Klausuren und Hausarbeiten ziemlich häufig vor und stellt die Kandidaten dann vor das (scheinbar!) schwierige Problem, wie denn nun angesichts der Anfechtung das Fehlen des rechtlichen Grundes in § 812 Abs. 1 Satz 1 BGB argumentativ aufbereitet werden kann und ob es sich nicht sogar um einen Fall des § 812 Abs. 1 *Satz 2* BGB (lesen, bitte!) in der Form des »späteren Wegfalls des rechtlichen Grundes« handelt.

Dahinter verbirgt sich allerdings tatsächlich nur ein Scheinproblem. Wir machen es deshalb auch so kurz wie möglich, also:

- Nach einer Auffassung handelt es sich bei der wirksam durchgeführten Anfechtung eines Rechtsgeschäfts um einen Fall des (anfänglichen) Fehlens des rechtlichen Grundes – »condictio indebiti« – im Sinne des **§ 812 Abs. 1 Satz 1, 1. Alt. BGB** (BGH NJW **1981**, 2183; *Staudinger/Lorenz* § 812 BGB Rz. 88; AnwK/*v Sachsen Gessaphe* § 812 BGB Rz. 35; PWW/*Prütting* § 812 BGB Rz. 34; *Soergel/Schmidt-Kessel/Hadding* § 812 BGB Rz. 195; *Medicus/Lorenz* SR II Rz. 1138). Diese Ansicht beruft sich auf die in **§ 142 Abs. 1 BGB** angeordnete *Rückwirkung* der Anfechtung auf den Zeitpunkt des Abschlusses des Rechtsgeschäfts; das Rechtsgeschäft ist nämlich »als von Anfang an nichtig« anzusehen (lies: § 142 Abs. 1 BGB).

- Nach anderer Meinung handelt es sich im Falle der wirksamen Anfechtung um eine Variante der sogenannten »condictio ob causam finitam« aus **§ 812 Abs. 1 Satz 2, 1. Alt. BGB**, also einen Fall des späteren Wegfalls des rechtlichen Grundes (*Palandt/Sprau* § 812 BGB Rz. 77; RGRK/*Heimann-Trosien* § 812 BGB Rz. 82; *Brox/Walker* BS § 40 Rz. 30). Nach dieser Ansicht soll bei der wirksamen Anfechtung der Rechtsgrund bis zum Zeitpunkt der Anfechtungserklärung zunächst bestanden haben und erst danach weggefallen sein; das ergebe sich aus § 142 Abs. 1 BGB, wonach das Rechtsgeschäft nur als von Anfang an nichtig »anzusehen« sei, es tatsächlich also nicht sei (vgl. nur *Palandt/Sprau* § 812 BGB Rz. 77). Es handele sich daher um einen Fall des späteren Wegfalls des rechtlichen Grundes.

Beachte: Das ist sehr schön, wenn man das weiß – aber Klausurrelevanz hat das Ganze (siehe *Brox/Walker* BS § 40 Rz. 30) in der Regel nicht. Denn entweder man knüpft an die Anfechtung wegen § 142 Abs. 1 BGB die komplette Rückwirkung und wendet logisch konsequent § 812 Abs. 1 Satz 1, 1. Alt. BGB an; oder aber man sagt, die Anfechtung beseitige den Rechtsgrund erst nachträglich, weil § 142 Abs. 1 BGB nämlich lediglich eine *Fiktion* der Rückwirkung darstelle – und wendet dann eben § 812 Abs. 1 Satz 2, 1. Alt. BGB an. Die Rechtsfolge, nämlich die Pflicht zur Herausgabe des Erlangten, bleibt in beiden Fällen die gleiche: Ist die Anfechtung wirksam erklärt (das muss natürlich geprüft werden), besteht somit in jedem Falle eine Herausgabepflicht aus § 812 Abs. 1 BGB – entweder aus § 812 Abs. 1 Satz 1, 1. Alt. BGB oder aber aus § 812 Abs. 1 Satz 2, 1. Alt. BGB, der ausdrücklich die gleiche Rechtsfolge wie in Satz 1 anordnet (prüfen, bitte). Es spielt demnach keine Rolle, welche Variante man favorisiert. In der *Klausur* ist es deshalb auch nur wichtig, sich schnellstmöglich für einen Weg zu entscheiden und diesen dann konsequent durchzuhalten. Erklären muss (und darf!) man den Weg aber im Klausurtext nicht, man macht es einfach. Bitte merken.

Und so machen wir das hier auch: Wir nehmen an, dass die Anfechtung das Rechtsgeschäft wegen des Wortlautes des § 142 Abs. 1 BGB *rückwirkend* vernichtet und haben deshalb in den Obersatz auch den **§ 812 Abs. 1 Satz 1, 1. Alt. BGB** reingeschrieben. Und an dieser Stelle steigen wir jetzt wieder in die Prüfung des § 812

Abs. 1 Satz 1, 1. Alt. BGB ein, **also:** Der H müsste durch Leistung des R etwas ohne rechtlichen Grund erlangt haben.

1.) H hat in Erfüllung des geschlossenen Kaufvertrages (= Leistung) von R den Kaufpreis in Höhe von 3.000 Euro (= etwas) erhalten.

2.) Das wäre dann »ohne rechtlichen Grund« erfolgt, wenn R den Kaufvertrag *wirksam* angefochten hätte; denn dann entfiele gemäß **§ 142 Abs. 1 BGB** der Rechtsgrund für die erbrachte Leistung mit Rückwirkung (siehe oben!). In Betracht kommt eine Anfechtung wegen arglistiger Täuschung nach den **§§ 142 Abs. 1, 123 Abs. 1 BGB** dadurch, dass H dem R beim Abschluss des Kaufvertrages vorgelogen hat, der Wagen habe bislang nur einen Vorbesitzer gehabt.

> Eine Anfechtung setzt eine **Anfechtungserklärung**, einen **Anfechtungsgrund** und das Einhalten einer zu bestimmenden **Anfechtungsfrist** voraus (vgl. *Schwabe*, BGB-AT, Fälle 23–25). R hat gegenüber H die Anfechtung im Sinne des § 143 BGB ausdrücklich erklärt. Das Vortäuschen nur eines Vorbesitzers des verkauften Fahrzeugs erfüllt die Voraussetzungen der arglistigen Täuschung im Sinne des § 123 Abs. 1 BGB, wenn tatsächlich fünf oder mehr Vorbesitzer vorhanden waren (OLG Düsseldorf DAR **2002**, 506). Die Anfechtungsfrist des § 124 BGB ist ebenfalls eingehalten.

ZE.: R hat gegenüber H wirksam die Anfechtung erklärt. Damit fehlt der Rechtsgrund für die von R an H erbrachte Leistung in Form der 3.000 Euro von Anfang an, die Leistung ist mithin »ohne rechtlichen Grund« im Sinne des § 812 Abs. 1 Satz 1, 1. Alt. BGB erbracht worden.

II. Rechtsfolgen: So, jetzt wird es richtig interessant, denn dieser Fall dreht sich natürlich hauptsächlich um die »Saldo-Theorie«, die wir zwar im vorherigen Fall bereits kennengelernt haben, uns nun aber mal deren Ausnahmen anschauen wollen. Wir erinnern uns bitte:

> Die *Saldo-Theorie* bewirkt, dass beim bereicherungsrechtlichen Ausgleich im (unwirksamen) gegenseitigen Vertrag das Risiko der Verschlechterung oder des Untergangs der Sache derjenige zu tragen hat, in dessen Obhut sich der Gegenstand befunden hat. Da Leistung und Gegenleistung im »**faktischen Synallagma**« stehen, soll die Abwicklung auch dementsprechend synallagmatisch erfolgen. Namentlich ist es dem Bereicherungsschuldner verwehrt, sich insoweit auf den Wegfall der Bereicherung zu berufen, wie er selbst nicht mehr leistungsfähig ist. Leistung und Gegenleistung werden »**saldiert**«; und die Seite, bei der dann nach Abschluss der Saldierung ein Überschuss verbleibt, hat diesen Überschuss der anderen Seite herauszugeben (BGH MDR **2009**, 1167; BGH NJW **2005**, 884; BGHZ **145**, 52; BGH NJW **2001**, 1863; *Jauernig/Stadler* § 818 BGB Rz. 40; *Palandt/Sprau* § 818 BGB Rz. 48; PWW/*Prütting* § 818 BGB Rz. 29; MüKo/*Schwab* § 818 BGB Rz. 210).

Zum Fall: Bislang haben wir festgestellt, dass die Tatbestandsvoraussetzungen des § 812 Abs. 1 Satz 1, 1. Alt. BGB vorliegen und H dem R gegenüber somit zur Herausgabe des Erlangten, also der 3.000 Euro, verpflichtet ist. Da die Anfechtung das gesamte Rechtsgeschäft vernichtet, ist R dem H seinerseits wiederum natürlich auch gemäß § 812 Abs. 1 Satz 1, 1. Alt. BGB zur Herausgabe des Erlangten, also dem Besitz und Eigentum am Fahrzeug, verpflichtet. Das Fahrzeug indessen ist nicht mehr vorhanden; ein Unbekannter hat es gestohlen.

Wenden wir nun auf diesen Fall die Saldo-Theorie an, ergibt sich Folgendes:

> Die Berufung auf den Wegfall der Bereicherung nach § 818 Abs. 3 BGB ist unserem R nach der Saldo-Theorie insoweit versperrt, wie er selbst nicht mehr leistungsfähig ist. Das folgt aus dem Grundgedanken, dass bei der bereicherungsrechtlichen Abwicklung eines unwirksamen gegenseitigen Vertrages jeder das Risiko des Untergangs oder der Verschlechterung des Empfangenen zu tragen hat (*Medicus/Lorenz* SR II Rz. 1184) und diesbezüglich insbesondere die Berufung auf **§ 818 Abs. 3 BGB** nicht stattfindet. Denn anderenfalls würde derjenige das wirtschaftliche Risiko des Untergangs der Sache tragen, in dessen Obhut und Verfügungsmacht sich die Sache gar nicht befunden hat (*Jauernig/Stadler* § 818 BGB Rz. 40; *Palandt/Sprau* § 818 BGB Rz. 48; PWW/*Prütting* § 818 BGB Rz. 29). Aus diesem Grund werden bei der Abwicklung gegenseitiger Verträge auch nicht – wie bei der »**Zwei-Kondiktionen-Theorie**« – die beiden Bereicherungsansprüche gegenüber gestellt und einzeln durchgesetzt; Leistung und Gegenleistung werden vielmehr gegeneinander verrechnet (»**saldiert**«) mit der Folge, dass nach Abschluss der Saldierung nur noch *ein* Bereicherungsanspruch gegenüber demjenigen besteht, der in seinem Vermögen dann noch einen wirtschaftlichen Überschuss zu verzeichnen hat (BGH NJW **2005**, 884; BGHZ **145**, 52; BGH NJW **2001**, 1863).

In unserem Fall hätte dies zur Konsequenz, dass R von seinem Bereicherungsanspruch gegen H (→ Rückzahlung von 3.000 Euro) dasjenige abrechnen müsste, was er selbst als Leistung wertmäßig erhalten hatte und nun nicht mehr herausgeben kann. Im Ergebnis müsste R demnach 2.500 Euro (= Wert des Wagens) von seinem eigenen Bereicherungsanspruch abziehen mit der Folge, dass ihm lediglich ein Anspruch auf Rückzahlung von 500 Euro aus § 812 Abs. 1 Satz 1, 1. Alt. BGB verbleibt. Oder anders herum gesagt: Der Verkäufer H könnte im vorliegenden Fall aufgrund der Saldo-Theorie von seiner bereicherungsrechtlichen Verpflichtung gegenüber R den Betrag abziehen, den der R wegen des Untergangs der Sache selbst nicht mehr leisten kann – er müsste somit nur 500 Euro zurückzahlen.

Frage: Ist das wirklich gerecht angesichts der Tatsache, dass H den R beim Kauf arglistig getäuscht und damit erst zum Abschluss des Vertrages veranlasst hat?

Antwort: Nein, ist es natürlich nicht. Die Anwendung der Saldo-Theorie hätte nämlich – wie gerade gesehen – hier zur Folge, dass der (böse) Verkäufer auch noch belohnt wird. Denn mithilfe der Saldo-Theorie kann H hier den Untergang der geleisteten Sache in Ansatz bringen.

Lösung: Diese Ungerechtigkeit löst die ganz herrschende Meinung dadurch, dass sie die Saldo-Theorie in den Fällen der arglistigen Täuschung für *unanwendbar* erklärt (BGH ZIP **2001**, 747; BGH NJW **1990**, 2882; BGHZ **57**, 137; BGHZ **53**, 144; OLG Köln NJW-RR **1999**, 884; *Palandt/Sprau* § 818 BGB Rz. 49; *Erman/Buck-Heeb* § 818 BGB Rz. 43; *Jauernig/Stadler* § 818 BGB Rz. 43; *Brox/Walker* BS § 43 Rz. 15). Gelten soll hier vielmehr die sogenannte »**Zwei-Kondiktionen-Theorie**«, und zwar mit folgenden Konsequenzen:

> Bei der bereicherungsrechtlichen Abwicklung gegenseitiger Verträge unter Beteiligung eines Bösgläubigen ist diesem Bösgläubigen die Verrechnung nach dem Prinzip der Saldo-Theorie versagt. Es stehen sich angesichts der fehlenden Schutzwürdigkeit des arglistig handelnden Teils nunmehr lediglich die beiden bereicherungsrechtlichen Ansprüche *einzeln* gegenüber mit der Folge, dass der Bösgläubige das Risiko der Entreicherung seines Vertragspartners zu tragen hat (BGHZ **72**, 252; BGHZ **53**, 137; *Medicus/Lorenz* SR II Rz. 1184 ff.). Die Ansprüche werden dann, soweit sie begründet sind, gemäß **§ 273 BGB** Zug um Zug durchgesetzt (*Palandt/Sprau* § 818 BGB Rz. 49/50; *Medicus/Lorenz* SR II Rz. 1184).

Übertragen auf den vorliegenden Fall bedeutet dies, dass wir jetzt die einzelnen bereicherungsrechtlichen Ansprüche der Beteiligten (die »**zwei Kondiktionen**«) gegenüberstellen müssen und dann – soweit die Ansprüche begründet sind – die Abwicklung nach § 273 Abs. 1 BGB vollziehen. Und in einer sauberen, gutachterlichen Prüfung sieht das so aus:

→ Der R hat gegen H einen Anspruch auf Rückzahlung des gezahlten Kaufpreises in Höhe von 3.000 Euro aus **§ 812 Abs. 1 Satz 1, 1. Alt. BGB** (siehe oben).

→ Der Durchsetzung dieses Anspruchs könnte jedoch ein Zurückbehaltungsrecht des H aus **§ 273 Abs. 1 BGB** entgegenstehen. Dies setzt allerdings voraus, dass dem H seinerseits auch ein (bereicherungsrechtlicher) Anspruch gegen R zusteht. In Betracht kommt der Anspruch aus **§ 812 Abs. 1 Satz 1, 1. Alt. BGB** auf Herausgabe des Erlangten Fahrzeugs bzw. dessen Wert. Hier gilt:

> Dem H steht gegen R ein Anspruch auf Rückübertragung von Eigentum und Besitz am Fahrzeug aus § 812 Abs. 1 Abs. 1 Satz 1, 1. Alt. BGB grundsätzlich zu, da auch diese Leistung ohne rechtlichen Grund erfolgte (siehe oben). Da das Fahrzeug bei R gestohlen wurde und R weder einen Ersatz noch ein Surrogat im Sinne des § 818 Abs. 1 BGB erhalten hat, ist R zum (objektiven) Wertersatz nach **§ 818 Abs. 2 BGB** in Höhe von 2.500 Euro verpflichtet. **Aber:** Der R kann sich im vorliegenden Fall auf den Wegfall der Bereicherung nach § 818 Abs. 3 BGB berufen, denn: Müsste R nun aus seinem »**eigenen**« Vermögen die 2.500 Euro Wertersatz an H zahlen, entstünde ihm in der Gesamtabrechnung ein entsprechendes »Minus«. Und da dies nach dem Sinn und Zweck des Bereicherungsrechts vermieden werden muss, gilt hier, dass dem R wegen des Diebstahls des Wagens der Einwand des Wegfalls der Bereicherung nach § 818 Abs. 3 BGB zur Seite steht. R hat daher auch keinen Wertersatz nach

§ 818 Abs. 2 BGB an H zu leisten, er ist – wie gesagt – aufgrund des Diebstahls nicht mehr bereichert. Dem H steht somit kein Anspruch (mehr) aus § 812 Abs. 1 Satz 1, 1. Alt. BGB gegen R zu, den er dem R im Wege eines Zurückbehaltungsrechts nach § 273 Abs. 1 BGB entgegenhalten könnte.

Ergebnis: R kann von H die Rückzahlung der 3.000 Euro aus § 812 Abs. 1 Satz 1, 1. Alt. BGB verlangen.

Drei Anmerkungen zum Schluss

1.) Zunächst wollen wir uns das gerade Erlernte noch mal kurz klar machen: Im vorliegenden Fall haben wir wegen der Bösgläubigkeit bzw. Arglist des H die Saldo-Theorie deshalb nicht angewandt, weil sie dem H die Möglichkeit gegeben hätte, den Untergang des Fahrzeugs bei R wertmäßig in Ansatz zu bringen. Die ganz herrschende Meinung verhindert dieses ungerechte Ergebnis mit der Anwendung der »**Zwei-Konditionen-Theorie**«, wonach keine Verrechnung der Ansprüche stattfindet, sondern sich beide Bereicherungsansprüche separat und unabhängig voneinander gegenüber stehen mit der Folge, dass jeder das Risiko der Entreicherung des anderen zu tragen hat (BGH ZIP **2001**, 747; BGH NJW **1990**, 2882; *Palandt/Sprau* § 818 BGB Rz. 49; *Jauernig/Stadler* § 818 BGB Rz. 43; *Brox/Walker* BS § 43 Rz. 15). Und in Konsequenz dessen muss der H den Umstand, dass das Fahrzeug bei R gestohlen wurde, über den Wegfall der Bereicherung nach § 818 Abs. 3 BGB bei R gegen sich gelten lassen. Der H kann den Wertverlust also nicht anspruchsmindernd geltend machen. Die »Zwei-Konditionen-Theorie« schützt damit den redlichen Empfänger, was nach der Saldo-Theorie bei konsequenter Anwendung hier nicht möglich gewesen wäre.

2.) Zu unserem Fall von oben gibt es noch eine interessante Variante, die ebenfalls sehr gerne in Prüfungsaufgaben abgefragt wird, nämlich:

Wir wollen uns vorstellen, dass R – bei ansonsten gleichem Sachverhalt – den Untergang der Sache jetzt selbst *verschuldet* hat, und zwar durch einen fahrlässig verursachten Verkehrsunfall, bei dem die Karre einen Totalschaden erleidet. Im Anschluss daran kommt die Geschichte mit den Vorbesitzern raus und R erklärt gegenüber H die Anfechtung des Kaufvertrages. **Ansprüche zwischen H und R?**

Lösung: Im Unterschied zum Ausgangsfall, bei dem der Untergang der Sache ohne Verschulden des R aufgrund des Diebstahls eingetreten war, hat hier nun der R den Untergang selbst zu vertreten. Es fragt sich angesichts dessen, ob es dennoch dabei bleibt, dass allein der H unter Anwendung der »Zwei-Konditionen-Theorie« das Risiko des Untergangs zu tragen und mithin den Kaufpreis komplett zurück zu zahlen hat (siehe oben).

Nach herrschender Meinung bleibt es auch in diesem Fall grundsätzlich bei der Anwendung der »Zwei-Kondiktionen-Theorie«; da das Verschulden des Empfängers im Hinblick auf den Untergang der Sache aber nicht gänzlich außer Acht gelassen werden darf, verfährt man nun so, dass unter Berücksichtigung der Grundsätze von Treu und Glauben im Sinne des § 242 BGB das jeweilige Maß des Verschuldens der Parteien bestimmt, inwieweit der Anspruch vermindert werden darf (BGHZ **72**, 252; BGHZ **57**, 137; *Brox/Walker* BS § 43 Rz. 15; *Palandt/Sprau* § 818 BGB Rz. 49; *Jauernig/Stadler* § 818 BGB Rz. 43).

Im Zweifel läuft das dann darauf hinaus, dass bei einem vom Empfänger verschuldeten Untergang der Sache eine *hälftige* Teilung erfolgt mit der Konsequenz, dass der bösgläubige Bereicherungsschuldner von seinem Herausgabeanspruch tatsächlich 50 % abziehen darf. Im konkreten Fall dürfte vorliegend der H demnach von seiner Rückzahlungspflicht gegenüber R aus § 812 Abs. 1 Satz 1, 1. Alt. BGB wegen des Verschuldens des R beim Untergang der Sache nun die Hälfte des an R zurück zu zahlenden Betrages abziehen, mithin 1.500 Euro (vgl. BGHZ **57**, 137; *Palandt/Sprau* § 818 BGB Rz. 49).

3.) Und ganz zum Schluss schauen wir uns – in gebotener Kürze – noch die beiden letzten klausurrelevanten *Ausnahmen* der Saldo-Theorie an (umfassende Darstellung etwa bei *Palandt/Sprau* § 818 BGB Rz. 49/59). Keine große Aktion, sollte man aber in jedem Falle schon mal gehört haben, nämlich:

a) Die Saldo-Theorie findet unstreitig keine Anwendung bei der Beteiligung *Minderjähriger* am Bereicherungsvorgang.

> **Beispiel:** Der 17-jährige Schüler S hat beim Verkäufer V ein Mofa gekauft, es gleich bezahlt und mitgenommen. Bevor die Eltern dem Geschäft widersprechen können, geht das Mofa bei S unter. **Rechtslage?**

Lösung: Der S kann von V den Kaufpreis aus § 812 Abs. 1 Satz 1, 1. Alt. BGB zurückverlangen, braucht sich aber den Wert des zerstörten Mofas nach der Saldo-Theorie nicht anrechnen zu lassen. Hier gilt zum Schutz des Minderjährigen wieder die **»Zwei-Kondiktionen-Theorie«** mit der Konsequenz, dass der S seinen Bereicherungsanspruch gegen den V auf Rückzahlung des Kaufpreises behält und sich seinerseits gegenüber dem Anspruch des V auf den Wegfall der Bereicherung nach § 818 Abs. 3 BGB berufen kann. Dies erfordert der allumfassende Minderjährigenschutz des BGB (BGH NJW **2002**, 3562; BGH NJW **2000**, 3562; BGH ZIP **1994**, 954; *Staudinger/Lorenz* § 818 BGB Rz. 42; *Soergel/Schmidt-Kessel/Hadding* § 818 BGB Rz. 87; *Jauernig/Stadler* § 818 BGB Rz. 43; *Medicus/Lorenz* SR II Rz. 1185; *Brox/Walker* BS § 43 Rz. 14).

b) Und schließlich versagt die Saldo-Theorie auch dann, wenn die geleistete Sache wegen eines *Sachmangels* untergeht.

> **Beispiel:** K hat bei V ein Auto gekauft. Bei diesem Auto ist – was weder K noch V wussten – der Motor nicht voll funktionstüchtig mit der Konsequenz, dass K den Wagen unverschuldet gegen den nächsten Baum setzt. Anschließend stellt sich die Unwirksamkeit des Kaufvertrages heraus. **Rechtslage?**

Lösung: K hat gegen V einen Anspruch auf Rückzahlung des Kaufpreises aus § 812 Abs. 1 Satz 1, 1. Alt. BGB, da er das Geld ohne rechtlichen Grund an V geleistet hat. Nach der Saldo-Theorie könnte der V im Hinblick auf diesen Anspruch nun eigentlich den Wertverlust des zerdepperten Wagens in Ansatz bringen (»saldieren« bzw. verrechnen) und würde damit im Zweifel von seiner Zahlungspflicht frei. Das aber wäre ungerecht, denn der V hat ja einen Wagen geliefert, der von Anfang an *mangelhaft* war. Und wäre der Kaufvertrag wirksam gewesen, hätte er hierfür auch ohne Probleme nach den kaufrechtlichen Gewährleistungsvorschriften einstehen müssen und zudem im Zweifel auch keinen Anspruch auf Wertersatz für den untergegangenen Gegenstand gehabt (lies: **§ 346 Abs. 3 BGB**). Dass ihm dies nun wegen der Unwirksamkeit des Vertrages erspart bleiben soll, fühlt sich nicht nur ungerecht an, sondern ist es auch. Und deshalb wendet die herrschende Meinung auch in diesem Fall die Saldo-Theorie *nicht* an, sondern hilft dem Käufer mit der »**Zwei-Kondiktionen-Theorie**« aus der Klemme (BGHZ **78**, 216; BGHZ **57**, 151; BGHZ **37**, 370; *Jauernig/Stadler* § 818 BGB Rz. 43; *Palandt/Sprau* § 818 BGB Rz. 49; PWW/*Prütting* § 818 BGB Rz. 35; AnwK/*v Sachsen Gessaphe* § 818 BGB Rz. 73). Der K behält mithin im vorliegenden Fall seinen bereicherungsrechtlichen Anspruch gegen V auf Rückzahlung des Kaufpreises, braucht sich aber den Wertverlust am Wagen nicht anrechnen zu lassen, denn er darf sich im Hinblick auf den Bereicherungsanspruch des V auf den Wegfall der Bereicherung nach **§ 818 Abs. 3 BGB** berufen.

Gutachten

Anspruch des R gegen H auf Rückzahlung der 3.000 Euro

R könnte gegen H einen Anspruch auf Rückzahlung der 3.000 Euro aus § 812 Abs. 1 Satz 1, 1. Alt. BGB haben.

I. Der H müsste durch Leistung des R etwas ohne rechtlichen Grund erlangt haben.

1.) H hat in Erfüllung des geschlossenen Kaufvertrages von R den Kaufpreis in Höhe von 3.000 Euro erhalten. Damit liegt sowohl eine Leistung des R als auch das Merkmal »etwas« im Sinne des § 812 Abs. 1 Satz 1 BGB vor.

2.) Das wäre dann ohne rechtlichen Grund erfolgt, wenn R den Kaufvertrag wirksam angefochten hätte; in diesem Fall entfiele gemäß § 142 Abs. 1 BGB der Rechtsgrund für die erbrachte Leistung mit Rückwirkung. In Betracht kommt eine Anfechtung wegen arglistiger Täuschung nach den §§ 142 Abs. 1, 123 Abs. 1 BGB dadurch, dass H dem R beim Abschluss des Kaufvertrages vorgelogen hat, der Wagen habe bislang nur einen Vorbesitzer gehabt. Eine Anfechtung setzt eine Anfechtungserklärung, einen Anfechtungsgrund und das Einhalten einer zu bestimmenden Anfechtungsfrist voraus. Der R hat gegenüber H die Anfechtung im Sinne des § 143 BGB ausdrücklich erklärt. Das Vortäuschen nur eines Vorbesitzers des verkauften Fahrzeugs erfüllt die Voraussetzungen der arglistigen Täuschung im Sinne des § 123 Abs. 1 BGB, wenn tatsächlich fünf oder mehr Vorbesitzer vorhanden waren. Die Anfechtungsfrist des § 124 BGB ist ebenfalls eingehalten. R hat somit gegenüber H wirksam die Anfechtung erklärt. Damit fehlt der Rechtsgrund für die von R an H erbrachte Leistung in Form der 3.000 Euro von Anfang an; die Leistung ist mithin ohne rechtlichen Grund im Sinne des § 812 Abs. 1 Satz 1, 1. Alt. BGB erbracht worden. Damit liegen alle Voraussetzungen des § 812 Abs. 1 Satz 1 BGB vor mit der Folge, dass H dem R zur Herausgabe der 3.000 Euro verpflichtet ist.

II. Dem könnte jedoch der Umstand entgegenstehen, dass das Fahrzeug dem R gestohlen worden ist und er es somit seinerseits nicht mehr herausgeben kann.

1.) Zu berücksichtigen ist namentlich, dass aufgrund der Nichtigkeit des Kaufvertrages auch der R dem H gegenüber gemäß § 812 Abs. 1 Satz 1, 1. Alt. BGB zur Herausgabe des Erlangten, also dem Besitz und Eigentum am Fahrzeug, verpflichtet ist. Diese Herausgabe ist dem R indessen wegen des Diebstahls unmöglich. Unter Anwendung der Saldo-Theorie könnte sich daraus ergeben, dass R von seinem Bereicherungsanspruch gegen H in entsprechender Anwendung des § 818 Abs. 3 BGB dasjenige abziehen muss, was er selbst nicht mehr imstande ist, zurück zu geben. R müsste von seinem Bereicherungsanspruch gegen H (Rückzahlung von 3.000 Euro) somit konkret 2.500 Euro (Wert des Wagens) abrechnen mit der Folge, dass ihm lediglich ein Anspruch auf Rückzahlung von 500 Euro aus § 812 Abs. 1 Satz 1, 1. Alt. BGB verbliebe.

2.) Es fragt sich jedoch, ob die Anwendung der Saldo-Theorie auch dann gelten kann, wenn – wie hier – der eine Teil den anderen beim Abschluss des Vertrages arglistig getäuscht hat. Dies erscheint insbesondere deshalb fragwürdig, weil die Anwendung der Saldo-Theorie im vorliegenden Fall zur Konsequenz hätte, dass der arglistig täuschende Verkäufer tatsächlich belohnt wird. Denn mithilfe der Saldo-Theorie kann H hier den

Untergang der geleisteten Sache in Ansatz bringen und seine Rückzahlungsverpflichtung entsprechend verringern.

Dieser Wertungswiderspruch kann nicht hingenommen werden. Die Saldo-Theorie ist deshalb in Fällen der vorliegenden Art abzulehnen. Es gilt hier vielmehr die sogenannte »Zwei-Kondiktionen-Theorie«, und zwar mit folgenden Konsequenzen: Bei der bereicherungsrechtlichen Abwicklung gegenseitiger Verträge unter Beteiligung eines Bösgläubigen ist diesem Bösgläubigen die Verrechnung nach dem Prinzip der Saldo-Theorie versagt. Es stehen sich angesichts der fehlenden Schutzwürdigkeit des arglistig handelnden Teils nunmehr lediglich die beiden bereicherungsrechtlichen Ansprüche bzw. Kondiktionen einzeln gegenüber mit der Folge, dass der Bösgläubige das Risiko der Entreicherung seines Vertragspartners im Sinne des § 818 Abs. 3 BGB zu tragen hat und den Untergang insbesondere nicht zu seinen Gunsten in Ansatz bringen kann. Die Ansprüche werden dann, nur soweit sie begründet sind, gemäß § 273 BGB Zug um Zug durchgesetzt. Übertragen auf den vorliegenden Fall ergibt sich daraus Folgendes:

R hat gegen H einen Anspruch auf Rückzahlung des gezahlten Kaufpreises in Höhe von 3.000 Euro aus § 812 Abs. 1 Satz 1, 1. Alt. BGB. Der Durchsetzung dieses Anspruchs könnte nun ein Zurückbehaltungsrecht des H aus § 273 Abs. 1 BGB entgegenstehen. Dies setzt allerdings voraus, dass dem H seinerseits auch ein Anspruch gegen R zusteht. In Betracht kommt der Anspruch aus § 812 Abs. 1 Satz 1, 1. Alt. BGB auf Herausgabe des erlangten Fahrzeugs bzw. dessen Wert. Insoweit steht H zwar gegen R ein Anspruch auf Rückübertragung von Eigentum und Besitz am Fahrzeug aus § 812 Abs. 1 Abs. 1 Satz 1, 1. Alt. BGB grundsätzlich zu, da auch diese Leistung ohne rechtlichen Grund erfolgte. Und weil das Fahrzeug bei R gestohlen wurde und R keinen Ersatz oder ein Surrogat im Sinne des § 818 Abs. 1 BGB erhalten hat, wäre R an sich auch zum Wertersatz nach § 818 Abs. 2 BGB in Höhe von 2.500 Euro verpflichtet. Der R kann sich bei Anwendung der Zwei-Kondiktionen-Theorie nun allerdings, was ihm bei der Saldo-Theorie versagt geblieben wäre, angesichts des Untergangs der Sache auf den Wegfall der Bereicherung nach § 818 Abs. 3 BGB berufen. Insbesondere muss R sich nicht dasjenige anrechnen lassen, was er selbst aufgrund des Diebstahls nicht mehr herausgeben kann. Er hat folglich auch keinen Wertersatz nach § 818 Abs. 2 BGB an H zu leisten, denn er ist aufgrund des Diebstahls nicht mehr bereichert. Dem H steht somit kein Anspruch aus § 812 Abs. 1 Satz 1, 1. Alt. BGB gegen R zu, den er dem R im Wege des Zurückbehaltungsrechts nach § 273 Abs. 1 BGB entgegenhalten könnte. Unter Anwendung der Zwei-Kondiktionen-Theorie trägt somit der arglistig handelnde Verkäufer das Risiko des Untergangs der Sache.

Ergebnis: R kann von H die Rückzahlung der 3.000 Euro aus § 812 Abs. 1 Satz 1, 1. Alt. BGB verlangen.

Fall 7

2. FC Köln

Rechtsanwalt R aus Köln ist ziemlich reich und zudem leidenschaftlicher Fußball-Fan. Als sich eines Tages herausstellt, dass seinem in der Kreisklasse spielenden Heimatverein *2. FC Köln* wegen einer Dioxinbelastung des Sportplatzes die Auflösung droht, verkauft und übereignet R der Stadt Köln (S) eines seiner bereits länger zum Verkauf vorgesehenen Grundstücke (Zeitwert: 300.000 Euro) zum Preis von 200.000 Euro. Bei den Vertragsverhandlungen hat R der S ausdrücklich erklärt, dass er angesichts des 100.000 Euro unter dem Zeitwert liegenden Kaufpreises die Errichtung eines Fußballplatzes für seinen Verein erwarte. Zwei Monate später beginnen auf dem Grundstück die Aushubarbeiten für den Bau eines Bürogebäudes. S hatte sich kurzfristig entschieden, doch keinen Sportplatz zu errichten. R verlangt nun das Grundstück zurück, hilfsweise Zahlung der 100.000 Euro Differenz zum Zeitwert. Die S weigert sich und meint, das Grundstück gebe sie nicht mehr zurück, und im Hinblick auf die 100.000 Euro habe R trotz signalisierter Zusage seitens der S gewusst, dass er keinen einklagbaren Anspruch auf Errichtung des Platzes erworben habe.

Rechtslage?

Schwerpunkte: Die »condictio ob rem« (auch »condictio causa data causa non secuta«) gemäß § 812 Abs. 1 Satz 2, 2. Alt. BGB; Abgrenzung zur Störung der Geschäftsgrundlage nach § 313 BGB; Rücktritt nach den §§ 346, 313 Abs. 3 BGB; Anspruchskonkurrenz zwischen Rücktritt und Bereicherung.

Lösungsweg

Einstieg: Der vorliegende Fall – nachgebildet übrigens einem Beispiel von *Brox/Walker* (BS § 37 Rz. 36) – ist eigentlich ein echter »Exot«, wird dafür allerdings gnadenlos häufig in den universitären Übungen und auch im Examen abgeprüft, weil er nämlich die erstklassige Möglichkeit bietet, das Bereicherungsrecht von diversen anderen Rechtsinstituten des BGB abzugrenzen und zudem die auch in der Praxis oft anzutreffende »**condictio ob rem**« (auch »**condictio causa data causa non secuta**«) aus § 812 Abs. 1 Satz 2, 2. Alt. BGB einer eingehenden Erörterung zu unterziehen. Warum das Ding in der Praxis so häufig vorkommt, werden wir gleich sehen, müssen im klassischen Prüfungsaufbau zunächst aber schön sorgsam die anderen Hürden aus dem Weg räumen, um überhaupt zur Bereicherung zu kommen. Bekanntlich werden Ansprüche aus den §§ 812 ff. BGB ja immer zum Schluss, also erst nach dem erfolglosen Abklopfen sämtlicher anderer möglicher Anspruchsgrundlagen geprüft (*Medicus/Petersen* BR Rz. 11). Und damit wollen wir dann auch anfangen, also:

Anspruch des R gegen S auf Herausgabe des Grundstücks

AGL.: §§ 346 Abs. 1 Satz 1, 2. Alt., 313 Abs. 3 Satz 1 BGB (Rücktritt wegen Störung der Geschäftsgrundlage)

I. Voraussetzungen: R ist dann ein Rücktrittsrecht aus § 346 Abs. 1 Satz 1, 2. Alt. BGB mit der Folge der Verpflichtung zur Rückgewähr der empfangenen Leistungen erwachsen, wenn die Voraussetzungen des **§ 313 Abs. 3 Satz 1 BGB** vorliegen.

1.) Das gesetzliche Rücktrittsrecht aus § 313 Abs. 3 Satz 1 BGB setzt zunächst voraus, dass einer der beiden Tatbestände des § 313 Abs. 1 BGB (→ *objektive* Geschäftsgrundlage) oder des § 313 Abs. 2 BGB (→ *subjektive* Geschäftsgrundlage) vorliegt.

> **Durchblick:** Die Regeln über die Störung der Geschäftsgrundlage nach § 313 BGB versteht man, wenn man sich Folgendes klar macht: Es kommt in der Praxis sehr häufig vor, dass Parteien Verträge schließen und diese Verträge auf Umständen oder Erwartungen beruhen, die zwar vertraglich nicht ausdrücklich fixiert sind, gleichwohl aber für den Vertragsschluss von entscheidender Bedeutung waren (siehe z.B. unser Fall!). Ändern sich nun im Nachhinein die Umstände oder werden die gehegten Erwartungen nicht erfüllt, stellt sich dann das Problem der Abwicklung dieser Verträge. Und das ist deshalb ein Problem, weil die Umstände und Erwartungen eben nicht ausdrücklich Gegenstand des Vertrages waren und somit auch die Rechte über die Leistungsstörungen nicht angewendet werden können. Denn – wie etwa das Beispiel unseres Falles oben zeigt – *geleistet* worden ist in der Regel ordnungsgemäß (hier nämlich das Grundstück und der Kaufpreis); nur die quasi »nebenher« laufenden Erwartungen oder Umstände haben sich nicht erfüllt bzw. geändert. Und um nun diesem, für mindestens eine Partei unbefriedigenden Zustand gerecht zu werden, gibt es den § 313 BGB, der zur Anwendung kommt, wenn die gesetzlichen Regeln über die Leistungsstörungen nach den §§ 280 ff. BGB nicht eingreifen (vgl. *Schwabe/Kleinhenz*, Schuldrecht I, Fall 5).

Die Vorschriften über die Störung der Geschäftsgrundlage greifen nach dem eben Erläuterten also immer nur dann ein, wenn die Erwartungen oder Umstände gerade *nicht* in den Vertrag aufgenommen worden sind, was übrigens notfalls auch mithilfe der Auslegung der vertraglichen Vereinbarung ermittelt werden muss (BGH WM **2017**, 1937; BGH NJW-RR **1995**, 854; BGHZ **90**, 74; *Jauernig/Stadler* § 313 BGB Rz. 8).

> **Merke:** Was nach dem Vertragstext zum Vertragsinhalt geworden ist, kann nicht Geschäftsgrundlage im Sinne des § 313 BGB sein; im Hinblick darauf stehen die Regeln über die Leistungsstörungen zur Verfügung, die dem § 313 BGB dann vorgehen (BGH ZIP **1991**, 1600; *Palandt/Grüneberg* § 313 BGB Rz. 10).

Zum Fall: Die Vorschriften über die Leistungsstörungen, namentlich die Unmöglichkeitsnormen der §§ 275, 323, 326 BGB, finden vorliegend keine Anwendung, da die vertraglich geschuldeten Leistungen ja ordnungsgemäß erbracht worden sind. In Betracht kommt daher jetzt die Störung der Geschäftsgrundlage im Sinne des § 313 BGB, und dort kann es sich im vorliegenden Fall um eine Störung nach **§ 313 Abs. 1 BGB** handeln (lesen, bitte!).

Definition: Zur *Geschäftsgrundlage* gehören die bei Abschluss des Vertrages zutage getretenen, dem anderen Teil erkennbar gewordenen und von ihm nicht beanstandeten Vorstellungen der einen Partei oder die gemeinsamen Vorstellungen beider Parteien von dem Vorhandensein oder dem künftigen Eintritt bestimmter Umstände, sofern der Geschäftswille auf diesen Umständen aufbaut (BGH WM **2017**, 1937; RGZ **103**, 328; BGHZ **25**, 392; BGHZ **128**, 230; BGH NJW **2002**, 3697).

Im Hinblick auf einseitige Erwartungen einer Partei ist zudem erforderlich, dass diese nicht nur dem anderen mitgeteilt worden sind. Vielmehr muss der andere unter Berücksichtigung von Treu und Glauben diese Erwartung als Grundlage des Geschäftswillens erkannt und auch akzeptiert haben (BGH NJW-RR **1993**, 774; *Palandt/ Grüneberg* § 313 BGB Rz. 9). Und davon wird man im vorliegenden Fall dann auch problemlos ausgehen können, denn immerhin erhält die Stadt S das Grundstück 100.000 Euro unter dem Marktpreis, und die S weiß ja nach den Vertragsverhandlungen auch, warum das so ist, schließt entsprechend den Vertrag und hat nach Auskunft des Sachverhaltes sogar ihre Zustimmung zum Begehren des R signalisiert. Eine Störung der Geschäftsgrundlage kann namentlich dann vorliegen, wenn feste, aber nicht rechtsverbindliche Zusagen, etwa im Hinblick auf einen veräußerten Gegenstand oder z.B. eine Verfügung von Todes wegen, später nicht eingehalten werden (BGH NJW **1977**, 950).

<u>ZE.:</u> Die Erwartung des R, dass auf dem verkauften Grundstück ein Fußballplatz errichtet wird, ist zur »Geschäftsgrundlage« im Sinne des § 313 Abs. 1 BGB geworden (vgl. *Brox/Walker* BS § 40 Rz. 36).

2.) Diese Geschäftsgrundlage hat sich nachträglich schwerwiegend verändert, denn die S hat entschieden, doch keinen Fußballplatz zu errichten, sondern ein Bürogebäude auf das Grundstück zu setzen.

II. Rechtsfolgen: Gemäß § 313 Abs. 1 BGB kann im Falle der Störung der Geschäftsgrundlage für den Fall, dass die Parteien den Vertrag unter diesen Umständen nicht oder mit einem anderen Inhalt geschlossen hätten, die *Anpassung* des Vertrages verlangt werden, wenn das Festhalten am ursprünglichen Vertrag jedenfalls einer Partei nicht zugemutet werden kann. Der **Rücktritt** vom Vertrag (= Rückabwicklung des gesamten Vertrages) kommt demgegenüber gemäß § 313 Abs. 3 Satz 1 BGB nur und erst dann in Betracht, wenn die Anpassung des Vertrages entweder nicht möglich oder aber mindestens einem Teil nicht zumutbar ist.

> **Durchblick:** Der Gesetzgeber hat mit dieser Regelung dokumentiert, dass der Rücktritt bei der Störung der Geschäftsgrundlage immer nur *subsidiären* Charakter haben soll; die Parteien müssen vielmehr zunächst versuchen, den Vertrag quasi noch zu »retten«, und zwar in Form einer Vertragsanpassung, soweit diese möglich und für beide Parteien auch zumutbar ist. Der Rücktritt ist in diesen Konstellationen somit nur die ultima ratio (PWW/*Stürner* § 313 BGB Rz. 25; *Jauernig/Stadler* § 313 BGB Rz. 27; *Brox/Walker* AS § 27 Rz. 11). Die Prüfung des Ganzen erfolgt bei genauer Betrachtung folglich in *zwei* Schritten, **nämlich:** Zunächst muss geklärt werden, ob beiden Parteien das Festhalten am ursprünglichen Vertrag zugemutet werden kann. Ist das nicht der Fall (und so wird das in der Klausursituation sein), muss man dann im zweiten Schritt prüfen, ob eine entsprechende Anpassung überhaupt möglich und zumutbar ist. Nur wenn auch das nicht geht, ist der Weg dann frei zum Rücktritt, also zur Rückabwicklung des Vertrages und der Rückgewähr der empfangenen Leistungen. Merken.

Zum Fall: Zunächst müsste demnach – um erst mal zu einer Vertragsanpassung zu kommen – dem R das Festhalten am ursprünglichen Vertrag unzumutbar sein, vgl. § 313 Abs. 1 BGB. Und davon können wir hier dann auch ausgehen, denn R hat der S das Grundstück nur deshalb 100.000 Euro unter dem Marktpreis verkauft, weil er wollte, dass dort ein Sportplatz errichtet wird. Nachdem die S dies nicht durchgeführt hat bzw. nicht durchführen will, ist es dem R nun nicht mehr zuzumuten, diese Form der Vergünstigung zu gewähren. R hätte unter diesen Umständen den Vertrag sicher nicht zu diesem Preis geschlossen.

<u>ZE.:</u> Der R hat damit gegen S gemäß § 313 Abs. 1 BGB zunächst einmal einen Anspruch auf *Anpassung* des Vertrages, was bedeutet, dass geprüft werden muss, ob der Vertrag unter anderen Bedingungen aufrechterhalten werden kann. Namentlich kommt ein Verkauf des Grundstücks zum Marktpreis in Höhe von 300.000 Euro in Betracht; die S müsste demnach bei entsprechender Anpassung des Vertrages noch 100.000 Euro an R zahlen. Diese Anpassung ist nun zum einen fraglos möglich und zum anderen wird man angesichts der Umstände des Falles auch sagen müssen, dass sie dem R und der S zumutbar ist.

> **Definition:** Die Vertragsanpassung ist dann *unzumutbar* im Sinne des § 313 Abs. 3 BGB, wenn sich nach umfassender Interessenabwägung ergibt, dass auch nach den geänderten Bedingungen der Vertrag zumindest einer Partei einen nicht hinnehmbaren Nachteil einbringt und deshalb nur die Rückabwicklung der gesamten Vereinbarung eine interessengerechte Lösung darstellt (BGH WM **2017**, 1937; BGH NJW **2014**, 2638; *Bamberger/Roth/Grüneberg* § 313 BGB Rz. 91).

Davon aber kann hier nicht gesprochen werden. Das Grundstück des R stand nach Schilderung des Sachverhaltes schon länger zum Verkauf, und im Übrigen dokumentiert R durch seine hilfsweise ausgesprochene Forderung auf Ersatz der 100.000 Euro, dass für ihn die entsprechende Vertragsanpassung eine denkbare Lösung darstellt. Der Verkauf des Grundstücks zum Marktpreis von 300.000 Euro ist beiden Parteien – die S will das Grundstück ausdrücklich nicht mehr zurückgeben und folglich an diesem Teil des Vertrages festhalten – somit zumutbar mit der Konsequenz, dass dem R gegen S ein Anspruch auf Zahlung von 100.000 Euro jedenfalls aus § 313 Abs. 1 BGB zusteht (vgl. auch *Brox/Walker* BS § 40 Rz. 36).

Ergebnis: Der R kann von S wegen der eingetretenen Störung der Geschäftsgrundlage jedenfalls die Zahlung von 100.000 Euro aus § 313 Abs. 1 BGB verlangen. Ein Rücktritt vom Vertrag und die daraus resultierende Rückforderung des Grundstücks sind wegen der Subsidiarität des Rücktritts zur Vertragsanpassung demzufolge aber nicht möglich, vgl. § 313 Abs. 3 Satz 1 BGB.

AGL.: § 812 Abs. 1 Satz 2, 2. Alt. BGB (»condictio ob rem«)

I. Voraussetzungen: Die S ist gegenüber R gemäß § 812 Abs. 1 Satz 2, 2. Alt. BGB zur Herausgabe des Grundstücks verpflichtet, wenn der mit der Leistung des R nach dem Inhalt des Rechtsgeschäfts bezweckte Erfolg nicht eintritt (bitte lies: § 812 Abs. 1 Satz 2, 2. Alt. BGB). Prüfen wir mal:

1.) Die S hat das Eigentum und den Besitz an dem Grundstück (= etwas) durch eine bewusste und zweckgerichtete Mehrung fremden Vermögens (= Leistung) seitens des R erlangt.

2.) Es fragt sich indessen, ob, wie es der § 812 Abs. 1 Satz 2, 2. Alt. BGB weiter verlangt, der nach dem Inhalt des Rechtsgeschäfts bezweckte Erfolg tatsächlich nicht eingetreten ist.

> **Achtung:** Der R hat zum einen das Grundstück in Erfüllung des mit der S geschlossenen Kaufvertrages übereignet; dazu war er ja auch gemäß § 433 Abs. 1 BGB verpflichtet. Der diesbezüglich verfolgte Zweck in Form der Schuldtilgung ist ohne Zweifel eingetreten. Dieser sogenannte »primäre Erfüllungserfolg« kann indessen unstreitig niemals Gegenstand der Kondiktion aus § 812 Abs. 1 Satz 2, 2. Alt. BGB sein, da er bei Ausbleiben wegen Unwirksamkeit der Verbindlichkeit bereits von der Leistungskondiktion aus § 812 Abs. 1 Satz 1, 1. Alt. BGB erfasst sein würde (BGHZ **44**, 321; *Medicus/Lorenz* SR II Rz. 651; *Brox/Walker* BS § 40 Rz. 31; *Palandt/Sprau* § 812 BGB Rz. 86). Die normale Tilgung einer vertraglichen Schuld kann somit keinesfalls unter § 812 Abs. 1 Satz 2, 2. Alt. BGB fallen (*Medicus/Lorenz* SR II Rz. 1143). Die »**condictio ob rem**« hat demnach nur *zwei* mögliche Anwendungsbereiche; einer davon kommt hier in unserem Fall in Betracht und ist in seiner Beurteilung dann auch außerordentlich streitig. Aber der Reihe nach:

a) Zunächst dient die »condictio ob rem« im Sinne des § 812 Abs. 1 Satz 2, 2. Alt. BGB nach allgemeiner Meinung zur Lösung derjenigen Fälle, in denen (ohne die Absicht einer Schuldtilgung) geleistet wird, es also – anders als in unserem Fall – gar keine schuldrechtliche Verbindlichkeit gibt, die getilgt werden könnte; der Leistende möchte mit seiner Zuwendung den Empfänger vielmehr allein zu einem – später dann nicht eingetretenen und tatsächlich nicht geschuldeten – Erfolg bewegen (BGHZ **177**, 193; *Medicus/Petersen* BR Rz. 691; PWW/*Prütting* § 812 BGB Rz. 46; *Bamberger/ Roth/Wendehorst* § 812 BGB Rz. 45; MüKo/*Schwab* § 812 BGB Rz. 296; *Palandt/Sprau* § 812 BGB Rz. 89). Zum **Beispiel**: Es werden Anzahlungen geleistet in der Hoffnung, den anderen damit zum Vertragsschluss zu bewegen (BGH WM **1967**, 1042); es werden Zahlungen an jemanden geleistet in der Hoffnung, von diesem später als Erbe eingesetzt zu werden (*Brox/Walker* BS § 40 Rz. 32); es wird – nach kultureller Sitte – sogenanntes »Brautgeld« gezahlt, es kommt aber nicht zur Eheschließung (OLG Köln NJW-RR **1994**, 1026); oder auch der sogenannte »Freikauf« einer Prostituierten (naiver Fall, so was klappt natürlich nie, vgl. OLG Düsseldorf NJW-RR **1998**, 1517); oder es werden Leistungen an einen Auszubildenden erbracht in der Hoffnung der späteren gemeinsamen Kanzleigründung (BGH NJW **2004**, 512); es wird ein Haus gebaut in der Erwartung, später durch Erbschaft der Eigentümer des Grundstücks zu werden (BGHZ **44**, 321); oder es wird ein Gebäude auf einem gepachteten Grundstück errichtet in der Erwartung des späteren Eigentumserwerbs oder jedenfalls eines Erbbaurechts am Grundstück (BGH NJW **2013**, 3346).

> **Beachte:** All diese Fälle haben gemeinsam, dass die jeweilige Leistung erbracht wurde, ohne dass es eine rechtliche Pflicht, also einen Rechtsgrund in Form einer schuldrechtlichen Vereinbarung gab. Der Leistende hat quasi »aus freien Stücken« und in der – letztlich enttäuschten – Erwartung auf den Eintritt eines bestimmten Erfolges das Vermögen des Empfängers vermehrt. Der Empfänger hat demnach etwas erhalten, auf das er keinen Rechtsanspruch hatte. Und in genau diesen Fällen soll die »condictio ob rem« nun den Ausgleich schaffen und den Empfänger zur Rückübertragung verpflichten, damit er das rechtsgrundlos Erhaltene nicht in seinem Vermögen belassen kann (PWW/*Prütting* § 812 BGB Rz. 46; *Bamberger/ Roth/Wendehorst* § 812 BGB Rz. 45; MüKo/*Schwab* § 812 BGB Rz. 296; *Palandt/Sprau* § 812 BGB Rz. 89). Das ist – weitestgehend – unstreitig.

b) Alles andere als unstreitig ist demgegenüber die Frage, ob die »condictio ob rem« auch dann eingreifen kann, wenn der Leistende neben dem verfolgten Zweck auch noch eine vertraglich geschuldete Verbindlichkeit erfüllt hat (= unser Fall). Wir erinnern uns bitte: Der R hat das Grundstück der S verkauft und übereignet, weil er **a)** damit seine Pflicht aus dem mit S geschlossenen Kaufvertrag erfüllen wollte und **b)** die Erwartung hatte, dass die S dort einen Sportplatz errichtet. Das sind ein rechtsgeschäftlich geschuldeter Erfolg – und ein *nicht* rechtsgeschäftlich »geschuldeter« Erfolg. Der eine ist ohne Probleme eingetreten (= Erfüllung des Kaufvertrages), der andere (Errichten des Sportplatzes) eben nicht. Und dann stellt sich die Frage, auf welchen es denn nun ankommt und ob die »condictio ob rem« insbesondere auch dann anwendbar ist, wenn ein über die eigentliche vertragliche Erfüllung hinausgehender, zwischen den Parteien abgesprochener Zweck nicht erreicht wurde. Die Beantwortung dessen ist sehr umstritten, Folgendes wird vertreten:

- Nach einer Meinung kann die »condictio ob rem« auch in solchen Konstellationen eingreifen; die Tatsache, dass der rechtsgeschäftlich geschuldete Erfolg erreicht wurde, hindere dies nicht, da auch der darüberhinausgehende Zweck beachtlich sei (BGH NJW **2001**, 3118; OLG Köln NJW-RR **1994**, 1540; *Palandt/Sprau* § 812 BGB Rz. 91; *Erman/Buck-Heeb* § 812 BGB Rz. 51; *Soergel/Schmidt-Kessel/ Hadding* § 812 BGB Rz. 206). In diesen Fällen finde eine sogenannte »**Zweckstaffelung**« statt mit der Folge, dass bei Nichteintritt des nachrangigen Zwecks die Herausgabe nach den Bereicherungsvorschriften möglich sei (*Erman/Buck-Heeb* § 812 BGB Rz. 51). Voraussetzung für die Anwendung des § 812 Abs. 1 Satz 2, 2. Alt. BGB sei indessen, dass die Parteien tatsächlich eine – auch stillschweigende – Einigung im Hinblick auf den über die Erfüllung hinausgehenden Zweck erreicht hätten (BGHZ **44**, 323), die gleichwohl dann keinen rechtsverbindlichen Charakter gehabt habe.

- Nach anderer Ansicht soll die »condictio ob rem« in diesen Fällen *nicht* eingreifen; insoweit seien allein die Vorschriften über das *Vertragsrecht* anwendbar, unter Umständen auch die Regeln über die Störung der Geschäftsgrundlage nach § 313 BGB, die dann Vorrang im Verhältnis zur Bereicherung hätten (PWW/ *Prütting* § 812 BGB Rz. 49; MüKo/*Schwab* § 812 BGB Rz. 378; *Reuter/Martinek* § 5 III 2; *Brox/Walker* BS § 40 Rz. 34; *Staudinger/Lorenz* § 812 BGB Rz. 106; RGRK-*Trosien* § 812 BGB Rz. 89; *Medicus/Lorenz* SR II Rz. 1143). Zur Begründung wird insoweit angeführt, dass die Parteien sich bewusst auf die *rechtsgeschäftliche* Ebene begeben hätten und daher auch allein nach den dafür geltenden Normen beurteilt werden müssten (MüKo/*Schwab* § 812 BGB Rz. 378). Wer auf eine vertragliche Schuld zahle und diese Schuld damit tilge, könne nicht nach Bereicherungsvorschriften später kondizieren oder Gegner eines Kondiktionsanspruchs sein (*Medicus/Lorenz* SR II Rz. 1143). Des Weiteren sei vom Gesetzgeber für die vorliegenden Konstellationen des nicht erreichten, aber dennoch dem Vertrag zugrunde gelegten Zwecks das Instrument der Störung der Geschäftsgrundlage aus § 313 **BGB** entwickelt worden, das insoweit spezielleren Charakter habe und demnach vorgehe. Es könne nicht sein, dass derjenige, dem nach § 313 Abs. 3 BGB die Rückforderung verwehrt bleibe, nunmehr über die Bereicherungsvorschriften dieses Ergebnis korrigieren könne. In diesem Fall würden die Vertragsnormen unterlaufen und quasi außer Kraft gesetzt; *Medicus/Lorenz* warnen gar vor »unkontrollierbaren Einbrüchen in der Rechtsgeschäftslehre« (*Medicus/ Lorenz* SR II Rz. 1143; vgl. auch MüKo/*Schwab* § 812 BGB Rz. 378; *Staudinger/ Lorenz* § 812 BGB Rz. 106; und BR Rz. 692; *Jauernig/Stadler* § 812 BGB Rz. 17).

Wie man sich nun bei diesem Streit entscheidet, ist im besten Sinne des Wortes »**gleichgültig**«; freilich müssen die Argumente vernünftig ausgetauscht werden. Und wie man das dann in der Klausur souverän erledigt, steht – wie immer – weiter unten im Gutachten. Nachlesen schadet vermutlich nicht.

<u>ZE.</u>: Wir wollen uns hier jetzt mal aufgrund der durchaus einleuchtenden Argumentation der letztgenannten Meinung anschließen und demnach festhalten, dass in den Fällen der über die eigentliche Erfüllung hinausgehenden Zweckverfehlung die Vorschrift des § 812 Abs. 1 Satz 2, 2. Alt. BGB *keine* Anwendung findet. Hier stellen die Regeln über das Vertragsrecht, namentlich der § 313 BGB, die spezielleren Normen dar, die die Beurteilung der vorliegenden Konstellation nach § 812 Abs. 1 Satz 2 BGB verbieten (vgl. dazu auch BGH MDR **2013**, 979).

Ergebnis: R steht aus § 812 Abs. 1 Satz 2, 2. Alt. BGB demnach kein Anspruch auf Rückübertragung des Grundstücks zu; er kann – wie weiter oben erläutert – lediglich die Zahlung von 100.000 Euro aus § 313 Abs. 1 BGB im Wege der Vertragsanpassung fordern (so dann auch *Brox/Walker* BS § 40 Rz. 36).

Gutachten

Anspruch des R gegen S auf Herausgabe des Grundstücks

R könnte gegen S einen Anspruch auf Herausgabe des Grundstücks aus den §§ 346 Abs. 1 Satz 1, 2. Alt., 313 Abs. 3 Satz 1 BGB haben.

I. Dem R ist dann ein gesetzliches Rücktrittsrecht gemäß § 346 Abs. 1 Satz 1, 2. Alt. BGB mit der Folge der Verpflichtung zur Rückgewähr der empfangenen Leistungen erwachsen, wenn die Voraussetzungen des § 313 Abs. 3 Satz 1 BGB vorliegen.

1.) Das gesetzliche Rücktrittsrecht aus § 313 Abs. 3 Satz 1 BGB setzt zunächst voraus, dass einer der beiden Tatbestände des § 313 Abs. 1 BGB oder des § 313 Abs. 2 BGB vorliegt. In Betracht kommt die Störung der Geschäftsgrundlage im Sinne des § 313 Abs. 1 BGB. Zur Geschäftsgrundlage gehören die bei Abschluss des Vertrages zutage getretenen, dem anderen Teil erkennbar gewordenen und von ihm nicht beanstandeten Vorstellungen der einen Partei oder die gemeinsamen Vorstellungen beider Parteien von dem Vorhandensein oder dem künftigen Eintritt bestimmter Umstände, sofern der Geschäftswille auf diesen Umständen aufbaut. Im Hinblick auf einseitige Erwartungen einer Partei ist zudem erforderlich, dass diese nicht nur dem anderen mitgeteilt worden sind. Vielmehr muss der andere unter Berücksichtigung von Treu und Glauben diese Erwartung als Grundlage des Geschäftswillens erkannt und auch akzeptiert haben. Eine Störung der Geschäftsgrundlage kann namentlich dann vorliegen, wenn feste, aber nicht rechtsverbindliche Zusagen, etwa im Hinblick auf einen veräußerten Gegenstand oder z.B. eine Verfügung von Todes wegen, später nicht eingehalten werden.

Davon kann im vorliegenden Fall ausgegangen werden. Die Stadt S erhält das Grundstück 100.000 Euro unter dem Marktpreis und weiß nach den Vertragsverhandlungen auch, warum dies so ist. Sie schließt entsprechend den Vertrag und hat nach Auskunft des Sachverhaltes sogar ihre Zustimmung zum Begehren des R signalisiert. Die Erwartung des R, dass auf dem verkauften Grundstück ein Fußballplatz errichtet wird, ist damit zur »Geschäftsgrundlage« im Sinne des § 313 Abs. 1 BGB geworden.

2.) Diese Geschäftsgrundlage hat sich nachträglich schwerwiegend verändert; die S hat entschieden, doch keinen Fußballplatz zu errichten, sondern ein Bürogebäude auf das Grundstück zu setzen.

II. Gemäß § 313 Abs. 1 BGB kann im Falle der Störung der Geschäftsgrundlage für den Fall, dass die Parteien den Vertrag unter diesen Umständen nicht oder mit einem anderen Inhalt geschlossen hätten, die Anpassung des Vertrages verlangt werden, wenn das Festhalten am ursprünglichen Vertrag jedenfalls einer Partei nicht zugemutet werden kann. Der Rücktritt vom Vertrag kommt demgegenüber gemäß § 313 Abs. 3 Satz 1 BGB nur und erst dann in Betracht, wenn die Anpassung des Vertrages entweder nicht möglich oder aber mindestens einem Teil nicht zumutbar ist.

Zunächst müsste demnach – um zu einer Vertragsanpassung zu kommen – dem R das Festhalten am ursprünglichen Vertrag unzumutbar sein, vgl. § 313 Abs. 1 BGB. Dies ist vorliegend anzunehmen, R hat der S das Grundstück nur deshalb 100.000 Euro unter dem Marktpreis verkauft, weil er wollte, dass dort ein Sportplatz errichtet wird. Nachdem die S dies nicht durchgeführt hat bzw. nicht durchführen will, ist es dem R nun nicht mehr zuzumuten, diese Form der Vergünstigung zu gewähren. R hätte unter diesen Umständen den Vertrag sicher nicht zu diesem Preis geschlossen. Der R hat damit gegen S gemäß § 313 Abs. 1 BGB zunächst einmal einen Anspruch auf Anpassung des Vertrages, was bedeutet, dass geprüft werden muss, ob der Vertrag unter anderen Bedingungen aufrechterhalten werden kann. Namentlich kommt ein Verkauf des Grundstücks zum eigentlichen Marktpreis in Höhe von 300.000 Euro in Betracht; die S müsste demnach bei entsprechender Anpassung des Vertrages noch 100.000 Euro an R zahlen. Diese Anpassung ist nun zum einen fraglos möglich und zum anderen wird man angesichts der Umstände des Falles auch sagen müssen, dass sie dem R und der S zumutbar ist. Die Vertragsanpassung ist nur dann unzumutbar im Sinne des § 313 Abs. 3 BGB, wenn sich nach umfassender Interessenabwägung ergibt, dass auch nach den geänderten Bedingungen der Vertrag zumindest einer Partei einen nicht hinnehmbaren Nachteil einbringt und deshalb nur die Rückabwicklung der gesamten Vereinbarung eine interessengerechte Lösung darstellt. Davon aber kann hier nicht gesprochen werden. Das Grundstück des R stand nach Schilderung des Sachverhaltes schon länger zum Verkauf, und im Übrigen dokumentiert R durch seine hilfsweise ausgesprochene Forderung auf Ersatz der 100.000 Euro, dass für ihn die entsprechende Vertragsanpassung eine denkbare Lösung darstellt. Der Verkauf des Grundstücks zum Marktpreis von 300.000 Euro ist beiden Parteien – die S will das Grundstück ausdrücklich nicht mehr zurückgeben und folglich an diesem Teil des Vertrages festhalten – folglich zumutbar mit der Konsequenz, dass dem R gegen S ein Anspruch auf Zahlung von 100.000 Euro jedenfalls aus § 313 Abs. 1 BGB zusteht.

Ergebnis: Der R kann von S wegen der eingetretenen Störung der Geschäftsgrundlage jedenfalls die Zahlung von 100.000 Euro aus § 313 Abs. 1 BGB verlangen. Ein Rücktritt vom Vertrag und die daraus resultierende Rückforderung des Grundstücks sind wegen der Subsidiarität des Rücktritts zur Vertragsanpassung demzufolge aber nicht möglich, vgl. § 313 Abs. 3 Satz 1 BGB.

Ein Anspruch auf Herausgabe des Grundstücks könnte sich aber aus § 812 Abs. 1 Satz 2, 2. Alt. BGB ergeben.

I. Die S ist gegenüber R gemäß § 812 Abs. 1 Satz 2, 2. Alt. BGB zur Herausgabe des Grundstücks verpflichtet, wenn der mit der Leistung des R nach dem Inhalt des Rechtsgeschäfts bezweckte Erfolg nicht eintritt.

1.) Die S hat das Eigentum und den Besitz an dem Grundstück (etwas) durch eine bewusste und zweckgerichtete Mehrung fremden Vermögens (Leistung) seitens des R erlangt.

2.) Es fragt sich indessen, ob – wie es § 812 Abs. 1 Satz 2, 2. Alt. BGB weiter verlangt – der nach dem Inhalt des Rechtsgeschäfts bezweckte Erfolg tatsächlich nicht eingetreten ist. Insoweit ist Folgendes beachtlich: Der R hat zum einen das Grundstück in Erfüllung des mit der S geschlossenen Kaufvertrages übereignet; dazu war er auch gemäß § 433 Abs. 1 BGB verpflichtet. Der diesbezüglich verfolgte Zweck in Form der Schuldtilgung ist ohne Zweifel eingetreten. Dieser sogenannte »primäre Erfüllungserfolg« kann indessen unstreitig nicht Gegenstand der Kondiktion aus § 812 Abs. 1 Satz 2, 2. Alt. BGB sein, da er bei Ausbleiben wegen Unwirksamkeit der Verbindlichkeit bereits von der Leistungskondiktion aus § 812 Abs. 1 Satz 1, 1. Alt. BGB erfasst sein würde. Die normale Tilgung einer vertraglichen Schuld kann somit keinesfalls unter § 812 Abs. 1 Satz 2, 2. Alt. BGB fallen.

Umstritten ist, ob die condictio ob rem aus § 812 Abs. 1 Satz 2, 2. Alt. BGB dann eingreifen kann, wenn der Leistende neben dem verfolgten Zweck auch noch – wie hier – eine vertraglich geschuldete Verbindlichkeit erfüllt hat. Der R hat das Grundstück der S verkauft und übereignet, weil er damit zum einen seine Pflicht aus dem mit S geschlossenen Kaufvertrag erfüllen wollte und zum anderen die Erwartung hatte, dass die S dort einen Sportplatz errichtet. Das sind ein rechtsgeschäftlich geschuldeter Erfolg und ein nicht rechtsgeschäftlich geschuldeter Erfolg. Der eine ist ohne Probleme eingetreten (Erfüllung des Kaufvertrages), der andere (Errichten des Spielplatzes) nicht. Insoweit stellt sich nun die Frage, auf welchen Zweck es ankommt und ob die »condictio ob rem« insbesondere auch dann anwendbar ist, wenn ein über die eigentliche vertragliche Erfüllung hinausgehender, zwischen den Parteien abgesprochener Zweck nicht erreicht wurde. Die Beantwortung dessen ist umstritten.

a) Nach einer Meinung kann die »condictio ob rem« auch in solchen Konstellationen eingreifen; die Tatsache, dass der rechtsgeschäftlich geschuldete Erfolg erreicht wurde, hindere dies nicht, da auch der darüberhinausgehende Zweck beachtlich sei. In diesen Fällen finde eine sogenannte »Zweckstaffelung« statt mit der Folge, dass bei Nichteintritt des nachrangigen Zwecks die Herausgabe nach den Bereicherungsvorschriften möglich sei. Voraussetzung für die Anwendung des § 812 Abs. 1 Satz 2, 2. Alt. BGB sei indessen, dass die Parteien tatsächlich eine – auch stillschweigende – Einigung im Hinblick auf den über die Erfüllung hinausgehenden Zweck erreicht hätten, die gleichwohl dann keinen rechtsverbindlichen Charakter gehabt habe. Nach dieser Auffassung wäre § 812 Abs. 1 Satz 2, 2. Alt. BGB anwendbar mit der möglichen Folge, dass R gegen S ein Anspruch auf Rückgabe des Grundstücks zustünde.

b) Dem kann jedoch nicht gefolgt werden. In Fällen der vorliegenden Art sind vielmehr allein die Vorschriften über das Vertragsrecht anwendbar, wozu auch die Regeln über die Störung der Geschäftsgrundlage nach § 313 BGB gehören, die dann aber Vorrang im Verhältnis zur Bereicherung haben. Die streitenden Parteien haben sich hier nämlich im Vorfeld bewusst auf die rechtsgeschäftliche Ebene begeben und müssen daher auch allein nach den dafür geltenden Normen beurteilt werden. Wer auf eine vertragliche Schuld zahlt und diese Schuld damit tilgt, kann nicht nach Bereicherungsvorschriften später kondizieren oder Gegner eines Kondiktionsanspruchs sein. Des Weiteren ist von Seiten des Gesetzgebers für die vorliegenden Konstellationen des nicht erreichten, aber dennoch dem Vertrag zugrunde gelegten Zwecks das Instrument der Störung der Geschäftsgrundlage aus § 313 BGB entwickelt worden, das insoweit spezielleren Charakter hat und demnach vorgeht. Es kann nicht sein, dass derjenige, dem nach § 313 Abs. 3 BGB die Rückforderung verwehrt bleibt, nunmehr über die Bereicherungsvorschriften dieses Ergebnis korrigieren kann. In diesem Fall würden die Vertragsnormen unterlaufen und quasi außer Kraft gesetzt.

Es ist daher im Ergebnis festzuhalten, dass in den Fällen der über die eigentliche Erfüllung hinausgehenden Zweckverfehlung die Vorschrift des § 812 Abs. 1 Satz 2, 2. Alt. BGB keine Anwendung findet. Hier stellen die Regeln über das Vertragsrecht, namentlich § 313 BGB, die spezielleren Normen dar, die die Beurteilung der vorliegenden Konstellation nach § 812 Abs. 1 Satz 2 BGB verbieten.

Ergebnis: R steht aus § 812 Abs. 1 Satz 2, 2. Alt. BGB demnach kein Anspruch auf Rückübertragung des Grundstücks zu; er kann – wie weiter oben erläutert – lediglich die Zahlung von 100.000 Euro aus § 313 Abs. 1 BGB im Wege der Vertragsanpassung fordern.

Fall 8

Gute, Böse, Berechtigte und Nichtberechtigte

Bei einem Einbruchsdiebstahl entwendet Dieb D aus der Wohnung von Rechtsstudent R eine wertvolle Konzertgitarre. Das Instrument (Wert: 2.000 Euro) bietet D dann einige Tage später per Zeitungsinserat in einer anderen Stadt an und verkauft es schließlich an den gutgläubigen Händler H zum Preis von 1.400 Euro. Eine Woche darauf erwirbt der Kunde K des H die Gitarre zum Preis von 2.200 Euro; und bei K geht das edle Stück dann natürlich aus ungeklärten Gründen unter.

Als die ganze Geschichte durch die Ermittlungen der von R eingeschalteten Polizei rauskommt und der D ins Gefängnis wandert, verlangt R von H die Herausgabe der 2.200 Euro, die H von K als Kaufpreis erhalten hat. H indessen weigert sich und meint, er sei gutgläubig gewesen und hafte daher grundsätzlich nicht. Wenn überhaupt, dann zahle er nur den objektiven Wert der Sache und sei im Übrigen noch berechtigt, den an D gezahlten Kaufpreis in Höhe von 1.400 Euro abzuziehen.

Ansprüche des R gegen H?

> **Schwerpunkte:** Der Anspruch aus § 816 Abs. 1 Satz 1 BGB; die sogenannte »Eingriffskondiktion«; die Begriffe des Berechtigten und Nichtberechtigten; die Wirksamkeit einer Verfügung; der Erwerb vom Nichtberechtigten; die Genehmigung eines unwirksamen Rechtsgeschäfts nach § 185 BGB; die Wirkung der Genehmigung nach § 184 BGB; der Umfang der Herausgabepflicht aus § 816 Abs. 1 Satz 1 BGB; die Abzugsfähigkeit des Kaufpreises nach § 818 Abs. 3 BGB.

Lösungsweg

```
       § 242 StGB    (böse)        1.400 €         (gut)         2.200 €         (gut)
  R <- - - - - - - - - Dieb --------------------------> H -------------------------> K
                                §§ 932, 935 BGB              §§ 932, 935 BGB    Gitarre
                                                                                zerstört
```

Ansprüche des R gegen H

Einstieg: Jetzt geht's so langsam ans Eingemachte, wir müssen uns nun mal ganz vorsichtig auf die Fälle einstimmen, in denen mehrere Personen vorkommen und entsprechend auch mehrere Verfügungen bzw. Rechtshandlungen vorgenommen werden. Das Auseinandertüfteln dieser verschiedenen Vorgänge gehört zum Standardprogramm bei den (gehobenen) Bereicherungsfällen – und insbesondere auch bei § 816 Abs. 1 BGB, um den sich dieser Fall hier dreht. Bei solchen Konstellationen schadet es dann übrigens nicht, sich eine entsprechende Zeichnung (siehe oben) anzufertigen, dann kapiert man die Zusammenhänge nämlich besser und kommt später mit den ganzen Figuren nicht durcheinander. Und wer gleich nicht dauernd das Blatt wieder nach vorne umschlagen möchte, malt sich das Ganze gerade mal schön ab (bitte!) und hat es beim Lesen der Lösung dann neben sich liegen.

Inhaltlich geht es gleich – wie gesagt – hauptsächlich um § 816 Abs. 1 BGB, der übrigens einen Spezialfall der sogenannten »**Nichtleistungskondiktion**« (→ »**Eingriffskondiktion**«) darstellt und daher einem Anspruch aus § 812 Abs. 1 Satz 1, 2. Alt. BGB auch vorgeht (*Bamberger/Roth/Wendehorst* § 816 BGB Rz. 4; *Jauernig/Stadler* § 816 BGB Rz. 1). Bevor wir mit § 816 Abs. 1 BGB anfangen können, müssen wir allerdings erst noch einige andere Anspruchsgrundlagen aus dem Weg räumen und dabei auch die entsprechenden Zusammenhänge verstehen. Insbesondere die Vorschriften aus dem Eigentümer-Besitzer-Verhältnis der **§§ 987 ff. BGB** gehören hier hin, auch wenn sie – wie wir sehen werden – im Zweifel nicht durchgreifen oder überhaupt nicht anwendbar sind. Einer Anspruchsprüfung nach § 816 Abs. 1 BGB gehen diese §§ 987 ff. BGB dennoch zumeist voraus, da sich hinter den für § 816 Abs. 1 BGB typischen Konstellationen in der Regel ein Eigentümer-Besitzer-Verhältnis nach den §§ 987 ff. BGB (= Eigentümer + unberechtigter Besitzer) verbirgt, das dann – zumindest kurz – im Hinblick auf mögliche Ansprüche durchgeprüft werden muss. Das hat im Übrigen noch den Vorteil, dass man bereits an dieser Stelle wichtige Fragen nach den Eigentumsverhältnissen schon mal vorab klären kann, die dann später bei § 816 BGB auch nicht mehr ausgebreitet werden müssen. Also dann:

Ansprüche des R gegen H

<u>AGL.:</u> **§§ 989, 990 BGB** (Schadensersatz wegen der Weiterveräußerung der Sache)

I. Voraussetzungen: Es muss zunächst eine sogenannte »**Vindikationslage**« vorliegen, was bedeutet, dass der Anspruchssteller R der Eigentümer und der Anspruchsgegner H der unberechtigte Besitzer der Sache (gewesen) sein muss (vgl. BGH NJW **1996**, 858; *Jauernig/Berger* vor §§ 987–993 BGB Rz. 3).

Beachte: Insoweit ist wichtig zu sehen, dass wegen des *Diebstahls* weder der D noch der H oder auch der K jemals Eigentümer der Sache werden konnten, jedenfalls nicht durch Rechtsgeschäft. Und das ergibt sich aus **§ 935 Abs. 1 Satz 1 BGB**, der nämlich anordnet, dass der gutgläubige Erwerb an gestohlenen Sachen grundsätzlich nicht eintreten kann (prüfen, bitte!); der Bestohlene bleibt also weiterhin Eigentümer der Sache. Dieser § 935 Abs. 1 BGB spielt in den Fällen, in denen es sich um § 816 Abs. 1 BGB dreht, regelmäßig eine zentrale Rolle, denn wir werden später die Begriffe »**Be-**

rechtigter« und »**Nichtberechtigter**« aus § 816 Abs. 1 BGB unter anderem mit § 935 Abs. 1 BGB bzw. der darin aufgestellten Regeln erklären.

Durchblick: Aus der Tatsache heraus, dass der Bestohlene weiterhin Eigentümer der Sache bleibt, folgt nun die grundsätzlich bestehende Möglichkeit, gegen den jeweiligen Besitzer aus den **§§ 985 ff.** BGB vorzugehen, denn – wie gesagt – das Eigentum ist ja nicht übertragen worden und der Besitzer der Sache ist im Zweifel auch nicht zum Besitz berechtigt. Die §§ 985 ff. BGB bieten dann unter anderem die Möglichkeit, direkt die Herausgabe der Sache zu fordern (→ § 985 BGB) oder auch im Falle des Untergangs oder der Verschlechterung der Sache Schadens- oder Nutzungsersatz geltend zu machen (§§ 987 ff. BGB), wobei der Anspruch auf Schadensersatz wegen Untergang oder Verschlechterung in der Regel ein Verschulden des Besitzers und die Rechtshängigkeit bzw. die Kenntnis des Besitzers von seiner fehlenden Berechtigung voraussetzt (siehe: §§ 989, 990 BGB).

Das Problem der Ansprüche aus den §§ 987 ff. BGB liegt nun aber darin, dass sie gegenüber dem *gutgläubigen* und *unverklagten* Besitzer in der Regel ausgeschlossen sind (*Bamberger/Roth/Fritzsche* § 993 BGB Rz. 1; *Palandt/Herrler* vor §§ 987 ff. BGB Rz. 2; *Staudinger/Gursky* vor §§ 987 ff. BGB Rz. 4; *Erman/Ebbing* § 993 BGB Rz. 1). Der gutgläubige und unverklagte Besitzer besitzt die Sache nämlich im Glauben, sie auch wirklich behalten zu dürfen, und deshalb sind Ansprüche ihm gegenüber aus den §§ 987 ff. BGB grundsätzlich nicht möglich, was die ganz herrschende Meinung aus der Vorschrift des **§ 993 Abs. 1, 2. Halbsatz BGB** folgert (vgl. zu den Einzelheiten: *Schwabe*, »Lernen mit Fällen«, Sachenrecht, Fälle 10–14; oder *Palandt/Herrler* vor §§ 987 ff. BGB Rz. 2.; *Staudinger/Gursky* vor §§ 987 ff. BGB Rz. 4).

Zum Fall: Hier bei uns macht der Eigentümer R Ansprüche gegen den (ehemaligen) Besitzer der Gitarre, den H, geltend. Da H die Gitarre wegen des Verkaufs an K nicht mehr herausgeben kann, kämen nun eigentlich Ansprüche aus den §§ 989, 990 BGB in Betracht, gerichtet auf Schadensersatz. Unabhängig vom Vorliegen der einzelnen Voraussetzungen der §§ 989, 990 BGB scheitert ein solcher Anspruch aber schon daran, dass H zu keiner Zeit Kenntnis von seiner fehlenden Besitzberechtigung, also dem Diebstahl seitens des D, hatte (§ 990 BGB) und auch nicht verklagt war (§ 989 BGB) mit der Folge, dass Ansprüche aus dem Eigentümer-Besitzer-Verhältnis ihm gegenüber ausgeschlossen sind (vgl. *Bamberger/Roth/Fritzsche* § 993 BGB Rz. 1).

Ergebnis: Es bestehen keine Ansprüche des R gegen H aus den §§ 989, 990 BGB.

AGL.: § 816 Abs. 1 Satz 1 BGB (Verfügung eines Nichtberechtigten)

I. Voraussetzungen: Ein Nichtberechtigter muss über einen Gegenstand eine Verfügung getroffen haben, die dem Berechtigten gegenüber wirksam war (bitte lies: § 816

Abs. 1 Satz 1 BGB). Und hierfür kommt natürlich nur die Veräußerung der Gitarre von H an K in Betracht.

1.) Dann müsste der H zunächst ein »**Nichtberechtigter**« im Sinne des § 816 Abs. 1 Satz 1 BGB gewesen sein.

Definition: *Nichtberechtigter* im Sinne des § 816 Abs. 1 Satz 1 BGB ist derjenige, der weder Inhaber des fraglichen Rechts noch zur Verfügung über das Recht befugt war; es kommt allein auf die sachenrechtliche Zuordnung an (RGZ **119**, 337; *Brox/Walker* BS § 38 Rz. 18; *Erman/Buck-Heeb* § 816 BGB Rz. 4; *Bamberger/Roth/Wendehorst* § 816 BGB Rz. 9).

Im vorliegenden Fall war das Eigentum wegen **§ 935 Abs. 1 Satz 1 BGB** bei R verblieben (siehe oben). Der H war folglich nicht Inhaber des fraglichen Rechts und auch mangels entsprechender Erklärung des R oder sonstiger Gründe nicht befugt, über das fremde Eigentum zu verfügen.

<u>ZE.:</u> Der H war somit »Nichtberechtigter« im Sinne des § 816 Abs. 1 Satz 1 BGB, als er die Gitarre an K veräußerte.

2.) H muss des Weiteren als Nichtberechtigter über den Gegenstand (entgeltlich – sonst gilt § 816 Abs. 1 Satz 2 BGB) »**verfügt**« haben.

Definition: *Verfügung* ist jedes Rechtsgeschäft, durch das unmittelbar auf den Bestand eines Rechts im Sinne einer Rechtsminderung oder eines völligen Rechtsverlustes eingewirkt wird; also etwa die Übertragung, Aufgabe, Belastung oder die Inhaltsänderung (MüKo/*Schwab* § 816 BGB Rz. 9; *Bamberger/Roth/Wendehorst* § 816 BGB Rz. 4; *Erman/Buck-Heeb* § 816 BGB Rz. 4).

Der H hat im Zuge der Erfüllung des mit K geschlossenen Kaufvertrages das (vermeintliche) Eigentum an der Gitarre auf den K übertragen, mithin also eine Verfügung im gerade genannten Sinne vorgenommen.

<u>ZE.:</u> H hat als »Nichtberechtigter« über den Gegenstand »verfügt«.

3.) Diese Verfügung des Nichtberechtigten müsste nun schließlich dem »**Berechtigten**« gegenüber auch »**wirksam**« gewesen sein. Der Reihe nach:

Definition: *Berechtigter* im Sinne des § 816 Abs. 1 Satz 1 BGB ist derjenige, der nach der sachenrechtlichen Zuordnung zu der in Frage stehenden Verfügung befugt gewesen wäre (*Palandt/Sprau* § 816 BGB Rz. 10; *Brox/Walker* BS § 42 Rz. 18).

Wir haben es oben schon mehrfach gesagt: Der R war nach wie vor Eigentümer der gestohlenen Gitarre (→ § 935 BGB) mit der Konsequenz, dass er allein befugt gewesen wäre, eine Verfügung über den Gegenstand zu treffen.

ZE.: Der R war der »Berechtigte« im Hinblick auf die Gitarre.

Die Verfügung des Nichtberechtigten H müsste dem Berechtigten R gegenüber schließlich auch »**wirksam**« gewesen sein.

> **Definition:** Die Verfügung ist dann *wirksam*, wenn die angestrebte Rechtsänderung auch eingetreten ist (*Erman/Buck-Heeb* § 816 BGB Rz. 6; *Palandt/Sprau* § 816 BGB Rz. 8; *Medicus/Lorenz* SR II Rz. 1192).

Demnach müsste der K dann auch tatsächlich neuer Eigentümer der Gitarre geworden sein, denn das wollte und musste H bei der Erfüllung des Kaufvertrages mit K ja erreichen.

Aber: Das haben wir ja jetzt schon ungefähr 137 Mal gesagt: Der K konnte wegen § 935 Abs. 1 Satz 1 BGB zu keiner Zeit neuer Eigentümer der gestohlenen Gitarre werden. Die angestrebte Rechtsänderung ist mithin *nicht* eingetreten.

ZE.: Die Verfügung des Nichtberechtigten war gegenüber dem Berechtigten *nicht* wirksam im Sinne des § 816 Abs. 1 Satz 1 BGB. Die Voraussetzungen des § 816 Abs. 1 Satz 1 BGB liegen somit nicht vor.

Ende?

Nein, natürlich nicht, jetzt kommt vielmehr die Finte des Falles. Sie ist eigentlich ziemlich billig, nur wenn man sie nicht kennt bzw. noch nie davon gehört hat, fällt man selbstverständlich darauf rein und übersieht den entscheidenden Punkt – und vergeigt entsprechend die Klausur. Das soll uns natürlich nicht (mehr) passieren, deshalb:

Wir lesen bitte zunächst – schön langsam und genau – den **§ 185 Abs. 1 BGB**.

Der passt aber nicht. Denn da steht ja was von *Einwilligung*, und das meint immer die *vorherige* Zustimmung (lies: § 183 BGB). Und die liegt hier nicht vor, denn der Berechtigte (unser R) hat vorher gegenüber H (dem Nichtberechtigten) nix erklärt.

Wir lesen bitte **§ 185 Abs. 2 Satz 1 BGB**.

Schon besser. Diese Norm behandelt also die *Genehmigung*, das ist die *nachträgliche* Zustimmung (lies: § 184 Abs. 1 BGB), und die ist in unserem Fall theoretisch ja noch möglich, und zwar mit folgenden Konsequenzen:

Wenn der R als »Berechtigter« seine Genehmigung (= *nachträgliche* Zustimmung) erteilt, würde die Verfügung des Nichtberechtigten H tatsächlich gemäß § 185 Abs. 2 Satz 1 BGB *wirksam* (vgl. BGH NJW **1972**, 1197; MüKo/*Schwab* § 816 BGB Rz. 33; *Bamberger/Roth/Wendehorst* § 816 BGB Rz. 11; *Staudinger/Lorenz* § 816 BGB Rz. 9). Und das wiederum hätte zur Folge, dass die Voraussetzungen des § 816 Abs. 1 BGB dann doch vorlägen, denn an der Wirksamkeit der Verfügung von H auf K scheiterte ja bislang unsere Prüfung des § 816 Abs. 1 Satz 1 BGB (siehe oben). **Und:** Gemäß **§ 184 Abs. 1 BGB** wirkt die Genehmigung sogar auf den Zeitpunkt der Vornahme des Rechtsgeschäfts *zurück* (prüfen, bitte!). Das wiederum würde bedeuten, dass die Eigentumsübertragung auf K tatsächlich – wenn R eine entsprechende Genehmigung erteilt – in dem Moment als erfolgt gilt, in dem der K von H die Sache erhalten hat. Der H bliebe dann zwar trotz Genehmigung ein *Nichtberechtigter* (vgl. BGHZ **56**, 131), hätte aber gleichwohl wirksam im Sinne des § 816 Abs. 1 Satz 1 BGB an K verfügt. Kapiert!?

Gut. Dann prüfen wir mal, ob das in unserem Fall auch so geklappt hat: Der R müsste also zunächst einmal im Hinblick auf die Verfügung H an K eine entsprechende *Genehmigung* im Sinne der §§ 185 Abs. 2 Satz 1, 184 Abs. 1 BGB erteilt haben. **Problem:** Davon steht aber nun eigentlich kein Wort im Fall.

Lösung: Nach ganz herrschender Meinung liegt in der (gerichtlichen) Geltendmachung des Anspruchs auf Herausgabe des Werterlöses gegen den Nichtberechtigten die konkludente Genehmigung der Verfügung im Sinne der §§ 185 Abs. 2, 184 Abs. 1 BGB (BGH MDR **2012**, 1254; BGH NJW **1989**, 1349; *Erman/Buck-Heeb* § 816 BGB Rz. 9; *Palandt/Sprau* § 816 BGB Rz. 9; *Bamberger/Roth/Wendehorst* § 816 BGB Rz. 11; *Medicus/Lorenz* SR II Rz. 701). Und das hat unser R ja hier getan, er fordert nämlich von H die Herausgabe des Kaufpreises, den H von K erhalten hat. Eine konkludent erteilte Genehmigung des Geschäfts zwischen H und K liegt seitens des R mithin vor.

Feinkostabteilung: Wenn man angesichts des eben Gesagten nun mal davon ausgeht, dass der R mit seinem Zahlungsbegehren gegen H konkludent die Genehmigung des zwischen H und K getätigten Geschäfts erteilt hat, hat R konsequenterweise auch in diesem Moment rückwirkend (→ § 184 Abs. 1 BGB) sein Eigentum an K verloren. Er wäre ab diesem Zeitpunkt demnach beschränkt auf den Zahlungsanspruch gegen den H; Eigentumsrechte könnte er nun nicht mehr geltend machen. Das würde in der Konsequenz aber auch bedeuten, dass R dann das Risiko der Insolvenz des H trägt. Wenn H nun – aus welchen Gründen auch immer – nicht mehr zahlen kann, geht der frühere Eigentümer R – sofern er nicht gegen den Dieb vorgehen kann – komplett leer aus. Um dieses unbillige Ergebnis zu vermeiden, gilt nach herrschender Meinung das **Folgende:** Die Genehmigung des Berechtigten wird nur *Zug um Zug* gegen die Herausgabe des Erlöses erteilt. Der Berechtigte verliert also erst dann sein Eigentum an der Sache, wenn er den Kaufpreis vom Nichtberechtigten auch tatsächlich erhalten hat (MüKo/*Schwab* § 816 BGB Rz. 33; *Staudinger/Lorenz* § 816 BGB Rz. 9; *Soergel/Schmidt-Kessel/Hadding* § 816 BGB Rz. 8; *Palandt/Sprau* § 816 BGB Rz. 9; *Medicus/Lorenz* SR II Rz. 1193). Merken.

Wie gesagt, das war die Feinkostabteilung und es handelt sich hierbei auch eher um eine prozessuale Sache; schadet aber sicher nicht, das Ganze schon mal gehört zu haben, und wenn man so was in der Klausur hingeschrieben bekommt, zaubert das dem Prüfer ein Lächeln ins Gesicht (= gute Note).

Zurück zum Fall: Nach alledem haben wir nun festgestellt, dass die Tatbestandsvoraussetzungen des § 816 Abs. 1 Satz 1 BGB doch vorliegen. Der Nichtberechtigte H hat über den Gegenstand (Gitarre) eine Verfügung getroffen (Übereignung auf K), die dem Berechtigten R gegenüber auch wirksam gewesen ist. Denn R hat durch sein Zahlungsverlangen gegenüber H konkludent die Genehmigung dieser Verfügung im Sinne der §§ 185 Abs. 2, 184 Abs. 1 BGB erteilt, womit die Verfügung dann rückwirkend wirksam geworden ist.

<u>ZE.:</u> Die Tatbestandsvoraussetzungen des § 816 Abs. 1 Satz 1 BGB liegen vor.

II. Rechtsfolgen: Der H ist dem R somit zur Herausgabe »**des durch die Verfügung Erlangten**« verpflichtet (bitte lies noch einmal: § 816 Abs. 1 Satz 1 BGB). Die Herausgabepflicht richtet sich insoweit – wie bei allen Bereicherungsansprüchen – dann nach den §§ 818, 819 BGB (*Palandt/Sprau* § 816 BGB Rz. 25).

Und diesbezüglich haben wir jetzt noch *zwei* Dinge zu klären, nämlich zum einen die Frage, ob sich diese Herausgabepflicht – in Anlehnung an den § 818 Abs. 2 BGB – auf den *objektiven* Wert der Sache beschränkt; und zum anderen müssen wir noch prüfen, inwieweit der H, was er ja auch ausdrücklich reklamiert, nach der Regel des § 818 Abs. 3 BGB von seiner Herausgabepflicht den an D gezahlten Kaufpreis abziehen kann. Der Reihe nach:

1.) Der Umfang der Herausgabepflicht nach § 816 Abs. 1 Satz 1 BGB ist umstritten. Und zwar insoweit, als man sich in der Literatur nicht einig ist darüber, ob man bei wortgetreuer Auslegung der Norm den *gesamten Erlös* einschließlich eines unter Umständen beim Verkauf erzielten Gewinns herausgeben muss, oder aber ob es tatsächlich nur der *objektive Wert* der veräußerten Sache ist. In unserem Fall hat dieser Streit durchaus entscheidungserhebliche Konsequenzen, denn der objektive Wert der Sache liegt bei 2.000 Euro, der H hat die Gitarre indessen für 2.200 Euro an K veräußert. Es fragt sich nunmehr, in welcher Höhe H zur Herausgabe verpflichtet ist:

- Nach einer Meinung umfasst die Herausgabepflicht aus § 816 Abs. 1 Satz 1 BGB nur den *objektiven* Wert der Sache; ein darüber hinaus beim Verkauf erzielter Gewinn braucht nicht herausgegeben zu werden (MüKo/*Schwab* § 816 BGB Rz. 42/43; *Soergel/Schmidt-Kessel/Hadding* § 816 BGB Rz. 29; *Staudinger/Lorenz* § 816 BGB Rz. 23; *Medicus/Lorenz* SR II Rz. 1197 sowie *Medicus/Petersen* BR Rz. 723). Diese Ansicht reklamiert für sich den *Wortlaut* der Vorschrift, der mit der Herausgabepflicht des »durch die Verfügung Erlangten« nur die Befreiung der aus dem Vertrag resultierenden schuldrechtlichen Verbindlichkeit meine (*Medicus/Lorenz* SR II Rz. 1197). Mit der bzw. durch die Verfügung erlange der Schuldner nur die Befreiung seiner Verbindlichkeit aus dem Kaufvertrag; diese sei aber in systemkonformer Anwendung des **§ 818 Abs. 2 BGB** nur mit dem objektiven Verkehrswert der veräußerten Sache zu berechnen (*Staudinger/Lorenz* § 816 BGB Rz. 23). Im Übrigen dürfe der Eigentümer nicht von der Geschäftstüchtigkeit des Nichtberechtigten profitieren. Der Gewinn stehe daher dem Nichtberechtigten zu (*Soergel/Schmidt-Kessel/Hadding* § 816 BGB Rz. 29; *Staudinger/Lorenz* § 816 BGB Rz. 23).

- Die herrschende Meinung gewährt hingegen über § 816 Abs. 1 Satz 1 BGB den *kompletten Verkaufserlös* einschließlich des über den objektiven Wert der Sache hinausgehenden Gewinns, soweit er vom Veräußerer erzielt worden ist (BGH NJW **1997**, 190; BGHZ **29**, 157; *Jauernig/Stadler* § 816 BGB Rz. 8; PWW/*Prütting* § 816 BGB Rz. 22; *Bamberger/Roth/Wendehorst* § 816 BGB Rz. 16; *Palandt/Sprau* § 816 BGB Rz. 23/24; *Erman/Buck-Heeb* § 816 BGB Rz. 20; *Brox/Walker* BS § 42 Rz. 22). Diese Auffassung wird unter anderem damit begründet, dass der beim Verkauf erzielte Gewinn dem ursprünglichen Rechtsinhaber gebühre – und nicht etwa dem Nichtberechtigten (*Erman/Buck-Heeb* § 816 BGB Rz. 20). Im Übrigen entspreche dies auch dem Vergleich zu § 285 BGB, bei dem ebenfalls der gesamte Erlös herauszugeben sei. Schließlich gebiete dieses Ergebnis auch die wortgetreue Auslegung der Norm; anders als die insoweit abweichende Meinung könne der § 816 Abs. 1 Satz 1 BGB nur so verstanden werden, dass der Nichtberechtigte die gesamte erhaltene Gegenleistung aus dem Geschäft herausgeben müsse, denn dies habe er »durch die Verfügung erlangt« im Sinne des § 816 Abs. 1 Satz 1 BGB. Das alleinige Abstellen auf die Befreiung von der schuldrechtlichen Verbindlichkeit – so ja die Gegenmeinung – entspreche nicht dem Sinn und Zweck der Norm (BGHZ **29**, 159; *Jauernig/Stadler* § 816 BGB Rz. 8; *Bamberger/Roth/Wendehorst* § 816 BGB Rz. 16).

Achtung: Dieser Streit darf in der Klausur keinesfalls übersehen werden, es handelt sich nämlich um einen echten Klassiker, insbesondere auch deshalb, weil die Frage des Umfangs der Herausgabepflicht hier – anders als bei § 818 Abs. 2 BGB – tatsächlich umstritten ist. Wir hatten ja weiter vorne im Buch schon gesehen, dass demgegenüber bei § 818 Abs. 2 BGB vollkommen unstreitig nur der *objektive Wertersatz* zu leisten ist; hier bei § 816 Abs. 1 Satz 1 BGB ist das Ganze nun ziemlich umstritten (siehe oben) mit der Folge, dass man diesen Streit zum einen kennen und ihn zum anderen natürlich auch angemessen lösen muss (zur Streitdarstellung in der Klausur vgl. bitte das Gutachten zum Fall weiter unten).

ZE.: Wir wollen hier mal – ohne Wertung – der herrschenden Meinung folgen und dem R somit den kompletten Verkaufserlös aus § 816 Abs. 1 Satz 1 BGB zusprechen. R kann folglich von H die Zahlung der 2.200 Euro, die H von K erhalten hat, fordern.

2.) Schließlich stellt sich dann noch die Frage, ob H von diesen 2.200 Euro den an D gezahlten Kaufpreis in Höhe von 1.400 Euro anspruchsmindernd abziehen kann. Namentlich ist zu prüfen, ob er sich insoweit im Sinne des **§ 818 Abs. 3 BGB** auf den Wegfall der Bereicherung berufen darf. Und die Antwort auf diese Frage ist – ausnahmsweise – unumstritten. Nach ganz herrschender Meinung ist es dem Schuldner aus § 816 Abs. 1 Satz 1 BGB nämlich *nicht* gestattet, den selbst zum Erwerb der Sache gezahlten Kaufpreis in Abzug zu bringen (BGH NJW **1995**, 3315; BGH NJW **1970**, 2059; *Jauernig/Stadler* § 816 BGB Rz. 10; *Bamberger/Roth/Wendehorst* § 816 BGB Rz. 18; *Palandt/Sprau* § 816 BGB Rz. 25; *Erman/Buck-Heeb* § 818 BGB Rz. 40; *MüKo/Schwab* § 816 BGB Rz. 53; *Soergel/Schmidt-Kessel/Hadding* § 818 BGB Rz. 44).

> Als Begründung wird hauptsächlich darauf hingewiesen, dass der Anspruch aus § 816 Abs. 1 Satz 1 BGB in der Regel an die Stelle des Vindikationsanspruchs aus § 985 BGB tritt und es dort dem Besitzer ebenfalls nicht erlaubt ist, die eigenen Erwerbskosten dem Eigentümer entgegen zu halten (*Erman/Buck-Heeb* § 818 BGB Rz. 40). Im Übrigen habe sich der Bereicherungsschuldner mit seinem eigenen Vertragspartner (bei uns wäre das der D) auseinander zu setzen, wobei er dann das Risiko der Insolvenz dieser Person allein zu tragen habe (*MüKo/Schwab* § 818 BGB Rz. 81). Der durch die Nichtleistungskondiktion gewährte und intendierte Schutz würde schließlich unterlaufen, wenn sich der Gläubiger Zahlungen an Dritte bereicherungsmindernd anrechnen lassen müsste (*Reuter/Martinek* § 17 IV 3c, 621 ff.).

ZE.: Der H kann den an D gezahlten Kaufpreis nicht nach § 818 Abs. 3 BGB anspruchsmindernd gegenüber R geltend machen.

Ergebnis: Dem R steht somit gegen H ein Anspruch auf Zahlung von 2.200 Euro aus § 816 Abs. 1 Satz 1 BGB zu.

Und ganz zum Schluss

machen wir den Fall aus der Sicht des R noch »rund« und halten Folgendes fest:

1.) Dass R den kompletten Kaufpreis von H über § 816 Abs. 1 Satz 1 BGB bekommt, ist für ihn tatsächlich die beste Lösung, denn gegen den letzten Besitzer K stünden ihm überhaupt kein Ansprüche zu: Der K ist nämlich – ebenso wie H – *gutgläubiger* und *unverklagter* Besitzer der Sache gewesen mit der Folge, dass R gegen K keinerlei Ansprüche aus dem Eigentümer-Besitzer-Verhältnis nach den **§§ 987 ff. BGB** zustehen würden (vgl. dazu *Schwabe*, »Lernen mit Fällen«, Sachenrecht, Fall 10). Ansprüche aus unerlaubter Handlung nach den §§ 823 ff. BGB (Eigentumsverletzung!) wegen der Zerstörung der Gitarre wären wegen der Sperrwirkung des § 993 Abs. 1 Satz 1, 2. Halbsatz BGB ebenfalls ausgeschlossen (vgl. *Palandt/Herrler* § 993 BGB

Rz. 4). Und da K – im Unterschied zu H – selbst keinen Kaufpreis durch eine Verfügung über die Gitarre erhalten hat, ist ein Anspruch gegen ihn aus § 816 Abs. 1 Satz 1 BGB auch nicht möglich.

2.) Würde der D nicht im Knast sitzen (und damit aller Wahrscheinlichkeit nach wenig zahlungsfähig sein), könnte R gegen ihn selbstverständlich angesichts des Diebstahls die volle Palette der dann greifenden Ansprüche mit Aussicht auf Erfolg geltend machen, und zwar:

→ §§ 687 Abs. 2, 681, 667 BGB (GoA),

→ §§ 989, 990 BGB (Eigentümer-Besitzer-Verhältnis),

→ §§ 823 Abs. 1 und 2 (iVm § 242 StGB), 826 BGB (unerlaubte Handlung),

→ § 812 Abs. 1, 2. Alt. BGB (Bereicherung, Eingriffskondiktion); bei Genehmigung aus § 816 Abs. 1 Satz 1 BGB

Nur würden ihm diese Ansprüche maximal *Schadensersatz* bzw. *Herausgabeansprüche* in Höhe des Wertes der gestohlenen Sache gewähren, nicht aber den von H erzielten Verkaufserlös einbringen, der ja noch 200 Euro darüber lag. Das Vorgehen gegen H war somit die beste Variante für R. Alles klar!?

Gutachten

Ansprüche des R gegen H

Der R könnte gegen H einen Anspruch auf Schadensersatz aus den §§ 989, 990 BGB haben.

I. Dann muss zunächst eine Vindikationslage vorliegen, der Anspruchssteller R zum Zeitpunkt der Anspruchsstellung also der Eigentümer und der Anspruchsgegner H der unberechtigte Besitzer der Sache gewesen sein.

1.) Insoweit ist zunächst beachtlich, dass wegen des Diebstahls gemäß § 935 Abs. 1 BGB weder der D noch der H oder auch der K Eigentümer der Sache werden konnten, jedenfalls nicht durch Rechtsgeschäft. Der gutgläubige Eigentumserwerb an gestohlenen Sachen ist grundsätzlich ausgeschlossen. R ist folglich Eigentümer der Sache geblieben. Der H war zudem unberechtigter Besitzer; zwischen ihm und dem R bestand keine durchgehende Besitzberechtigungskette im Sinne des § 986 Abs. 1 BGB. Die Voraussetzungen einer Vindikationslage sind mithin gegeben.

2.) Der möglichen Inanspruchnahme des H aus den §§ 989, 990 BGB steht jedoch der Umstand entgegen, dass die genannten Vorschriften gegenüber dem gutgläubigen und unverklagten Besitzer in der Regel ausgeschlossen sind. Der gutgläubige und unverklagte Besitzer besitzt die Sache nämlich im Glauben, sie auch wirklich behalten zu dürfen, und deshalb sind Ansprüche ihm gegenüber aus den §§ 987 ff. BGB nicht möglich, was die ganz herrschende Meinung aus der Vorschrift des § 993 Abs. 1, 2. Halbsatz BGB folgert.

Im vorliegenden Fall macht der Eigentümer R Ansprüche gegen den (ehemaligen) Besitzer der Gitarre, den H, geltend. Da H die Gitarre wegen des Verkaufs an K nicht mehr herausgeben kann, kämen an sich nun Ansprüche aus den §§ 989, 990 BGB in Betracht, gerichtet auf Schadensersatz. Unabhängig vom Vorliegen der einzelnen Voraussetzungen der §§ 989, 990 BGB scheitert ein solcher Anspruch aber schon daran, dass H zu keiner Zeit Kenntnis von seiner fehlenden Besitzberechtigung, also dem Diebstahl seitens des D, hatte (§ 990 BGB) und auch nicht verklagt war (§ 989 BGB) mit der Folge, dass Ansprüche aus dem Eigentümer-Besitzer-Verhältnis ihm gegenüber ausgeschlossen sind.

Ergebnis: Es bestehen keine Ansprüche des R gegen H aus den §§ 989, 990 BGB.

Ein Anspruch des R gegen H auf Herausgabe der 2.200 Euro kann sich aber aus § 816 Abs. 1 Satz 1 BGB ergeben.

I. Dann müsste H als Nichtberechtigter über einen Gegenstand eine Verfügung getroffen haben, die dem Berechtigten R gegenüber wirksam war. Insoweit kommt nur die Veräußerung der Gitarre durch H an K in Betracht.

1.) Der H müsste zunächst ein Nichtberechtigter im Sinne des § 816 Abs. 1 Satz 1 BGB gewesen sein. Nichtberechtigter im Sinne des § 816 Abs. 1 Satz 1 BGB ist derjenige, der weder Inhaber des fraglichen Rechts noch zur Verfügung über das Recht befugt war; es kommt allein auf die sachenrechtliche Zuordnung an. Im vorliegenden Fall war das Eigentum wegen § 935 Abs. 1 Satz 1 BGB bei R verblieben. Der H war folglich nicht Inhaber des fraglichen Rechts und auch mangels entsprechender Erklärung des R oder sonstiger Gründe nicht befugt, über das fremde Eigentum zu verfügen. H war somit Nichtberechtigter im Sinne des § 816 Abs. 1 Satz 1 BGB, als er an K die Gitarre veräußerte.

2.) H muss des Weiteren als Nichtberechtigter über den Gegenstand entgeltlich verfügt haben. Verfügung ist jedes Rechtsgeschäft, durch das unmittelbar auf den Bestand eines Rechts im Sinne einer Rechtsminderung oder eines völligen Rechtsverlustes eingewirkt wird; also etwa die Übertragung, Aufgabe, Belastung oder die Inhaltsänderung. Der H hat im Zuge der Erfüllung des mit K geschlossenen Kaufvertrages das (vermeintliche) Eigentum an der Gitarre auf den K übertragen, mithin also eine Verfügung im gerade genannten Sinne vorgenommen. H hat als Nichtberechtigter über den Gegenstand verfügt.

3.) Diese Verfügung des Nichtberechtigten müsste dem Berechtigten gegenüber auch wirksam gewesen sein. Berechtigter im Sinne des § 816 Abs. 1 Satz 1 BGB ist derjenige, der nach der sachenrechtlichen Zuordnung zu der in Frage stehenden Verfügung befugt gewesen wäre. Der R war wegen § 935 Abs. 1 BGB nach wie vor Eigentümer der gestohlenen Gitarre mit der Konsequenz, dass er allein befugt gewesen wäre, eine Verfügung über den Gegenstand zu treffen. Der R war somit der Berechtigte im Hinblick auf die Gitarre.

4.) Diese Verfügung des Nichtberechtigten H müsste dem Berechtigten R gegenüber schließlich auch wirksam gewesen sein. Die Verfügung ist dann *wirksam*, wenn die angestrebte Rechtsänderung auch eingetreten ist. Demnach müsste der K dann auch tatsächlich neuer Eigentümer der Gitarre geworden sein, denn das wollte und musste H bei der Erfüllung des Kaufvertrages mit K erreichen. Der K konnte jedoch wie gesagt wegen § 935 Abs. 1 Satz 1 BGB zu keiner Zeit neuer Eigentümer der gestohlenen Gitarre werden. Die angestrebte Rechtsänderung ist mithin nicht eingetreten. Die Verfügung des Nichtberechtigten war gegenüber dem Berechtigten nicht wirksam im Sinne des § 816 Abs. 1 Satz 1 BGB. Die Voraussetzungen des § 816 Abs. 1 Satz 1 BGB liegen somit nicht vor.

II. Etwas anderes könnte sich aber noch aus § 185 Abs. 2 BGB ergeben. Gemäß § 185 Abs. 2 BGB wird eine Verfügung wirksam, wenn der Berechtigte sie genehmigt.

Der R müsste im Hinblick auf die Verfügung des H an K eine entsprechende Genehmigung im Sinne der §§ 185 Abs. 2 Satz 1, 184 Abs. 1 BGB erteilt haben. Dies ist indessen insoweit fraglich, als nach Auskunft des Sachverhaltes eine entsprechende ausdrückliche Erklärung des R nicht ersichtlich ist. Nach ganz herrschender Meinung liegt allerdings in der (gerichtlichen) Geltendmachung des Anspruchs auf Herausgabe des Werterlöses gegen den Nichtberechtigten die konkludente Genehmigung der Verfügung im Sinne der §§ 185 Abs. 2, 184 Abs. 1 BGB. Eine solche Geltendmachung liegt hier vor, R fordert von H die Herausgabe des Verkaufserlöses. Der R hat folglich die für § 185 Abs. 2 BGB erforderliche Genehmigung erklärt mit der Folge, dass die Verfügung zwischen H und K gemäß § 184 Abs. 1 BGB rückwirkend wirksam geworden ist. Und damit liegen die Tatbestandsvoraussetzungen des § 816 Abs. 1 BGB vor. Der Nichtberechtigte H hat über den Gegenstand (Gitarre) eine Verfügung getroffen (Übereignung auf K), die dem Berechtigten R gegenüber auch wirksam gewesen ist. R hat durch sein Zahlungsverlangen gegenüber H konkludent die Genehmigung dieser Verfügung im Sinne der §§ 185 Abs. 2, 184 Abs. 1 BGB erteilt, womit die Verfügung dann rückwirkend wirksam geworden ist.

III. Der H ist dem R somit gemäß § 816 Abs. 1 Satz 1 BGB zur Herausgabe des durch die Verfügung Erlangten verpflichtet. Die Herausgabepflicht richtet sich nach den §§ 818, 819 BGB. Insoweit sind nunmehr noch zwei Fragen zu klären, nämlich zum einen, ob sich diese Herausgabepflicht – in Anlehnung an den § 818 Abs. 2 BGB – lediglich auf den objektiven Wert der Sache beschränkt; und zum anderen ist zu prüfen, inwieweit der H, was er auch ausdrücklich reklamiert, nach der Regel des § 818 Abs. 3 BGB von seiner Herausgabepflicht gegenüber R den an D gezahlten Kaufpreis abziehen kann.

1.) Der Umfang der Herausgabepflicht nach § 816 Abs. 1 Satz 1 BGB ist umstritten:

a) Nach einer Meinung umfasst die Herausgabepflicht aus § 816 Abs. 1 Satz 1 BGB nur den objektiven Wert der Sache; ein darüber hinaus beim Verkauf erzielter Gewinn braucht nicht herausgegeben zu werden. Diese Ansicht reklamiert für sich den Wortlaut der Vorschrift, der mit der Herausgabepflicht des »durch die Verfügung Erlangten« nur die Befreiung der aus dem Vertrag resultierenden schuldrechtlichen Verbindlichkeit meine. Mit der bzw. durch die Verfügung erlange der Schuldner nur die Befreiung seiner Verbindlichkeit aus dem Kaufvertrag; diese sei aber in systemkonformer Anwendung des § 818 Abs. 2 BGB nur mit dem objektiven Verkehrswert der veräußerten Sache zu berechnen. Im Übrigen dürfe der Eigentümer nicht von der Geschäftstüchtigkeit des Nichtberechtigten profitieren. Der Gewinn stehe daher dem Nichtberechtigten zu. Nach dieser Auffassung muss H – ungeachtet der Frage, ob er den an D gezahlten Kaufpreis abziehen kann – grundsätzlich nur den objektiven Wert in Höhe von 2.000 Euro herausgeben.

b) Dem kann so jedoch nicht gefolgt werden. Die Herausgabepflicht bezieht sich vielmehr auf den kompletten Verkaufserlös einschließlich des über den objektiven Wert der Sache hinausgehenden Gewinns, soweit er vom Veräußerer erzielt worden ist. Dafür spricht zum einen, dass der beim Verkauf erzielte Gewinn dem ursprünglichen Rechtsinhaber gebührt – und nicht etwa dem Nichtberechtigten. Des Weiteren entspricht diese Lösung auch dem Vergleich zu § 285 BGB, bei dem ebenfalls der gesamte Erlös herauszugeben ist. Schließlich fordert dieses Ergebnis auch die wortgetreue Auslegung der Norm; anders als die insoweit abweichende Meinung kann der § 816 Abs. 1 Satz 1 BGB nur so verstanden werden, dass der Nichtberechtigte die gesamte erhaltene Gegenleistung aus dem Geschäft herausgeben muss, denn dies hat er »durch die Verfügung erlangt« im Sinne des § 816 Abs. 1 Satz 1 BGB. Das alleinige Abstellen auf die Befreiung von der schuldrechtlichen Verbindlichkeit entspricht nicht dem Sinn und Zweck der Norm. Der R kann somit von H den kompletten Verkaufserlös in Höhe von 2.200 Euro aus § 816 Abs. 1 Satz 1 BGB fordern.

2.) Schließlich stellt sich die Frage, ob H von diesen 2.200 Euro den an D gezahlten Kaufpreis in Höhe von 1.400 Euro anspruchsmindernd abziehen kann. Namentlich ist zu prüfen, ob er sich insoweit im Sinne des § 818 Abs. 3 BGB auf den Wegfall der Bereicherung berufen darf. Diesbezüglich ist jedoch zu beachten, dass es nach ganz herrschender Meinung dem Schuldner aus § 816 Abs. 1 Satz 1 BGB nicht gestattet ist, den selbst zum Erwerb der Sache gezahlten Kaufpreis in Abzug zu bringen. Der Anspruch aus § 816 Abs. 1 Satz 1 BGB tritt nämlich in der Regel an die Stelle des Vindikationsanspruchs aus § 985 BGB, und dort ist es dem Besitzer ebenfalls nicht erlaubt, die eigenen Erwerbskosten dem Eigentümer entgegen zu halten. Im Übrigen hat sich der Bereicherungsschuldner mit seinem eigenen Vertragspartner auseinander zu setzen, wobei er dann das Risiko der Insolvenz dieser Person allein zu tragen hat. Der durch die Nichtleistungskondiktion gewährte und intendierte Schutz würde schließlich unterlaufen, wenn sich der Gläubiger Zahlungen an Dritte bereicherungsmindernd anrechnen lassen müsste. Der H kann den an D gezahlten Kaufpreis demnach nicht nach § 818 Abs. 3 BGB anspruchsmindernd gegenüber R geltend machen.

Ergebnis: Dem R steht somit gegen H ein Anspruch auf Zahlung von 2.200 Euro aus § 816 Abs. 1 Satz 1 BGB zu. Die oben benannte Genehmigung des Berechtigten R nach § 185 Abs. 2 BGB wird im Übrigen nur Zug um Zug gegen die Herausgabe des Erlöses erteilt. Der Berechtigte verliert also erst dann sein Eigentum an der Sache, wenn er den Kaufpreis vom Nichtberechtigten auch tatsächlich erhalten hat.

Fall 9

Der heimliche Untermieter

Rechtsstudent R ist Mieter einer Zweizimmerwohnung und zahlt an seinen Vermieter V einen monatlichen Mietzins in Höhe von 500 Euro. In dem zwischen R und V geschlossenen Mietvertrag ist – in wörtlicher Wiedergabe der Regelung des § 540 Abs. 1 Satz 1 BGB – ausgeführt, dass R zur Untervermietung der Erlaubnis des V bedarf. Als dem Kommilitonen K des R eines Tages fristlos die Wohnung gekündigt wird und K nicht zu seinen Eltern zurück möchte, vermietet R – ohne Rücksprache mit V – an K vorübergehend ein Zimmer seiner Wohnung für 200 Euro monatlich. Nach drei Monaten zieht K wieder aus. Kurz darauf erfährt V von der Untervermietung und verlangt von R die Herausgabe der 600 Euro, die R von K erhalten hat.

Zu Recht?

Schwerpunkte: Das Problem der unberechtigten Untervermietung; Ansprüche aus Bereicherung nach § 816 Abs. 1 Satz 1 BGB; analoge Anwendung des § 816 Abs. 1 Satz 1 BGB; Ansprüche aus Geschäftsführung ohne Auftrag; Ansprüche aus dem Eigentümer-Besitzer-Verhältnis; Anspruch aus der Eingriffskondiktion des § 812 Abs. 1 Satz 1, 2. Alt. BGB.

Lösungsweg

Vorbemerkung: Dieser Fall kommt – leicht nachvollziehbar – ziemlich praxisrelevant daher, denn die beschriebene Situation dürfte jährlich zigtausende Male in Deutschland vorkommen. Allerdings ist das nicht der Grund, warum die Geschichte hier steht und von uns aufgelöst werden muss: Der Fall ist vielmehr deshalb für die Ausbildung und damit auch für dieses Buch von beachtlicher Bedeutung, weil er sich um eine rechtlich außerordentlich umstrittene Problematik dreht, die der BGH inzwischen auch schon mehrfach zur Entscheidung vorliegen hatte (BGH NJW **1964**, 1853; BGHZ **131**, 297; BGH NJW **2002**, 60; vgl. auch BGH NZM **2009**, 701 und BGH NJW **2012**, 3572) und deren Behandlung in der Literatur bis heute höchst streitig ist. Zudem bietet der Fall die Möglichkeit eines nahezu kompletten Rundgangs durch das BGB, denn wie wir sogleich sehen werden, bieten sich für den Anspruch des V gegen R auf Herausgabe des von K erhaltenen Mietzinses eine ganze Reihe von Anspruchsgrundlagen aus verschiedenen Rechtsgründen an. Das Ergebnis wird nachher übrigens vergleichsweise erstaunlich sein; der Leser mag sich spaßeshalber an dieser

Stelle schon mal fragen, ob dem V oder doch dem R das Geld – rein vom Bauchgefühl her – zusteht.

Anspruch des V gegen R auf Zahlung der 600 Euro

<u>AGL.</u>: **§§ 280 Abs. 1, 535 BGB** (Vertragliche Pflichtverletzung)

Von den *Tatbestandsvoraussetzungen* her ist das an sich kein Problem, denn es war dem R nicht gestattet, die Wohnung oder einen Teil davon ohne Erlaubnis des V unter zu vermieten; das stand sowohl im Vertrag als auch in § 540 Abs. 1 Satz 1 BGB. Der R hatte übrigens auch keinen Anspruch auf Erlaubniserteilung nach § 553 Abs. 1 BGB (bitte lesen), denn K ist nur sein Kommilitone, der keine Lust hat, zu seinen Eltern zurück zu ziehen. Anders wäre das etwa unter Umständen dann gewesen, wenn R seine Lebensgefährtin in die Wohnung genommen hätte in der Absicht, einen gemeinsamen Hausstand zu bilden (BGH NJW **2004**, 56). Davon spricht der Sachverhalt aber nicht mit der Folge, dass R seine vertraglichen Pflichten schuldhaft verletzt hat.

> **Problem:** Der Anspruch aus § 280 Abs. 1 BGB setzt einen *Schaden* auf Seiten des Anspruchsstellers voraus (bitte prüfen in § 280 Abs. 1 BGB). Und ein solcher Schaden ist hier nicht ersichtlich; jedenfalls trägt V nichts Entsprechendes vor, sondern begehrt die Herausgabe der 600 Euro, die R von K erhalten hat. Ein Schaden im Sinne des § 280 Abs. 1 BGB käme höchstens dann in Betracht, wenn an der Wohnung durch die Benutzung seitens des K jetzt ein höherer Abnutzungsgrad entstanden wäre (BGHZ **131**, 297). Das aber steht nicht im Fall.

Ergebnis: Ein Anspruch des V gegen R aus den §§ 280 Abs. 1, 535 BGB scheitert daran, dass dem V kein ersatzfähiger Schaden entstanden ist.

<u>AGL.</u>: **§§ 687 Abs. 2 Satz 1, 681 Satz 2, 667 BGB** (GoA)

Dem V könnte gegen R aber ein Anspruch auf Herausgabe der 600 Euro aus den Grundsätzen der *angemaßten Eigengeschäftsführung* zustehen, und zwar deshalb, weil R mit der Vermietung der Wohnung wissentlich ein Geschäft tätigt, das auf den ersten Blick eigentlich zum Bereich des Eigentümers/Vermieters gehört. Und sollte dies der Fall sein, wäre R gemäß § 667 BGB, der über § 681 Satz 2 BGB Anwendung findet, dem V zur Herausgabe des Erlangten (= 600 Euro Mietzins) verpflichtet.

1.) Voraussetzung für den Anspruch aus den §§ 687 Abs. 2 Satz 1, 681 Satz 2, 667 BGB ist zunächst das Vorliegen eines *objektiv fremden Geschäfts* (BGHZ **75**, 205; *Jauernig/ Mansel* § 687 BGB Rz. 6).

> **Definition:** Ein Geschäft ist dann objektiv fremd im Sinne des § 687 Abs. 2 Satz 1 BGB, wenn es zum Rechts- und Interessenkreis eines anderen gehört (BGHZ **54**, 157; *Palandt/Sprau* § 677 BGB Rz. 4).

Die nahezu ganz herrschende Meinung lehnt ein solches, fremdes Geschäft im Sinne des § 687 Abs. 2 Satz 1 BGB bei den vorliegenden Konstellationen indessen ab. Die Untervermietung ist aus der Sicht des Mieters *kein* objektiv fremdes Geschäft (BGH NJW **2012**, 3572; BGHZ **131**, 297; BGH NJW **1964**, 1853; *Staudinger/Lorenz* § 816 BGB Rz. 7; *Soergel/Beuthien* § 687 BGB Rz. 11; *Erman/Buck-Heeb* § 812 BGB Rz. 71; *Palandt/ Sprau* § 687 BGB Rz. 5; *PWW/Fehrenbacher* § 687 BGB Rz. 4). Wörtlich heißt es dazu im eben zitierten Urteil des BGH aus dem Jahre 1964 (NJW **1964**, 1853):

> »… *Der Mieter, der unerlaubt untervermietet, nimmt* **kein** *Geschäft wahr, das objektiv ein Geschäft des Vermieters ist. Die Nutzung der Mietsache ist vielmehr ein* **eigenes Geschäft** *des Mieters. Der Mieter, der vertragswidrig untervermietet, übt nur den ihm überlassenen Gebrauch in einer ihm nicht zustehenden Weise aus. Er kann daher dem Vermieter – einen entsprechenden Schaden vorausgesetzt – zwar vertraglich zum Schadensersatz verpflichtet sein, ist aber aus § 687 Abs. 2 Satz 1 BGB dem Vermieter in Ermangelung eines fremden Geschäfts* **nicht** *zur Herausgabe des durch die Untervermietung erzielten Erlöses verpflichtet* …«

Und diese Ansicht hat der BGH im Jahre 1995 (BGHZ **131**, 297) dann auch noch mal ausdrücklich bestätigt und ist sich da mit der Literatur insoweit auch – wie oben schon erwähnt – weitestgehend einig (vgl. etwa *Staudinger/Lorenz* § 816 BGB Rz. 7; *Soergel/Beuthien* § 687 BGB Rz. 11; *Erman/Buck-Heeb* § 812 BGB Rz. 71; *MüKo/Schwab* § 812 BGB Rz. 266; *Palandt/Sprau* § 687 BGB Rz. 5; *PWW/Fehrenbacher* § 687 BGB Rz. 4; a.A. aber *Herschel* in JuS 1968, 562 und *Berg* in JuS 1975, 689).

ZE.: Es fehlt bereits am objektiv fremden Geschäft mit der Folge, dass die Anspruchsvoraussetzungen der §§ 687 Abs. 2 Satz 1, 681 Satz 2, 667 BGB bereits an dieser Stelle scheitern.

Ergebnis: V kann von R die Zahlung der 600 Euro nicht nach den Grundsätzen der angemaßten Eigengeschäftsführung gemäß den §§ 687 Abs. 2 Satz 1, 681 Satz 2, 667 BGB fordern.

AGL.: §§ 990 Abs. 1 Satz 1, 987 Abs. 1 Satz 1, 99 Abs. 3 BGB

Problem: Die Ansprüche aus dem Eigentümer-Besitzer-Verhältnis der §§ 987 ff. BGB setzen das Bestehen einer sogenannten »**Vindikationslage**« (→ Eigentümer + unberechtigter Besitzer) zu dem Zeitpunkt der Anspruchsentstehung voraus. Konkret müsste der R also zum Zeitpunkt der Untervermietung an den K im Verhältnis zu V *unberechtigter* Besitzer der Wohnung gewesen sein. Das aber war er nicht, denn es bestand zwischen R und V ja ein wirksamer Mietvertrag, aus dem die Besitzberechtigung des R folgt (*PWW/Englert* § 986 BGB Rz. 4; *Palandt/Herrler* § 986 BGB Rz. 3; vgl. im Falle des Fehlens eines gültigen Vertrages BGH NZM **2009**, 701). R war mithin *berechtigter* Besitzer zum Zeitpunkt der Untervermietung. Und damit scheiden Ansprüche aus dem Eigentümer-Besitzer-Verhältnis von vornherein aus (BGHZ **131**,

297; BGHZ **59**, 51; *Staudinger/Lorenz* § 816 BGB Rz. 7; *Bamberger/Roth/Wendehorst* § 816 BGB Rz. 6; a.A. *Medicus/Petersen* BR Rz. 715/716).

Ergebnis: Der Vermieter kann vom Mieter auch nicht über die §§ 990 Abs. 1 Satz 1, 987 Abs. 1 Satz 1, 99 Abs. 3 BGB die Herausgabe des durch die unberechtigte Untervermietung erzielten Erlöses verlangen.

AGL.: § 816 Abs. 1 Satz 1 BGB (Verfügung eines Nichtberechtigten)

So. Wir wollen angesichts der vorliegenden Konstellation jetzt mal den uns aus dem letzten Fall schon bekannten § 816 Abs. 1 Satz 1 BGB etwas genauer ansehen und müssen uns hier konkret fragen, ob die Untervermietung eine *Verfügung* war, die ein *Nichtberechtigter* getroffen hat und die dem *Berechtigten* gegenüber *wirksam* war (bitte lies: § 816 Abs. 1 Satz 1 BGB). Wenn dem so wäre, müsste R dem V das durch die Verfügung Erlangte herausgeben, was faktisch dem von K erhaltenen Mietzins entspräche.

Problem: Handelt es sich bei einer (Unter-) Vermietung um eine *Verfügung* im Sinne des § 816 Abs. 1 Satz 1 BGB? Wir erinnern uns bitte:

> **Definition:** *Verfügung* ist jedes Rechtsgeschäft, durch das unmittelbar auf den Bestand eines Rechts im Sinne einer Rechtsminderung oder eines völligen Rechtsverlustes eingewirkt wird, also die Übertragung, Aufgabe, Belastung oder die Inhaltsänderung (MüKo/*Schwab* § 816 BGB Rz. 9; *Bamberger/Roth/Wendehorst* § 816 BGB Rz. 4; *Erman/Buck-Heeb* § 816 BGB Rz. 4).

Und hierzu zählt die Überlassung des Besitzes an einer Wohnung unstreitig *nicht*. Eindeutig ist dies zunächst im Hinblick auf die **schuldrechtliche** Seite des Geschäfts: Die schuldrechtliche Verpflichtung aus einem Vertrag stellt in der Regel keine Verfügung dar, da damit kein Recht übertragen, belastet, aufgegeben oder sonst inhaltlich geändert wird (RGZ **105**, 408; RGZ **106**, 111; BGHZ **131**, 297; *Jauernig/Stadler* § 816 BGB Rz. 2). In der schuldrechtlichen Vereinbarung kann sich lediglich die Verpflichtung zur späteren (dinglichen) Verfügung befinden, sie selbst nimmt aber keine Rechtsänderung im Sinne des Verfügungsbegriffs vor (*Palandt/Ellenberger* vor § 104 BGB Rz. 16; *Larenz/Canaris* II/2 § 69 II 1d). Im Hinblick auf die **dingliche** Seite des Mietvertrages und der darin enthaltenen Besitzüberlassung liegt auch keine Verfügung nach § 816 Abs. 1 Satz 1 BGB: Denn die Besitzüberlassung ist insoweit lediglich eine rein tatsächliche Handlung, die insbesondere keine Rechtsänderung im benannten Sinne herbeiführt, sondern nur die tatsächliche Verfügungsmacht betrifft (BGHZ **131**, 297; *Jauernig/Stadler* § 816 BGB Rz. 2; *Staudinger/Lorenz* § 816 BGB Rz. 6; *Palandt/Sprau* § 816 BGB Rz. 7).

Durchblick: Ganz so eindeutig, wie wir das jetzt gerade eben aufgeschrieben haben, ist die Geschichte in Bezug auf die dinglichen Wirkungen eines Mietvertrages nicht. Das Besondere am Mietvertrag ist nämlich **Folgendes:** Aus dem Mietvertrag erwächst dem Mieter der Anspruch auf die (vorübergehende) Besitzüberlassung an der Sache (vgl. § 535 Abs. 1 BGB). Im Hinblick auf den eingeräumten Besitz ist der Mieter nicht nur vor jedem anderen, sondern sogar vor dem Eigentümer/Vermieter – und zwar in Form des Besitzrechts nach **§ 986 BGB** – geschützt. Wer Mieter einer Wohnung ist, kann dem Herausgabeanspruch des Eigentümers aus § 985 BGB das Recht zum Besitz aus § 986 BGB entgegenhalten mit der Folge, dass der Eigentümer/Vermieter vom Zugriff auf seine eigene Sache ausgeschlossen ist (BGHZ **149**, 330; *Jauernig/Berger* § 986 BGB Rz. 8). Damit aber ist der Mieter in einer vergleichbar starken Position wie der Eigentümer einer Sache: Denn der Eigentümer einer Sache kann nach **§ 903 BGB** jeden anderen von der Einwirkung auf die Sache ausschließen (prüfen, bitte). Und aus diesen Überlegungen könnte man nun folgern, dass die bloße Vermietung einer Sache einer klassischen *Verfügung* im Rechtssinne quasi »gleichsteht«, da sie rein faktisch ja auch die gleichen Wirkungen entfaltet wie die Eigentumsübertragung als Muster aller Verfügungen (siehe oben). Diese sogenannte »Verdinglichung« des Mietvertrages (vgl. *Staudinger/Lorenz* § 816 BGB Rz. 6) findet dann auch tatsächlich Niederschlag in diversen Problembereichen aus dem Sachenrecht: So soll etwa der § 883 Abs. 2 BGB nach einer beachtlichen Meinung in der Literatur entsprechend bzw. analog auf Mietverträge anwendbar sein, obwohl im Gesetz ausdrücklich das Wort »Verfügung« steht (vgl. *Schwab/Prütting* Rz. 190; *Staudinger/Gursky* § 883 BGB Rz. 139; *Palandt/Herrler* § 883 BGB Rz. 21; *MüKo/Kohler* § 883 BGB Rz. 42). Bitte merken, brauchen wir gleich noch.

Zurück zum Fall: Hier bei unserer Geschichte mit § 816 Abs. 1 Satz 1 BGB ist indessen die direkte Anwendung der Norm auf Mietverträge nach ganz herrschender Meinung nicht möglich (BGHZ **131**, 297; *Bamberger/Roth/Wendehorst* § 816 BGB Rz. 6; *Staudinger/Lorenz* § 816 BGB Rz. 7; *Erman/Buck-Heeb* § 812 BGB Rz. 71; *MüKo/Schwab* § 816 BGB Rz. 13; *Palandt/Sprau* § 816 BGB Rz. 7). Wir werden aber gleich sehen, dass die eben aufgezeigten Gedanken im Hinblick auf die dinglichen Wirkungen eines Mietvertrages unter Umständen zu einer entsprechenden bzw. analogen Anwendung der Bereicherungsvorschriften führen können.

Ergebnis: Die Tatbestandsvoraussetzungen des § 816 Abs. 1 Satz 1 BGB liegen nicht vor. Die Untervermietung der Wohnung an K stellt keine »Verfügung« im Sinne des § 816 Abs. 1 Satz 1 BGB dar. V kann daher von R nicht die Herausgabe des erlangten Mietzinses aus direkter Anwendung des § 816 Abs. 1 Satz 1 BGB von R fordern.

AGL.: § 816 Abs. 1 Satz 1 BGB analog

Also, das haben wir ja gerade schon gesagt: In Betracht kommt nunmehr die *analoge* Anwendung des § 816 Abs. 1 Satz 1 BGB auf Mietverträge. Konkret würden wir dann anstelle der in § 816 Abs. 1 Satz 1 BGB verlangten »Verfügung« (die hier *nicht* vorliegt!) den Abschluss und die Durchführung eines Mietvertrages setzen mit dem Argument, die Gebrauchsüberlassung bringe den Mieter in eine dem Eigentümer gleichgestellte Position und könne daher wie eine Verfügung behandelt werden (siehe oben).

Aber: Diese, von einem Teil der Literatur im Rahmen des § 816 Abs. 1 Satz 1 BGB vertretene Ansicht (*Diederichsen* in NJW 1964, 2296; *Koppensteiner/Kramer* § 9 III, 2d; *Esser/Weyers* § 50 2a; *Soergel/Schmidt-Kessel/Hadding* § 816 BGB Rz. 19) begegnet durchgreifenden Bedenken, und **zwar:** Nach der Zielrichtung des § 816 Abs. 1 Satz 1 BGB soll der Anspruchsinhaber dieser Norm, der selbst keinen Anspruch gegen den Erwerber des fraglichen Rechts hat, sich beim unberechtigt Verfügenden schadlos halten können (*MüKo/Schwab* § 816 BGB Rz. 13). Insbesondere soll er dort das abschöpfen können, was ihm nach der rechtlichen Zuordnung aufgrund des quasi »verlorenen Rechts« zusteht. So steht dem Anspruchsinhaber nach dem klassischen Fall des § 816 Abs. 1 Satz 1 BGB der Verkaufserlös zu, wenn eine von ihm z.B. verliehene Sache vom Entleiher unberechtigt, aber wirksam weiter veräußert worden ist. Die Sache gehörte ursprünglich ihm – und damit besteht auch ein Anspruch auf Herausgabe des Verkaufserlöses, denn ihm ist mit der wirksamen Veräußerung der Wert der Sache entzogen worden.

Bei der unberechtigten Untervermietung findet sich diese Situation aber nicht in entsprechender Form wieder, **denn:** Der vom Mieter erhaltene Untermietzins stellt keinen klassischen Gegenwert dar, den der Mieter jetzt anstelle des Eigentümers erhält (BGHZ **131**, 297; *Bamberger/Roth/Wendehorst* § 816 BGB Rz. 6; *Staudinger/Lorenz* § 816 BGB Rz. 7). Der Vermieter hätte die Wohnung selbst ja nicht an einen Dritten weitervermieten können (sie war ja schon entgeltlich vermietet!). Der § 816 Abs. 1 Satz 1 BGB soll aber nur die Fälle betreffen, in denen der Berechtigte durch eine wirksame Verfügung des Nichtberechtigten seiner Rechtsposition komplett – und zunächst ohne Gegenwert – verlustig geht; die unberechtigte Nutzungsgewährung ist davon nicht erfasst, soweit der Vermieter von seinem Mieter bereits eine Nutzungsgebühr (= Miete) erhält (*Bamberger/Roth/Wendehorst* § 816 BGB Rz. 6; *Palandt/Sprau* § 816 BGB Rz. 7). Schließlich ist im Hinblick auf § 816 Abs. 1 Satz 1 BGB noch Folgendes beachtlich: Selbst wenn man eine »Verfügung« annähme, würde es jedenfalls an der *Wirksamkeit* dieser Verfügung gegenüber dem Berechtigten mangeln, **denn:** Durch die unberechtigte Untervermietung erhält der Untermieter gegenüber dem Vermieter *kein* Recht zum Besitz im Sinne des § 986 BGB; der Untermieter greift also nicht wirksam in die Rechtsposition des Vermieters ein, was aber Voraussetzung für § 816 Abs. 1 Satz 1 BGB ist (BGHZ **131**, 297; *Medicus/Lorenz* SR II Rz. 1190). Es fehlt somit auch an der Wirksamkeit der Verfügung gegenüber dem Berechtigten.

Folge: Auf den Fall der unberechtigten Untervermietung kann § 816 Abs. 1 Satz 1 BGB nicht analog bzw. entsprechend angewendet werden (vgl. BGHZ **131**, 297; MüKo/*Schwab* § 816 BGB Rz. 13; *Palandt/Sprau* § 816 BGB Rz. 7; *Staudinger/Lorenz* § 816 BGB Rz. 7; *Erman/Buck-Heeb* § 812 BGB Rz. 71; *Bamberger/Roth/Wendehorst* § 816 BGB Rz. 6; *Reuter/Martinek* § 8 I 3; *Larenz/Canaris* II/2 § 69 1d).

Ergebnis: Dem V steht auch aus analoger Anwendung des § 816 Abs. 1 Satz 1 BGB kein Anspruch gegen R auf Herausgabe des erzielten Mietzinses zu.

AGL.: § 812 Abs. 1 Satz 1, 2. Alt. BGB (Bereicherung »in sonstiger Weise«)

Wir sind leider immer noch nicht fertig. Nachdem wir gerade den Spezialfall der Eingriffskondiktion aus § 816 Abs. 1 BGB durchgeprüft haben, müssen wir nun abschließend noch einen Blick auf die *allgemeine Eingriffskondiktion* aus § 812 Abs. 1 Satz 1, 2. Alt. BGB (»Bereicherung in sonstiger Weise«) werfen.

Voraussetzungen: Der R müsste auf Kosten des V etwas *in sonstiger Weise* (also nicht durch Leistung des V!) erlangt haben (bitte lies: § 812 Abs. 1 Satz 1 BGB). Es fragt sich demnach, ob die Untervermietung der Wohnung an K mit der darin enthaltenen Mietzinseinnahme diese gerade genannten Voraussetzungen erfüllt.

Durchblick: Die sogenannte »**Eingriffskondiktion**« als Unterfall der Nichtleistungskondiktion des § 812 Abs. 1 Satz 1, 2. Alt. BGB charakterisiert sich dadurch, dass der Bereicherte in einen *fremden* Zuweisungsgehalt eines Rechts eingegriffen hat. Der Bereicherte hat also etwas genommen bzw. erhalten, was sozusagen einem anderen »zustand« – und dadurch sein eigenes Vermögen vermehrt (*Brox/Walker* BS § 42 Rz. 3). Insoweit stellt die Eingriffskondiktion übrigens eine Ergänzung zu § 823 BGB dar; der Unterschied der beiden Rechtsinstitute liegt allerdings darin, dass bei § 823 BGB die durch den Eingriff beim anderen entstandenen Schäden ausgeglichen werden, während die Eingriffskondiktion auf die Herausgabe des *Erlangten* beim Bereicherungsschuldner – also quasi dem »Eingreifenden« – gerichtet ist (*Bamberger/Roth/Wendehorst* § 812 BGB Rz. 65; *Jauernig/Stadler* § 812 BGB Rz. 49). Geklärt werden muss demnach stets die im jeweiligen Fall geltende *Güterzuordnung*, also die Frage, wem das Erlangte nach der Rechtsordnung tatsächlich zugewiesen sein soll (*Palandt/Sprau* § 812 BGB Rz. 10).

Im vorliegenden Fall ergibt sich insoweit dann folgendes Problem: Der R hat von K den Mietzins (→ Eigentum und Besitz daran) *erlangt*. Dieses Erlangte muss R aber nur dann an V nach den Regeln der Eingriffskondiktion aus § 812 Abs. 1 Satz 1, 2. Alt. BGB herausgeben, wenn dieser Mietzins eigentlich dem V zusteht, der R also damit in den Zuweisungsgehalt eines *fremden* Rechts eingegriffen hat und die Güterzuordnung im konkreten Fall ergibt, dass der Mietzins in den Zugriffsbereich des V fällt. Und hierzu gibt es selbstverständlich unterschiedliche Meinungen:

- Nach einer Ansicht steht dem Vermieter der durch die unberechtigte Untervermietung erzielte Mietzins *nicht* zu, da er nicht »auf Kosten« des Vermieters erlangt wurde. Die Untervermietung sei, auch wenn sie unberechtigt erfolgt, ein ausschließlich dem *Mieter* zugewiesenes Geschäft. Der Mieter greife demnach mit der Untervermietung nicht in einen fremden Zuweisungsgehalt ein. Dem Vermieter entgingen durch die Untervermietung namentlich keine Verwertungs- oder Gebrauchsmöglichkeiten, derer er sich nicht schon durch den Abschluss des Hauptmietvertrages entäußert hätte; er selbst könne die Sache einem Dritten nämlich gar nicht mehr überlassen. Ein Anspruch aus § 812 Abs. 1 Satz 1, 2. Alt. BGB bestehe daher nicht (BGHZ **131**, 297; BGH NJW **2002**, 60; OLG Düsseldorf NJW-RR **1994**, 596; *Staudinger/Lorenz* § 816 BGB Rz. 7; *Palandt/Sprau* § 812 BGB Rz. 34; *Bamberger/Roth/Wendehorst* § 812 BGB Rz. 75; bestätigend insoweit auch BGH NJW **2012**, 3572 in einem Fall, in dem die vermieteten Räume gegen ein lebenslängliches Wohnungsrecht übertragen und dann vom neuen Eigentümer unberechtigt vermietet wurden).

- Nach anderer Meinung greift der Mieter mit der Untervermietung sehr wohl in den Zuweisungsgehalt des dem *Vermieter* zustehenden Rechts ein. Nach dieser Auffassung hat der Vermieter allerdings durch den Hauptmietvertrag bereits einen Teil des ihm zustehenden Vermögenswertes erhalten mit der Folge, dass ihm über die Eingriffskondiktion des § 812 Abs. 1 Satz 1, 2. Alt. BGB nur noch das zusteht, was ihm durch einen entsprechend erhöhten Mietzins verloren geht. Das bedeutet konkret, dass der Vermieter eine Erhöhung bzw. die Herausgabe des Mietzinses in dem Umfang verlangen kann, in dem er die Miete bei Gestattung der Untervermietung hätte erhöhen können (MüKo/*Schwab* § 812 BGB Rz. 266; *Erman/Buck-Heeb* § 812 BGB Rz. 71; PWW/*Prütting* § 812 BGB Rz. 62; *Neumann-Duesberg* in BB 1965, 729, 731). Nach dieser Ansicht könnte V von R zwar nicht den kompletten von K erhaltenen Mietzins einfordern, allerdings einen noch zu bestimmenden Betrag, um den die Miete bei berechtigter Untervermietung erhöht worden wäre.

Also: Ein möglicher Anspruch aus der Eingriffskondiktion des § 812 Abs. 1 Satz 1, 2. Alt. BGB hängt zum einen davon ab, ob man die unberechtigte Untervermietung als Eingriff in den *fremden* Zuweisungsgehalt des Vermieters ansieht (so: MüKo/*Schwab* § 812 BGB Rz. 266; *Erman/Buck-Heeb* § 812 BGB Rz. 71; PWW/*Prütting* § 812 BGB Rz. 62; *Neumann-Duesberg* in BB 1965, 729, 731). Selbst wenn man dies annehmen würde, spricht diese Auffassung dem Vermieter aber auch nicht den gesamten erzielten Mietzins des Hauptmieters zu, sondern gewährt nur einen Anspruch auf den Betrag, um den der Vermieter die Hauptmiete hätte erhöhen können. Die andere Meinung – also vor allem der BGH – verneint grundsätzlich den fremden Zuweisungsgehalt und versagt damit jeden Anspruch gegen den Mieter auf Herausgabe des durch die unberechtigte Untervermietung erzielten Erlöses (BGH NJW **2012**, 3572; BGHZ **131**, 297; BGH NJW **2002**, 60; OLG Düsseldorf NJW-RR **1994**, 596; *Staudinger/Lorenz* § 816 BGB Rz. 7; *Palandt/Sprau* § 812 BGB Rz. 34; *Bamberger/Roth/Wendehorst* § 812 BGB Rz. 75).

Ergebnis: Wir wollen hier – ohne Wertung – der Ansicht des BGH folgen und somit feststellen, dass dem V gegen R *kein* Anspruch auf Herausgabe des von R erlangten Mietzinses aus § 812 Abs. 1 Satz 1, 2. Alt. BGB zusteht (zur Streitdarstellung in der Klausur vgl. das Gutachten zum Fall gleich im Anschluss).

Gesamtergebnis: Da wir sämtliche andere Anspruchsgrundlagen auch verneint haben, kann V von R tatsächlich nichts fordern. Der Mietzins des K verbleibt bei R.

Noch drei kurze Anmerkungen zum Fall:

1.) Das, was wir da gerade herausgearbeitet haben, entspricht der Meinung des BGH und wird folglich von deutschen Gerichten bei dieser Problematik entschieden (BGHZ **131**, 297; bestätigt zuletzt in BGH NZM **2009**, 701 sowie in BGH NJW **2012**, 3572). Der Vermieter steht also eigentlich ziemlich blöde da, denn er kann gegen unberechtigte (→ § 540 Abs. 1 BGB) Untervermietung zumindest vermögensmäßig nichts machen. Das Geld behält der Hauptmieter. Davon unberührt sind freilich die sonstigen Möglichkeiten, die dem Vermieter in diesen Fällen bleiben, nämlich: Der Vermieter kann dem Mieter insbesondere *fristlos kündigen* nach § 543 Abs. 2 Nr. 2 BGB, eine *Unterlassungsklage* nach § 541 BGB erheben und schließlich – das haben wir oben in der Lösung schon mal kurz angedeutet – einen Schadensersatzanspruch geltend machen, wenn an der Wohnung durch die Untervermietung ein Schaden entstanden ist.

2.) Die ganze Sache mit der Untervermietung kann nach Ansicht des BGH (→ BGH NJW **2002**, 60) dann anders aussehen, wenn dem Vermietenden die Sache in Verfolgung *öffentlicher Zwecke* überlassen worden war (BGH-Fall: Überlassung eines Grundstücks zum Betrieb einer Berufsschule und eines Lehrlingswohnheims), und der Vermietende die Sache dann zu gewerblichen Zwecken weitergibt. Dann handele es sich nämlich nicht mehr um eine freie Untervermietung, sondern um einen Verstoß gegen die beabsichtigte Verwendung; die Bestimmung des Gebrauchs liege dann weiterhin beim Eigentümer (BGH NJW **2002**, 60; vgl. auch *Palandt/Sprau* § 812 BGB Rz. 34; *Erman/Buck-Heeb* § 812 BGB Rz. 71). In diesem Fall sind die Ansprüche auf Herausgabe des erzielten Erlöses aus der Eingriffskondiktion des § 812 Abs. 1 Satz 1, 2. Alt. BGB möglich. Merken.

3.) Ebenfalls anders zu beurteilen wäre unser Ausgangsfall, wenn das Hauptmietverhältnis vom Vermieter bereits gekündigt und Räumungsklage erhoben ist, die Wohnung gleichwohl weiter untervermietet wird. In dieser Konstellation muss der Hauptmieter den erzielten Untermietzins an den Vermieter nach den **§§ 987 Abs. 1, 292 Abs. 1 und 2, 546 Abs. 1 BGB** herausgeben. Denn dann steht nach Beendigung des Mietvertrages dem *Vermieter* und nicht mehr dem Mieter das ausschließliche Recht zur Nutzung der Mieträume zu (BGH NZM **2009**, 701). Wörtlich sagt der BGH in der gerade zitierten Entscheidung:

> *»... Dieses Ergebnis steht nicht in Widerspruch zu der Rechtsprechung des Senats, nach der der Vermieter bei bestehendem Hauptmietvertrag gegen seinen Mieter keinen Anspruch auf Herausgabe des von diesem durch die Untervermietung erzielten Mehrerlöses hat (BGHZ **131**, 297, 304 ff.). Denn in jenem Fall fehlt es aufgrund des bestehenden*

*Hauptmietvertrages bereits an einem Herausgabeanspruch nach §§ 546 Abs. 1, 985 BGB. Auch eine Bereicherung des Mieters auf Kosten des Vermieters **scheidet aus**, weil sich der Vermieter durch den Abschluss des Hauptmietvertrages für die Laufzeit des Vertrages der Gebrauchs- und Verwertungsmöglichkeit begeben und diese auf den Mieter übertragen hatte, der deshalb mit der Untervermietung, unabhängig davon, ob er sie berechtigt oder unberechtigt vorgenommen hatte, ein ihm zugewiesenes Geschäft wahrnahm. Ist der Hauptmietvertrag hingegen gekündigt und Räumungsklage erhoben, können die §§ 987 ff. BGB über die Regelung des § 292 BGB Anwendung finden und einen Anspruch auf Herausgabe der Nutzungen (des Untermietzinses) begründen ...«*

Gutachten

Anspruch des V gegen R auf Zahlung der 600 Euro

I. Der V könnte gegen R einen Anspruch auf Zahlung der begehrten 600 Euro aus den §§ 280 Abs. 1, 535 BGB haben.

1.) Dadurch, dass R den K entgegen der vertraglichen Regelung und des § 540 BGB in seiner Wohnung gegen Entgelt einziehen ließ, hat R schuldhaft eine Pflichtverletzung in dem mit V geschlossenen Schuldverhältnis verwirklicht.

2.) Der Anspruch aus § 280 Abs. 1 BGB setzt des Weiteren aber auch einen Schaden, also eine unfreiwillige Vermögenseinbuße, auf Seiten des Anspruchsstellers voraus. Ein solcher Schaden ist hier indessen nicht ersichtlich; jedenfalls trägt V nichts Entsprechendes vor, sondern begehrt nur die Herausgabe der 600 Euro, die R von K erhalten hat. V hat demnach keine unfreiwillige Vermögenseinbuße erlitten.

Ergebnis: Ein Anspruch des V gegen R aus den §§ 280 Abs. 1, 535 BGB scheitert daran, dass dem V kein ersatzfähiger Schaden entstanden ist.

II. Der Anspruch des V gegen R auf Zahlung der 600 Euro könnte sich aber aus den §§ 687 Abs. 2 Satz 1, 681 Satz 2, 667 BGB ergeben.

1.) Voraussetzung für den Anspruch aus den §§ 687 Abs. 2 Satz 1, 681 Satz 2, 667 BGB ist zunächst das Vorliegen eines objektiv fremden Geschäfts. Ein Geschäft ist dann objektiv fremd im Sinne des § 687 Abs. 2 Satz 1 BGB, wenn es zum Rechts- und Interessenkreis eines anderen gehört. Die ganz herrschende Meinung lehnt ein solches, fremdes Geschäft im Sinne des § 687 Abs. 2 Satz 1 BGB bei den vorliegenden Konstellationen indessen ab. Die Untervermietung ist aus der Sicht des Mieters kein objektiv fremdes Geschäft. Der Mieter, der unerlaubt untervermietet, nimmt kein Geschäft wahr, das objektiv ein Geschäft des Vermieters ist. Die Nutzung der Mietsache ist vielmehr ein eigenes Geschäft des Mieters. Der Mieter, der vertragswidrig untervermietet, übt nur den ihm überlassenen Gebrauch in einer ihm nicht zustehenden Weise aus. Er kann daher dem Vermieter – einen entsprechenden Schaden vorausgesetzt – zwar vertraglich zum Schadensersatz verpflichtet sein, ist aber aus § 687 Abs. 2 Satz 1 BGB dem Vermieter in Ermangelung eines fremden Geschäfts nicht zur Herausgabe des durch die Untervermietung erzielten Erlöses verpflichtet. Es fehlt somit bereits am objektiv fremden Geschäft mit der Folge, dass die Anspruchsvoraussetzungen der §§ 687 Abs. 2 Satz 1, 681 Satz 2, 667 BGB bereits an dieser Stelle scheitern.

Ergebnis: V kann von R die Zahlung der 600 Euro nicht nach den Grundsätzen der angemaßten Eigengeschäftsführung gemäß §§ 687 Abs. 2 Satz 1, 681 Satz 2, 667 BGB fordern.

III. Möglicherweise steht V gegen R aus den §§ 990 Abs. 1 Satz 1, 987 Abs. 1 Satz 1, 99 Abs. 3 BGB ein Anspruch auf Zahlung der 600 Euro zu.

1.) Die Ansprüche aus dem Eigentümer-Besitzer-Verhältnis der §§ 987 ff. BGB setzen zunächst das Bestehen einer Vindikationslage zu dem Zeitpunkt der Anspruchsentstehung voraus: Konkret müsste der R also zum Zeitpunkt der Untervermietung an den K im Verhältnis zu V unberechtigter Besitzer der Wohnung gewesen sein. Das aber war er nicht; es bestand zwischen R und V ein wirksamer Mietvertrag, aus dem die Besitzberechtigung des R folgt. R war mithin berechtigter Besitzer zum Zeitpunkt der Untervermietung. Damit scheiden Ansprüche aus dem Eigentümer-Besitzer-Verhältnis von vornherein aus.

Ergebnis: Der Vermieter kann vom Mieter auch nicht über die §§ 990 Abs. 1 Satz 1, 987 Abs. 1 Satz 1, 99 Abs. 3 BGB die Herausgabe des durch die unberechtigte Untervermietung erzielten Erlöses verlangen.

IV. Der Anspruch des V gegen R auf Zahlung der 600 Euro könnte sich aus § 816 Abs. 1 Satz 1 BGB ergeben.

I. Dann müsste R als Nichtberechtigter eine Verfügung getroffen haben, die dem Berechtigten V gegenüber wirksam war.

1.) Zunächst stellt sich die Frage, ob es sich bei einer (Unter-) Vermietung um eine Verfügung im Sinne des § 816 Abs. 1 Satz 1 BGB handelt. Verfügung ist jedes Rechtsgeschäft, durch das unmittelbar auf den Bestand eines Rechts im Sinne einer Rechtsminderung oder eines völligen Rechtsverlustes eingewirkt wirkt, also die Übertragung, Aufgabe, Belastung oder die Inhaltsänderung. Inwieweit die Überlassung des Besitzes an einer Wohnung hierzu zählt, ist differenziert zu betrachten: Die schuldrechtliche Verpflichtung aus einem Vertrag stellt in der Regel keine Verfügung dar, da damit kein Recht übertragen, belastet, aufgegeben oder sonst inhaltlich geändert wird. In der schuldrechtlichen Vereinbarung kann sich lediglich die Verpflichtung zur späteren (dinglichen) Verfügung befinden, sie selbst nimmt aber keine Rechtsänderung im Sinne des Verfügungsbegriffs vor. Im Hinblick auf die dingliche Seite des Mietvertrages und der darin enthaltenen Besitzüberlassung liegt des Weiteren auch keine Verfügung nach § 816 Abs. 1 Satz 1 BGB. Die Besitzüberlassung ist insoweit nämlich lediglich eine rein tatsächliche Handlung, die insbesondere keine Rechtsänderung im benannten Sinne herbeiführt, sondern nur die tatsächliche Verfügungsmacht betrifft.

Ergebnis: Die Tatbestandsvoraussetzungen des § 816 Abs. 1 Satz 1 BGB liegen nicht vor. Die Untervermietung der Wohnung an K stellt schon keine Verfügung im Sinne des § 816 Abs. 1 Satz 1 BGB dar. V kann daher von R nicht die Herausgabe des erlangten Mietzinses in direkter Anwendung des § 816 Abs. 1 Satz 1 BGB von R fordern.

V. Der Anspruch auf Zahlung der 600 Euro könnte sich noch aus der analogen Anwendung des § 816 Abs. 1 Satz 1 BGB ergeben.

1.) Die analoge Anwendung des § 816 Abs. 1 Satz 1 BGB kommt unter Berücksichtigung der Tatsache in Betracht, dass die Untervermietung zwar keine Verfügung im Sinne der benannten Norm darstellt, sie aber einer dinglichen Rechtsänderung ähnlich ist. Namentlich bringt sie den Mieter durch die Übertragung der tatsächlichen Sachherrschaft in eine dem § 903 BGB vergleichbare Position. Wer Mieter einer Wohnung ist, kann etwa dem Herausgabeanspruch des Eigentümers aus § 985 BGB das Recht zum Besitz aus § 986 BGB entgegen halten mit der Folge, dass der Eigentümer/Vermieter vom Zugriff auf seine eigene Sache ausgeschlossen ist. Aus diesen Überlegungen könnte man nun folgern, dass die bloße Vermietung einer Sache einer klassischen Verfügung im Rechtssinne quasi »gleichsteht«, da sie rein faktisch die gleichen Wirkungen entfaltet wie die Eigentumsübertragung als Muster aller Verfügungen. Diese sogenannte »Verdinglichung« des Mietvertrages findet namentlich Niederschlag in diversen Vorschriften aus dem Sachenrecht: So soll etwa der § 883 Abs. 2 BGB nach einer beachtlichen Meinung in der Literatur entsprechend bzw. analog auf Mietverträge anwendbar sein, obwohl im Gesetz ausdrücklich das Wort »Verfügung« steht.

2.) Diese, von einem Teil der Literatur im Rahmen des § 816 Abs. 1 Satz 1 BGB vertretene Ansicht begegnet jedoch durchgreifenden Bedenken. Nach der Zielrichtung des § 816 Abs. 1 Satz 1 BGB soll der Anspruchsinhaber dieser Norm, der selbst keinen Anspruch gegen den Erwerber des fraglichen Rechts hat, sich beim unberechtigt Verfügenden schadlos halten können. Insbesondere soll er dort das abschöpfen können, was ihm nach der rechtlichen Zuordnung aufgrund des quasi »verlorenen Rechts« zusteht. So steht dem Anspruchsinhaber nach dem klassischen Fall des § 816 Abs. 1 Satz 1 BGB der Verkaufserlös zu, wenn eine von ihm z.B. verliehene Sache vom Entleiher unberechtigt, aber wirksam weiter veräußert worden ist. Die Sache gehörte ursprünglich ihm – und damit besteht auch ein Anspruch auf Herausgabe des Verkaufserlöses, denn ihm ist mit der wirksamen Veräußerung der Wert der Sache entzogen worden.

Bei der unberechtigten Untervermietung findet sich diese Situation aber nicht in entsprechender Form wieder. Der vom Mieter erhaltene Untermietzins stellt keinen klassischen Gegenwert dar, den der Mieter jetzt anstelle des Eigentümers erhält. Denn der Vermieter hätte die Wohnung selbst ja nicht an einen Dritten weitervermieten können, sie war nämlich schon entgeltlich vermietet. Der § 816 Abs. 1 Satz 1 BGB soll aber nur die Fälle betreffen, in denen der Berechtigte durch eine wirksame Verfügung des Nichtberechtigten seiner Rechtsposition komplett – und zunächst ohne Gegenwert – verlustig geht; die unberechtigte Nutzungsgewährung ist davon nicht erfasst, soweit der Vermieter von seinem Mieter bereits eine Nutzungsgebühr (= Miete) erhält. Schließlich ist im Hinblick auf § 816 Abs. 1 Satz 1 BGB noch Folgendes beachtlich: Selbst wenn man eine »Verfügung« annähme, mangelt es jedenfalls an der Wirksamkeit dieser Verfügung gegenüber dem Berechtigten. Durch die unberechtigte Untervermietung erhält der Untermieter gegenüber dem Vermieter nämlich kein Recht zum Besitz im Sinne des § 986 BGB; der Untermieter greift also nicht wirksam in die Rechtsposition des Vermieters ein, was aber Voraussetzung für § 816 Abs. 1 Satz 1 BGB ist. Es fehlt somit auch an der Wirksamkeit der Verfügung gegenüber dem Berechtigten. Auf den Fall der unberechtigten Untervermietung kann § 816 Abs. 1 Satz 1 BGB demnach nicht analog bzw. entsprechend angewendet werden.

Ergebnis: Dem V steht auch aus analoger Anwendung des § 816 Abs. 1 Satz 1 BGB kein Anspruch gegen R auf Herausgabe des erzielten Mietzinses zu.

VI. Schließlich könnte sich der Anspruch des V gegen R noch aus der Eingriffskondiktion des § 812 Abs. 1 Satz 1, 2. Alt. BGB ergeben.

I. Der R müsste auf Kosten des V etwas in sonstiger Weise erlangt haben. Es fragt sich, ob die Untervermietung der Wohnung an K mit der darin enthaltenen Mietzinseinnahme diese gerade genannten Voraussetzungen erfüllt.

1.) Im vorliegenden Fall ergibt sich insoweit folgendes Problem: Der R hat von K den Mietzins erlangt. Dieses Erlangte muss R aber nur dann an V nach den Regeln der Eingriffskondiktion aus § 812 Abs. 1 Satz 1, 2. Alt. BGB herausgeben, wenn der erlangte Mietzins eigentlich dem V zusteht, der R also damit in den Zuweisungsgehalt eines fremden Rechts eingegriffen hat und die Güterzuordnung im konkreten Fall ergibt, dass der Mietzins in den Zugriffsbereich des V fällt. Inwieweit dies angenommen werden kann, ist streitig.

a) Nach einer Meinung greift der Mieter mit der Untervermietung in den Zuweisungsgehalt des dem Vermieter zustehenden Rechts ein. Nach dieser Auffassung hat der Vermieter allerdings durch den Hauptmietvertrag bereits einen Teil des ihm zustehenden Vermögenswertes erhalten mit der Folge, dass ihm über die Eingriffskondiktion des § 812 Abs. 1 Satz 1, 2. Alt. BGB nur noch das zusteht, was ihm durch einen entsprechend erhöhten Mietzins verloren geht. Das bedeutet konkret, dass der Vermieter eine Erhöhung bzw. die Herausgabe des Mietzinses in dem Umfang verlangen kann, in dem er die Miete bei Gestattung der Untervermietung hätte erhöhen können. Nach dieser Ansicht könnte V von R hier zwar nicht den kompletten von K erhaltenen Mietzins einfordern, allerdings einen noch zu bestimmenden Betrag, um den die Miete bei berechtigter Untervermietung erhöht worden wäre.

b) Dieser Auffassung kann jedoch nicht gefolgt werden. Dem Vermieter steht der durch die unberechtigte Untervermietung erzielte Mietzins nicht zu, da er nicht auf Kosten des Vermieters erlangt wurde. Die Untervermietung ist, auch wenn sie unberechtigt erfolgt, ein ausschließlich dem Mieter zugewiesenes Geschäft. Der Mieter greift demnach mit der Untervermietung nicht in einen fremden Zuweisungsgehalt ein. Dem Vermieter entgehen durch die Untervermietung namentlich keine Verwertungs- oder Gebrauchsmöglichkeiten, derer er sich nicht schon durch den Abschluss des Hauptmietvertrages entäußert hätte; er selbst könnte die Sache einem Dritten nämlich gar nicht mehr überlassen. Ein Anspruch aus § 812 Abs. 1 Satz 1, 2. Alt. BGB besteht daher nicht

Ergebnis: Dem V steht gegen R kein Anspruch auf Herausgabe des von R erlangten Mietzinses aus § 812 Abs. 1 Satz 1, 2. Alt. BGB zu.

Gesamtergebnis: Da sämtliche andere Anspruchsgrundlagen auch verneint wurden, kann V von R nichts fordern. Der Mietzins des K verbleibt bei R.

Fall 10

Die große weite Welt

Der 17-jährige Schüler S aus Hamburg hat mit Einverständnis seiner Eltern seinen Onkel in München besucht. Auf dem von den Eltern bei der *Lufthansa* (L) gebuchten Rückflug nach Hamburg erfährt S dann per Zufall, dass einige Passagiere mit der gleichen Maschine von Hamburg aus umgehend weiter nach New York fliegen. Am Flughafen in Hamburg gelingt es S, sich unbemerkt unter die Transitpassagiere zu mischen und das nicht ausgebuchte Flugzeug in Richtung USA wieder zu besteigen. Erst bei der Einreisekontrolle in New York wird S als »blinder Passagier« identifiziert. Nach telefonischer Rücksprache mit den Eltern des S befördert L den S daraufhin zurück nach Hamburg; für den Hinflug verweigern die Eltern allerdings die Genehmigung. Die L verlangt nun von S die Zahlung des üblichen Flugpreises nach New York in Höhe von 1.100 Euro. S verweigert jede Zahlung unter Hinweis darauf, dass er sich – was der Wahrheit entspricht – diese Reise niemals hätte leisten können.

Ansprüche der L gegen S?

> **Schwerpunkte:** Der »Flugreise-Fall« des BGH aus BGHZ **55**, 128; Abgrenzung der Leistungs- von der Eingriffskondiktion; Problem der nichtgegenständlichen Zuwendung; Bestimmung des Wortes »Etwas« aus § 812 Abs. 1 Satz 1 BGB; Abgrenzung zum Begriff der »Bereicherung« aus § 818 BGB; verschärfte Haftung beim Minderjährigen nach § 819 BGB.

Lösungsweg

Vorbemerkung: Die kleine Geschichte da oben dürfte einer der berühmtesten (Ausbildungs-)Fälle sein, die der BGH jemals entschieden hat. Das Ding – der sogenannte »**Flugreise-Fall**« – ist dabei schon über 40 Jahre alt, stammt genau genommen vom 7. Januar 1971 (→ BGHZ **55**, 128) und beschäftigt seit Generationen die Jura-Studenten und Rechtsgelehrten dieses Landes. Inhaltlich geht es selbstverständlich um das Bereicherungsrecht, und dort namentlich gleich um mehrere knifflige Fragen innerhalb der Anspruchsvoraussetzungen des § 812 Abs. 1 BGB sowie der Rechtsfolgen aus den §§ 818, 819 BGB. Im Original-Fall übrigens waren auch die Kosten für den *Rückflug* von New York nach Hamburg noch streitgegenständlich, da die Eltern insoweit ebenfalls die Zustimmung verweigert hatten. Die Abwicklung dessen ging über die Vorschriften der Geschäftsführung ohne Auftrag, was letztlich nicht problematisch war; deshalb sparen wir uns das hier auch und konzentrieren uns vielmehr auf den Hinflug, also dann:

Anspruch der L gegen S auf Zahlung des Flugpreises

<u>AGL.:</u> § 823 Abs. 2 BGB i.V.m. § 263 Abs. 1 StGB (Unerlaubte Handlung / Betrug)

Problem: Unabhängig vom Vorliegen der Tatbestandsvoraussetzungen fehlt es der L jedenfalls am ersatzfähigen *Schaden.* Das Flugzeug war nämlich nicht ausgebucht mit der Folge, dass die L keinen Passagier zurückweisen musste. Nur unter diesen Umständen hätte man von einem Schaden sprechen können, der dann auch einen *Schadens*ersatzanspruch hätte begründen können (BGHZ **55**, 128).

Ergebnis: Ansprüche auf Schadensersatz aus § 823 BGB stehen der L nicht zu.

<u>AGL.:</u> § 812 Abs. 1 Satz 1 BGB (Bereicherung)

I. Voraussetzungen: Der S müsste durch Leistung oder in sonstiger Weise auf Kosten der L etwas ohne rechtlichen Grund erlangt haben (bitte lies: § 812 Abs. 1 Satz 1 BGB).

1. Problem: Es stellt sich zunächst die Frage, *was* genau der S eigentlich erlangt hat.

> **Definition:** Unter den Begriff des »**Etwas**« im Sinne des § 812 Abs. 1 BGB fällt jede vermögensrechtliche Besserstellung bzw. jeder vermögensrechtliche Vorteil auf Seiten des Empfängers (BGH NJW **1995**, 53; *Palandt/Sprau* § 812 BGB Rz. 16).

Zum Fall: In Betracht kommt als vermögenswerter Vorteil hier allein die Beförderung von Hamburg nach New York. Das Problem liegt allerdings darin, dass dieser Vorteil – anders als bei klassischen gegenständlichen Zuwendungen – hier eine *Dienstleistung* darstellt und in dem Moment, in dem der Vorteil eingetreten ist, quasi gleich wieder aus dem Vermögen des Empfängers verschwindet. Man könnte daher sagen, dass das Vermögen an sich zu keiner Zeit tatsächlich vermehrt gewesen ist. Die Beförderung als Form der Dienstleistung wird erbracht – und ist damit auch direkt wieder verbraucht. Eine Vermögensmehrung im klassischen Sinne der Definition des Wortes »etwas« ist also eigentlich gar nicht eingetreten.

- Und mit diesem Argument verneint der BGH im vorliegenden Fall dann tatsächlich bereits das Vorliegen eines erlangten »**Etwas**« im Sinne des § 812 Abs. 1 Satz 1 BGB (BGHZ **55**, 128, 135). Das Gericht setzt hier die Begriffe »**etwas**« aus § 812 Abs. 1 Satz 1 BGB und »**Bereicherung**« im Sinne des § 818 BGB gleich und meint, wenn der Empfänger einer nichtgegenständlichen Leistung das Empfangene nicht mehr herausgeben könne und wegen des Fehlens ersparter Aufwendungen auch nicht mehr zum Wertersatz nach § 818 Abs. 2 BGB verpflichtet sei, mangele es bereits an einer herausgabefähigen Bereicherung und damit am Tatbestand des § 812 Abs. 1 Satz 1 BGB (BGHZ **55**, 128, 134/135). Diese selbst errichtete Klippe – damit wäre der Fall hier nämlich schon beendet gewesen – umschifft der BGH dann aber mit der *analogen* Anwendung des **§ 819 BGB** und behauptet, dem Bereicherungsschuldner, der das Fehlen des Rechtsgrundes kennt, sei es grundsätzlich verwehrt, sich auf das Nichtvorhandensein einer Bereicherung zu berufen (BGH a.a.O.).

- Die ganz herrschende Meinung in der Literatur löst das Problem der nichtgegenständlichen Zuwendung und der Frage, ob diese als erlangtes »Etwas« subsumiert werden kann, hingegen anders, nämlich: Da das Gesetz augenscheinlich differenzieren wollte zwischen dem erlangten »**Etwas**« aus § 812 Abs. 1 Satz 1 BGB und der später herausgabepflichtigen »**Bereicherung**« im Sinne des § 818 BGB, dürfen die Begriffe bei ihrer Bestimmung nicht miteinander vermischt werden. Ob »**etwas**« erlangt wurde, ist demnach zunächst allein auf Tatbestandsebene zu klären; die Frage der »**Bereicherung**« betrifft demgegenüber den später bei den Rechtsfolgen zu klärenden Umfang des Bereicherungsanspruchs (PWW/*Prütting* § 812 BGB Rz. 30; *Erman/Buck-Heeb* § 812 BGB Rz. 9; MüKo/ *Schwab* § 812 BGB Rz. 359; *Staudinger/Lorenz* § 812 BGB Rz. 72; *Brox/Walker* BS § 40 Rz. 5; *Bamberger/Roth/Wendehorst* § 812 BGB Rz. 12; *Palandt/Sprau* § 812 BGB Rz. 28/29).

Und bei der Bestimmung des erlangten »**Etwas**« im Sinne des § 812 Abs. 1 Satz 1 BGB sind nach herrschender Meinung insbesondere auch die (nichtgegenständlichen) *Dienstleistungen* zu berücksichtigen, da auch sie das Vermögen des Empfängers vermehren. Dies ergebe sich schon aus dem Umstand, dass Dienstleistungen in der Regel nur gegen Vergütung erbracht werden, der Empfänger mithin durch die erbrachte Dienstleistung selbst in seinem Vermögen entsprechend des jeweiligen Wertes eine Vermehrung erfahren habe (PWW/*Prütting* § 812 BGB Rz. 30; MüKo/*Schwab* § 812 BGB Rz. 359; *Erman/Buck-Heeb* § 812 BGB Rz. 9; *Brox/Walker* BS § 40 Rz. 5). Inwieweit der Empfänger dann später zur Herausgabe eines möglichen Wertersatzes für die Dienstleistung über § 818 Abs. 2 BGB verpflichtet sei, spiele für die Bestimmung des erlangten »Etwas« im Sinne des § 812 Abs. 1 BGB keine Rolle; dies richte sich ausschließlich nach § 818 BGB (*Staudinger/Lorenz* § 812 BGB Rz. 72; PWW/ *Prütting* § 812 BGB Rz. 30).

Tipp: Dass nichtgegenständliche Zuwendungen – also etwa in Form von Dienstleistungen – unter den Begriff des erlangten »**Etwas**« im Sinne des § 812 Abs. 1 Satz 1 BGB subsumiert werden können und müssen, gehört mittlerweile zur gesicherten Erkenntnis und allgemeinen Ansicht in der Wissenschaft (vgl. etwa PWW/*Prütting* § 812 BGB Rz. 30; *Bamberger/Roth/Wendehorst* § 812 BGB Rz. 21; *Erman/Buck-Heeb* § 812 BGB Rz. 9; MüKo/*Schwab* § 812 BGB Rz. 359; *Brox/Walker* BS § 40 Rz. 5) und sollte daher vom Klausurschreiber auch angenommen werden. Inwieweit die durch die empfangene Dienstleistung dann ersparten (finanziellen)

> Aufwendungen später vom Empfänger wieder ausgeglichen werden müssen, ist allein eine Frage des Umfangs – also der *Rechtsfolgen* – des Bereicherungsanspruchs, und dies richtet sich nach § 818 BGB. Merken.

__ZE.:__ Wir wollen in Konsequenz des soeben Gesagten dann auch davon ausgehen, dass unser Schüler S die Beförderung seitens der Lufthansa von Hamburg nach New York als nichtgegenständliches »**Etwas**« im Sinne des § 812 Abs. 1 Satz 1 BGB erlangt hat. Und damit haben wir das erste Problem des Falles schon mal gelöst.

2. Problem: Als nächstes stellt sich die Frage, ob S diese Beförderung durch »**Leistung**« oder »**in sonstiger Weise**« im Sinne des § 812 Abs. 1 Satz 1 BGB erlangt hat. Wir erinnern uns bitte:

> **Definition:** *Leistung* im Sinne des § 812 Abs. 1 Satz 1 BGB ist die bewusste und zweckgerichtete Mehrung fremden Vermögens (BGH NJW **2004**, 1169; BGHZ **58**, 188; *Staudinger/Lorenz* § 812 BGB Rz. 4; *Brox/Walker* BS § 40 Rz. 6).

An dieser Stelle muss nun gesehen werden, dass die L den »blinden Passagier« S keinesfalls willentlich oder gar zweckgerichtet in Erfüllung einer vertraglichen Pflicht befördert. Der L fehlt namentlich das Bewusstsein, ein fremdes Vermögen zu vermehren. Davon hätte man nur dann sprechen können, wenn man von einem allgemeinen Willen der L ausgehen würde, jeden sich im Flugzeug befindenden Passagier, und zwar unabhängig vom Vorliegen eines wirksamen Beförderungsvertrages, zu befördern. Das Ganze nennt man dann einen »**generellen Leistungswillen**«, der etwa bei der Inanspruchnahme von öffentlichen Verkehrsmitteln wie Bus und Bahn bejaht wird, da dem Leistenden hier die Zahl und die konkrete Person der Beförderung gleichgültig sein wird (*Erman/Buck-Heeb* § 812 BGB Rz. 11). Die Leistung in Form der Beförderung bei *Flugzeugen* erbringt die L bei lebensnaher Betrachtung demgegenüber nur im Hinblick auf diejenigen Personen, die im Besitz eines gültigen Flugtickets sind und demnach auch bewusst befördert werden. Denn die Fluggesellschaft dürfte ein ziemliches Interesse daran haben zu wissen, wer genau und vor allem wie viele Personen im Flugzeug sitzen (*Staudinger/Lorenz* § 812 BGB Rz. 3; *Erman/Buck-Heeb* § 812 BGB Rz. 11; *Kellmann* in NJW 1971, 863; *Canaris* in JZ 1971, 561). Verschafft sich nun eine Person durch einen Betrug nach § 263 StGB oder eine Beförderungserschleichung im Sinne des § 265a StGB rechtswidrig Zutritt zu einem Flugzeug, ist dies somit keine empfangene »Leistung« im Sinne des § 812 Abs. 1 Satz 1, 1. Alt. BGB, sondern stellt vielmehr den *Eingriff* in den Zuweisungsgehalt eines fremden Rechts dar, der unter die *Eingriffskondiktion* des § 812 Abs. 1 Satz 1, 2. Alt. BGB zu fassen ist (*Staudinger/Lorenz* § 812 BGB Rz. 3; *Larenz* II § 70 IV; MüKo/*Schwab* § 812 BGB Rz. 360/361; *Erman/Buck-Heeb* § 812 BGB Rz. 11).

Beachte: Auch dies sieht der BGH anders und geht kommentarlos vom Vorliegen einer »Leistung« im Sinne des § 812 Abs. 1 BGB aus (BGHZ **55**, 128). Offenlassen kann man diese Frage im Hinblick auf die Leistungs- oder Eingriffskondiktion übrigens nicht, denn von der Art der Bereicherung wird später abhängen, auf wessen Bösgläubigkeit es bei einer möglichen Anwendung des § 819 BGB ankommt (*Staudinger/Lorenz* § 812 BGB Rz. 3): Im Rahmen der **Leistungskondiktion** geht die herrschende Meinung nämlich davon aus, dass bei Minderjährigen in entsprechender Anwendung der §§ 106 ff. BGB allein auf die Kenntnis des **gesetzlichen Vertreters** abzustellen ist, da ansonsten der allumfassende Minderjährigenschutz des BGB umgangen würde. Weiß also der Minderjährige, dass die Leistung zu Unrecht erfolgt, die Eltern haben davon aber keine Ahnung, ist eine Anwendung des § 819 BGB *nicht* möglich, denn es fehlt an der insoweit maßgeblichen Bösgläubigkeit der gesetzlichen Vertreter (KG NJW **1998**, 2911; *Palandt/Sprau* § 819 BGB Rz. 4; *Brox/Walker* BS § 43 Rz. 19; *Erman/Buck-Heeb* § 819 BGB Rz. 6). Demgegenüber soll es bei der **Eingriffskondiktion**, namentlich beim rechtswidrigen Erschleichen von Leistungen durch eine unerlaubte Handlung des Minderjährigen, in entsprechender Anwendung der §§ 827, 828 Abs. 3 BGB auf die Einsichtsfähigkeit und demnach die Kenntnis des **Minderjährigen** ankommen (BGHZ **55**, 128; BGH MDR **1977**, 388; *Erman/Buck-Heeb* § 812 BGB Rz. 6; *Palandt/Sprau* § 819 BGB Rz. 4; *Medicus/Petersen* BR Rz. 176; zweifelnd aber: *Bamberger/Roth/Wendehorst* § 819 BGB Rz. 8 und *Canaris* § 73 II 2a).

Wir wollen im vorliegenden Fall – wie oben erörtert – vom Vorliegen einer *Eingriffskondiktion* ausgehen, da der S sich die Flugreise in Kenntnis aller Umstände erschlichen und damit in einen fremden Zuweisungsgehalt eingegriffen hat.

<u>ZE.:</u> Der S hat die Flugreise (= etwas) in sonstiger Weise (= Eingriff in ein fremdes Recht) auf Kosten der L erlangt.

3.) Dies geschah auch ohne Rechtsgrund, da ein wirksamer Vertrag zwischen L und S nicht bestand. S war minderjährig.

<u>ZE.:</u> Die Tatbestandsvoraussetzungen des § 812 Abs. 1 Satz 1, 2. Alt. BGB (»Bereicherung in sonstiger Weise«) in der Form der Eingriffskondiktion liegen vor. Der S hat auf Kosten der L die Flugreise von Hamburg nach New York erlangt.

II. Rechtsfolge: Der S ist der L zur Herausgabe des Erlangten verpflichtet (bitte lies: § 812 Abs. 1 Satz 1 BGB).

1. Problem: Wie gibt man eine Flugreise heraus?

Lösung: Die Herausgabe von nichtgegenständlichen (Dienst-) Leistungen ist naturgemäß nicht möglich (BGHZ **37**, 258; BGHZ **41**, 282). In diesen Fällen folgt aus der Regel des **§ 818 Abs. 2 BGB**, dass der Empfänger *Wertersatz* in Höhe der üblichen Vergütung zu leisten hat (BGHZ **111**, 308; BGH NJW-RR **1997**, 564; BGHZ **55**, 128, 132; *Staudinger/Lorenz* § 818 BGB Rz. 23; *Palandt/Sprau* § 818 BGB Rz. 21; *Brox/Walker* BS § 43 Rz. 5). Unstreitig.

<u>ZE.:</u> Der S hat gemäß § 818 Abs. 2 BGB grundsätzlich die übliche Vergütung für den Flug in Höhe von 1.100 Euro zu zahlen.

2. Problem: Der S sagt, er hätte sich diese Reise niemals leisten können. In Betracht kommt insoweit eine Berufung auf den Wegfall der Bereicherung nach § 818 Abs. 3 BGB. Wir erinnern uns bitte:

Der **§ 818 Abs. 3 BGB** sorgt dafür, dass das grundlegende Prinzip der §§ 812 ff. BGB eingehalten wird, nämlich immer nur das beim Bereicherungsschuldner abzuschöpfen, was tatsächlich noch in seinem Vermögen vorhanden ist. Im Unterschied zum Recht der unerlaubten Handlungen aus den § 823 ff. BGB geht es hier nicht um einen klassischen Schadensausgleich auf Seiten des *Gläubigers*; das Gesetz stellt sich vielmehr auf die Seite des (Bereicherungs-) *Schuldners* und verpflichtet ihn dazu, nur das, was tatsächlich noch in seinem Vermögen aus der ungerechtfertigten Bereicherung vorhanden ist, auch zurück zu geben (*Brox/Walker* BS § 43 Rz. 6). Die Abwicklung nach den §§ 812 ff. BGB darf nicht zu einer Vermögensminderung des Bereicherungsschuldners über den Betrag des ursprünglich Erlangten hinausgehen (BGHZ **205**, 90; BGHZ **1**, 75).

Die drei Prüfungsschritte, anhand derer man am sinnvollsten innerhalb des § 818 Abs. 3 BGB arbeitet, sind uns inzwischen – hoffentlich – bekannt, nämlich:

> → **1. Schritt:** Wie hoch war die tatsächlich erlangte Vermögensvermehrung?

> → **2. Schritt:** Wie viel ist zurzeit der Anspruchsstellung davon noch im Vermögen des Bereicherten vorhanden, und zwar entweder **a)** in natura, **b)** in anderen materiellen Vermögenswerten oder **c)** durch ersparte Aufwendungen?

> → **3. Schritt:** Würde die Herausgabepflicht in der Gesamtabrechnung beim Bereicherungsschuldner ein »Minus« ergeben?

Zum Fall: Unser S hat die Flugreise als nichtgegenständliche Zuwendung erlangt. Diese Flugreise ist naturgemäß in dem Moment verbraucht und folglich im Vermögen des S auch nicht mehr vorhanden, als der S sie in Anspruch genommen hat. Es fragt sich aber, ob die Flugreise noch in Form von *ersparten Aufwendungen* im Vermögen verblieben ist. Davon kann allerdings nur dann ausgegangen werden, wenn S Aufwendungen erspart hat, die er ansonsten sowieso getätigt hätte oder hätte tätigen müssen. Es müsste also angenommen werden können, dass die entsprechenden Ausgaben mit sonst verfügbaren Mitteln des Empfängers getätigt worden wären (BGH NJW **2003**, 3271; *Palandt/Sprau* § 818 BGB Rz. 34; MüKo/*Schwab* § 818 BGB Rz. 166). *Luxusausgaben*, die man sich ansonsten mit eigenen Mitteln nicht geleistet hätte oder hätte leisten können, müssen demgegenüber grundsätzlich *nicht* herausgegeben werden, da sie nicht mehr im Vermögen des Empfängers in Form von ersparten Aufwendungen vorhanden sind. Soweit der Empfänger in diesen Fällen der Luxusausgaben zur Herausgabe des Wertersatzes verpflichtet würde, wäre sein Vermögen in der Gesamtabrechnung nämlich unzulässig vermindert; ihm entstünde durch die bereicherungsrechtliche Abwicklung ein »Minus« (BGH MDR **1959**, 109; BGHZ **55**,

128; OLG Hamm VersR **1999**, 478; *Brox/Walker* BS § 43 Rz. 7; PWW/*Prütting* § 818 BGB Rz. 21; *Staudinger/Lorenz* § 818 BGB Rz. 72; *Palandt/Sprau* § 818 BGB Rz. 35).

<u>ZE.</u>: Unser S hat erklärt, dass er sich eine solche Reise nicht hätte leisten können mit der Folge, dass vorliegend von einer klassischen »**Luxusausgabe**« gesprochen werden muss. Müsste S nunmehr die geforderten 1.100 Euro an L zahlen, wäre sein Vermögen um diesen Betrag in der Gesamtabrechnung vermindert. Folglich kann sich S grundsätzlich auf den Wegfall der Bereicherung nach § 818 Abs. 3 BGB berufen.

3. (und letztes) Problem: Es fragt sich, ob dem nicht die *Bösgläubigkeit* des S entgegensteht. In Betracht kommt namentlich die Anwendung des **§ 819 Abs. 1 BGB**, der in Verbindung mit § 818 Abs. 4 BGB unter Verweis auf die »allgemeinen Vorschriften« die Berufung auf den Wegfall der Bereicherung nach § 818 Abs. 3 BGB versperren würde (BGHZ **205**, 90; BGHZ **55**, 128; *Palandt/Sprau* § 819 BGB Rz. 8). Und das Ganze ist hier natürlich nur deshalb ein Problem, weil wir klären müssen, auf *wessen* Bösgläubigkeit es im Rahmen des § 819 Abs. 1 BGB eigentlich ankommt: In unserem Fall ist der S nämlich eindeutig bösgläubig, er schmuggelt sich absichtlich in das Flugzeug und weiß als 17-jähriger auch, dass man so was nicht tun darf. Demgegenüber haben die Eltern von der ganzen Geschichte keine Kenntnis mit der Folge, dass auf ihrer Seite die Voraussetzungen des § 819 BGB nicht vorliegen würden. Ginge man nun davon aus, dass es allein auf die Kenntnis der Eltern ankommt, könnte sich S tatsächlich weiterhin auf den Wegfall der Bereicherung nach § 818 Abs. 3 BGB berufen, denn dieser Weg wäre ihm nicht durch § 819 Abs. 1 BGB versperrt. Stellt man allein auf die Kenntnis des Minderjährigen ab, muss S zahlen, denn dann ist ihm die Möglichkeit des § 818 Abs. 3 BGB verwehrt.

Wie man das Ganze auflöst, ist selbstverständlich umstritten, folgende Ansichten werden vertreten:

- Die herrschende Meinung – wir haben das oben schon mal kurz erwähnt – unterteilt insoweit nach der Art der erlangten Zuwendung: Sofern das Erlangte durch »**Leistung**« – also durch bewusste und zweckgerichtete Mehrung fremden Vermögens – erbracht wurde, erfordere der allumfassende Minderjährigenschutz des BGB, dass in entsprechender Anwendung der §§ 106 ff. BGB im Rahmen des § 819 BGB allein auf die Kenntnis des *gesetzlichen Vertreters* abgestellt wird. Denn das, was der Minderjährige auch selbstständig nicht durch vertragliche Absprachen schulden könne, dürfe nun ebenso nicht über die Bereicherungsnormen abgeschöpft werden. Deshalb komme es bei empfangenen Leistungen allein auf die Kenntnis des gesetzlichen Vertreters an (BGHZ **205**, 90; BGHZ **55**, 128; BGH MDR **1977**, 338; KG NJW **1998**, 2911; *Palandt/Sprau* § 819 BGB Rz. 4; *Brox/Walker* BS § 43 Rz. 19; *Soergel/Schmidt-Kessel/Hadding* § 819 BGB Rz. 6; *Erman/Buck-Heeb* § 819 BGB Rz. 6; *Medicus/Petersen* BR Rz. 176; RGRK/*Heimann-Trosien* § 819 BGB Rz. 7). Sollte sich der Minderjährige das Erlangte hingegen im Zuge eines rechtswidrigen Eingriffs in einen fremden Zuweisungsgehalt verschafft haben – also namentlich durch eine »**Eingriffskondiktion**« nach § 812

Abs. 1 Satz 1, 2. Alt. BGB –, käme es insoweit auch allein auf *seine* Kenntnis an und die Vorschriften des Deliktsrechts der **§§ 827, 828 Abs. 3 BGB** seien dann entsprechend anwendbar (BGHZ **205**, 90; BGH MDR **1977**, 388; BGHZ **55**, 128; *Palandt/Sprau* § 819 BGB Rz. 4; *Soergel/Schmidt-Kessel/Hadding* § 819 BGB Rz. 6; *Medicus/Petersen* BR Rz. 176).

- Eine andere Auffassung will unabhängig von der Art der Kondiktion *immer* und allein auf die Kenntnis des *gesetzlichen Vertreters* abstellen. Dies erfordere der allumfassende Minderjährigenschutz des BGB, der nämlich auch dann nicht außer Kraft gesetzt sei, wenn der Minderjährige eine unerlaubte Handlung begehe und damit zugleich den Tatbestand der Eingriffskondiktion erfülle. Denn wenn der Minderjährige eine unerlaubte Handlung im Sinne der §§ 823 ff. BGB begangen habe, könne und müsse er nach diesen Vorschriften in Anspruch genommen werden. Scheitere ein solcher Anspruch etwa am fehlenden ersatzfähigen Schaden des anderen, dürfe man dieses Ergebnis nicht über die Bereicherungsvorschriften zu korrigieren versuchen (*Bamberger/Roth/Wendehorst* § 819 BGB Rz. 8; *Staudinger/Lorenz* § 819 BGB Rz. 10; *Brox/Walker* BS § 43 Rz. 19; PWW/ *Prütting* § 819 BGB Rz. 6; MüKo/*Schwab* § 819 BGB Rz. 7/8; *Batsch* in NJW 1972, 611).

Durchblick: Aus dem gerade Dargestellten ergibt sich, dass im Hinblick auf die *Leistungskondiktion* weitestgehend Einigkeit darüber besteht, dass in diesem Fall in Bezug auf § 819 BGB allein auf die Kenntnis des gesetzlichen Vertreters abgestellt werden muss. Denn das sagt sowohl die herrschende Meinung als auch die andere Auffassung. Interessant wird die ganze Sache demnach nur dann, wenn es sich um einen Fall der *Eingriffskondiktion* handelt. Denn da sieht die zweite Ansicht den Minderjährigen immer noch schutzwürdig und will auch insoweit allein auf die Kenntnis des gesetzlichen Vertreters abstellen (siehe oben). Der BGH übrigens, der ja eigentlich mit der herrschenden Meinung die Differenzierung in Leistungs- und Eingriffskondiktion befürwortet, hat in dem Flugreise-Fall die eigentümliche Konstruktion gewählt, dass er trotz der Annahme einer Leistungskondiktion den § 828 Abs. 3 BGB (damals noch § 828 Abs. 2 BGB) entsprechend anwendet und damit den Minderjährigen haften lässt, und zwar mit dem Argument, dass

»... *der Schutzgedanke des BGB im Hinblick auf den Minderjährigen jedoch seine Grenze im Recht der unerlaubten Handlungen findet, das die Verantwortlichkeit Jugendlicher für von ihnen verursachte Schäden nach anderen Merkmalen bestimmt, unabhängig davon, in welchem Umfang sie in der Lage sind, sich rechtsgeschäftlich zu verpflichten. Wird nun aber ein Minderjähriger ohnehin nicht uneingeschränkt vor Nachteilen aus seinem eigenen Verhalten bewahrt, so besteht jedenfalls dann kein Anlass, ihm die Folgen der verschärften Haftung des § 819 BGB zu ersparen, wenn und soweit er sich das Erlangte durch eine vorsätzliche unerlaubte Handlung verschafft hat. In diesem Fall ist kein einleuchtender Grund zu erkennen, sein Verhalten bereicherungsrechtlich nach an-*

deren als den auch für unerlaubte Handlungen maßgeblichen Gesichtspunkten zu beurteilen ...« (BGHZ **55**, 128, 136/137)

Beachte: Dem muss man sich nicht anschließen (vgl. dazu *Bamberger/Roth/Wendehorst* § 819 BGB Rz. 8 und MüKo/*Schwab* § 819 BGB Rz. 7/8), insbesondere ist diese Konstruktion insoweit inkonsequent, als sie die Leistungskondiktion und die Anwendung des § 828 BGB verbindet, was ja eigentlich nach herrschender Meinung nur bei der Eingriffskondiktion geschehen soll. Der BGH hat hier gleichwohl den Minderjährigen zur Zahlung verurteilt – und dafür dann eben auch eine Menge juristischer Hiebe eingesteckt (umfangreiche Nachweise dazu etwa bei *Medicus/Petersen* BR Rz. 176, Fn. 49).

Für die Klausur: In der Prüfungssituation ist zunächst wichtig, dass man einen der eben aufgezeigten Wege verfolgt. Welcher das am Ende ist, dürfte im besten Sinne des Wortes »**gleichgültig**« sein, denn angesichts der Vielfalt an Meinungen, die durch den Fall geistern und des beachtlichen Schwierigkeitsgrades (der Fall läuft – zumindest in NRW – bis heute regelmäßig durchs Examen) wird der Prüfer schon sehr dankbar sein, wenn nicht alles durcheinander gerät. Die Weichen für den gesamten Verlauf der Klausur werden freilich schon am Anfang gestellt, und zwar dann, wenn man die Art der Kondiktion – also Leistungs- oder Eingriffskondiktion – bestimmt. Denn, das haben wir gesehen, hiervon hängt später nach herrschender Meinung die Beurteilung des § 819 Abs. 1 BGB ab: Sofern man eine Leistungskondiktion befürwortet, fällt der Streit um die Frage, auf wessen Kenntnis es bei § 819 Abs. 1 BGB ankommt, weg, denn insoweit kommen die unterschiedlichen Ansichten ja zum gleichen Ergebnis. Nur wer dem BGH und seiner eigentümlichen Konstruktion folgt, kann trotz Annahme der Leistungskondiktion später § 828 Abs. 3 BGB anwenden und auf die Bösgläubigkeit des Minderjährigen abstellen (BGHZ **55**, 128). Es spricht somit einiges dafür, in der Klausur tatsächlich die *Eingriffskondiktion* zu favorisieren. Welcher Auffassung man dann später bei § 819 Abs. 1 BGB den Vorzug gewährt, spielt im Ergebnis keine Rolle. Das Gutachten zum Fall gleich weiter unten zeigt, wie man eine Klausur ansprechend und sinnvoll formuliert; nachlesen schadet vermutlich nicht.

So. Dann bringen wir die Geschichte hier jetzt noch zum Ende und machen mal Folgendes: Da die Argumente der Meinung, die auch im Falle der Eingriffskondiktion den Minderjährigen schützen wollte und dementsprechend bei § 819 Abs. 1 BGB nur auf die Kenntnis der gesetzlichen Vertreter abstellt, nachvollziehbar daherkommen, wollen wir dieser Ansicht auch folgen. Es kann nämlich nicht sein, dass dasjenige, was über die Vorschriften der unerlaubten Handlung in Ermangelung eines Schadens nicht abgeschöpft werden kann, nunmehr nach den Bereicherungsvorschriften beim Minderjährigen eingezogen wird (vgl. *Bamberger/Roth/Wendehorst* § 819 BGB Rz. 8; *Staudinger/Lorenz* § 819 BGB Rz. 10; *Brox/Walker* BS § 43 Rz. 19; PWW/*Prütting* § 819 BGB Rz. 6; MüKo/*Schwab* § 819 BGB Rz. 7/8; *Batsch* in NJW 1972, 611). Es bleibt somit bei dem Grundsatz, dass es bei § 819 Abs. 1 BGB auf die Kenntnisse des gesetzlichen Vertreters ankommt. Selbst wenn der Minderjährige bösgläubig ist, haftet er nicht verschärft, sofern seine gesetzlichen Vertreter keine Kenntnis vom Mangel des rechtlichen Grundes haben (anders aber, wie gesehen: BGHZ **55**, 128).

<u>ZE.</u>: Die Bösgläubigkeit des S führt im vorliegenden Fall nicht zur Anwendung des § 819 Abs. 1 BGB.

<u>ZE.</u>: Damit kann sich S nach wie vor auf den Wegfall der Bereicherung nach § 818 Abs. 3 BGB berufen, da ihm dieser Weg durch § 819 Abs. 1 BGB nicht versperrt ist.

Ergebnis: Der S muss nichts an L zahlen, er ist nicht mehr bereichert.

Gutachten

Anspruch der L gegen S auf Zahlung des Flugpreises

I. Der Anspruch der L gegen S könnte sich zunächst aus den § 823 Abs. 2 BGB i.V.m. § 263 Abs. 1 StGB ergeben.

Unabhängig vom Vorliegen der Tatbestandsvoraussetzungen fehlt es der L jedenfalls am ersatzfähigen Schaden. Das Flugzeug war nämlich nicht ausgebucht mit der Folge, dass die L keinen Passagier zurückweisen musste. Nur unter diesen Umständen hätte man von einem Schaden sprechen können, der dann auch einen Schadensersatzanspruch hätte begründen können.

Ergebnis: Ansprüche auf Schadensersatz aus § 823 BGB stehen der L nicht zu.

II. Ein Anspruch auf Zahlung der Kosten für den Hinflug könnte sich aber aus § 812 Abs. 1 Satz 1 BGB ergeben.

I. Der S müsste durch Leistung oder in sonstiger Weise auf Kosten der L etwas ohne rechtlichen Grund erlangt haben.

1.) Es stellt sich insoweit zunächst die Frage, was genau S eigentlich erlangt hat. Unter den Begriff des »Etwas« im Sinne des § 812 Abs. 1 BGB fällt grundsätzlich jede vermögensrechtliche Besserstellung bzw. jeder vermögensrechtliche Vorteil auf Seiten des Empfängers. In Betracht kommt als vermögenswerter Vorteil hier allein die Beförderung von Hamburg nach New York. Das Problem liegt allerdings darin, dass dieser Vorteil – anders als bei klassischen gegenständlichen Zuwendungen – hier eine Dienstleistung darstellt und in dem Moment, in dem der Vorteil eingetreten ist, quasi gleich wieder aus dem Vermögen des Empfängers verschwunden ist. Man könnte daher annehmen, dass das Vermögen an sich zu keiner Zeit tatsächlich vermehrt gewesen ist. Die Beförderung als Form der Dienstleistung wird erbracht – und ist damit auch direkt wieder verbraucht.

Eine Vermögensvermehrung im klassischen Sinne der Definition des Wortes »etwas« ist also eigentlich gar nicht eingetreten, da es überhaupt schon an einer Bereicherung fehlt.

Diese Betrachtung verkennt jedoch, dass das Gesetz differenzieren wollte zwischen dem erlangten »Etwas« aus § 812 Abs. 1 Satz 1 BGB und der später herausgabepflichtigen »Bereicherung« im Sinne des § 818 BGB. Die Begriffe dürfen bei ihrer Bestimmung daher nicht miteinander vermischt werden. Ob »etwas« erlangt wurde, ist demnach zunächst allein auf Tatbestandsebene zu klären; die Frage der »Bereicherung« betrifft demgegenüber den später bei den Rechtsfolgen zu klärenden Umfang des Bereicherungsanspruchs. Und bei der Bestimmung des erlangten »Etwas« im Sinne des § 812 Abs. 1 Satz 1 BGB sind insbesondere auch die (nichtgegenständlichen) Dienstleistungen zu berücksichtigen, da auch sie das Vermögen des Empfängers vermehren.

Dies ergibt sich schon aus dem Umstand, dass Dienstleistungen in der Regel nur gegen Vergütung erbracht werden, der Empfänger mithin durch die erbrachte Dienstleistung selbst in seinem Vermögen entsprechend des jeweiligen Wertes eine Vermehrung erfahren hat. Inwieweit der Empfänger dann später zur Herausgabe eines möglichen Wertersatzes für die Dienstleistung über § 818 Abs. 2 BGB verpflichtet ist, spielt für die Bestimmung des erlangten »Etwas« im Sinne des § 812 Abs. 1 BGB keine Rolle; dies richtet sich ausschließlich nach § 818 BGB.

Es ist daher davon auszugehen, dass S die Beförderung seitens der Lufthansa von Hamburg nach New York als nichtgegenständliches »Etwas« im Sinne des § 812 Abs. 1 Satz 1 BGB erlangt hat.

2.) Des Weiteren ist zu klären, ob S diese Beförderung durch Leistung oder in sonstiger Weise im Sinne des § 812 Abs. 1 Satz 1 BGB erlangt hat.

Leistung im Sinne des § 812 Abs. 1 Satz 1 BGB ist die bewusste und zweckgerichtete Mehrung fremden Vermögens. Insoweit ist jedoch zu beachten, dass die L den »blinden Passagier« S keinesfalls willentlich oder gar zweckgerichtet in Erfüllung einer vertraglichen Pflicht befördert. Der L fehlt namentlich das Bewusstsein, ein fremdes Vermögen zu vermehren. Davon hätte man nur dann sprechen können, wenn man von einem allgemeinen Willen der L ausgehen würde, jeden sich im Flugzeug befindenden Passagier, und zwar unabhängig vom Vorliegen eines wirksamen Beförderungsvertrages, zu befördern. Das nennt man dann einen »generellen Leistungswillen«, der etwa bei der Inanspruchnahme von öffentlichen Verkehrsmitteln wie Bus und Bahn bejaht wird, da dem Leistenden hier die Zahl und die konkrete Person der Beförderung gleichgültig sein wird.

Die Leistung in Form der Beförderung bei Flugzeugen erbringt die L bei lebensnaher Betrachtung demgegenüber nur im Hinblick auf diejenigen Personen, die im Besitz eines gültigen Flugtickets sind und demnach auch bewusst befördert werden. Denn die Fluggesellschaft wird ein großes Interesse daran haben zu wissen, wer genau und vor allem wie viele Personen im Flugzeug sitzen. Verschafft sich nun eine Person durch einen Betrug nach § 263 StGB oder eine Beförderungserschleichung im Sinne des § 265a StGB rechtswidrig Zutritt zu einem Flugzeug, ist dies somit keine empfangene »Leistung« im Sinne des § 812 Abs. 1 Satz 1, 1. Alt. BGB, sondern stellt vielmehr den Eingriff in den Zuweisungsgehalt eines fremden Rechts dar, der unter die Eingriffskondiktion des § 812 Abs. 1 Satz 1, 2. Alt. BGB zu fassen ist.

Der S hat die Flugreise somit in sonstiger Weise auf Kosten der L erlangt.

3.) Dies geschah auch ohne Rechtsgrund, ein wirksamer Vertrag zwischen L und S bestand nämlich nicht.

Zwischenergebnis: Die Tatbestandsvoraussetzungen des § 812 Abs. 1 Satz 1, 2. Alt. BGB in der Form der Eingriffskondiktion liegen vor. Der S hat auf Kosten der L die Flugreise von Hamburg nach New York erlangt.

II. Der S ist der L demnach grundsätzlich zur Herausgabe des Erlangten verpflichtet.

1.) Insoweit stellt sich zunächst angesichts der erlangten Flugreise die Frage nach dem konkreten Umfang des Bereicherungsanspruchs. Die Herausgabe von nichtgegenständlichen (Dienst-) Leistungen ist naturgemäß nicht möglich. In diesen Fällen folgt aus der Regel des § 818 Abs. 2 BGB, dass der Empfänger grundsätzlich Wertersatz in Höhe der üblichen Vergütung zu leisten hat. Der S hat somit gemäß § 818 Abs. 2 BGB die übliche Vergütung für den Flug in Höhe von 1.100 Euro zu zahlen.

2.) Es fragt sich jedoch, inwieweit die Erklärung des S, er hätte sich diese Reise niemals leisten können, beachtlich ist. In Betracht kommt insoweit eine Berufung auf den Wegfall der Bereicherung nach § 818 Abs. 3 BGB. Gemäß § 818 Abs. 3 BGB ist die Verpflichtung zur Herausgabe ausgeschlossen, soweit der Empfänger nicht mehr bereichert ist. Dem redlichen Empfänger darf namentlich durch die bereicherungsrechtliche Abwicklung kein vermögensmäßiger Nachteil entstehen. Diesbezüglich ausschlaggebend ist die Frage, wie hoch die tatsächlich erlangte Vermögensvermehrung war, inwieweit zurzeit der Anspruchsstellung davon noch etwas im Vermögen des Bereicherten – etwa in Form von ersparten Aufwendungen – vorhanden ist und ob die Herausgabepflicht in der Gesamtabrechnung beim Bereicherungsschuldner ein »Minus« ergeben würde.

S hat die Flugreise als nichtgegenständliche Zuwendung erlangt. Diese Flugreise ist naturgemäß in dem Moment verbraucht und folglich im Vermögen des S auch nicht mehr vorhanden, als der S sie in Anspruch genommen hat. Es fragt sich aber, ob die Flugreise noch in Form von ersparten Aufwendungen im Vermögen verblieben ist. Davon kann allerdings nur dann ausgegangen werden, wenn S Aufwendungen erspart hat, die er ansonsten sowieso getätigt hätte oder hätte tätigen müssen. Es müsste also angenommen werden können, dass die entsprechenden Ausgaben mit sonst verfügbaren Mitteln des Empfängers getätigt worden wären. Luxusausgaben, die man sich ansonsten mit eigenen Mitteln nicht geleistet hätte oder hätte leisten können, müssen demgegenüber grundsätzlich nicht herausgegeben werden, da sie nicht mehr im Vermögen des Empfängers in Form von ersparten Aufwendungen vorhanden sind. Soweit der Empfänger in diesen Fällen der Luxusausgaben zur Herausgabe des Wertersatzes verpflichtet würde, wäre sein Vermögen in der Gesamtabrechnung unzulässig vermindert; ihm entstünde durch die bereicherungsrechtliche Abwicklung ein »Minus«.

S hat vorliegend erklärt, dass er sich eine solche Reise nicht hätte leisten können mit der Folge, dass von einer klassischen »Luxusausgabe« gesprochen werden muss. Müsste S nunmehr die geforderten 1.100 Euro an L zahlen, wäre sein Vermögen um diesen Betrag in der Gesamtabrechnung vermindert. Folglich kann sich S grundsätzlich auf den Wegfall der Bereicherung nach § 818 Abs. 3 BGB berufen.

3.) Es fragt sich abschließend aber noch, ob dem nicht die Bösgläubigkeit des S entgegensteht. In Betracht kommt namentlich die Anwendung des § 819 Abs. 1 BGB, der in Verbindung mit § 818 Abs. 4 BGB unter Verweis auf die »allgemeinen Vorschriften« die Berufung auf den Wegfall der Bereicherung nach § 818 Abs. 3 BGB versperren würde. Vorliegend ist dies deshalb problematisch, weil geklärt werden muss, auf wessen Bösgläubigkeit es im Rahmen des § 819 Abs. 1 BGB ankommt: Im hier zu entscheidenden Fall ist der S nämlich eindeutig bösgläubig, er schmuggelt sich absichtlich in das Flugzeug und weiß als 17-Jähriger auch, dass man dies nicht tun darf. Demgegenüber haben die Eltern von der ganzen Geschichte keine Kenntnis mit der Folge, dass auf ihrer Seite die Voraussetzungen des § 819 BGB nicht vorliegen würden.

Ginge man nun davon aus, dass es allein auf die Kenntnis der Eltern ankommt, könnte sich S tatsächlich weiterhin auf den Wegfall der Bereicherung nach § 818 Abs. 3 BGB berufen, denn dieser Weg wäre ihm nicht durch § 819 Abs. 1 BGB versperrt. Stellt man allein auf die Kenntnis des Minderjährigen ab, muss S zahlen, denn dann ist ihm die Möglichkeit des § 818 Abs. 3 BGB verwehrt.

Die Beantwortung der Frage, auf wessen Kenntnis es im Rahmen des § 819 Abs. 1 BGB ankommt, ist umstritten.

a) Eine Meinung unterteilt insoweit nach der Art der erlangten Zuwendung: Sofern das Erlangte durch »Leistung« – also durch bewusste und zweckgerichtete Mehrung fremden Vermögens – erbracht wurde, erfordere der allumfassende Minderjährigenschutz des BGB, dass in entsprechender Anwendung der §§ 106 ff. BGB im Rahmen des § 819 BGB allein auf die Kenntnis des gesetzlichen Vertreters abgestellt wird. Denn das, was der Minderjährige auch selbstständig nicht durch vertragliche Absprachen schulden könne, dürfe nun ebenso nicht über die Bereicherungsnormen abgeschöpft werden. Deshalb komme es bei empfangenen Leistungen allein auf die Kenntnis des gesetzlichen Vertreters an. Sollte sich der Minderjährige das Erlangte hingegen im Zuge eines rechtswidrigen Eingriffs in einen fremden Zuweisungsgehalt verschafft haben – also namentlich durch eine »Eingriffskondiktion« nach § 812 Abs. 1 Satz 1, 2. Alt. BGB –, käme es insoweit auch allein auf seine Kenntnis an und die Vorschriften des Deliktsrechts der §§ 827, 828 Abs. 3 BGB seien dann entsprechend anwendbar.

b) Dem kann so jedoch nicht gefolgt werden. Vielmehr muss es unabhängig von der Art der Kondiktion immer und allein auf die Kenntnis des gesetzlichen Vertreters ankommen. Dies erfordert namentlich der allumfassende Minderjährigenschutz des BGB, der nämlich auch dann nicht außer Kraft gesetzt ist, wenn der Minderjährige eine unerlaubte Handlung begeht und damit zugleich den Tatbestand der Eingriffskondiktion erfüllt.

Denn wenn der Minderjährige eine unerlaubte Handlung im Sinne der §§ 823 ff. BGB begangen hat, kann und muss er nach diesen Vorschriften in Anspruch genommen werden. Scheitert ein solcher Anspruch etwa am fehlenden ersatzfähigen Schaden des anderen, darf man dieses Ergebnis nicht über die Bereicherungsvorschriften zu korrigieren versuchen. Es kann nicht sein, dass dasjenige, was über die Vorschriften der unerlaubten Handlung in Ermangelung eines Schadens nicht abgeschöpft werden kann, nunmehr nach den Bereicherungsvorschriften beim Minderjährigen eingezogen wird. Es bleibt somit bei dem Grundsatz, dass es bei § 819 Abs. 1 BGB stets auf die Kenntnis des gesetzlichen Vertreters ankommt. Selbst wenn der Minderjährige bösgläubig ist, haftet er nicht verschärft, sofern seine gesetzlichen Vertreter keine Kenntnis vom Mangel des rechtlichen Grundes haben.

Die Bösgläubigkeit des S führt im vorliegenden Fall demnach nicht zur Anwendung des § 819 Abs. 1 BGB. Und damit kann sich S nach wie vor auf den Wegfall der Bereicherung nach § 818 Abs. 3 BGB berufen; ihm ist dieser Weg durch die Regel des § 819 Abs. 1 BGB nicht versperrt.

Ergebnis: Der S muss nichts an L zahlen, er ist nicht mehr bereichert.

Fall 11

Wer gegen wen?

Rechtsstudent R hat seinen gebrauchten *VW Golf* an seinen Kommilitonen K zum Marktpreis von 3.000 Euro verkauft und versprochen, den Wagen vor der Übergabe noch zur Inspektion zu bringen. Drei Tage später ruft K den R an und meint, er (K) habe den Wagen inzwischen schon an seinen Onkel O weiterverkauft, R möge das Auto nach der Inspektion doch bitte gleich dem O liefern. R ist einverstanden, zumal O zufällig in seiner Nähe wohnt. Zwei Wochen nach der Übergabe des Wagens an O stellt sich heraus, dass der Kaufvertrag zwischen R und K wegen rechtsgeschäftlicher Mängel von Anfang an nichtig war. R verlangt nun von O die Rückgabe des Wagens. O weigert sich und meint, R müsse sich wegen möglicher Ansprüche an K halten.

Welche Ansprüche stehen R gegen O und K zu?

> **Schwerpunkte:** Die bereicherungsrechtliche Abwicklung im Drei-Personen-Verhältnis; Problem der sogenannten »Durchlieferung«; der Eigentumsübergang beim Geheißerwerb; die Abwicklung innerhalb der jeweiligen Leistungsverhältnisse; der Vorrang der Leistungskondiktion. Im Anhang: Der sogenannte »Doppel-Mangel«; die Rückabwicklung bei Nichtigkeit beider Verträge.

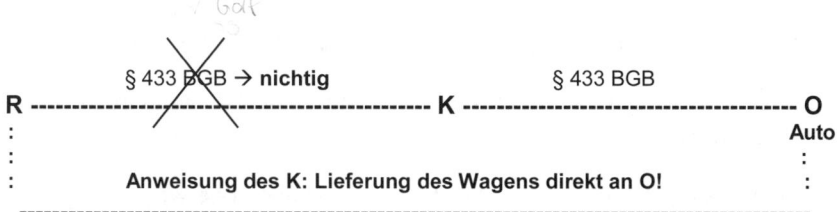

Lösungsweg

I. Anspruch des R gegen O auf Herausgabe des Wagens

<u>AGL.:</u> § 812 Abs. 1 Satz 1, 1. Alt. BGB (Leistungskondiktion)

Achtung: Bevor wir uns gleich mit den einzelnen Tatbestandsvoraussetzungen des § 812 Abs. 1 Satz 1, 1. Alt. BGB beschäftigen werden, wollen wir zunächst für einen Augenblick die *sachenrechtliche* Seite der vorliegenden Geschichte etwas genauer anschauen, denn die ist ein bisschen kniffliger, als es auf den ersten Blick aussieht.

Ihre Kenntnis wird uns aber später helfen, die Problematik um die sogenannte »**Durchlieferung**« (oder auch »**Streckengeschäft**«) leichter zu verstehen. Wir machen es freilich angemessen kurz und konzentrieren uns dabei vor allem auf das Ergebnis, also:

> Bei dem, was wir da gerade sehen, handelt es sich um einen sogenannten »**doppelten Geheißerwerb**«. Hierbei passiert – sachenrechtlich betrachtet und leicht verkürzt – Folgendes: Das Eigentum und der Besitz an der Sache gehen nicht direkt vom Veräußerer (hier: R) auf den Zweiterwerber (hier: O) über, sondern werden durch die auf Anweisung (= Geheiß) des Zwischenerwerbers (hier: K) erfolgte Übergabe vom Veräußerer an den Zweiterwerber für eine juristische Sekunde auf den Zwischenerwerber übertragen. Das Eigentum und der Besitz des Zwischenerwerbers K gehen dann aber im nächsten Schritt sogleich auf den Zweiterwerber O über (BGH NJW **1999**, 425; *Medicus/Lorenz* SR II Rz. 1219; *Palandt/Herrler* § 929 BGB Rz. 17; PWW/ *Prütting* § 812 BGB Rz. 87). Es erfolgt also *keine* direkte Eigentums- und Besitzübertragung vom Veräußerer R auf den Zweiterwerber O; das Eigentum und der Besitz gehen vielmehr zunächst auf den Zwischenerwerber K über, um dann von dort – nach einer juristischen Sekunde – auf den Zweiterwerber O weiter übertragen zu werden. Wichtig, bitte merken.

Das muss man in allen Einzelheiten übrigens nicht sofort kapieren, dahinter stecken nämlich diverse juristische Konstruktionen mit Anweisungen und besitzrechtlichen Finessen; die Thematik gehört deshalb auch eigentlich zum vertieften Sachenrecht (vgl. dazu *Schwabe*, »Lernen mit Fällen«, Sachenrecht, Fälle 3 und 4). Für uns ist hier vor allem das **Ergebnis** wichtig, also der Umstand, dass das Eigentum und der Besitz an der Sache bei der oben gefragten Konstruktion nicht direkt von R auf O übertragen wurden, sondern den Zwischenschritt über den K nehmen (→ sogenannter »**doppelter Geheißerwerb**«).

Und jetzt zur Anspruchsprüfung des § 812 Abs. 1 Satz 1, 1. Alt. BGB:

I. Voraussetzungen: Der O müsste durch Leistung des R etwas ohne rechtlichen Grund erlangt haben.

1.) Der O hat das Eigentum und den Besitz an dem Wagen (= **etwas**) erlangt.

2.) Es fragt sich allerdings, ob dies tatsächlich durch **Leistung** des R erfolgt ist. Wir erinnern uns bitte:

> **Definition:** *Leistung* im Sinne des § 812 Abs. 1 Satz 1 BGB ist die bewusste und zweckgerichtete Mehrung fremden Vermögens (BGH NJW **2004**, 1169; BGHZ **58**, 188; *Staudinger/Lorenz* § 812 BGB Rz. 4; *Brox/Walker* BS § 40 Rz. 6).

Und im vorliegenden Fall ist das Ganze deshalb problematisch, weil der R gegenüber O keinerlei Verpflichtung erfüllen wollte. R liefert den Wagen an den O, weil ihn der K, der sein alleiniger Vertragspartner ist, darum gebeten hat. Damit aber verfolgt R gegenüber O auch keinen eigenen Leistungszweck im Sinne der Erfüllung einer Verbindlichkeit; R wollte vielmehr mit der Lieferung an O nur seine Verpflichtung aus dem Kaufvertrag mit K tilgen.

> **Merke:** Liefert der Verkäufer auf Anweisung seines Käufers die Sache an einen Dritten, liegt in dieser Lieferung keine Leistung im Sinne des § 812 Abs. 1 Satz 1, 1. Alt. BGB gegenüber dem Dritten; der Verkäufer *leistet* damit nur an seinen Käufer, und zwar in Erfüllung des mit ihm geschlossenen Kaufvertrages (BGH NJW **2004**, 1315; *Staudinger/Lorenz* § 812 BGB Rz. 49; *Erman/Buck-Heeb* § 812 BGB Rz. 19; PWW/*Prütting* § 812 BGB Rz. 88; MüKo/*Schwab* § 812 BGB Rz. 61; *Medicus/Lorenz* SR II Rz. 1219; *Brox/Walker* BS § 40 Rz. 14).

Für unseren Fall bedeutet dies, dass die Leistungskondiktion zwischen R und O ausgeschlossen ist, da R nicht an O *geleistet* hat im Sinne des § 812 Abs. 1 Satz 1, 1. Alt. BGB.

Ergebnis: Dem R steht gegen O kein Anspruch auf Herausgabe des Wagens aus § 812 Abs. 1 Satz 1, 1. Alt. BGB zu.

> **Feinkostabteilung:** Das würde übrigens selbst dann gelten, wenn der R dem O *direkt* – also ohne Zwischenschritt über den K – das Eigentum und den Besitz an der Sache verschafft hätte. Wir hatten oben im Vorspann ja gesehen, dass die Eigentums- und Besitzübertragung auf den Zweiterwerber hier bei der Anweisung mit dem Schritt über den Zwischenerwerber erfolgt. Es gibt aber auch Konstruktionen, in denen der Veräußerer dem Zweiterwerber *direkt* das Eigentum und den Besitz verschaffen kann, zum **Beispiel:** Wenn in unserem Fall der R und der K ein *Grundstück* verkauft hätten, dabei aber die dingliche Seite (= Einigung und Grundbucheintragung) ausgespart und der R diese Eigentumsübertragung dann direkt mit O vollzogen hätte (so was kommt aus Kostengründen in der Praxis sehr häufig vor), hätte R dennoch gegenüber O *keine* Verbindlichkeit erfüllt. Selbst in diesem Fall geht die ganz herrschende Meinung davon aus, dass R nur in Erfüllung des Kaufvertrages an K leistet (vgl. nur *Medicus/Lorenz* SR II Rz. 1219). Merken.

<u>**AGL.:**</u> **§ 812 Abs. 1 Satz 1, 2. Alt. BGB** (Nichtleistungskondiktion)

Problem: Die Nichtleistungskondiktion ist gegenüber der Leistungskondiktion subsidiär; es gilt also stets der sogenannte »**Vorrang der Leistungskondiktion**« (BGH NJW **2012**, 523; BGH NJW **2001**, 2881; *Palandt/Sprau* § 812 BGB Rz. 45; *Jauernig/Stadler* § 812 BGB Rz. 22). Die bereicherungsrechtliche Abwicklung hat daher – soweit möglich – immer innerhalb bestehender Leistungsbeziehungen zu erfolgen. Soweit eine Leistungsbeziehung vorliegt, ist die Abwicklung über die Nichtleistungskondiktion ausgeschlossen (*Jauernig/Stadler* § 812 BGB Rz. 22). Denn was durch »Leistung« erlangt worden ist, kann nicht gleichzeitig »in sonstiger Weise« in das Vermögen des Empfängers gelangt sein (BGHZ **40**, 272, 278; BGH NJW **1999**, 1393; *Palandt/Sprau* § 812 BGB Rz. 10). Der letzte Satz war wichtig, bitte noch mal lesen und merken.

Zum Fall: Wir haben bislang gesehen, dass der R an den O nicht geleistet, sondern nur deshalb O den Wagen geliefert hat, weil er seine Verbindlichkeit gegenüber K erfüllen wollte. Es liegt insoweit also nur eine Leistungsbeziehung zwischen R und K vor. Des Weiteren müssen wir nun aber auch beachten, dass der O seinerseits das Auto durch Leistung des K (!) erhält: Denn der K will mit der angewiesenen Lieferung des Autos an O seine Pflicht aus dem (wirksamen!) Kaufvertrag mit O erfüllen.

Merke: Erteilt der Käufer seinem Verkäufer die Anweisung, die gekaufte Sache direkt an einen Dritten, an den er seinerseits die Sache schon weiter veräußert hat, zu liefern, liegt hierin eine Leistung des *Käufers* an den *Dritten.* Der Käufer tilgt damit nämlich seine Verbindlichkeit aus dem mit dem Dritten geschlossenen Vertrag (BGH NJW **2003**, 582; BGH NJW-RR **1991**, 343; *Bamberger/Roth/Wendehorst* § 812 BGB Rz. 123; *Erman/Buck-Heeb* § 812 BGB Rz. 19; PWW/*Prütting* § 812 BGB Rz. 88; *Jauernig/Stadler* § 812 BGB Rz. 22).

Für unseren Fall hat das zur Konsequenz, dass der O den Wagen (= Eigentum und Besitz daran) also durch *Leistung* des K (!) erhalten hat. Und wenn O den Wagen durch Leistung des K erhalten hat, kann er dieses Erlangte logischerweise nicht »in sonstiger Weise« von R erhalten haben (vgl. BGHZ **40**, 272, 278). Es liegen Leistungsbeziehungen zwischen R̲ ̲u̲n̲d̲ ̲K̲ und zwischen K̲ ̲u̲n̲d̲ ̲O̲ vor. Die bereicherungsrechtliche Abwicklung muss demnach auch innerhalb dieser bestehenden Beziehungen erfolgen. Ein Durchgriff des R gegen O mithilfe der Nichtleistungskondiktion – hier wäre das die Eingriffskondiktion gewesen – ist nach ganz herrschender Meinung ausgeschlossen (BGH NJW **2004**, 1315; BGH NJW **2003**, 582; *Staudinger/Lorenz* § 812 BGB Rz. 50; PWW/*Prütting* § 812 BGB Rz. 88; *Jauernig/Stadler* § 812 BGB Rz. 22; *Erman/Buck-Heeb* § 812 BGB Rz. 19; *Reuter/Martinek* S. 394 ff.; *Brox/Walker* BS § 40 Rz. 14).

Durchblick: Der von uns eben herausgearbeitete Umstand, dass bei den Dreier-Konstellationen jeder nur mit seinem eigenen Vertragspartner bzw. Leistungsempfänger das nichtige Rechtsverhältnis nach § 812 Abs. 1 BGB zurück abwickeln kann, hat selbstverständlich auch einen Grund, **nämlich:** Nur dadurch ist garantiert, dass jeder mit der Person die Rückabwicklung vollzieht, die er sich ursprünglich für seinen Vertrag auch ausgesucht hat. Hierbei geht es dann zum Beispiel um Fragen des *Prozessrisikos*, der *Insolvenz* oder auch der möglichen *Einreden* und *Einwendungen* gegen die Herausgabeansprüche (*Medicus/Petersen* BR Rz. 667; *Bamberger/Roth/Wendehorst* § 812 BGB Rz. 107; PWW/*Prütting* § 812 BGB Rz. 76). All diese Risiken sollen nur gegenüber denjenigen Personen bestehen, die man sich ursprünglich als Vertragspartner ausgesucht hat. Konkret soll im vorliegenden Fall der R als Anspruchsinhaber z.B. nicht mit Einwendungen konfrontiert werden dürfen, die dem O gegen K zustehen (wäre aber möglich nach § 404 BGB!), denn den O hat R sich als Vertragspartner nicht ausgesucht. Aus den gleichen Gründen soll R nur das Insolvenzrisiko des K – und nicht auch das des O – tragen müssen. Das wäre aber der Fall, ließe man den Anspruch des R gegen O zu. Der R aber hat einen Vertrag nur mit K geschlossen, also erfolgt auch die Abwicklung nur in diesem Verhältnis. Das Gleiche gilt im Verhältnis K zu O. Auf diesem Wege trägt jeder dann nur das von ihm durch die Auswahl seines Vertragspartners bewusst ausgesuchte Risiko (*Bamberger/Roth/ Wendehorst* § 812 BGB Rz. 107). Kapiert!?

Ergebnis: R steht gegen O kein Anspruch aus § 812 Abs. 1 Satz 1, 2. Alt. BGB auf Herausgabe des Wagens zu. R muss sich – was die bereicherungsrechtliche Rückabwicklung angeht – an seinen Vertragspartner K halten, denn nur mit ihm verbindet ihn eine Leistungsbeziehung im oben genannten Sinne.

II. Ansprüche des R gegen K

<u>AGL.:</u> **§ 812 Abs. 1 Satz 1, 1. Alt. BGB** (Leistungskondiktion)

I. Voraussetzungen: Der K müsste durch Leistung des R etwas ohne rechtlichen Grund erlangt haben (lies: § 812 Abs. 1 Satz 1, 1. Alt. BGB).

1.) Jetzt machen wir erst mal das nutzbar, was wir weiter oben im Vorspann schon gelernt haben, nämlich: Weil es sich hier um einen Fall des sogenannten »**doppelten Geheißerwerbes**« handelt, hat der K für eine juristische Sekunde sowohl das *Eigentum* als auch den *Besitz* an der Sache als »**etwas**« im Sinne des § 812 Abs. 1 Satz 1, 1. Alt. BGB erlangt, obwohl der Veräußerer R das Auto ja eigentlich direkt an den Zweiterwerber O geliefert hat (siehe unsere Erläuterungen oben).

> **Noch mal die Feinkostabteilung:** In dem oben schon mal angesprochenen Fall, dass der Veräußerer dem Zweiterwerber *direkt* das Eigentum und den Besitz an der Sache verschafft – also etwa bei der Eigentumsübertragung am Grundstück – nimmt man bei der bereicherungsrechtlichen Abwicklung zur Vereinfachung an, dass der Zwischenerwerber so behandelt wird, als ob er vorübergehend Eigentum und Besitz erlangt hätte und nennt das dann »**Als-ob-Betrachtung**« (MüKo/*Schwab* § 812 BGB Rz. 63; *Medicus/Lorenz* SR II Rz. 1219 ff.). Damit ist gewährleistet, dass auch bei dieser Konstellation der Zwischenerwerber »**etwas**« im Sinne des § 812 Abs. 1 Satz 1 BGB erlangt hat, das er dann herausgeben kann bzw. muss (vgl. *Medicus/Petersen* BR Rzn. 671 ff.). Im Ergebnis unterscheiden sich die Fälle des direkten und des auf Geheiß durchgeführten Erwerbes damit nicht, nur der Weg ist anders. Merken.

2.) Im vorliegenden Fall des doppelten Geheißerwerbes hat der K Eigentum und Besitz durch *Leistung* des R erlangt, der R wollte ja – wie wir oben ausführlich erörtert haben – seine vertragliche Verpflichtung gegenüber K erfüllen.

3.) Für die Besitz- und Eigentumsübertragung bestand schließlich auch kein Rechtsgrund, denn der zugurndeliegende Kaufvertrag war nichtig.

<u>ZE.:</u> Die Anspruchsvoraussetzungen des § 812 Abs. 1 Satz 1, 1. Alt. BGB liegen vor.

II. Rechtsfolgen: Der K ist dem R gemäß § 812 Abs. 1 Satz 1, 1. Alt. BGB zur Herausgabe des Erlangten verpflichtet.

Problem: Der K ist weder Besitzer noch Eigentümer der Sache; diese Rechtspositionen hat er ja bereits auf O (wirksam!) übertragen. Die Herausgabe des Erlangten ist ihm somit unmöglich.

Lösung: Für diesen Fall sieht **§ 818 Abs. 2 BGB** die Verpflichtung zum (objektiven) Wertersatz vor, was für den vorliegenden Fall bedeutet, dass K den Marktpreis in Höhe von 3.000 Euro (steht so ausdrücklich im Fall) an R zahlen muss.

Ergebnis: Der K ist R gegenüber aus den §§ 812 Abs. 1 Satz 1, 1. Alt., 818 Abs. 2 BGB zur Zahlung von 3.000 Euro verpflichtet.

Nachschlag: Der sogenannte »**Doppelmangel**«

So. Das, was wir da eben gelernt haben, ist Ausgangspunkt und Schlüssel für die Lösung der Dreier-Konstellationen im Bereicherungsrecht: Die Abwicklung erfolgt grundsätzlich nur innerhalb der Leistungsverhältnisse, was damit begründet wird, dass nur so die gerechte Risikoverteilung unter den Parteien gewährleistet ist. Jeder soll nur das Prozess- bzw. Insolvenzrisiko derjenigen Person tragen, die er sich ursprünglich als Vertragspartner ausgesucht hat und zudem auch nur denjenigen Einwendungen ausgesetzt sein, die seinem eigenen Partner bzw. Leistungsempfänger zustehen (*Medicus/Petersen* BR Rz. 667/670). **Deshalb:** Die Abwicklung nach den §§ 812 ff. BGB erfolgt nur innerhalb der jeweiligen Leistungsbeziehungen. Merken.

Um das Ganze zu vervollständigen, schauen wir uns hier im Nachschlag dann mal den Fall des sogenannten »**Doppelmangels**« an; keine schwierige Aktion, wir haben die Vorarbeit ja schon geleistet. Das Bild des Falles sieht dann so aus; hier sind also jetzt *beide* Kaufverträge nichtig:

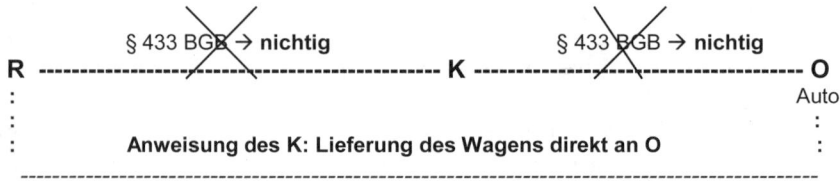

Und die Frage lautet nun, wie in diesem Verhältnis die Rückabwicklungen erfolgen, und insbesondere ob der R dann wenigstens jetzt von O die Herausgabe des Wagens fordern kann, oder ob er sich auch hier an den K halten muss.

Durchblick: Bei genauem Hinsehen ändert sich auch bei Nichtigkeit beider Verträge zunächst an dem erlernten Grundprinzip nichts. Der R muss sich grundsätzlich an seinen Leistungsempfänger halten – und das ist der K. Dem R steht also auch bei dieser Konstellation ein Anspruch auf Herausgabe des Erlangten nach § 812 Abs. 1

Satz 1, 1. Alt. BGB nur gegen seinen Leistungsempfänger K zu. **Aber:** Im Unterschied zum Ausgangsfall ergibt sich hier nun aufgrund der Nichtigkeit des Vertrages zwischen K und O, dass dem K seinerseits gegen O auch ein Anspruch auf Herausgabe des Wagens nach § 812 Abs. 1 Satz 1, 1. Alt. BGB zusteht, denn K hat den Wagen ja ebenfalls rechtsgrundlos an O geliefert. Und wenn dem K gegen O ein Anspruch auf Herausgabe des Autos zusteht und gleichzeitig dem R gegen K ein Anspruch auf Herausgabe des Erlangten, könnte man nun auf die folgende, auf den ersten Blick durchaus clevere Idee kommen: Der K tritt dem R seinen Anspruch auf Herausgabe des Wagens gegen O aus § 812 Abs. 1 Satz 1, 1. Alt. BGB als erlangtes *Surrogat* im Sinne des **§ 818 Abs. 1 BGB** ab, und diese Abtretung (§ 398 BGB) ist dann der Inhalt des Bereicherungsanspruchs, den der R gegen K hat. Der R kondiziert bei K also die Kondiktion, die der K gegen O hat.

- Genau. Und tatsächlich gehen eine Meinung in der Literatur und die ältere Rechtsprechung des BGH von diesem Denkmodell aus und verschaffen dem R auf diesem Wege die Wiedererlangung der veräußerten Sache. Dogmatisch funktioniert das dann übrigens so, dass man sagt, der Anspruch des R gegen K auf Herausgabe des Wagens aus § 812 Abs. 1 Satz 1, 1. Alt. BGB sei *nicht* unmöglich geworden im Sinne des § 818 Abs. 2 BGB, sondern könne durch die Abtretung des Herausgabeanspruchs des K gegen O nach § 818 Abs. 1 BGB (der Herausgabeanspruch also als erlangtes *Surrogat*) realisiert werden. Ein Anspruch auf Wertersatz gegen K scheidet für R dann logischerweise aus. Und genannt wird das Ganze – wir haben es eigentlich schon gesagt – die »**Kondiktion der Kondiktion**« (BGHZ **36**, 30; OLG Saarbrücken ZIP **1999**, 2057; *Koppensteiner/Kramer* Seite 28; *Esser/Weyers* SR II/2 § 48 III 3c; *Lorenz* in JZ 1968, 51; zweifelnd *Palandt/Sprau* § 812 BGB Rz. 63 unter Verweis auf BGH NJW **1989**, 2879 sowie *Bamberger/Roth/Wendehorst* § 812 BGB Rz. 119).

- Die herrschende Meinung lehnt diese Variante indessen ab und spricht dem Veräußerer einen Anspruch auf *Wertersatz* nach **§ 818 Abs. 2 BGB** zu. Der Zwischenerwerber kann sich von diesem Anspruch demnach nicht durch die Abtretung seines Anspruchs gegen den Zweiterwerber nach der Vorschrift des § 818 Abs. 1 BGB befreien (*Staudinger/Lorenz* § 812 BGB Rz. 55; *PWW/Prütting* § 812 BGB Rz. 90; *Jauernig/Stadler* § 812 BGB Rz. 29; *Erman/Buck-Heeb* § 812 BGB Rz. 39; *AnwK/von Sachsen Gessaphe* § 812 BGB Rz. 141; *MüKo/Schwab* § 812 BGB Rz. 63; *Brox/Walker* BS § 40 Rz. 14; *Medicus/Petersen* BR 670). Zur Begründung wird auch hier wieder die Risikoverteilung unter den Parteien angeführt: Wenn sich der Veräußerer mit der Abtretung des Herausgabeanspruchs begnügen müsse, trage er das Risiko des Untergangs oder der Verschlechterung der Sache beim Zweiterwerber, den er sich aber nicht als Vertragspartner ausgesucht habe. Im Übrigen müsse er sich dann unter Umständen Einwendungen des Zweiterwerbers wegen § 404 BGB entgegenhalten lassen, die dem Zweiterwerber gegen den Zwischenerwerber zugestanden haben (*Medicus/Petersen* BR Rz. 666–673; *Staudin-*

ger/Lorenz § 812 BGB Rz. 55; PWW/*Prütting* § 812 BGB Rz. 90; *Erman/Buck-Heeb* § 812 BGB Rz. 39).

Ergebnis: Aus den genannten Gründen verdient die herrschende Meinung dann auch den Vorzug mit der Folge, dass im vorliegenden Fall des sogenannten »**Doppelmangels**« der R sich nicht mit der Abtretung des Herausgabeanspruchs des K gegen O zufrieden geben muss, sondern ihm ein Anspruch auf *Wertersatz* gegen K aus den **§§ 812 Abs. 1 Satz 1, 1. Alt., 818 Abs. 2 BGB** zusteht.

Gutachten

I. Anspruch des R gegen O auf Herausgabe des Wagens

R könnte gegen O einen Anspruch auf Herausgabe des Wagens aus § 812 Abs. 1 Satz 1, 1. Alt. BGB haben.

I. O müsste durch Leistung des R etwas ohne rechtlichen Grund erlangt haben.

1.) O hat das Eigentum und den Besitz an dem Wagen erlangt.

2.) Es fragt sich allerdings, ob dies tatsächlich durch Leistung des R erfolgt ist. Leistung im Sinne des § 812 Abs. 1 Satz 1 BGB ist die bewusste und zweckgerichtete Mehrung fremden Vermögens. Im vorliegenden Fall ist dieses Merkmal deshalb problematisch, weil der R gegenüber O keinerlei Verpflichtung erfüllen wollte. R liefert den Wagen an den O, weil ihn der K, der sein alleiniger Vertragspartner ist, darum gebeten hatte.

 Damit aber verfolgt R gegenüber O auch keinen eigenen Leistungszweck im Sinne der Erfüllung einer Verbindlichkeit; R wollte vielmehr mit der Lieferung an O nur seine Verpflichtung aus dem Kaufvertrag mit K tilgen. Liefert der Verkäufer auf Anweisung seines Käufers die Sache an einen Dritten, liegt in dieser Lieferung keine Leistung im Sinne des § 812 Abs. 1 Satz 1, 1. Alt. BGB gegenüber dem Dritten; der Verkäufer leistet damit nur an seinen Käufer, und zwar in Erfüllung des mit ihm geschlossenen Kaufvertrages. Für den vorliegenden Fall bedeutet dies, dass die Leistungskondiktion zwischen R und O grundsätzlich ausgeschlossen ist, da R nicht an O geleistet hat im Sinne des § 812 Abs. 1 Satz 1, 1. Alt. BGB.

Ergebnis: Dem R steht gegen O kein Anspruch auf Herausgabe des Wagens aus § 812 Abs. 1 Satz 1, 1. Alt. BGB zu.

Der Anspruch des R gegen O könnte dann aber aus § 812 Abs. 1 Satz 1, 2. Alt. BGB begründet sein.

1.) Insoweit ergibt sich zunächst folgendes Problem: Die Nichtleistungskondiktion ist gegenüber der Leistungskondiktion subsidiär; es gilt also stets der sogenannte Vorrang der Leistungskondiktion. Die bereicherungsrechtliche Abwicklung hat daher – soweit möglich – immer innerhalb bestehender Leistungsbeziehungen zu erfolgen. Soweit eine Leistungsbeziehung vorliegt, ist die Abwicklung über die Nichtleistungskondiktion ausgeschlossen. Denn was durch Leistung erlangt worden ist, kann nicht gleichzeitig in sonstiger Weise in das Vermögen des Empfängers gelangt sein.

2.) Im vorliegenden Fall ist bislang festgestellt worden, dass R an den O nicht geleistet, sondern nur deshalb O den Wagen geliefert hat, weil er seine Verbindlichkeit gegenüber K erfüllen wollte. Es liegt insoweit also nur eine Leistungsbeziehung zwischen R und K vor. Des Weiteren muss nun aber beachtet werden, dass der O seinerseits das Auto durch Leistung des K erhält: Denn der K will mit der angewiesenen Lieferung des Autos an O seine Pflicht aus dem Kaufvertrag mit O erfüllen. Erteilt der Käufer seinem Verkäufer die Anweisung, die gekaufte Sache direkt an einen Dritten, an den er seinerseits die Sache schon weiter veräußert hat, zu liefern, liegt hierin eine Leistung des Käufers an den Dritten. Der Käufer tilgt damit nämlich seine Verbindlichkeit aus dem mit dem Dritten geschlossenen Vertrag. Für den hier zu entscheidenden Fall hat das zur Konsequenz, dass O den Wagen also durch Leistung des K erhalten hat.

Und wenn O den Wagen durch Leistung des K erhalten hat, kann er dieses Erlangte nicht in sonstiger Weise von R erhalten haben. Es liegen Leistungsbeziehungen zwischen R und K und zwischen K und O vor. Die bereicherungsrechtliche Abwicklung muss demnach auch innerhalb dieser bestehenden Beziehungen erfolgen. Ein Durchgriff des R gegen O mithilfe der Nichtleistungskondiktion – hier wäre das die Eingriffskondiktion gewesen – ist nach ganz herrschender Meinung ausgeschlossen.

Ergebnis: R steht gegen O auch kein Anspruch aus § 812 Abs. 1 Satz 1, 2. Alt. BGB auf Herausgabe des Wagens zu. R muss sich – was die bereicherungsrechtliche Rückabwicklung angeht – an seinen Vertragspartner K halten, denn nur mit ihm verbindet ihn eine Leistungsbeziehung im oben genannten Sinne.

II. Ansprüche des R gegen K

R könnte gegen K ein Anspruch aus § 812 Abs. 1 Satz 1, 1. Alt. BGB zustehen.

I. Dann müsste K durch Leistung des R etwas ohne rechtlichen Grund erlangt haben.

1.) Im vorliegenden Fall des sogenannten »doppelten Geheißerwerbes« hat K für eine juristische Sekunde sowohl das Eigentum als auch den Besitz an der Sache als »etwas« im Sinne des § 812 Abs. 1 Satz 1, 1. Alt BGB erlangt, obwohl der Veräußerer R das Auto ja eigentlich direkt an den Zweiterwerber O geliefert hat.

2.) Im Fall des doppelten Geheißerwerbes hat der K Eigentum und Besitz an dem Wagen durch eine Leistung, also die bewusste und zweckgerichtete Mehrung fremden Vermögens, des R erlangt. R wollte – wie oben erörtert – seine vertragliche Verpflichtung gegenüber K erfüllen.

3.) Für die Besitz- und Eigentumsübertragung bestand schließlich auch kein Rechtsgrund, der zugurndeliegende Kaufvertrag war nichtig.

Zwischenergebnis: Die Anspruchsvoraussetzungen des § 812 Abs. 1 Satz 1, 1. Alt. BGB liegen damit vor.

II. Der K ist dem R somit gemäß § 812 Abs. 1 Satz 1, 1. Alt. BGB grundsätzlich zur Herausgabe des Erlangten verpflichtet.

1.) Der K ist indessen weder Besitzer noch Eigentümer der Sache; diese Rechtspositionen hat er ja bereits auf O (wirksam) übertragen. Die Herausgabe des Erlangten ist ihm somit unmöglich. Für diesen Fall sieht § 818 Abs. 2 BGB die Verpflichtung zum (objektiven) Wertersatz vor, was für den vorliegenden Fall bedeutet, dass K den Marktpreis in Höhe von 3.000 Euro an R zahlen muss.

Ergebnis: Der K ist R gegenüber aus den §§ 812 Abs. 1 Satz 1, 1. Alt., 818 Abs. 2 BGB zur Zahlung von 3.000 Euro verpflichtet.

Fall 12

August Macke

Rechtsanwalt R ist Liebhaber schöner Bilder und hat vom Kunsthändler H ein Aquarell von *August Macke* (*1887–1914) zum Preis von 75.000 Euro angeboten bekommen. R hat sich sofort zum Kauf entschlossen und den H entsprechend informiert. H besteht allerdings auf Vorkasse, und daher weist R seine Bank B an, die 75.000 Euro auf das Konto des H zu überweisen; das Bild soll R dann einige Tage später erhalten. Am nächsten Vormittag erfährt R per Zufall, dass an der Echtheit des Werkes Zweifel bestehen. R widerruft daraufhin umgehend und wirksam den Anweisungsauftrag bei B, da er zunächst das Bild zwecks Prüfung sehen möchte. Aufgrund eines Versehens der B werden die 75.000 Euro gleichwohl am folgenden Tag auf das Konto des H überwiesen. R widerspricht dieser Überweisung und erhält den Betrag von B alsbald wieder gutgeschrieben. Die B verlangt nun von H die Rückzahlung der 75.000 Euro.

Zu Recht?

Schwerpunkte: Die bereicherungsrechtliche Abwicklung bei Anweisungen im Bankverkehr; die Leistungsbeziehungen bei der Anweisung an das Kreditinstitut; Vorrang der Leistungskondiktion; die Rückabwicklung über das Dreieck; Änderung der Rechtsprechung durch BGHZ **205**, 378 wegen der §§ 675j und 675u BGB.

Lösungsweg

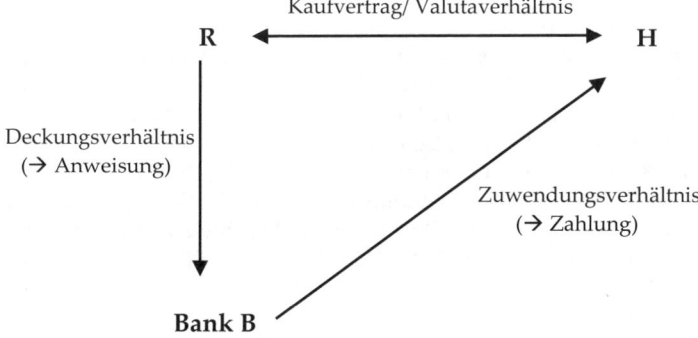

Frage: Kann B von H die Rückzahlung der 75.000 Euro fordern?

Anspruch der B gegen H auf Rückzahlung der 75.000 Euro

<u>AGL.:</u> § 812 Abs. 1 Satz 1, 1. Alt. BGB (Leistungskondiktion)

I. Voraussetzungen: Der H müsste durch Leistung der B-Bank etwas (75.000 Euro) ohne rechtlichen Grund erlangt haben (lies: § 812 Abs. 1 Satz 1, 1. Alt. BGB).

Einstieg: Die bereicherungsrechtliche Abwicklung der sogenannten »**Anweisungsfälle**« gehört mit zum Kniffligsten, was das BGB insgesamt zu bieten hat. Das liegt zum einen daran, dass hier immer gleich mehrere Personen handeln und dementsprechend auch mehrere Rechtsbeziehungen entstehen, die sorgsam voneinander getrennt und natürlich möglichst sinnvoll abgewickelt werden müssen. Zum anderen gehört die Kenntnis einiger Grundbegriffe und Abläufe rund um das Bankgeschäft zur unabdingbaren Voraussetzung für die sachgerechte Lösung der Probleme.

Den zweiten gerade benannten Teil werden wir zuerst erledigen und wollen uns deshalb bitte zunächst mal Folgendes klar machen: Im Falle einer Banküberweisung erteilt der anweisende Kunde seiner Bank innerhalb eines sogenannten »**Zahlungsdienstrahmenvertrages**« gemäß § 675f Abs. 2 BGB einen *Überweisungsauftrag*. Hierbei handelt es sich aber *nicht* um eine *Anweisung* im Sinne der §§ 783 ff. BGB, denn das klassische Überweisungsformular eines Kreditinstituts wird nicht dem Empfänger der Zahlung (also z.B. dem Kaufvertragspartner) ausgehändigt, sondern natürlich der Bank, die die Anweisung vollziehen soll (BGHZ **152**, 8; BGHZ **91**, 224). Diese Anweisung stellt vielmehr einen (Zahlungsdienst-)Auftrag im Sinne der §§ **675f ff. BGB** dar (→ §§ 675 ff. BGB komplett neu gefasst seit November 2009, vgl. dazu *Winkelhaus* in BKR 2010, 441) und verpflichtet die Bank, innerhalb des zwischen Kunde und Bank bestehenden *Zahlungsdienstrahmenvertrages* (→ Geschäftsbesorgungsvertrag) die Zahlung auf das Konto des Empfängers zu veranlassen. Im Rahmen dieser Abwicklung nennt man dann die Beziehung zwischen der Bank – dem Angewiesenen – und dem Kunden – dem Anweisenden – das »**Deckungsverhältnis**«, während die Beziehung zwischen der Bank und dem Zahlungsempfänger als »**Zuwendungsverhältnis**« bezeichnet wird. Die Beziehung zwischen dem anweisenden Kunden und dem Zahlungsempfänger heißt schließlich »**Valutaverhältnis**«. Zahlt die Bank nun auf eine Anweisung des Kunden hin an den Dritten aus, erfüllt die Bank ihre *eigene* Verpflichtung aus dem Vertrag (Zahlungsdienstrahmenvertrag) mit ihrem Kunden, tilgt aber keine eigene Verbindlichkeit gegenüber dem Dritten. Die Bank überbringt als Bote des Kunden mit der Zahlung die sogenannte »**Tilgungsbestimmung**« dieser Zahlung im Hinblick auf das Valutaverhältnis zwischen dem Kunden und dem Dritten; mit der Gutschrift auf dem Konto des Dritten erlischt dann die Schuld des Kunden gegenüber dem Dritten (PWW/*Prütting* § 812 BGB Rz. 91). Der Kunde erfüllt also mit der Zahlung seitens der Bank gegenüber dem Dritten in der Regel eine vertragliche Pflicht und handelt insoweit innerhalb einer dort bestehenden Leistungsbeziehung (BGHZ **205**, 378; BGH NJW **2011**, 66; OLG Nürnberg ZIP **2002**, 1762).

So. Das war jetzt eine ganze Menge – und wer nicht vorher schon mal eine Banklehre gemacht hat, muss das auch nicht gleich im ersten Durchgang alles verstehen und behalten. Keine Angst, wir werden die ganzen Begriffe gleich im Laufe der Lösung allesamt wiederholen und auch noch mal eingehend erläutern. Den ersten Überblick haben wir gerade dennoch hoffentlich bekommen und wollen nunmehr damit auch anfangen zu arbeiten. Und die Frage, die wir konkret klären müssen, lautet, ob die Bank B die ausgezahlten 75.000 Euro, die sie ja inzwischen dem R wieder gutgeschrieben hat (lies: § 675u Abs. 1 satz 2 BGB), jetzt von H nach **§ 812 Abs. 1 Satz 1, 1. Alt. BGB** zurückbekommt. Also dann:

1.) Der H müsste zunächst *etwas* erlangt haben, was im vorliegenden Fall aber kein Problem darstellt, denn H hat natürlich die 75.000 Euro als Werterhöhung in seinem Vermögen zu verzeichnen.

2.) Es fragt sich allerdings, ob dies auch durch *Leistung* des B erfolgt ist. Wir erinnern uns bitte:

> **Definition:** *Leistung* im Sinne des § 812 Abs. 1 Satz 1 BGB ist die bewusste und zweckgerichtete Mehrung fremden Vermögens (BGHZ **198**, 381; BGH NJW **2012**, 523; BGH MDR **2010**, 591; BGH NJW **2004**, 1169; *Staudinger/Lorenz* § 812 BGB Rz. 4).

Ob im Verhältnis der Bank zum Empfänger H – Zuwendungsverhältnis – eine *Leistung* im gerade genannten Sinne vorliegt, haben wir eigentlich schon im Vorspann beantwortet, nämlich: Wir hatten dort gesagt, dass die Bank mit der Zahlung an den Empfänger keine eigene Verbindlichkeit gegenüber dem Dritten erfüllt. Rechtlich verpflichtet zur Zahlung ist die Bank nur durch den mit R geschlossenen Zahlungsdienstvertrag nach § 675f BGB. Aus diesem Vertrag erwächst die Pflicht, die angewiesenen Zahlungen – bei Kontodeckung – auszuführen. Mit der Zahlung wird aus der Sicht der Bank somit aber keinerlei Verbindlichkeit der Bank gegenüber dem Dritten (hier: H) erfüllt oder etwa eine insoweit bestehende Schuld getilgt (BGHZ **205**, 378; BGH NJW **2011**, 66; BGHZ **152**, 307; BGHZ **147**, 269; *Palandt/Sprau* § 812 BGB Rz. 49; PWW/*Prütting* § 812 BGB Rz. 95; *Bamberger/Roth/Wendehorst* § 812 BGB Rz. 120; *Jauernig/Stadler* § 812 BGB Rz. 34; *Brox/Walker* BS § 40 BGB Rz. 14/15).

> **Durchblick:** An dieser Stelle zeigt sich zum ersten Mal die Parallele zum vorherigen Fall mit der sogenannten »**Durchlieferung**«, wo ja der Käufer den Verkäufer angewiesen hatte, die gekaufte Sache gleich an den Zweiterwerber, mit dem der Käufer zwischenzeitlich schon einen weiteren Kaufvertrag geschlossen hatte, zu liefern. Wir hatten anhand dieses Falles gelernt, dass mit der Lieferung an den Dritten keinerlei Verbindlichkeit seitens des Verkäufers gegenüber dem Dritten erfüllt wurde. Der Verkäufer erfüllte damit nur seine Verpflichtung gegenüber dem Käufer (»Valutaverhältnis«), während der Käufer seinerseits mit der Lieferung von seiner Pflicht gegenüber dem Dritten frei wurde (siehe insoweit den vorherigen Fall). Bereicherungsansprüche aufgrund von Leistungsbeziehungen kamen dann logischerweise auch nur zwischen Verkäufer und Käufer sowie zwischen Käufer und dem Dritten in Betracht. Der angewiesene Käufer konnte seinerseits aber nicht beim Dritten kondizieren, weil es insoweit ja am Leistungsverhältnis fehlte.

Und genau so ist das auch hier: Die angewiesene Bank erfüllt gegenüber dem Dritten (H) keine eigene Verbindlichkeit, sondern handelt in Erfüllung des mit ihrem Kunden R geschlossenen Zahlungsdienstrahmenvertrages (»Deckungsverhältnis«). Und mit der Zahlung seitens der Bank erfüllt der Kunde R dann gegenüber seinem Kaufvertragspartner H die aus § 433 Abs. 2 BGB geschuldete Verpflichtung (»Valutaverhältnis«). Eine Leistungsbeziehung zwischen Bank und Zahlungsempfänger H besteht indessen nicht (BGHZ **205**, 378; BGH NJW **2011**, 66; BGH NJW **2004**, 1315).

Ergebnis: Ein Anspruch der B gegen H aus § 812 Abs. 1 Satz 1, 1. Alt. BGB scheitert bereits am Vorliegen einer Leistung im Sinne der Norm.

AGL.: § 812 Abs. 1 Satz 1, 2. Alt. BGB (Bereicherung »in sonstiger Weise«)

Problem: Zwar kann grundsätzlich eine Nichtleistungskondiktion im vorliegenden Fall für die Bank gegenüber H in Betracht kommen; allerdings wäre sie – unabhängig vom Vorliegen ihrer Voraussetzungen – von vorneherein ausgeschlossen, wenn der H die Zahlung durch *Leistung* des R (!) erhalten hätte. Denn es gilt auch hier der schon im letzten Fall erlernte Grundsatz:

> Was durch »Leistung« erlangt wurde, kann nicht gleichzeitig »in sonstiger Weise« in das Vermögen des Empfängers gelangt sein (BGHZ **205**, 378; BGHZ **198**, 381; BGH NJW **2011**, 66; BGHZ **40**, 272, 278; *Palandt/Sprau* § 812 BGB Rz. 10).

Wir müssen demnach zunächst prüfen, ob H die Zahlung aufgrund einer *Leistung* des R erlangt hat. Wäre dies der Fall, stünde der Bank die Inanspruchnahme des H nicht zu, denn dann müsste die Abwicklung der ganzen Geschichte innerhalb der jeweils bestehenden Leistungsbeziehungen erfolgen, also demnach zwischen R und der Bank sowie H und R. Die Bank selbst hätte *keine* Zugriffsmöglichkeit auf den H. Es stellt sich somit die Frage, ob zwischen R und H ein Leistungsverhältnis vorliegt, in dessen Erfüllung die Zahlung unter Einschaltung der Bank erbracht wurde.

Ansatz: Wir hatten weiter oben im Vorspann gesagt, dass bei den Konstellationen der vorliegenden Art tatsächlich Leistungsbeziehungen zwischen der Bank und dem Kunden (Zahlungsdienstrahmenvertrag → Deckungsverhältnis) sowie zwischen dem Kunden und seinem Vertragspartner (z.B. Kaufvertrag → Valutaverhältnis) bestehen. Und wir hatten auch gesagt, dass die Bank mit ihrer Zahlung die Schuld des Kunden bei seinem Vertragspartner tilgt, da sie als Bote des Kunden die Tilgungsbestimmung dieser Zahlung im Hinblick auf das Schuldverhältnis zwischen dem Kunden und dem Dritten überbringt (siehe oben). Und daraus müsste jetzt eigentlich folgen, dass eine Leistung im Sinne des § 812 Abs. 1 BGB zwischen Kunde und Zahlungsempfänger vorliegt und eine Kondiktion der Bank gegen den Empfänger ausgeschlossen ist.

Aber: Das Besondere an unserem Fall ist nun, dass die ganze Geschichte trotz einer von R rechtzeitig *widerrufenen* Anweisung erfolgt ist (vgl. § 675p BGB). R hat gegenüber der Bank den Auftrag, das Geld zu überweisen, noch widerrufen, bevor die Überweisung des Geldes vonstattengegangen ist. Damit aber konnte die Bank nicht als Bote des R die Tilgungsbestimmung im Hinblick auf die Schuld des R bei H überbringen; sie war ja gar nicht (mehr) ermächtigt dazu. Und wenn der R seine Anweisung – und demnach die Ermächtigung der Bank – widerrufen hat, erfolgte die Zahlung der Bank folglich auch nicht auf die zwischen R und H bestehende Schuld aus dem Kaufvertrag – zumindest aus der Sicht des R.

Und genau DAS ist die entscheidende Frage: Auf wessen Sicht kommt es bei der Bestimmung des Leistungsbegriffes eigentlich an? Ist es die Sicht des Leistenden oder ist es die Sicht des Leistungsempfängers? In unserem Fall hätte die Beantwortung dieser Frage entscheidungserhebliche Konsequenzen, **denn:** Ginge man allein von der Sicht des R aus, läge eindeutig *keine* Leistung vor; R hatte seine Ermächtigung ja widerrufen. In diesem Falle könnte die Bank also gegen H aus der Nichtleistungskondiktion vorgehen. Betrachtet man die Sache hingegen aus der Sicht des Empfängers H zum Zeitpunkt des Zahlungseingangs, hat der R eindeutig *geleistet*, denn der H wusste ja nix von dem Widerruf der Anweisung und musste daher auch davon ausgehen, dass die Zahlung der Bank auf Anweisung des R erfolgte. Für H stellte die Zahlung mithin eine *Leistung* des R dar, was dann zur Konsequenz haben könnte, dass eine Rückabwicklung nur im (Leistungs-)Verhältnis H gegenüber R oder R gegenüber der B möglich und der B damit die Nichtleistungskondiktion gegen H versagt wäre.

Und jetzt wird es interessant: Der BGH hatte diese Frage – also auf wessen Sicht es in solchen Fällen hinsichtlich des Leistungsbegriffes ankommt – in den vergangenen Jahrzehnten vielfach zur Entscheidung vorliegen und hat sich um eine »klar schematische« (= allgemeinverbindliche) Beantwortung stets erfolgreich gedrückt. Wörtlich hieß es in den Urteilen zur Abwicklung der Drei-Personen-Verhältnisse:

> *»… Bei den bereicherungsrechtlichen Vorgängen, an denen mehr als zwei Personen beteiligt sind, verbietet sich **jede schematische Lösung**. Vielmehr sind in erster Linie die Besonderheiten des einzelnen Falles für die sachgerechte bereicherungsrechtliche Abwicklung zu beachten …«* (BGH WM **2014**, 2269; BGH NJW **2011**, 66; BGHZ **105**, 369; BGHZ **88**, 235; BGH NJW **1999**, 1394)

Auf der Grundlage dieser Formulierung haben Rechtsprechung und Literatur dann gleichwohl Prinzipien entwickelt, anhand derer die Fälle der irrtümlichen Anweisung »sachgerecht« gelöst werden konnten und sollten, und zwar:

- Der BGH und Teile der Literatur differenzierten in entsprechender Anwendung der §§ 170–173 BGB danach, ob bei dem Zahlungsempfänger ein dem Anweisenden zurechenbarer *Rechtsschein* dahingehend gesetzt worden ist, dass der Empfänger die Zahlung als Leistung des Anweisenden verstehen musste; es sollte insoweit maßgeblich auf den *Empfängerhorizont* ankommen (BGH NJW **2011**, 66; BGHZ **61**, 281; BGHZ **87**, 246; BGHZ **89**, 376; BGH NJW **2004**, 1315; PWW/ *Prütting* § 812 BGB Rz. 95; *Palandt/Sprau* § 812 BGB Rz. 57; *Erman/Buck-Heeb* § 812

BGB Rz. 14; AnwK/*von Sachsen Gessaphe* § 812 BGB Rz. 154; *Medicus/ Petersen* BR Rz. 676; *Larenz/Canaris* SR BT II/2 § 70 VI 3a).

Demnach sollte trotz widerrufener Anweisung gleichwohl eine *Leistung* seitens des Anweisenden gegenüber dem Empfänger vorliegen, wenn

→ der Anweisende zunächst den gesamten Vorgang mit einer wirksamen Anweisung veranlasst bzw. in Gang und damit den entsprechenden *Rechtsschein* gesetzt hat und

→ der Empfänger im Hinblick auf die Zahlung und deren Tilgungswirkung *gutgläubig* war.

Lagen diese Voraussetzungen vor, mussten sich die Beteiligten so behandeln lassen, als wäre die Bank bei der Überweisung mit *wirksamer* Botenmacht gegenüber dem Dritten aufgetreten und hätte demnach die Zahlung auch mit Tilgungswirkung für den Kunden erbracht (BGHZ **87**, 246; BGHZ **89**, 376). Eine *Leistung* des Kunden gegenüber dem Empfänger lag dann vor mit der Folge, dass nur innerhalb *dieser* Leistungsbeziehung zurück abgewickelt werden konnte; die Bank selbst konnte und durfte in diesem Fall wegen des Vorrangs der Leistungskondiktion nicht gegen den Empfänger vorgehen, denn der Empfänger hatte ja durch Leistung des *Anweisenden* die Bereicherung erlangt (BGH NJW **2011**, 66; *Erman/Buck-Heeb* § 812 BGB Rz. 14; *Palandt/Sprau* § 812 BGB Rz. 57).

▪ Nach anderer Ansicht sollte der Bank bei einer wirksam widerrufenen Anweisung hingegen sehr wohl ein Direktanspruch gegen den Zahlungsempfänger aus § 812 Abs. 1 Satz 1, 2. Alt. BGB zustehen (OLG Düsseldorf WM **1975**, 875; OLG Celle WM **1976**, 170; KG WM **1977**, 1236; LG Köln WM **1983**, 379; MüKo/*Schwab* § 812 BGB Rz. 61 ff.; *Staudinger/Lorenz* § 812 BGB Rz. 51; *Jauernig/Stadler* § 812 BGB Rz. 26; *Wilhelm* in AcP 175, 347; *Schnepp* in WM 1985, 1249). Diese Auffassung berief sich darauf, dass Fälle der vorliegenden Art so behandelt werden müssten, als wenn seitens des Kunden der Bank *überhaupt keine* Anweisung erteilt worden wäre. In einem solchen Fall könne die Zahlung der Bank dann auch nicht dem Kunden zugerechnet werden mit der Konsequenz, dass es an einer »Leistung« des Kunden gegenüber dem Zahlungsempfänger fehle, die Bank sich (mithilfe der Nichtleistungskondiktion) an den Empfänger der Zuwendung halten müsse und dementsprechend auch das Risiko der Insolvenz oder der Entreicherung des Empfängers zu tragen habe. Es könne keinen Unterschied machen, ob eine Anweisung wirksam widerrufen werde oder ob eine Anweisung von Anfang an nicht vorgelegen habe. Wenn die Bank trotz wirksam widerrufener Anweisung aus eigenem Verschulden dennoch die Überweisung tätige, habe sie das Risiko der Rückführung des ausgezahlten Betrages zu übernehmen. Daher müsse sie im direkten Wege von dem Zahlungsempfänger gemäß § 812 Abs. 1 Satz 1, 2. Alt. BGB kondizieren (*Staudinger/Lorenz* § 812 BGB Rz. 51).

Aber dann! Mit Entscheidung vom **16. Juni 2015** (BGHZ 205, 378 = NJW 2015, 3093) hat der BGH in einem Grundsatzurteil seine bisherige Rechtsprechung revidiert und der Bank für *jeden* Fall einer fehlenden oder unwirksamen/widerrufenen Anweisung einen Direktanspruch gegen den Zahlungsempfänger aus Bereicherung »in sonstiger Weise« gemäß § 812 Abs. 1 Satz 1, 2. Alt. BGB zugesprochen. Der dem Ganzen zugrundeliegende Fall spielt im schönen *Rosenheim* in Bayern – und lag (leicht vereinfacht) so:

K schuldete dem V aus einem Kaufvertrag 5.000 Euro. K wies daraufhin seine Bank B an, dem V die 5.000 Euro zu überweisen. B überwies anschließend die 5.000 Euro, allerdings irrtümlich auf ein falsches Konto. Als die Bank dies bemerkte, vereinbarte sie mit K, dass K die Zahlung per Onlinebanking bitte selbst ausführen solle, was kurz darauf auch geschah. In Unkenntnis dieser Verabredung/Zahlung überwies ein Mitarbeiter der B einige Stunden später – V hatte sich zwischenzeitlich bei der Bank nach dem Verbleib des Geldes erkundigt – nochmals die 5.000 Euro, und zwar jetzt auf das richtige Konto des V. Als das Ganze herauskam, erstattete die Bank B dem K umgehend die zuviel vom Konto abgebuchten 5.000 Euro wegen der Vorschriften der **§§ 675j, 675u BGB** (aufschlagen!) – und forderte diesen Betrag anschließend von V zurück, da der ja nun 10.000 anstatt der eigentlich nur geschuldeten 5.000 Euro auf seinem Konto hatte. **Zu Recht?**

Lösung: Der BGH gestattete der Bank – wie oben erwähnt – zur Überraschung aller Beteiligten den Direktanspruch gegen V aus § 812 Abs. 1 Satz 1, 2. Alt. BGB und änderte damit seine jahrzehntelange Rechtsprechung zu der Frage, ob bei einer unwirksamen/widerrufenen Anweisung gleichwohl eine Leistungsbeziehung zwischen Zahler und Empfänger vorliegen könne. Dies sei nicht (mehr) der Fall; insbesondere wegen der Einführung der Vorschriften über das Zahlungsverkehrsrecht (→ **§§ 675c ff. BGB**) aus dem November 2009 könne es bei der Bestimmung des Leistungsbegriffes bei den vorliegenden Anweisungsfällen nicht mehr auf den Empfängerhorizont und einen möglicherweise gesetzten Rechtsschein des Zahlers/Schuldners ankommen. Vielmehr seien die Fälle der irrtümlichen Anweisung nunmehr neu zu regeln bzw. abzuwickeln. Wörtlich heißt es (BGHZ **205**, 378):

»… *Bislang hat der Bundesgerichtshof die Fälle, in denen die Bank den Widerruf einer Überweisung oder eines Dauerauftrages irrtümlich nicht beachtet oder versehentlich eine Zuvielüberweisung vorgenommen hat, so bewertet, dass die Bank sich in aller Regel an den Kontoinhaber halten müsse, da dieser die Anweisung zumindest ›mit veranlasst‹ und damit gegenüber dem Zahlungsempfänger den zurechenbaren* **Rechtsschein** *einer Leistung gesetzt habe. Der Fehler, also die weisungswidrige Behandlung des Kundenauftrages, wurzele nämlich im Deckungsverhältnis zwischen Kunde und Bank, daher könne auch nur hier eine Rückabwicklung stattfinden. Der Kunde habe durch die Zahlung an seinen Schuldner geleistet und müsse daher seinerseits in diesem Verhältnis kondizieren. Der Bank stehe kein eigener Anspruch gegen den Empfänger zu. Diese Rechtsprechung beruhte auf einer wertenden Betrachtung und rechnete dem tatsächlich nicht Anweisenden eine Leistung maßgeblich unter Veranlasser- und* **Rechtsscheingesichtspunkten** *zu … Diese Zurechnung ist bereits zur al-*

*ten Rechtslage auf erhebliche Kritik gestoßen. An ihr kann spätestens nach Einführung des neuen Zahlungsverkehrsrechts, unter anderem durch die Einfügung der §§ 675j Abs. 1 und 675u BGB durch Gesetzesänderung zum 1. November 2009, nicht mehr festgehalten werden. Gemäß § 675j Abs. 1 BGB ist ein Zahlungsvorgang gegenüber dem Zahler/Kontoinhaber nur wirksam, wenn dieser ihn **autorisiert** hat. Ohne eine solche Autorisierung begründet ein Zahlungsvorgang keinen Aufwendungsersatzanspruch der Bank gegen den Kontoinhaber/Zahler und kann auch keine Leistung im Verhältnis des Zahlers zum Empfänger begründen. Die Bank hat diesen Zahlungsvorgang vielmehr unverzüglich dem Kontoinhaber zu erstatten (§ 675u Satz 1 und 2 BGB). Durch die Einfügung der §§ 675j und 675u BGB hat der Gesetzgeber in den sogenannten ›Veranlasserfällen‹ eine Abkehr vom bislang maßgeblichen Horizont des Empfängers der Zahlung vorgenommen. Darauf kommt es ab sofort demnach nicht mehr an: Unabhängig davon, wie sich die Zahlung aus Sicht des Empfängers darstellt, kann dem Zahler dies **nicht** (mehr) als Leistung im Innenverhältnis zum Empfänger zugerechnet werden. Der nicht autorisierte Zahlungsvorgang hat mangels Tilgungsbestimmung im (Valuta-)Verhältnis zwischen Zahler und Zahlungsempfänger keine Erfüllungswirkung und kann im Deckungsverhältnis zwischen Zahler/Kontoinhaber und Bank auch nicht als Leistung der Bank an den Zahler/Kontoinhaber angesehen werden. **Mangels eines Leistungsverhältnisses begründet ein nicht autorisierter Zahlungsvorgang daher regelmäßig eine Nichtleistungskondition der Bank gegen den Zahlungsempfänger aus § 812 Abs. 1 Satz 1, 2. Alt BGB …«.**

Durchblick: Da gibt es jetzt nix mehr zu mucken. Der BGH ordnet für jeden Fall der »nicht autorisierten« Zahlung im Sinne des § 675j Abs. 1 BGB an, dass es einen Direktanspruch der Bank in Form der Nichtleistungskondition gegen den Empfänger der Zuwendung gibt – und folgert dies aus der Existenz der seit dem 1. November 2009 geltenden §§ 675j und 675u BGB. Durch die genannten Normen sei nämlich zum einen gesetzlich festgelegt, dass bei nicht autorisierter Zahlung die Bank den irrtümlich angewiesenen Betrag unverzüglich an den **Kontoinhaber** zurückerstatten muss, woraus im Umkehrschluss logischerweise folgt, dass die Bank wegen dieses zuviel gezahlten Betrages keinen Rückgriff mehr bei ihrem Kunden nehmen darf und soll (→ § 675u Abs. 1 Satz 2 BGB!). Zudem tritt mit der irrtümlichen Zahlung seitens der Bank im Verhältnis zwischen Zahler/Schuldner und Empfänger auch **keine** Erfüllungswirkung bzw. Leistungserbringung ein. Und dies wiederum hat zur Konsequenz, dass der Empfänger die Zuwendung gerade **nicht** durch Leistung des Zahlers/Schuldners, sondern »auf sonstige Weise« im Sinne des § 812 Abs. 1 Satz 1, 2. Alt. BGB seitens der **Bank** erhalten hat. Und damit kann/muss logischerweise die **Bank** gegen den Empfänger mithilfe der Nichtleistungskondition vorgehen, wenn sie ihr zuviel gezahltes Geld wiederhaben möchte (vgl. BGHZ **205**, 378 = NJW **2015**, 3093; so vorher schon: LG Berlin WM **2015**, 376, 377; LG Hannover ZIP **2011**, 1406; MüKo/*Casper* § 675u BGB Rz. 21; *Bartels* in WM 2010, 1828, 1833; *Madaus* EWiR 2011, 589; *Linardatos* in BKR 2013, 375, 376; *Belling/Belling* in JZ 2010, 708, 710 f.; Erman/*Graf von Westphalen* § 675u BGB Rz. 12; MüKo/*Schwab* § 812 BGB Rz. 61 ff.; Jauernig/*Stadler* § 812 BGB Rz. 26; *Staudinger/Lorenz* § 812 BGB Rz. 51; PWW/*Prütting* § 812 BGB Rz. 93; *Wilhelm* in AcP 175, 347; *Schnepp* in WM 1985, 1249; **andere Ansicht**: AG Hamburg-Harburg WM **2014**, 352, 353; Staudinger/*Omlor* § 675z BGB Rz. 6; *Baumbach/Hopt* BankGesch (7), C/78; *Rademacher* in NJW 2011, 2169, 2171; *Piekenbrock* in WM 2015, 797).

> **Beachte**: Diese Entscheidung des BGH hat geradezu revolutionären Charakter und hebelt den jahrzehntelangen Streit um die Abwicklung der Fälle von irrtümlichen bzw. unwirksamen Anweisungen aus den Angeln. Der BGH erteilt der bisher gültigen Rechtsprechung, die bei der Bestimmung des Leistungsbegriffs auf den Empfängerhorizont abstellte, eine Absage und verneint namentlich unter Bezugnahme auf die §§ 675j und 675u BGB eine Leistungsbeziehung/Erfüllungswirkung zwischen Zahler/Schuldner und Empfänger bei *jeder* nicht autorisierten Zahlung. Die Bank muss gemäß § 675u Abs. 1 Satz 2 BGB ihrem Kunden den irrtümlich ausgezahlten Betrag unverzüglich zurückerstatten, kann sich dafür aber mit einem Direktanspruch aus § 812 Abs. 1 Satz 1, 2. Alt. BGB an den Empfänger wenden – trägt damit allerdings auch dessen Insolvenzrisiko bzw. das Risiko der Entreicherung gemäß § 818 Abs. 3 BGB (BGHZ **205**, 378 = NJW **2015**, 3093; vgl. dazu auch: *Schmidt* in JuS 2016, 72; *Wösthoff* in BB 2015, 2068; *Linordatos* in DB 2015, 2319; *Kiehnle* in NJW 2015, 3095). Merken.

Und jetzt zu unserem Fall: Der R hat seiner Bank hier zunächst eine wirksame Zahlungsanweisung erteilt. Diese Anweisung hat R aber dann wirksam widerrufen, insbesondere noch bevor die Bank das Geld an H ausgezahlt hat. Damit hat R zwar den Rechtsschein einer Leistungserbringung bzw. einer wirksamen Botenmacht der Bank im Hinblick auf die Tilgungswirkung der Zahlung gesetzt, und an der Gutgläubigkeit des H bestehen im Zeitpunkt des Zahlungseingangs auch keine Zweifel. **Aber**: Auf diese Umstände kommt es nicht (mehr) an! Entscheidend ist nach Ansicht des BGH und der herrschenden Meinung in der Literatur nicht der Empfängerhorizont, sondern vielmehr der Umstand, dass die Zahlung an H im Ergebnis *ohne* Autorisierung des R erfolgte (→ § 675j Abs. 1 BGB) mit der Konsequenz, dass *keine* Leistungsbeziehung zwischen R und H vorlag und mithin innerhalb dieser Beziehung auch nicht entsprechend nach § 812 Abs. 1 Satz 1, 1. Alt. BGB kondiziert werden kann. **Folge**: Die Nichtleistungskondiktion der Bank gegen den H ist *nicht* ausgeschlossen!

ZE.: Es mangelt an einer Leistungsbeziehung zwischen R und H, in deren Erfüllung die Bank als Bote die Tilgungsbestimmung des R überbracht haben könnte. H hat die 75.000 Euro nicht durch Leistung des R erlangt.

ZE.: Mithin ist eine Nichtleistungskondiktion im Sinne des § 812 Abs. 1 Satz 1, 2. Alt. BGB zugunsten der Bank gegenüber H nicht ausgeschlossen.

Ergebnis: H hat die Zahlung der 75.000 Euro fraglos ohne Rechtsgrund und auf Kosten der B erlangt, der Anspruch der B gegen H aus § 812 Abs. 1 Satz 1, 2. Alt. BGB ist somit begründet.

Aktuelle Ergänzung zum Thema:

Mit Urteil vom **31. Januar 2018** hat der BGH (Az.: VIII ZR 39/17) die oben geschilderte Durchgriffshaftung trotz Leistungsbeziehung bestätigt: Ein Vermieter hatte vom städtischen Jobcenter Mietzahlungen erhalten, obwohl der Vermieter wusste, dass das Mietverhältnis zwischen ihm und dem Mieter (→ Arbeitslosenhilfeempfänger) bereits aufgelöst war. Als das Jobcenter die irrtümlich gezahlte Miete vom Vermieter zurückforderte, erklärte der Vermieter, er sei nur zur Rückzahlung an den *Mieter* verpflichtet, da das Jobcenter zwar bezahlt habe, aber – was der Wahrheit entsprach – nur auf Anweisung des Mieters. Eine Leistungsbeziehung habe demnach nur zwischen Vermieter und Mieter bestanden. Der BGH sprach dem Jobcenter gleichwohl den Anspruch zu, wörtlich heißt es: »... *Die Rückabwicklung erfolgt vorliegend ausnahmsweise **nicht** im Rahmen der bestehenden Leistungsbeziehungen gemäß § 812 Abs. 1 Satz 1 Alt. 1 BGB (also zwischen dem Vermieter und dem Mieter einerseits und dem Mieter und dem Jobcenter). Dem Jobcenter steht nämlich ein **direkter** Rückzahlungsanspruch in Form der Nichtleistungskondiktion gemäß **§ 812 Abs. 1 Satz 1 Alt. 2 BGB** gegen den Vermieter zu. Denn der Mieter hatte den Antrag nach § 22 Abs. 7 Satz SGB II bereits vor Ausführung der Zahlung gegenüber dem Jobcenter widerrufen. Vor allem aber **wusste** der Vermieter aufgrund der Beendigung des Mietverhältnisses bereits bei Erhalt des Geldes, dass ihm der überwiesene Betrag nicht mehr zustand – und es damit an einer Leistung des Mieters als seinem (ehemaligen) Vertragspartner fehlte. Diesen Betrag hat der Vermieter daher ›in sonstiger Weise‹ auf Kosten des Jobcenters ohne rechtlichen Grund erlangt (§ 812 Abs. 1 Satz 1 Alt. 2 BGB).*«

Kleines Schmankerl noch zum Abschluss

Eine ziemlich knifflige und daher examenstaugliche Problematik rund um die Leistungskondiktion sowie den Umfang des Ersatzanspruchs (§ 818 BGB) hatte der BGH am **20. November 2013** zu lösen (→ BGHZ **198**, 381) – es ging um **Folgendes**: Nach dem Tod ihrer Tante bat die Alleinerbin E die örtliche Sparkasse (S) um Aushändigung des Inhaltes eines von ihrer Tante zu Lebzeiten angemieteten Schließfaches (Nr. 341). Da die E zutreffend angab, keinen Schlüssel des Schließfaches zu besitzen, brach die S das Fach auf und händigte E die darin befindlichen 31.000 Euro Bargeld aus. Einige Wochen später stellte sich heraus, dass die Tante zwar tatsächlich ein Schließfach mit der Nr. 341 bei S angemietet hatte, allerdings – was sowohl E als auch S übersehen hatten – in einer anderen Filiale. Das aufgebrochene Fach bzw. der Inhalt des Faches gehörte der Familie F. S zahlte daraufhin der F die 31.000 Euro zurück und fordert nun von E die (Rück-)Zahlung der an sie irrtümlich herausgegebenen 31.000 Euro. E indessen weigerte sich und erklärte der Wahrheit entsprechend, dass sie zum einen die erhaltenen 31.000 Euro Bargeld inzwischen ausgegeben habe (unter anderem beim Kauf diverser Schmuckstücke) und zum anderen bereits bei der Herausgabe sowie auch dem späteren Ausgeben des Geldes geschäftsunfähig war.

Frage: Was kann die Sparkasse (S) von E verlangen?

Überraschende Antwort. Nichts! Der BGH stellte zunächst fest, dass zwischen S und E nur ein Anspruch aus § 812 Abs. 1 BGB in Form der *Leistungskondiktion* in Betracht komme (anders noch das OLG Karlsruhe als Vorinstanz, das eine Eingriffskondiktion annahm), da die Sparkasse spätestens nach Aufbrechen des Schließfaches und der Übergabe des Geldes den *unmittelbaren Besitz* an den Scheinen inne hatte und dann in – irrtümlich angenommener – Pflicht zur Herausgabe aus dem Gebrauchsüberlassungsvertrag an E diesen *Besitz* »geleistet« habe (sogenannte »**Besitzkondiktion**«). Dass die Sparkasse hierbei tatsächlich eine **verbotene Eigenmacht** im Sinne des § 858 BGB ausübte (das Geld bzw. das Fach gehörte ja der Familie F!), stehe dem nicht entgegen.

> Der damit aus § 812 Abs. 1 Satz 1, 1. Var. BGB resultierende Herausgabeanspruch könne indes, so der BGH weiter, nur auf die konkret herausgegebenen Scheine gerichtet sein, da der Bereicherungsanspruch grundsätzlich immer nur auf das »**Erlangte**« beschränkt sei – und von der Sparkasse bei genauer Betrachtung nur der *Besitz* an den Scheinen verschafft worden war (siehe oben). Eigentümer der Scheine war unstreitig die Familie F – und ein Eigentumserwerb vom Nichtberechtigten gemäß den §§ 929, 932 BGB scheiterte schon an der Geschäftsunfähigkeit der E. Die Sparkasse S habe demnach an E den unmittelbaren Besitz an den Geldscheinen geleistet, nicht auch das Eigentum. Daher müsse E grundsätzlich auch nur diesen unmittelbaren Besitz an den Scheinen herausgeben.

> Da E die von S übergebenen Scheine aber nicht mehr herausgeben konnte, stellte sich anschließend die Frage nach einem Anspruch aus **§ 818 Abs. 2 BGB** (aufschlagen!). Und jetzt aufgepasst: Bei einer Besitzkondiktion erstreckt sich der Herausgabeanspruch des Gläubigers (hier also der Sparkasse) entweder auf die Sache selbst oder – im Falle der Unmöglichkeit der Herausgabe der Sache – nach dem Wortlaut des Gesetzes auf »Wertersatz«. **Also**: E hätte entweder die konkret übergebenen Scheine herauszugeben oder eben einen »Wertersatz«. Die Scheine selbst kann E unstreitig nicht mehr herausgeben (siehe oben). Ein weiterer »Wert«, der durch den *Besitz* der Scheine bei E entstanden und noch vorhanden sein könnte, fehle allerdings interessanterweise auch, **denn**: »... *Dem Besitz als solchem kommt – neben aus der Sache gezogenen Nutzungen – kein eigenständiger Wert zu, der den Bestand des Besitzes überdauern oder bei Austauschgeschäften durch die erhaltene Gegenleistung (etwa einen Kaufgegenstand) ersetzt werden könnte. Die unter Umständen mithilfe des fremden Geldes von E erworbenen Gegenstände (Schmuck) verkörpern daher **nicht** den Wert des Besitzes im Sinne des § 818 Abs. 2 BGB, sondern vielmehr des **Eigentums** an den Scheinen ... Einen Anspruch auf Wertersatz gemäß den §§ 812 Abs. 1, 818 Abs. 2 BGB steht somit immer nur dem **Eigentümer** der Scheine zu, nicht aber dem Besitzer ... Eigentümer der Geldscheine aber war unstreitig die Familie F ...*«.

Fazit: Wenn überhaupt, hätte lediglich die Familie F als Eigentümer der Scheine gegen E vorgehen und Wertersatz fordern können. Der Besitz an den Geldscheinen, um den es hier alleine geht, ist insoweit unerheblich, denn ein solcher Besitz an Geldscheinen verkörpert keinen Wert; der »Wert« von Geldscheinen manifestiert sich logischerweise nur für den Eigentümer (BGHZ **198**, 381 = NJW **2014**, 1095).

Ein möglicher Anspruch des Eigentümers, also der Familie F, konnte dann freilich nicht aus § 812 Abs. 1 Satz 1 BGB (die Familie F hatte an E nichts »geleistet«), sondern nur aus der Vorschrift des **§ 816 Abs. 1 Satz 1 BGB** resultieren (aufschlagen!). **Aber**: Zum einen war die Familie F von der Sparkasse bereits entschädigt worden und zum anderen fehlte es vorliegend auch an den Voraussetzungen des § 816 Abs. 1 Satz 1 BGB (vgl. insoweit vorne Fall Nr. 8). Dazu noch einmal der BGH:

> »... *Allerdings ginge auch ein Anspruch der Eigentümer (Familie F) gegen E ins Leere: Die Vorschrift des § 816 Abs. 1 Satz 1 BGB setzt nämlich eine* **wirksame Verfügung** *des Nichtberechtigten voraus. Da E unstreitig geschäftsunfähig gewesen ist, konnte sie mit den erhaltenen Geldscheinen zu keinem Zeitpunkt dem Berechtigten gegenüber (also der Familie F) wirksame Geschäfte mit Dritten tätigen – und diese unwirksamen Geschäfte waren auch* **keiner** *Heilung durch nachträgliche Zustimmung der Berechtigten im Sinne des § 185 Abs. 2 BGB zugänglich. Sie bleiben in jedem Falle unwirksam ... Im Übrigen konnte durch die von E getätigten Geschäfte auch keine bereicherungsrelevante Vermögensmehrung bei E eintreten, da E wegen ihrer Geschäftsunfähigkeit die erworbenen Sachen nicht zu Eigentum erwerben oder sonst wie wirksame Rechtsgeschäfte hätte vornehmen können. Es fehlt demnach sowohl an den Voraussetzungen des § 816 Abs. 1 BGB als auch an einer zwingend erforderlichen Bereicherung bei E. Somit scheitert auch ein Bereicherungsanspruch der Familie F gegen E. Die Familie F hätte mithin lediglich aus § 985 BGB gegen E vorgehen können ...*« (→ BGHZ **198**, 381).

Gutachten

Anspruch der B gegen H auf Rückzahlung der 75.000 Euro

Die B könnte gegen H einen Anspruch auf Rückzahlung der 75.000 Euro aus § 812 Abs. 1 Satz 1, 1. Alt. BGB haben.

I. Dann müsste H durch Leistung der B-Bank die 75.000 Euro ohne rechtlichen Grund erlangt haben.

1.) H hat 75.000 Euro erlangt und eine entsprechende Vermögensvermehrung erfahren.

2.) Es fragt sich allerdings, ob dies auch durch Leistung der B erfolgt ist. Leistung im Sinne des § 812 Abs. 1 Satz 1 BGB ist die bewusste und zweckgerichtete Mehrung fremden Vermögens. Ob im Verhältnis der Bank zum Empfänger H eine Leistung im gerade genannten Sinne vorliegt, ist fraglich. Die Bank erfüllt mit der Zahlung an den Empfänger nämlich keine eigene Verbindlichkeit gegenüber dem Dritten. Rechtlich verpflichtet zur Zahlung ist die Bank nur durch den mit R geschlossenen Zahlungsdienstrahmenvertrag nach § 675 f. BGB. Aus diesem Vertrag erwächst die Pflicht, die angewiesenen Zahlungen – bei Kontodeckung – auszuführen. Mit der Zahlung wird aus der Sicht der Bank somit aber keinerlei Verbindlichkeit der Bank gegenüber dem Dritten erfüllt oder etwa eine insoweit bestehende Schuld getilgt.

Ergebnis: Ein Anspruch der B gegen H aus § 812 Abs. 1 Satz 1, 1. Alt. BGB scheitert bereits am Vorliegen einer Leistung im Sinne der Norm.

Der Anspruch der Bank B gegen H könnte aber aus § 812 Abs. 1 Satz 1, 2. Alt. BGB begründet sein.

Insoweit ergibt sich zunächst folgendes Problem: Zwar kann grundsätzlich eine Nichtleistungskondiktion für die Bank gegenüber H in Betracht kommen; allerdings wäre sie – unabhängig vom Vorliegen ihrer Voraussetzungen – von vornherein ausgeschlossen, wenn der H die Zahlung durch Leistung des R erhalten hätte. Was durch Leistung erlangt wurde, kann nicht gleichzeitig in sonstiger Weise in das Vermögen des Empfängers gelangt sein. Es ist somit zunächst zu prüfen, ob H die Zahlung aufgrund einer Leistung des R erlangt hat. Wäre dies der Fall, stünde der Bank die Inanspruchnahme des H nicht zu, dann müsste die Abwicklung des gesamten Vorganges innerhalb der jeweils bestehenden Leistungsbeziehungen erfolgen, also demnach zwischen R und der Bank sowie H und R. Die Bank selbst hätte keine Zugriffsmöglichkeit auf den H. Es stellt sich also die Frage, ob zwischen R und H ein Leistungsverhältnis vorliegt, in dessen Erfüllung die Zahlung unter Einschaltung der Bank erbracht wurde.

a) Bei den Konstellationen der vorliegenden Art bestehen tatsächlich Leistungsbeziehungen zwischen der Bank und dem Kunden (Zahlungsdienstvertrag) sowie zwischen dem Kunden und seinem Vertragspartner (Kaufvertrag). Grundsätzlich tilgt die Bank mit ihrer Zahlung die Schuld des Kunden bei seinem Vertragspartner, da sie als Bote des Kunden die Tilgungsbestimmung dieser Zahlung im Hinblick auf das Schuldverhältnis zwischen dem Kunden und dem Dritten überbringt. Und daraus müsste folgen, dass eine Leistung im Sinne des § 812 Abs. 1 BGB zwischen Kunde und Zahlungsempfänger vorliegt. Das Besondere am vorliegenden Fall liegt nun aber darin, dass der gesamte Vorgang trotz einer von R rechtzeitig widerrufenen Anweisung erfolgt ist. R hat gegenüber der Bank den Auftrag, das Geld zu überweisen, noch widerrufen, bevor die Überweisung des Geldes vonstattengegangen ist. Damit aber konnte die Bank nicht als Bote des R die Tilgungsbestimmung im Hinblick auf die Schuld des R bei H überbringen; sie war nicht (mehr) ermächtigt dazu. Und wenn R seine Anweisung – und demnach die Ermächtigung der Bank – widerrufen hat, erfolgte die Zahlung der Bank folglich auch nicht auf die zwischen R und H bestehende Schuld aus dem Kaufvertrag – zumindest aus der Sicht des R.

b) Es stellt sich somit die Frage, ob es auf die Sicht des Empfängers ankommt: Ginge man allein von der Sicht des R aus, läge keine Leistung vor; R hatte seine Ermächtigung widerrufen. In diesem Falle könnte die Bank gegen H aus der Nichtleistungskondiktion vorgehen. Betrachtet man den Vorgang hingegen aus der Sicht des Empfängers H zum Zeitpunkt des Zahlungseingangs, hat R geleistet, denn H wusste nichts von dem Widerruf der Anweisung und musste daher auch davon ausgehen, dass die Zahlung der Bank auf Anweisung des R erfolgte. Für H stellte die Zahlung mithin eine Leistung des R dar, was zur Konsequenz hätte, dass die Bank mit der Nichtleistungskondiktion nicht gegen H vorgehen könnte. Wie das aufgezeigte Problem gelöst werden muss, ist umstritten:

aa) Nach einer Ansicht ist in entsprechender Anwendung der §§ 170–173 BGB danach zu differenzieren, ob bei dem Zahlungsempfänger ein dem Anweisenden zurechenbarer Rechtsschein dahingehend gesetzt worden ist, dass der Empfänger die Zahlung als Leistung des Anweisenden verstehen musste; es kommt insoweit maßgeblich auf den Empfängerhorizont an. Demnach liegt trotz widerrufener Anweisung dennoch eine Leistung seitens des Anweisenden gegenüber dem Dritten vor, wenn der Anweisende zunächst den gesamten Vorgang mit einer wirksamen Anweisung veranlasst bzw. in Gang und damit den entsprechenden Rechtsschein gesetzt hat und der Empfänger im Hinblick auf die Zahlung und deren Tilgungswirkung gutgläubig war. Liegen diese Voraussetzungen vor, müssen sich die Beteiligten so behandeln lassen, als wäre die Bank bei der Überweisung mit wirksamer Botenmacht gegenüber dem Dritten aufgetreten und hätte demnach die Zahlung auch mit Tilgungswirkung für den Kunden erbracht. Eine Leistung des Kunden gegenüber dem Dritten liegt dann vor mit der Folge, dass nur innerhalb dieser Leistungsbeziehung zurück abgewickelt werden kann; die Bank selbst kann und darf in diesem Fall nicht gegen den Empfänger vorgehen.

bb) Dieser Ansicht kann jedoch spätestens mit der Einführung der Vorschriften über den Zahlungsverkehr aus dem November 2009 nicht mehr gefolgt werden. Namentlich durch die Einfügung der §§ 675j und 675u BGB hat der Gesetzgeber dokumentiert, dass es auf die Sicht des Zahlungsempfängers bei der Leistungsbestimmung im vorliegenden Zahlungs- bzw. Anweisungsverkehr nicht mehr ankommen kann. Der Bank steht bei einer wirksam widerrufenen Anweisung ein Direktanspruch gegen den Zahlungsempfänger aus § 812 Abs. 1 Satz 1, 2. Alt. BGB zu; es mangelt insbesondere an einer Leistungsbeziehung zwischen dem Zahler und dem Zahlungsempfänger. Gemäß § 675j Abs. 1 BGB ist ein Zahlungsvorgang gegenüber dem Zahler/Kontoinhaber nur wirksam, wenn dieser ihn autorisiert hat. Ohne eine solche Autorisierung begründet ein Zahlungsvorgang keinen Aufwendungsersatzanspruch der Bank gegen den Kontoinhaber/Zahler. Die Bank hat diesen Zahlungsvorgang vielmehr unverzüglich dem Kontoinhaber zu erstatten (§ 675u Satz 1 und 2 BGB). Durch die Einfügung der §§ 675j und 675u BGB hat der Gesetzgeber in den sogenannten »Veranlasserfällen« eine Abkehr vom bislang maßgeblichen Horizont des Empfängers der Zahlung vorgenommen. Unabhängig davon, wie sich die Zahlung aus Sicht des Empfängers darstellt, kann dem Zahler dies nicht (mehr) als Leistung im Innenverhältnis zum Empfänger zugerechnet werden. Der nicht autorisierte Zahlungsvorgang hat mangels Tilgungsbestimmung im (Valuta-)Verhältnis zwischen Zahler und Zahlungsempfänger keine Erfüllungswirkung und kann im Deckungsverhältnis zwischen Zahler/Kontoinhaber und Bank auch nicht als Leistung der Bank an den Zahler/Kontoinhaber angesehen werden. Mangels eines Leistungsverhältnisses begründet ein nicht autorisierter Zahlungsvorgang daher eine Nichtleistungskondition der Bank gegen den Zahlungsempfänger.

cc) R hat der Bank eine wirksame Zahlungsanweisung erteilt. Diese Anweisung hat R aber dann wirksam widerrufen, insbesondere noch bevor die Bank das Geld an H ausgezahlt hat. Damit hat R zwar den Rechtsschein einer Leistungserbringung bzw. einer wirksamen Botenmacht der Bank im Hinblick auf die Tilgungswirkung der Zahlung gesetzt, und an der Gutgläubigkeit des H bestehen im Zeitpunkt des Zahlungseingangs auch keine Zweifel: Auf diese Umstände kommt es aber nicht (mehr) an. Entscheidend ist nicht der Empfängerhorizont, sondern vielmehr der Umstand, dass die Zahlung an H ohne Autorisierung des R erfolgte (vgl. § 675j Abs. 1 BGB) mit der Konsequenz, dass keine Leistungsbeziehung zwischen R und H vorlag und mithin aus dieser Beziehung auch nicht kondiziert werden kann.

Zwischenergebnis: Es mangelt an einer Leistungsbeziehung zwischen R und H, in deren Erfüllung die Bank als Bote die Tilgungsbestimmung des R überbracht haben könnte.

Zwischenergebnis: Damit kommt eine Nichtleistungskondiktion zugunsten der Bank gegenüber H in Betracht, da H die Zahlung nicht durch Leistung des R erlangt hat.

Ergebnis: H hat die Zahlung der 75.000 Euro ohne Rechtsgrund und auf Kosten der B erlangt, der Anspruch der B gegen H aus § 812 Abs. 1 Satz 1, 2. Alt. BGB ist somit begründet.

Fall 13

Sehr dumm gelaufen!

Rechtsanwalt R streitet mit seiner Versicherung V um einen Zahlungsanspruch, nachdem das Haus des R von unbekannten Tätern in Brand gesetzt worden war. R verlangt von V die Zahlung von 800.000 Euro, was dem Zeitwert des abgebrannten Hauses entspricht. Die V indessen weigert sich noch, da sie vermutet, dass R in die Tat verwickelt ist. Da der R noch einen beachtlichen Kredit bei der Bank B abzuzahlen hat, tritt R der B seinen aus dem Versicherungsvertrag mit V resultierenden Zahlungsanspruch zur Sicherung des Kredits ab und informiert die V darüber.

Der V gelingt es in der Folgezeit nicht, die Verwicklung des R in die Brandstiftung nachzuweisen, und deshalb zahlt sie die vertraglich geschuldete Versicherungssumme in Höhe von 800.000 Euro an die B aus. Ein Jahr später kommt per Zufall heraus, dass R den Brand damals selbst gelegt hatte. R wird daraufhin zu einer mehrjährigen Freiheitsstrafe verurteilt. Und selbstverständlich verlangt V nun von B die Rückzahlung der 800.000 Euro, da ja wegen der Täterschaft des R kein Versicherungsfall und damit auch keine wirksame Forderung vorgelegen hat, die R an B hätte abtreten können. Die B indessen weigert sich und meint, V müsse sich insoweit an R halten; und wenn der R jetzt im Knast sitze und zahlungsunfähig sei, habe V eben Pech gehabt.

Stimmt das?

Schwerpunkte: BGHZ **105**, 365: Der bereicherungsrechtliche Ausgleich bei der Abtretung einer nicht bestehenden Forderung; Leistungsbeziehungen zwischen Zedent und Zessionar; Rückabwicklung über das Dreieck.

Lösungsweg

Einstieg: Kurz vor dem Abschluss des Bereicherungsrechts müssen wir uns noch die Problematik um die *Abtretung* einer tatsächlich nicht bestehenden Forderung ansehen. Ich verspreche dabei, dass der Fall, obwohl er zunächst so aussieht, *nicht* schwierig sein wird, insbesondere deshalb, weil wir in den beiden vorherigen Fällen die notwendige Vorarbeit schon geleistet haben. Wir werden jetzt das bislang Erlernte nutzbar machen und die kleine Geschichte von oben vergleichsweise entspannt durchziehen. Es handelt sich dabei übrigens – mit kleinen, aber unbedeutenden Abweichungen – um einen in Köln spielenden Original-Fall, den der BGH am 2. November 1988 entschieden hat (→ BGHZ **105**, 365) und der deshalb juristisch bzw. für die Ausbildung so wertvoll ist, weil der BGH hier erstmalig zu der vorliegenden Problematik um die Abtretung einer nicht bestehenden Forderung Stellung genommen und – vermutlich, ohne es damals zu ahnen – bis heute insoweit verbindliche Leitlinien zur Behandlung der Streitfrage aufgestellt hat. Die Entscheidung und vor allem das sehr erstaunliche Ergebnis haben dann später zu unzähligen kritischen Aufsätzen, Kommentaren und Besprechungen in Fachzeitschriften und Gesetzeskommentierungen geführt und gehören daher bis heute zum Standardprogramm der bereicherungsrechtlichen Lehre (vgl. etwa *Walker* in JA 1989, 309; *Schmidt* in JuS 1989, 576; *Hock* in MDR 1989, 1066; *Dörner* in NJW 1990, 473; *Lieb* in Jura 1990, 359; *Bayer* in JuS 1990, 883; *Mankowski* in ZIP 1993, 1214; *Lorenz* in AcP 191, 279; *Schubert* in JR 1989, 371). Macht also Sinn, sich das Ganze – in gebotener Kürze – mal anzuschauen, und zwar so:

Anspruch der V gegen die B auf Rückzahlung der 800.000 Euro

__AGL.:__ § 812 Abs. 1 Satz 1, 1. Alt. BGB (Leistungskondiktion)

I. Voraussetzungen: Die Bank B müsste durch Leistung der Versicherung V etwas ohne rechtlichen Grund erlangt haben (lies: § 812 Abs. 1 Satz 1, 1. Alt. BGB).

1.) Die Bank B hat die Versicherungssumme in Höhe von 800.000 Euro (= beachtlicher Vermögenswert) erlangt.

2.) Dies müsste aber auch durch *Leistung* der Versicherung V geschehen sein.

> **Definition:** *Leistung* im Sinne des § 812 Abs. 1 Satz 1 BGB ist die bewusste und zweckgerichtete Mehrung fremden Vermögens (BGH MDR **2010**, 591; BGH NJW **2004**, 1169; BGHZ **58**, 188; *Staudinger/Lorenz* § 812 BGB Rz. 4).

Und jetzt wird es interessant: Denn wir haben es vorliegend natürlich wieder mit einer dieser Dreier-Konstellationen zu tun, bei denen die jeweiligen Leistungsbeziehungen durchaus schwierig zu bestimmen sind, **Folgendes** bietet sich an: Man wird zum einen sagen können, dass auf den ersten Blick zwischen der Versicherung V und der Bank B eine Leistungsbeziehung besteht, denn die V zahlt ja aufgrund der Abtretung direkt an die B die (scheinbar) dem R geschuldete Versicherungssumme und vermehrt damit bewusst und zweckgerichtet das Vermögen der B. Andererseits könnte man aber auch sagen, dass die V mit der Zahlung an die B nur ihre (scheinbare) Verpflichtung aus dem mit R geschlossenen Versicherungsvertrag zweckgerichtet erfüllt und somit nur zwischen V und R eine Leistungsbeziehung besteht; V bewirkt dann bewusst und zweckgerichtet nur innerhalb dieser Beziehung eine Leistung, während durch die Zahlung des Weiteren der R gegenüber der B seine vertragliche Rückzahlungspflicht aus dem Darlehensvertrag erfüllt.

Durchblick: Der vorliegende Fall ist bei genauem Hinsehen somit vergleichbar mit den *Anweisungsverhältnissen*, die wir schon kennengelernt haben. Dort war das ja auch so, dass nicht der Angewiesene an den Zahlungsempfänger leistet, sondern mit der Zahlung nur eine vertragliche Pflicht gegenüber dem *Anweisenden* erfüllt; die Zahlung bewirkte dann des Weiteren die Erfüllung der vertraglichen Pflicht zwischen dem Anweisenden und dem Zahlungsempfänger. Zwischen dem tatsächlich Zahlenden (Zuwendenden) und dem Zahlungsempfänger bestand – nach herrschender Meinung – hingegen keinerlei Leistungsbeziehung, es sei denn, es handelt sich um einen Fall der irrtümlichen bzw. widerrufenen Anweisung seitens des Bankkunden (vgl. BGHZ **205**, 378; BGH NJW **2011**, 66; BGHZ **152**, 307; BGHZ **147**, 269; PWW/*Prütting* § 812 BGB Rz. 95; *Bamberger/Roth/Wendehorst* § 812 BGB Rz. 120).

Es stellt sich nun aber die Frage, ob man die bei den Anweisungsfällen gewonnenen Erkenntnisse auf den vorliegenden Fall wirklich 1 zu 1 übertragen kann. Und das ist deshalb problematisch, weil wir hier ja eine *Abtretung* nach § 398 BGB haben, bei der der *Zessionar* (= derjenige, dem der Anspruch abgetreten wird) tatsächlich neuer *Gläubiger* der Forderung wird (bitte lies: § 398 Satz 2 BGB). Der *Zedent* (= derjenige, der die Forderung abtritt) überträgt also die Gläubigerstellung auf den anderen (Zessionar), was übrigens auch problemlos zulässig ist, da dies dem Schuldner wegen § 404 BGB (lesen, bitte!) keinen Nachteil einbringt.

- Und aus den gerade genannten Erwägungen folgern eine beachtliche Meinung in der Literatur und auch das OLG Karlsruhe, dass hier sehr wohl eine Leistungsbeziehung zwischen dem tatsächlich Zahlenden und dem Zahlungsempfänger bestehe. Denn der Zessionar trete an die Stelle des ursprünglichen Gläubigers mit der Folge, dass auch nur an ihn seitens des Zuwendenden *geleistet* werde im Sinne des § 812 Abs. 1 Satz 1, 1. Alt. BGB. Es bestehe deshalb auch keine klassische Dreier-Konstellation mehr, sondern nur ein Verhältnis *zweier* Parteien zueinander, das dann entsprechend bereicherungsrechtlich abgewickelt werden müsse (OLG Karlsruhe OLGReport **2006**, 793; *Medicus/Petersen* BR Rz. 685a; *Reuter/Martinek* § 12 VI 3; *Kellmann* in JR 1988, 97; *Dörner* in NJW 1990, 473; *Bayer* in JuS 1990, 883; *Tiedtke* in WM 1999, 517; *Wilhelm* in NJW 1999, 3519).

- Dem halten der BGH und die herrschende Meinung entgegen, dass mit der Zahlung – vergleichbar der Konstellation bei den Anweisungsfällen – hier nur eine Leistung des Zedenten an den Zessionar sowie eine Leistung des Zuwendenden an den Zedenten vorliege. Denn nur zwischen diesen Parteien gebe es vertragliche Verbindungen, die durch die Zahlung erfüllt würden; daran hindere auch die Abtretung nichts, denn sie verschiebe nur die Gläubigerstellung, ändere aber an den ursprünglichen Leistungs- bzw. Vertragsbeziehungen nichts. Aus der Sicht des Schuldners erweise sich die Abtretung lediglich als bloße Erfüllungsmodalität, die er auf Veranlassung des Zedenten zu berücksichtigen habe. Schließlich müsse berücksichtigt werden, dass dem Schuldner grundsätzlich eine Rückabwicklung nur mit der Person zumutbar sei, die er sich ursprünglich auch als Vertragspartner ausgesucht habe (BGH WM **2012**, 3373; BGH NJW **2005**, 1369; BGHZ **122**, 46; BGHZ **113**, 62; BGHZ **105**, 365; MüKo/*Schwab* § 812 BGB Rz. 141;

Staudinger/Lorenz § 812 BGB Rz. 41; *Bamberger/Roth/Wendehorst* § 812 BGB Rz. 137; *Palandt/Sprau* § 812 BGB Rz. 67; *PWW/Prütting* § 812 BGB Rz. 99; *Erman/Buck-Heeb* § 812 BGB Rz. 36).

Zur weiteren Begründung der letztgenannten Meinung wollen wir uns mal die BGH-Entscheidung, der wir unseren Fall hier entnommen haben (BGHZ **105**, 365), etwas genauer anschauen, wörtlich heißt es in den Urteilsgründen:

*»... Für die Beurteilung, wer bei Vorgängen, an denen **mehrere** Personen beteiligt sind, bereicherungsrechtlich als Leistender und wer als Leistungsempfänger zu gelten hat, kommt es auf die mit der Leistung verbundene **Zweckbestimmung** an. Denn nach inzwischen gefestigter Rechtsprechung ist unter **Leistung** im Sinne des § 812 Abs. 1 BGB die bewusste und zweckgerichtete Mehrung fremden Vermögens zu verstehen, wobei sich die jeweilige Zweckrichtung nach dem **Parteiwillen** bestimmt (BGHZ 61, 289; BGH WM 1983, 793). Dabei ist eine objektive Betrachtungsweise aus der Sicht des **Zahlungsempfängers** geboten, falls dessen und des Zuwendenden Zweckvorstellungen nicht übereinstimmen. Decken sich hingegen die Vorstellungen der Beteiligten, so wird damit die Zweckrichtung bestimmt ... Aus der Sicht der Bank hat die Versicherung mit den Zahlungen im vorliegenden Fall zweifellos ihre Versicherungsleistung an ihren Versicherungsnehmer (R) erbracht, während dieser zugleich den ihm seitens der Bank gewährten Kredit zurückgeführt hat. Eine abweichende Vorstellung der Versicherung ist **nicht** ersichtlich ... Versicherungsrechtlich wird die Auszahlung einer Versicherungsleistung an den Zessionar als Zahlung an den Versicherungsnehmer – auch im Sinne des § 67 VVG – angesehen ... Das Ergebnis ist auch **interessengerecht**. Die zur Sicherung eines Kredits vorgenommene Forderungszession steht wirtschaftlich den Fällen nahe, in denen der Gläubiger seinen Schuldner anweist, die Zahlung auf ein Konto bei der Bank zu leisten, die ihm Kredit gewährt und die aufgrund des Girovertrages die Möglichkeit hat, das Darlehen mit den auf dem Konto eingehenden Zahlungen zu verrechnen. Auch in solchen oder ähnlichen Fällen einer Anweisung vollzieht sich der Bereicherungsausgleich nach der ständigen Rechtsprechung des BGH grundsätzlich **innerhalb der Leistungsbeziehungen**; bei Fehlern im Verhältnis zwischen Anweisendem und Angewiesenem ist der Ausgleich in diesem Verhältnis vorzunehmen ... Zwar geht die klagende Versicherung wirtschaftlich hier vermutlich leer aus, wenn sie auf die Inanspruchnahme des insolventen Zedenten verwiesen wird, der voraussichtlich auch insolvent bleiben wird. Die rechtliche Beurteilung hat sich hiervon jedoch freizuhalten, denn es beruht auf **Zufall**, ob einer von mehreren in Betracht kommenden Herausgabeschuldnern und gegebenenfalls wer davon zahlungsunfähig wird ... Die Rechtsstellung des Versicherers ist durch die Abtretung grundsätzlich **nicht** verschlechtert, da die Versicherung durch den von § 404 BGB garantierten Erhalt der Einwendungen geschützt ist ...«* (BGHZ **105**, 365)

Also: Es bleibt bei den von uns schon erlernten Regeln im Hinblick auf den Ausgleich im Drei-Personen-Verhältnis. Abgewickelt wird, unabhängig von der wirtschaftlichen Betrachtungsweise, nur *innerhalb* bestehender *Leistungsbeziehungen*, was für den vorliegenden Fall bedeutet, dass die Versicherung mit der Zahlung an die Bank (aus der Sicht der Bank als Zahlungsempfänger) eine *Leistung* nur innerhalb des zwischen der Versicherung V und dem Versicherungsnehmer R bestehenden Versicherungsvertrages erbracht hat. Des Weiteren hat die Zahlung die Erfüllung bzw. Tilgung des Rückzahlungsanspruchs aus dem zwischen R und der Bank B geschlossenen Kreditvertrag bezweckt, denn R wollte ja seine insoweit noch bestehende Schuld löschen.

Keine Leistungsverpflichtung im Sinne des Leistungsbegriffs bestand demgegenüber zwischen der Versicherung und der Bank. Die Versicherung hat nach herrschender Meinung insoweit also – trotz Abtretung – auch *keine* Leistung im Sinne des § 812 Abs. 1 Satz 1 BGB gegenüber der Bank B erbracht (BGHZ **105**, 365) und kann folglich von der B auch nicht kondizieren. Die bereicherungsrechtliche Abwicklung muss allein zwischen R und der Bank B sowie R und der Versicherung V stattfinden. Die Bank B muss sich mit ihrem Zahlungsbegehren folglich an den R halten (und da der im Knast sitzt, erscheint dies wenig aussichtsreich).

Ergebnis: Ein Anspruch der V gegen B auf Rückzahlung der 800.000 Euro aus § 812 Abs. 1 Satz 1, 1. Alt. BGB besteht nach herrschender Meinung nicht.

Kurzer Nachschlag

Damit sieht die Versicherung natürlich ziemlich blöd aus; man mag sich die Empörung und die Gesichter der Anwälte bei der Verkündung des Urteils vorstellen. Und fraglos ist die Entscheidung auch durchaus angreifbar, denn der BGH stellt in bereicherungsrechtlichen Fällen häufig schon mal auf wirtschaftliche Gesichtspunkte ab und begründet dies damit, dass sich eine »*streng schematische Lösung der Dreierkonstellationen verbietet*« (vgl. etwa BGH WM **2014**, 2269; BGH WM **2012**, 3373; BGHZ **88**, 235; BGH NJW **1999**, 1394). Hier nun soll es auf wirtschaftliche Betrachtungen nicht ankommen, was für die Versicherung natürlich denkbar dramatische Konsequenzen hat. Denn tatsächlich leistet sie einen sehr beachtlichen Geldbetrag, obwohl sie dazu wegen der Brandstiftung des eigenen Versicherungsnehmers eigentlich gar nicht verpflichtet war, und kriegt wegen der Abtretung an den Dritten – im Original-Fall war das übrigens keine Bank, sondern ein Warenlieferant, der entsprechende Kredite gewährt hatte – und der Inhaftierung ihres eigentlichen Schuldners bzw. Gläubigers und Vertragspartners *nichts*. Ob das wirklich eine gerechte Lösung ist, erscheint zumindest fraglich. Auch und gerade wegen dieses Ergebnisses ist die Entscheidung dann auf massive Kritik gestoßen und bis heute umstritten (zum Urteil vgl. etwa *Walker* in JA 1989, 309; *Schmidt* in JuS 1989, 576; *Hock* in MDR 1989, 1066; *Dörner* in NJW 1990, 473; *Lieb* in Jura 1990, 359; *Bayer* in JuS 1990, 883; *Mankowski* in ZIP 1993, 1214; *Lorenz* in AcP 191, 279; *Schubert* in JR 1989, 371). Man wird in Konstellationen der vorliegenden Art daher auch sehr gut vertreten können – so wie es die Mindermeinung macht –, der leistenden Versicherung einen *direkten* Anspruch gegen den Zuwendungsempfänger zu gewähren (vgl. dazu etwa OLG Karlsruhe OLGReport **2006**, 793 oder aber *Medicus/Petersen* BR Rz. 685a). Insbesondere das Argument der herrschenden Ansicht, dass dem Schuldner die Rückabwicklung nur mit der Person zumutbar sei, mit der er auch in vertraglichen Beziehungen stand bzw. steht, dürfte im vorliegenden Fall alles andere als einschlägig sein (vgl. auch *Soergel/Schmidt-Kessel/Hadding* § 812 BGB Rz. 129; *Dörner* in NJW 1990, 473; einen Fall mit direktem Durchgriff zum Zessionar behandelt übrigens BGH NJW **2006**, 1731).

Und: Beachte bitte, dass die im vorherigen Fall (Nr. 12) besprochene Entscheidung des BGH (→ BGHZ **205**, 378) nur die Konstellationen betrifft, in denen Kunden ihrer

Bank eine unwirksame bzw. widerrufene Anweisung erteilen. Für *diesen* Fall (und nur für diesen!) hat der BGH der Bank ausnahmsweise einen Direktanspruch gegenüber dem Empfänger gewährt mit dem Argument, dass wegen der Einführung der Regeln über den Zahlungsdienstverkehr (§§ 675c ff. BGB) für die Bestimmung des Leistungsbegriffs der Empfängerhorizont ab sofort nicht mehr ausschlaggebend sein könne und daher zwischen Bank und Empfänger eine Kondiktion nach § 812 Abs. 1 Satz 1, 2. Alt. möglich ist. Für unseren Fall hier hat diese Entscheidung daher (zumindest bislang) keine Relevanz, da es nicht um eine solche Anweisung bzw. ein solches Anweisungsverhältnis (Bank → Kunde → Empfänger) ging. Merken.

Gutachten

Anspruch der V gegen die B auf Rückzahlung der 800.000 Euro

V könnte gegen die B einen Anspruch auf Rückzahlung der 800.000 Euro aus § 812 Abs. 1 Satz 1, 1. Alt. BGB haben.

I. Die Bank B müsste durch Leistung der Versicherung V etwas ohne rechtlichen Grund erlangt haben.

1.) Die Bank B hat die Versicherungssumme in Höhe von 800.000 Euro erlangt.

2.) Dies müsste aber auch durch Leistung der Versicherung V geschehen sein. Leistung im Sinne des § 812 Abs. 1 Satz 1 BGB ist die bewusste und zweckgerichtete Mehrung fremden Vermögens. Insoweit könnte man zum einen davon ausgehen, dass zwischen der Versicherung V und der Bank B eine Leistungsbeziehung besteht, denn die V zahlt ja aufgrund der Abtretung direkt an die B die (scheinbar) dem R geschuldete Versicherungssumme und vermehrt damit bewusst und zweckgerichtet das Vermögen der B. Andererseits könnte aber auch angenommen werden, dass die V mit der Zahlung an die B nur ihre (scheinbare) Verpflichtung aus dem mit R geschlossenen Versicherungsvertrag zweckgerichtet erfüllt und somit auch nur zwischen V und R eine Leistungsbeziehung besteht. Die V bewirkt dann bewusst und zweckgerichtet nur innerhalb dieser Beziehung, während durch die Zahlung des Weiteren der R gegenüber der B seine vertragliche Rückzahlungspflicht aus dem Darlehensvertrag erfüllt.

Die Beantwortung der Frage, zwischen welchen Parteien in Fällen der vorliegenden Art tatsächlich Leistungsbeziehungen bestehen, ist umstritten:

a) Nach einer Auffassung soll eine Leistungsbeziehung zwischen dem tatsächlich Zahlenden und dem Zahlungsempfänger bestehen. Denn der Zessionar trete an die Stelle des ursprünglichen Gläubigers mit der Folge, dass auch nur an ihn seitens des Zuwendenden geleistet werde im Sinne des § 812 Abs. 1 Satz 1, 1. Alt. BGB. Es bestehe deshalb auch keine klassische Dreier-Konstellation mehr, sondern nur ein Verhältnis zweier Parteien zueinander, das dann entsprechend bereicherungsrechtlich abgewickelt werden müsse.

b) Dem kann jedoch nicht gefolgt werden. Mit der Zahlung – vergleichbar der Konstellation bei den Anweisungsfällen – liegt hier lediglich eine Leistung des Zedenten an den Zessionar sowie eine Leistung des Zuwendenden an den Zedenten vor. Denn nur zwischen diesen Parteien gibt es vertragliche Verbindungen, die durch die Zahlung erfüllt werden; daran hindert auch die Abtretung nichts, sie verschiebt nur die Gläubigerstellung, ändert aber an den ursprünglichen Leistungs- bzw. Vertragsbeziehungen nichts. Aus der Sicht des Schuldners erweist sich die Abtretung lediglich als bloße Erfüllungsmodalität, die er auf Veranlassung des Zedenten zu berücksichtigen hat. Schließlich muss beachtet werden, dass dem Schuldner grundsätzlich eine Rückabwicklung nur mit der Person zumutbar ist, die er sich ursprünglich auch als Vertragspartner ausgesucht hat.

Das so gefundene Ergebnis ist auch interessengerecht. Die zur Sicherung eines Kredits vorgenommene Forderungszession steht wirtschaftlich den Fällen nahe, in denen der Gläubiger seinen Schuldner anweist, die Zahlung auf ein Konto bei der Bank zu leisten, die ihm Kredit gewährt und die aufgrund des Girovertrages die Möglichkeit hat, das Darlehen mit den auf dem Konto eingehenden Zahlungen zu verrechnen. Auch in solchen oder ähnlichen Fällen einer Anweisung vollzieht sich der Bereicherungsausgleich grundsätzlich innerhalb der Leistungsbeziehungen; bei Fehlern im Verhältnis zwischen Anweisendem und Angewiesenem ist der Ausgleich in diesem Verhältnis vorzunehmen. Es wird somit – unabhängig von der wirtschaftlichen Betrachtungsweise – nur innerhalb bestehender Leistungsbeziehungen abgewickelt, was für den vorliegenden Fall bedeutet, dass die Versicherung mit der Zahlung an die Bank (aus der Sicht der Bank als Zahlungsempfänger) eine Leistung nur innerhalb des zwischen der Versicherung V und dem Versicherungsnehmer R bestehenden Versicherungsvertrages erbracht hat. Des Weiteren hat die Zahlung die Erfüllung bzw. Tilgung des Rückzahlungsanspruchs aus dem zwischen R und der Bank B geschlossenen Kreditvertrag bezweckt, denn R wollte ja seine insoweit noch bestehende Schuld löschen. Keine Leistungsverpflichtung im Sinne des Leistungsbegriffs bestand demgegenüber zwischen der Versicherung und der Bank. Die Versicherung hat insoweit also – trotz Abtretung – auch keine Leistung im Sinne des § 812 Abs. 1 Satz 1 BGB gegenüber der Bank B erbracht und kann folglich von der B auch nicht kondizieren. Die bereicherungsrechtliche Abwicklung muss allein zwischen R und der Bank B sowie R und der Versicherung V stattfinden. Die Bank B muss sich mit ihrem Zahlungsbegehren folglich an den R halten.

Ergebnis: Ein Anspruch der V gegen B auf Rückzahlung der 800.000 Euro aus § 812 Abs. 1 Satz 1 BGB besteht nicht.

Fall 14

Frikadellen

Rechtsstudent R hat sein Studium hingeschmissen und betreibt jetzt einen Bauernhof einschließlich einer Viehzucht. Eines Nachts entwendet der Dieb D von der Weide des R zwei Jungbullen (Wert: je 1.000 Euro) und verkauft diese am nächsten Tag an den gutgläubigen G, der eine Fleisch verarbeitende Fabrik betreibt und die armen Viehcher dann zu Frikadellen (= rheinisches Wort für Hacksteak) verarbeitet.

Als die ganze Geschichte durch die von R eingeschaltete Polizei aufgedeckt wird und D ins Gefängnis wandert, wendet sich R an G und verlangt nun 2.000 Euro Wertersatz. Der G indessen weigert sich, beruft sich auf seine Gutgläubigkeit und meint, jedenfalls aber könne er den an D gezahlten Kaufpreis in Höhe von 1.500 Euro von einem möglichen Anspruch des R abziehen.

Anspruch des R gegen G?

Schwerpunkte: BGHZ 55, 176: Der »Jungbullen-Fall«; die Haftung nach dem Eigentümer-Besitzer-Verhältnis; Haftung des redlichen Besitzers; die Regel des § 993 Abs. 1, 2. Halbsatz BGB; die Haftung nach der Verarbeitung einer redlich, aber unwirksam erworbenen Sache nach den §§ 951, 950, 812 BGB; § 951 BGB als Rechtsgrundverweisung; die mögliche Abzugsfähigkeit des gezahlten Kaufpreises.

Lösungsweg

Einstieg: Ganz zum Schluss dieses Kapitels gibt es dann noch mal einen echten (letzten) Klassiker aus dem Bereicherungsrecht, es ist der berühmte »**Jungbullen-Fall**« des BGH aus dem Jahre 1971 (→ BGHZ **55**, 176). Das da oben ist die Original-Geschichte des Falles, der seit seiner Entscheidung ähnlich wie der »**Flugreise-Fall**« aus dem gleichen BGHZ-Band (BGHZ **55**, 128, siehe insoweit vorne Fall Nr. 10) seit Generationen durch die Lehrbücher, Kommentare und Examensprüfungen geistert. Wirklich schwer ist die Jungbullen-Geschichte dabei eigentlich nicht, natürlich nur, sofern man sie schon mal gehört bzw. gelesen hat und die Finten kennt. Neben den bereicherungsrechtlichen Fragen um die Eingriffskondiktion und § 951 BGB bietet der Fall übrigens auch noch mal die Gelegenheit, die Abgrenzung der §§ 812 ff. BGB zum Eigentümer-Besitzer-Verhältnis der §§ 987 ff. BGB und zu den §§ 823 ff. BGB zu betrachten, was sicher nicht schadet, da die Kandidaten dort immer wieder gerne einem weit verbreiteten Irrtum erliegen. Was genau dahinter steckt, werden wir uns jetzt mal mit gebotener Sorgfalt anschauen und wollen dabei – wie immer – schön sorgsam im klassischen Prüfungsaufbau bleiben, also dann:

Anspruch des R gegen G auf Zahlung (Herausgabe) von 2.000 Euro

<u>AGL.</u>: §§ 989, 990 BGB (Haftung des unberechtigten Besitzers)

I. Voraussetzungen: Auf den ersten Blick ist das kein Problem, denn der G konnte wegen § 935 Abs. 1 BGB rechtsgeschäftlich *kein* Eigentum an den gestohlenen Sachen erwerben und war auch unberechtigter Besitzer der Tiere – der Vertrag mit D macht ihn mangels durchgehender Berechtigungskette gemäß § 986 Abs. 1 BGB nicht zum berechtigten Besitzer. Der G kann die Tiere des Weiteren nicht mehr herausgeben mit der Folge, dass er – bei einem dann noch zu prüfenden Verschulden – an sich zum Schadensersatz verpflichtet wäre (lies: §§ 989, 990 BGB).

Aber: Ansprüche aus dem Eigentümer-Besitzer-Verhältnis nach den §§ 987 ff. BGB bestehen grundsätzlich nur dann, wenn der unberechtigte Besitzer entweder *bösgläubig* war, es später geworden ist oder aber eine Klage gegen ihn *rechtshängig* war. Der gutgläubige und unverklagte Besitzer haftet gemäß der Regel des § 993 **Abs. 1, 2. Halbsatz BGB** hingegen *nicht* nach den §§ 987 ff. BGB, da er insoweit schutzwürdig ist (RGZ **163**, 348; BGH NJW **1952**, 257; *Erman/Ebbing* § 993 BGB Rz. 1; *Palandt/Herrler* § 993 BGB Rz. 1; *Bamberger/Roth/Fritzsche* § 993 BGB Rz. 1; vgl. zu den Einzelheiten *Schwabe*, »Lernen mit Fällen«, Sachenrecht, Fälle 10–14).

In unserem Fall ist der G gutgläubig und unverklagt mit der Folge, dass wegen der Regel des § 993 Abs. 1, 2. Halbsatz BGB (Schadensersatz-)Ansprüche aus dem Eigentümer-Besitzer-Verhältnis gegen ihn von vornherein ausgeschlossen sind.

Ergebnis: Ansprüche des R gegen G aus den §§ 987 ff. BGB bestehen nicht.

<u>AGL.</u>: § 823 Abs. 1 BGB (Eigentumsverletzung)

Aber: Die in § 993 Abs. 1, 2. Halbsatz BGB gewählte Formulierung

> *»… im Übrigen ist er weder zur Herausgabe von Nutzungen noch zum Schadensersatz verpflichtet«*

bedeutet nicht nur, dass der gutgläubige und unverklagte Besitzer nach den §§ 987 ff. BGB nicht haftet (siehe oben). Vielmehr steckt hinter dieser Formulierung auch der **Ausschluss** der §§ 823 ff. BGB für den redlichen Besitzer (*Staudinger/Gursky* vor § 987 BGB Rz. 60, 69; *Palandt/Herrler* § 993 BGB Rz. 4; zu den Ausnahmen vgl. *Roth* in JuS 2003, 937, 942). Denn der gutgläubige und unverklagte Besitzer soll nicht über die Vorschriften der §§ 823 ff. BGB jetzt dasjenige herausgeben müssen, was er über die §§ 987 ff. BGB gerade nicht leisten muss. Die Normen und das Haftungssystem der

§§ 987 ff. BGB könnten dann nämlich umgangen werden, was dem Zweck des Gesetzes widersprechen würde (*Bamberger/Roth/Fritzsche* § 993 BGB Rz. 9).

Ergebnis: In unserem Fall ist der G beim Empfang der Sache – wie schon erwähnt – gutgläubig und unverklagt gewesen mit der Folge, dass eine Haftung nach den §§ 823 ff. BGB wegen der Regel des § 993 Abs. 1, 2. Halbsatz BGB ebenfalls von vorneherein ausgeschlossen ist.

AGL.: §§ 951, 812 Abs. 1 Satz 1, 2. Alt. BGB (Bereicherung in »sonstiger Weise«)

Beachte: Viele Kandidaten denken an dieser Stelle, dass der gutgläubige und unverklagte Besitzer wegen der Regel des § 993 Abs. 1, 2. Halbsatz BGB auch nicht nach den Bereicherungsvorschriften haftet und prüfen daher die §§ 812 ff. BGB gar nicht mehr. Das ist aber leider ein *grober* Fehler, denn es entspricht ganz herrschender Meinung, dass die §§ 812 ff. BGB durch die §§ 987 ff. BGB *nicht* ausgeschlossen sind, sofern der unberechtigte Besitzer die Sache *verbraucht*, *verarbeitet* oder gar *weiter veräußert* hat. Denn in diesen Fällen besteht auf Seiten des Besitzers weiterhin eine Vermögensvermehrung und damit eine Bereicherung, die folglich nach den §§ 812 ff. BGB grundsätzlich herausgegeben werden kann (BGHZ **14**, 7; BGHZ **55**, 176; BGH WM **1970**, 1297; OLG Köln NJW-RR **1997**, 1420; *Erman/Ebbing* vor § 987 ff. BGB Rz. 82; *Palandt/Herrler* vor § 987 BGB Rz. 15). Der § 993 Abs. 1, 2. Halbsatz BGB ordnet in den genannten Fällen mithin *keinen* Ausschluss der §§ 812 ff. BGB an. Wichtig, bitte merken.

Und jetzt zur Prüfung der §§ 951 Abs. 1, 812 Abs. 1 Satz 1, 2. Alt. BGB:

I. Voraussetzungen: Wir machen es kurz. Unser G hat durch die Verarbeitung der Tiere zu Frikadellen das alleinige Eigentum an den Frikadellen erworben, bitte lies: § 950 Abs. 1 Satz 1 BGB und auch noch § 950 Abs. 2 BGB. Und daraus folgt, dass der ursprüngliche Eigentümer R gemäß **§ 951 Abs. 1 BGB** nach den Vorschriften über die ungerechtfertigte Bereicherung (= §§ 812 ff. BGB) eine Vergütung in Geld verlangen kann.

> **Beachte:** Richtig interessant wird es jetzt aber erst dadurch, dass die nahezu ganz herrschende Meinung den § 951 BGB für eine *Rechtsgrundverweisung* und insbesondere keine bloße Rechtsfolgenverweisung hält (BGHZ **40**, 272; BGHZ **55**, 176; OLG Hamm NJW-RR **1992**, 1105; MüKo/*Füller* § 951 BGB Rz. 3; *Jauernig/Berger* § 951 BGB Rz. 1; *Staudinger/Gursky* § 951 BGB Rz. 2; *Palandt/Herrler* § 951 BGB Rz. 2), was dann zur Folge hat, dass neben den Voraussetzungen der §§ 951, 950 BGB auch die kompletten Anspruchsvoraussetzungen aus § 812 Abs. 1 Satz 1, 2. Alt. BGB – hier konkret also die der Eingriffskondiktion – vorliegen müssen und nicht nur die Rechtsfolgen der §§ 812 ff. BGB herangezogen werden können.

Wir müssen somit im vorliegenden Fall auch die gesamten Anspruchsvoraussetzungen des § 812 Abs. 1 Satz 1, 2. Alt. BGB prüfen, und das ist gar nicht so einfach, im Einzelnen:

1.) Dass der G das *Eigentum* an den Frikadellen erlangt hat, ist zunächst mal kein Problem.

2.) Es fragt sich allerdings, ob der G das Eigentum an den Frikadellen wirklich »**in sonstiger Weise**« erlangt haben kann, **denn:** Sollte er das Fleisch durch *Leistung* seitens des D erhalten haben, wäre eine Kondiktion in sonstiger Weise für den R ausgeschlossen, dann müsste nämlich innerhalb der bestehenden Leistungsbeziehungen abgewickelt werden. Es gilt auch hier grundsätzlich der »Vorrang der Leistungskondiktion« und der uns inzwischen hinlänglich bekannte Satz:

> Was durch »**Leistung**« erlangt wurde, kann nicht gleichzeitig »in sonstiger Weise« in das Vermögen des Empfängers gelangt sein (BGH NJW **2012**, 523; BGHZ **40**, 272, 278; BGH NJW **1999**, 1393; *Palandt/Sprau* § 812 BGB Rz. 10).

Und wenn man die vorliegende Konstellation betrachtet, müsste man eigentlich sagen, dass der G das Fleisch durch die bewusste und zweckgerichtete Mehrung fremden Vermögens (= *Leistung* im Sinne des § 812 Abs. 1 Satz 1, 1. Alt. BGB) seitens des D erlangt hat; der D hat in Erfüllung des Kaufvertrages mit G das Vermögen des D entsprechend vermehrt. Der bereicherungsrechtliche Ausgleich fände angesichts dessen nur zwischen D und G (sowie R und D) statt, nicht aber zwischen R und G, denn G hat das Fleisch durch Leistung des D erlangt.

> **Aber:** Schaut man ganz genau hin, erkennt man, dass das so gar nicht stimmt. »**Geleistet**« hat D an den G nämlich nur die Einräumung des *Besitzes* an den *Jungbullen*. Der D konnte wegen der Regel des § 935 Abs. 1 BGB dem G gar kein Eigentum an den Tieren verschaffen. Der Akt, der den Eigentumserwerb an den Frikadellen und damit die endgültige Vermögenseinbuße bei R herbeiführt, ist vielmehr erst die von G *selbst* durchgeführte *Verarbeitung* (lies: § 950 Abs. 1 BGB). Mit der Verarbeitung der Jungbullen zu Frikadellen erwirbt G gemäß § 950 BGB das Eigentum an den Frikadellen – ein rechtsgeschäftlicher Eigentumserwerb an den Jungbullen war von vorneherein wegen § 935 Abs. 1 BGB ausgeschlossen.

Der D hat folglich das Eigentum weder an den Bullen noch an den später entstandenen Frikadellen an G »**geleistet**« im Sinne des § 812 Abs. 1 Satz 1 BGB. Der Eigentumserwerb an den Frikadellen erfolgte vielmehr durch einen *selbstständigen Akt* bzw. Eingriff des G, nämlich die Verarbeitung der Tiere, die noch im Eigentum des R standen. D hat also nur den Besitz an den Jungbullen geleistet. Eine Leistungsbeziehung zwischen D und G im Hinblick auf das Eigentum an den Bullen oder den Frikadellen bestand aber nicht (BGHZ **55**, 176; PWW/*Prütting* § 812 BGB Rz. 82; *Medicus/Petersen* BR Rz. 727; *Reuter/Martinek* § 10 II 1b).

<u>ZE.</u>: Die Eingriffskondiktion des R gegen G ist folglich nicht durch eine Leistungs-beziehung zwischen D und G ausgeschlossen, denn D hat dem G kein Eigentum an den Frikadellen, sondern vielmehr nur den Besitz an den Jungbullen verschafft.

3.) Unser G hat also – wie gerade gesehen – durch einen *Eingriff* in den Zuweisungs-gehalt eines fremden Rechts (das Eigentumsrecht des R an seinen Jungbullen) das Eigentum an den später hergestellten Fleischwaren erlangt.

4.) Dies müsste des Weiteren auch »**ohne rechtlichen Grund**« geschehen sein. Der rechtliche Grund könnte insoweit zum einen in dem Vertrag mit dem D oder zum anderen in § 950 BGB selbst gesehen werden. Dem indessen widerspricht der BGH, und zwar mit folgenden Argumenten:

> »... Ein Grund, der es rechtfertigen würde, dass der G das Eigentum behalten dürfte, kann insbesondere **nicht** in dem Vertrag mit dem Dieb gesehen werden. Die §§ 932 ff. BGB regeln abschließend den Interessenkonflikt, der entsteht, wenn ein Nichtberechtig-ter im eigenen Namen eine fremde Sache an einen Dritten veräußert, und zwar zugunsten des Dritten für den Fall, dass die Sache dem Eigentümer nicht abhanden gekommen und der Dritte nicht bösgläubig ist. In diesem Fall wird der Dritte gemäß den §§ 932 ff. BGB **Eigentümer** und er darf das Eigentum behalten, ohne dem früheren Eigentümer ausgleichspflichtig zu sein. Der Vertrag des Nichtberechtigten mit dem Dritten ist in diesem Falle der die Vermögensverschiebung **rechtfertigende Grund**. In allen anderen Fällen aber, so auch in dem hier gegebenen, dass die Sache dem Eigentümer abhanden gekommen ist, löst das Gesetz den Interessenkonflikt zugunsten des Eigentümers. Er be-hält das Eigentum und damit den Anspruch auf Herausgabe aus § 985 BGB gegen den Dritten als Besitzer. Wird dieser später infolge der Vorschriften der §§ 946 ff. BGB Ei-gentümer, so wird dieser Eigentumserwerb **nicht** durch das Veräußerungsgeschäft, das der Nichtberechtigte mit dem Dritten geschlossen hat, **gedeckt**. Der Eigentumserwerb des Dritten beruht nicht auf diesem Veräußerungsgeschäft, dem im Gegenteil der § 935 BGB jede Rechtswirksamkeit abspricht, sondern allein auf den §§ 946 ff. BGB. Diese Bestimmungen geben aber für sich allein keinen rechtfertigenden Grund für die Vermö-gensverschiebung, wie aus § 951 Abs. 1 BGB zu entnehmen ist ...«. (BGHZ **55**, 176)

Also: Weder der Vertrag mit D noch die Regel der §§ 951, 950 BGB geben dem G einen Rechtsgrund, den Vermögensvorteil behalten zu dürfen.

<u>ZE.</u>: Es liegt *kein* rechtlicher Grund im Sinne des § 812 Abs. 1 Satz 1 BGB vor.

<u>ZE.</u>: Der G hat folglich durch einen Eingriff in einen fremden Zuweisungsgehalt ohne rechtlichen Grund das Eigentum an den Frikadellen erlangt. Die Tatbestandsvoraus-setzungen des § 812 Abs. 1 Satz 1, 2. Alt. BGB liegen vor.

II. Rechtsfolgen: G ist dem R gegenüber gemäß den **§§ 951 Abs. 1, 812 ff. BGB** zur Zahlung einer Vergütung in Geld verpflichtet.

Frage: Kann der G bei seiner Zahlungspflicht den an D gezahlten Kaufpreis in entsprechender Anwendung des § 818 Abs. 3 BGB in Ansatz bringen bzw. abziehen?

Antwort: Nein, und zwar unstreitig. Dazu noch mal der BGH:

> *»... Auch für den Umfang dieses Bereicherungsanspruchs aus unberechtigter Verarbeitung gilt das Gleiche wie für die Bereicherungsansprüche bei unberechtigtem Verbrauch oder unberechtigter Veräußerung durch den Besitzer. In diesen Fällen kann nach gefestigter Rechtsprechung der aus § 812 BGB oder § 816 BGB in Anspruch genommene frühere Besitzer die für den Erwerb der Sache einem Dritten erbrachte Leistung nicht gemäß § 818 BGB in Ansatz bringen. Denn der Bereicherungsanspruch ist an die Stelle des Herausgabeanspruchs aus § 985 BGB getreten. Diesem gegenüber könnte der Besitzer sich auch nicht auf die einem Dritten erbrachte Leistung berufen. Deshalb kann er es auch nicht gegenüber dem Bereicherungsanspruch. Er ist vielmehr darauf verwiesen, seine Leistung von dem, dem er sie erbracht hat, zurückzufordern. Der G kann deshalb das an den Dieb gezahlte Geld nur von diesem zurückfordern. Gegenüber dem ursprünglichen Eigentümer begründet diese Zahlung keinen Einwand nach § 818 BGB ...«*
> (BGHZ **55**, 176)

Und so entscheidet das der BGH seitdem in ständiger Rechtsprechung (vgl. etwa BGH NJW **1995**, 3315) – und die ganz herrschende Meinung in der Literatur findet es prima (*Jauernig/Stadler* § 816 BGB Rz. 10; *MüKo/Schwab* § 816 BGB Rz. 53; *Bamberger/Roth/Wendehorst* § 816 BGB Rz. 18; *Palandt/Sprau* § 816 BGB Rz. 22; *Erman/Buck-Heeb* § 818 BGB Rz. 40; *Soergel/Schmidt-Kessel/Hadding* § 818 BGB Rz. 44; *Brox/Walker* BS § 43 Rz. 10).

Ergebnis: Der R kann von G die Zahlung der 2.000 Euro aus den §§ 951, 812 Abs. 1 Satz 1, 2. Alt. BGB fordern. G muss sich seinerseits an D halten, wenn er die an D gezahlten 1.500 Euro zurückhaben möchte.

Gutachten

Anspruch des R gegen G auf Zahlung (Herausgabe) von 2.000 Euro

I. Der R könnte gegen G einen Anspruch auf Herausgabe der 2.000 Euro aus den §§ 989, 990 BGB haben.

I. Dann müssten R der Eigentümer und G der unberechtigte Besitzer der Sachen gewesen sein.

1.) G konnte wegen § 935 Abs. 1 BGB rechtsgeschäftlich kein Eigentum an den gestohlenen Sachen erwerben und war auch unberechtigter Besitzer der Tiere – der Vertrag mit D macht ihn mangels durchgehender Berechtigungskette gemäß § 986 Abs. 1 BGB nicht zum berechtigten Besitzer. Der G kann die Tiere des Weiteren nicht mehr herausgeben mit der Folge, dass er – bei einem dann noch zu prüfenden Verschulden – an sich zum Schadensersatz verpflichtet wäre.

2.) Ansprüche aus dem Eigentümer-Besitzer-Verhältnis nach den §§ 987 ff. BGB bestehen allerdings grundsätzlich nur dann, wenn der unberechtigte Besitzer entweder bösgläubig war, es später geworden ist oder aber eine Klage gegen ihn rechtshängig war. Der gutgläubige und unverklagte Besitzer haftet gemäß der Regel des § 993 Abs. 1, 2. Halbsatz BGB hingegen nicht nach den §§ 987 ff. BGB, da er insoweit schutzwürdig ist. Im vorliegenden Fall ist der G gutgläubig und unverklagt mit der Folge, dass wegen der Regel des § 993 Abs. 1, 2. Halbsatz BGB (Schadensersatz-) Ansprüche aus dem Eigentümer-Besitzer-Verhältnis gegen ihn von vorneherein ausgeschlossen sind.

Ergebnis: Ansprüche des R gegen G aus den §§ 987 ff. BGB bestehen nicht.

II. Ein Anspruch des R gegen G könnte sich aber aus § 823 Abs. 1 BGB ergeben.

Ein solcher Anspruch scheitert aber schon daran, dass gemäß § 993 Abs. 1 BGB auch Ansprüche aus den §§ 823 ff. BGB gegen den redlichen Besitzer ausgeschlossen sind. Der gutgläubige und unverklagte Besitzer soll nicht über die Vorschriften der §§ 823 ff. BGB jetzt dasjenige herausgeben müssen, was er über die §§ 987 ff. BGB gerade nicht leisten muss. Die Normen und das Haftungssystem der §§ 987 ff. könnten dann nämlich umgangen werden, was dem Zweck des Gesetzes widersprechen würde.

Ergebnis: Im vorliegenden Fall ist der G beim Empfang der Sache gutgläubig und unverklagt gewesen mit der Folge, dass eine Haftung nach den §§ 823 ff. BGB wegen der Regel des § 993 Abs. 1, 2. Halbsatz BGB ebenfalls von vorneherein ausgeschlossen ist.

III. Der Anspruch des R gegen G könnte sich aber aus den §§ 951, 812 Abs. 1 Satz 1, 2. Alt. BGB ergeben.

I. G hat durch die Verarbeitung der Tiere zu Frikadellen gemäß § 950 Abs. 1 Satz 1 BGB das alleinige Eigentum an den Frikadellen erworben. Und daraus folgt, dass der ursprüngliche Eigentümer R gemäß § 951 Abs. 1 BGB nach den Vorschriften über die ungerechtfertigte Bereicherung eine Vergütung in Geld verlangen kann. Aufgrund der Tatsache, dass es sich bei § 951 BGB um eine Rechtsgrundverweisung handelt, müssen im vorliegenden Fall zudem auch die gesamten Anspruchsvoraussetzungen des § 812 Abs. 1 Satz 1, 2. Alt. BGB geprüft werden.

1.) Dass der G das Eigentum an den Frikadellen erlangt hat, ist soeben erläutert worden.

2.) Es fragt sich allerdings, ob der G das Eigentum an den Frikadellen wirklich »in sonstiger Weise« erlangt haben kann. Sollte er das Fleisch nämlich durch Leistung seitens des D erhalten haben, wäre eine Kondiktion in sonstiger Weise für den R ausgeschlossen, dann müsste innerhalb der bestehenden Leistungsbeziehungen abgewickelt werden. Was durch Leistung erlangt wurde, kann nicht gleichzeitig in sonstiger Weise in das Vermögen des Empfängers gelangt sein.

a) Unter Betrachtung der vorliegenden Konstellation könnte insoweit zunächst angenommen werden, dass G das Fleisch durch die bewusste und zweckgerichtete Mehrung fremden Vermögens seitens des D erlangt hat. Der D hat in Erfüllung des Kaufvertrages mit G das Vermögen des D entsprechend vermehrt. Der hier in Frage stehende bereicherungsrechtliche Ausgleich fände angesichts dessen nur zwischen D und G (sowie R und D) statt, nicht aber zwischen R und G, denn G hat das Fleisch durch Leistung des D erlangt.

b) Indessen lässt diese Sichtweise unberücksichtigt, dass D an G nur die Einräumung des Besitzes an den Jungbullen geleistet hat. Der D konnte wegen der Regel des § 935 Abs. 1 BGB dem G gar kein Eigentum an den Tieren verschaffen. Der Akt, der den Eigentumserwerb an den Frikadellen und damit die endgültige Vermögenseinbuße bei R herbeiführt, ist vielmehr erst die von G selbst durchgeführte Verarbeitung. Mit der Verarbeitung der Jungbullen zu Frikadellen erwirbt G gemäß § 950 BGB das Eigentum an den Frikadellen – ein rechtsgeschäftlicher Eigentumserwerb an den Jungbullen war von vornehrein wegen § 935 Abs. 1 BGB ausgeschlossen. Der D hat folglich das Eigentum weder an den Bullen noch an den später entstandenen Frikadellen an G »geleistet« im Sinne des § 812 Abs. 1 Satz 1 BGB. Der Eigentumserwerb an den Frikadellen erfolgte vielmehr durch einen selbstständigen Akt bzw. Eingriff des G, nämlich die Verarbeitung der Tiere, die noch im Eigentum des R standen. D hat also nur den Besitz an den Jungbullen geleistet. Eine Leistungsbeziehung zwischen D und G im Hinblick auf das Eigentum an den Bullen oder den Frikadellen bestand aber nicht. Die Eingriffskondiktion des R gegen G ist folglich nicht durch eine Leistungsbeziehung zwischen D und G ausgeschlossen, denn D hat dem G kein Eigentum an den Frikadellen, sondern vielmehr nur den Besitz an den Jungbullen verschafft.

3.) R hat also durch einen Eingriff in den Zuweisungsgehalt eines fremden Rechts (das Eigentumsrecht des R an seinen Jungbullen) das Eigentum an den später hergestellten Fleischwaren erlangt.

4.) Dies müsste des Weiteren auch ohne rechtlichen Grund geschehen sein. Der rechtliche Grund könnte insoweit zum einen in dem Vertrag mit dem D als auch zum anderen in § 950 BGB selbst gesehen werden. Beides genügt jedoch nicht zur Annahme eines rechtlichen Grundes im Sinne des § 812 Abs. 1 BGB. Ein Grund, der es rechtfertigen würde, dass der G das Eigentum behalten dürfte, kann insbesondere nicht in dem Vertrag mit dem Dieb gesehen werden. Die §§ 932 ff. BGB regeln abschließend den Interessenkonflikt, der entsteht, wenn ein Nichtberechtigter im eigenen Namen eine fremde Sache an einen Dritten veräußert, und zwar zugunsten des Dritten für den Fall, dass die Sache dem Eigentümer nicht abhanden gekommen und der Dritte nicht bösgläubig ist. In diesem Fall wird der Dritte gemäß den §§ 932 ff. BGB Eigentümer und er darf das Eigentum behalten, ohne dem früheren Eigentümer ausgleichspflichtig zu sein. Der Vertrag des Nichtberechtigten mit dem Dritten ist in diesem Falle der die Vermögensverschiebung rechtfertigende Grund. In allen anderen Fällen aber, so auch in dem hier gegebenen, dass die Sache dem Eigentümer abhanden gekommen ist, löst das Gesetz den Interessenkonflikt zugunsten des Eigentümers. Er behält das Eigentum und damit den Anspruch auf Herausgabe aus § 985 BGB gegen den Dritten als Besitzer. Wird dieser später infolge der Vorschriften der §§ 946 ff. BGB Eigentümer, so wird dieser Eigentumserwerb nicht durch das Veräußerungsgeschäft, das der Nichtberechtigte mit dem Dritten geschlossen hat, gedeckt. Der Eigentumserwerb des Dritten beruht nicht auf diesem Veräußerungsgeschäft, dem im Gegenteil der § 935 BGB jede Rechtswirksamkeit abspricht, sondern allein auf den §§ 946 ff. BGB. Diese Bestimmungen geben aber für sich allein keinen rechtfertigenden Grund für die Vermögensverschiebung, wie aus § 951 Abs. 1 BGB zu entnehmen ist. Weder der Vertrag mit D noch die Regel der §§ 951, 950 BGB geben dem G somit einen Rechtsgrund, den Vermögensvorteil behalten zu dürfen. Es liegt kein rechtlicher Grund im Sinne des § 812 Abs. 1 Satz 1 BGB vor.

Zwischenergebnis: Der G hat folglich durch einen Eingriff in einen fremden Zuweisungsgehalt ohne rechtlichen Grund das Eigentum an den Frikadellen erlangt. Die Tatbestandsvoraussetzungen des § 812 Abs. 1 Satz 1, 2. Alt. BGB liegen vor.

II. G ist dem R gegenüber gemäß den §§ 951 Abs. 1, 812 ff. BGB zur Zahlung einer Vergütung in Geld verpflichtet. Insoweit fragt sich, ob G bei seiner Zahlungspflicht den an D gezahlten Kaufpreis in entsprechender Anwendung des § 818 Abs. 3 BGB in Ansatz bringen bzw. abziehen kann. Dies ist jedoch abzulehnen. Auch für den Umfang dieses Bereicherungsanspruchs aus unberechtigter Verarbeitung gilt das Gleiche wie für die Bereicherungsansprüche bei unberechtigtem Verbrauch oder unberechtigter Veräußerung durch den Besitzer. In diesen Fällen kann der aus § 812 BGB oder § 816 BGB in Anspruch genommene frühere Besitzer die für den Erwerb der Sache einem Dritten erbrachte Leistung nicht gemäß § 818 BGB in Ansatz bringen. Denn der Bereicherungsanspruch ist an die Stelle des Herausgabeanspruchs aus § 985 BGB getreten. Diesem gegenüber könnte der Besitzer sich auch nicht auf die einem Dritten erbrachte Leistung berufen. Deshalb kann er es auch nicht gegenüber dem Bereicherungsanspruch. Er ist vielmehr darauf verwiesen, seine Leistung von dem, dem er sie erbracht hat, zurückzufordern. Der G kann deshalb das an den Dieb gezahlte Geld nur von diesem zurückfordern. Gegenüber dem ursprünglichen Eigentümer begründet diese Zahlung keinen Einwand nach § 818 BGB.

Ergebnis: Der R kann von G die Zahlung der 2.000 Euro aus den §§ 951, 812 Abs. 1 Satz 1, 2. Alt. BGB fordern. G muss sich seinerseits an D halten, wenn er die an D gezahlten 1.500 Euro zurückhaben möchte.

2. Abschnitt

Die unerlaubten Handlungen
(das Deliktsrecht)

→ §§ 823 ff. BGB und angrenzende
Vorschriften

Fall 15

Geschockt!

Die beiden Rechtsstudenten R und K befinden sich mit ihren Rädern auf dem Heimweg von der Universität, als an einer Kreuzung der Fahrradfahrer F aus Unachtsamkeit die Vorfahrt missachtet und mit K zusammenstößt. Bei dem Sturz fällt K dann so unglücklich hin, dass er sich einen Schädelbruch und eine stark blutende Platzwunde am Kopf zuzieht. R erleidet beim Anblick des in der Blutlache liegenden K einen Schock und wird vom Notarzt ins Krankenhaus gebracht, wo er wegen Schwindel, Übelkeit und Kopfschmerzen drei Tage unter ärztlicher Aufsicht verbringen muss (Behandlungskosten: 1.500 Euro). Die Verlobte V des K trifft es noch härter: Als sie von der Polizei über den Unfall informiert wird, erleidet sie aufgrund einer besonderen, seit ihrer Kindheit bestehenden psychischen Anfälligkeit einen Nervenzusammenbruch und muss anschließend vier Wochen in stationärer therapeutischer Behandlung verbringen (Kosten: 5.000 Euro). In dieser Zeit kann sie zudem ihren Beruf als selbstständige Steuerberaterin nicht ausüben mit der Folge, dass ihr ein Verdienstausfall in Höhe von 8.000 Euro entsteht.

R und V fragen nun nach ihren Ansprüchen gegen F. Der F indessen verweigert jede Zahlung und meint, er habe schließlich nur K umgefahren. Jedenfalls sei er nicht für die besondere psychische Anfälligkeit der V verantwortlich.

Rechtslage?

Schwerpunkte: Der Anspruch aus § 823 BGB im Fall des sogenannten »Schockschadens«; Ansprüche dritter Personen, die nicht unmittelbar geschädigt sind; Abgrenzung Gesundheits- und Körperverletzung in § 823 BGB; haftungsbegründende und haftungsausfüllende Kausalität; Äquivalenz- und Adäquanzformel; Lehre vom Schutzzweck der Norm; der Umfang des Ersatzanspruchs, die §§ 249 ff. BGB.

Lösungsweg

Einstieg: Wir beginnen das Deliktsrecht gleich mit einem Klassiker, nämlich der Frage nach der Ersatzpflicht für sogenannte »**Schockschäden**«. Konkret sind das die Konstellationen, in denen an einem Unfall nicht unmittelbar beteiligte Personen Schäden an ihrer Gesundheit – zumeist dann eben »Schockschäden« – erleiden und nunmehr vom Unfallverursacher Ersatz fordern. Der will seinerseits natürlich nicht zahlen, denn er hat ja eigentlich nur dem Unfallopfer einen Schaden zugefügt. Die rechtliche Abwicklung dessen ist vergleichsweise knifflig, weswegen der Kram auch so oft in den universitären Übungsarbeiten und auch im Examen vorkommt. Wir wollen uns die ganze Geschichte gleich mal in Ruhe anschauen und werden dabei hauptsächlich Fragen der *Kausalität* zu beantworten haben. Im Übrigen lernen wir den Aufbau der Tatbestandsprüfung des § 823 Abs. 1 BGB kennen und werfen abschließend auch noch einen ersten Blick auf die §§ 249 ff. BGB, die den *Umfang* des Ersatzanspruchs – also die Rechtsfolgen des § 823 BGB – regeln. Also dann:

I. Ansprüche des R (= Unfallbeobachter) gegen F

AGL.: § 823 Abs. 1 BGB

1.) Voraussetzung für das Bestehen eines Anspruchs des R gegen F ist zunächst die Verletzung eines der in § 823 Abs. 1 BGB genannten Rechte bzw. Rechtsgüter. In Betracht kommt im vorliegenden Fall im Hinblick auf den von R erlittenen Schock und die daraus resultierenden Folgen eine Gesundheitsverletzung.

> **Definition:** Eine *Gesundheitsverletzung* im Sinne des § 823 Abs. 1 BGB liegt bei der Beeinträchtigung der inneren Funktionen des Körpers vor. Hierzu zählt jedes Hervorrufen oder Steigern eines von den normalen körperlichen Funktionen nachteilig abweichenden Zustandes (BGH NJW **2015**, 1451; BGHZ **114**, 289; BGH NJW **1996**, 2425; PWW/*Schaub* § 823 BGB Rz. 22).

Beachte: Die *Gesundheits*verletzung unterscheidet sich von der ebenfalls in § 823 Abs. 1 BGB benannten *Körper*verletzung dadurch, dass sie sich auf die Beeinträchtigung der *inneren* körperlichen Funktionen bezieht (BGHZ **114**, 289). Die *Körper*verletzung indessen erfasst die Beeinträchtigung der *äußeren* körperlichen Integrität (*Palandt/Sprau* § 823 BGB Rz. 4). Beachte bitte, dass in der Klausur langatmige Ausführungen zur Abgrenzung der beiden Verletzungsarten den Prüfer ärgern, da nämlich keine unterschiedlichen Rechtsfolgen drohen und die genaue Unterscheidung zudem schwierig sein kann (*Medicus/Lorenz* SR II Rz. 1273). So wird etwa bei einem klassischen Verkehrsunfall beim Opfer zunächst die äußere körperliche Integrität betroffen sein, während dann im Nachgang auch die inneren Funktionen beeinträchtigt werden. In solchen Fällen spart man sich dann bitte anstrengende Sätze und teilt mit, dass sowohl Körper- als auch Gesundheitsverletzung vorliegen (BGH NJW **2013**, 3635; *Jauernig/Teichmann* § 823 BGB Rz. 3). Das reicht, hier liegt sicher *kein* Schwerpunkt der Aufgabe. Merken.

In unserem Fall haben wir es insoweit leicht, denn der Anspruchssteller R hat augenscheinlich keine äußeren Verletzungen erlitten, sondern ist »nur« in seinen inneren Funktionen betroffen (Schock, Schwindel, Übelkeit und Kopfschmerzen).

> **Feinkost:** Vorsicht ist an dieser Stelle dann geboten, wenn bei dem Betroffenen lediglich Trauer, Kummer oder sonstige negative Gemütsstimmungen hervorgerufen

werden, die zum allgemeinen Repertoire des Lebens gehören (BGH NJW **2015**, 1451; BGH NJW **1989**, 2317; OLG Karlsruhe VersR **2012**, 456; LG Essen in Schaden-Praxis **2009**, 249). In diesen Fällen liegt nämlich *keine* Gesundheitsverletzung im von § 823 Abs. 1 BGB verstandenen Sinne vor; hierbei handelt es sich lediglich um nicht behandlungsbedürftige unerhebliche Beeinträchtigungen (*Jauernig/Teichmann* § 823 BGB Rz. 3). Wer also etwa traurig ist und weint, weil er zusehen muss, wie ein Autofahrer seine Miezekatze überfährt, kann sich nicht auf eine Gesundheitsverletzung im Sinne des § 823 BGB berufen und vom Autofahrer deshalb Schmerzensgeld verlangen. Erforderlich ist vielmehr immer eine »medizinisch konstatierbare Folgewirkung«, die das übliche Maß an Betroffenheit, Bestürzung und Trauer erheblich überschreitet; die Beeinträchtigung muss einen »realen Krankheitswert« aufweisen (BGH NJW **2015**, 1451; BGHZ **132**, 341; OLG Karlsruhe VersR **2012**, 456; LG Essen in Schaden-Praxis **2009**, 249; MüKo/*Wagner* § 823 BGB Rz. 136). Und dies ist insbesondere dann der Fall, wenn es sich um eine aus ärztlicher Sicht behandlungsbedürftige Störung der körperlichen Funktionen handelt (BGH NJW **1989**, 2317; OLG Karlsruhe VersR **2012**, 456).

Unser R hat einen Nervenschock erlitten und im Zuge dessen drei Tage lang Schwindel, Übelkeit und Kopfschmerzen, die ärztlich und stationär überwacht worden sind, zu beklagen. Dies geht fraglos über das normale Maß an Gemütsverstimmung hinaus und ist folglich als Gesundheitsverletzung zu subsumieren.

ZE.: Der R hat eine Gesundheitsverletzung im Sinne des § 823 Abs. 1 BGB erlitten.

2.) Grundlage der Rechtsgutverletzung muss ein menschliches Verhalten, also ein *Handeln* oder *Unterlassen* gewesen sein. Das ist hier kein Problem, es liegt ein positives Tun in Form der – aktiven – Unfallverursachung seitens des F vor.

3.) Zwischen der Gesundheitsverletzung des R und dem Handeln des F muss aber des Weiteren auch ein ursächlicher Zusammenhang bestehen, die Rechtsgutsverletzung muss dem Schädiger *zuzurechnen* sein.

> **Durchblick:** Hinter diesem Satz verbirgt sich die sogenannte »**haftungsbegründende Kausalität**«. Diese haftungsbegründende Kausalität (Kausalität = Ursächlichkeit) stellt die Verbindung her zwischen der eingetretenen Rechtsgutverletzung und dem Verhalten des in Anspruch genommenen Schuldners (*Erman/Wilhelmi* § 823 BGB Rz. 14; *Brox/Walker* BS § 41 Rz. 28). Logischerweise muss man grundsätzlich nur für den Schaden einstehen, den man auch tatsächlich durch sein eigenes Verhalten verursacht hat. Niemand wird im Rahmen des § 823 BGB verpflichtet, für eine Rechtsgutsverletzung zu haften, zu deren Entstehung er keinen kausalen – *ursächlichen* – Beitrag geleistet hat (*Jauernig/Teichmann* § 823 BGB Rz. 20).

Wie weit dieser Begriff der »Verursachung« tatsächlich reicht, ist das am häufigsten gestellte Problem innerhalb des § 823 BGB, und zwar sowohl im richtigen Leben als auch vor allem in den universitären Klausuren und Hausarbeiten. Zumeist entscheiden sich an dieser Stelle die (Klausur-) Fälle.

Und genau so wird das auch hier in unserem kleinen Fällchen sein. Wir müssen uns deshalb der haftungsbegründenden Kausalität eingehend widmen und wollen insoweit bitte zunächst noch einmal wiederholen: Die haftungsbegründende Kausalität beantwortet die Frage, ob es eine kausale (ursächliche) Verbindung zwischen dem Verhalten des Schädigers und der Rechtsgutsverletzung beim Anspruchssteller gibt. In der klausurmäßigen Prüfung wird das Ganze in drei Stufen bzw. drei Kausalitätstheorien unterteilt, die zum einen vom Bearbeiter natürlich gekannt und zum anderen dann auch in der richtigen Reihenfolge geprüft werden müssen, und zwar so:

a) Kausalität nach der Äquivalenzformel (»conditio sine qua non«)

> **Definition:** Nach der *Äquivalenzformel* ist jedes Verhalten ursächlich, das nicht hinweggedacht werden kann, ohne dass die Rechtsgutsverletzung im konkreten Fall entfiele (BGHZ **25**, 84; *Brox/Walker* BS § 45 Rz. 28; *Larenz* SR I § 27 III a; *Jauernig/Teichmann* § 823 BGB Rz. 22).

Hier: Kein Problem, der von F verursachte Zusammenstoß mit K kann nicht hinweggedacht werden, ohne dass die Verletzung des R entfiele. Denn ohne den Zusammenstoß hätte K nicht in der Blutlache gelegen, was dann den Schock bei R bewirkte.

ZE.: Das Verhalten des F (= die Unfallverursachung mit K) ist »ursächlich« im Sinne der Äquivalenzformel für die später bei R eingetretene Rechtsgutsverletzung.

Beachte: Das kann aber selbstverständlich noch nicht das letzte Wort sein, denn würde man nur diese Äquivalenzformel anwenden, wäre so ziemlich alles »ursächlich« im gerade genannten Sinne, was jemals auf der Welt passiert ist, zum **Beispiel:** Die Mutter des Fahrradfahrers F ist »ursächlich« für den Unfall mit K und auch die Gesundheitsbeschädigung bei R, denn hätte sie den F nicht gezeugt und geboren, hätte F den Unfall auch nicht verursachen können (!?).

Dass das nicht richtig sein kann, leuchtet ein. Die Äquivalenzformel ist für sich allein betrachtet deshalb auch nicht geeignet, einen vernünftigen Ursachenzusammenhang, der dem Sinn des Gesetzes entspricht, herzustellen (*Palandt/Ellenberger* vor § 249 BGB Rz. 58). Sie muss vielmehr eingeschränkt werden, und zwar anhand der sogenannten »**objektiven Zurechnung**«. Im Rahmen dieser objektiven Zurechnung wird geklärt, inwieweit die eingetretene Rechtsgutsverletzung der handelnden Person auch *wertungsmäßig* im Sinne des § 823 BGB zugerechnet werden kann (*Brox/Walker* BS § 45 Rz. 29). Und durchgeführt wird das Ganze anhand der sogenannten »**Adäquanzformel**« sowie der Lehre vom »**Schutzzweck der Norm**«. Der Reihe nach:

b) Kausalität nach der Adäquanzformel

> **Definition:** Nach der *Adäquanzformel* ist dem Handelnden die eingetretene Rechtsgutsverletzung nur dann zuzurechnen, wenn mit ihr nach allgemeiner Lebenserfahrung aus der Sicht des objektiven Beobachters gerechnet werden konnte und sie insbesondere nicht die Folge eines vollkommen atypischen, dem allgemein

Lebensverständnis widersprechenden Kausalverlaufs ist (BGH NJW **2004**, 1945; BGH NJW **2002**, 2232; RGZ **133**, 126; *Palandt/Ellenberger* vor § 249 BGB Rz. 59; *Jauernig/Teichmann* vor § 249 BGB Rz. 27).

Anhand dieser – zweiten – Kausalitätstheorie werden jetzt die abgedrehten Geschichten rausgefiltert: Wer also etwa aus Versehen vergisst, im Garten den Rasenmäher auszustellen, wenn er gerade zum klingelnden Telefon ins Haus läuft, muss nicht für das später abgebrannte Nachbarhaus haften, wenn der Rasenmäher sich selbst in Bewegung setzt, gegen den Zaun des Nachbarn fährt, dabei einen Gartenzwerg umstößt, der seinerseits dann den Grill vom Vorabend umschmeißt, dabei die letzten angeglühten Kohlen auf den abschüssigen Rasen fallen, von dort aus in einen Heuballen rollen, woraufhin dieser sich entzündet und die Funken dann wegen des starken Windes auf das Holzdach des Nachbarhauses übergehen und infolgedessen das ganze Haus abbrennt.

Logo: Mit so etwas muss man unter Berücksichtigung der allgemeinen Lebenserfahrung eindeutig *nicht* rechnen, wenn man vergisst, den Rasenmäher auszustellen. Das ist vielmehr ein sogenannter »atypischer Kausalverlauf«. Das Verhalten ist zwar ursächlich im Sinne der Äquivalenzformel (= 1. Stufe), denn es kann nicht hinweggedacht werden, ohne dass der Erfolg entfiele. Es fehlt aber an der Adäquanz (= 2. Stufe). Eine Haftung nach § 823 Abs. 1 BGB für das abgebrannte Haus käme folglich mangels haftungsbegründender Kausalität (fehlende Adäquanz) nicht in Betracht.

Zurück zu unserem Fall: Aus der Sicht eines objektiven Beobachters liegt es hier allerdings keineswegs außerhalb der allgemeinen Lebenserfahrung, dass jemand, der einen Verkehrsunfall verursacht, bei einer dritten Person, die den Unfall beobachtet, einen Schock verursacht, der dann aufgrund von Schwindel, Übelkeit und Kopfschmerzen behandelt werden muss. Das ist aus objektiver Sicht durchaus vorhersehbar, stellt keinen atypischen Verlauf dar und ist daher *adäquat* kausal.

ZE.: Auch nach der Adäquanzformel ist das Verhalten des F »ursächlich« für die später eingetretene Rechtsgutsverletzung in Form des Nervenschocks bei R.

Nachdem wir das auch geklärt haben, kommt jetzt die eigentliche Finte der ganzen Geschichte, der dritte und letzte Prüfungspunkt innerhalb der haftungsbegründenden Kausalität, der herkömmlich »**Kausalität nach dem Schutzzweck der Norm**«, gelegentlich auch »**Rechtswidrigkeitszusammenhang**« genannt wird (*Brox/Walker* BS § 45 Rz. 31). Es geht dabei um Folgendes:

c) Kausalität nach der Lehre vom Schutzzweck der Norm

Definition: Ersatzfähig sind nach der Lehre vom Schutzzweck der Norm nur die Schäden bzw. Rechtsgutsverletzungen, deren Schutz das übertretene Gebot bezweckt (BGH NJW **2014**, 2190; BGH NJW **2013**, 1679; BGH NJW **2011**, 292; PWW/*Schaub* § 823 BGB Rz. 7; *Palandt/Ellenberger* vor § 249 BGB Rz. 62).

Durchblick: Während bei der Frage nach der Adäquanz einer schädigenden Handlung danach gefragt wird, ob sich die Rechtsgutsverletzung noch im allgemein vorhersehbaren Rahmen befindet, wird bei der Frage nach dem Schutzzweck der Norm geklärt, ob das Verbot eines bestimmten Verhaltens die letztlich eingetretene Rechtsgutsverletzung auch tatsächlich verhindern sollte (schwerer, aber wichtiger Satz, bitte mindestens noch einmal lesen!).

Prüfen wir mal: Also, verboten ist eindeutig, einen anderen körperlich zu schädigen. Wer das tut, hat nach § 823 Abs. 1 BGB Schadensersatz für die Rechtsgutsverletzung bei dem anderen zu leisten. **Aber:** Besteht das in § 823 Abs. 1 BGB verankerte Verbot, einen anderen körperlich zu schädigen, auch deshalb, damit dritte Personen beim Anblick des Geschädigten keine psychisch vermittelten (Schock-) Schäden erleiden – und sollen auch diese Personen dann gegen den Schädiger einen Ersatzanspruch aus § 823 BGB haben?

Lösung: Grundsätzlich umfasst die Schadensersatzpflicht des § 823 Abs. 1 BGB nur diejenigen Rechtsgutsverletzungen, die **unmittelbar** bei demjenigen entstanden sind, gegen den sich die Schädigungshandlung gerichtet hatte (*Palandt/Ellenberger* vor § 249 BGB Rz. 71; *Medicus/Petersen* BR Rz. 834). Würde man nämlich jeden dritten, nur mittelbar Geschädigten in die Schadensersatzpflicht einbeziehen, entstünden für den Schädiger unübersehbare Haftungsrisiken (BGH NJW **2007**, 2764; OLG Düsseldorf NJW **1978**, 2036). Wörtlich und sehr anschaulich heißt es in der gerade zitierten Entscheidung des OLG Düsseldorf dazu:

> »... *Es würde zu einer unvertretbaren und nicht mehr eingrenzbaren Ausdehnung der Haftung führen, wenn demjenigen, der ein Rechtsgut verletzt, auch der Schaden zugerechnet werden würde, der erst durch diese Rechtsgutsverletzung an einem weiteren Rechtsgut eines Dritten aufgrund einer nur psychischen Auswirkung entsteht* ...« (OLG Düsseldorf NJW **1978**, 2036)

Zur Verdeutlichung mag man sich vorstellen, der Fahrradunfall aus unserem Fall oben findet in einer belebten Fußgängerzone statt, wo dann zufällig 250 Leute zugucken und selbstredend beim Anblick des in der Blutlache liegenden Opfers auch allesamt in Ohnmacht fallen. Völlig klar und nachvollziehbar, dass der Unfallverursacher natürlich nicht für die Schäden der 250 Leute einstehen muss. Hier fehlt es an der Kausalität nach den Regeln vom Schutzzweck der Norm. Das Beobachten eines Unfalls gehört vielmehr zum **allgemeinen Lebensrisiko** und löst – wenn es beim Beobachter zum Schockerlebnis führt – grundsätzlich keine Ersatzpflicht auf Seiten des Unfallverursachers aus (BGH NJW **2015**, 1451; BGH NJW **2007**, 2764; BGH VersR **1991**, 704; OLG Karlsruhe VersR **2012**, 456; OLG Düsseldorf NJW **1978**, 2036; OLG Koblenz JP **2001**, 131; *Palandt/Sprau* § 823 BGB Rz. 4).

> **Merke:** Der § 823 Abs. 1 BGB schützt grundsätzlich nur den *unmittelbar* Geschädigten, also denjenigen, gegen den sich die pflichtwidrige Verletzungshandlung auch gerichtet hat (BGH NJW **2014**, 2190; BGH NJW **2011**, 292; BGH NJW **2007**, 2764; OLG Karlsruhe VersR **2012**, 456; *Palandt/Sprau* § 823 BGB Rz. 157). Ansprüche nach § 823 Abs. 1 BGB können daher auch nur von denjenigen Personen geltend gemacht werden, deren Rechtsgüter *unmittelbar* durch das Verhalten des Schädigers verletzt worden sind. Sofern dritte Personen nur aufgrund psychischer Auswirkungen Schäden erleiden, steht diesen Personen kein Ersatzanspruch zu.

ZE.: Demzufolge kann unser Unfallbeobachter R gegen den Verursacher F keinen Anspruch aus § 823 Abs. 1 BGB herleiten. R erleidet nur aufgrund psychischer Folgewirkungen einen Schaden, der zwar eine Gesundheitsverletzung im Sinne des § 823 Abs. 1 BGB darstellt, aber nicht dem F zugerechnet werden kann. Es fehlt an der haftungsbegründenden Kausalität. Dass der R Zeuge des Unfalls war, gehört vielmehr zum allgemeinen Lebensrisiko und begründet keine Einstandspflicht seitens des Unfallverursachers F.

Ergebnis: Dem R steht gegen F kein Anspruch aus § 823 Abs. 1 BGB zu. Weitere Anspruchsgrundlagen kommen nicht in Betracht mit der Folge, dass R insgesamt leer ausgeht.

> **Beachte noch:** Diese gerade gelernte Regel wendet der BGH sehr konsequent an, wie der dramatische Fall aus BGH NJW **2007**, 2764 zeigt: Dort hatte ein Geisterfahrer auf der Autobahn bei einem Frontalzusammenstoß nachts einen schweren Verkehrsunfall verursacht. Zwei zufällig aus der Nachtschicht kommende Polizisten passierten mit ihrem Privat-Kfz die Unfallstelle, hielten sofort an und versuchten unter Einsatz ihres Lebens, die Opfer aus den brennenden Fahrzeugen zu bergen. Als dies nicht gelang und die Autos mitsamt Insassen vor ihren Augen verbrannten, erlitten beide Beamte schwerste Schockschäden und waren monatelang arbeitsunfähig. Einen Anspruch gegen den Unfallverursacher bzw. dessen Versicherung lehnte der BGH in letzter Instanz dennoch ab. Die Polizisten wären nicht unmittelbar am Unfall beteiligt, sondern nur Unfallzeugen gewesen. Die Tatsache, dass sie unter lebensgefährlichen Umständen die Rettung der Opfer versucht hätten, gebiete keine andere Beurteilung (BGH NJW **2007**, 2764). Das ist sehr hart, aber konsequent, siehe oben.

II. Ansprüche der V (= Verlobte des Unfallopfers) gegen F

Vorab: Auf den ersten Blick ist diese Prüfung hier jetzt eigentlich überflüssig. Denn wir haben ja eben groß und breit erklärt, warum dritte Personen, die am Unfall nicht unmittelbar beteiligt waren, keine Ersatzansprüche gegen den Unfallverursacher geltend machen können. Allerdings gibt es da selbstverständlich auch Ausnahmen bzw. Finten, sonst würden wir uns damit auch gar nicht beschäftigen. Wir werden sehen, dass es tatsächlich einen Unterschied macht, *wer* im konkreten Fall den (Schock-)Schaden erleidet. Bislang wissen wir nur, dass jedenfalls Freunde des Unfallopfers oder sonst Außenstehende *nicht* ersatzberechtigt sind. Ob das so auch für Angehörige gilt, schauen wir uns jetzt mal an:

<u>AGL.</u>: § 823 Abs. 1 BGB

1.) Die Gesundheitsbeschädigung der V können wir hier unter Bezugnahme auf das oben Gesagte zwanglos bejahen: Die V hat einen Nervenzusammenbruch erlitten und wurde anschließend vier Wochen stationär behandelt. Es handelt sich folglich um eine aus ärztlicher Sicht zu behandelnde Störung der inneren Funktionen, die über das übliche Maß hinausgeht (BGH NJW **2015**, 1451; BGHZ **132**, 341; MüKo/*Wagner* § 823 BGB Rz. 146).

<u>ZE.</u>: Eine Gesundheitsverletzung im Sinne des § 823 Abs. 1 BGB liegt vor.

2.) Grundlage der Rechtsgutsverletzung muss wieder ein menschliches Verhalten, also ein *Handeln* oder *Unterlassen* gewesen sein. Auch das ist kein Problem, es liegt ein positives Tun in Form der – aktiven – Unfallverursachung seitens des F vor.

3.) Zwischen der Gesundheitsverletzung der V und dem Handeln des F muss auch wieder ein ursächlicher Zusammenhang bestehen, die Rechtsgutsverletzung muss dem Schädiger *zurechenbar* sein (= haftungsbegründende Kausalität).

Und jetzt wird es interessant: Ohne Probleme ist die Gesundheitsbeschädigung der V nach der Äquivalenztheorie und auch nach der Adäquanztheorie »ursächlich« auf den von F verursachten Unfall zurückzuführen. Denn zum einen kann der Unfall nicht hinweggedacht werden, ohne dass die Schädigung der V entfiele (Äquivalenz = 1. Stufe); und zum anderen liegt dieser Verlauf auch nicht außerhalb der allgemeinen Lebenserfahrung, stellt insbesondere keinen atypischen Kausalverlauf dar (Adäquanz = 2. Stufe). Der maßgebliche Unterschied liegt aber bei der Frage nach dem Schutzzweck der Norm (= 3. Stufe). Wir erinnern uns bitte:

> **Frage:** Besteht das in § 823 Abs. 1 BGB verankerte Verbot, einen anderen körperlich zu schädigen, auch deshalb, damit dritte Personen keine psychisch vermittelten (Schock-) Schäden erleiden – und sollen auch diese Personen dann gegen den Schädiger einen Ersatzanspruch aus § 823 BGB haben?

Diese Frage hatten wir oben bei R verneint mit dem Argument, es gehöre zum allgemeinen Lebensrisiko, dass man einen Unfall beobachtet und dabei dann einen Schock erleidet. Der Unfallverursacher muss für diese Schäden dritter Personen grundsätzlich nicht einstehen (siehe oben).

Anders ist das nun aber bei *Angehörigen* des Unfallopfers. Die Rechtsprechung und die Literatur bejahen in solchen Fällen ausnahmsweise die haftungsbegründende Kausalität mit dem Argument, die enge persönliche Beziehung verbinde die Rechtsgüter des unmittelbar Geschädigten und des Dritten (Angehörigen) miteinander; hier gilt demnach nicht das Argument, dass diese Schädigung zum allgemeinen Lebensrisiko gehöre und demnach nicht ersatzfähig sei (BGH NJW **2015**, 1451; BGH NJW **2014**, 2190; BGH NJW **2000**, 862; BGH VersR **1991**, 704; OLG Karlsruhe VersR **2012**, 456; OLG Koblenz JP **2001**, 131; OLG Stuttgart NJW-RR **1989**, 477; MüKo/*Wagner* § 823 BGB Rz. 141; *Palandt/Sprau* § 823 BGB Rz. 4; *Brox/Walker* BS § 45 Rz. 3).

Um den Anwendungsbereich dieses Ausnahmefalles vernünftig einzugrenzen, müssen nach ständiger Rechtsprechung allerdings *drei* Voraussetzungen vorliegen:

> Es muss sich zunächst um eine *schwere Beeinträchtigung* seitens des (Schock-)Opfers handeln. Die Gesundheitsbeschädigung muss nach Art und Schwere deutlich über das hinausgehen, was Nahestehende als mittelbar Betroffene in derartigen Fällen erleiden (BGH NJW **2015**, 1451; BGH NJW **1989**, 2317; OLG Karlsruhe VersR **2012**, 456; OLG Nürnberg NJW **1998**, 2293). Des Weiteren muss ein *ausreichender Anlass* im Hinblick auf den ausgelösten Schock vorliegen: hierzu gehört beispielsweise der Schock, den ein Motorradfahrer erleidet, wenn ein LKW ihn knapp verfehlt, aber die hinter ihm sitzende Ehefrau erfasst und tötet (BGH NJW **2015**, 1451). Das Miterleben des Unfalls ist indes keine zwingende Voraussetzung; es genügt auch die Benachrichtigung/Kenntniserlangung über den bei einem Unfall erlittenen Personenschaden. Allein die Kenntniserlangung eines *Sachschadens* reicht allerdings unstreitig nicht aus. Als ausreichender Anlass für den Schock dient neben dem Tod eines Angehörigen im Übrigen auch eine schwere Verletzung, und zwar selbst dann, wenn – wie gerade bereits erwähnt – das Ereignis selbst gar nicht miterlebt wurde, sondern der Schock nur durch die Benachrichtigung darüber eintritt (BGH NJW **1985**, 1390). Schließlich ist dieser Anspruch beschränkt auf *nahe Angehörige*, wozu übrigens auch der getrennt lebende Ehegatte gehört, der Verlobte sowie ein – dauernder – Lebensgefährte (BGH NJW **1984**, 1405; BGH NJW **1971**, 1883; OLG Karlsruhe VersR **2012**, 456; OLG Stuttgart NJW-RR **1989**, 477; MüKo/*Oetker* § 249 BGB Rz. 147).

Subsumtion: Die V ist als Verlobte »nahe Angehörige« des Unfallopfers K (vgl. OLG Stuttgart NJW-RR **1989**, 477). Sie hat aufgrund der Nachricht über die schwere Körperverletzung des K einen Nervenzusammenbruch mit anschließender vierwöchiger therapeutischer Behandlung erlitten. Bei der vorliegenden Körperverletzung des K handelt es sich somit um einen »ausreichenden Anlass« im eben beschriebenen Sinne und zudem liegt im darauf folgenden Nervenzusammenbruch mit der vierwöchigen Behandlung auch eine »schwere Beeinträchtigung« der Gesundheit der V.

<u>ZE.:</u> Der von F verursachte Unfall mit K ist somit »ursächlich« auch nach der Theorie vom Schutzzweck der Norm für die von V erlittene Gesundheitsbeschädigung. Die Voraussetzungen, unter denen trotz nur mittelbarer Schädigung der V die haftungsbegründende Kausalität anzunehmen ist, liegen demnach vor.

4.) Die Gesundheitsbeschädigung der V erfolgte *rechtswidrig*, dem F stand kein Rechtfertigungsgrund zur Seite. Die Tatbestandsmäßigkeit indiziert die Rechtswidrigkeit (BGHZ **74**, 9; *Brox/Walker* BS § 45 Rz. 47; *Medicus/Lorenz* SR II Rz. 1250).

5.) F handelte bei dem Unfall zudem *schuldhaft* (fahrlässig) im Sinne des § 276 Abs. 2 BGB, was durch das Wörtchen »Unachtsamkeit« im Sachverhalt dokumentiert ist.

6.) V muss des Weiteren ein ersatzfähiger *Schaden* (= unfreiwillige Vermögenseinbuße) entstanden sein (*Brox/Walker* BS § 45 Rz. 59). In welcher Form Schäden zu ersetzen sind, bestimmt sich grundsätzlich nach den **§§ 249 ff. BGB**. Im Falle der Verletzung einer Person sind zudem die **§§ 842 ff. BGB** einschlägig, die indessen nach allgemeiner Ansicht nur »klarstellenden Charakter« haben und keine inhaltlichen Abweichungen zu den §§ 249 ff. BGB bieten (BGHZ **26**, 77; *Palandt/Sprau* § 842 BGB Rz. 1; *Bamberger/Roth/Schindler* § 842 BGB Rz. 1; *Jauernig/Teichmann* § 842 BGB Rz. 1).

Zum Fall: Gemäß den **§§ 249 Abs. 1, 252 BGB** gehört zum ersatzfähigen Schaden der entgangene Gewinn. Entgangener Verdienst aus selbstständiger Arbeit ist unstreitig unter den Begriff des »entgangenen Gewinns« im Sinne des § 252 Satz 2 BGB zu fassen (BGH NJW-RR **1992**, 852). V sind somit 8.000 Euro ersatzfähiger Schaden in Form des Verdienstausfalls entstanden. Zum gleichen Ergebnis kommt man übrigens mit § 842 BGB, wonach sich die Verpflichtung zum Schadensersatz auf die Nachteile beschränkt, welche die Handlung für den Erwerb oder das Fortkommen des Verletzten hat (= Verdienstausfall, vgl. nur BGH NJW **1995**, 1023).

Als zweiter Schadensposten kommen die Kosten für die Heilbehandlung in Höhe von 5.000 Euro in Betracht, die sich über **§ 249 Abs. 2 BGB** (bitte lesen) regeln und damit ebenfalls zum Schaden zählen und in Geld zu ersetzen sind (OLG Karlsruhe VersR **2012**, 456; *Palandt/Ellenberger* § 249 BGB Rz. 8). Sofern V auch Schmerzensgeld verlangen möchte, ergibt sich die Ersatzfähigkeit dessen schließlich aus **§ 253 Abs. 2 BGB**.

<u>ZE.:</u> V hat durch das Schockerlebnis folgende, grundsätzlich ersatzfähige Schäden erlitten: Den Verdienstausfall in Höhe von 8.000 Euro (→ §§ 249 Abs. 1, 252, 842 BGB); die Kosten der Heilbehandlung in Höhe von 5.000 Euro (→ § 249 Abs. 2 BGB) sowie ein angemessenes Schmerzensgeld (→ § 253 Abs. 2 BGB).

7.) Diese gerade aufgezeigten Schäden müssen schließlich *ursächlich* auf die Rechtsgutsverletzung zurückzuführen sein.

> **Beachte:** Hinter diesem Satz verbirgt sich nun die zweite und letzte Kausalitätsprüfung innerhalb des § 823 Abs. 1 BGB, nämlich die sogenannte »**haftungsausfüllende Kausalität**«. Diese stellt die Verbindung her zwischen der Rechtsgutsverletzung und dem eingetretenen Schaden (*Jauernig/Teichmann* vor § 249 BGB Rz. 24). Beachte bitte den Unterschied: Während die haftungsbegründende Kausalität die Verbindung zwischen dem Handeln/Unterlassen des Schädigers und der Rechtsgutsverletzung knüpft (siehe oben), wird nun im Rahmen der haftungsausfüllenden Kausalität untersucht, ob die Rechtsgutsverletzung auch »ursächlich« für den konkret eingetretenen Schaden gewesen ist.

Vorsicht: Zwar gelten innerhalb dieser Kausalitätsprüfung grundsätzlich die gleichen Regeln bzw. Theorien, die wir auch schon oben bei der haftungsbegründenden Kausalität kennengelernt haben (*Brox/Walker* BS § 45 Rz. 60). Allerdings wird innerhalb dieses Prüfungspunktes stets allein die **Adäquanz** diskutiert, also gefragt, ob der eingetretene Schaden sich nicht als **atypisch** darstellt, man mit ihm also unter Berücksichtigung der allgemeinen Lebenserfahrung nicht rechnen musste (BGHZ **20**, 137). Und dies ist in den Fällen der vorliegenden Art insbesondere dann problematisch, wenn das Opfer nur aufgrund einer Vorschädigung, etwa durch eine konstitutionelle Schwächung, den konkret in Frage stehenden Schaden erleidet, den es sonst – quasi bei »normaler Gesundheit« – nicht erlitten hätte (BGHZ **137**, 143).

Zum Fall: V erleidet nur deshalb einen Nervenzusammenbruch mit anschließender Behandlung, weil sie eine seit ihrer Kindheit bestehende psychische Erkrankung hat. Es fragt sich, ob F als Schädiger mit so etwas rechnen musste oder ob es sich bei dieser Krankheitsentwicklung um einen aus seiner Sicht atypischen Kausalverlauf handelt mit der Folge, dass F hierfür nicht einzustehen hätte (→ fehlende Adäquanz).

> **Einfache Antwort – und Merksatz:** Wer als Schädiger einen gesundheitlich schon geschwächten Menschen verletzt, kann nicht verlangen, so gestellt zu werden, als wenn die betroffene Person gesund gewesen wäre. Man hat das Opfer grundsätzlich so zu nehmen, wie es ist (BGHZ **137**, 143; BGH NJW **2002**, 868; OLG Karlsruhe VersR **2012**, 456; KG NZV **2003**, 239; *Palandt/Ellenberger* vor § 249 BGB Rz. 67).

Also: Diesen – durchaus erstaunlichen – Satz wollen und müssen wir uns unbedingt merken. Es gibt keinen Bonus bzw. Nachlass, wenn das Opfer schon vorgeschädigt war; auch dafür hat man als Schädiger grundsätzlich einzustehen. Fährt man z.B. bei einem Verkehrsunfall zufällig einen Bluter an, hat man auch die sich aus diesem Umstand ergebenden erhöhten Behandlungskosten (in einem vom OLG Koblenz entschiedenen Fall waren das 300.000 DM!) zu tragen und kann sich insbesondere nicht auf die Vorschädigung des Opfers berufen (OLG Koblenz VRS **1972**, 403; vgl. aber auch BGH NJW **1976**, 1143 sowie OLG Karlsruhe VersR **2012**, 456).

<u>ZE.:</u> Die Tatsache, dass die V bereits psychisch vorgeschädigt bzw. anfällig war und nur deshalb in Behandlung musste, hindert nicht die Zurechnung dieses Schadens innerhalb der haftungsausfüllenden Kausalität. Der Unfallverursacher F hat auch hierfür nach § 823 Abs. 1 BGB einzustehen.

<u>ZE.:</u> Damit liegen dann sämtliche (sieben) Voraussetzungen des Anspruchs aus § 823 Abs. 1 BGB vor mit der Folge, dass F gegenüber V vollumfänglich ersatzpflichtig ist.

Ergebnis: V steht demnach gegen F ein Anspruch aus § 823 Abs. 1 BGB auf Ersatz der Behandlungskosten in Höhe von 5.000 Euro nach § 249 Abs. 2, des Verdienstausfalls in Höhe von 8.000 Euro nach den §§ 249 Abs. 2, 252, 842 BGB sowie auf ein angemessenes Schmerzensgeld nach § 253 Abs. 2 BGB zu. Und sollte, wie das in Deutschland üblich ist, die Krankenkasse der V im Hinblick auf die Heilungskosten schon Leistungen erbracht haben, geht der diesbezügliche Anspruch der V gegen F dann auf die Krankenkasse über (→ gesetzlicher Forderungsübergang). Dann müsste (und würde!) die Krankenkasse gegen den F aus übergegangenem Recht vorgehen.

Ein Nachtrag zum Schockschaden

Im Zusammenhang mit der eben erläuterten Problematik um die Ersatzfähigkeit von »Schockschäden« hatte der BGH am **20. Mai 2014** über die folgende tragische Geschichte zu entscheiden: Frau F und Herr M bekamen während ihrer Ehe zwei Kinder und ließen sich, als die Kinder 12 und 16 Jahre alt waren, scheiden. Einige Monate nach der Scheidung wurde bei M eine zum Tode führende und zudem vererbliche Gehirnkrankheit diagnostiziert. M entschied sich sofort, neben seinem Bekanntenkreis hierüber auch seine geschiedene Frau zu informieren, auch um damit eine Behandlung der Kinder, falls diese die Krankheit tatsächlich geerbt hätten, zu ermöglichen. Er entband daher seinen behandelnden Arzt A von der Schweigepflicht. A bat die F noch am gleichen Tag um ein Gespräch und eröffnete ihr die mögliche Erkrankung ihrer Kinder. Die F rief daraufhin in einer Spezialklinik an, um gendiagnostisch klären zu lassen, ob ihre Kinder die Krankheit des Vaters geerbt hatten. Diese Überprüfung wurde ihr aber aufgrund der Regeln des *Gendiagnostikgesetzes* (noch) verweigert, da bei Minderjährigen eine entsprechende Untersuchung erst bei Ausbruch der Krankheit gestattet ist. Aufgrund der Ungewissheit über die möglicherweise tödliche Erkrankung ihrer Kinder verfiel die F anschließend in eine schwere Depression, die auch zur dauerhaften Arbeitsunfähigkeit führte. F verlangt nun von A wegen Verletzung ihres absoluten Rechts »**Gesundheit**« unter anderem ein angemessenes Schmerzensgeld (→ § 823 Abs. 1 BGB) und trägt vor, der A habe sie nicht über die Krankheit der Kinder informieren dürfen, jedenfalls so lange nicht, bis die mögliche Erkrankung nach dem *Gendiagnostikgesetz* hätte untersucht werden können.

Lösung: Der BGH wies die Klage der F gegen A in letzter Instanz ab und berief sich auf das Fehlen der Kausalität nach den Lehren des Schutzzwecks der Norm (BGH NJW **2014**, 2190 = WM **2014**, 1397). A habe für die Folgen der »Information« der F über die mögliche Krankheit der Kinder nicht einzustehen. Wörtlich heißt es:

> »... *In der Rechtsprechung des Bundesgerichtshofs ist es anerkannt, dass die Schadensersatzpflicht durch den* **Schutzzweck der Norm** *begrenzt wird. Eine Schadensersatzpflicht besteht nur, wenn die Tatfolgen, für die Ersatz begehrt wird, aus dem Bereich der Gefahren stammen, zu deren Abwendung die verletzte Norm erlassen oder die verletzte vertragliche oder vorvertragliche Pflicht übernommen worden ist. Die Schadensersatzpflicht hängt zum einen davon ab, ob die verletzte Bestimmung überhaupt den Schutz Einzelner bezweckt und der Verletzte gegebenenfalls zu dem geschützten Personenkreis gehört. Zum anderen muss geprüft werden, ob die Bestimmung das verletzte Rechtsgut schützen soll. Darüber hinaus muss die Norm den Schutz des Rechtsguts gerade gegen die vorliegende Schädigungsart bezwecken; die geltend gemachte Rechtsgutsverletzung bzw. der geltend gemachte Schaden müssen also auch nach Art und Entstehungsweise unter den Schutzzweck der verletzten Norm fallen. Daran fehlt es in der Regel, wenn sich eine Gefahr realisiert hat, die dem* **allgemeinen Lebensrisiko** *und damit dem Risikobereich des Geschädigten zuzurechnen ist. Der Schädiger kann nicht*

*für solche Verletzungen oder Schäden haftbar gemacht werden, die der Betroffene in seinem Leben auch sonst üblicherweise zu gewärtigen hat … Unter Zugrundelegung dieser Maßstäbe ist die Erkrankung der Klägerin dem beklagten Arzt haftungsrechtlich **nicht** zuzurechnen. Die Erkrankung der Klägerin ist unstreitig darauf zurückzuführen, dass sie von der Krankheit ihres geschiedenen Mannes und der damit verbundenen Möglichkeit Kenntnis erlangt hat, dass die gemeinsamen, damals 12 und 16 Jahre alten Kinder die genetische Anlage der Krankheit geerbt haben könnten. Insoweit haben sich aber keine Gefahren verwirklicht, die durch § 823 Abs. 1 BGB verhütet werden sollen. Da der geschiedene Mann der Klägerin mit seiner inzwischen ausgebrochenen Erkrankung offen umgehen und sowohl die gemeinsamen Kinder als auch seinen Bekanntenkreis informieren wollte, hätte die Klägerin diese Kenntnis jederzeit anderweitig erlangen können. Dass eine schwerwiegende – möglicherweise auch für die Gesundheit der Kinder relevante – Krankheit eines Elternteils erkannt und dem anderen Elternteil bekannt wird, ist ein Schicksal, das Eltern jederzeit widerfahren kann. Es gehört zu den **allgemeinen Lebensrisiken**, fällt aber nicht in den Bereich der Gefahren, vor denen § 823 Abs. 1 BGB schützen will. Die Bestimmung bezweckt nicht den Schutz eines sorgeberechtigten Elternteils vor den psychischen Belastungen, die damit verbunden sind, dass er von einer genetischen Erkrankung des anderen Elternteils und dem damit einhergehenden Risiko Kenntnis erlangt, dass die gemeinsamen Kinder auch Träger der Krankheit sein könnten. Diese Belastungen haben die Personensorgeberechtigten vielmehr grundsätzlich hinzunehmen, ohne den Überbringer der Nachricht dafür verantwortlich machen zu können …«.*

Und schließlich noch eine kleine Anekdote für Tierfreunde

Am **20. März 2012** musste der BGH über ein ganz besonderes Schockerlebnis entscheiden: Eine ältere Dame aus *Aachen* (Nordrhein-Westfalen) ging mit ihrem 14 Monate alten Labrador-Welpen über einen Feldweg spazieren. Um die Ecke kam ein Traktor – und den Rest sparen wir uns. Neben ihrem materiellen Schaden begehrte die Dame einige Monate später dann – und deshalb ist das für uns hier auch interessant – unter Berufung auf die ständige Rechtsprechung zu den »**Schockschäden**« (siehe oben!) ein angemessenes Schmerzensgeld für ihren *seelischen*, durch den Tod ihres geliebten Hundes erlittenen Schaden. **Frage:** Gelten die oben aufgestellten Regeln auch dann, wenn man einen Schock erleidet, weil das eigene *Tier* getötet wurde? **Antwort:** Nein! Der BGH kannte keine Gnade und wies die Klage in letzter Instanz ab (BGHZ **193**, 34 = NJW **2012**, 1730). Wörtlich heißt es:

*»… Allein aus der Tatsache, dass im Falle des Todes eines Menschen nach ständiger Rechtsprechung immer nur ›**nahe Angehörige**‹ in den geschützten Personenkreis der sogenannten Schockschäden fallen, ergibt sich, dass diese Regelungen beim Tode eines Tieres selbstverständlich nicht eingreifen können. Körperliche Beeinträchtigungen, die bei der Verletzung oder Tötung von geliebten Tieren entstehen – mögen sie auch als schwerwiegend empfunden werden und das Leid menschlich noch so verständlich sein – gehören zum **allgemeinen Lebensrisiko** und vermögen Schmerzensgeldansprüche nicht zu begründen …«*

Merke: Die Regeln über Schockschäden gelten **nicht** bei der Tötung eines Tieres (andere Ansicht aber: MüKo/*Wagner* § 823 BGB Rz. 144).

Ganz zum Schluss noch ein Klausurtipp

Der tatbestandliche Aufbau des § 823 Abs. 1 BGB – also die Anzahl der einzelnen zu prüfenden Tatbestandsmerkmale – findet sich in den Lehrbüchern keinesfalls einheitlich. Während beispielsweise *Brox/Walker* von *fünf* Merkmalen ausgehen (*Brox/Walker* BS § 45 Rz. 60), favorisiert das *Alpmann*-Skript eine Aufteilung in *zwei* Oberpunkte (haftungsbegründender und haftungsausfüllender Tatbestand), um dann im ersten Abschnitt wiederum drei Unterpunkte zu prüfen. *Rolf Schmidt* hingegen rät – wie auch wir in diesem Buch – zu *sieben* Prüfungspunkten, benennt sie aber anders, als wir das hier getan haben (vgl. *Rolf Schmidt*, Gesetzliche Schuldverhältnisse, Rz. 591).

Tipp: Für die Bearbeitung in der Klausur oder Hausarbeit ist allein und entscheidend wichtig, dass der Student *ein* Aufbauschema auswählt und das dann konsequent in der Lösung durchhält. Hierbei spielt tatsächlich keine Rolle, welchem der angebotenen Muster der Bearbeiter folgt. Die einzelnen Prüfungspunkte kommen nämlich in *allen* Schemata vor, werden nur – wie gesehen – gelegentlich anders benannt oder in anderer Reihenfolge angeboten. Inhaltlich tun sie sich aber nichts.

Wir haben hier in diesem Buch den *siebenstufigen* Aufbau mit den oben benannten Tatbestandsmerkmalen gewählt, weil er sich für die Klausurbearbeitung als am sinnvollsten gezeigt hat; er verhindert insbesondere das Übersehen einzelner Merkmale und garantiert eine klar strukturierte Prüfung. Folgendes Muster werden wir daher bei sämtlichen (Deliktsrechts-) Fällen des Buches verwenden:

Prüfungsmuster für § 823 Abs. 1 BGB

1.) **Verletzung eines Rechts oder Rechtsguts**

2.) **Handlung/Unterlassen des Schädigers**

3.) **Haftungsbegründende Kausalität (→ Kausalität zwischen Rechtsgutsverletzung und Handlung/Unterlassen des Schädigers)**

   → Äquivalenztheorie

   → Adäquanztheorie

   → Lehre vom Schutzzweck der Norm

4.) **Rechtswidrigkeit**

5.) **Verschulden (→ § 276 BGB)**

6.) **Ersatzfähiger Schaden (→ §§ 249 ff. BGB)**

7.) **Haftungsausfüllende Kausalität (→ Kausalität zwischen Rechtsgutsverletzung und eingetretenem Schaden)**

   → Adäquanztheorie

Rechtsfolge: Schadensersatz nach den §§ 249 ff. BGB (siehe oben Nr. 6)

Gutachten

I. Ansprüche des R gegen F

R könnte gegen F ein Anspruch auf Schadensersatz aus § 823 Abs. 1 BGB zustehen.

1.) Voraussetzung für das Bestehen eines Anspruchs des R gegen F ist zunächst die Verletzung eines der in § 823 Abs. 1 BGB genannten Rechte bzw. Rechtsgüter. In Betracht kommt im vorliegenden Fall im Hinblick auf den von R erlittenen Schock und die daraus resultierenden Folgen eine Gesundheitsverletzung. Eine Gesundheitsverletzung im Sinne des § 823 Abs. 1 BGB liegt bei der Beeinträchtigung der inneren Funktionen des Körpers vor. Hierzu zählt jedes Hervorrufen oder Steigern eines von den normalen körperlichen Funktionen nachteilig abweichenden Zustandes. Im vorliegenden Fall ist der Anspruchssteller R in seinen inneren Funktionen betroffen. R hat namentlich einen Nervenschock erlitten und im Zuge dessen drei Tage lang Schwindel, Übelkeit und Kopfschmerzen, die ärztlich und stationär überwacht worden sind, zu beklagen. Dies ist als Gesundheitsverletzung zu subsumieren. Der R hat folglich eine Gesundheitsverletzung im Sinne des § 823 Abs. 1 BGB erlitten.

2.) Grundlage der Rechtsgutsverletzung muss ein menschliches Verhalten, also ein Handeln oder Unterlassen gewesen sein. Dies ist hier nicht problematisch, es liegt ein positives Tun in Form der – aktiven – Unfallverursachung seitens des F vor.

3.) Zwischen der Gesundheitsverletzung des R und dem Handeln des F muss des Weiteren auch ein ursächlicher Zusammenhang bestehen. Die Rechtsgutsverletzung muss dem Schädiger zuzurechnen sein, erforderlich ist die sogenannte »haftungsbegründende Kausalität«. Die haftungsbegründende Kausalität beantwortet die Frage, ob es eine kausale Verbindung zwischen dem Verhalten des Schädigers und der Rechtsgutsverletzung beim Anspruchssteller gibt. Geprüft wird dies anhand dreier Stufen bzw. dreier Kausalitätstheorien.

a) Nach der Äquivalenzformel ist jedes Verhalten ursächlich, das nicht hinweggedacht werden kann, ohne dass die Rechtsgutsverletzung im konkreten Fall entfiele. Der von F verursachte Zusammenstoß mit K kann nicht hinweggedacht werden, ohne dass die Verletzung des R entfiele. Denn ohne den Zusammenstoß hätte K nicht in der Blutlache gelegen, was dann den Schock bei R bewirkt hat. Das Verhalten des F (die Unfallverursachung mit K) ist »ursächlich« im Sinne der Äquivalenzformel für die später bei R eingetretene Rechtsgutsverletzung.

b) Erforderlich ist des Weiteren die Kausalität nach der Adäquanzformel. Nach der Adäquanzformel ist dem Handelnden die eingetretene Rechtsgutsverletzung aber nur dann zuzurechnen, wenn mit ihr nach allgemeiner Lebenserfahrung aus der Sicht des objektiven Beobachters gerechnet werden konnte und sie insbesondere nicht die Folge eines vollkommen atypischen, dem allgemeinen Lebensverständnis widersprechenden Kausalverlaufs ist. Aus der Sicht eines objektiven Beobachters liegt es nicht außerhalb der allgemeinen Lebenserfahrung, dass jemand, der einen Verkehrsunfall verursacht, bei einer dritten Person, die den Unfall beobachtet, einen Schock verursacht, der dann aufgrund von Schwindel, Übelkeit und Kopfschmerzen behandelt werden muss. Das ist aus objektiver Sicht durchaus vorhersehbar, stellt keinen atypischen Verlauf dar und ist daher adäquat kausal. Auch nach der Adäquanzformel ist das Verhalten des F »ursächlich« für die später eingetretene Rechtsgutverletzung in Form des Nervenschocks bei R.

c) Ersatzfähig sind schließlich nach der Lehre vom Schutzzweck der Norm aber nur die Schäden bzw. Rechtsgutverletzungen, deren Schutz das übertretene Gebot auch bezweckt. Während bei der Frage nach der Adäquanz einer schädigenden Handlung danach gefragt wird, ob sich die Rechtsgutverletzung noch im allgemein vorhersehbaren Rahmen befindet, wird bei der Frage nach dem Schutzzweck der Norm geklärt, ob das Verbot eines bestimmten Verhaltens die letztlich eingetretene Rechtsgutverletzung auch tatsächlich verhindern sollte. Für den vorliegenden Fall ergibt sich insoweit Folgendes: Es ist grundsätzlich verboten, einen anderen körperlich zu schädigen. Wer dies verwirklicht, hat nach § 823 Abs. 1 BGB Schadensersatz für die Rechtsgutverletzung bei dem anderen zu leisten. Fraglich ist indessen, ob das in § 823 Abs. 1 BGB verankerte Verbot, einen anderen körperlich zu schädigen, auch deshalb gilt, damit dritte Personen beim Anblick des Geschädigten keine psychisch vermittelten (Schock-) Schäden erleiden, und ob diesen Personen dann gegen den Schädiger ein Ersatzanspruch aus § 823 BGB zustehen soll.

Grundsätzlich umfasst die Schadensersatzpflicht des § 823 Abs. 1 BGB nur diejenigen Rechtsgutverletzungen, die unmittelbar bei demjenigen entstanden sind, gegen den sich die Schädigungshandlung gerichtet hatte. Würde man nämlich jeden dritten, nur mittelbar Geschädigten in die Schadensersatzpflicht einbeziehen, entstünden für den Schädiger unübersehbare Haftungsrisiken. Es würde namentlich zu einer unvertretbaren und nicht mehr eingrenzbaren Ausdehnung der Haftung führen, wenn demjenigen, der ein Rechtsgut verletzt, auch der Schaden zugerechnet werden würde, der erst durch diese Rechtsgutverletzung an einem weiteren Rechtsgut eines Dritten aufgrund einer nur psychischen Auswirkung entsteht. Das Beobachten eines Unfalls gehört zum allgemeinen Lebensrisiko und löst – wenn es beim Beobachter zum Schockerlebnis führt – grundsätzlich keine Ersatzpflicht auf Seiten des Unfallverursachers aus. Ein anderes Ergebnis würde das Haftungsrisiko des Unfallverursachers unzulässig erhöhen. Demzufolge kann der Unfallbeobachter R gegen den Verursacher F auch keinen Anspruch aus § 823 Abs. 1 BGB herleiten. R erleidet nur aufgrund psychischer Folgewirkungen einen Schaden, der zwar eine Gesundheitsverletzung im Sinne des § 823 Abs. 1 BGB darstellt, aber nicht dem F zugerechnet werden kann. Es fehlt an der haftungsbegründenden Kausalität. Dass der R Zeuge des Unfalls war, gehört – wie gesehen – zum allgemeinen Lebensrisiko und begründet keine Einstandspflicht seitens des Unfallverursachers F.

Ergebnis: R steht gegen F kein Anspruch aus § 823 Abs. 1 BGB zu. Weitere Anspruchsgrundlagen kommen nicht in Betracht mit der Folge, dass R insgesamt leer ausgeht.

II. Ansprüche der V gegen F

V könnte gegen F ein Anspruch auf Schadensersatz aus § 823 Abs. 1 BGB zustehen.

1.) Die V hat einen Nervenzusammenbruch erlitten und wurde anschließend vier Wochen stationär behandelt. Es handelt sich um eine aus ärztlicher Sicht zu behandelnde Störung der inneren Funktionen, die über das übliche Maß hinausgeht und mithin als Gesundheitsverletzung zu subsumieren ist. Eine Gesundheitsverletzung im Sinne des § 823 Abs. 1 BGB liegt demnach vor.

2.) Grundlage der Rechtsgutsverletzung muss ein menschliches Verhalten, also ein Handeln oder Unterlassen gewesen sein. Dies ist hier kein Problem, es liegt ein positives Tun in Form der – aktiven – Unfallverursachung seitens des F vor.

3.) Zwischen der Gesundheitsverletzung der V und dem Handeln des F muss ein ursächlicher Zusammenhang bestehen, die Rechtsgutsverletzung muss dem Schädiger im Sinne der haftungsbegründenden Kausalität zurechenbar sein.

a) Die Gesundheitsbeschädigung der V ist hier sowohl nach der Äquivalenztheorie als auch nach der Adäquanztheorie »ursächlich« auf den von F verursachten Unfall zurückzuführen. Zum einen kann der Unfall nicht hinweggedacht werden, ohne dass die Schädigung der V entfiele; und zum anderen liegt dieser Verlauf auch nicht außerhalb der allgemeinen Lebenserfahrung, stellt insbesondere keinen atypischen Kausalverlauf dar.

b) Fraglich ist indessen, ob die Kausalität nach der Lehre vom Schutzzweck der Norm vorliegt. Dies beantwortet sich auch hier danach, ob das in § 823 Abs. 1 BGB verankerte Verbot, einen anderen körperlich zu schädigen, auch deshalb besteht, damit dritte Personen keine psychisch vermittelten (Schock-) Schäden erleiden, und ob nach dem Sinn des Gesetzes auch diese Personen dann gegen den Schädiger einen Ersatzanspruch aus § 823 BGB haben sollen.

c) Der Unfallverursacher muss für Schäden dritter Personen grundsätzlich nicht einstehen. Anders ist dies nun aber bei Angehörigen des Unfallopfers zu beurteilen. In solchen Fällen ist ausnahmsweise die haftungsbegründende Kausalität zu bejahen, und zwar deshalb, weil durch die Angehörigeneigenschaft die enge persönliche Beziehung die Rechtsgüter des unmittelbar Geschädigten und des Dritten (Angehörigen) haftungsrelevant miteinander verbindet; hier gilt insbesondere nicht das Argument, dass diese Schädigung zum allgemeinen Lebensrisiko gehöre und demnach nicht ersatzfähig sei. Der Kreis der Anspruchssteller ist nunmehr klar eingegrenzt und überschaubar. Indessen müssen folgende Voraussetzungen vorliegen: Es muss sich zunächst um eine schwere Beeinträchtigung seitens des (Schock-) Opfers handeln. Die Gesundheitsbeschädigung muss nach Art und Schwere deutlich über das hinausgehen, was Nahestehende als mittelbar Betroffene in derartigen Fällen erleiden. Zudem muss ein ausreichender Anlass im Hinblick auf den ausgelösten Schock vorliegen, allein etwa die Kenntniserlangung eines Sachschadens reicht nicht aus. Als ausreichender Anlass für den Schock dient neben dem Tod eines Angehörigen auch eine schwere Verletzung, und zwar selbst dann, wenn das Ereignis nicht selbst miterlebt wurde, sondern der Schock nur durch die Benachrichtigung darüber eintritt. Schließlich ist dieser Anspruch beschränkt auf nahe Angehörige, einschließlich eines Verlobten oder eines – dauernden – Lebensgefährten. Die V ist als Verlobte nahe Angehörige des Unfallopfers K. Sie hat aufgrund der Nachricht über die schwere Körperverletzung des K einen Nervenzusammenbruch mit anschließender vierwöchiger therapeutischer Behandlung erlitten. Bei der vorliegenden Körperverletzung des K handelt es sich somit um einen ausreichenden Anlass im eben beschriebenen Sinne, und zudem liegt im darauffolgenden Nervenzusammenbruch mit der vierwöchigen Behandlung auch eine schwere Beeinträchtigung der Gesundheit der V.

Der von F verursachte Unfall mit K ist somit ursächlich auch nach der Theorie vom Schutzzweck der Norm für die von V erlittene Gesundheitsbeschädigung. Die Voraussetzungen, unter denen trotz nur mittelbarer Schädigung der V die haftungsbegründende Kausalität anzunehmen ist, liegen demnach vor.

4.) Die Gesundheitsbeschädigung der V erfolgte rechtswidrig, dem F stand kein Rechtfertigungsgrund zur Seite. Die Tatbestandsmäßigkeit indiziert die Rechtswidrigkeit.

5.) F handelte bei dem Unfall zudem schuldhaft, namentlich fahrlässig im Sinne des § 276 Abs. 2 BGB, was durch das Wörtchen »Unachtsamkeit« im Sachverhalt dokumentiert ist.

6.) Der V muss des Weiteren ein ersatzfähiger Schaden entstanden sein. In welcher Form Schäden zu ersetzen sind, bestimmt sich grundsätzlich nach den §§ 249 ff. BGB. Im Falle der Verletzung einer Person sind zudem die §§ 842 ff. BGB einschlägig, die indessen nach allgemeiner Ansicht nur klarstellenden Charakter haben und keine inhaltlichen Abweichungen zu den §§ 249 ff. BGB bieten.

Gemäß den §§ 249 Abs. 1, 252 BGB gehört zum ersatzfähigen Schaden der entgangene Gewinn. Entgangener Verdienst aus selbstständiger Arbeit ist unstreitig unter den Begriff des »entgangenen Gewinns« im Sinne des § 252 Satz 2 BGB zu fassen. V sind somit 8.000 Euro ersatzfähiger Schaden in Form des Verdienstausfalls entstanden. Zum gleichen Ergebnis kommt man mit § 842 BGB, wonach sich die Verpflichtung zum Schadensersatz auf die Nachteile beschränkt, welche die Handlung für den Erwerb oder das Fortkommen des Verletzten hat. Als zweiter Schadensposten kommen die Kosten für die Heilbehandlung in Höhe von 5.000 Euro in Betracht, die sich über § 249 Abs. 2 BGB regeln und damit ebenfalls zum Schaden zählen und in Geld zu ersetzen sind. Sofern die V auch Schmerzensgeld verlangen möchte, ergibt sich die Ersatzfähigkeit dessen schließlich aus § 253 Abs. 2 BGB.

V hat somit durch das Schockerlebnis folgende, grundsätzlich ersatzfähige Schäden erlitten: Den Verdienstausfall in Höhe von 8.000 Euro gemäß den §§ 249 Abs. 1, 252, 842 BGB; die Kosten der Heilbehandlung in Höhe von 5.000 Euro gemäß § 249 Abs. 2 BGB sowie ein angemessenes Schmerzensgeld nach § 253 Abs. 2 BGB.

7.) Diese gerade aufgezeigten Schäden müssen schließlich ursächlich auf die Rechtsgutsverletzung zurückzuführen sein, erforderlich ist die sogenannte »haftungsausfüllende Kausalität«. Diese bestimmt sich grundsätzlich nach den Regeln der Adäquanz, wonach nur diejenigen Sachverhalte kausal sind, die sich nicht außerhalb der allgemeinen Lebenserfahrung bewegen und demnach als atypischer Kausalverlauf zu subsumieren wären. Im vorliegenden Fall stellt sich angesichts dessen die Frage, ob F auch für die gesundheitlich vorgeschädigte V und ihre erlittenen Verletzungen aufkommen muss. V erleidet insbesondere nur deshalb einen Nervenzusammenbruch mit der anschließenden vierwöchigen Behandlung, weil sie eine seit ihrer Kindheit bestehende psychische Erkrankung hat. Es fragt sich, ob der F als Schädiger mit so etwas rechnen musste oder ob es sich bei dieser Krankheitsentwicklung um einen aus seiner Sicht atypischen Kausalverlauf handelt mit der Folge, dass F hierfür dann nicht einzustehen hätte. Insoweit gilt jedoch Folgendes: Wer als Schädiger einen gesundheitlich schon geschwächten Menschen verletzt, kann nicht verlangen, so gestellt zu werden, als wenn die betroffene Person gesund gewesen wäre. Man hat das Opfer grundsätzlich so zu nehmen, wie es ist.

Die Tatsache, dass die V bereits psychisch vorgeschädigt bzw. anfällig war und nur deshalb in Behandlung musste, hindert nicht die Zurechnung dieses Schadens innerhalb der haftungsausfüllenden Kausalität. Der Unfallverursacher F hat auch hierfür nach § 823 Abs. 1 BGB einzustehen. Damit liegen sämtliche Voraussetzungen des Anspruchs aus § 823 Abs. 1 BGB vor mit der Folge, dass F gegenüber V vollumfänglich ersatzpflichtig ist.

Ergebnis: V steht demnach gegen F ein Anspruch aus § 823 Abs. 1 BGB auf Ersatz der Behandlungskosten in Höhe von 5.000 Euro nach § 249 Abs. 2, des Verdienstausfalls in Höhe von 8.000 Euro nach den §§ 249 Abs. 2, 252, 842 BGB sowie auf ein angemessenes Schmerzensgeld nach § 253 Abs. 2 BGB zu.

Fall 16

Stromkabel-Geschichten

Rechtsstudent R betreibt zur Finanzierung seines Studiums ein Eis-Cafe in der Kölner Innenstadt. Bei Grabungsarbeiten an einem Nachbargrundstück durchtrennt eines Morgens der Baggerführer B aus Unachtsamkeit ein dem E-Werk gehörendes Kabel, das das Cafe des R mit Strom versorgt. Aufgrund dieses Vorfalls bleibt das Cafe für zwei Stunden ohne Strom mit der Folge, dass das bereits produzierte Eis (Wert: 250 Euro) schmilzt.

R verlangt nun von B Schadensersatz für das geschmolzene Eis in Höhe von 250 Euro. B indessen verweigert die Zahlung und meint, dazu sei er nicht verpflichtet: Zum einen habe er schließlich nur das Kabel des E-Werks beschädigt und sei somit auch nur diesem gegenüber zum Ersatz verpflichtet. Zum anderen hätte R für solche Fälle zur Schadensverhinderung ein Notstromaggregat bereithalten müssen.

Rechtslage?

Schwerpunkte: Eigentumsverletzung im Rahmen des § 823 Abs. 1 BGB; Begriff und Reichweite des Eigentums; die Stromkabelfälle; Kausalitätstheorien; die Lehre vom Schutzzweck der Norm; das Mitverschulden nach § 254 BGB. Im Anhang: Die sogenannten »Gebrauchsbeeinträchtigungen«; Eigentumsschaden bei fehlender Nutzung der Sache; das Recht am eingerichteten und ausgeübten Gewerbebetrieb; betriebsbezogener Eingriff als Anspruchsvoraussetzung.

Lösungsweg

Anspruch des R gegen B auf Zahlung von 250 Euro für das geschmolzene Eis

<u>AGL.:</u> § 823 Abs. 1 BGB

1.) Erste Voraussetzung für das Bestehen des Anspruchs ist die Verletzung eines in § 823 Abs. 1 BGB genannten Rechts oder Rechtsgutes. In Betracht kommt im Hinblick auf das geschmolzene Eis das in § 823 Abs. 1 BGB benannte Recht *Eigentum*.

> **Durchblick:** Zunächst wollen wir uns insoweit bitte mal merken, dass das Eigentum ein »Recht« und kein »Rechtsgut« ist. Die Unterscheidung dieser Begriffe ist zwar nicht weltbewegend, hinterlässt bei falscher Anwendung aber mindestens einen schlechten Eindruck und sollte daher bekannt sein, und zwar: Von einem *Recht* spricht man, wenn man einen Rechtsträger – also das Rechts*subjekt* – von einem Ge-

genstand – also dem Recht*sobjekt* – unterscheiden kann (*Medicus/Lorenz* SR II Rz. 1270). Dazu gehören bei § 823 Abs. 1 BGB das Eigentum und die »sonstigen Rechte«. Demgegenüber stellen Leben, Körper, Gesundheit und Freiheit *Eigenschaften* des Menschen dar, die von diesem *nicht* trennbar sind. Und die nennt man dann *Rechtsgüter* (*Brox/Walker* BS § 45 Rz. 2). Kapiert!?

Gut. Dann kommen wir nun zum hier in Betracht kommenden »Recht« Eigentum, und das kann man folgendermaßen verletzen: Eine Eigentumsverletzung im Sinne des § 823 Abs. 1 BGB orientiert sich grundsätzlich an der durch **§ 903 BGB** eingeräumten Befugnis des Eigentümers (BGHZ **55**, 129; *Bamberger/Roth/Spindler* § 823 BGB Rz. 40; *Brox/Walker* BS § 45 Rz. 5). Gemäß § 903 BGB kann der Eigentümer mit der Sache nach Belieben verfahren (= Nutzungsrecht) und zudem andere von jeder Einwirkung ausschließen (= Abwehrrecht). Ausgehend von diesem Eigentumsbegriff bzw. dem Eigentumsrecht ist eine Verletzung des Rechts Eigentum auf vielfältige Art und Weise möglich: In Betracht kommt zunächst der klassische Fall der Einwirkung auf die Sache in Form von Zerstörung oder Beschädigung (BGHZ **101**, 109); möglich ist aber auch die dauernde oder zeitweilige Entziehung, z.B. durch Diebstahl (BGHZ **109**, 302); die Gebrauchsbeeinträchtigung, z.B. durch Immissionen wie Lärm, Gestank oder giftige Substanzen (BGHZ **136**, 235; BGHZ **90**, 255) oder auch die Veräußerung einer Sache an einen gutgläubigen Dritten nach den §§ 932 ff. BGB (nennt man »Zuordnungsverletzung«; BGH NJW **1996**, 1535; BGH DB **1976**, 814), wobei logischerweise nur der Veräußerer eine Eigentumsverletzung zulasten des wahren Eigentümers begeht, nicht auch der gutgläubige Erwerber (BGH JZ **1956**, 490).

Selbstverständlich kommen in den Klausuren und Hausarbeiten die einfachen Sachverhaltsgestaltungen (= Mann tritt absichtlich Fensterscheibe zu Bruch → Rechtslage?) nicht vor. Gegenstand der universitären Übungsarbeiten sind vielmehr – wie immer – die kniffligen Fälle, so auch unsere kleine Geschichte, die ihren Ursprung übrigens in den berühmten »**Stromkabelfällen**« des BGH hat. Davon gibt es gleich mehrere (BGHZ **29**, 65; BGHZ **41**, 123; BGHZ **66**, 388; BGH NJW **1977**, 2208; OLG Oldenburg MDR **2012**, 403; vgl. auch PWW/*Schaub* § 823 BGB Rz. 52), die zwar zumeist schon uralt sind, gleichwohl aber in beständiger Regelmäßigkeit abgefragt werden, weil sie sich nämlich immer noch erstklassig dazu eignen, die Studenten auf die falsche Fährte zu locken. Unser Fällchen hier ist der Entscheidung des BGH vom 04. Februar 1964 (!) nachgebildet, die als »**Bruteier-Fall**« in die Rechtsgeschichte eingegangen ist (BGHZ **41**, 123). Dort ging es – man ahnt es – um einen Brutofen-Betrieb, in dem Hühnereier verdarben, weil das Stromnetz durchtrennt worden war. Ganz so dramatisch wollen wir es hier nun aber nicht machen, deshalb sterben bei uns auch keine Küken, sondern es schmilzt nur das Eis. Der Fall und seine Probleme sind aber selbstverständlich im Übrigen identisch.

Also: Wir wollen jetzt zunächst untersuchen, ob das geschmolzene Eis eine Verletzung des Rechts Eigentum auf Seiten des R darstellt, denn nur dann kommt überhaupt eine Ersatzpflicht des B aus § 823 Abs. 1 BGB in Betracht. Konkret kann es sich dabei um eine **Zerstörung** oder **Beschädigung** des Eigentums handeln.

> **Definition:** Eine Verletzung des Eigentums in Form der Zerstörung oder Beschädigung einer Sache liegt in jedem Eingriff in die Sachsubstanz, der den bestimmungsgemäßen Gebrauch beschränkt oder aufhebt (BGH WM **2015**, 1174; BGH NJW **2011**, 753; BGHZ **101**, 109; OLG Oldenburg MDR **2012**, 403; *Bamberger/Roth/Spindler* § 823 BGB Rz. 40; *Medicus/Lorenz* SR II Rz. 1285).

Zum Fall: Geschmolzenes Eis ist nicht mehr nutzbar und verliert damit für den Eisverkäufer seinen Wert, obwohl die Substanz in Form von Wasser bzw. Milch im Zweifel noch erhalten ist. Es handelt sich somit um eine Eigentumsverletzung im Sinne einer Zerstörung und insbesondere *nicht* um einen sogenannten »Vermögensschaden«, der über § 823 BGB nicht ersatzfähig wäre. Der BGH führt hierzu aus:

> »*... Bedarf eine Sache zur Erhaltung ihrer Substanz der ständigen Zufuhr von Wasser, Strom oder dergleichen, so bewirkt im Rechtssinne auch derjenige ihre Zerstörung, der sie durch Abschneiden dieser Zufuhr vernichtet ... Nicht anders ist es bei der Unterbrechung der Stromzufuhr, wenn auf deren Stetigkeit angewiesene Sachen untergehen. Hierzu gehören vor allem Erzeugnisse, die einer elektrisch konstant gehaltenen Temperatur (Wärme oder Kühlung) bedürfen, um nicht zu verderben. Wird dieser Verderb durch eine schuldhafte Durchtrennung der Stromkabel herbeigeführt und sinkt oder entfällt der Verkaufswert der Produkte, so ist dieser Vermögensverlust nur ein aus der Eigentumsverletzung hervorgehender Folgeschaden, der im Rahmen des § 823 Abs. 1 BGB zu ersetzen ist ...*«(BGHZ **41**, 123, 126)

Also: Es spielt keine Rolle, dass die Sachsubstanz in geänderter Form noch vorhanden ist; auch der Verderb einer Sache stellt eine Eigentums*zerstörung* im Sinne des § 823 Abs. 1 BGB dar, wenn etwa der Verkaufswert sinkt oder sogar ganz entfällt, da damit der bestimmungsgemäße Gebrauch aufgehoben ist (BGHZ **41**, 123, 126; *Palandt/Sprau* § 823 BGB Rz. 8; *Brox/Walker* BS § 45 Rz. 8).

<u>ZE.</u>: Es liegt eine Verletzung des absoluten Rechts Eigentum (an dem Eis) vor.

2.) Grundlage der Rechtsverletzung muss ein menschliches Verhalten, also ein *Handeln* oder *Unterlassen* gewesen sein. Das ist hier kein Problem, es liegt ein positives Tun in Form der – aktiven – Zerstörung des Kabels seitens des B vor.

3.) Zwischen der Eigentumsverletzung bei R (Eis geschmolzen) und dem Handeln des B (Durchtrennen des Kabels) muss nun des Weiteren auch ein ursächlicher Zusammenhang bestehen; die Rechtsverletzung muss dem Schädiger auch im Rechtssinne *zuzurechnen* sein.

> **Wiederholung:** Was hinter diesem Satz steckt, haben wir im vorherigen Fall schon gelernt. Es geht jetzt um die sogenannte »haftungsbegründende Kausalität«, also die Frage, ob es eine *ursächliche* Verbindung zwischen dem Handeln des Schädigers und der Rechtsverletzung auf Seiten des Geschädigten gibt. Geprüft wird das Ganze – wie wir inzwischen wissen – anhand der *drei* Kausalitätstheorien, und zwar:

a) Kausalität nach der Äquivalenzformel (»conditio sine qua non«)

Definition: Nach der *Äquivalenzformel* ist jedes Verhalten ursächlich, das nicht hinweggedacht werden kann, ohne dass die Rechts- oder Rechtsgutsverletzung entfiele (BGHZ **25**, 84; *Larenz* SR I § 27 III a; *Jauernig/Teichmann* § 823 BGB Rz. 22).

Zum Fall: Keine Aktion, hätte der B nicht mit dem Bagger das Kabel durchtrennt, wären der Strom nicht ausgefallen und das Eis nicht geschmolzen. Die Tatsache, dass das Verhalten des B nicht unmittelbar zur Rechtsverletzung geführt hat, spielt insoweit keine Rolle. Auch Handlungen, die sich quasi als »Kettenreaktion« fortsetzen und dann erst das Recht beschädigen, unterliegen als *mittelbare* Ursachen unstreitig der Äquivalenzformel (BGHZ **41**, 123, 125; *Soergel/Mertens* vor § 249 BGB Rz. 177; *Jauernig/Teichmann* vor § 249 BGB Rz. 26; *Brox/Walker* BS § 45 Rz. 28).

ZE.: Das Verhalten des B ist ursächlich im Sinne der Äquivalenzformel für die später bei R eingetretene Rechtsverletzung.

b) Kausalität nach der Adäquanzformel

Definition: Nach der *Adäquanzformel* ist dem Handelnden die eingetretene Rechtsverletzung nur dann zuzurechnen, wenn mit ihr nach allgemeiner Lebenserfahrung gerechnet werden konnte und sie insbesondere nicht die Folge eines vollkommen atypischen, gegen die allgemeine Lebenserfahrung sprechenden Kausalverlaufs ist (BGH NJW **2004**, 1945; BGH NJW **2002**, 2232; RGZ **133**, 126; *Palandt/Ellenberger* vor § 249 BGB Rz. 59; *Jauernig/Teichmann* vor § 249 BGB Rz. 27).

Zum Fall: Es widerspricht nicht der allgemeinen Lebenserfahrung, dass man beim Durchtrennen eines Stromkabels neben dem Eigentümer des Kabels auch andere Personen bzw. deren Rechte oder Rechtsgüter in Mitleidenschaft zieht. Insbesondere bei Versorgungsleitungen wie der Strom- oder Gaszufuhr liegt es in der Natur der Sache, dass eine Zerstörung des Kabels diejenigen Personen bzw. Sachen schädigen kann, die an die Versorgungsleitung angeschlossen sind (BGHZ **41**, 125). Es handelt sich mithin um keinen atypischen Kausalverlauf.

ZE.: Auch nach der Adäquanzformel ist das Verhalten des B ursächlich für die später eingetretene Rechtsverletzung in Form des geschmolzenen Eises.

c) Kausalität nach der Lehre vom Schutzzweck der Norm

Definition: Ersatzfähig sind nach der Lehre vom Schutzzweck der Norm nur die Schäden bzw. Rechtsverletzungen, deren Schutz die betroffene Vorschrift bezweckt (BGH NJW **2013**, 1679; BGH NJW **2011**, 292; BGH NJW **1986**, 1332; PWW/*Schaub* § 823 BGB Rz. 7; *Fikentscher* § 49 III 3; *Palandt/Ellenberger* vor § 249 BGB Rz. 62).

Wir erinnern uns bitte: Während bei der Frage nach der Adäquanz einer schädigenden Handlung danach gefragt wird, ob sich die Rechtsverletzung noch im allgemein vorhersehbaren Rahmen befindet, wird bei der Frage nach dem Schutzzweck der Norm geklärt, ob das Verbot eines bestimmten Verhaltens die letztlich eingetretene Rechtsverletzung in ihrer konkreten Form auch tatsächlich verhindern sollte (BGH NJW **2013**, 1679; *Jauernig/Teichmann* vor § 249 BGB Rz. 31).

Prüfen wir mal: Also, verboten ist eindeutig, ein fremdes Stromkabel zu durchtrennen. Wer das tut, hat nach § 823 Abs. 1 BGB Schadensersatz für diese Rechtsverletzung bei dem anderen (dem Stromkabeleigentümer) zu leisten. Soweit ist das kein Problem. **Aber:** Besteht das in § 823 Abs. 1 BGB verankerte Verbot, ein fremdes Stromkabel zu durchtrennen, auch deshalb, damit dritte Personen, die an das Stromkabel angeschlossen sind, keine Schäden an ihren Rechten oder Rechtsgütern erleiden – und soll auch diesen Personen dann gegen den Schädiger des Stromkabels ein Ersatzanspruch aus § 823 Abs. 1 BGB zustehen?

> **Durchblick:** Bei genauer Betrachtung sind wir nun wieder an der gleichen Stelle, die auch im vorherigen Fall – das war die Sache mit dem Schockschaden nach einem beobachteten Verkehrsunfall – schon problematisch gewesen ist. Denn auch dort richtete sich die schädigende Handlung (der Verkehrsunfall) an sich nur gegen das Unfallopfer. Schadensersatz beanspruchten aber *dritte* Personen, die mit dem Unfall eigentlich gar nix zu tun hatten und gegen die sich vor allem die schädigende Handlung nicht gerichtet hatte. Und gelernt haben wir dort, dass die Ersatzpflicht aus § 823 Abs. 1 BGB sich grundsätzlich nur auf die Rechtsgüter bzw. Personen beschränkt, die unmittelbares Ziel der schädigenden Handlung waren. Alles darüber Hinausgehende – also konkret die Haftung für unbeteiligte Dritte – würde für den Schädiger nämlich zu einem *unüberschaubaren Haftungsrisiko* führen. Die geschockten Unfallbeobachter gingen aus diesem Grund dann auch leer aus, sofern sie nicht ausnahmsweise »nahe Angehörige« des Opfers waren (siehe insoweit den vorherigen Fall).

Hier in diesem Fall stellt sich nun die gleiche Frage: Führt es zu einem für den Schädiger unüberschaubaren und damit unzumutbaren Haftungsrisiko, wenn er bei der Beschädigung eines Stromkabels auch für die Rechtsverletzungen einzustehen hat, die bei dritten Personen, die lediglich an das zerstörte Stromkabel angeschlossen waren, entstehen?

Antwort: Das aus § 823 Abs. 1 BGB resultierende Verbot, fremde Versorgungsleitungen zu beschädigen, umfasst auch den Zweck, an die Versorgungsleitungen angeschlossene Dritte und deren Vermögen zu schützen. Der Schädiger hat auch diesen Dritten gegenüber für die Rechtsverletzungen zu haften. Wörtlich heißt es dazu beim BGH:

> »… *Es geht auch nicht über den Schutzzweck des § 823 Abs. 1 BGB hinaus, dem B die Haftung für einen Schaden der eingetretenen Art aufzuerlegen. Das durch die Schadensersatzpflicht ausgedrückte Verbot, fremdes Eigentum nicht zu beschädigen, bezweckt bei Einrichtungen von weittragender Bedeutung nicht nur den Schutz ihrer Substanz, sondern auch*

ihrer Funktion. Dass Dämme, Signalanlagen und Versorgungsleitungen nicht zerstört werden dürfen, hat nicht nur den Sinn, ihren Eigentümern den Aufwand der Wiederherstellung zu ersparen. Das Verbot der Beschädigung will vielmehr auch und gerade den Schutz vor dem Eintritt der typischen Folgen bieten. Aus der ständig steigenden und immer empfindlicher werdenden Abhängigkeit der Allgemeinheit von der Energieversorgung erwächst für jedermann die Pflicht, die Freileitungen und Kabel nicht nur als Gegenstände, sondern ganz besonders im Hinblick auf ihre Bedeutung in Acht zu nehmen ...« (BGHZ **41**, 123, 127)

Also: Wer eine Versorgungsleitung beschädigt, muss nicht nur über § 823 Abs. 1 BGB dem Eigentümer die beschädigte Versorgungsleitung ersetzen, sondern auch gegenüber Dritten haften, die lediglich an das Kabel angeschlossen waren und einen Schaden an einem absoluten Recht erlitten haben. Im konkreten Fall muss sich der B somit die Rechtsverletzung bei R im Sinne des § 823 Abs. 1 BGB zurechnen lassen.

ZE.: Auch unter Berücksichtigung der Lehre vom Schutzzweck der Norm ist das Verhalten des B ursächlich für die bei R entstandene Rechtsverletzung.

4.) Das Verhalten des B war zudem *rechtswidrig*, Rechtfertigungsgründe sind nämlich nicht ersichtlich. Die Tatbestandsmäßigkeit indiziert die Rechtswidrigkeit (BGHZ **74**, 9; *Brox/Walker* BS § 45 Rz. 47; *Medicus/Lorenz* SR II Rz. 1250).

5.) Der B handelte des Weiteren *schuldhaft*, namentlich *fahrlässig* im Sinne des § 276 Abs. 2 BGB, was durch die Formulierung »aus Unachtsamkeit« im Sachverhalt dokumentiert ist. Insbesondere ist vorhersehbar, dass man beim Zerstören einer Versorgungsleitung die daran angeschlossenen Anlagen anderer Personen in Mitleidenschaft ziehen kann (BGHZ **41**, 123).

6.) Der *Schaden* des R liegt im geschmolzenen Eis, das einen Wert von 250 Euro hatte. Gemäß **§ 251 Abs. 1 BGB** hat B diesen Betrag als Wertersatz zu leisten. Beachte insoweit bitte, dass § 249 Abs. 2 Satz 1 BGB (lesen!) vorliegend nicht einschlägig ist, da die Wiederherstellung des Eises gar nicht mehr möglich ist (ist ja geschmolzen). In solchen Fällen greift § 251 Abs. 1 BGB ein (*Jauernig/Teichmann* § 251 BGB Rz. 2). Merken.

Achtung: Damit sind wir an dieser Stelle aber noch nicht ganz fertig. Verwerten müssen wir nämlich noch den Hinweis des B auf das fehlende Notstromaggregat bei R, weswegen B ja meint, er habe für den Schaden des R nicht einzustehen (SV sorgfältig gelesen?). Hinter dieser Erklärung des B verbirgt sich der **§ 254 BGB** (bitte lesen), der das *Mitverschulden* des Geschädigten bei der Entstehung eines Schadens regelt und bei Vorliegen seiner Voraussetzungen eine *Minderung* des Ersatzanspruchs zur Folge hat (BGH NJW **2014**, 2493; BGHZ **3**, 49; BGHZ **57**, 145; OLG Hamm MDR **2014**, 90). In unserem Fall kommt konkret der **§ 254 Abs. 2 Satz 1, 2. Alt. BGB** in Betracht, also eine mögliche schuldhafte Unterlassung des Geschädigten, den Schaden abzuwenden oder zu mindern. Mitverschulden in diesem Sinne ist insbesondere dann gegeben, wenn der Geschädigte Maßnahmen unterlassen hat, die ein ordentlicher und verständiger Mensch zur Schadensabwendung und Schadensminderung ergreifen würde (BGH NJW **2014**, 2493, BGH NJW **1952**, 299; OLG Rostock ZIP **2002**, 429). Mit dieser Formulierung gemeint sind z.B. Fälle, in denen ein Autofahrer sich nicht angurtet und deshalb bei einem Unfall einen Teil seines Schadens nicht ersetzt verlangen kann (BGH NJW **2001**, 1485; vgl. aber auch BGH NJW **2014**, 2493, wo der BGH feststellt, dass *Radfahrer* nicht verpflichtet sind, einen Helm zu tragen); oder wenn ein Patient sich den Anweisungen des behandelnden Arztes widersetzt und daher ein höherer Schaden an seinem Körper entsteht, der dann wegen § 254 BGB nicht ersatzfähig ist (BGH NJW **1989**, 2251; OLG Hamm VersR **1960**, 859).

Zum Fall: Es fragt sich also, ob der R ein Notstromaggregat hätte bereithalten müssen und ob das Unterlassen dessen eine Minderung seines Ersatzanspruchs gemäß § 254 Abs. 2 Satz 1, 2. Alt, Abs. 1 BGB zur Folge hat: Der BGH (BGHZ **41**,128) hat dies verneint, wörtlich heißt es:

»*... Entgegen der Meinung der Revision muss der Kläger nicht einen Teil seines Schadens selbst tragen, weil er kein Notstromaggregat bereitgehalten hat. Ob der Kläger eine solche verhältnismäßig kostspielige Anlage im Hinblick darauf anschaffen wollte, dass sich die Elektrizitätswerke regelmäßig von der Haftung für betrieblich bedingte Stromunterbrechungen freizeichnen, stand bei ihm und brauchte sich nur nach seinen wirtschaftlichen Erwägungen zu richten. Keinesfalls war der Kläger gehalten, diese Anschaffung zur Entlastung Dritter zu machen, die möglicherweise störend in die Stromversorgung eingreifen könnten ...*«* (BGHZ **41**, 123, 128)

<u>ZE.</u>: Der ersatzfähige Schaden beträgt 250 Euro, ist gemäß § 251 Abs. 1 BGB in Geld zu ersetzen und wird *nicht* gemindert wegen des fehlenden Notstromaggregats.

7.) Der gerade aufgezeigte Schaden muss schließlich *ursächlich* auf die *Rechtsverletzung* zurückzuführen sein.

Auch das kennen wir schon: Hier ist nun die »haftungsausfüllende Kausalität« zu prüfen, also die Frage zu klären, ob der eingetretene Schaden *ursächlich* auf der Rechtsverletzung beruht. Innerhalb dieses Prüfungspunktes wird insbesondere die *Adäquanz* diskutiert, also gefragt, ob der eingetretene Schaden sich nicht als *atypisch* darstellt, man mit ihm demnach unter Berücksichtigung der allgemeinen Lebenserfahrung nicht rechnen musste (BGHZ **20**, 137; OLG Celle OLG Report **2001**, 280).

Zum Fall: Das ist hier kein Problem. Es liegt nämlich nicht außerhalb der allgemeinen Lebenserfahrung, dass man bei der Beschädigung einer Stromleitung dadurch einen Schaden verursacht, dass man an die Stromleitung angeschlossene Anlagen oder Gegenstände, die von regelmäßiger Stromzufuhr abhängig sind, zerstört.

<u>ZE.</u>: Die haftungsausfüllende Kausalität ist somit auch gegeben.

<u>ZE.</u>: Damit liegen alle Tatbestandsvoraussetzungen des § 823 Abs. 1 BGB vor.

Ergebnis: B ist gegenüber R gemäß den §§ 823 Abs. 1, 251 Abs. 1 BGB zum Ersatz der 250 Euro für das geschmolzene Eis verpflichtet.

Beachte noch: Es gibt zu den Stromkabelfällen neben den mehrfach im Text erwähnten BGH-Entscheidungen (BGHZ **29**, 65; BGHZ **41**, 123; BGHZ **66**, 388; BGH NJW **1977**, 2208) überraschenderweise nach ganz langer Zeit mal wieder etwas Aktuelleres: Das **OLG Oldenburg** hatte am 24. November **2011** darüber zu entscheiden, ob ein Bauunternehmer schadensersatzpflichtig ist, dessen Mitarbeiter fahrlässig ein Stromkabel im Boden durchtrennten, wodurch bei einer angrenzenden Metallverarbeitungsfirma die PCs ausfielen und ein Schaden in Höhe von knapp 17.000 Euro entstand. Das OLG bejahte die Ersatzpflicht und stellte Folgendes fest (MDR **2012**, 403 = CR **2012**, 77):

»... Die Zerstörung von Daten auf der Festplatte durch unsachgemäßes Vorgehen stellt eine **Eigentumsverletzung** *im Sinne des § 823 Absatz 1 BGB dar. Auch auf Datenträgern gespeicherte Sachdaten können Schutzgegenstand des Eigentumsrechts aus § 823 Abs. 1 BGB sein. Wer – wie hier – fahrlässig eine Stromleitung des Elektrizitätswerks durchtrennt, haftet einem angeschlossenen Abnehmer für den Schaden, den dieser dadurch erleidet, dass auf ununterbrochene Stromzufuhr angewiesene Sachen wie Computer ausfallen und dadurch Daten der Klägerin verloren gehen (BGHZ 41, Seite 123). Auch wenn die Daten lediglich neu heruntergeladen werden mussten, lag eine* **Eigentumsverletzung** *vor, da der betroffene Datenträger mit dem darin verkörperten Programm eine körperliche Sache ist und durch die Veränderung der Software das Eigentum am Datenträger verletzt ist. Bei der Speicherung auf magnetischen Datenträgern liegt eine Verkörperung des Datenbestandes im Material vor. Es erfüllt deshalb den Tatbestand der* **Eigentumsverletzung***, wenn die Magnetisierung von Speichermedien modifiziert wird, indem die auf diesen Datenträgern gespeicherten Informationen verändert oder gelöscht werden (Mü-Ko-Wagner § 823 Rz. 103). So war es hier, da die Maschinen nach der Stromunterbrechung wegen der Veränderung der die steuernden und auf Datenträgern gespeicherten Software nicht mehr in der Lage waren, ihre Aufgaben zu erfüllen ...«*

Nachschlag: Die sogenannten »Gebrauchsbeeinträchtigungen«

Leider war das noch nicht alles, was man im Rahmen der Stromkabelfälle wissen muss. Ganz zum Schluss wollen wir uns noch eine letzte Finte bzw. Problematik anschauen, die, wenn man sie nicht kennt, zum Reinfallen einlädt und häufig abgefragt wird. Inhaltlich geht es dabei um die sogenannten »**Gebrauchsbeeinträchtigungen**«, die in der Folge der Stromunterbrechung durch Zerstörung der Kabel auftreten können. Grundlage des Ganzen ist die allererste BGH-Entscheidung zu den Stromkabeln vom 09.12.1958 (!), abgedruckt in der amtlichen Sammlung BGHZ **29**, 65. Zur Verdeutlichung der Problematik dient folgende kleine Abwandlung bzw. Ergänzung zum Ausgangsfall:

Wir wollen uns jetzt vorstellen, dass der R neben den 250 Euro Schadensersatz für das geschmolzene Eis weitere 250 Euro *Gewinnausfall* verlangt, weil er wegen des zweistündigen Stromausfalls in seinem Cafe die elektronischen Geräte (Kaffee-

Maschine usw.) nicht benutzen und somit auch keine Gäste bewirten konnte. **Anspruch aus § 823 Abs. 1 BGB begründet?**

Das Problem liegt nun gleich beim ersten Tatbestandsmerkmal des § 823 Abs. 1 BGB, also der Verletzung eines absoluten Rechts bzw. Rechtsguts. Auf den ersten Blick wird man nämlich annehmen können, es handele sich bei dem Nutzungsausfall um eine klassische *Eigentumsverletzung*, denn der R kann wegen des Stromausfalls ja seine Maschinen nicht verwenden. Und was nützt mir mein Eigentum, wenn ich es nicht bestimmungsgemäß benutzen kann?

Aber: Ganz so einfach ist das natürlich nicht. Dahinter verbirgt sich vielmehr eine außerordentlich knifflige Abgrenzungsproblematik, die seit Jahrzehnten die Gerichte, die Wissenschaft und damit natürlich auch die Studenten beschäftigt. Merken wollen wir uns insoweit zunächst mal Folgendes: Allein die Beeinträchtigung des wirtschaftlichen Gebrauchs einer Sache – ohne Eingriff in die Sachsubstanz – stellt nach Meinung des BGH in der Regel *keine* Eigentumsverletzung, sondern nur einen sogenannten »**Gebrauchsausfallschaden**« dar (BGHZ **55**, 153; vgl. dazu auch *Medicus/Lorenz* SR II Rz. 1288 ff.). Begründet wird dies damit, dass zwar auch die Nutzung einer Sache das Recht des Eigentümers im Sinne des § 903 BGB betrifft und folglich vom Schutz des § 823 Abs. 1 BGB umfasst ist; allerdings muss die Grenze hier eng gezogen werden, da zum einen die Sachsubstanz nicht verletzt ist und zum anderen die Grenze zum unstreitig *nicht* erstattungsfähigen, reinen *Vermögensschaden* nicht überschritten werden darf (BGHZ **41**, 123). Der BGH knüpft daher im Falle der bloßen wirtschaftlichen Gebrauchsbeeinträchtigung den Anspruch wegen Eigentumsverletzung aus § 823 Abs. 1 BGB an zwei Voraussetzungen, nämlich:

1.) Zum einen kann § 823 Abs. 1 BGB in Form der Eigentumsverletzung nur dann angewandt werden, wenn die Nutzungsstörung die zu nutzende *Sache* – und nicht nur die Verfügungsmöglichkeit des Eigentümers über die Sache betrifft. Aus diesem Grund ist etwa ein Ersatzanspruch wegen (unrechtmäßiger) Entziehung eines Führerscheins im Hinblick auf das dazu gehörende Kraftfahrzeug zu verneinen, weil das Auto zwar dann nicht mehr vom – führerscheinlosen – Eigentümer, aber noch von jedem anderen gefahren werden kann (*Medicus/Lorenz* SR II Rz. 1288-1290). Der Eigentümer des Kfz kann in diesem Fall nicht aus § 823 Abs. 1 BGB wegen Nutzungsausfall am Wagen vorgehen. Anders wäre dies freilich, wenn der *Fahrzeugbrief* eingezogen würde, denn dann kann *niemand* mehr mit dem Auto fahren. Ebenso liegt eine Eigentumsverletzung vor, wenn vor der Garage, in der das Auto steht, eine baurechtlich unzulässige Baustelle errichtet wird, die das Herausfahren unmöglich macht. Auch dann ist ein Anspruch aus § 823 Abs. 1 BGB begründet (BGHZ **63**, 206).

2.) Zum anderen muss die Nutzungsmöglichkeit der Sache – wenigstens vorübergehend – ganz bzw. vollständig aufgehoben sein. Es genügt insbesondere nicht, dass eine bloße Beeinträchtigung bzw. Einengung der wirtschaftlichen Nutzungsmöglichkeit vorliegt. Vor diesem Hintergrund hatte der BGH im oberberühmten »**Fleet-Fall**« am 21.12.1970 über die folgende Geschichte zu entscheiden (→ BGHZ **55**, 153):

Ein beladenes Schiff fuhr im Oktober 1962 in der Nähe von Bremen in ein »**Fleet**« (= eine Art wasserstraßenmäßige »Sackgasse« an einem Fluss oder in einem Hafen), um eine dort gelegene Mühle zu beliefern. Als das Schiff in das Fleet eingefahren war, stürzte wenig später ein großes Stück Ufermauer in die Einfahrt des Fleets mit der Folge, dass das Schiff anschließend für acht Monate (!) – so lange dauerten die Aushubarbeiten – nicht mehr herausfahren konnte. Zudem war es in dieser Zeit für alle anderen Schiffe natürlich unmöglich, in das Fleet einzufahren, um dort Waren anzuliefern. Der Eigentümer des Schiffes verlangte nun von der Bundesrepublik Deutschland, die die Eigentümerin des Fleets war, Schadensersatz für die fehlende Nutzungsmöglichkeit des eingeschlossenen Schiffes und zudem auch noch Schadensersatz dafür, dass ein weiteres seiner Schiffe in dieser Zeit nicht in das Fleet einfahren und die Mühle beliefern konnte.

Der BGH hat den Ersatzanspruch für das *eingeschlossene* Schiff bejaht mit dem Argument, dieses Schiff könne in seinem bestimmungsgemäßen wirtschaftlichen Gebrauch gar nicht mehr benutzt werden, darin liege dann eine Eigentumsverletzung im Sinne des § 823 Abs. 1 BGB. Den Ersatzanspruch für das andere – quasi »ausgesperrte« – Schiff indessen hat der BGH *verneint* mit der Begründung, dieses Schiff habe lediglich nicht mehr in das Fleet einfahren können, sei im Übrigen aber in seiner wirtschaftlichen Nutzungsmöglichkeit unangetastet geblieben, da es weiterhin fahren und andere Stellen/Häfen beliefern konnte. Es fehle damit an der vollständigen Aufhebung der wirtschaftlichen Gebrauchsmöglichkeit und somit auch an der Eigentumsverletzung im Sinne des § 823 Abs. 1 BGB (BGHZ **55**, 153).

> **Beachte:** Mit Urteil vom **21. Juni 2016** hat der BGH diese, fast 50 Jahre alte (Schiffs-) Rechtsprechung inzwischen ausdrücklich bestätigt und einen Schiffseigentümer zu umfangreichem Schadensersatz verurteilt, weil der nämlich mit seinem auf Grund gelaufenen Tankschiff den *Xantener* Hafen (Xanten → Stadt am Niederrhein in Nordrhein-Westfalen) mehrere Tage lang blockiert und anderen Nutzschiffen die Ausfahrt versperrt hatte. Gleiches Prinzip wie oben: Den *eingesperrten* Schiffen war dadurch *jede* Nutzung unmöglich geworden = Eigentumsverletzung im Sinne des § 823 Abs. 1 BGB (BGH NJW-RR **2017**, 219). **Also, merke:** Wenn die bestimmungsgemäße wirtschaftliche Gebrauchsmöglichkeit der betroffenen Sache tatsächlich *vollständig* aufgehoben ist, liegt auch eine Eigentumsverletzung auch ohne Eingriff in die Sachsubstanz vor. Handelt es sich hingegen nur um eine Beeinträchtigung bzw. Einengung der wirtschaftlichen Nutzungsmöglichkeit (= die ausgesperrten Schiffe), fehlt es an der Verletzung des Eigentums (BGHZ **55**, 153). Diese Rechtsprechung hat der BGH übrigens im **Dezember 2014** auch in anderem Zusammenhang angewendet: Auf der Autobahn A5 hatte ein LKW in der Nähe von Heidelberg eine Brücke gerammt und dabei niedergerissen mit der Folge, dass die A5 an dieser Stelle für mehrere Tage gesperrt werden musste. Der Betreiber einer drei Kilometer hinter der Unfallstelle gelegenen Autobahnraststätte verklagte anschließend den LKW-Fahrer bzw. die Versicherung des Fahrzeugs auf Schadensersatz wegen des unstreitig vorliegenden

Nutzungsausfalls der Raststätte. Zu **Unrecht**, wie der BGH urteilte (BGH NJW **2015,** 1174). Wörtlich heißt es: »... *Es entspricht zwar ständiger höchstrichterlicher Rechtspre-chung, dass eine Eigentumsverletzung im Sinne des § 823 Abs. 1 BGB nicht zwingend einen Eingriff in die Sachsubstanz voraussetzt, sondern auch durch eine nicht unerhebliche Beein-trächtigung der bestimmungsgemäßen Verwendung der betreffenden Sache erfolgen kann. Voraussetzung ist freilich stets, dass die Beeinträchtigung der bestimmungsgemäßen Ver-wendung tatsächlich entfällt. Dies kann indessen nicht für den Fall angenommen werden, dass die wirtschaftliche Nutzung einer Anlage nur deshalb vorübergehend eingeengt wird, weil sie von Kunden infolge einer Störung des Zufahrtsweges nicht angefahren werden kann – ohne dass zugleich in die Sachsubstanz der Anlage eingegriffen oder deren technische Brauchbarkeit beschränkt oder beseitigt wurde. Daher kann der Kläger vorliegend keine Ei-gentumsverletzung an seiner Autobahnraststätte geltend machen, weder die Substanz seines Eigentums ist verletzt, noch wurde die bestimmungsgemäße Nutzung vollkommen aufgeho-ben* ...« (BGH NJW **2015,** 1174 vgl. insoweit auch BGHZ **86,** 152; BGH NJW **1998,** 377).

Zum Fall: Unser R kann die elektronischen Geräte in seinem Eis-Cafe nicht benutzen, weil der Strom ausgefallen ist. Nach dem eben Erlernten können wir nunmehr Fol-gendes festhalten: Die Geräte an sich sind natürlich weiterhin nutzbar, nur eben nicht für die in Frage stehenden zwei Stunden im Cafe des R. Sie könnten aber durchaus noch – etwa mithilfe eines Notstromaggregats oder auch an einem anderen Ort – anderweitig benutzt werden. Hier liegt die Sache also anders als bei dem eingesperr-ten Schiff, das tatsächlich von *jeder* bestimmungsgemäßen Nutzung ausgeschlossen war. In unserem Fall fehlt es an der vollständigen Aufhebung der wirtschaftlichen Nutzungsmöglichkeit der Maschinen mit der Konsequenz, dass insoweit lediglich eine *Beschränkung* eingetreten ist. Und mithin liegt *keine* Eigentumsverletzung im Sinne des § 823 Abs. 1 BGB vor; es handelt sich vielmehr um einen reinen Vermö-gensschaden (BGHZ **41,** 123, 126).

ZE.: Es fehlt im Hinblick auf die fehlende Nutzungsmöglichkeit der elektronischen Geräte an einer Eigentumsverletzung. R hat nur einen *Vermögensschaden* erlitten.

Zum Schluss

Ein kleines – wichtiges – Bisschen haben wir noch: Um in der Klausur die volle Punktzahl zu erreichen, müssen wir nun ganz am Ende noch einen kurzen Abstecher zum sogenannten »Recht am eingerichteten und ausgeübten Gewerbebetrieb« ma-chen. Dieses Recht, das als »sonstiges Recht« im Sinne des § 823 Abs. 1 BGB allgemein anerkannt ist (BGHZ **138,** 311; RGZ **58,** 24; *Brox/Walker* BS § 45 Rz. 15; *Bamberger/Roth/ Spindler* § 823 BGB Rz. 104; *Jauernig/Teichmann* § 823 BGB Rz. 95; PWW/*Schaub* § 823 BGB Rz. 79; *Palandt/Sprau* § 823 BGB Rz. 19), gehört in den Fällen der bloßen Beein-trächtigung der wirtschaftlichen Nutzungsmöglichkeit noch in die Lösung. Beachte insoweit bitte, dass wir dieses Rechtsinstitut des eingerichteten und ausgeübten Ge-werbetriebes an späterer Stelle (Fall 19) noch ausführlicher behandeln werden; für die Lösung des vorliegenden Falles genügt es (ist aber auch erforderlich!), Folgendes zu wissen:

1.) Das Recht am eingerichteten und ausgeübten Gewerbebetrieb hat grundsätzlich *subsidiären* Charakter, greift daher nur dann ein, wenn keines der in § 823 Abs. 1 BGB benannten Rechte oder Rechtsgüter oder eine sonstige gesetzliche Spezialnorm einschlägig ist (BGH NJW **2015**, 1174; BGH MDR **2009**, 1234; BGHZ **105**, 350; BGHZ **45**, 296; OLG Oldenburg MDR **2012**, 403; *Esser/Weyers* SR II 2, § 55 I 2c; *Medicus/Petersen* BR Rz. 614; *Brox/Walker* BS § 45 Rz. 18). Das ist übrigens der Grund, warum wir eben zunächst ausführlich die Verletzung des Eigentumsrechts prüfen mussten. Wäre das Eigentumsrecht bzw. eine Verletzung dessen einschlägig gewesen, hätte eine Prüfung des Rechts am eingerichteten und ausgeübten Gewerbebetrieb unterbleiben müssen. Merken.

2.) Eine Verletzung des Rechts am eingerichteten und ausgeübten Gewerbebetrieb erfordert – neben anderen Voraussetzungen wie etwa dem Vorliegen eines Betriebes – immer einen sogenannten **»unmittelbar betriebsbezogenen Eingriff«** (BGH NJW **2015**, 1174; BGH MDR **2009**, 1234; BGHZ **138**, 11; BGHZ **86**, 152; MüKo/*Wagner* § 823 BGB Rz. 257; *Palandt/Sprau* § 823 BGB Rz. 21). Hierbei ist notwendig, dass der Eingriff sich »gegen den Betrieb selbst« und nicht nur gegen davon ablösbare Rechte oder Rechtsgüter richtet (BGH NJW **2015**, 1174; BGH NJW **2003**, 1041). Entscheidend soll unter anderem sein, ob die Zielrichtung (also der Vorsatz) des Schädigers auf eine Beeinträchtigung des Betriebes als solchen gerichtet ist (BGH NJW **2015**, 1174; *Medicus/Lorenz* SR II Rz. 1314).

In unserem Fall, in dem der Geschädigte einen Nutzungsausfall an seinen zum Betrieb gehörenden Maschinen geltend machen möchte, stellt sich nun die Frage, ob wegen des Durchtrennens des Stromkabels ein solcher *betriebsbezogener* Eingriff in den Gewerbebetrieb (Eis-Cafe) des R vorliegt. Der BGH hat in seiner Entscheidung aus dem Jahre 1958 im Ergebnis festgestellt, dass es sich in der hier in Frage stehenden Konstellation *nicht* um einen solchen unmittelbar betriebsbezogenen Eingriff handelt (BGHZ **29**, 65). Wörtlich heißt es (Seite 74):

> *»... Unmittelbare Eingriffe in das Recht am bestehenden Gewerbetrieb, gegen welche § 823 Abs. 1 BGB Schutz gewährt, sind nur diejenigen, die* **irgendwie gegen den Betrieb als solchen gerichtet,** *also* **betriebsbezogen** *sind und nicht vom Gewerbebetrieb ohne weiteres ablösbare Rechte oder Rechtsgüter betreffen ... Eben so wenig wie etwa die Verletzung eines Angestellten oder die Beschädigung oder Zerstörung eines Betriebskraftwagens steht aber die Unterbrechung des zum Unternehmen führenden Stromkabels in Beziehung gerade zum Gewerbebetrieb des Geschädigten. Denn der Baggerführer hat ein Stromkabel beschädigt, das neben anderen Betrieben nur* **zufälligerweise** *auch den Betrieb des Geschädigten mit Strom versorgte. Die Lieferung elektrischen Stroms über ein Kabel ist zudem* **keine** *dem eingerichteten und ausgeübten Gewerbebetrieb wesenseigentümliche Eigenheit, sondern eine auf die Energielieferungspflicht der Versorgungsunternehmen beruhende Beziehung, die derjenigen gleichartig ist, die auch andere Stromabnehmer, wie z.B. die Haushaltungen und die Angehörigen freier Berufe, mit dem E-Werk verbindet ... Wenn durch*

> *den Bagger das zum Betrieb des Geschädigten führende Stromkabel zerrissen wurde, brach-*
> *te dies zwar die Beeinträchtigung der sachlich technischen Grundlagen mit sich. Aber da-*
> *rin ist **kein Eingriff** in das Recht des Geschädigten am eingerichteten und ausgeübten Ge-*
> *werbebetrieb zu finden, weil dies über den dem Gewerbebetrieb von der Rechtsprechung*
> *zuerkannten Schutzbereich **hinausginge**. Vielmehr handelt es sich lediglich um eine Ver-*
> *letzung des **Eigentums** des E-Werkes am Kabel ...«*

Also: Wir wollen uns bitte unbedingt merken, dass es in den Stromkabelfällen regelmäßig an der »Betriebsbezogenheit« des Eingriffs in den Gewerbebetrieb des Geschädigten (hier: das Cafe des R) fehlt. Wenn man das weiß und auch hinschreibt, ist das
rettende Ufer schon mal erreicht. Wer dann noch zwei oder drei Sätze zur Begründung hinbekommt (siehe soeben), kann richtig Punkte abkassieren. Den Oberschlau-
en sei insoweit übrigens die vollständige Lektüre der BGH-Entscheidung empfohlen,
wobei man da durchaus kämpfen muss, die Entscheidungsgründe sind nämlich zum
einen nicht gerade leichte Kost und zum anderen auch immerhin – in der amtlichen
Sammlung – volle zehn Seiten lang (BGHZ **29**, 65 = NJW **1959**, 479). Gleichwohl lohnt
es sich, denn eine Vielzahl der nachfolgenden Entscheidungen zur Betriebsbezogenheit von Eingriffen baut auf diesem Urteil auf oder nimmt zumindest Bezug darauf
(vgl. etwa BGH NJW **2015**, 1174; BGH MDR **2009**, 1234; BGHZ **41**, 123; BGHZ **59**, 30;
BGHZ **86**, 152; BGH BB **1983**, 464; OLG Oldenburg MDR **2012**, 403; OLG Oldenburg
VersR **1975**, 866; weitere Hinweise bei *Palandt/Sprau* § 823 BGB Rz. 128).

ZE.: Es fehlt im vorliegenden Fall an der Betriebsbezogenheit des Eingriffs; folglich ist
das Recht am eingerichteten und ausgeübten Gewerbebetrieb nicht verletzt.

Ergebnis: Dem R steht demnach kein Anspruch auf Ersatz der 250 Euro für den zweistündigen Betriebsausfall wegen Verletzung des Rechts am eingerichteten und ausgeübten Gewerbebetrieb zu.

Gutachten

Anspruch des R gegen B auf Ersatz von 250 Euro für das geschmolzene Eis

**R könnte gegen B einen Anspruch auf Zahlung von 250 Euro Schadensersatz aus § 823
Abs. 1 BGB haben.**

1.) Erste Voraussetzung für das Bestehen des Anspruchs ist die Verletzung eines in § 823
Abs. 1 BGB genannten Rechts oder Rechtsgutes. In Betracht kommt im Hinblick auf das
geschmolzene Eis das in § 823 Abs. 1 BGB benannte Recht Eigentum.

Vorliegend ist somit zu prüfen, ob das geschmolzene Eis eine Verletzung des Rechts
Eigentum oder aber nur eine Form des nicht über § 823 BGB ersatzfähigen Vermögens-
schadens darstellt. Konkret kann es sich bei dem geschmolzenen Eis um eine Zerstörung
oder Beschädigung des Eigentums handeln. Eine Verletzung des Eigentums in Form der
Zerstörung oder Beschädigung einer Sache liegt in jedem Eingriff in die Sachsubstanz, der
den bestimmungsgemäßen Gebrauch beschränkt oder aufhebt. Geschmolzenes Eis ist

nicht mehr nutzbar und verliert damit für den Eisverkäufer seinen Wert, obwohl die Substanz in Form von Wasser bzw. Milch im Zweifel noch erhalten ist. Bedarf eine Sache zur Erhaltung ihrer Substanz der ständigen Zufuhr von Wasser, Strom oder dergleichen, so bewirkt im Rechtssinne auch derjenige ihre Zerstörung, der sie durch Abschneiden dieser Zufuhr vernichtet.

Nicht anders ist es bei der Unterbrechung der Stromzufuhr, wenn auf deren Stetigkeit angewiesene Sachen untergehen. Hierzu gehören vor allem Erzeugnisse, die einer elektrisch konstant gehaltenen Temperatur (Wärme oder Kühlung) bedürfen, um nicht zu verderben. Wird dieser Verderb durch eine schuldhafte Durchtrennung der Stromkabel herbeigeführt und sinkt oder entfällt der Verkaufswert der Produkte, so ist dieser Vermögensverlust ein aus der Eigentumsverletzung hervorgehender Folgeschaden, der im Rahmen des § 823 Abs. 1 BGB zu ersetzen ist. Es handelt sich somit um eine Eigentumsverletzung im Sinne einer Zerstörung und insbesondere nicht um einen sogenannten Vermögensschaden, der über § 823 BGB grundsätzlich nicht ersatzfähig wäre. Es spielt demnach auch keine Rolle, dass die Sachsubstanz in geänderter Form noch vorhanden ist. Es liegt dennoch eine Verletzung des absoluten Rechts Eigentum (an dem Eis) vor.

2.) Grundlage der Rechtsverletzung muss ein menschliches Verhalten, also ein Handeln oder Unterlassen gewesen sein. Hier liegt ein positives Tun in Form der – aktiven – Zerstörung des Kabels seitens des B vor.

3.) Zwischen der Eigentumsverletzung bei R (Eis geschmolzen) und dem Handeln des B (Durchtrennen des Kabels) muss nun des Weiteren auch ein ursächlicher Zusammenhang bestehen; die Rechtsverletzung muss dem Schädiger im Rahmen der haftungsbegründenden Kausalität im Rechtssinne zuzurechnen sein. Dies wird innerhalb der drei Kausalitätstheorien bestimmt.

a) Nach der Äquivalenzformel ist jedes Verhalten ursächlich, das nicht hinweggedacht werden kann, ohne dass die Rechts- oder Rechtsgutsverletzung entfiele. Hätte der B nicht mit dem Bagger das Kabel durchtrennt, wären der Strom nicht ausgefallen und das Eis nicht geschmolzen. Die Tatsache, dass das Verhalten des B nicht unmittelbar zur Rechtsverletzung geführt hat, spielt insoweit keine Rolle. Auch Handlungen, die sich quasi als Kettenreaktion fortsetzen und dann erst das Recht beschädigen, unterliegen als mittelbare Ursachen unstreitig der Äquivalenzformel. Das Verhalten des B ist ursächlich im Sinne der Äquivalenzformel für die später bei R eingetretene Rechtsverletzung.

b) Nach der Adäquanzformel ist dem Handelnden die eingetretene Rechtsverletzung nur dann zuzurechnen, wenn mit ihr nach allgemeiner Lebenserfahrung gerechnet werden konnte und sie insbesondere nicht die Folge eines vollkommen atypischen, gegen die allgemeine Lebenserfahrung sprechenden Kausalverlaufs ist. Es widerspricht nicht der allgemeinen Lebenserfahrung, dass man beim Durchtrennen eines Stromkabels neben dem Eigentümer des Kabels auch andere Personen bzw. deren Rechte oder Rechtsgüter in Mitleidenschaft zieht. Insbesondere bei Versorgungsleitungen wie der Strom- oder Gaszufuhr liegt es in der Natur der Sache, dass eine Zerstörung des Kabels diejenigen Personen bzw. Sachen schädigen kann, die an die Versorgungsleitung angeschlossen sind. Es handelt sich mithin um keinen atypischen Kausalverlauf. Auch nach der Adäquanzformel ist das Verhalten des B ursächlich für die später eingetretene Rechtsverletzung in Form des geschmolzenen Eises.

c) Ersatzfähig sind nach der Lehre vom Schutzzweck der Norm letztlich jedoch nur die Schäden bzw. Rechtsverletzungen, deren Schutz die betroffene Vorschrift bezweckt. Während bei der Frage nach der Adäquanz einer schädigenden Handlung danach gefragt wird, ob sich die Rechtsverletzung noch im allgemein vorhersehbaren Rahmen befindet, wird bei der Frage nach dem Schutzzweck der Norm geklärt, ob das Verbot eines bestimmten Verhaltens die letztlich eingetretene Rechtsverletzung in ihrer konkreten Form auch tatsächlich verhindern sollte. Es ist verboten, ein fremdes Stromkabel zu durchtrennen. Wer dies verwirklicht, hat nach § 823 Abs. 1 BGB Schadensersatz für diese Rechtsverletzung bei dem anderen (dem Stromkabeleigentümer) zu leisten.

Es stellt sich indessen die Frage, ob das in § 823 Abs. 1 BGB verankerte Verbot, ein fremdes Stromkabel zu durchtrennen, auch deshalb besteht, damit dritte Personen, die an das Stromkabel angeschlossen sind, keine Schäden an ihren Rechten oder Rechtsgütern erleiden und ob auch diesen Personen dann gegen den Schädiger des Stromkabels ein Ersatzanspruch aus § 823 Abs. 1 BGB zustehen soll. Im Rahmen dessen ist insbesondere zu prüfen, ob es zu einem für den Schädiger unüberschaubaren und damit unzumutbaren Haftungsrisiko führt, wenn er bei der Beschädigung eines Stromkabels auch für die Rechtsverletzungen einzustehen hat, die bei dritten Personen, die lediglich an das zerstörte Stromkabel angeschlossen waren, entstehen.

Im Ergebnis ist insoweit festzustellen, dass das aus § 823 Abs. 1 BGB resultierende Verbot, fremde Versorgungsleitungen zu beschädigen, auch den Zweck umfasst, an die Versorgungsleitungen angeschlossene Dritte und deren Vermögen zu schützen. Der Schädiger hat auch diesen Dritten gegenüber für die Rechtsverletzungen zu haften. Das durch die Schadensersatzpflicht ausgedrückte Verbot, fremdes Eigentum nicht zu beschädigen, bezweckt bei Einrichtungen von weittragender Bedeutung nicht nur den Schutz ihrer Substanz, sondern auch ihrer Funktion. Dass Dämme, Signalanlagen und Versorgungsleitungen nicht zerstört werden dürfen, hat nicht nur den Sinn, ihren Eigentümern den Aufwand der Wiederherstellung zu ersparen.

Das Verbot der Beschädigung will vielmehr auch und gerade den Schutz vor dem Eintritt der typischen Folgen bieten. Aus der ständig steigenden und immer empfindlicher werdenden Abhängigkeit der Allgemeinheit von der Energieversorgung erwächst für jedermann die Pflicht, die Freileitungen und Kabel nicht nur als Gegenstände, sondern ganz besonders im Hinblick auf ihre Bedeutung in Acht zu nehmen. Wer eine Versorgungsleitung beschädigt, muss somit nicht nur über § 823 Abs. 1 BGB dem Eigentümer die beschädigte Versorgungsleitung ersetzen, sondern auch gegenüber Dritten haften, die lediglich an das Kabel angeschlossen waren und einen Schaden an einem absoluten Recht erlitten haben. Im konkreten Fall muss sich der B somit die Rechtsverletzung bei R im Sinne des § 823 Abs. 1 BGB zurechnen lassen. Auch unter Berücksichtigung der Lehre vom Schutzzweck der Norm ist das Verhalten des B ursächlich für die bei R entstandene Rechtsverletzung.

4.) Das Verhalten des B war zudem rechtswidrig, Rechtfertigungsgründe sind nicht ersichtlich. Die Tatbestandsmäßigkeit indiziert die Rechtswidrigkeit.

5.) Der B handelte des Weiteren schuldhaft, namentlich fahrlässig im Sinne des § 276 Abs. 2 BGB, was durch die Formulierung »aus Unachtsamkeit« im Sachverhalt dokumentiert ist. Insbesondere ist vorhersehbar, dass man beim Zerstören einer Versorgungsleitung die daran angeschlossenen Anlagen anderer Personen in Mitleidenschaft ziehen kann.

6.) Der Schaden des R liegt im geschmolzenen Eis, das einen Wert von 250 Euro hatte. Gemäß § 251 Abs. 1 BGB hat B diesen Betrag als Wertersatz zu leisten. Der § 249 Abs. 2 Satz 1 BGB ist vorliegend nicht einschlägig, da die Wiederherstellung des Eises nicht mehr möglich ist. In solchen Fällen greift § 251 Abs. 1 BGB ein.

Innerhalb des Haftungsumfangs fragt sich, ob der R ein Notstromaggregat hätte bereithalten müssen und ob das Unterlassen dessen eine Minderung seines Ersatzanspruchs gemäß § 254 Abs. 2 Satz 1, 2. Alt, Abs. 1 BGB zur Folge hat. Dies ist jedoch zu verneinen. Entgegen der Meinung des B muss R nicht einen Teil seines Schadens selbst tragen, weil er kein Notstromaggregat bereitgehalten hat. Ob der R eine solche verhältnismäßig kostspielige Anlage im Hinblick darauf anschaffen wollte, dass sich die Elektrizitätswerke regelmäßig von der Haftung für betrieblich bedingte Stromunterbrechungen freizeichnen, stand bei ihm und brauchte sich nur nach seinen wirtschaftlichen Erwägungen zu richten. Keinesfalls war der R gehalten, diese Anschaffung zur Entlastung Dritter zu machen, die möglicherweise störend in die Stromversorgung eingreifen könnten. Der ersatzfähige Schaden beträgt 250 Euro, ist gemäß § 251 Abs. 1 BGB in Geld zu ersetzen und wird demnach insbesondere nicht gemindert wegen des fehlenden Notstromaggregats.

7.) Der gerade aufgezeigte Schaden muss schließlich ursächlich auf die Rechtsgutsverletzung zurückzuführen sein. Das ist hier nicht fraglich. Es liegt nämlich nicht außerhalb der allgemeinen Lebenserfahrung, dass man bei der Beschädigung einer Stromleitung dadurch einen Schaden verursacht, dass man an die Stromleitung angeschlossene Anlagen oder Gegenstände, die von regelmäßiger Stromzufuhr abhängig sind, zerstört. Die haftungsausfüllende Kausalität ist somit auch gegeben.

Ergebnis: Damit liegen alle Tatbestandsvoraussetzungen des § 823 Abs. 1 BGB vor mit der Folge, dass B gegenüber R in Höhe von 250 Euro gemäß den §§ 823 Abs. 1, 251 Abs. 1 BGB ersatzpflichtig ist.

Fall 17

Kurzes Vergnügen

Rechtsanwalt A hat sich im Autohaus des H einen neuen, von der Automobilfirma P hergestellten Sportwagen zum Preis von 50.000 Euro gekauft. Dummerweise klemmt aufgrund eines Fabrikationsfehlers bei diesem Auto der Gaszug mit der Folge, dass sich das Gaspedal, nachdem man es durchgetreten hat, nicht automatisch wieder in die Ausgangsposition zurückbewegt. Einen Tag nach dem Kauf des Wagens kommt es daher zu einem Unfall: A prallt mit dem Fahrzeug gegen einen Baum, weil der Wagen weiter beschleunigt, obwohl A den Fuß vom Gaspedal genommen hat. Das Auto erleidet einen Totalschaden, A bleibt unverletzt.

Als sich herausstellt, dass H wegen hoher Schulden zahlungsunfähig ist, verlangt A von der Herstellerfirma P Schadensersatz in Höhe von 50.000 Euro. **Zu Recht?**

Schwerpunkte: Der Begriff des »weiterfressenden Mangels«; Eigentumsschaden gemäß § 823 Abs. 1 BGB; Begriff der Stoffgleichheit; das Nutzungs- bzw. Äquivalenzinteresse; das Integritätsinteresse; der Anspruch nach dem ProdHaftG.

Lösungsweg

Anspruch des A gegen P auf Schadensersatz in Höhe von 50.000 Euro

Vorab: Dieser Fall – nachgebildet der berühmten »Gaszug-Entscheidung« des BGH vom 18. Januar 1983 (BGHZ **86**, 256) – ist nicht wirklich schwer. Wir werden gleich sehen, dass er tatsächlich nur eine einzige echte Finte hat, die man freilich zwingend (er-) kennen muss, um bei der Lösung nicht am Problem vorbei zu schreiben. Deswegen steht das Ding ja auch hier. Inhaltlich geht es natürlich um § 823 Abs. 1 BGB und insbesondere um die dort benannte *Eigentumsverletzung*.

> **Durchblick:** Interessant ist insoweit für uns allerdings zunächst der Weg dorthin: Wir wollen als erstes bitte noch mal die Fallfrage genau beachten. Da steht nämlich, dass der A nach Ansprüchen gegen den *Hersteller* des Wagens – und *nicht* gegen den Verkäufer – fragt. Dies kommt in der Praxis vergleichsweise häufig vor, insbesondere dann, wenn der Verkäufer, wie in unserem Fall, zahlungsunfähig (geworden) ist oder aus anderen Gründen nicht in Anspruch genommen werden kann. Dann bleibt für den geschädigten Käufer im Zweifel nur der Weg zum Hersteller. Für die Fall-Lösung in der Klausur oder Hausarbeit heißt das logischerweise, dass *vertragliche* Ansprüche, die bekanntermaßen immer zuerst in Betracht zu ziehen sind, von vornherein ausscheiden. Denn einen Vertrag hat der Käufer natürlich nur

mit dem *Verkäufer* geschlossen; und dieser Verkäufer war beim Abschluss des Kaufvertrages mit dem Käufer auch nicht Stellvertreter des Herstellers im Sinne der §§ 164 ff. BGB (und übrigens auch nicht Erfüllungsgehilfe, vgl. BGHZ **200**, 337), sodass auf diesem Weg ebenfalls kein Vertrag zwischen Hersteller und Käufer konstruiert werden kann. Im Übrigen wollen wir bitte unbedingt beachten, dass für einen Anspruch des Käufers gegen den Hersteller bei der vorliegenden Konstellation die Anwendung des Produkthaftungsgesetzes nicht in Betracht kommt. Denn gemäß § 1 Abs. 1 Satz 2 ProdHaftG (lesen, bitte!) werden nach diesem Gesetz nur die Sachschäden erfasst, die an »**anderen**« Sachen als der gekauften entstehen (MüKo/*Wagner* § 1 ProdHaftG Rz. 14; *Brox/Walker* § 54 Rz. 37; *Palandt/Sprau* § 1 ProdHaftG Rz. 7). Hier in unserem Fall aber entsteht der Schaden an der gekauften Sache selbst. Das ProdHaftG kann demnach als Anspruchsgrundlage für die Beschädigung nicht herhalten (vgl. auch *von Westphalen* in MDR 1998, 805).

Und damit bleibt für den A nur noch das Deliktsrecht, also die §§ 823 ff. BGB, übrig. Hat man dies – den Ausschluss vertraglicher Ansprüche und die Nichtanwendbarkeit des ProdHaftG – dem Prüfer in gebotener Kürze mitgeteilt (und erst dann!), ist der Weg frei zu § 823 Abs. 1 BGB.

AGL.: § 823 Abs. 1 BGB

1.) Erforderlich ist zunächst – wie immer – die Verletzung eines absoluten Rechts oder Rechtsgutes im Sinne des § 823 Abs. 1 BGB. Im vorliegenden Fall kommt insoweit allein die Verletzung des *Eigentumsrechts* in Frage. Das Auto hat ja einen Totalschaden erlitten und ist mithin in seiner Sachsubstanz vollständig zerstört, was in der Regel die Eigentumsverletzung indiziert (*Palandt/Sprau* § 823 BGB Rz. 8).

> **Aber:** So einfach ist es natürlich nicht. Das Besondere bzw. die Finte dieses Falles erkennt man, wenn man sich Folgendes vor Augen führt: Wenn jemand einen Anspruch nach § 823 Abs. 1 BGB aus einer Eigentumsverletzung geltend macht, beruft er sich im Regelfall darauf, dass sein vormals *unbeschädigtes* Eigentum durch ein Verhalten des Anspruchsgegners später beschädigt worden ist. Und das leuchtet auch ein: Man kann nur etwas beschädigen, was vorher unbeschädigt war. Hier in unserem Fall war die Sache (Auto) aber schon beschädigt bzw. mangelhaft, als der A sie zu Eigentum erhalten hat. Denn der Wagen war aufgrund des Fabrikationsfehlers von Anfang an mangelhaft bzw. beschädigt. Unser A war somit zu keiner Zeit Eigentümer eines unbeschädigten Autos mit der Folge, dass eine Beschädigung dieser Sache schon rein logisch eigentlich ausgeschlossen ist. Das mögliche Fehlverhalten der Firma P liegt lediglich darin, eine beschädigte Sache geliefert zu haben. Allein das fehlerhafte Herstellen und Liefern einer Sache stellt indessen nur eine Verletzung der vertraglichen Pflichten aus § 433 Abs. 1 BGB dar und fällt grundsätzlich nicht unter § 823 Abs. 1 BGB (BGH WM **1981**, 952). Insoweit stehen dem Erwerber nach dem Willen des Gesetzgebers die Vorschriften über die kaufrechtliche Gewährleistung der §§ 434 ff. BGB zur Seite (BGHZ **77**, 215; *Jauernig/Teichmann* § 823 BGB Rz. 6).

Also: Diesen Grundsatz wollen wir uns bitte unbedingt merken: Wer als Verkäufer oder Hersteller eine mangelhafte Sache liefert, kann vom Erwerber nicht wegen Eigentumsverletzung an *dieser* Sache aus § 823 Abs. 1 BGB belangt werden. Denn die

Sache war ja schon von Anfang an beschädigt. Zum Ausgleich dessen sind vielmehr und ausschließlich die Regeln der kaufrechtlichen Gewährleistung nach den §§ 434 ff. BGB vorgesehen (*Jauernig/Teichmann* § 823 BGB Rz. 6).

Überlegung: Es fragt sich indessen, ob dieser Grundsatz wirklich uneingeschränkt gelten kann. Und das fragt sich deshalb, weil Fälle denkbar sind, in denen die verkaufte oder gelieferte Sache nur an einem derart geringen Teil beschädigt ist, dass man eigentlich sagen müsste, diese Beschädigung tritt im Vergleich zum im Übrigen funktionstauglichen und unbeschädigten Teil des Eigentums als vollkommen unbedeutend zurück. Und »**frisst**« sich nun dieser klitzekleine unbedeutende Mangel in den übrigen riesengroßen unbeschädigten Teil der Sache »**weiter**« und zerstört diesen, erscheint es angemessen, dies doch als Eigentumsverletzung im Sinne des § 823 Abs. 1 BGB anzusehen. Der Erwerber hat in diesem Falle sozusagen schon ein zum überwiegenden Teil *mangelfreies* Eigentum erhalten, das dann erst später durch den kleinen mangelhaften Teil verletzt worden ist.

Und aus genau diesen Überlegungen hat sich die inzwischen sehr umstrittene Behandlung der ganzen Problematik entwickelt. Folgendes wird vertreten:

- Die **Rechtsprechung** und ein Teil der **Literatur** bleiben zwar grundsätzlich dabei, dass allein die Lieferung einer mangelhaften Sache nach wie vor *keine* Eigentumsbeschädigung nach § 823 Abs. 1 BGB auf Seiten des Erwerbers darstellt; der Erwerber hat dann lediglich ein bereits beschädigtes Produkt erhalten und muss sich insoweit gemäß den §§ 434 ff. BGB an den Verkäufer halten (BGH NJW **2004**, 1032; BGHZ **117**, 187; BGH NJW **1985**, 2420; *Palandt/Sprau* § 823 BGB Rz. 9; *Brox/Walker* BS § 45 Rz. 6). Ein Anspruch aus § 823 Abs. 1 BGB kommt diesbezüglich nicht in Betracht.

Anders kann und soll das aber nach dieser Auffassung sein, wenn – wie oben geschildert – der Mangel der Sache sich zunächst, also bei der Lieferung bzw. Eigentumsübertragung, nur auf einen abgrenzbaren kleinen Teil beschränkt und dieser Mangel später dann die Zerstörung der gesamten Sache bewirkt (BGH VersR **2011**, 271; BGH NJW **2004**, 1032; BGH NJW **1998**, 1924; BGHZ **86**, 256; BGHZ **67**, 359; *Bamberger/Roth/Spindler* § 823 BGB Rz. 62; *Palandt/Sprau* § 823 BGB Rz. 177; *PWW/Schaub* § 823 BGB Rz. 41). In diesen Fällen des sogenannten »**weiterfressenden Mangels**« hängt der Anspruch aus § 823 Abs. 1 BGB bzw. die Eigentumsverletzung dann davon ab, ob sich

→ der letztlich eingetretene Schaden mit dem Unwert deckt, den die Sache aufgrund der anfänglichen Mangelhaftigkeit bereits bei der Lieferung hatte (BGH VersR **2011**, 271; BGH NJW **2004**, 1032; BGHZ **86**, 256; BGHZ **77**, 215). Zu Deutsch: Man muss prüfen, ob die Sache aufgrund der anfänglichen Beschädigung bereits derart minderwertig bzw. entwertet war, dass sie den vollen Kaufpreis schon zu diesem Zeitpunkt quasi »nicht wert« gewesen ist. Und das ist regelmäßig dann der Fall, wenn das mangelhafte Teil nur unter erheblichem (finanziellen) Aufwand instand gesetzt werden könnte und derart mit der Gesamtsache zusammenhängt, dass sie eine untrennbare Einheit bilden (BGH NJW **1985**, 2420). Ausschlaggebend ist insoweit eine natürliche und wirtschaftliche Betrachtungsweise (BGHZ **86**, 256). In diesen Fällen der sogenannten »**Stoffgleichheit**« zwischen anfänglicher Beschädigung und später eingetretenem Schaden entfällt dann der Anspruch aus § 823 Abs. 1 BGB. Denn hier erleidet der Käufer nur eine Verletzung seines *Nutzungs- bzw. Äquivalenzinteresses*, also seiner Erwartung aus dem Vertrag auf Erhalt einer mangelfreien Sache. Das aber wird allein über die kaufrechtlichen Gewährleistungsvorschriften geschützt (BGHZ **80**, 186; BGHZ **77**, 215). Wer eine von Anfang an insgesamt unbrauchbare Sache erhält, kann somit keinen Anspruch aus § 823 Abs. 1 BGB wegen dieser Sache geltend machen.

→ Demgegenüber ist der Anspruch aus § 823 Abs. 1 BGB bzw. die Eigentumsverletzung zu *bejahen*, wenn der anfängliche Mangel an der Sache und der später eingetretene Schaden *nicht* stoffgleich sind. Und das ist dann der Fall, wenn die Beschädigung nur einen abgrenzbaren, kleinen Teil der Kaufsache betrifft, der lediglich zu einer Funktionsbeeinträchtigung der Gesamtsache führt und mit geringem Aufwand sowie ohne die Gesamtsache zu beschädigen, behoben werden kann. Kommt es nun aufgrund dieses fehlerhaften (kleinen) Teils zu einer Beschädigung der Gesamtsache, ist das sogenannte »**Integritätsinteresse**« des Käufers betroffen, das über § 823 Abs. 1 BGB Ersatzansprüche auslösen kann. Das Integritätsinteresse ist das Interesse des Käufers daran, nicht durch die von dem Hersteller in Verkehr gebrachte Sache in seinem Eigentum oder Besitz verletzt zu werden (BGHZ **86**, 256; *Palandt/Sprau* § 823 BGB Rz. 177).

Beachte: Das klingt schwieriger, als es ist. In der Klausur ist Folgendes wichtig: Die Worte »Stoffgleichheit«, »Nutzungs- bzw. Äquivalenzinteresse« und »Integritätsinteresse« müssen fallen; die stehen nämlich auf dem Lösungsblatt des Korrektors. Was sie bedeuten, steht weiter oben. **Und dann:** Man muss darauf achten, ob die gelieferte Sache von Anfang an schon quasi wertlos war oder ob nur ein kleines abgrenzbares und vor allem leicht austauschbares Teil mangelhaft gewesen ist. Ist Letzteres gegeben – und so sind die Klausurfälle! –, ist das *Integritätsinteresse* (oben bitte noch mal gerade nachsehen, was das heißt) verletzt mit der Folge, dass der Käufer an seinem *im Übrigen mangelfreien* Eigentum an der Sache einen Schaden erlitten hat, der über § 823 Abs. 1 BGB ersatzpflichtig ist. War die Sache hingegen aufgrund des fehlerhaften Teils von Anfang an unbrauchbar und wertlos, hat der Käufer zu keiner Zeit mangelfreies Eigentum erlangt, das dann logischerweise auch nicht verletzt werden konnte. Hier ist lediglich das Nutzungs- bzw. Äquivalenzinteresse verletzt, das sich aber ausschließlich nach den §§ 434 ff. BGB regelt. Kapiert!?

Gut. Dann wollen wir – bevor wir uns die zweite Meinung zur Problematik anschauen – das Ganze mal gerade an unserem konkreten Fall prüfen, um die Konsequenzen zu verstehen: In unserem Fall klemmt bei Lieferung des Wagens, der einen Wert von 50.000 Euro hat, der Gaszug. Durch diesen defekten Gaszug entsteht nachher dann der Unfall und infolgedessen der Totalschaden am Wagen. **Jetzt die Frage:** Besteht »Stoffgleichheit« zwischen einem 50.000 Euro wertvollen Wagen mit defektem Gaszug auf der einen und dem später vollständig zerstörten Auto auf der anderen Seite? **Antwort:** Nein! Der Gaszug ist vermutlich nicht mal 50 Euro wert, kann locker von jedem Hobby-Mechaniker ausgetauscht werden und mindert den Wert der Gesamtsache nur minimal. Wörtlich heißt es dazu beim BGH:

> *»... Entscheidend ist im vorliegenden Fall, dass die Mängel des Gaszuges keineswegs das Fahrzeug, das betriebsfähig blieb, von Anfang an ›wertlos‹ gemacht haben, sondern dass die von ihnen ausgehenden Unfallgefahren hätten vermieden werden können, wenn der Defekt rechtzeitig entdeckt und behoben worden wäre, was ohne besonderen wirtschaftlichen Aufwand und ohne Beschädigung anderer Teile des Fahrzeugs möglich gewesen wäre. Im Unfallschaden am PKW hat sich deshalb nicht etwa der durch die Mangelhaftigkeit der Gaszuganlage dem Fahrzeug von Anfang an anhaftende Minderwert manifestiert ...«* (BGHZ **86**, 256, 263)

Also: Der A hat somit ein neues Auto mit lediglich funktionsuntauglichem Gaszug erhalten, im Übrigen aber *mangelfreies* Eigentum an der Sache erlangt. Die Stoffgleichheit zwischen anfänglich gelieferter Sache und später eingetretenem Schaden ist mithin abzulehnen. Im vorliegenden Fall ist der A folglich durch die Beschädigung des Autos in seinem *Integritätsinteresse*, also im Interesse an der Erhaltung und Unversehrtheit seines Eigentums, verletzt worden.

Durchblick: Anders wäre das z.B. gewesen, wenn nicht der Gaszug, sondern der *Motor* des Wagens von Anfang hinüber gewesen und der A deshalb gegen den Baum gefahren wäre. **Denn:** Ein defekter Motor lässt sich keineswegs einfach und kostengünstig austauschen und stellt auch keinen kleinen, vergleichsweise unwichtigen Teil der Gesamtsache »Auto« dar. Der Motor ist vielmehr *das* entscheidende Teil des Wagens. Ein neues Auto mit einem defekten Motor ist deshalb auch sicher *nicht* seinen Kaufpreis wert. Wer also ein neues Auto mit einem defekten Motor kauft, ist zwar in seinem Nutzungs- bzw. Äquivalenzinteresse, also in seiner Vertragserwartung betroffen, nicht aber in seinem Integritätsinteresse. Denn er ist von Anfang an nur Eigentümer einer bereits erheblich beschädigten Sache geworden. Und dies hat zur Konsequenz, dass dem Erwerber auch kein Anspruch aus § 823 Abs. 1 BGB gegen den Hersteller zusteht, wenn er wegen des defekten Motors gegen den Baum fährt und damit das ganze Auto zerdeppert. Denn hier hat der Käufer – wie gesagt – von Anfang an *mangelhaftes* Eigentum (an der Gesamtsache) erworben, das logischerweise dann auch nicht mehr im Sinne des § 823 Abs. 1 BGB verletzt werden konnte. Der Käufer wäre auf die §§ 434 ff. BGB beschränkt.

Zurück zum Fall: Nach Ansicht der Rechtsprechung und einem Teil der Literatur ist das Eigentum des A am Fahrzeug hier im konkreten Fall, in dem nur der *Gaszug* defekt war, tatbestandlich im Sinne des § 823 Abs. 1 BGB verletzt worden, da sich der defekte Gaszug in das übrige mangelfreie Eigentum am Auto »weitergefressen« hat.

- Eine beachtliche Meinung in der *Literatur* lehnt diese gerade dargestellte Auffassung zum »weiterfressenden Mangel« indessen ab und versagt dem Geschädigten damit in den Fällen der vorliegenden Art jeden Anspruch wegen Eigentumsverletzung aus § 823 Abs. 1 BGB (*Jauernig/Berger* § 437 BGB Rz. 36; *Nagel* in DB 1993, 2469; *Brüggemeier* in WM 2002, 1384; *Katzenmeier* in NJW 1997, 486; *Klose* in MDR 2003, 1215; *Kötz/Wagner* Rz. 152; *Medicus/Petersen* BR Rz. 650b; *Foerste* in NJW 1998, 1942; weitere umfangreiche Nachweise bei *Staudinger/Hager* § 823 BGB Rz. 114 und *Bamberger/Roth/Spindler* § 823 BGB Rz. 64).

Zur Begründung wird insoweit zum einen angeführt, die Vorschriften über das Kaufrecht aus den §§ 434 ff. BGB seien abschließend; es bedürfe daher keines Rückgriffs auf die Regeln der unerlaubten Handlung. Wer eine mangelhafte Sache liefere, könne nach dem Willen des Gesetzgebers nur über die Vertragsregeln belangt werden (*Brüggemeier/Herbst* in JZ 1992, 801 oder *Harrer* in Jura 1984, 80). Hierfür spreche im Übrigen auch, dass mit der Schuldrechtsmodernisierung im Jahre 2002 die Verjährungsvorschriften von Vertrags- und Deliktsrecht angeglichen wurden, sodass ein separater deliktsrechtlicher Schutz spätestens jetzt nicht mehr notwendig und beabsichtigt sei (*Jauernig/Berger* § 437 BGB Rz. 36; *Mansel* in NJW 2002, 89; *Brüggemeier* in WM 2002, 1384; *Klose* in MDR 2003, 1215). Schließlich sei das von der Rechtsprechung entwickelte Abgrenzungskriterium der »Stoffgleichheit« zu unbestimmt, um die Frage der Eigentumsverletzung einheitlich treffen zu können (*Kötz/Wagner* Rz. 152; *Bamberger/Roth/Spindler* § 823 BGB Rz. 67; *Medicus/Petersen* BR Rz. 650b; *Reinicke/Tiedtke* in NJW 1986, 10; sehr lehrreich zum Ganzen auch Frau *Gsell* in NJW 2004, 1913). Nach dieser Meinung finden die Grundsätze des »weiterfressenden Mangels« demnach keine Anwendung mit der Folge, dass ein Anspruch aus § 823 Abs. 1 BGB in den Fällen der vorliegenden Art logischerweise nicht in Betracht kommt.

Klausurtipp: In der Regel ist man als Prüfer bei der Beurteilung einer Klausur über dieses Thema schon ziemlich glücklich, wenn der Kandidat die weiter oben geschilderte BGH-Ansicht zum »weiterfressenden Mangel« überhaupt kennt und im günstigsten Fall dann auch noch anwenden kann. Das reicht jedenfalls zum Bestehen. Wer hingegen richtig Punkte abkassieren will (also ab »vollbefriedigend« aufwärts) oder aber eine *Hausarbeit* zum Thema schreibt, muss sich in jedem Falle auch mit der anderen Ansicht beschäftigen und sie argumentativ aufarbeiten, sprich den Meinungsstreit tatsächlich entscheiden (vgl. insoweit das Gutachten weiter unten).

<u>ZE.</u>: Wir wollen hier in unserem Lösungsweg – ohne Wertung – der Meinung des BGH folgen und dem A daher nach den Grundsätzen des »weiterfressenden Mangels« eine Eigentumsverletzung im Sinne des § 823 Abs. 1 BGB zubilligen: Der defekte Gaszug hat sich in das im Übrigen mangelfreie Eigentum am Auto »weiter gefressen« und dieses dann beschädigt. Eine Eigentumsverletzung und damit eine Verletzung eines absoluten Rechts liegen also vor.

Die weiteren Tatbestandsmerkmale des § 823 Abs. 1 BGB sind jetzt nicht mehr schwierig, Folgendes gilt:

2.) Das pflichtwidrige Verhalten der Firma P liegt in der »Inverkehrgabe der fehlerhaften Sache«. Wer ein fehlerhaftes Produkt in den (Rechts-) Verkehr einführt, handelt objektiv pflichtwidrig (BGHZ **86**, 256, 263; BGH NJW **1992**, 1678; BGH NJW **1993**, 655; *Gsell* in NJW 2004, 1913).

3.) Dieses Verhalten war auch ursächlich für die eingetretene Rechtsverletzung, denn es liegt innerhalb der allgemeinen Lebenserfahrung, dass das Inverkehrbringen eines Fahrzeugs mit einem klemmenden Gaszug die hier in Frage stehende Folge nach sich zieht. Die haftungsbegründende Kausalität ist mithin gegeben.

4.) Die **Rechtswidrigkeit** ist in Ermangelung eines Rechtfertigungsgrundes anzunehmen. Die Tatbestandsmäßigkeit indiziert die Rechtswidrigkeit (BGHZ **74**, 9; *Brox/Walker* BS § 41 Rz. 47; *Medicus/Lorenz* SR II Rz. 1250).

5.) Das **Verschulden** wird beim Inverkehrbringen eines fehlerhaften Produktes zulasten des Herstellers vermutet (BGH ZIP **1996**, 1436; BGH NJW **1999**, 1029). Er muss sich mithin aktiv entlasten, will er den Verschuldensvorwurf entkräften (*Jauernig/Teichmann* § 823 BGB Rz. 132), was unser P im vorliegenden Fall nicht getan hat.

6.) Dem A ist ein **Schaden** an seinem Fahrzeug in Höhe von 50.000 Euro entstanden, der über **§ 251 Abs. 1 BGB** (lesen, bitte!) in Geld zu ersetzen ist, da der Wagen aufgrund des Totalschadens nicht mehr in seinen ursprünglichen Zustand versetzt werden kann.

7.) Und schließlich mangelt es auch nicht an der **haftungsausfüllenden Kausalität**, denn die Rechtsverletzung ist ursächlich auf den später eingetretenen Schaden zurückzuführen; der eingetretene Schaden liegt insbesondere nicht außerhalb der allgemeinen Lebenserfahrung.

<u>ZE.</u>: Die Tatbestandsvoraussetzungen des § 823 Abs. 1 BGB sind gegeben.

Ergebnis: P ist gegenüber A gemäß den §§ 823 Abs. 1, 251 Abs. 1 BGB zur Zahlung der geforderten 50.000 Euro Schadensersatz verpflichtet.

Kurzer Nachtrag noch

Wir haben jetzt anhand des »Gaszug-Falles« des BGH gelernt, wie das mit dem weiterfressenden Mangel funktioniert. Die ganze Sache ist extrem klausurträchtig und sollte daher unbedingt verstanden und auch behalten werden, was wir soeben erledigt haben. Ganz zum Schluss wollen wir nun der Vollständigkeit halber noch einen kurzen Blick auf drei andere wichtige BGH-Entscheidungen werfen, die regelmäßig zum Gegenstand von Klausuren gemacht werden und zudem auch durch sämtliche Lehrbücher geistern. Die schauen wir jetzt in gebotener Kürze noch an und können uns, da wir entsprechende Vorarbeit oben in der Lösung schon geleistet haben, auf das Wesentliche beschränken, nämlich die Frage, ob eine Eigentumsverletzung im Sinne des § 823 Abs. 1 BGB vorliegt. Der BGH hat die Grundsätze des »weiterfressenden Mangels« in folgenden Fällen angewandt und dem Erwerber der jeweiligen Sache deshalb einen Ersatzanspruch aus § 823 Abs. 1 BGB wegen Eigentumsverletzung zuerkannt:

→ »**Schwimmschalter-Fall**« (BGHZ 67, 359): Der Käufer erwarb eine industriell nutzbare Reinigungs- und Entfettungsanlage mit elektrisch beheizten Drähten. Ein kleiner Schwimmschalter sollte bei Flüssigkeitsmangel den Strom abschalten. Da dieser nicht funktionierte, kam es zu einem Brand, der die Reinigungsanlage (Wert: 20.000 DM) zerstörte. Hier hat der BGH festgestellt, dass der Käufer zum überwiegenden Teil mangelfreies Eigentum erworben habe, das dann durch den defekten Schwimmschalter zerstört worden sei. Es lag keine Stoffgleichheit zwischen anfänglichem Minderwert und später eingetretenem Schaden vor. Deshalb musste der Verkäufer nach § 823 Abs. 1 BGB wegen Eigentumsverletzung zahlen.

→ »**Kompressor-Fall**« (BGH NJW **1985**, 2420): Der Dieselmotor eines Kompressors wird erheblich beschädigt, weil die Ölzufuhr unterbrochen ist. Dies konnte geschehen, weil eine kleine Öl-Leitung infolge mangelhafter Befestigung gebrochen war. Auch hier hat der BGH den Ersatzanspruch aus § 823 Abs. 1 BGB bejaht, weil die gebrochene Öl-Leitung nur einen geringen Teil der Gesamtsache ausmache. Stoffgleichheit liege nicht vor.

→ »**Reifenfall**« (BGH NJW **2004**, 1032): Bei einem *Ferrari* platzte während der Fahrt ein Hinterreifen, der vorher vom Verkäufer noch extra montiert worden, indessen bei dieser Montage schon 5 ½ Jahre alt und daher für das Auto nicht mehr tauglich war. Der Wagen erlitt einen Totalschaden. Der BGH hat hier die Stoffgleichheit zwischen ursprünglichem Wert des Wagens und später eingetretenem Schaden ebenfalls verneint und demnach einen Ersatzanspruch wegen Eigentumsverletzung bejaht. Der geplatzte Reifen sei ohne großen Aufwand austauschbar gewesen und habe den Wert des Wagens nicht erheblich gemindert (genau wie ein Gaszug!).

Man sieht es: Ist eigentlich gar nicht schwer, wenn man sich nur an das oben Erläuterte zur »Stoffgleichheit« hält und schön brav prüft, ob die Sache schon von Anfang an quasi wertlos war oder aber nur ein kleiner, leicht austauschbarer Teil mangelhaft gewesen ist, der sich dann in die übrige Sache »weiter gefressen« hat. Im letzteren Fall fehlt es an der Stoffgleichheit – und eine Eigentumsverletzung liegt vor.

Es gibt noch eine ganze Reihe weiterer Entscheidungen zu diesem Thema, die freilich immer nach dem gleichen, uns mittlerweile bekannten Muster funktionieren. Die drei gerade genannten Urteile einschließlich des Gaszug-Falles gehören zu den echten »Klassikern« und stehen deshalb auch hier. Wer jetzt dann noch weiteres Interesse hat, kann etwa den Fall des OLG Köln aus dem Jahre 1990 (VersR **1991**, 348) nachschlagen, in dem ein defektes Ventil zur Zerstörung eines ganzen Motors führte (→ § 823 BGB +). Oder den BGH–Fall aus dem Jahre 1991 (BGH NJW **1992**, 1678), in dem eine fehlende Befestigungsschraube an einer Nockenwelle zur Beschädigung des gesamten Motors führte (→ § 823 BGB +). Oder den Fall des BGH aus dem Jahre 1984 (BGH NJW **1985**, 194), in dem eine undicht gewordene Dachabdeckfolie zu Schäden am Dachaufbau führte (→ § 823 BGB +). Oder den Fall, in dem defekte Korken den ganzen Wein versauten (BGH VersR **2011**, 271). Aber dann ist auch genug. OK?!

Gutachten

Anspruch des A gegen P auf Schadensersatz in Höhe von 50.000 Euro

I. Der A könnte gegen P zunächst einen Anspruch auf Zahlung von 50.000 Euro aus § 1 Abs. 1 Satz 1 ProdHaftG haben.

Dies setzt gemäß § 1 Abs. 1 Satz 2 ProdHaftG indessen als erstes voraus, dass der Schaden durch das fehlerhafte Produkt an einer anderen Sache als der gekauften entstanden ist. Davon kann im vorliegenden Fall aber nicht gesprochen werden. Die gekaufte Sache ist vielmehr selbst zerstört bzw. beschädigt worden. In solchen Fällen aber greift die Haftung nach dem ProdHaftG nicht ein.

Ergebnis: Ein Anspruch des A gegen P aus § 1 Abs. 1 Satz 1 ProdHaftG besteht nicht.

II. Vertragliche Ansprüche zwischen A und P kommen bereits deshalb nicht in Betracht, weil zwischen beiden Parteien keine vertragliche Vereinbarung besteht.

III. Ein Anspruch des A gegen P könnte sich aber aus § 823 Abs. 1 BGB ergeben.

1.) Erforderlich ist zunächst die Verletzung eines absoluten Rechts oder Rechtsgutes im Sinne des § 823 Abs. 1 BGB. Im vorliegenden Fall kommt insoweit allein die Verletzung des Eigentumsrechts in Frage. Das Auto hat einen Totalschaden erlitten und ist mithin in seiner Sachsubstanz vollständig zerstört, was in der Regel die Eigentumsverletzung indiziert.

Etwas anderes könnte sich jedoch aus dem Grundsatz ergeben, dass man an sich nur dann etwas beschädigen kann, wenn es vorher unbeschädigt war. Im vorliegenden Fall war die Sache (Auto) aber schon beschädigt bzw. mangelhaft, als der A sie zu Eigentum erhalten hat. Der Wagen war aufgrund des Fabrikationsfehlers von Anfang an mangelhaft bzw. beschädigt. A war somit zu keiner Zeit Eigentümer eines unbeschädigten Autos mit der Folge, dass eine Beschädigung dieser Sache schon rein logisch eigentlich ausgeschlossen ist. Das mögliche Fehlverhalten der Firma P liegt lediglich darin, eine beschädigte Sache geliefert zu haben. Allein das fehlerhafte Herstellen und Liefern einer Sache stellt indessen nur eine Verletzung der vertraglichen Pflichten aus § 433 Abs. 1 BGB dar und fällt grundsätzlich nicht unter § 823 Abs. 1 BGB. Insoweit stehen dem Erwerber nach dem Willen des Gesetzgebers die Vorschriften über die kaufrechtliche Gewährleistung der §§ 434 ff. BGB zur Seite. Eine Inanspruchnahme aus den §§ 823 ff. BGB ist dann nicht möglich.

Es fragt sich indessen, ob dieser Grundsatz wirklich uneingeschränkt gelten kann. Namentlich sind Fälle denkbar, in denen die verkaufte oder gelieferte Sache nur an einem derart geringen Teil beschädigt ist, dass man eigentlich sagen müsste, diese Beschädigung tritt im Vergleich zum im Übrigen funktionstauglichen und unbeschädigten Teil des Eigentums als vollkommen unbedeutend zurück. Und frisst sich nun dieser kleine unbedeutende Mangel in den übrigen großen unbeschädigten Teil der Sache weiter und zerstört diesen, erscheint es angemessen, dies doch als Eigentumsverletzung im Sinne des § 823 Abs. 1 BGB anzusehen. Der Erwerber hat in diesem Falle sozusagen schon zum überwiegenden Teil mangelfreies Eigentum erhalten, das dann erst später durch den kleinen mangelhaften Teil verletzt worden ist. Inwieweit dies eine sachgerechte Lösung der vorliegenden Problematik darstellen kann, ist umstritten:

a) Nach einer Auffassung bleibt es zwar grundsätzlich dabei, dass allein die Lieferung einer mangelhaften Sache keine Eigentumsbeschädigung nach § 823 Abs. 1 BGB auf Seiten des Erwerbers darstellt; der Erwerber hat dann lediglich ein bereits beschädigtes Produkt erhalten und muss sich insoweit gemäß den §§ 434 ff. BGB an den Verkäufer halten. Ein Anspruch aus § 823 Abs. 1 BGB kommt diesbezüglich nicht in Betracht. Anders kann und soll das aber sein, wenn – wie oben geschildert – der Mangel der Sache sich zunächst, also bei der Lieferung bzw. Eigentumsübertragung, nur auf einen abgrenzbaren kleinen Teil beschränkt und dieser Mangel später dann die Zerstörung der gesamten Sache bewirkt. In diesen Fällen des sogenannten »weiterfressenden Mangels« hängt der Anspruch aus § 823 Abs. 1 BGB bzw. die Eigentumsverletzung dann davon ab, ob sich der letztlich eingetretene Schaden mit dem Unwert deckt, den die Sache aufgrund der anfänglichen Mangelhaftigkeit bereits bei der Lieferung hatte. Man muss namentlich prüfen, ob die Sache aufgrund der anfänglichen Beschädigung bereits derart minderwertig bzw. entwertet war, dass sie den vollen Kaufpreis schon zu diesem Zeitpunkt quasi »nicht wert« gewesen ist. Und das ist regelmäßig dann der Fall, wenn das mangelhafte Teil nur unter erheblichem (finanziellen) Aufwand instandgesetzt werden könnte und derart mit der Gesamtsache zusammenhängt, dass sie eine untrennbare Einheit bilden. Ausschlaggebend ist insoweit eine natürliche und wirtschaftliche Betrachtungsweise. In diesen Fällen der sogenannten »Stoffgleichheit« zwischen anfänglicher Beschädigung und später eingetretenem Schaden entfällt dann der Anspruch aus § 823 Abs. 1 BGB. Denn hier erleidet der Käufer nur eine Verletzung seines Nutzungs- bzw. Äquivalenzinteresses, also seiner Erwartung aus dem Vertrag auf Erhalt einer mangelfreien Sache. Das aber wird allein über die kaufrechtlichen Gewährleistungsvorschriften geschützt. Wer eine von Anfang an insgesamt unbrauchbare Sache erhält, kann somit keinen Anspruch aus § 823 Abs. 1 BGB wegen dieser Sache geltend machen.

Demgegenüber ist der Anspruch aus § 823 Abs. 1 BGB bzw. die Eigentumsverletzung zu bejahen, wenn der anfängliche Mangel an der Sache und der später eingetretene Schaden nicht stoffgleich sind. Und das ist dann der Fall, wenn die Beschädigung nur einen abgrenzbaren, kleinen Teil der Kaufsache betrifft, der lediglich zu einer Funktionsbeeinträchtigung der Gesamtsache führt und mit geringem Aufwand sowie ohne die Gesamtsache zu beschädigen behoben werden kann. Kommt es nun aufgrund dieses fehlerhaften (kleinen) Teils zu einer Beschädigung der Gesamtsache, ist das sogenannte »Integritätsinteresse« des Käufers betroffen, das über § 823 Abs. 1 BGB Ersatzansprüche auslösen kann. Das Integritätsinteresse ist das Interesse des Käufers daran, nicht durch die von dem Hersteller in Verkehr gebrachte Sache in seinem Eigentum oder Besitz verletzt zu werden.

Übertragen auf den vorliegenden Fall ergäbe sich dann Folgendes: Hier klemmt bei Lieferung des Wagens, der einen Wert von 50.000 Euro hat, der Gaszug. Durch diesen defekten Gaszug entsteht nachher dann der Unfall und infolgedessen der Totalschaden am Wagen. Es ist mithin zu prüfen, ob »Stoffgleichheit« besteht zwischen einem 50.000 Euro wertvollen Wagen mit defektem Gaszug auf der einen Seite und dem später vollständig zerstörten Auto auf der anderen Seite. Dies ist eindeutig zu verneinen. Der Gaszug ist vermutlich nicht mal 50 Euro wert, kann ohne Probleme von jedem Hobby-Mechaniker ausgetauscht werden und mindert den Wert der Gesamtsache nur minimal. Im Unfallschaden am PKW hat sich deshalb nicht etwa der durch die Mangelhaftigkeit der Gaszuganlage dem Fahrzeug von Anfang an anhaftende Minderwert manifestiert. Der A hat somit ein neues Auto mit lediglich funktionsuntauglichem Gaszug erhalten, im Übrigen aber mangelfreies Eigentum an der Sache erlangt. Die Stoffgleichheit zwischen anfänglich gelieferter Sache und später eingetretenem Schaden ist mithin abzulehnen. Im vorliegenden Fall ist der A folglich durch die Beschädigung des Autos in seinem Integritätsinteresse, also im Interesse an der Erhaltung und Unversehrtheit seines Eigentums, verletzt worden. Ein Anspruch aus § 823 Abs. 1 BGB wegen Eigentumsverletzung wäre demnach gegeben.

b) Eine andere Meinung lehnt diese gerade dargestellte Lösung der Fälle des »weiterfressenden Mangels« indessen ab und versagt dem Geschädigten damit in den Fällen der vorliegenden Art jeden Anspruch wegen Eigentumsverletzung aus § 823 Abs. 1 BGB. Zur Begründung wird insoweit zum einen angeführt, die Vorschriften über das Kaufrecht aus den §§ 434 ff. BGB seien abschließend; es bedürfe daher keines Rückgriffs auf die Regeln der unerlaubten Handlung. Wer eine mangelhafte Sache liefere, könne nach dem Willen des Gesetzgebers nur über die Vertragsregeln belangt werden. Hierfür spreche im Übrigen auch, dass mit der Schuldrechtsmodernisierung im Jahre 2002 die Verjährungsvorschriften von Vertrags- und Deliktsrecht angeglichen wurden, sodass ein separater deliktsrechtlicher Schutz spätestens jetzt nicht mehr notwendig und beabsichtigt sei. Schließlich sei das von der anderen Ansicht entwickelte Abgrenzungskriterium der »Stoffgleichheit« zu unbestimmt, um die Frage der Eigentumsverletzung einheitlich treffen zu können. Nach dieser Meinung finden die Grundsätze des »weiterfressenden Mangels« demnach keine Anwendung mit der Folge, dass ein Anspruch aus § 823 Abs. 1 BGB in den Fällen der vorliegenden Art nicht in Betracht kommt.

c) Dieser Meinung kann jedoch nicht gefolgt werden. Vorzugswürdig ist vielmehr die oben zuerst dargestellte Ansicht, und zwar aufgrund folgender Erwägungen: Die Auffassung, die zwischen dem Äquivalenz- und dem Integritätsinteresse unterscheidet, verhindert eine pauschale Beurteilung der vielschichtigen Fallgestaltungen in diesem Bereich und verweist den Geschädigten nicht ausnahmslos auf die §§ 434 ff. BGB, was insbesondere dann problematisch sein kann, wenn – wie im vorliegenden Fall – vertragliche Verbindungen gar nicht bestehen. Der Geschädigte stünde dann weitestgehend schutzlos dar. Dieses Ergebnis ist vom Gesetzgeber jedoch nicht intendiert, wenn – wie in Fällen der vorliegenden Art üblich – lediglich ein kleiner Teil der Kaufsache später den gesamten Wert vollständig vernichtet. Es ist nicht einsehbar, warum in diesen Konstellationen der Eigentumsschutz des BGB außen vor bleiben soll. Die von der Gegenmeinung in die Diskussion gebrachten, seit dem Jahre 2002 verlängerten Verjährungsfristen für die kaufrechtliche Gewährleistung ändern an dieser Beurteilung nichts, denn es bestehen ja in der Regel nach wie vor keine vertraglichen Möglichkeiten für den Käufer, wenn er gegen den Hersteller vorgehen muss.

Die Meinung, die die Regeln des sogenannten »weiterfressenden Mangels« verneint, ist somit abzulehnen mit der Konsequenz, dass im vorliegenden Fall ein Eigentumsschaden im Sinne des § 823 Abs. 1 BGB am Fahrzeug des A entstanden ist.

2.) Das pflichtwidrige Verhalten der Firma P liegt in der Inverkehrgabe der fehlerhaften Sache. Wer ein fehlerhaftes Produkt in den (Rechts-) Verkehr einführt, handelt objektiv pflichtwidrig.

3.) Dieses Verhalten war auch ursächlich für die eingetretene Rechtsverletzung, denn es liegt innerhalb der allgemeinen Lebenserfahrung, dass das Inverkehrbringen eines Fahrzeugs mit einem klemmenden Gaszug die hier in Frage stehende Folge nach sich zieht. Die haftungsbegründende Kausalität ist mithin gegeben.

4.) Die Rechtswidrigkeit ist in Ermangelung eines Rechtfertigungsgrundes anzunehmen. Die Tatbestandsmäßigkeit indiziert die Rechtswidrigkeit.

5.) Das Verschulden wird beim Inverkehrbringen eines fehlerhaften Produktes zulasten des Herstellers vermutet. Er muss sich mithin aktiv entlasten, will er den Verschuldensvorwurf entkräften, was P im vorliegenden Fall nicht getan hat.

6.) Dem A ist ein Schaden an seinem Fahrzeug in Höhe von 50.000 Euro entstanden, der über § 251 Abs. 1 BGB in Geld zu ersetzen ist, da der Wagen aufgrund des Totalschadens nicht mehr in seinen ursprünglichen Zustand versetzt werden kann.

7.) Schließlich mangelt es auch nicht an der haftungsausfüllenden Kausalität, die Rechtsverletzung ist ursächlich auf den später eingetretenen Schaden zurückzuführen; der eingetretene Schaden liegt insbesondere nicht außerhalb der allgemeinen Lebenserfahrung.

Die Tatbestandsvoraussetzungen des § 823 Abs. 1 BGB sind gegeben.

Ergebnis: P ist gegenüber A gemäß den §§ 823 Abs. 1, 251 Abs. 1 BGB zur Zahlung der geforderten 50.000 Euro Schadensersatz verpflichtet.

Fall 18

Summertime in Unterföhring

Rechtsstudent R aus München verbringt ein Sommerwochenende am *Feringa-See* bei Unterföhring (= Vorort von München) und tummelt sich dort tagsüber unbekleidet und ahnungslos auf einem separat ausgewiesenen und eingezäunten FKK-Gelände.

Als R dann Ende November des gleichen Jahres zuhause vor dem Fernseher sitzt und die Wissenschaftssendung »Galileo« auf *ProSieben* (P) sieht, traut er seinen Augen nicht: In einem Beitrag, in dem es um das Thema Nacktheit und Scham geht, erscheint eine etwa sieben Sekunden lange Sequenz, in der der R in Frontalansicht am Strand des Sees gezeigt wird. Sowohl das Gesicht des R als auch sein primäres Geschlechtsmerkmal sind zu sehen. P hatte – ohne Einwilligung und Kenntnis des R – diese Aufnahmen am fraglichen Sommerwochenende zwecks späterer Verwertung in der Sendung gemacht. R, der niemals seine Zustimmung zu den Bildern gegeben hätte, fordert von P umgehend eine angemessene Entschädigung wegen Verletzung seines Persönlichkeitsrechts. P allerdings verweigert jede Zahlung, beruft sich dabei ausdrücklich auf die grundgesetzlich in Art. 5 Abs. 1 GG garantierte Presse- und Rundfunkfreiheit und kündigt im Übrigen an, den Beitrag im kommenden Jahr nochmals senden zu wollen.

R will wissen, ob ihm gegen P ein Ersatzanspruch zusteht und wie er die weitere Ausstrahlung des Beitrages verhindern kann.

> **Schwerpunkte:** Das allgemeine Persönlichkeitsrecht; das Recht am eigenen Bild; Schadensersatzansprüche aus § 823 Abs. 1 BGB; Probleme des Schutzbereiches; die Interessenabwägung bei der Rechtswidrigkeit; das Kunsturhebergesetz; Unterlassungsansprüche in analoger Anwendung des § 1004 BGB.

Lösungsweg

I. Anspruch des R gegen P auf Schadensersatz

Vorab: Die gerade erzählte Geschichte ist selbstverständlich nicht erfunden. Sie hat sich vielmehr genau so, wie sie da oben steht, auch zugetragen, und zwar im Jahre 2002 – mit dem kleinen, aber für uns unbedeutenden Unterschied, dass der Betroffene kein Rechtsstudent, sondern chemisch-technischer Assistent an der Uni München war. Der Fall wurde (rechtskräftig) entschieden vom LG München am 30.07.2003 und ist abgedruckt in der NJW **2004** auf Seite 618. Neben seinem tragisch-komischen

Sachverhalt – man mag sich das mal für sich selbst vorstellen! – ist er inhaltlich prima geeignet, das *allgemeine Persönlichkeitsrecht*, um das es hier natürlich geht, zu behandeln und vor allem auch zu verstehen. Wir werden den Fall deshalb gleich sorgfältig aufdröseln und uns dabei zunächst innerhalb des § 823 Abs. 1 BGB den Aufbau der Prüfung ansehen und einige Besonderheiten im Vergleich zum bisher Erlernten finden. Im Übrigen müssen wir, was der aufmerksame Leser schon bemerkt hat, einen Abstecher ins Verfassungsrecht machen; das ist bei den Fällen, die sich mit dem allgemeinen Persönlichkeitsrecht beschäftigen, die Regel, denn es geht – soviel vorweg – immer um die Abwägung der (Persönlichkeits-) Interessen des Betroffenen und der anderen verfassungsrechtlich verankerten Interessen des Schädigers. Die Fälle mit dem Schwerpunkt im allgemeinen Persönlichkeitsrecht nehmen aus diesem Grund auch eine Sonderstellung in der zivilrechtlichen Prüfungssystematik ein.

Also: Unser R möchte zunächst Schadensersatz für die Ausstrahlung des Beitrages, in dem er sieben Sekunden lang nackt an einem FKK-Strand gezeigt wird. Da es keinerlei vertragliche Verbindung zwischen dem Sender P und dem R gibt, kommt an sich nur ein Anspruch aus dem Recht der unerlaubten Handlung (→ § 823 Abs. 1 BGB) in Betracht. Den werden wir dann gleich auch prüfen, müssen vorher aber erst noch einen Blick in ein anderes Gesetz werfen, nämlich das *Kunsturhebergesetz* (KunstUrhG – abgedruckt im *Schönfelder* unter Nr. 67).

> Dieses Gesetz befasst sich nämlich unter anderem mit dem »Recht am eigenen Bild« und gibt insbesondere Regeln vor, unter denen die Verbreitung von Bildern mit Personen zulässig ist. So steht in § 22 KunstUrhG, dass Bilder grundsätzlich nur mit *Einwilligung* des Abgebildeten verbreitet oder öffentlich zur Schau gestellt werden dürfen. Und in § 23 Abs. 1 Nr. 1 KunstUrhG steht, dass dies nicht gilt für »Bildnisse der Zeitgeschichte«, was soviel heißt wie, dass *Boris Becker* oder *Caroline von Monaco* sich gefallen lassen müssen, wenn man sie ohne Zustimmung beim Einkaufen filmt und das später dann bei »**Exclusiv**«, »**Leute heute**« oder »**taff**« gesendet wird. Der § 23 Abs. 2 KunstUrhG regelt, dass dies seine Grenzen aber dort hat, wo »berechtigte Interessen« des Abgebildeten verletzt werden; die Promis müssen sich also nicht alles bieten lassen: Aufnahmen aus dem intimsten Bereich, etwa der Wohnung, sind ohne Einwilligung ebenso wenig gestattet wie ehrverletzende Aufnahmen oder Karrikaturen (vgl. insoweit z.B. den Fall um den Ex-Telekom-Chef *Ron Sommer* in BGH NJW **2006**, 603 oder den BGH-Fall um die ehemalige Schleswig-Holsteinische Ministerpräsidentin *Heide Simonis* in NJW **2008**, 3134 oder das Urteil des BGH über die Berichterstattung der »Bild« über den ehemaligen Wettermoderator *Jörg Kachelmann* in NJW **2013**, 1681). Schließlich steht in § 33 Abs. 1 KunstUrhG, dass man sich *strafbar* (!) macht, wenn man gegen die gerade dargestellten Regeln aus den §§ 22, 23 KunstUrhG verstößt und dann mit Freiheitsstrafe bis zu einem Jahr oder mit einer Geldstrafe rechnen muss. Die Sportskollegen der Klatschpresse oder auch des Boulevard-Fernsehens brauchen (und haben!) übrigens deshalb in der Regel gute Anwälte, die ihnen rechtzeitig sagen, bei welchem Bericht sie mit einem Bein im Knast stehen.

Das vergleichsweise Tragische an dem ganzen KunstUrhG ist nun aber, dass es keinerlei Vorschriften darüber gibt, ob der Betroffene dann auch einen zivilrechtlichen *Schadensersatzanspruch* gegen den Verbreiter der Bilder geltend machen kann. Wie gesagt, da steht nur drin, was man darf bzw. nicht darf und dass man sich bei Missachtung der Regeln entsprechend strafbar macht. Ob der Betroffene auch Geldersatz verlangen kann, ist leider nicht geregelt. Und genau das ist der Grund, warum wir uns jetzt mit dem § 823 Abs. 1 BGB befassen müssen, wollen wir unserem R einen Ersatzanspruch in Geld wegen Verletzung seines Persönlichkeitsrechts zukommen lassen. Freilich werden wir dennoch das KunstUrhG gleich noch verwerten, die Ausführungen von eben waren also keinesfalls wertlos.

AGL.: § 823 Abs. 1 BGB i.V.m. Art. 2 und 1 GG (allgemeines Persönlichkeitsrecht)

1.) Erforderlich für den Anspruch aus § 823 Abs. 1 BGB ist wie immer als erstes die Verletzung eines absoluten Rechts oder Rechtsgutes. Und dies ist hier schon problematisch: Im Gesetz stehen nämlich nur die Begriffe *Leben, Körper, Gesundheit, Freiheit, Eigentum* oder die *sonstigen Rechte*. Die »Ehre« oder ein vergleichbarer Begriff bzw. ein vergleichbares Rechtsgut sind **nicht** in § 823 Abs. 1 BGB erwähnt. In Betracht kommt also nur ein »sonstiges Recht«. Und als solches ist das »allgemeine Persönlichkeitsrecht« seit Jahrzehnten – genau genommen seit dem Urteil des BGH vom 25.05.1954 – anerkannt (→ BGHZ **13**, 334; vgl. auch BGHZ **24**, 72; *Jauernig/Teichmann* § 823 BGB Rz. 65) und im vorliegenden Fall demnach auch zu prüfen.

> **Durchblick:** Das 1949 in Kraft getretene Grundgesetz gewährt den Menschen besonderen Schutz ihrer Persönlichkeit, unter anderem in den Artikeln 2 und 1 GG. Dieser besondere Schutz der Persönlichkeit sollte aber nicht nur vom Staat im Verhältnis zum Bürger Beachtung finden, sondern auch bei der Beurteilung zivilrechtlicher Streitigkeiten, also auch dann, wenn Bürger nur untereinander streiten. Der BGH hat daher schon sehr früh damit begonnen, diesen Persönlichkeitsschutz des Grundgesetzes als anspruchsbegründend mit heranzuziehen, wenn Bürger in Ermangelung einer entsprechenden Norm des BGB – in § 823 Abs. 1 BGB steht ja ausdrücklich nix drin, siehe oben! – von anderen Bürgern oder privaten Institutionen Schadensersatz wegen Ehr- oder Persönlichkeitsverletzungen beanspruchten (BGHZ **13**, 334; BGHZ **24**, 72; vgl. auch *Brox/Walker* BS § 45 Rz. 21). Das waren dann z.B. Geschichten, in denen ein Anwalt von einer Zeitung durch einen Bericht bzw. einen Leserbrief in die Nähe eines ehemaligen Nazi-Ministers gerückt wurde (BGHZ **13**, 334); oder als eine Zeitung mit dem Bild eines bekannten Springreiters – ohne dessen Zustimmung – für ein Potenzmittel Werbung machte (das ist der berühmte »Herrenreiter-Fall«, BGHZ **26**, 349); oder als eine Zeitung über die Tagesschau-Ikone *Dagmar Berghoff* behauptete, sie sehe aus wie eine »ausgemolkene Ziege, bei deren Anblick den Zuschauern die Milch sauer werde« (BGHZ **39**, 124).

In diesen und vielen ähnlichen Fällen hat der BGH schon seit den 1950er Jahren aus § 823 Abs. 1 BGB in Verbindung mit Art. 2 und 1 GG wegen Verletzung des allgemeinen Persönlichkeitsrechts einen Schadensersatzanspruch in Geld gewährt (Rechtsprechungshinweise dazu gibt es haufenweise etwa bei *Palandt/Sprau* § 823 BGB Rz. 83). Wir schauen uns das jetzt mal im Einzelnen an und beginnen selbstverständlich mit der Definition, also:

> **Definition:** Das *allgemeine Persönlichkeitsrecht* ist das Recht des Einzelnen auf Achtung seiner Menschenwürde und auf Entfaltung seiner individuellen Persönlichkeit (BGH VersR **2017**, 365; BGHZ **201**, 45; BGH MDR **2016**, 1086; BGH NJW **2013**, 1681; BGH NJW **2012**, 767; BGH NJW **2011**, 3153; BGH MDR **2010**, 706; *Jauernig/Teichmann* § 823 BGB Rz. 65; PWW/*Prütting* § 12 BGB Rz. 35).

Da diese Definition – für jeden erkennbar – reichlich allgemein und unbestimmt daherkommt, haben Rechtsprechung und Wissenschaft im Laufe der Jahre klassische Fallgruppen entwickelt, bei denen das allgemeine Persönlichkeitsrecht im Regelfall betroffen bzw. verletzt ist. Folgende Varianten sind möglich (Auflistung nach *Brox/Walker* BS § 45 Rz. 23):

→ Das Eindringen in die sogenannte »Privatsphäre«

Mit dem Wort »Privatsphäre« soll das Recht eines jeden umschrieben werden, sich von der Öffentlichkeit jederzeit zurückzuziehen und damit andere vom eigenen Leben vorübergehend aus- bzw. abzugrenzen (BGH VersR **2017**, 365; BGH NJW **2014**, 2029; BGH NJW **2013**, 1681; BVerfG NJW **2000**, 1021). Diese Privatsphäre wird verletzt z.B. durch heimliche Bildaufnahmen im privaten Bereich (BGHZ **24**, 200), durch unbefugtes Mithören von Telefonaten (BGHZ **73**, 120), durch unbefugtes Öffnen fremder Post (BGH WM **1990**, 1167) oder auch durch unbefugte Tonbandaufnahmen eines privaten Gesprächs (BGHZ **27**, 284).

→ Die Weitergabe von Angelegenheiten aus fremder Privatsphäre

Das allgemeine Persönlichkeitsrecht ist insoweit z.B. verletzt, wenn Tagebücher anderer Personen veröffentlicht werden (BGHZ **13**, 334); wenn ein Arzt den Gesundheitszustand eines Patienten an einen Dritten weitergibt (BGHZ **24**, 72); wenn ein professionell erstelltes Horoskop veröffentlicht wird (BVerfGE NJW **2003**, 3262); wenn jemand mit dem Hubschrauber über das Anwesen eines TV-Promis auf *Mallorca* fliegt und dann die so herausgefundene (knifflige) Wegbeschreibung zum Grundstück veröffentlicht (so was gibt's! → BGH NJW **2004**, 762); wenn Namen oder Wappen zu Werbezwecken verwendet werden (BGHZ **35**, 363; BGH NJW **2000**, 2197) oder wenn das Lebensbild einer Person im Fernsehen verfälscht dargestellt wird (BGHZ **50**, 133). Abgelehnt wurde eine Verletzung etwa beim Bericht über eine prominente Person (*Ernst August*) bei einem schweren Verkehrsverstoß (BGH NJW **2006**, 599).

→ Die Verletzung der Ehre

Als Ehrverletzungen kommen sowohl Meinungsäußerungen als auch Tatsachenbehauptungen in Betracht: So ist eine Verletzung der Ehre z.B. angenommen worden in dem oben schon mal erwähnten Fall mit Frau *Dagmar Berghoff*, die nach Ansicht einer Zeitschrift aussah wie eine ausgemolkene Ziege, bei deren Anblick die Milch sauer werde (BGHZ **39**, 124); bei der Behauptung einer

Zeitung, ein Rechtsanwalt habe Sympathien für ehemalige Nazi-Größen (BGHZ **31**, 308); bei der Bezeichnung eines Rollstuhlfahrers als »Krüppel« (BVerfG NJW **1992**, 2073); wenn vor der Praxis eines Gynäkologen über die von ihm vorgenommenen Abtreibungen berichtet bzw. dagegen protestiert wird (BGH NJW **2005**, 592); ebenfalls als Ehrverletzung wurde angesehen, dass ein Journalist durch unvollständige Tatsachenbehauptungen den Eindruck erwecken wollte, ein katholisches Erzbistum bzw. ein Kardinal hätten Kenntnis von der Schwangerschaft einer Minderjährigen mit einem Pfarrer gehabt (sehr heikler und auch lehrreicher Fall in BGH NJW **2006**, 601).

Das sind also die Fallgruppen der Verletzung des allgemeinen Persönlichkeitsrechts, die von der Rechtsprechung und der Wissenschaft in den vergangenen Jahrzehnten entwickelt wurden, um bei der Beurteilung der jeweiligen Einzelfälle nicht vollends im luftleeren Raum zu argumentieren. Und für die Klausurbearbeitung heißt das, dass diese Worte im günstigsten Fall Erwähnung finden sollten, sie stehen nämlich auf dem Blatt des Korrektors.

Vorsicht, bitte: In diversen Lehrbüchern und Kommentaren findet sich neben der Auflistung der gerade dargestellten Fallgruppen – oder sogar anstelle derer – noch eine andere Unterteilung im Hinblick auf die Verletzungsarten des Persönlichkeitsrechts: Es wird dort unterschieden in drei *Sphären*, in die eingegriffen werden kann, und zwar die »**Individualsphäre**«, die »**Privatsphäre**« und die »**Intimsphäre**« (vgl. etwa *Palandt/Sprau* § 823 BGB Rz. 87). Hierbei soll die »Individualsphäre« das Selbstbestimmungsrecht schützen und die persönliche Eigenart des Menschen und seine Beziehungen zur Umwelt bewahren (BGH NJW **2012**, 767; BGH NJW **2011**, 3153; BGH WM **1994**, 641). Die »Privatsphäre« umfasse demgegenüber das Leben im häuslichen und familiären Kreis (HK-BGB/*Staudinger* § 823 BGB Rz. 99). Schließlich umschreibe die »Intimsphäre« die innere Gedanken- und Gefühlswelt mit ihren äußeren Erscheinungsformen wie vertraulichen Briefen, Tagebuchaufzeichnungen sowie Angelegenheiten, für die ihrer Natur nach ein Anspruch auf Geheimhaltung besteht (BGH NJW **1988**, 1984). Zutreffenderweise gehören die drei gerade genannten Sphären allerdings noch nicht in den Schutzbereich (also die Verletzungshandlung), sondern werden erst später bei der *Rechtswidrigkeit* relevant und müssen dort dann abgegrenzt werden (BVerfGE **80**, 367; BGH NJW **2012**, 767; *Brox/Walker* BS § 45 Rz. 23; so etwa auch *Rolf Schmidt*, Schuldrecht II bei Rz. 667). In der Klausur ist man daher gut beraten, wenn man sich an die weiter oben aufgezeigten Fallgruppen hält und das fragliche Verhalten entsprechend einordnet. Wer das Ganze dann noch mit einem der eben benannten Begriffe bzw. einer Sphäre quasi »garniert«, macht sicher keinen Fehler. Beachte abschließend, dass gerade bei der Argumentation im Hinblick auf die Verletzung des Persönlichkeitsrechts die Begrifflichkeiten auch beim BGH häufig verschwimmen. Es gibt, worauf *Jauernig/Teichmann* (§ 823 BGB Rz. 67) ausdrücklich und zutreffend hinweisen, sogar Entscheidungen, in denen etwa eine Trennung zwischen Verletzungshandlung und Rechtswidrigkeit gar nicht vorgenommen worden ist (so z.B. in BGHZ **24**, 80 oder auch BGH NJW **1994**, 126).

Dieses Vorgehen bzw. Subsumieren kann man sich freilich in einer universitären Übungsarbeit oder im Examen nicht erlauben, weswegen wir hier diese Trennung auch beibehalten wollen. Und bei der Verletzung des Rechtsguts, bei der wir nach wie vor aufbautechnisch ja sind, wollen wir uns auf die oben aufgezeigten Fallgruppen beschränken bzw. sie verwenden; die Unterteilung in die drei Sphären schauen wir uns später dann bei der Rechtswidrigkeit genauer an.

Zum Fall: Angesichts der Filmaufnahme am Nacktbadestrand kommt die Verletzung des allgemeinen Persönlichkeitsrechts durch die Weitergabe von Angelegenheiten aus fremder Privatsphäre (vgl. unsere Auflistung oben) in Betracht. Der Sender P hat unter Verstoß gegen § 22 KunstUrhG, also ohne Einwilligung des Betroffenen, ein Bild bzw. eine Filmsequenz aus dem privaten Lebensbereich des R gemacht und diese dann in der Fernsehsendung öffentlich zur Schau gestellt. Das Recht am eigenen Bild steht indessen allein dem Abgebildeten zu, gehört daher unstreitig zum allgemeinen Persönlichkeitsrecht (BGHZ **131**, 332) und betrifft zum einen die »Privatsphäre« und zum anderen – bei einer Nacktaufnahme – auch die »Intimsphäre« des Betroffenen (BGH NJW **1985**, 1617). Das Abbilden oder Senden einer Nacktaufnahme greift in den intimsten Persönlichkeitsbereich ein und stellt stets eine Verletzung des allgemeinen Persönlichkeitsrechts im Sinne des § 823 Abs. 1 BGB dar (BGH NJW **1985**, 1617; LG München NJW **2004**, 618).

ZE.: Durch das Erstellen und spätere Senden der Nacktaufnahmen hat der Sender P somit das allgemeine Persönlichkeitsrecht des R in der eben genannten Form verletzt (LG München NJW **2004**, 618).

2.) Diese Verletzung des allgemeinen Persönlichkeitsrechts erfolgte fraglos durch ein *Verhalten* des P, der Fernsehsender hat die Bilder aufgenommen und später auch gesendet (= aktives Tun).

3.) Des Weiteren bestehen keine Zweifel an der **haftungsbegründenden Kausalität**, also der ursächlichen Verbindung zwischen dem Verhalten des Schädigers und der Rechtsgutsverletzung.

4.) Fraglich ist allerdings, ob der P auch *rechtswidrig* handelte.

Durchblick: Dieses Merkmal war in den bisherigen Fällen stets unproblematisch. Wir haben dann den Standard-Satz »Die Tatbestandsmäßigkeit indiziert die Rechtswidrigkeit« hingeschrieben – und gut. Hier beim allgemeinen Persönlichkeitsrecht ist das aber anders. Tatsächlich entscheiden sich vielmehr an genau dieser Stelle die Fälle, und zwar sowohl im richtigen Leben als auch in den universitären Übungsarbeiten. Und das liegt an Folgendem: Das allgemeine Persönlichkeitsrecht gehört zu den sogenannten »**Rahmenrechten**«, also den Rechten, die aufgrund ihrer relativen Weite und der Unbestimmtheit ihres Schutzbereiches (siehe oben) eine Einschränkung bei der Rechtswidrigkeit erfahren müssen (BGH VersR **2017**, 365; BGH NJW **2014**, 2029; BGH NJW **2012**, 767; BGH MDR **2010**, 706; BGH NJW **2009**, 2888; *Erman/Wilhelmi* § 823 BGB Rz. 48; *Palandt/Sprau* § 823 BGB Rz. 95). Erforderlich ist immer eine umfassende **Güter- und Interessenabwägung**

zwischen den beteiligten Parteien (BGH VersR **2017**, 365; BGH NJW **2014**, 2029; BGH NJW **2011**, 744; BGH NJW **2008**, 3134). Innerhalb dieser Prüfung wird dann argumentativ abgewogen und festgestellt, wessen verfassungsrechtlich tangierte Interessen überwiegen – und damit ist der Eingriff dann entweder *rechtswidrig* oder eben nicht. Entscheidend sind auf Seiten des Verletzten die Art der Rechtsverletzung, die Schwere der Beeinträchtigung, ihr Anlass und sein Verhalten vor der Verletzung – auf Seiten des Verletzers sind maßgeblich das Mittel und der Zweck der Verletzung (BGH NJW **2012**, 767; BGH NJW **2009**, 2888; BGH NJW **2004**, 126). Ziemlich anschaulich sind insoweit die Entscheidung des BGH vom 19. März 2013 über den Strafprozess gegen den Wettermoderator *Jörg Kachelmann* sowie die dazugehörige Berichterstattung der »**Bild**« (→ BGH NJW **2013**, 1681) und die Entscheidung des BGH vom 29. November 2016 über eine Veröffentlichung in der »SUPERillu« zum Gesundheitszustand des im Dezember 2013 beim Skifahren tragisch verunglückten Autorennfahrers *Michael Schumacher* (→ BGH VersR **2017**, 365 = NJW **2017**, 1550).

Zumeist stehen sich bei diesen Abwägungen dann die in Art. 5 Abs. 1 Satz 2 GG garantierte Presse- und Rundfunkfreiheit (letztere umfasst übrigens auch die Berichterstattung über das *Fernsehen*, vgl. BVerfGE **12**, 205; *Kingreen/Poscher* StaatsR II Rz. 573) in ihren verschiedenen Ausprägungen – der BGH nennt das zuweilen auch »die aus Art. 5 GG folgende Meinungs- und Medienfreiheit« (vgl. etwa BGH NJW **2014**, 2029) – und das Persönlichkeitsrecht des Betroffenen aus Art. 2 und 1 GG gegenüber.

Der BGH hat hierzu nun die weiter oben schon erwähnten drei »**Sphären**« entwickelt und insoweit eine Leitlinie vorgegeben, und die geht so: Je nach betroffener Sphäre sind die Anforderungen an die Rechtfertigung entsprechend höher einzustufen. Die »**Intimsphäre**« des Menschen genießt dabei den größten, im Zweifel einen *absoluten* Schutz mit der Folge, dass Eingriffe diesbezüglich grundsätzlich rechtswidrig sind und von der Presse- und Rundfunkfreiheit nicht oder nur in extremen Ausnahmefällen gedeckt werden können (BGH VersR **2017**, 365; BGH NJW **2014**, 2029; BGH NJW **1988**, 1984). Die »**Privatsphäre**«, also der häusliche und familiäre Kreis, genießt zwar auch den Schutz vor Beeinträchtigungen, je nach Stellung des Betroffenen in der Öffentlichkeit sind aber andere Maßstäbe zu setzen. So muss eine Person des öffentlichen Lebens unter Umständen Eingriffe dulden, die einer nicht öffentlichen Person nicht zuzumuten sind (BGH VersR **2017**, 365; BGH NJW **2012**, 767; BGH NJW **1996**, 1128; vgl. auch BVerfG NJW **2001**, 1921). Die niedrigste Stufe bildet schließlich die »**Individualsphäre**« (gelegentlich auch »Sozialsphäre« genannt). Diese Individualsphäre, die die Beziehung des Betroffenen zu seiner Umwelt betrifft, genießt, gerade wegen dieses Bezugs zur Außenwelt, den geringsten Schutz.

Klar: Das klingt alles ziemlich aufgeweicht – und das ist es auch. Man muss sich damit anfreunden, dass die Fälle aus dem allgemeinen Persönlichkeitsrecht in der Regel außerordentlich wackelig bzw. willkürlich von der Lösung her anmuten, was aber in der Natur der Sache liegt. Die Abwägung von verfassungsrechtlich garantierten Freiheiten hängt stets am Einzelfall und kann so gut wie nie rein schematisch erfolgen. Man sollte (und muss!) sich demnach in der Klausur die Mühe machen, mit den entsprechenden Interessen der Beteiligten möglichst lebensnah zu argumentieren und dann eine vertretbare Lösung zu finden. Wir werden gleich sehen, dass das eigentlich gar nicht schwer ist; es ist eben nur im Vergleich zum sonstigen Argumentationsmuster ein bisschen ungewöhnlich.

Übrigens: In der Praxis findet sich bei keinem einzigen Teilgebiet des Zivilrechts so viel »richtiges Leben« wie bei den Urteilen zum allgemeinen Persönlichkeitsrecht. Wer Freude/Interesse daran hat, kann sich probeweise mal die Entscheidungen betreffend die Familie *Grimaldi*, also mit Beteiligung von Prinzessin *Caroline von Monaco*, ihres Ehemanns Prinz *Ernst-August* oder ihres Bruders *Albert* ansehen, wobei man allerdings fairerweise anmerken muss, dass hier die Grenzen des guten Geschmacks oft ziemlich deftig überschritten werden (BGH NJW **2012**, 762; BGH NJW **2011**, 744; BGH NJW **2008**, 3782; BGH NJW **2007**, 1977; BGH NJW **2006**, 599; BVerfG NJW **2001**, 1921; BVerfGE **101**, 361). Gleiches gilt für die Berichterstattung über den Gesundheitszustand des im Dezember 2013 tragisch verunglückten Rennfahrers *Michael Schumacher* (BGH VersR **2017**, 365; BGH NJW **2017**, 827). Leider leben ganze Armeen von Journalisten vom Ablichten bzw. dem Berichten über prominente Personen und natürlich den Menschen, die sich nachher dann die Zeitschriften kaufen oder die Sendungen ansehen, in denen die geschossenen Bilder und entsprechende Berichte gezeigt werden. Und das hat dann logischerweise zur Folge, dass es unzählige Gerichtsverfahren gibt, in denen darüber gestritten wird, was Prominente sich bieten lassen müssen und was nicht. Gegenstand ist dann übrigens in der Regel das uns mittlerweile bekannte KunstUrhG, und dort vor allem der **§ 23 Abs. 2**, denn der besagt, dass das Ablichten von *Personen der Zeitgeschichte* nur dann unzulässig ist, wenn »berechtigte Interessen« des Abgelichteten verletzt sind (vgl. BGH VersR **2017**, 365; BGH NJW **2017**, 827; BGH NJW **2012**, 762; BGH NJW **2011**, 3153; BGH NJW **2011**, 744; BGH NJW **2008**, 3134).

Zurück zum Fall: Wir müssen jetzt also, um die mögliche Rechtswidrigkeit des Verhaltens des P festzustellen, das Persönlichkeitsrecht des R und die Presse- und Rundfunkfreiheit des P gegeneinander abwägen. Im Ergebnis freilich ist das Ganze kein Problem, denn: Das Ablichten einer Privatperson in unbekleidetem Zustand stellt einen erheblichen und massiven Eingriff in die »Intimsphäre« des Betroffenen dar. Ein solcher Eingriff, der zudem unter Verstoß gegen den § 22 KunstUrhG, also ohne Einwilligung des Abgelichteten, begangen wurde, ist nicht von der Presse- und Rundfunkfreiheit aus Art. 5 Abs. 1 Satz 2 GG gedeckt (BGH GRUR **1985**, 398). Die Presse- und Rundfunkfreiheit umfasst grundsätzlich nur die Verbreitung derjenigen Tatsachen bzw. Informationen, an denen die Öffentlichkeit ein Interesse hat oder haben kann (BGH VersR **2017**, 365; BGH NJW **2012**, 767; BGH MDR **2010**, 706; BVerfG NJW **2000**, 2194; BGHZ **177**, 119). Je geringer die Informationsbelange der Öffentlichkeit insoweit sind, desto höher ist das Recht des Betroffenen zu beurteilen (BGH NJW **2004**, 762). Das LG München begründet im vorliegenden Fall den »schwerwiegenden« und rechtswidrigen Eingriff in das Persönlichkeitsrecht des R wie folgt:

»... *Die ungenehmigte Verwendung von Nacktaufnahmen in einer Fernsehsendung stellt in der Regel einen* **schwerwiegenden Eingriff** *in das Persönlichkeitsrecht des Abgebildeten dar. Der nackte Körper gehört zum intimsten Persönlichkeitsbereich eines Menschen. Die Abbildung des nackten Körpers ohne Wissen und gegen den Willen des Abgebildeten ist daher ein besonders schwerer Eingriff in das Persönlichkeitsrecht und in die unantastbare Würde des Menschen, wobei durch die Ausstrahlung eines Nacktfotos bzw. einer Nacktfilmsequenz im Fernsehen besonders intensiv in die Intimsphäre des Betroffenen eingegriffen wird. Der Umstand, dass der Betroffene auf einem öffentlich zugänglichen FKK-Gelände abgelichtet wurde, ändert nichts an dem schwerwiegenden Eingriff in sein Persönlichkeitsrecht. Eine Person, die einen FKK-Bereich aufsucht, kann grundsätzlich davon ausgehen, dass ihre Nacktheit keinerlei Aufmerksamkeit hervorruft und dass Fotografien oder Filmaufnahmen durch Dritte nicht toleriert werden. Der Besuch eines FKK-Geländes ist, auch für Dritte erkennbar, mit keinerlei Verzicht des Nudisten auf den Schutz der Intimsphäre verbunden ...*« (LG München NJW **2004**, 617, 618)

Logo: Alles andere wäre wohl auch ein Scherz gewesen. Das Ablichten und spätere Ausstrahlen der Bilder stellt einen schwerwiegenden und insbesondere *rechtswidrigen* Eingriff in das allgemeine Persönlichkeitsrecht des R dar, der nicht von der Presse- und Rundfunkfreiheit aus Art. 5 Abs. 1 Satz 2 GG gedeckt ist.

<u>ZE.</u>: Der P handelte bei der Ausstrahlung der Bilder rechtswidrig.

5.) Der P handelte des Weiteren im vorliegenden Fall auch *schuldhaft* im Sinne des § 276 BGB, namentlich mit Wissen und Wollen, also vorsätzlich.

6.) Dem R müsste dadurch auch ein *Schaden* entstanden sein.

Durchblick: Anders als bei den klassischen materiellen Schäden (→ Auto zerdeppert) kann man hier beim Persönlichkeitsrecht den eingetretenen *immateriellen* Schaden nicht verbindlich messen. Man verfährt daher wie folgt: Wenn man vor Gericht in einem solchen Fall einen Ersatzanspruch in Geld fordert, stellt man einen – ansonsten im Zivilprozess unzulässigen! – unbezifferten Antrag nach **§ 287 ZPO** (bitte aufschlagen, wenn Gesetz vorhanden) auf Gewährung einer »angemessenen Entschädigung«. Gemäß der genannten Norm entscheidet das Gericht dann unter Würdigung der Gesamtumstände und freier Überzeugung über die Höhe der Entschädigung. Der Vorteil dieses Antrags liegt darin, dass man als Kläger kostentechnisch nicht verlieren kann. Beantragt man nämlich etwa eine genau bezifferte Entschädigung in Höhe von z.B. 50.000 Euro, läuft man Gefahr, dass das Gericht aufgrund seiner eigenen Abwägung nur 30.000 Euro zuspricht und die Klage dann im Übrigen abweist (= Kostenlast auch für den Kläger!). Also beantragt man lieber eine »angemessene Entschädigung«, was hier beim Persönlichkeitsrecht aus den genannten Gründen ausnahmsweise zulässig und ratsam ist (*Palandt/Ellenberger* § 253 BGB Rz. 28; *Müller* in VersR 2000, 797). Beachte im Übrigen, dass es sich bei dieser Entschädigung dann *nicht* um ein

»Schmerzensgeld« im Sinne des § 253 Abs. 2 BGB handelt; die Gerichte gewähren vielmehr den Ersatzanspruch unmittelbar aus § 823 Abs. 1 BGB und begründen ihn mit Genugtuung und Prävention (BGH MDR **2016**, 1084;BGHZ **199**, 237; BGHZ **128**, 14; BVerfG NJW **2000**, 2198). Und schließlich ist wichtig zu wissen, dass der BGH die Entschädigung in Geld bei Verletzung des allgemeinen Persönlichkeitsrechts daran knüpft, dass zum einen ein »**schwerwiegender**« Eingriff vorliegt (was wir oben bei uns schon bejaht haben) und zum anderen eine *Genugtuung* auf andere Weise – beispielsweise durch Widerruf einer Erklärung oder eine Gegendarstellung – nicht möglich sein darf; hat das Opfer etwa schon eine strafbewehrte Unterlassungserklärung erwirkt, kann dies den Schmerzensgeldanspruch für privat getätigte Beleidigungen unter Umständen ausschließen (vgl. instruktiv: BGH MDR **2016**, 1084 sowie BGH NJW **2014**, 2029; BGH NJW **2006**, 605; BGH NJW **2000**, 2195; BGH NJW **1971**, 698; OLG München NJW-RR **2002**, 1339).

ZE.: Unserem R ist durch die Ausstrahlung der Bilder ein immaterieller Schaden entstanden. Dieser kann im vorliegenden Fall nur in Geld entschädigt werden. Die Höhe der Entschädigung bestimmt das Gericht unter Würdigung der Gesamtumstände nach freier Überzeugung.

7.) Es bestehen abschließend keine Zweifel daran, dass die Rechtsgutsverletzung *ursächlich* für den eingetretenen Schaden ist; die haftungsausfüllende Kausalität ist folglich auch gegeben.

Ergebnis: Dem R steht demnach eine »angemessene Entschädigung« in Geld gegen P wegen Verletzung des allgemeinen Persönlichkeitsrechts aus § 823 Abs. 1 BGB i.V.m. Art. 2 und 1 GG zu. Das LG München hat im vorliegenden Fall übrigens **3.000 Euro** für angemessen gehalten und diesen vergleichsweise geringen Betrag damit begründet, dass es sich bei »Galileo« um eine Wissenschaftssendung und nicht um ein Klatschmagazin und zudem um eine »weitgehend ernsthafte Auseinandersetzung mit dem Thema Nacktheit« gehandelt habe (LG München NJW **2004**, 617).

> **Beachte noch:** Denken konnte man im vorliegenden Fall auch noch an einen Anspruch aus **§ 823 Abs. 2 BGB** in Verbindung mit **§ 22 KunstUrhG**, da P das Bild des R ohne dessen Einwilligung verwertet hatte. Allerdings ist dieser Anspruch nicht auf Genugtuung wegen der Persönlichkeitsverletzung gerichtet, sondern nur auf den Betrag, den der Betroffene für die Verwertung hätte verlangen können, wenn ein entsprechender Vertrag geschlossen worden wäre (BGHZ **26**, 349). Dies spielt aber in der Regel zum einen nur dann eine Rolle, wenn es um die Verwertung von Bildern prominenter Personen geht, da insoweit Richtwerte geschätzt werden können. Zum anderen hätte R seine Zustimmung zu den Bildern sowieso niemals gegeben und begehrt ausdrücklich eine Entschädigung wegen »Verletzung seines Persönlichkeitsrechts«. Und eine solche gibt es unstreitig nur über § 823 Abs. 1 BGB (BGH MDR **2010**, 706; BGH NJW **1996**, 984; *Körner* in NJW 2000, 241). Stehen tatsächlich prominente Persönlichkeiten in Frage und werden zum Beispiel auf Plakaten ohne Zustimmung für Werbezwecke missbraucht, kann zudem noch ein Anspruch aus **§ 812 BGB** (→ Eingriffskondiktion) in Betracht kommen. Hier hat man dann sorgfältig zu prüfen, ob der Eingriff in das Persönlichkeitsrecht *rechtswidrig* war oder ob der

Prominente dies im Rahmen des Informationsinteresses der Öffentlichkeit dulden musste (BGH NJW **1992**, 2084). Bei rein wirtschaftlichen Interessen des Verwenders ist ein Anspruch aus § 812 BGB regelmäßig gegeben und auf Erstattung von Wertersatz nach § 818 Abs. 2 BGB gerichtet; der Betroffene kann dann den Betrag bzw. die Lizenzgebühr verlangen, die im Falle der Zustimmung fällig gewesen wäre (vgl. insoweit den anschaulichen und sehr lehrreichen Fall um *Oskar Lafontaine* in BGH NJW **2007**, 689 sowie auch BGH MDR **2010**, 706).

II. Das Verhindern/Unterlassen der weiteren Ausstrahlung der Bilder

<u>AGL.</u>: § 1004 Abs. 1 Satz 2 BGB (analog)

Einstieg: Der § 1004 Abs. 1 BGB bietet in seinen beiden Sätzen unterschiedliche Anspruchsgrundlagen hinsichtlich der Beeinträchtigung des Eigentums. Während § 1004 Abs. 1 <u>Satz 1</u> BGB voraussetzt, dass die Beeinträchtigung schon erfolgt und noch vorhanden ist und man dann auf *Beseitigung* dieser Beeinträchtigung klagen kann, betrifft § 1004 Abs. 1 <u>Satz 2</u> BGB eine andere Sachlage bzw. ein anderes Anspruchsziel, nämlich: Hier ist nach dem Wortlaut der Norm zwar auch schon eine Beeinträchtigung erfolgt, es drohen nun aber weitere neue Beeinträchtigungen, und der Betroffene kann mithilfe des § 1004 Abs. 1 Satz 2 BGB auf *Unterlassung* dieser weiteren Beeinträchtigungen klagen (BGH NJW **2012**, 3781).

Zum Fall: Wer den Absatz gerade vollständig und sorgfältig gelesen hat, wird sich indessen zunächst fragen müssen, warum wir überhaupt den § 1004 Abs. 1 BGB – ungeachtet welcher Variante – hier in Betracht ziehen, denn die Norm beschäftigt sich ausdrücklich ja nur mit dem Schutz des *Eigentümers* (bitte prüfen!). Und in unserem Fall geht es nicht ums Eigentum, sondern um den Schutz vor Verletzungen des allgemeinen Persönlichkeitsrechts. Der Grund, warum wir hier dennoch den § 1004 Abs. 1 Satz 2 BGB als Anspruchsgrundlage nehmen können, liegt in der folgenden

> **Regel:** Die Anwendung des § 1004 Abs. 1 BGB ist nicht auf das Eigentumsrecht beschränkt. Der gesamte § 1004 BGB gilt über seinen Wortlaut hinaus vielmehr *analog* bzw. entsprechend für *alle* in § 823 Abs. 1 BGB geschützten absoluten Rechte und Rechtsgüter, also auch für das allgemeine Persönlichkeitsrecht (BGH VersR **2017**, 365; BGH NJW **2016**, 870; BGH NJW **2014**, 2029; BGH NJW **2013**, 1681; BGH NJW **2012**, 767; OLG Dresden ZMR **2003**, 670; *Palandt/Herrler* § 1004 BGB Rz. 4; *Jauernig/Berger* § 1004 BGB Rz. 2).

Das wollen wir uns bitte unbedingt merken: § 1004 BGB gilt analog im Hinblick auf sämtliche von § 823 Abs. 1 BGB geschützten Rechte und Rechtsgüter. Und das hat dann zur Folge, dass man, wenn die sonstigen Voraussetzungen der Norm vorliegen (Verschulden ist hier *nicht* erforderlich!), die Rechte aus § 1004 Abs. 1 BGB, also insbesondere die **Unterlassung** nach § 1004 Abs. 1 Satz 2 BGB vom potenziellen Schädiger eines in § 823 Abs. 1 BGB geschützten Rechts oder Rechtsguts verlangen kann.

ZE.: Und in unserem Fall bedeutet dies, dass der R, da der P die weitere Ausstrahlung der Sendung schon angekündigt hat, gegen P erfolgreich auf *Unterlassung* dessen klagen kann, denn die Ausstrahlung wäre eine »weitere Beeinträchtigung« des allgemeinen Persönlichkeitsrechts des R (lies: § 1004 Abs. 1 Satz 2 BGB). Beachte übrigens in diesem Zusammenhang noch, dass der BGH in ständiger Rechtsprechung eine Wiederholungsgefahr nach einer ersten Beeinträchtigung grundsätzlich sogar *vermutet* – eine Androhung wäre demnach gar nicht erforderlich gewesen für den Anspruch aus § 1004 Abs. 1 Satz 2 BGB (BGH NJW **2012**, 3781).

Ergebnis: R steht gegen P ein Anspruch auf Unterlassung der weiteren Ausstrahlung der Sendung aus § 1004 Abs. 1 Satz 2 BGB analog zu.

Noch ein paar Anmerkungen zur Abrundung der Thematik

1.) Das gerade im Hinblick auf § 1004 BGB Erläuterte ist wichtig und sollte unbedingt behalten werden: Der deliktische Schutz des Einzelnen aus den §§ 823 ff. BGB wird nämlich erst durch § 1004 Abs. 1 BGB umfassend bzw. vollständig. Denn nur mithilfe dieser Norm kann der Betroffene auch *vorbeugend* tätig werden und muss insbesondere nicht abwarten, bis eine (weitere) Schädigung erfolgt ist und er dann erst über § 823 Abs. 1 BGB Schadensersatz fordern kann (vgl. dazu auch noch unten 2.). Gerade innerhalb der Problematik um die Verletzung des allgemeinen Persönlichkeitsrechts steht der § 1004 Abs. 1 Satz 2 BGB daher auch fast immer im Raum, denn der Betroffene hat zumeist schon eine Verletzung, etwa in Form eines Presse- oder TV-Berichts erlitten, will neben dem Schadensersatz nun aber auch garantiert sehen, dass dies nicht noch mal vorkommt. Und in solchen Fällen hilft dann eben der § 1004 Abs. 1 Satz 2 BGB (vgl. z.B. den sehr illustren Fall des BGH aus der NJW **2006**, 599 mit *Prinz Ernst-August* als Verkehrsrowdy in der »Neuen Ruhrzeitung Essen« oder die Aufnahmen der kurz vorher abgewählten, ehemaligen schleswig-holsteinischen Ministerpräsidentin *Heide Simonis* in der »**Bild**« in BGHZ **177**, 119 oder auch die oben schon mal erwähnte Entscheidung über den Wettermoderator *Jörg Kachelmann*, der auch gegen die »**Bild**« geklagt hatte → NJW **2013**, 1681). Der § 1004 Abs. 1 Satz 2 BGB verhindert also »weitere« Verletzungen bzw. Beeinträchtigungen von Rechten oder Rechtsgütern aus § 823 Abs. 1 BGB und beugt der Anwendung des § 823 Abs. 1 BGB demnach quasi vor. In einem jüngeren Fall hat der BGH dies auch für das unverlangte Zusenden von E-Mails mit werbenden Zusätzen ausgesprochen; auch insoweit steht dem Empfänger ein Anspruch auf Unterlassung aus § 1004 Abs. 1 Satz 2 BGB wegen Verletzung des allgemeinen Persönlichkeitsrechts zu (BGH NJW **2016**, 870).

2.) Des Weiteren interessant ist noch eine Feinheit zu § 1004 Abs. 1 Satz 2 BGB, die in unserem Fall oben keine Rolle spielte, gleichwohl aber von Bedeutung sein kann, nämlich: Entsprechend bzw. analog anwendbar ist § 1004 Abs. 1 <u>Satz 2</u> BGB über seinen Wortlaut hinaus auch für *erstmalige* Beeinträchtigungen, wenn diese ernsthaft angedroht werden bzw. bevorstehen. Man nennt das dann »vorbeugende Unterlassungsklage« (OLG Zweibrücken NJW **1992**, 1242; OLG Frankfurt OLGR **96**, 2; *Palandt/ Herrler* § 1004 BGB Rz. 33) und begründet die Erweiterung des Wortlautes des § 1004 Abs. 1 Satz 2 BGB mit dem Umstand, dass der Betroffene ansonsten warten müsste, bis die Beeinträchtigung tatsächlich eingetreten ist (dann: § 1004 Abs. 1 Satz 1 BGB), was aber niemandem zugemutet werden kann. Deshalb findet § 1004 Abs. 1 Satz 2 BGB schon vorher Anwendung, allerdings muss die zukünftige Beeinträchtigung auch ernsthaft drohen bzw. bevorstehen.

3.) Wichtig zu wissen ist auch noch, dass der oben von uns besprochene Entschädigungsanspruch aus dem allgemeinen Persönlichkeitsrecht (→ § 823 Abs. 1 BGB i.V.m. Art. 2 und 1 GG) nach einer Entscheidung des BGH vom 29. April 2014 *nicht* vererblich ist (BGHZ **201**, 45 = NJW **2014**, 2871). Im konkreten Fall hatte der bekannte österreichische Entertainer *Peter Alexander* im Februar 2011, und zwar genau einen Tag vor seinem Tod, eine (im Nachhinein begründete) Klage gegen einen deutschen Verlag wegen Verletzung seines Persönlichkeitsrechts einreichen lassen. Der Verlag bzw. Zeitschriften des Verlages hatten in der Vergangenheit über *Peter Alexanders* Privatsphäre mehrfach und unter Verletzung seines Persönlichkeitsrechts berichtet, unter anderem über seinen Gesundheitszustand. Nach dem Tod von *Peter Alexander* forderte sein Sohn als Erbe dann die Entschädigungszahlungen im Rahmen der Gesamtrechtsnachfolge aus § 1922 Abs. 1 BGB vom Verlag ein. Zu Unrecht, wie der BGH im April 2014 urteilte. Der Entschädigungsanspruch wegen Verletzung des allgemeinen Persönlichkeitsrechts aus § 823 Abs. 1 BGB i.V.m. Art. 2 und 1 GG sei nämlich – anders als der Anspruch auf Schmerzensgeld aus § 847 BGB – *nicht* vererblich, da bei diesem Anspruch stets der *Genugtuungsgedanke* im Vordergrund stehe. Dieser aber könne nur vom Betroffenen selbst geltend gemacht und eingefordert werden. Nach dem Tod des Betroffenen entfalle eine mögliche Genugtuung schon rein denklogisch, daher sei der Anspruch auch nicht vererblich und falle insbesondere nicht unter die Universalsukzession des § 1922 Abs. 1 BGB (BGHZ **201**, 45 = NJW **2014**, 2871). Wörtlich heißt es im Urteil: »... *Einem Verstorbenen kann keine Genugtuung mehr für die Verletzung seiner Persönlichkeit verschafft werden ... Erfolgt die Verletzung des Persönlichkeitsrechts zwar noch zu Lebzeiten des Verletzten, stirbt dieser aber, bevor sein Entschädigungsanspruch erfüllt bzw. darüber entschieden worden ist, verliert die mit der Geldentschädigung bezweckte Genugtuung an Bedeutung. Gründe, vom Fortbestehen des Geldentschädigungsanspruchs über den Tod des Verletzten hinaus auszugehen, bestehen unter diesem Gesichtspunkt im Allgemeinen mithin nicht ...*«. **Und**: Mit Urteil vom **23. Mai 2017** hat der BGH zudem festgestellt, dass auch ein Schmerzensgeldanspruch wegen Persönlichkeitsrechtsverletzung, der zwar rechtshängig, aber noch nicht rechtskräftig ist (= Klage eingereicht, dem Beklagten auch zugestellt, aber vom Gericht noch nicht rechtskräftig entschieden) ebenfalls nicht vererblich ist (BGH NJW **2017**, 3004). Dies kommt demnach nur dann in Betracht, wenn über den Anspruch zu Lebzeiten des Verletzten *rechtskräftig* entschieden wurde; erst dann erlangt der Verletzte einen *vererblichen* Entschädigungsanspruch (BGH NJW **2017**, 3004). Merken.

4.) Der weiter oben im Fall angesprochene Problemkreis um die Persönlichkeitsverletzungen im und durch das *Fernsehen* betrifft selbstverständlich – und im Zweifel inzwischen sogar deutlich umfangreicher – das *Internet* und die dort vorgenommenen Veröffentlichungen. Insoweit gelten zunächst die gleichen Regeln, die wir oben für Fernseh-Veröffentlichungen herausgearbeitet haben, allerdings mit folgenden Ergänzungen: Nach einer Grundsatzentscheidung des BGH vom **17. Dezember 2013** (→ BGHZ **199**, 237 = NJW **2014**, 2029) ist derjenige, der einen die Persönlichkeit verletzenden Text ins Internet stellt, hierfür grundsätzlich auch haftbar gemäß § 823 Abs. 1 BGB in Verbindung mit Art. 2 und 1 GG. **Und:** Das gilt selbst dann, wenn er/sie lediglich über ein Interview mit einer dritten Person berichtet, sich dieses Interview bzw. den persönlichkeitsverletzenden Inhalt aber gedanklich zueigen macht. Im konkreten Fall hatte das Portal www.stern.de über einen Korruptions- und Kinderprostitutionsskandal in Sachsen berichtet und unter anderem ein Interview mit der früheren Sekretärin (S) eines verdächtigten Amtsleiters verwertet. Die S hatte in dem Interview über Kontakte des Amtsleiters zu einer 14-Jährigen erzählt, woraus das Portal bzw. der betreffende Journalist dann eine ganze Geschichte zusammenschrieb und sich die Verdächtigungen/Erklärungen der S zueigen machte. Der BGH sprach dem (letztlich unschuldigen) Amtsleiter anschließend umfangreiche Ersatzansprüche nicht nur gegen die S, sondern auch gegen den Portalbetreiber (www.stern.de) sowie den betreffenden Journalisten wegen Persönlichkeitsverletzung zu – und stellte fest:

> *»… Der Internet-Verbreiter macht sich eine fremde Äußerung regelmäßig dann zueigen und ist folglich daraus auch haftbar, wenn er sich mit ihr **identifiziert** und sie so in den eigenen Gedankengang einfügt, dass sie als seine eigene erscheint. Ob dies der Fall ist, ist mit der im Interesse der Meinungsfreiheit und zum Schutz der Presse gebotenen Zurückhaltung zu prüfen. So genügt es für die Annahme eines Zu-Eigen-Machens nicht, dass ein Presseorgan die ehrenrührige Äußerung eines Dritten in einem Interview verbreitet, ohne sich ausdrücklich von ihr zu distanzieren. Auch kann sich schon aus der äußeren Form der Veröffentlichung ergeben, dass lediglich eine fremde Äußerung ohne eigene Wertung oder Stellungnahme mitgeteilt wird. Dies ist beispielsweise bei dem Abdruck einer Presseschau der Fall … Anders aber ist dies zu beurteilen, wenn der Verbreiter die fremde Äußerung quasi ›ausschmückt‹ oder die fremden Gedankengänge positiv kommentiert und gutheißt … Nach diesen Grundsätzen haben sich die Beklagten die Aussagen der Sekretärin zu Eigen gemacht. Zwar wird in dem angegriffenen Beitrag ausdrücklich Bezug auf Äußerungen der Sekretärin in einem zwischen ihr und dem Beklagten zu 1 geführten Gespräch genommen. Auch werden verschiedene ihrer Aussagen als wörtliche Zitate wiedergegeben und als solche kenntlich gemacht. Entgegen der Auffassung der Beklagten wird in dem Beitrag aber nicht lediglich ein Sachverhalt referiert, ohne dessen Richtigkeit zu unterstellen; es werden nicht nur die Äußerungen eines Dritten berichtet. Vielmehr nimmt der Beklagte zu 1 in dem Beitrag eine eigene Bewertung der Vorgänge vor und identifiziert sich mit der Darstellung der Beklagten zu 3. Er unterstreicht die von ihr erhobenen Vorwürfe, stellt sie als Opfer dar und ergreift zu ihren Gunsten Partei … Unter diesen Umständen haftet auch der Verbreiter der Äußerung im Internet, obwohl es sich grundsätzlich um die Äußerung einer anderen Person handelt …«*

Zur *Bemessung* des Anspruchs heißt es dann weiter:

> *»… Ohne Erfolg machen die Beklagten geltend, die festgesetzte Geldentschädigung müsse bereits deshalb reduziert werden, weil Veröffentlichungen in elektronischen Medien wegen ihrer*

›*Flüchtigkeit*‹ *generell mit geringeren Beeinträchtigungen verbunden seien als solche in den Printmedien. Soweit die Beklagten darauf abheben, dass ein Beitrag im Internet nach seiner Löschung – anders etwa als ein Zeitungsartikel – nicht mehr* ›*stofflich*‹ *existent und reproduzierbar sei, übersehen sie, dass der Beitrag vor der Löschung von Nutzern* **kopiert** *und auf anderen Webseiten* **abgelegt** *oder* **ausgedruckt** *worden sein kann. Der Umstand, dass der hier in Frage stehende Bericht nach drei Wochen wieder aus dem Internet entfernt wurde, spielt somit keine entscheidungserhebliche Rolle. Wie bereits ausgeführt, kann die Frage, wie hoch die Geldentschädigung sein muss, um ihrer spezifischen Zweckbestimmung gerecht zu werden, vielmehr nur aufgrund der gesamten Umstände des Einzelfalls beurteilt werden. Aus diesem Grund kann auch die Anzahl der Personen, die die beanstandeten Äußerungen zur Kenntnis genommen haben, etwa durch* ›*Anklicken*‹ *der entsprechenden Seite, nicht unbeachtet bleiben. Je mehr Personen Kenntnis von dem Bericht erlangt haben, desto höher muss zwangsläufig auch die Entschädigung ausfallen ...*«

Gutachten

I. Anspruch des R gegen P auf Schadensersatz

R könnte gegen P ein Anspruch auf Schadensersatz aus § 823 Abs. 1 BGB i.V.m. Art. 2 und 1 GG zustehen.

1.) Erforderlich für den Anspruch aus § 823 Abs. 1 BGB ist zunächst die Verletzung eines absoluten Rechts oder Rechtsgutes. In Betracht kommt im vorliegenden Fall nur ein sonstiges Recht, namentlich das allgemeine Persönlichkeitsrecht. Das allgemeine Persönlichkeitsrecht ist das Recht des Einzelnen auf Achtung seiner Menschenwürde und auf Entfaltung seiner individuellen Persönlichkeit. Insoweit kommt die Verletzung aufgrund folgender Fallgruppen in Betracht:

a) Zum einen möglich ist das Eindringen in die sogenannte Privatsphäre. Mit dem Wort Privatsphäre soll das Recht eines jeden umschrieben werden, sich von der Öffentlichkeit jederzeit zurückzuziehen und damit andere vom eigenen Leben vorübergehend aus- bzw. abzugrenzen. In Betracht kommt zudem die Weitergabe von Angelegenheiten aus fremder Privatsphäre. Die Verletzung der Ehre ist schließlich die letzte Möglichkeit, das allgemeine Persönlichkeitsrecht zu beeinträchtigen. Als Ehrverletzungen kommen sowohl Meinungsäußerungen als auch Tatsachenbehauptungen in Betracht.

b) Angesichts der Filmaufnahme am Nacktbadestrand kommt die Verletzung des allgemeinen Persönlichkeitsrechts durch die Weitergabe von Angelegenheiten aus fremder Privatsphäre in Betracht. Der Sender P hat unter Verstoß gegen § 22 KunstUrhG, also ohne Einwilligung des Betroffenen, ein Bild bzw. eine Filmsequenz aus dem privaten Lebensbereich des R gemacht und diese dann in der Fernsehsendung öffentlich zur Schau gestellt. Das Recht am eigenen Bild steht indessen allein dem Abgebildeten zu, gehört daher unstreitig zum allgemeinen Persönlichkeitsrecht und betrifft zum einen die Privatsphäre und zum anderen – bei einer Nacktaufnahme – auch die Intimsphäre des Betroffenen. Das Abbilden oder Senden einer Nacktaufnahme greift in den intimsten Persönlichkeitsbereich ein und stellt stets eine Verletzung des allgemeinen Persönlichkeitsrechts im Sinne des § 823 Abs. 1 BGB dar. Durch das Erstellen und spätere Senden der Nacktaufnahmen hat P somit das allgemeine Persönlichkeitsrecht des R in der eben genannten Form verletzt.

2.) Diese Verletzung des allgemeinen Persönlichkeitsrechts erfolgte fraglos durch ein Verhalten des P, P hat die Bilder aufgenommen und später gesendet.

3.) Es bestehen keine Zweifel an der haftungsbegründenden Kausalität, also der ursächlichen Verbindung zwischen dem Verhalten des Schädigers und der Rechtsgutsverletzung.

4.) Fraglich ist allerdings, ob P auch rechtswidrig handelte. Innerhalb der Prüfung des allgemeinen Persönlichkeitsrechts hat zur Feststellung der Rechtswidrigkeit eine Interessen- und Güterabwägung stattzufinden. Vorliegend stehen sich namentlich das allgemeine Persönlichkeitsrecht des R aus Art. 2 und 1 GG und die Presse- und Rundfunkfreiheit des P aus Art. 5 GG gegenüber. Bei der Güter- und Interessenabwägung der Grundrechte gelten folgende Abstufungen: Soweit die »Intimsphäre« des Menschen betroffen ist, genießt sie den größten, im Zweifel einen absoluten Schutz mit der Folge, dass Eingriffe diesbezüglich grundsätzlich rechtswidrig sind und von der Presse- und Rundfunkfreiheit nicht oder nur in extremen Ausnahmefällen gedeckt werden können. Bei Eingriffen in die Privatsphäre, also den häuslichen und familiären Kreis, müssen je nach Stellung des Betroffenen in der Öffentlichkeit andere Maßstäbe gesetzt werden. So muss eine Person des öffentlichen Lebens unter Umständen Eingriffe dulden, die einer nicht öffentlichen Person nicht zuzumuten sind. Die niedrigste Stufe bildet schließlich die Individualsphäre. Diese Individualsphäre, die die Beziehung des Betroffenen zu seiner Umwelt betrifft, genießt, gerade wegen dieses Bezugs zur Außenwelt, den geringsten Schutz. Übertragen auf den vorliegenden Fall ergibt sich nunmehr Folgendes: Das Ablichten einer Privatperson in unbekleidetem Zustand stellt einen erheblichen Eingriff in die Intimsphäre des Betroffenen dar. Ein solcher Eingriff, der zudem unter Verstoß gegen den § 22 KunstUrhG, also ohne Einwilligung des Abgelichteten, begangen wurde, ist nicht von der Presse- und Rundfunkfreiheit aus Art. 5 GG gedeckt. Die Presse- und Rundfunkfreiheit umfasst grundsätzlich nur die Verbreitung derjenigen Tatsachen bzw. Informationen, an denen die Öffentlichkeit ein Interesse hat oder haben kann. Je geringer die Informationsbelange der Öffentlichkeit insoweit sind, desto höher ist das Recht des Betroffenen zu beurteilen. Die ungenehmigte Verwendung von Nacktaufnahmen in einer Fernsehsendung stellt einen schwerwiegenden Eingriff in das Persönlichkeitsrecht des Abgebildeten dar. Der nackte Körper gehört zum intimsten Persönlichkeitsbereich eines Menschen. Die Abbildung des nackten Körpers ohne Wissen und gegen den Willen des Abgebildeten ist ein besonders schwerer Eingriff in die unantastbare Würde des Menschen, wobei durch die Ausstrahlung eines Nacktfotos bzw. einer Nacktfilmsequenz im Fernsehen besonders intensiv in die Intimsphäre des Betroffenen eingegriffen wird. Der Umstand, dass der Betroffene auf einem öffentlich zugänglichen FKK-Gelände abgelichtet wurde, ändert nichts an dem schwerwiegenden Eingriff. Eine Person, die einen FKK-Bereich aufsucht, kann grundsätzlich davon ausgehen, dass ihre Nacktheit keinerlei Aufmerksamkeit hervorruft und dass Fotografien oder Filmaufnahmen durch Dritte nicht toleriert werden. Der Besuch eines FKK-Geländes ist, auch für Dritte erkennbar, mit keinerlei Verzicht des Nudisten auf den Schutz der Intimsphäre verbunden. Die Güterabwägung ergibt somit, dass das Persönlichkeitsrecht des R nicht hinter der Presse- und Rundfunkfreiheit zurückstehen muss. Der P handelte bei der Ausstrahlung der Bilder demnach rechtswidrig.

5.) Der P handelte des Weiteren im vorliegenden Fall auch schuldhaft im Sinne des § 276 BGB, namentlich mit Wissen und Wollen, also vorsätzlich.

6.) Dem R müsste dadurch auch ein Schaden entstanden sein. R ist durch die Ausstrahlung der Bilder ein immaterieller Schaden entstanden. Dieser kann im vorliegenden Fall nur in Geld entschädigt werden. Die Höhe der Entschädigung bestimmt das Gericht unter Würdigung der Gesamtumstände nach freier Überzeugung.

7.) Es bestehen keine Zweifel daran, dass die Rechtsgutsverletzung ursächlich für den eingetretenen Schaden ist; die haftungsausfüllende Kausalität ist auch gegeben.

Ergebnis: R steht eine angemessene Entschädigung in Geld gegen P wegen Verletzung des allgemeinen Persönlichkeitsrechts aus § 823 Abs. 1 BGB i.V.m. Art. 1 und 2 GG zu.

II. Das Verhindern der weiteren Ausstrahlung der Bilder

R könnte gegen P ein Anspruch auf Unterlassung der Ausstrahlung der Bilder aus § 1004 Abs. 1 Satz 2 BGB analog zustehen.

Der § 1004 BGB gilt analog im Hinblick auf sämtliche von § 823 Abs. 1 BGB geschützten Rechte und Rechtsgüter. Das hat zur Folge, dass man, wenn die sonstigen Voraussetzungen der Norm vorliegen, die Rechte aus § 1004 Abs. 1 BGB, also insbesondere die Unterlassung nach § 1004 Abs. 1 Satz 2 BGB vom potenziellen Schädiger eines in § 823 Abs. 1 BGB geschützten Rechts oder Rechtsguts verlangen kann. Im vorliegenden Fall bedeutet dies, dass der R, da der P die weitere Ausstrahlung der Sendung schon angekündigt hat, gegen P erfolgreich auf Unterlassung dessen klagen kann, denn die Ausstrahlung wäre eine weitere Beeinträchtigung des allgemeinen Persönlichkeitsrechts des R.

Ergebnis: R steht gegen P ein Anspruch auf Unterlassung der weiteren Ausstrahlung der Sendung aus § 1004 Abs. 1 Satz 2 BGB analog zu.

Fall 19

Doppelter Rittberger?

Rechtsstudent R und seine Kommilitonin K sind seit Jahren als Profi-Eiskunstlaufpaar überaus erfolgreich. Bei den letzten Europameisterschaften haben sie im Paarlauf den zweiten Platz errungen und infolgedessen gleich mehrere lukrative Werbeverträge mit hohen Vergütungen abgeschlossen.

Einige Wochen später erleidet R bei einem Verkehrsunfall, den der Autofahrer A fahrlässig verursacht hat, einen komplizierten Beinbruch. R und K können danach acht Monate weder zusammen trainieren noch im Rahmen von Werbemaßnahmen auftreten. Die Haftpflichtversicherung V des A zahlt dem R daraufhin neben den Behandlungskosten Schadensersatz für entgangene Werbeeinnahmen in Höhe von 150.000 Euro. Gegenüber K indessen verweigert V jede Zahlung, da die K nur mittelbar geschädigt sei und daher auch keine Ansprüche geltend machen könne.

K will wissen, ob auch ihr gegen V ein Anspruch auf Ersatz der entgangenen Werbeeinnahmen zusteht.

Schwerpunkte: Das Recht am eingerichteten und ausgeübten Gewerbebetrieb; der Begriff des Gewerbebetriebes; Probleme bei der Betriebsbezogenheit des Eingriffs.

Lösungsweg

Vorab: Wieder eine Geschichte aus dem Leben. Der Fall da oben hat sich mit kleinen, aber unbedeutenden Abweichungen tatsächlich so zugetragen und ist vom BGH am 10. Dezember 2002 entschieden worden (NJW **2003**, 1040; vgl. auch BGH MDR **2012**, 763). Wir werden anhand dieses Falles nun das »**Recht am eingerichteten und ausgeübten Gewerbebetrieb**«, das uns vorne bei Fall Nr. 16 (die Sache mit den Stromkabeln) schon mal kurz begegnet ist, vertiefend behandeln. Nicht wirklich eine schwierige Materie, gleichwohl außerordentlich lohnenswert, da es einige kleine Finten gibt, auf die man in der Klausur prima reinfallen kann.

Um zu kapieren, worum es beim Recht am eingerichteten und ausgeübten Gewerbebetrieb geht, wollen wir uns zunächst mal Folgendes klarmachen: Die K verlangt Schadensersatz für den entgangenen Gewinn im Hinblick auf die Werbeverträge. Sie selbst ist allerdings – zumindest auf den ersten Blick – in keinem absoluten Recht oder Rechtsgut des § 823 Abs. 1 BGB verletzt worden; das ist vielmehr nur dem R passiert, denn der wurde ja bei dem Verkehrsunfall an seinem *Körper* geschädigt.

Und R hat daher auch Schadensersatz wegen Verletzung eines absoluten Rechtsguts (Körper) aus § 823 Abs. 1 BGB in Verbindung mit **§ 115 Abs. 1 VVG** (Versicherungsvertragsgesetz) von der Versicherung V des Unfallverursachers A erhalten. Dabei wird dann gemäß den **§§ 249 Abs. 1, 252 BGB** auch der entgangene Gewinn erstattet, denn dieser ist hier die Folge der Verletzung des absoluten Rechtsguts und mithin auch über § 823 Abs. 1 BGB ersatzpflichtig (*Palandt/Sprau* vor § 823 BGB Rz. 17).

> Für unsere K stellt sich die Situation nun aber anders dar: Sie hat zwar auch den entgangenen Gewinn zu beklagen, hat aber *keine* Verletzung eines absoluten Rechts oder Rechtsguts erlitten, zumindest nicht an einem der in § 823 Abs. 1 BGB ausdrücklich genannten. Und daraus folgt, dass sie bei genauer Betrachtung ausschließlich einen *Vermögensschaden* geltend macht, was indessen über § 823 Abs. 1 BGB – ohne Verletzung eines absoluten Rechts oder Rechtsguts – nicht möglich ist (BGHZ **41**, 127; *Jauernig/Teichmann* § 823 BGB Rz. 19). Vermögensschäden werden über § 823 Abs. 1 BGB nur dann ersetzt, wenn sie adäquate Folge der Verletzung eines absoluten Rechts oder Rechtsguts sind (BGHZ **46**, 23; *Palandt/Sprau* vor § 823 BGB Rz. 17).

Und genau an dieser Stelle setzt die Anwendung des Rechts am eingerichteten und ausgeübten Gewerbebetrieb ein bzw. an: Die Konstellationen charakterisieren sich nämlich immer dadurch, dass dem Anspruchssteller lediglich ein *Vermögensschaden* entstanden und er insbesondere an keinem der in § 823 Abs. 1 BGB benannten absoluten Rechten verletzt ist. Hinzu kommt dann, dass der eingetretene Vermögensschaden aber in irgendeinem Zusammenhang mit einem bestehenden und ausgeübten Gewerbebetrieb auftritt. Das Recht am eingerichteten und ausgeübten Gewerbebetrieb ermöglicht somit, dass auch *Vermögensschäden* über § 823 Abs. 1 BGB ersatzpflichtig sein können, wenn sie nämlich als Folge der Verletzung des Rechts am Gewerbetrieb auftreten. Merken.

In der *Klausur* hat man demzufolge zunächst einmal – freilich in gebotener Kürze – herauszuarbeiten, dass der Anspruchssteller tatsächlich nur an seinem *Vermögen* geschädigt ist und somit eigentlich ein Anspruch aus § 823 Abs. 1 BGB nicht in Betracht kommt. Im zweiten Schritt erfolgt dann die Überprüfung, inwieweit dieser Vermögensschaden nicht möglicherweise durch eine Verletzung des Rechts am eingerichteten und ausgeübten Gewerbebetrieb verursacht und eingetreten ist. Und bei dieser Überprüfung gibt es dann im Regelfall zwei, eigentlich aber nur einen echten Schwerpunkt. Und den schauen wir uns jetzt mal in Ruhe an:

Anspruch der K gegen V auf Schadensersatz wegen des Gewinnausfalls

<u>AGL.:</u> § 823 Abs. 1 BGB i.V.m. § 115 Abs. 1 VVG

Zum Verständnis vorweg: Gemäß § 115 Abs. 1 VVG hätte die Versicherung V gegenüber K Ersatz zu leisten, wenn A als Versicherungsnehmer der V gegenüber K ersatzpflichtig wäre. Diese Ersatzpflicht des A gegenüber K kann sich im vorliegenden Fall nur aus § 823 Abs. 1 BGB ergeben, da bei K keine Körper- oder Gesundheitsverletzung im Sinne der §§ 7 Abs. 1, 18 StVG gegeben ist.

1.) Es muss für einen Anspruch aus § 823 Abs. 1 BGB zunächst die Verletzung eines absoluten Rechts oder Rechtsguts vorliegen. In unserem Fall kommt in Ermangelung einer Verletzung der in § 823 Abs. 1 BGB ausdrücklich benannten Rechte oder Rechtsgüter nur ein »sonstiges Recht« in Frage. Zu prüfen ist namentlich die Verletzung des Rechts am eingerichteten und ausgeübten Gewerbebetrieb.

Und zwar in dieser Reihenfolge:

a) Da das Recht am eingerichteten und ausgeübten Gewerbebetrieb stets nur *subsidiären* Charakter hat, darf keine andere Rechtsgrundlage für den Ersatzanspruch einschlägig sein (BGH MDR **2012**, 763; BGH NJW **2006**, 830; BGHZ **105**, 350; *Medicus/Petersen* BR Rz. 614; *Jauernig/Teichman* § 823 BGB Rz. 96). Das ist hier in unserem Fall auch kein Problem; wir haben eben festgestellt, dass K an keinem in § 823 Abs. 1 BGB benannten Recht oder Rechtsgut verletzt ist, ihr daher keine andere Anspruchsgrundlage zur Seite steht.

b) Des Weiteren muss natürlich ein eingerichteter und ausgeübter Gewerbebetrieb überhaupt vorliegen. Insoweit kommt hier lediglich die Verbindung von R und K als Profi-Eiskunstlaufpaar in Betracht.

> **Definition:** Unter einem eingerichteten und ausgeübten Gewerbebetrieb versteht man einen auf Dauer und Gewinnerzielung ausgerichteten Betrieb. Hierunter fallen unstreitig auch die freiberuflichen Tätigkeiten wie etwa die der Ärzte oder Anwälte, obwohl sie kein Gewerbe im eigentlichen Sinne darstellen, gleichwohl aber stets auf Gewinnerzielung ausgerichtet sind (BGH MDR **2012**, 763; BGH MDR **2009**, 1234; BGH NJW **2003**, 1041; BGHZ **45**, 296; MüKo/*Wagner* § 823 BGB Rz. 256).

Der klassische Gewerbebetrieb ist demnach etwa eine Fabrik, in der Waren hergestellt werden, kann aber auch alles sonst Mögliche sein, wie z.B. eine Baufirma, eine Modeboutique, eine Eisdiele usw. Und dann eben auch noch die freiberuflichen Tätigkeiten wie eine Arztpraxis, eine Anwaltskanzlei oder ein Steuerberatungsbüro sowie vergleichbare Tätigkeiten, die freiberuflich ausgeübt werden (weitere Nachweise dazu etwa bei *Palandt/Sprau* § 823 BGB Rz. 126).

Problem: Es fragt sich nun, ob auch unser Eiskunstlaufpaar unter diesen Begriff des Gewerbebetriebes subsumiert werden kann. Sollten R und K nämlich keinen Gewerbebetrieb darstellen, wäre die Prüfung bereits an dieser Stelle beendet. Das Besondere an unserem Fall liegt offenkundig darin, dass R und K als *Profisportler* vom allgemeinen Verständnis her eher nicht unter den Begriff des *Gewerbes* zu fassen sind und mit den oben genannten Beispielen an sich auch nichts gemein haben. Andererseits ist zu bedenken, dass in heutiger Zeit der (Profi-)Sport in erheblichem Maße kommerzialisiert ist und den beteiligten Personen oft zu erheblichem Reichtum verhilft; zu denken ist etwa an die Fußball-Bundesliga, in der für Spielberechtigungen bzw. Verträge teilweise beachtliche Summen gezahlt werden.

Lösung: Der BGH ist im vorliegenden Fall vom Bestehen eines Gewerbebetriebes für R und K ausgegangen und entspricht damit der allgemeinen Meinung, dass auch Profisportler grundsätzlich unter den Schutz des eingerichteten und ausgeübten Gewerbebetriebes fallen können, soweit sie selbstständig auftreten und eine auf Dauer und Gewinnerzielung gerichtete Tätigkeit ausüben (BGH NJW **2003**, 1040; *Palandt/ Sprau* § 823 BGB Rz. 128; vgl. etwa auch *Brox/Walker* BS § 45 Rz. 19). Diese Rechtsprechung hat der BGH übrigens in einer jüngeren Entscheidung aus dem Mai 2012 bestätigt bzw. erweitert – und einem bekannten Eiskunstlauftrainer (*Ingo Steuer*) einen Anspruch aus § 823 Abs. 1 BGB wegen Verletzung am eingerichteten und ausgeübten Gewerbebetrieb zugesprochen, weil die Bundesrepublik Deutschland ihm nämlich verboten hatte, Sportsoldaten bei der Bundeswehr zu trainieren (vgl. sehr instruktiv BGH MDR **2012**, 763).

> **Aber Vorsicht:** Diese Regeln gelten indessen unstreitig nicht für Sportler oder Trainer, die in einem arbeitsvertraglichen Verhältnis zu einem Verein stehen; diese Personen sind dann nämlich ***Arbeitnehmer*** des Vereins (BAG NJW **1996**, 2388) und damit in keinem Falle Gewerbetreibende (z.B. Bundesligaspieler). In einem solchen Fall kann dann zwar der jeweilige Verein als Gewerbebetrieb angesehen und auch geschädigt werden, nicht aber die einzelnen Sportler, da sie für den Verein tätig sind (vgl. zu den Einzelheiten zur Haftung bei Sportveranstaltungen *Palandt/Sprau* § 823 BGB Rz. 214/215 oder OLG Hamm MDR **2014**, 90).

ZE.: Im vorliegenden Fall steht nichts von einem Verein, bei dem R und K angestellt sind, deshalb können und müssen sie als Gewerbebetrieb im Sinne des § 823 Abs. 1 BGB eingestuft werden, insbesondere unter Berücksichtigung der Tatsache, dass sie lukrative Werbeverträge unterzeichnet haben und damit auf Gewinnerzielung ausgerichtet sind (BGH NJW **2003**, 1040).

c) Die eigentliche Finte bei der Prüfung einer Verletzung des Rechts am eingerichteten und ausgeübten Gewerbebetrieb kommt aber erst jetzt:

> **Und zwar:** Da – wie oben gesehen – nahezu jeder auf Gewinnerzielung ausgerichtete Betrieb schon als zu schützender »Gewerbebetrieb« im Sinne des § 823 Abs. 1 BGB angesehen wird, muss es eine andere Eingrenzung im Hinblick auf die Anwendbarkeit dieses Rechtsinstituts geben. Ansonsten nämlich könnte es leicht zu einer ausufernden Haftung für Vermögensschäden von *Gewerbetreibenden* kommen, die aber vom Gesetzgeber nicht beabsichtigt war (BGH NJW **2003**, 1041; BGH NJW **1985**, 1620; MüKo/*Wagner* § 823 BGB Rz. 256). Aus diesem Grund ist für die Verletzung des Rechts am eingerichteten und ausgeübten Gewerbebetrieb ein sogenannter »**unmittelbar betriebsbezogener**« Eingriff notwendig, der sich irgendwie gegen den Betrieb als solches richtet und nicht vom Gewerbebetrieb ohne weiteres ablösbare Rechte oder Rechtsgüter betrifft (wörtlich so bei BGHZ **29**, 65).

Hinter diesem Merkmal nun verbergen sich die Probleme bzw. die prüfungsrelevanten Fragen. Wir haben das weiter vorne im Buch auch schon gesehen: Bei dem Fall mit dem Stromkabelbruch war es so, dass der Schadensersatzanspruch des Eisdielenbesitzers gegen den Stromkabelzerstörer daran scheiterte, dass kein unmittelbar betriebsbezogener Eingriff vorlag, da die Zerstörung des Stromkabels lediglich rein zufällig auch den Betrieb des Geschädigten getroffen hatte (vgl. vorne Fall Nr. 16).

Das Knifflige an diesem Merkmal der »Betriebsbezogenheit« des Eingriffs (in den Gewerbebetrieb) liegt darin, dass man es nicht verbindlich festlegen und damit dann entsprechend arbeiten kann. Die vom BGH entschiedenen Fälle tendieren daher auch alle in Richtung Einzelfallgerechtigkeit und lassen insbesondere eine klare Linie deutlich vermissen. Nachvollziehen kann man das schon beim Lesen der Definition; wir haben sie zwar eben schon mal erwähnt, wollen sie aber noch einmal im Hinblick darauf anschauen:

Definition: Unmittelbare Eingriffe in das Recht am bestehenden Gewerbebetrieb, gegen welche § 823 Abs. 1 BGB Schutz gewährt, sind nur diejenigen, die irgendwie gegen den Betrieb als solchen gerichtet, also betriebsbezogen sind und nicht vom Gewerbebetrieb ohne weiteres ablösbare Rechte oder Rechtsgüter betreffen (Leitentscheidung → BGHZ 29, 65, 74; vgl. auch BGH NJW **2015**, 1174; BGH NJW **2009**, 2958 sowie BGH MDR **2012**, 763).

Durchblick: Man sieht schon an der für eine Gerichtsentscheidung außerordentlich unüblichen und sehr unglücklichen Formulierung »irgendwie«, dass den Richtern hier kein genaues Bild vorschwebte, sondern vielmehr Platz gelassen werden sollte, um dem jeweiligen Einzelfall gerecht werden zu können.

> Für die *Klausurbearbeitung* heißt das, dass es zunächst wichtig ist, das Problem der Betriebsbezogenheit überhaupt herauszuarbeiten. An dieser Stelle sitzt nämlich in neun von zehn Fällen der Schwerpunkt der Aufgabe. Hat man dies erledigt und kann dann noch die Definition von eben aufsagen, spielt das Ergebnis, also die konkrete Subsumtion unter den Sachverhalt, keine Rolle mehr. Die Lösungen dürften dann »gleichgültig« im besten Sinne des Wortes sein. Freilich gibt es dennoch ein paar Leitlinien bzw. klassische, vom BGH schon entschiedene Fälle, die man als Bearbeiter im günstigsten Fall kennt. Dazu gehört jedenfalls die Geschichte mit den Stromkabeln (BGHZ **29**, 65 und **41**, 123), die bis heute am häufigsten sowohl in den universitären Aufgaben als auch im Examen abgefragt wird, weil sie nämlich neben der Frage der Betriebsbezogenheit auch noch eine Problematik um die Verletzung des Eigentumsrechts des Betroffenen beinhaltet und somit durchaus (Klausur-) Länge für die Fortgeschrittenen-Übung oder sogar für eine Hausarbeit hat (vgl. insoweit dann bitte vorne Fall Nr. 16). Ebenfalls gerne geprüft wird die Frage der Betriebsbezogenheit bei einem rechtswidrigen Streik durch die Arbeitnehmer eines Betriebes: Soweit man den Arbeitnehmern und den Gewerkschaften ein Verschulden nachweisen kann, sie also wussten oder hätten wissen können, dass der Streik rechtswidrig ist, wird die Betriebsbezogenheit allgemein bejaht (BAG MDR **2003**, 753; BAG NJW **1978**, 2114), was je nach Streiklänge beachtliche finanzielle Konsequenzen für die Be-

teiligten haben kann. Auch sehr beliebt als Prüfungsaufgabe ist schließlich die Frage, ob Beurteilungen im Rahmen von Warentestergebnissen einen betriebsbezogenen rechtswidrigen Eingriff darstellen können. Wenn also etwa die *Stiftung Warentest* über ein bestimmtes Produkt ein vernichtendes Urteil fällt (z.B. über die Hautcreme von *Uschi Glas*), stellt sich das Problem, ob ein dadurch eingetretener Verkaufsrückgang über § 823 Abs. 1 BGB ersatzfähig ist. Im Ergebnis wird dies allerdings im Zweifel verneint, jedenfalls soweit es sich um einen neutralen Tester handelt – also z.B. die *Stiftung Warentest* – und die Untersuchungen auch neutral, objektiv sachkundig und sorgfältig durchgeführt wurden (BGHZ **138**, 320; BGH NJW **1997**, 2593; OLG Karlsruhe NJW-RR **2003**, 177; OLG Frankfurt NJW-RR **2002**, 1697). Und so ist das auch im Regelfall. Handelt es sich beim Tester hingegen um einen Konkurrenten bzw. Wettbewerber, liegt bei einer negativen Beurteilung im Zweifel immer ein rechtswidriger betriebsbezogener Eingriff vor (OLG Hamm WRP **1980**, 281). Schließlich hat der BGH vor einiger Zeit festgestellt, dass das unverlangte Zusenden von geschäftlichen Emails auch einen unmittelbar betriebsbezogenen Eingriff darstellt (BGH NJW **2009**, 2958): Im konkreten Fall hatte eine Vermögensberatungsgesellschaft einer Anwaltskanzlei unaufgefordert Emails über Kapitalanlegemöglichkeiten in Form eines »Newsletters« zugesandt und dies auch trotz Aufforderung zur Unterlassung weiterbetrieben. Der BGH sah hierin einen unmittelbar betriebsbezogenen und auch *rechtswidrigen* Eingriff (NJW **2009**, 2958).

Zurück zu unserem Fall: Das Interessante an unserer Geschichte mit dem Eiskunstlaufpaar liegt darin, dass sie zum einen den in der Definition zur Betriebsbezogenheit benannten Teil der »vom Betrieb ablösbaren Rechte oder Rechtsgüter« betrifft und sich zum anderen mit der Frage befasst, was passiert, wenn einzelne Arbeitnehmer bzw. Mitglieder des Gewerbebetriebes verletzt werden. Nach ständiger Rechtsprechung des BGH fehlt es in dieser Konstellation nämlich an einem betriebsbezogenen Eingriff im Falle einer Störung des Betriebsablaufs, wenn dieser Störung ein Ereignis zugrunde liegt, das in keinerlei Beziehung zum Betrieb selbst steht (BGH NJW **2001**, 971; BGH BB **1983**, 464; BGHZ **86**, 152). Gemeint sind damit insbesondere Fälle, in denen eine zum Betrieb gehörende Person geschädigt wird (BGH NJW **1977**, 2265). Fährt man als Autofahrer bei einem Verkehrsunfall etwa zufällig einen Mitarbeiter der örtlichen Metzgerei über den Haufen, hat dies mit dem Metzger-Betrieb als solchem natürlich nichts zu tun. Der Chef der Metzgerei kann demnach vom Unfallverursacher keinen Schadensersatz verlangen, wenn wegen des Ausfalls des Mitarbeiters weniger Wurst als sonst produziert und verkauft wird (vgl. insoweit BGH NJW **1977**, 2265). Denn dass gerade der Mitarbeiter dieses Betriebes betroffen ist, stellt im Zweifel eine zufällige Begebenheit dar. Der Eingriff ist also nicht zielorientiert gegen den Betrieb gerichtet. Kapiert!?

Im vorliegenden Fall hat der BGH die Betriebsbezogenheit des Eingriffs und damit die Ersatzpflicht der Versicherung gegenüber K wie folgt verneint:

»… *Dem hier eingetretenen Unfallereignis fehlt **jeder Bezug** zu der sportlichen Betätigung des Partners, also dem maßgeblichen Gewerbebetrieb. Der Verweis darauf, dass die Partner für eine erfolg- und gewinnbringende sportliche Betätigung unabdingbar aufeinander angewiesen waren, hilft hier **nicht** weiter. In den in der Rechtsprechung ent-*

*schiedenen Fällen hatten die jeweils mittelbar geschädigten, aber nicht in ihren absoluten Rechten beeinträchtigten Kläger regelmäßig erhebliche Verluste entschädigungslos hinzunehmen. Dies ist eine Folge der gesetzlichen Regelung, die **keine generalklauselartige** Haftung für erlittene Vermögensschäden kennt. Wie die Ausnahmeregelungen der §§ 844, 845 BGB deutlich zeigen, ordnet das Deliktsrecht keine darüber hinausgehende Haftung für solche Schäden an, die dritten, nicht in ihren Rechtsgütern verletzten, sondern durch das Schadensereignis nur mittelbar Geschädigten entstanden sind. Die Haftung für Eingriffe in den Gewerbebetrieb dient als Auffangtatbestand, der lediglich den gesetzlichen Schutz ergänzen und bestehende Haftungslücken ausfüllen kann. Er bietet keine Handhabe, den Haftungsschutz dort auszudehnen, wo ihn das Gesetz gerade verwehrt (BGH NJW 1980, 881). Das ist aber im Bereich der **mittelbar** durch ein Schadensereignis erlittenen Vermögensschäden der Fall. Es ist auch **nicht** gerechtfertigt, in diesem Bereich ein Sonderrecht für Gewerbetreibende zu schaffen, während andere mittelbar Geschädigte ohne Schadensausgleich bleiben (BGH NJW 1977, 2264; Soergel-Zeuner § 823 BGB Rz. 109) ...«* (→ BGH NJW **2003**, 1040)

<u>ZE.:</u> Es fehlt an der unmittelbaren Betriebsbezogenheit des Eingriffs. Unsere K ist nur mittelbar Geschädigte. Und damit besteht keine Einstandspflicht des A gegenüber K, die aber Voraussetzung für die Geltendmachung eines Anspruchs der K gegen die Versicherung V des A wäre, vgl. § 115 Abs. 1 VVG.

Ergebnis: K steht daher gegen die V kein Anspruch aus § 823 Abs. 1 BGB i.V.m. § 115 Abs. 1 VVG auf Erstattung des entgangenen Gewinns zu.

Gutachten

Anspruch der K gegen V auf Schadensersatz wegen des Gewinnausfalls

K könnte gegen V einen Anspruch auf Erstattung des Gewinnausfalls in Höhe von 150.000 Euro aus § 823 Abs. 1 BGB i.V.m. § 115 Abs. 1 VVG haben.

Gemäß § 115 Abs. 1 VVG hat die Versicherung V gegenüber K Ersatz zu leisten, wenn A als Versicherungsnehmer der V gegenüber K ersatzpflichtig ist. Diese Ersatzpflicht des A gegenüber K kann sich im vorliegenden Fall nur aus § 823 Abs. 1 BGB ergeben, da bei K keine Körper- oder Gesundheitsverletzung im Sinne der §§ 7 Abs. 1, 18 StVG gegeben ist.

1.) Es muss für einen Anspruch aus § 823 Abs. 1 BGB zunächst die Verletzung eines absoluten Rechts oder Rechtsguts vorliegen. Im vorliegenden Fall kommt in Ermangelung einer Verletzung der in § 823 Abs. 1 BGB ausdrücklich benannten Rechte oder Rechtsgüter nur ein sonstiges Recht in Frage. Zu prüfen ist namentlich die Verletzung des Rechts am eingerichteten und ausgeübten Gewerbebetrieb.

a) Wegen des subsidiären Charakters des Rechts am eingerichteten und ausgeübten Gewerbebetrieb darf keine andere Rechtsgrundlage für den Ersatzanspruch einschlägig sein.

Im vorliegenden Fall ist keine andere Anspruchsgrundlage für das Begehren der K ersichtlich.

b) Des Weiteren muss ein eingerichteter und ausgeübter Gewerbebetrieb vorliegen. Insoweit kommt hier lediglich die Verbindung von R und K als Profi-Eiskunstlaufpaar in Betracht. Unter einem eingerichteten und ausgeübten Gewerbebetrieb versteht man einen auf Dauer und Gewinnerzielung ausgerichteten Betrieb. Hierunter fallen unstreitig auch die freiberuflichen Tätigkeiten wie etwa die der Ärzte oder Anwälte, obwohl sie kein Gewerbe im eigentlichen Sinne darstellen, gleichwohl aber stets auf Gewinnerzielung ausgerichtet sind.

Es fragt sich nun, ob auch ein Eiskunstlaufpaar unter diesen Begriff des Gewerbebetriebes subsumiert werden kann. Das Besondere am vorliegenden Fall liegt darin, dass R und K als Profisportler vom allgemeinen Verständnis her eher nicht unter den Begriff des Gewerbes zu fassen sind. Andererseits ist zu bedenken, dass in heutiger Zeit der (Profi-) Sport in erheblichem Maße kommerzialisiert ist und den beteiligten Personen oft zu erheblichem Reichtum verhilft; zu denken ist etwa an die Fußball-Bundesliga, in der für Spielberechtigungen bzw. Verträge teilweise beachtliche Summen gezahlt werden. Unter Berücksichtigung der Tatsache, dass auch in anderen Bereichen große Summen verdient werden, ist der allgemeinen Meinung zu folgen, die daher auch Profisportler – zum Beispiel auch aus dem Bereich des Eiskunstlaufs – grundsätzlich unter den Schutz des eingerichteten und ausgeübten Gewerbebetriebes subsumiert, soweit sie selbstständig auftreten und eine auf Dauer und Gewinnerzielung gerichtete Tätigkeit ausüben und diese Tätigkeit insbesondere nicht im Rahmen eines Vereins ausführen.

Im vorliegenden Fall ist nicht die Rede von einem Verein, bei dem R und K angestellt sind, deshalb können und müssen sie als Gewerbebetrieb im Sinne des § 823 Abs. 1 BGB eingestuft werden, insbesondere unter Berücksichtigung der Tatsache, dass sie lukrative Werbeverträge unterzeichnet haben und damit auf Gewinnerzielung ausgerichtet sind.

c) Des Weiteren erforderlich ist aber auch ein unmittelbar betriebsbezogener Eingriff. Unmittelbare Eingriffe in das Recht am bestehenden Gewerbebetrieb, gegen welche § 823 Abs. 1 BGB Schutz gewährt, sind nur diejenigen, die irgendwie gegen den Betrieb als solchen gerichtet, also betriebsbezogen sind und nicht vom Gewerbebetrieb ohne weiteres ablösbare Rechte oder Rechtsgüter betreffen. Mit diesem Merkmal soll eine ausufernde Haftung für an sich nicht ersatzfähige Vermögensschäden verhindert werden.

Im vorliegenden Fall ergeben sich die Probleme nun daraus, dass hier zum einen der in der Definition zur Betriebsbezogenheit benannte Teil der »vom Betrieb ablösbaren Rechte oder Rechtsgüter« betroffen ist; zum anderen ist zu klären, welche Konsequenzen es hat, wenn nur einzelne Arbeitnehmer bzw. Mitglieder des Gewerbebetriebes verletzt werden. Nach allgemeiner Ansicht fehlt es in dieser Konstellation nämlich an einem betriebsbezogenen Eingriff im Falle einer Störung des Betriebsablaufs, wenn dieser Störung ein Ereignis zugrunde liegt, das in keinerlei Beziehung zum Betrieb selbst steht. Gemeint sind damit insbesondere Fälle, in denen eine zum Betrieb gehörende Person geschädigt wird. Fährt man als Autofahrer bei einem Verkehrsunfall etwa zufällig einen Mitarbeiter der örtlichen Metzgerei an, hat dies mit dem Metzger-Betrieb als solchem nichts zu tun. Der Inhaber der Metzgerei kann demnach vom Unfallverursacher keinen Schadensersatz verlangen, wenn wegen des Ausfalls des Mitarbeiters weniger Wurst als sonst produziert und verkauft wird. Denn dass gerade der Mitarbeiter dieses Betriebes betroffen ist, stellt im Zweifel eine zufällige Begebenheit dar. Der Eingriff ist also nicht zielorientiert gegen den Betrieb gerichtet.

Dem hier eingetretenen Unfallereignis fehlt gleichfalls jeder Bezug zu der sportlichen Betätigung des Partners, also dem maßgeblichen Gewerbebetrieb. Der Verweis darauf, dass die Partner für eine erfolg- und gewinnbringende sportliche Betätigung unabdingbar aufeinander angewiesen waren, hilft hier nicht weiter. Die Tatsache, dass die jeweils mittelbar geschädigten, aber nicht in ihren absoluten Rechten beeinträchtigten Betroffenen regelmäßig erhebliche Verluste entschädigungslos hinzunehmen haben, ist vielmehr eine Folge der gesetzlichen Regelung, die keine generalklauselartige Haftung für erlittene Vermögensschäden kennt. Wie die Ausnahmeregelungen der §§ 844, 845 BGB deutlich zeigen, ordnet das Deliktsrecht keine darüberhinausgehende Haftung für solche Schäden an, die dritten, nicht in ihren Rechtsgütern verletzten, sondern durch das Schadensereignis nur mittelbar Geschädigten entstanden sind. Die Haftung für Eingriffe in den Gewerbebetrieb dient als Auffangtatbestand, der lediglich den gesetzlichen Schutz ergänzen und bestehende Haftungslücken ausfüllen kann. Er bietet keine Handhabe, den Haftungsschutz dort auszudehnen, wo ihn das Gesetz gerade verwehrt. Das ist aber im Bereich der mittelbar durch ein Schadensereignis erlittenen Vermögensschäden der Fall. Es ist auch nicht gerechtfertigt, in diesem Bereich ein Sonderrecht für Gewerbetreibende zu schaffen, während andere mittelbar Geschädigte ohne Schadensausgleich bleiben.

Es fehlt somit an der unmittelbaren Betriebsbezogenheit des Eingriffs. Die K ist nur mittelbar Geschädigte. Und damit besteht keine Einstandspflicht des A gegenüber K, die aber Voraussetzung für die Geltendmachung eines Anspruchs der K gegen die Versicherung V des A wäre, vgl. § 115 Abs. 1 VG.

Ergebnis: K steht daher gegen die V kein Anspruch aus § 823 Abs. 1 BGB i.V.m. § 115 Abs. 1 VVG auf Erstattung des entgangenen Gewinns zu.

Fall 20

Polizisten-Pech?

Rechtsstudent R ist auf die schiefe Bahn geraten und wird nach mehreren Einbruchs-
diebstählen per Haftbefehl von der Polizei gesucht. Als die beiden Polizeibeamten A
und B sich eines Morgens gewaltsam (und rechtmäßig) Zutritt zur Wohnung der
Freundin des R verschaffen, um den R festzunehmen, springt R aus dem Toilettenfenster in den ca. vier Meter tiefer gelegenen Innenhof und rennt weg. A sieht dies
und springt sofort hinterher, bricht sich aber beim Aufprall auf den Betonboden beide
Beine. B hatte zur Verfolgung des R inzwischen das Haus durch die Tür wieder ver-
lassen. Wenige Augenblicke darauf erkennt B den flüchtenden R auf der Straße und
läuft ihm hinterher. Als B und R kurze Zeit später auf eine frisch gemähte Rasenfläche gelangen, rutscht B auf dem glitschigen Untergrund aus und erleidet dabei einen
Bänderriss im Knöchel.

A kann infolge der Beinbrüche ein ganzes Jahr nicht arbeiten, B fällt für drei Monate
aus. Das Bundesland L als Dienstherr zahlt während des krankheitsbedingten Ausfalls die Bezüge für A und B weiter und verlangt diese nun von dem inzwischen gefassten R ersetzt.

Zu Recht?

Schwerpunkte: Die sogenannten »Verfolger-Fälle«: BGH NJW **2012**, 1951; BGH
NJW **1971**, 1982; BGHZ **132**, 164; BGHZ **63**, 189; Probleme der haftungsbegründenden Kausalität; der Schutzzweck der Norm; die Überbürdung des Haftungsrisikos
auf den Flüchtenden; das Mitverschulden nach § 254 BGB.

Lösungsweg

Ansprüche des L gegen R auf Erstattung der Dienstbezüge für A und B

Vorab: Beachte bitte zunächst, dass das Land L natürlich keinen eigenen Anspruch
gegen den R aus § 823 Abs. 1 BGB haben kann. Denn das Land L ist in keinem absoluten Recht verletzt worden (wie soll das auch gehen?). Stehen den Landesbeamten
(z.B. Polizisten) indessen Schadensersatzansprüche gegen einen Dritten zu, gehen
diese Ansprüche nach der entsprechenden landesrechtlichen Vorschrift auf das jeweilige Land über, soweit das Land entsprechende Leistungen erbringen muss. Im vorliegenden Fall ist das Land L zur Fortzahlung der Dienstbezüge im Krankheitsfall
verpflichtet mit der Folge, dass mögliche Ersatzansprüche der Beamten gegen Dritte

(hier: R) auf das Land übergehen (= gesetzlicher Forderungsübergang), wenn sie denn tatsächlich bestehen (für Bundesbeamte gilt § 87a BundesbeamtenG). Wir müssen also prüfen, ob A und B ein Anspruch gegen R zusteht. Und der kann sich selbstverständlich nur aus § 823 Abs. 1 BGB ergeben. Also dann:

AGL.: § 823 Abs. 1 BGB

1.) Voraussetzung ist zunächst die Verletzung eines absoluten Rechts oder Rechtsguts bei A und B. Das ist hier kein Problem, denn A und B haben Verletzungen an ihrem Körper erlitten. Die Verletzung eines absoluten Rechtsguts liegt mithin für beide Geschädigte vor.

2.) Grundlage der Rechtsgutsverletzung muss ein menschliches Verhalten, also ein *Handeln* oder *Unterlassen* gewesen sein. Das ist ebenfalls kein Problem, R ist geflohen, was ein aktives Tun darstellt. Die Feinkostliebhaber wollen an dieser Stelle bitte beachten, dass der BGH das vorwerfbare Tun hier auch darin sieht, dass der Flüchtende auf Seiten des Polizisten eine »psychische Beeinflussung mit dem dadurch ausgelösten Entschluss zur pflichtgemäßen Verfolgung mit gesteigertem Gefahrenpotenzial« hervorruft (BGH NJW **2012**, 1951; BGHZ **132**, 164), was aber im Ergebnis freilich nichts ändert.

3.) Zwischen den Rechtsgutsverletzungen bei A und B und dem Handeln des R (der Flucht) muss nun des Weiteren auch ein ursächlicher Zusammenhang bestehen; die Rechtsgutsverletzungen müssen dem Schädiger im Rechtssinne auch *zuzurechnen* sein (= haftungsbegründende Kausalität).

> **Durchblick:** So, jetzt wird's interessant. In den sogenannten »**Verfolger-Fällen**« (auch »**Herausforderungsfälle**« genannt) lauern die Probleme nämlich bei der haftungsbegründenden Kausalität (BGH NJW **2012**, 1951; OLG Düsseldorf MDR **2015**, 508; *Armbrüster* in JUS 2007, 411). Und um das zu verstehen, wollen wir uns zunächst mal die Besonderheit dieser Konstellationen genauer anschauen: Im Normalfall des § 823 Abs. 1 BGB tritt die Rechtsgutsverletzung bei einem positiven Tun des Schädigers beim Geschädigten *unmittelbar*, also insbesondere ohne eigenes, die Gefahr erhöhendes Zutun des Geschädigten ein. Der Schädiger ist quasi der »Täter«, der Geschädigte nur das »Opfer«. Anhand des vorliegenden Falles sieht man nun aber, dass bei der Entstehung eines Schadens unter Umständen auch ein Verhalten des Geschädigten selbst zumindest mitursächlich sein kann. Und es stellt sich dann die Frage, ob der Anspruchsgegner mit seinem Verhalten tatsächlich noch haftungsbegründend »ursächlich« im Sinne des § 823 Abs. 1 BGB für die Entstehung des Schadens ist und daher dafür auch einstehen soll. So drängt sich im vorliegenden Fall natürlich die Frage auf, ob der R wirklich dafür haften soll, dass der A ihm bei Kenntnis aller Umstände in den vier Meter tiefer liegenden Hof hinterher springt – und der B bei der Verfolgung auf glitschigem Rasen ausrutscht und sich einen Bänderriss holt.

Gelöst wird das Ganze – wie gesagt – im Rahmen der Prüfung der haftungsbegründenden Kausalität, wobei wir uns bei der Klausurlösung schön brav an das bisher in den ersten Fällen insoweit Erlernte halten wollen und mithin sorgsam die *drei* verschiedenen Kausalitätstheorien durchgehen werden.

Einstiegsfrage: Ist das Verhalten des R (= die Flucht) »ursächlich« im Sinne des § 823 Abs. 1 BGB für die später eingetretenen Rechtsgutsverletzungen bei A und B?

a) Kausalität nach der Äquivalenzformel (conditio sine qua non)

> **Definition:** Nach der *Äquivalenzformel* ist jedes Verhalten ursächlich, das nicht hinweggedacht werden kann, ohne dass die Rechts- oder Rechtsgutsverletzung entfiele (BGH NJW **2004**, 1375; BGHZ **25**, 84; PWW/*Schaub* § 823 BGB Rz. 7; *Larenz* SR I § 27 III a; *Jauernig/Teichmann* § 823 BGB Rz. 22).

Hier: Kein Problem. Wäre R nicht weggelaufen, wären A und B ihm nicht gefolgt und hätten auch keine Verletzungen erlitten. Das Verhalten des R ist mithin in diesem Sinne ursächlich.

b) Kausalität nach der Adäquanzformel

> **Definition:** Nach der *Adäquanzformel* ist dem Handelnden die eingetretene Rechtsgutsverletzung nur dann zuzurechnen, wenn mit ihr nach allgemeiner Lebenserfahrung gerechnet werden konnte und sie insbesondere nicht die Folge eines vollkommen atypischen, gegen die allgemeine Lebenserfahrung sprechenden Kausalverlaufs ist (BGH NJW **2004**, 1945; BGH NJW **2002**, 2232; RGZ **133**, 126; *Palandt/Ellenberger* vor § 249 BGB Rz. 59).

Hier: Auch kein Problem. Es liegt nicht außerhalb der allgemeinen Lebenserfahrung, dass Polizisten sich bei der Verfolgung von Straftätern in gefährdende Situationen bringen und dort dann die entsprechenden Gefahren auch zu konkreten Schädigungen führen. Die in Frage stehenden Rechtsgutsverletzungen von A und B liegen durchaus im Rahmen der insoweit möglichen Risiken (vgl. auch BGH NJW **1971**, 1982; BGHZ **63**, 189; OLG Bamberg VersR **1990**, 1015).

c) Kausalität nach der Lehre vom Schutzzweck der Norm

> **Definition:** Ersatzfähig sind nach der Lehre vom Schutzzweck der Norm nur die Schäden bzw. Rechtsverletzungen, deren Schutz die betroffene Vorschrift bezweckt (BGH NJW **2013**, 1679; BGH NJW **2011**, 292; *Fikentscher* § 49 III 3; *Jauernig/Teichmann* vor § 249 BGB Rz. 31; *Palandt/Ellenberger* vor § 249 BGB Rz. 62).

Problem: An dieser Stelle nun ist fraglich, wie es sich auswirkt, dass die Schädigungen bei A und B auch deshalb eintreten, weil die Verfolgung im konkreten Fall auf einem selbstständig gefassten Entschluss beruht, die Polizisten sich also quasi »sehenden Auges« in die gefährdenden Situationen gebracht haben.

Einstieg: Nach § 823 Abs. 1 BGB soll man nur dann haften, wenn man die eingetretene Verletzung beim Geschädigten durch eigenes Verhalten herbeigeführt hat. Das leuchtet ein, ist auch nicht fraglich und markiert den Schutzzweck der Vorschrift (*Palandt/Sprau* § 823 BGB Rz. 2). Problematisch wird das Ganze aber dann, wenn neben dem eigenen Fehlverhalten auch ein die Gefahr erhöhendes Verhalten des Geschädigten mitursächlich für die später eingetretene Rechtsgutverletzung war. Soll § 823 Abs. 1 BGB dann auch noch eingreifen – oder muss der Geschädigte dann selbst haften? Und wo genau sind die Grenzen oder die Abgrenzungskriterien, die dieser Konstellationen gerecht werden?

Die Antworten darauf sind leider relativ schwierig zu bestimmen, insbesondere fehlen hier klar strukturierte Regeln, die man in der Klausur pauschal auf sämtliche Fallgestaltungen dieser Art anwenden kann. Wir müssen uns deshalb anhand des Einzelfalles an die Lösungen herantasten. Die Rechtsprechung hat im Hinblick auf die hier in Frage stehenden »Verfolger-Fälle«, die übrigens in der Praxis vergleichsweise häufig vorkommen und deshalb auch gerne in den Prüfungen abgefragt werden, in den vergangenen Jahrzehnten eine ganze Reihe Entscheidungen gefällt, die zumindest die grobe Richtung erkennen lassen, die der BGH einschlagen will (vgl. aktuell etwa den spektakulären Fall in BGH NJW **2012**, 1951). In unserem kleinen Fällchen haben wir gleich vier dieser Entscheidungen des BGH verarbeitet (→ BGH NJW **2012**, 1951; BGH NJW **1971**, 1982; BGHZ **63**, 189 und BGHZ **132**, 164), die es uns ermöglichen, die Problematik zu verstehen und die Standard-Klausurfragen zu beantworten.

Zum Fall: Die Frage, ob ein vor der Polizei Flüchtender sich die Verletzungen der Verfolger zurechnen lassen muss, orientiert sich nach Auffassung des BGH an folgenden Grundsätzen:

»... Jemand, der durch vorwerfbares Tun einen anderen zu selbstgefährdendem Verhalten herausfordert, kann diesem anderen dann, wenn dessen Entschluss auf einer mindestens im Ansatz billigenswerten Motivation beruht, aus unerlaubter Handlung zum Ersatz des Schadens verpflichtet sein, der infolge des durch die Herausforderung gesteigerten Risikos entstanden ist. Eine auf solcher Grundlage beruhende deliktische Haftung ist insbesondere in den Fällen zu bejahen, in denen sich jemand der Festnahme durch Polizeibeamte oder andere befugte Personen durch die Flucht zu entziehen versucht und diese Personen dadurch in vorwerfbarer Weise zu einer sie selbst gefährdenden Verfolgung herausgefordert hat, wobei sie dann infolge der gesteigerten Gefahrenlage einen Schaden erlitten haben ... In diesen Fallgestaltungen kann die billigenswerte Motivation des Verfolgers zur Nacheile trotz der damit verbundenen besonderen Gefahren ihre Grundlage unter anderem in den Dienstpflichten des für die Bewachung oder Ergreifung des Fliehenden zuständigen Beamten finden ...« (BGHZ **132**, 164, 165)

Und weiter:

> *»... Ob und in welchem Umfang ein fliehender Täter oder Tatverdächtiger ein gesteigertes Verfolgungsrisiko zu tragen hat, richtet sich nach den Besonderheiten des Einzelfalles. Bei der Verteilung des Verfolgungsrisikos darf insbesondere nicht aus den Augen verloren werden, dass die Überbürdung des gesteigerten Risikos nicht zu einer Haftung des Fliehenden für die Verwirklichung solcher Gefahren führt, denen sich der verfolgende Beamte in gänzlich unangemessener Weise ausgesetzt hat ... Gerade eine angemessene Zweck-Mittel-Relation, dass nämlich die Risiken der Verfolgung nicht außer Verhältnis zu dem Ziel der Ergreifung des Fliehenden stehen dürfen, ist der wesentliche Gradmesser bei der Prüfung der Voraussetzungen für eine Herausforderung zur Verfolgung mit der Überbürdung des gesteigerten Verletzungsrisikos auf den Fliehenden. Ist eine solche Verhältnismäßigkeit nicht gewahrt, so fällt eine Körperverletzung des Verfolgers nicht mehr in den Schutzbereich des § 823 Abs. 1 BGB ...«*
> *(BGH NJW 2012, 1951; BGHZ 132, 164, 166–168)*

Also: Grundsätzlich hat man demnach als Flüchtender zwar dafür einzustehen, wenn sich die verfolgenden Polizisten bei ihrem Einsatz verletzen. Denn die billigenswerte Motivation zur Verfolgung liegt regelmäßig in den Dienstpflichten der Beamten begründet (BGH NJW **2012**, 1951; BGHZ **132**, 164; BGHZ **63**, 189; *Armbrüster* in JUS 2007, 411). Allerdings setzt eine Haftung zudem voraus, dass ...

→ die eingetretene Verletzung tatsächlich auch die Folge eines das normale Maß überschreitenden, also *gesteigerten* Risikos durch die Verfolgung darstellt; es darf sich nicht nur um die Realisierung der Gefahr eines normalen, von Polizeibeamten grundsätzlich hinzunehmenden Risikos handeln (BGH NJW **2012**, 1951; BGH NJW **1996**, 1533; BGH NJW **1971**, 1982; OLG Nürnberg NZV **1996**, 411).

→ Zum anderen muss bei der Art der Verfolgung des Weiteren stets eine angemessene *Zweck-Mittel-Relation* gewahrt sein. Die Risiken der Verfolgung dürfen nicht außer Verhältnis zu dem Ziel der Ergreifung des Fliehenden stehen (BGH NJW **2012**, 1951; BGHZ **132**, 164).

Übertragen auf unseren Fall führt dies zu interessanten Ergebnissen, nämlich: Die Haftung des R für den auf der Rasenfläche ausgerutschten B entfällt schon deshalb, weil es sich hierbei nicht um die Realisierung einer aus der Verfolgung begründeten, gesteigerten Gefahr handelt. Dass Polizisten einem Flüchtenden hinterher laufen müssen, gehört nämlich quasi zum Tagesgeschäft und begründet daher keine Einstandspflicht für den Fliehenden, wenn der Polizist hierbei auf glitschigem Untergrund ausrutscht (vgl. OLG Nürnberg NZV **1996**, 411). Wörtlich heißt es dazu beim BGH in der Entscheidung vom 13. Juli 1971 (= NJW **1971**, 1982, 1983):

> *»... In dem hier zu beurteilenden Sachverhalt kommt es auf die Frage der Zweck-Mittel-Relation schon deshalb nicht an, weil eine im Grundsatz gebotene Haftung für die bei dem Eingreifenden eingetretenen Verletzungsfolgen jedenfalls in Fällen der Verfolgung auf die gesteigerten Risiken der Verfolgung zu beschränken ist. Dagegen hat der Verfolgte das normale Risiko des Eingreifenden nicht zu tragen. Um die Verwirklichung eines solchen normalen Ri-*

sikos handelt es sich aber hier. Nach den Feststellungen des Tatrichters glitt der Polizeibeamte aus, als er einen feuchten, frisch geschnittenen Rasen überquerte. Damit hat sich aber nicht das besonders gesteigerte Risiko der Verfolgung verwirklicht. Art und Umfang der schließlich eingetretenen Schadensfolgen sind für diese Beurteilung kein brauchbarer Maßstab ...«

<u>ZE.</u>: Der R hat für die Verletzung des B nicht einzustehen, da sich insoweit nur das normale Risiko eines Polizeieinsatzes realisiert hat (BGH NJW **1971**, 1982).

Bleibt die Frage, ob R denn wenigstens für die Verletzungen des A haften muss; immerhin ist A dem R in den vier Meter tiefer gelegenen Innenhof hinterher gesprungen. Im Ergebnis hat der BGH dies dann in dem unserem Sachverhalt entsprechenden Urteil vom 12. März 1996 bejaht (= BGHZ **132**, 164), und zwar mit folgenden Argumenten:

»... Zweifellos wird bei einem Polizeibeamten das nicht speziell durch die Umstände der Verfolgung begründete und deshalb zum allgemeinen Lebensrisiko gehörende ›normale‹ Risiko der Nachteile mit den etwa dadurch ausgelösten Schäden des Verfolgers von dem beruflichen Einsatzrisiko umfasst ... Ohne Erfolg rügt die Revision allerdings, dass in Fällen der vorliegenden Art das Verfolgungsrisiko des Polizeibeamten zu dessen beruflichem Einsatzrisiko gehöre und dass das Verhalten des Fliehenden deshalb keine Schadensersatzpflicht begründen könne ...« (Es folgt dann eine sehr umfangreiche, fast vier Seiten umfassende Begründung, in der der BGH eingehend erläutert, dass und warum es sich bei der vorliegenden Konstellation um eine im Vergleich zum sonstigen Dienst durchaus **gesteigerte** Gefahr im Zuge der Verfolgung gehandelt hat, vgl. dazu BGHZ **132**, 164 ff.)

Und die Wahrung der *Zweck-Mittel-Relation* begründet der BGH im vorliegenden Fall schließlich wie folgt:

»... Der erkennende Senat hat zwar in seinem Urteil vom 13.01.1976 (NJW 1976, 568) festgestellt, dass ein zur Verbüßung eines Wochenendarrestes aufgesuchter Jugendlicher, der aus einem 4,05 Meter hoch gelegenen Toilettenfenster flüchtete, nicht für den Fersenbruch eines ihm nach springenden Polizeibeamten einzustehen habe, den dieser sich bei seinem Aufprall auf den asphaltierten Hof zugezogen hatte. Das steht jedoch einer Bejahung der Haftung des Beklagten im Streitfall nicht entgegen. Ein wesentlicher Unterschied zu dem vorgenannten Senatsurteil liegt nämlich darin, dass es im Streitfall nicht lediglich um die Festnahme eines Jugendlichen, dessen Wohnsitz und Aufenthalt bekannt waren, zur Verbüßung eines Wochenendarrestes, sondern um die Aufklärung und Ahndung gewichtiger Straftaten ging. Bei erfolgreichem Entweichen der Täter musste mit der weiteren Begehung solcher Taten gerechnet werden ...« (BGHZ 132, 164, 166)

Also: Wenn ein Polizist einem schweren Straftäter in einen vier Meter tiefer gelegenen Innenhof hinterher springt, handelt es sich zum einen um ein **gesteigertes** Risiko, für das der Flüchtende grundsätzlich einzustehen hat, wenn sich dieses Risiko in eine konkrete Verletzung verwandelt. Des Weiteren ist insoweit auch die *Zweck-Mittel-Relation* gewahrt, die Risiken der Verfolgung stehen nicht außer Verhältnis zu dem Ziel der Ergreifung des Fliehenden (BGHZ **132**, 164; vgl. auch OLG Nürnberg NZV **1996**, 411).

ZE.: Die haftungsbegründende Kausalität ist im Hinblick auf die Verletzung des A erfüllt; in Bezug auf B entfällt sie (siehe oben).

4.) R handelte ohne Frage *rechtswidrig*, Rechtfertigungsgründe sind nicht ersichtlich.

5.) R handelte auch *schuldhaft*.

6.) Dem A ist auch ein *Schaden* in Form des Verdienstausfalls entstanden.

Problem: Einen Augenblick müssen wir an dieser Stelle wegen der besonderen Sachverhaltsgestaltung aber noch über ein *Mitverschulden* des A nach § 254 Abs. 1 BGB nachdenken. Im konkreten Fall hatte die Vorinstanz (OLG Oldenburg) dieses Mitverschulden des A verneint und dem klagenden Land den vollen Anspruch zugesprochen. Damit war der BGH aber nicht einverstanden und hat die Sache an das OLG Oldenburg zurückverwiesen. Zur Begründung heißt es:

> »... So konnte der verfolgende Polizist auch bei gebotener Eile ohne weiteres erkennen und bei seiner Entscheidung berücksichtigen, dass sich das Fenster in beträchtlicher Höhe über dem Erdboden befand und dass ein Sprung die Gefahr nicht unerheblicher Verletzungen begründete, mochte auch der Beklagte seinen Sprung ohne gewichtige Verletzungen überstanden haben ... Deshalb hätte bei sorgfältiger Überlegung einiges dafür gesprochen, das mit dem Sprung verbundene Verletzungsrisiko nicht einzugehen. Die von ihm im Rahmen des § 254 BGB zu verlangende Interessenwahrung gebot hier zwar kein längeres Abwägen; auch bei der erforderlichen schnellen Entscheidung wäre dem Polizisten jedoch die Beachtung und Vermeidung des sich bei einem Sprung aus 4 Meter Höhe aufdrängenden Gefahrpotentials möglich gewesen. Dass er dem nicht Rechnung getragen hat, rechtfertigt den Vorwurf des Mitverschuldens ...« (BGHZ 132, 164).

ZE.: A hat zwar einen Schaden erlitten; dieser Schaden ist indessen aufgrund eines Mitverschuldens des A bei der Entstehung des Schadens gemäß § 254 Abs. 1 BGB zu mindern.

7.) Am Vorliegen der haftungsausfüllenden Kausalität bestehen im hier zu entscheidenden Fall keine Zweifel.

ZE.: Somit besteht ein Schadensersatzanspruch des A gegen R aus § 823 Abs. 1 BGB, gemindert um das Maß des Mitverschuldens des A im Sinne des § 254 Abs. 1 BGB.

Ergebnis: Das Land L hat gegen R folglich nur einen um das Mitverschulden geminderten Anspruch aus übergegangenem Recht wegen der Verletzung des A.

Dramatisches zum Schluss:

Die eben dargestellten Regeln gelten übrigens nicht nur für Körperverletzungen der Verfolger, sondern selbstverständlich auch für Schäden an deren Sachen (also am **Eigentum**). Der BGH musste am **31. Januar 2012** über eine spektakuläre Verfolgungsjagd auf einer Autobahn entscheiden, bei der gleich vier Polizeiautos schrottreif de-

moliert wurden (→ BGH NJW **2012**, 1951): Der Täter hatte sich vorher einer routine-
mäßigen Polizeikontrolle entzogen, dabei eine Polizistin schwer verletzt und war
anschließend mit seinem PKW auf die Autobahn geflüchtet. Dort kam es dann zu
einer Verfolgungsjagd, die jedem James-Bond-Film zur Ehre gereicht hätte: Die Polizei klemmte bei Tempo 200 km/h mit zwei eigenen Wagen das Auto des Täters ein
und ließ dann ein drittes Auto vor diesen »Konvoi« fahren, um den Täter zu stoppen.
Als der Fahrer des flüchtigen Wagens das aber verweigerte und sogar weiter be-
schleunigte, rammte ein viertes Polizei-Fahrzeug bei einer Geschwindigkeit von etwa
230 km/h das Täterfahrzeug von hinten. Ein von der Polizei um Hilfe gebetener
LKW-Fahrer beendete schließlich zwei Kilometer später mit einer Straßenblockade
das Schauspiel. Der BGH verurteilte den Täter anschließend zur vollumfänglichen
Haftung für die demolierten Polizei-Autos und begründete dies mit der Notwendigkeit der Verfolgung, insbesondere die Zweck-Mittel-Relation sei eingehalten (BGH
NJW **2012**, 1951). Lesenswert, nicht nur für James-Bond-Fans.

Und das Allerletzte noch:

In Bezug auf die Haftung bei den sogenannten »**Herausforderungssituationen**« lag
dem OLG Düsseldorf im März 2015 der folgende, ziemlich prüfungsverdächtige Fall
zur Entscheidung vor: Autofahrer A fuhr bei schneebedeckter Fahrbahn im tiefsten
Sauerland (schöne, bergige Gegend in Nordrhein-Westfalen) auf eine Kreuzung zu.
Als er von rechts den PKW des P ebenfalls auf die Kreuzung zufahren sah, bremste A
sein Fahrzeug ab, rutschte aber wegen des Schnees »in die Kreuzung« hinein und
blockierte so unter anderem die Straße, von der P aus gefahren kam. Da P es sehr eilig
hatte, stieg er unvermittelt aus und ging – ohne Rücksprache mit dem verdutzten A
zu halten – hinter den Wagen des A, um diesen von der Kreuzung wegzuschieben.
Blöderweise glitt P bei diesem Anschiebeversuch auf der eisigen Straße aus und brach
sich das Bein. **Problem**: Ansprüche des P gegen A?

Lösung: Das OLG Düsseldorf wies die Klage des P gegen A bzw. dessen Versicherung in letzter Instanz ab (→ MDR **2015**, 508). Insbesondere fehle es an der Kausalität,
namentlich am Zurechnungszusammenhang. Zur Begründung heißt es:

»... *Eine deliktische Haftung aus § 823 Abs. 1 BGB des A ergibt sich vorliegend auch nicht aus
dem Gesichtspunkt der* **Herausforderung** *zu selbstgefährdendem Verhalten. Zwar kann jemand,
der durch vorwerfbares Tun einen anderen zu selbstgefährdendem Verhalten herausfordert, diesem
anderen dann, wenn dessen Willensentschluss auf einer mindestens im Ansatz billigenswerten
Motivation beruht, aus unerlaubter Handlung zum Ersatz des Schadens verpflichtet sein, der
infolge des durch die Herausforderung gesteigerten Risikos entstanden ist. Voraussetzung für eine
deliktische Haftung ist in solchen Fällen aber stets, dass der in Anspruch Genommene den Geschädigten in vorwerfbarer Weise zu der selbstgefährdenden Reaktion herausgefordert hat. Hier hat A
jedoch die Hilfeleistung des P durch das Stehenbleiben mit seinem Pkw nicht in vorwerfbarer Weise
herausgefordert, so dass es an einer* **subjektiven Zurechnung** *fehlt. Denn eine Pflichtverletzung
des A bei der Frage, weshalb er auf der Straße im Schnee stecken blieb, ist nicht ersichtlich. Vielmehr hatte der A gebremst, um dem von rechts kommenden P die Vorfahrt zu gewähren. Der A hat
sich also gerade verkehrsgemäß verhalten, indem er hielt ...*«

Gutachten

Ansprüche des L gegen R auf Erstattung der Dienstbezüge für A und B

Stehen den Landesbeamten Schadensersatzansprüche gegen einen Dritten zu, gehen diese Ansprüche nach der entsprechenden landesrechtlichen Vorschrift auf das jeweilige Land über, soweit das Land entsprechende Leistungen erbringen muss. Im vorliegenden Fall ist das Land L zur Fortzahlung der Dienstbezüge im Krankheitsfall verpflichtet mit der Folge, dass mögliche Ersatzansprüche der Beamten gegen Dritte (hier: R) auf das Land übergehen, soweit sie denn tatsächlich bestehen. Es ist somit zu prüfen, ob A und B ein Anspruch gegen R zusteht. Dieser kann sich nur aus § 823 Abs. 1 BGB ergeben.

Es müssen mithin im Verhältnis von A und B zu R die Tatbestandsvoraussetzungen des § 823 Abs. 1 BGB gegeben sein.

1.) Dafür muss zunächst die Verletzung eines absoluten Rechts oder Rechtsguts bei A und B vorliegen. Dies ist hier nicht problematisch, A und B haben Verletzungen an ihrem Körper erlitten. Die Verletzung eines absoluten Rechtsguts liegt mithin für beide Geschädigte vor.

2.) Grundlage der Rechtsgutsverletzung muss ein menschliches Verhalten, also ein Handeln oder Unterlassen gewesen sein. Das ist ebenfalls kein Problem, R ist geflohen, was ein aktives Tun darstellt.

3.) Zwischen den Rechtsgutsverletzungen bei A und B und dem Handeln des R (der Flucht) muss nun des Weiteren auch ein ursächlicher Zusammenhang bestehen; die Rechtsgutsverletzungen müssen dem Schädiger im Rechtssinne nach den Grundsätzen der haftungsbegründenden Kausalität zuzurechnen sein. Es ist namentlich zu prüfen, ob das Verhalten des R ursächlich im Sinne des § 823 Abs. 1 BGB für die später eingetretenen Rechtsgutsverletzungen bei A und B gewesen ist.

a) Nach der zunächst zu untersuchenden Äquivalenzformel ist jedes Verhalten ursächlich, das nicht hinweggedacht werden kann, ohne dass die Rechts- oder Rechtsgutsverletzung entfiele. Wäre R nicht weggelaufen, wären A und B ihm nicht gefolgt und hätten auch keine Verletzungen erlitten. Das Verhalten des R ist mithin in diesem Sinne ursächlich.

b) Nach der Adäquanzformel ist dem Handelnden die eingetretene Rechtsgutsverletzung nur dann zuzurechnen, wenn mit ihr nach allgemeiner Lebenserfahrung gerechnet werden konnte und sie insbesondere nicht die Folge eines vollkommen atypischen, gegen die allgemeine Lebenserfahrung sprechenden Kausalverlaufs ist. Es liegt nicht außerhalb der allgemeinen Lebenserfahrung, dass Polizisten sich bei der Verfolgung von Straftätern in gefährliche Situationen bringen und dort dann die entsprechenden Gefahren auch zu konkreten Schädigungen führen. Die in Frage stehenden Rechtsgutsverletzungen von A und B liegen durchaus im Rahmen der insoweit möglichen Risiken.

c) Ersatzfähig sind schließlich nach der Lehre vom Schutzzweck der Norm nur die Schäden bzw. Rechtsverletzungen, deren Schutz die betroffene Vorschrift bezweckt. An dieser Stelle nun ist fraglich, wie es sich auswirkt, dass die Schädigungen bei A und B auch deshalb eintreten, weil die Verfolgung im konkreten Fall auf einem selbstständig gefassten

Entschluss beruht, die Polizisten sich also quasi »sehenden Auges« in die gefährdenden Situationen gebracht haben.   ⓟ

aa) Nach § 823 Abs. 1 BGB soll man grundsätzlich nur dann haften, wenn man die einge-tretene Verletzung beim Geschädigten durch eigenes Verhalten herbeigeführt hat. Prob-lematisch wird das Ganze aber dann, wenn neben dem eigenen Fehlverhalten auch ein die Gefahr erhöhendes Verhalten des Geschädigten mitursächlich für die später eingetretene Rechtsgutsverletzung war. Die Frage lautet dann, ob der § 823 Abs. 1 BGB auch unter diesen Umständen noch eingreifen soll, oder ob der Geschädigte selbst haften soll.

bb) Die Frage, ob ein vor der Polizei Flüchtender sich die Verletzungen der Verfolger zurechnen lassen muss, orientiert sich an folgenden Grundsätzen: Jemand, der durch vorwerfbares Tun einen anderen zu selbstgefährdendem Verhalten herausfordert, kann diesem anderen dann, wenn dessen Entschluss auf einer mindestens im Ansatz billigens-werten Motivation beruht, aus unerlaubter Handlung zum Ersatz des Schadens verpflich-tet sein, der infolge des durch die Herausforderung gesteigerten Risikos entstanden ist.

Eine auf solcher Grundlage beruhende deliktische Haftung ist insbesondere in den Fällen zu bejahen, in denen sich jemand der Festnahme durch Polizeibeamte oder andere befugte Personen durch die Flucht zu entziehen versucht und diese Personen dadurch in vorwerf-barer Weise zu einer sie selbst gefährdenden Verfolgung herausgefordert hat. In diesen Fallgestaltungen kann die billigenswerte Motivation des Verfolgers zur Nacheile trotz der damit verbundenen besonderen Gefahren ihre Grundlage unter anderem in den Dienst-pflichten des für die Bewachung oder Ergreifung des Fliehenden zuständigen Beamten finden.

cc) Ob und in welchem Umfang ein fliehender Täter oder Tatverdächtiger ein gesteigertes Verfolgungsrisiko zu tragen hat, richtet sich nach den Besonderheiten des Einzelfalles. Bei der Verteilung des Verfolgungsrisikos darf insbesondere nicht aus den Augen verloren werden, dass die Überbürdung des gesteigerten Risikos nicht zu einer Haftung des Flie-henden für die Verwirklichung solcher Gefahren führt, denen sich der verfolgende Beamte in gänzlich unangemessener Weise ausgesetzt hat.

Gerade eine angemessene Zweck-Mittel-Relation, dass nämlich die Risiken der Verfol-gung nicht außer Verhältnis zu dem Ziel der Ergreifung des Fliehenden stehen dürfen, ist der wesentliche Gradmesser bei der Prüfung der Voraussetzungen für eine Herausforde-rung zur Verfolgung mit der Überbürdung des gesteigerten Verletzungsrisikos auf den Fliehenden. Ist eine solche Verhältnismäßigkeit nicht gewahrt, so fällt eine Körperverlet-zung des Verfolgers nicht mehr in den Schutzbereich des § 823 Abs. 1 BGB.

Grundsätzlich hat man demnach als Flüchtender zwar dafür einzustehen, dass sich die verfolgenden Polizisten bei ihrem Einsatz verletzen. Denn die billigenswerte Motivation zur Verfolgung liegt regelmäßig in den Dienstpflichten der Beamten begründet. Aller-dings setzt eine Haftung zudem voraus, dass die eingetretene Verletzung tatsächlich auch die Folge eines das normale Maß überschreitenden, also gesteigerten Risikos durch die Verfolgung darstellt; es darf sich nicht nur um die Realisierung der Gefahr eines norma-len, von Polizeibeamten grundsätzlich hinzunehmenden Risikos handeln. Zum anderen muss bei der Art der Verfolgung stets eine angemessene Zweck-Mittel-Relation gewahrt sein. Die Risiken der Verfolgung dürfen nicht außer Verhältnis zu dem Ziel der Ergreifung des Fliehenden stehen.

dd) Übertragen auf den vorliegenden Fall ergibt sich Folgendes: Die Haftung des R für den auf der Rasenfläche ausgerutschten B entfällt schon deshalb, weil es sich hierbei nicht um die Realisierung einer aus der Verfolgung begründeten, gesteigerten Gefahr handelt. Dass Polizisten einem Flüchtenden hinterherlaufen müssen, gehört nämlich quasi zum Tagesgeschäft und begründet daher keine Einstandspflicht für den Fliehenden, wenn der Polizist hierbei auf glitschigem Untergrund ausrutscht.

In diesem Fall kommt es auf die Frage der Zweck-Mittel-Relation schon deshalb nicht an, weil eine im Grundsatz gebotene Haftung für die bei dem Eingreifenden eingetretenen Verletzungsfolgen jedenfalls in Konstellationen der Verfolgung auf die gesteigerten Risiken der Verfolgung zu beschränken ist. Dagegen hat der Verfolgte das normale Risiko des Eingreifenden nicht zu tragen.

Um die Verwirklichung eines solchen normalen Risikos handelt es sich aber hier. Der Polizist ist ausgerutscht, als er einen feuchten, frisch geschnittenen Rasen überquerte. Damit hat sich aber nicht das besonders gesteigerte Risiko der Verfolgung verwirklicht. Art und Umfang der schließlich eingetretenen Schadensfolgen sind für diese Beurteilung kein brauchbarer Maßstab. Der R hat für die Verletzung des B somit nicht einzustehen, da sich insoweit nur das normale Risiko eines Polizeieinsatzes realisiert hat.

ee) Es bleibt abschließend zu klären, ob R für die Verletzungen des A haften muss, immerhin ist A dem R in den vier Meter tiefer gelegenen Innenhof hinterher gesprungen. Dies ist im Ergebnis zu bejahen. Es kann nämlich hier, anders als oben bei B, nicht davon ausgegangen werden, dass das Hinterherspringen in den vier Meter tiefer gelegenen Hof zum klassischen Verfolgungs- und Einsatzrisiko des Polizeibeamten gehört und dass das Verhalten des Fliehenden deshalb keine Schadensersatzpflicht begründen kann. Angesichts der Schwere der Taten, wegen derer verfolgt wurde, ist auch die Zweck-Mittel-Relation gewahrt.

Wenn ein Polizist einem Straftäter der hier in Frage stehenden Art in einen vier Meter tiefer gelegenen Innenhof hinterher springt, stehen die Risiken der Verfolgung nicht außer Verhältnis zu dem Ziel der Ergreifung des Fliehenden. Eine andere Beurteilung wäre etwa dann angezeigt gewesen, wenn der Polizist einem flüchtenden Jugendlichen nachgesprungen wäre, der wegen nur geringfügiger Taten gesucht wird.

Die haftungsbegründende Kausalität ist im Hinblick auf die Verletzung des A somit erfüllt; in Bezug auf B entfällt sie.

4.) R handelte rechtswidrig, Rechtfertigungsgründe sind nicht ersichtlich.

5.) R handelte auch schuldhaft.

6.) Dem A ist auch ein Schaden in Form des Verdienstausfalls entstanden. Es fragt sich, ob dem R ein Mitverschulden vorzuwerfen und gemäß § 254 BGB in Ansatz zu bringen ist. Dies kommt deshalb in Betracht, weil der verfolgende Polizist auch bei gebotener Eile ohne weiteres erkennen und bei seiner Entscheidung berücksichtigen konnte, dass sich das Fenster in beträchtlicher Höhe über dem Erdboden befand und dass ein Sprung die Gefahr nicht unerheblicher Verletzungen begründete, selbst wenn der R seinen Sprung ohne gewichtige Verletzungen überstanden hatte. Deshalb hätte bei sorgfältiger Überlegung einiges dafür gesprochen, das mit dem Sprung verbundene Verletzungsrisiko nicht einzugehen. Die von ihm im Rahmen des § 254 BGB zu verlangende Interessenwahrung gebot hier zwar kein längeres Abwägen; auch bei der erforderlichen schnellen Entscheidung wäre dem Polizisten jedoch die Beachtung und Vermeidung des sich bei einem Sprung aus vier Meter Höhe aufdrängenden Gefahrpotenzials möglich gewesen. Dass er dem nicht Rechnung getragen hat, rechtfertigt den Vorwurf des Mitverschuldens. Der A hat demnach zwar einen Schaden erlitten; dieser Schaden ist indessen aufgrund eines Mitverschuldens des A bei der Entstehung des Schadens gemäß § 254 Abs. 1 BGB zu mindern.

7.) Am Vorliegen der haftungsausfüllenden Kausalität bestehen keine Zweifel.

Somit besteht ein Schadensersatzanspruch des A gegen R aus § 823 Abs. 1 BGB, gemindert um das Maß des Mitverschuldens des A im Sinne des § 254 Abs. 1 BGB.

Ergebnis: Das Land L hat gegen R folglich nur einen um das Mitverschulden geminderten Anspruch aus übergegangenem Recht wegen der Verletzung des A.

Fall 21

Er liebt es!

Rechtsstudent R aus Köln hat einen Nebenjob angenommen und fährt für den Elektrohändler E mit einem Kleinlaster Wasch- und Spülmaschinen innerhalb Nordrhein-Westfalens aus. Als R mittags auf dem Weg von Köln nach Dortmund auf einer Landstraße den Fahrradfahrer F überholen will, kommt F bei dem Überholvorgang zu Fall und bricht sich die Schulter. Es kann nicht geklärt werden, ob R den notwendigen Sicherheitsabstand von 1,5 Metern unterschritten oder F durch plötzliches Ausscheren den Unfall verschuldet hatte. R war nur deshalb auf dieser Landstraße unterwegs, weil er – entgegen den Vorgaben des E – nicht den direkten Weg über die Autobahn A1 gewählt hatte, sondern kurz vor Leverkusen abgefahren war, um bei einem in der Nähe der Autobahn gelegenen *McDonald's* zu Mittag zu essen.

F will wissen, gegen wen ihm ein Anspruch auf Schmerzensgeld zusteht. R verweigert jede Haftung unter Hinweis auf sein nicht erwiesenes Verschulden. E will auch nicht zahlen, da dies zum einen ein Verschulden des R voraussetze und zum anderen der R ja auch seine Anweisungen missachtet habe. Das schließe seine Haftung aus.

Ansprüche des F gegen R und E? Das StVG bleibt außer Betracht.

Schwerpunkte: Die Haftung für den Verrichtungsgehilfen nach § 831 Abs. 1 Satz 1 BGB; Tatbestandsaufbau des § 831 Abs. 1 BGB; Vergleich zu § 278 BGB; Problem des Merkmals »in Ausübung der Verrichtung«; Rechtsfolgen bei ungeklärter Schuldfrage; fehlendes Verschulden des Verrichtungsgehilfen; die Exkulpationsmöglichkeit des § 831 Abs. 1 Satz 2 BGB.

Lösungsweg

I. Anspruch des F gegen R auf Schmerzensgeld

<u>AGL.:</u> §§ 823 Abs. 1, 253 Abs. 2 BGB

Problem: Es kann nicht geklärt werden, ob den R bei der Verursachung des Unfalls ein Verschulden im Sinne des § 276 BGB trifft. Die Beweislast für ein Verschulden des Anspruchsgegners trifft im Rahmen des § 823 Abs. 1 BGB aber grundsätzlich den Anspruchssteller mit der Folge, dass bei nicht geklärtem Sachverhalt die Haftung in der Regel entfällt (BGH NJW **1987**, 1695; *Palandt/Sprau* § 823 BGB Rz. 80; *Jauernig/*

Teichmann § 823 BGB Rz. 63). Und wenn nun im Sachverhalt steht, dass die Verschuldensfrage nicht eindeutig geklärt werden kann, kommt eine Haftung nach § 823 Abs. 1 BGB eben nicht in Frage.

Ergebnis: Ein Anspruch des F gegen R scheitert daran, dass ein Verschulden des R nicht nachweisbar ist.

II. Anspruch des F gegen E auf Schmerzensgeld

<u>AGL.:</u> §§ 831 Abs. 1 Satz 1, 253 Abs. 2 BGB

Einstieg: Wir werden uns jetzt mit der Frage befassen, inwieweit man bei der Einschaltung dritter Personen haftungsrechtlich zur Verantwortung gezogen werden kann, wenn diese dritte Person einem anderen einen Schaden zufügt. Und insoweit dreht es sich im vorliegenden Fall zunächst mal um den Tatbestand des **§ 831 Abs. 1 Satz 1 BGB**, der die Haftung für die sogenannten »**Verrichtungsgehilfen**« regelt (bitte mal die Überschrift zu § 831 BGB lesen). Diese Norm stellt eine eigene Anspruchsgrundlage dar und hat im Vergleich zu § 823 BGB einige Besonderheiten zu bieten, und zwar sowohl was den Prüfungsaufbau als auch das dahinterstehende Haftungsprinzip anbetrifft.

> Bevor wir uns da aber jetzt im Einzelnen mit beschäftigen werden, wollen wir zum allgemeinen Verständnis und zur Vermeidung übler Fehler bitte noch Folgendes beachten: Wenn es um die Einschaltung dritter Personen geht, bringen die Kandidaten häufig die §§ 823, 831 Abs. 1 und 278 BGB durcheinander und prüfen etwa den § 823 BGB in Verbindung mit § 278 BGB, um eine deliktische Haftung für das Verhalten Dritter zu konstruieren (auf so einen Gedanken könnte man etwa auch in unserem Fall kommen). Das aber ist ein *grober* Fehler, der die Klausur garantiert in den Keller bringt. Beachte bitte unbedingt, dass der § 278 BGB im Rahmen der §§ 823 ff. BGB nichts, aber auch *gar nichts* zu suchen hat. Der § 278 BGB setzt ein bereits bestehendes Schuldverhältnis voraus und ist daher im Rahmen der §§ 823 ff. BGB unstreitig *nicht* anwendbar (*Palandt/Ellenberger* § 278 BGB Rz. 2; *Jauernig/Stadler* § 278 BGB Rz. 5). Die deliktische Haftung für einen von einem Dritten zugefügten Schaden regelt insoweit nur und ausschließlich § 831 Abs. 1 BGB. Dieser stellt – übrigens auch im Gegensatz zu § 278 BGB – eine *eigene Anspruchsgrundlage* dar, und zwar mit eigenen Tatbestandsvoraussetzungen und Rechtsfolgen. In Zukunft also bitte darauf achten, dass eine deliktische Haftung bei der Einschaltung dritter Personen nach den §§ 823 ff. BGB niemals über § 278 BGB läuft, sondern sich nur nach § 831 Abs. 1 BGB beurteilen kann (vgl. im Hinblick auf die *vertragliche* Haftung und § 278 BGB: »Lernen mit Fällen«, Schuldrecht Band I, Fall 9).

Mit diesem Wissen wollen wir uns jetzt mal an den Fall wagen und den § 831 Abs. 1 Satz 1 BGB näher betrachten. Es erwarten uns diverse Fallstricke und auch überraschende rechtliche Konstruktionen, also dann:

Die Voraussetzungen des § 831 Abs. 1 Satz 1 BGB:

1.) Die den Schaden verursachende Person muss zunächst ein »**Verrichtungsgehilfe**« des Anspruchsgegners gewesen sein.

> **Definition:** *Verrichtungsgehilfe* im Sinne des § 831 Abs. 1 BGB ist derjenige, dem vom Geschäftsherrn in dessen Interesse eine Tätigkeit übertragen worden und der von den Weisungen des Geschäftsherrn abhängig ist (BGH NJW **2013**, 1002; BGH NJW **2009**, 1740; OLG Naumburg NJW-RR **2009**, 1032; PWW/*Schaub* § 831 BGB Rz. 7; *Palandt/Sprau* § 831 BGB Rz. 6; *Brox/Walker* § 48 Rz. 3).

Durchblick: Die Haftung für die bzw. bei der Einschaltung dritter Personen setzt selbstverständlich voraus, dass man diesen Personen auch eine zu erledigende Aufgabe übertragen hat, die zudem im eigenen Interesse liegt, und dass diese Personen den Weisungen des »Geschäftsherrn« unterliegen. Ansonsten würde das auch keinen Sinn machen bzw. ungerecht sein. Die Haftung nach § 831 Abs. 1 BGB trägt nämlich dem Umstand Rechnung, dass man sich bei der Erledigung seiner Aufgaben durchaus dritter Personen bedienen kann, für ein Fehlverhalten dieser Personen dann aber auch einstehen muss. Und beachte des Weiteren, dass die oben benannten »Weisungen« dabei keinesfalls voraussetzen, dass der Geschäftsherr jedes einzelne Verhalten des Gehilfen detailliert vorgeben muss (wie soll das auch gehen?). Vielmehr ist ausreichend, dass der Geschäftsherr die Tätigkeit des Handelnden beschränken, untersagen oder nach Zeit und Umfang bestimmen kann (BGH NJW **2013**, 1002; BGH NJW **2009**, 1740; BGHZ **45**, 313). Darunter fallen dann z.B. die klassischen Arbeitnehmer im Verhältnis zu ihrem Arbeitgeber (OLG München VersR **2003**, 216), aber etwa auch Rechtsanwälte gegenüber ihren Mandanten, da Rechtsanwälte den Weisungen des Mandanten unterliegen (BGH LM § 823 BGB (Hb) Nr. 5); oder auch der Notfallarzt gegenüber dem behandelnden Arzt (BGH NJW **2009**, 1740). Der Begriff des Verrichtungsgehilfen ist mithin im umfassenden Sinne zu verstehen und setzt insbesondere keine wirtschaftliche Abhängigkeit voraus, wenngleich sie zumeist im Verhältnis »Geschäftsherr-Verrichtungsgehilfe« tatsächlich vorliegen wird (*Jauernig/Teichmann* § 831 BGB Rz. 5).

Hier: Der E als Arbeitgeber und »Geschäftsherr« bedient sich des R als Gehilfen insoweit, als der R für den E die Spül- und Waschmaschinen quer durch Nordrhein-Westfalen fahren soll. Dass R insoweit auch Weisungen unterliegt, steht nicht nur im Sachverhalt (R sollte direkt über die A1 fahren), sondern ergibt sich zudem auch schon aus dem Umstand, dass R überhaupt mit dieser Tätigkeit, also dem Bringen der Maschine nach Dortmund, betraut worden ist. Hierin liegt die übertragene Tätigkeit im Sinne der oben genannten Definition.

<u>ZE.:</u> Bei der Fahrt von Köln nach Dortmund war R als »Verrichtungsgehilfe« des E im Sinne des § 831 Abs. 1 Satz 1 BGB tätig.

2.) Der Verrichtungsgehilfe muss »**einem Dritten widerrechtlich einen Schaden zugefügt haben**« (bitte lies das Gesetz: § 831 Abs. 1 Satz 1 BGB).

> **Achtung:** Und jetzt wird es spannend: Wir wollen zunächst bitte beachten, dass im Gesetz *kein* Wort von Verschulden steht (bitte prüfen!). Und daraus folgt logischerweise, dass es bei der Verursachung des Schadens durch den Verrichtungsgehilfen darauf auch *nicht* ankommt. Der Schaden muss nur »widerrechtlich«, also rechtswidrig, verursacht worden sein. Konkret erforderlich ist die rechtswidrige Verwirklichung des objektiven Tatbestandes des § 823 Abs. 1 BGB durch den Verrichtungsgehilfen. Der Verrichtungsgehilfe muss demnach lediglich ein in § 823 Abs. 1 BGB geschütztes absolutes Recht oder Rechtsgut eines anderen rechtswidrig verletzt haben (BGHZ **101**, 215; *Palandt/Sprau* § 831 BGB Rz. 1; MüKo/*Wagner* § 831 BGB Rz. 14). Wichtig, bitte merken.

Die Begründung dafür, warum für die Haftung des Geschäftsherrn aus § 831 Abs. 1 Satz 1 BGB ein Verschulden des Verrichtungsgehilfen nicht notwendig ist, kommt eigentlich erst später in der Lösung, wir wollen sie hier aber schon mal kurz antippen, und zwar: Der § 831 Abs. 1 Satz 1 BGB regelt, wie man dem **Satz 2** des 1. Absatzes entnehmen kann, eine Haftung des Geschäftsherrn, die sich im Verschulden des *Geschäftsherrn* (!) bei der Auswahl und Überwachung seiner Hilfspersonen begründet. Der Geschäftsherr soll also deshalb für den bei einem Dritten durch den Verrichtungsgehilfen verursachten Schaden haften, weil ihm bei der Auswahl und/oder der Überwachung seiner Hilfspersonen schuldhaft ein Fehler unterlaufen ist. *Das* ist der Grund für die Haftung aus § 831 Abs. 1 Satz 1 BGB. Und deshalb kommt es auf ein Verschulden des Verrichtungsgehilfen auch nicht an – und aus diesem Grund steht da in § 831 Abs. 1 Satz 1 auch nix vom Verschulden des Verrichtungsgehilfen. Kapiert!?

Sehr gut. Dann machen wir mal weiter und prüfen, ob der R dem F hier tatsächlich widerrechtlich einen Schaden an einem in § 823 Abs. 1 BGB geschützten Recht oder Rechtsgut zugefügt hat. Und da hilft uns das OLG Hamm, das nämlich genau unseren Fall am 27. Mai 1998 zu entscheiden hatte. Wörtlich heißt es in dem Urteil (NJW-RR **1998**, 1402):

> *»... Auf ein Verschulden des Fahrers kommt es* **nicht** *an. Fest steht nämlich jedenfalls nach den gesamten Umständen, dass der Radfahrer in unmittelbarem Zusammenhang mit dem Überholvorgang durch den Kraftwagen zu Fall gekommen ist, egal, ob es nun eine unmittelbare Berührung gegeben hat oder noch nicht. ... Es besteht kein vernünftiger Zweifel, dass dieser Unfall entweder infolge der Berührung mit dem Kraftwagen oder jedenfalls infolge der unmittelbaren Enge zwischen den beiden Betroffenen im Zuge des Überholvorganges passiert ist ...«*

Also: Nach der Schilderung des Falles ist es beim Überholvorgang zu dem Unfall gekommen. Hierbei spielt es nun keine Rolle, ob dem R dabei ein Verschulden zur Last fällt. Das haben wir oben ja gelernt, auf eine schuldhafte Verursachung seitens des Verrichtungsgehilfen kommt es nicht an. Wir müssen nur feststellen, dass es überhaupt zu einer Rechtsgutsverletzung durch ein rechtswidriges Verhalten gekommen ist. Die Tatsache, dass im vorliegenden Fall die Verschuldensfrage nicht geklärt werden kann, ist mithin unerheblich.

Kleines Problem noch: Damit haben wir zwar jetzt die Ursächlichkeit des Verhaltens des R für die Rechtsgutsverletzung des F und damit auch die inzident vorliegende Rechtswidrigkeit dieses Verhaltens festgestellt. Nach dem Schutzzweck des § 831 Abs. 1 BGB soll der Geschäftsherr aber trotz rechtswidriger Schadenszufügung nicht haften, wenn der Verrichtungsgehilfe objektiv fehlerfrei gehandelt hat, das heißt, sich so verhalten hat, wie jede mit Sorgfalt ausgewählte und überwachte Person sich in der konkreten Situation verhalten hätte. Wer sich sozialadäquat verhält, ist haftungsrechtlich nicht in Anspruch zu nehmen (BGH NJW **1996**, 3205; BGHZ **24**, 21; *Palandt/ Sprau* § 831 BGB Rz. 10). Freilich trägt hierfür der Handelnde selbst bzw. bei § 831 Abs. 1 Satz 1 BGB der Geschäftsherr die Beweislast (OLG Hamm NJW-RR **1998**, 1404) mit der Konsequenz, dass im vorliegenden Fall der nicht erbrachte Nachweis des verkehrsgerechten Verhaltens zulasten des E geht. E kann infolge der nicht geklärten Unfallursache auch nicht nachweisen, dass R sich korrekt verhalten hat.

<u>ZE.:</u> Der R als Verrichtungsgehilfe des E hat dem F widerrechtlich einen Schaden an einem in § 823 Abs. 1 BGB geschützten Rechtsgut, nämlich seinem Körper, zugefügt.

3.) Diese Schadenszufügung muss des Weiteren »**in Ausführung der Verrichtung**« erfolgt sein (bitte lies noch mal: § 831 Abs. 1 Satz 1 BGB).

> **Beachte:** Auch hier ist Vorsicht geboten. Damit der Geschäftsherr nun nicht für jeden Blödsinn, den sein Verrichtungsgehilfe anstellt, haften muss, ist erforderlich, dass die schädigende Handlung in einem *inneren Zusammenhang* zu der aufgetragenen Tätigkeit steht (BGH NJW-RR **1989**, 723; OLG Naumburg NJW-RR **2009**, 1032). Und genau diese Prüfung verbirgt sich hinter dem Merkmal »in Ausführung der Verrichtung«. Knifflig wird das in den universitären Übungsarbeiten übrigens häufig z.B. dann, wenn der angestellte Handwerksgeselle von seinem Chef beauftragt wird, beim Hausbesitzer H die Badewanne zu reparieren und dann die zufällig im Bad herumliegende Armbanduhr des H stiehlt. Hatte das noch was mit der aufgetragenen Tätigkeit zu tun? Oder geschah das quasi nur »**bei Gelegenheit**« der Verrichtung? Und soll der Chef dafür jetzt nach § 831 Abs. 1 BGB haften?

Dieser Armbanduhren-Fall begründet nach herrschender Meinung *keine* Haftung des Geschäftsherrn über § 831 Abs. 1 Satz 1 BGB, da es sich hierbei nur um eine Schädigung »bei Gelegenheit« der Verrichtung handele, die in keinem inneren Zusammenhang zur Tätigkeit selbst stehe; freilich anders dann, wenn gerade die Bewachung (also etwa beim klassischen Wachdienst) zur Aufgabe des Verrichtungsgehilfen gehört (BGHZ **11**, 152; BGHZ **31**, 366; BGHZ **114**, 270; BGH NJW **1997**, 136; *Jauernig/ Stadler* § 831 BGB Rz. 8; *Brox/Walker* BS § 48 Rz. 8; zur gleichen Problematik bei § 278 BGB vgl. »Lernen mit Fällen«, Schuldrecht Band I, Fall 9).

Es stellt sich bei uns demnach nun die Frage, ob der R bei der Fahrt auf der Landstraße, also als der Unfall passierte, tatsächlich »in Ausführung der Verrichtung« handelte oder nicht. Nur wenn wir das bejahen, hat der E dafür einzustehen, vgl. den Wortlaut des § 831 Abs. 1 Satz 1 BGB. Und das ist natürlich nur deshalb fraglich, weil der R zu dem Zeitpunkt, als der Unfall passierte, *weisungswidrig* auf der Landstraße unterwegs war, um bei *McDonald's* zu Mittag zu essen. **Also:** Genügt das, um die Haftung des E auszuschließen?

Lösung: Grundsätzlich müssen wir uns insoweit zunächst mal merken, dass das Überschreiten der Weisungen des Geschäftsherrn nicht auch automatisch schon bedeutet, dass der Verrichtungsgehilfe außerhalb der ihm übertragenen Tätigkeit handelt. Denn wenn dem so wäre, könnte der Geschäftsherr durch entsprechend sparsame Weisungen seine Haftung einfach und mühelos eingrenzen (BGHZ **49**, 19; BGHZ **98**, 148; BGH NJW-RR **1989**, 723; MüKo/*Wagner* § 831 BGB Rz. 24 ff.; *Erman/Wilhelmi* § 831 BGB Rz. 11; *Palandt/Sprau* § 831 BGB Rz. 11). Vielmehr entscheidet in diesen Konstellationen die Beurteilung des Einzelfalles, also die Frage, ob das in Rede stehende Verhalten wertungsmäßig noch dem Geschäftsherrn zuzurechnen ist (BGHZ **49**, 19). Die willkürliche Überschreitung des Aufgabenbereichs schließt die Haftung für den Gehilfen etwa dann nicht aus, soweit der Geschäftsherr entweder den Auftrag hätte genauer fassen oder die Überschreitung durch ausreichende Überwachung hätte verhindern können (BGHZ **11**, 151; BGH NJW **1971**, 31).

Zum Fall: Die hier vorliegende Sachverhaltsgestaltung mit dem Abweichen von der vorgegebenen Reiseroute durch einen Kraftfahrer ist selbstverständlich ein Klassiker und kommt – leicht nachvollziehbar – täglich unzählige Male in der Wirklichkeit vor. Und aus diesem Grund gibt es inzwischen auch eine ganze Latte von Gerichtsurteilen zu dieser Problematik. Unser kleines Fällchen hier hat der BGH tatsächlich schon entschieden, und zwar vor ziemlich langer Zeit, nämlich genau am 16. April **1955**. Der damalige Fall – gab es da eigentlich schon McDonald's? – ist übrigens vergleichsweise niedlich in seiner Schilderung, denn der Fahrer war von der vorgegebenen Route deshalb abgewichen, um sich *»von einer dort wohnenden Bekannten ein Butterbrot geben zu lassen«* (Originaltext → BGH VersR **1955**, 345, 346). Wenn wir den Fall nun mal in das neue Jahrtausend übertragen und das »Butterbrot« dementsprechend gegen einen *Cheeseburger* eintauschen, sind wir bei der Lösung – und die bleibt nach wie vor gültig, nämlich:

»... Der Beklagte ist der Ansicht, dass der Fahrer nicht als Verrichtungsgehilfe gehandelt habe, da er eine Umwegfahrt unternommen hatte. Es kann zunächst dahingestellt sein,

*wie es bei einer wirklichen Schwarzfahrt (also einer gänzlich ohne den Willen des Ge-
schäftsherrn durchgeführten Fahrt) des angestellten Fahrers ist, bezüglich derer das
Reichsgericht verschiedentlich ausgeführt hat, dass diese nie in Ausführung der Verrichtung erfolgen könne. Hier nämlich handelt es sich nur um eine Überschreitung der
Grenzen des Auftrags, durch die sich der Verrichtungsgehilfe noch nicht aus dem gesamten Zusammenhang des Auftrags löst, der sich aus dem ihm übertragenen Tätigkeitsbereich ergibt. Die schädigende Tätigkeit steht mit der übertragenen Verrichtung in
einem inneren Zusammenhang, auch wenn der Fahrer seine Befugnisse eigenmächtig
überschritten haben sollte ...«* (→ BGH VersR **1955**, 345, 346)

Also: Wer als beauftragter Kraftfahrer seine Reiseroute eigenmächtig verändert, handelt immer noch »in Ausführung der Verrichtung« im Sinne des § 831 Abs. 1 BGB,
wenn er dabei einen Unfall verursacht (*Bamberger/Roth/Spindler* § 831 BGB Rz. 22).
Beachte insoweit bitte, dass dies z.B. auch dann gilt, wenn man weisungswidrig eine
Probefahrt vom Werkshof auf eine öffentliche Straße ausdehnt (OGH VRS **2**, 374;
Erman/Wilhelmi § 831 BGB Rz. 12). Andererseits haftet der Geschäftsherr nach allgemeiner Meinung nicht, wenn der Fahrer eine von ihm gar nicht genehmigte Fahrt
(sogenannte »Schwarzfahrt«) unternimmt (BGH NJW **1971**, 31; RGZ **119**, 58; *Palandt/
Sprau* § 831 BGB Rz. 11; *Erman/Wilhelmi* § 831 BGB Rz. 11); eine Haftung des Geschäftsherrn entfällt auch dann, wenn ein Pilot mit der Überführung eines Flugzeugs
beauftragt wird, dann aber am Zielflughafen Rundflüge für Touristen veranstaltet
und dabei abstürzt – so was gibt's tatsächlich: BGH NJW-RR **1989**, 723.

ZE.: R handelt bei der Fahrt über die Landstraße noch »in Ausführung der Verrichtung« im Sinne des § 831 Abs. 1 Satz 1 BGB.

4.) Verschulden des Geschäftsherrn / mögliche Exkulpation, **§ 831 Abs. 1 Satz 2 BGB**

So. Das haben wir weiter oben ja schon angedeutet: Innerhalb des § 831 Abs. 1 BGB
spielt zwar das Verschulden des Verrichtungsgehilfen keine Rolle. Und deshalb wird
das auch nicht geprüft. Sehr wohl geprüft wird indessen das Verschulden des *Geschäftsherrn*, denn § 831 Abs. 1 BGB stellt keinen Fall der Gefährdungshaftung, also
eine Haftung ohne jedes Verschulden des Anspruchsgegners, dar. Im Hinblick auf
dieses Verschulden des Geschäftsherrn wird nun der § 831 Abs. 1 **Satz 2** BGB wichtig.
Aus dem Wortlaut des Gesetzestextes ergibt sich nämlich Folgendes:

a) Das Verschulden des Geschäftsherrn bezieht sich nur auf die Auswahl und Überwachung des Verrichtungsgehilfen. Es hat mit dem konkret schädigenden Vorgang
auf Seiten des Verrichtungsgehilfen nichts zu tun. Der Geschäftsherr wird bereits
dafür »bestraft«, dass er seinen Verrichtungsgehilfen nicht sorgfältig ausgewählt
und/oder überwacht hat (*Palandt/Sprau* § 831 BGB Rz. 1; *MüKo/Wagner* § 831 BGB
Rz. 7; *Jauernig/Teichmann* § 831 BGB Rz. 1). Das zum Schadensersatz verpflichtende
Verhalten ist demnach das Unterlassen der ordnungsgemäßen Auswahl und Überwachung eines anderen.

b) Und das soeben erklärte *Verschulden* wird zulasten des Geschäftsherrn vom Gesetz in § 831 Abs. 1 Satz 2 BGB *vermutet*. Und zwar durch den Eintritt des Schadens. Das Gesetz geht also davon aus, dass aufgrund des Schadenseintritts schon nachgewiesen ist, dass der Verrichtungsgehilfe nicht ordnungsgemäß ausgewählt oder überwacht worden ist (*Brox/Walker* BS § 48 Rz. 10). Bitte lies jetzt noch mal § 831 Abs. 1 Satz 2 BGB – vor allem den letzten Halbsatz.

c) Wegen des vermuteten Verschuldens bietet der § 831 Abs. 1 Satz 2 BGB dem Geschäftsherrn dann aber die Möglichkeit, diese Vermutung zu *widerlegen*, das ist die sogenannte »**Exkulpationsmöglichkeit**«. Und insoweit ist konkret erforderlich, dass der Geschäftsherr darlegt, dass er entweder den Verrichtungsgehilfen sorgfältig ausgewählt und überwacht hat oder aber der Schaden auch bei Anwendung der erforderlichen Sorgfalt eingetreten wäre (Gesetz lesen, § 831 Abs. 1 Satz 2 BGB). In den Klausursachverhalten stehen dann so Sätze wie »der seit Jahren zuverlässige X« oder »der im Betrieb des A seit zehn Jahren fehlerlos arbeitende Y«, was für den Klausurschreiber der Wink mit dem Zaunpfahl ist und die Exkulpation aus § 831 Abs. 1 Satz 2 BGB nach sich zieht. Steht hingegen nix Derartiges in der Sachverhaltsschilderung, kann auch keine Exkulpation in Frage kommen.

> **Zusammenfassung:** Bei § 831 Abs. 1 BGB handelt es sich um eine Haftung für das Auswahl- und Überwachungsverschulden des Geschäftsherrn im Hinblick auf seine Verrichtungsgehilfen. Dieses Verschulden auf Seiten des Geschäftsherrn wird durch den Eintritt des Schadens vermutet, kann vom Geschäftsherrn aber widerlegt werden, wenn er nachweist, dass er bei der Auswahl und Überwachung seiner Hilfspersonen die im Verkehr erforderliche Sorgfalt beachtet hat oder der Schaden auch bei Anwendung dieser Sorgfalt eingetreten wäre. Auf ein Verschulden des Verrichtungsgehilfen bei der Entstehung des Schadens kommt es an keiner Stelle innerhalb der Prüfung des § 831 Abs. 1 BGB an. Merken.

Zum Fall: Durch den Eintritt des Schadens wird gemäß § 831 Abs. 1 BGB zunächst einmal vermutet, dass der E bei der Auswahl und Überwachung des R schuldhaft seine Sicherungspflichten verletzt hat. Dies braucht vom Geschädigten demnach auch nicht mehr bewiesen zu werden; ein beachtlicher Vorteil, insbesondere im Vergleich zur Haftung über § 823 BGB, bei dem – wir hatten es weiter oben schon mal gesagt – der Geschädigte das Verschulden des Schädigers nachweisen muss (BGH NJW **1987**, 1695; *Palandt/Sprau* § 823 BGB Rz. 80), will er seinen Anspruch begründen.

Es fragt sich nun im zweiten Schritt aber, ob E sich im Sinne des § 831 Abs. 1 Satz 2 BGB exkulpieren kann. Dafür wäre notwendig, dass er bei der Auswahl und Überwachung des R die im Verkehr erforderliche Sorgfalt beachtet hat oder der Schaden auch bei Beachtung dieser Sorgfalt eingetreten wäre. Insoweit müssen wir nun zunächst sehen, dass der E selbst gar nichts Entsprechendes vorgetragen bzw. zu seiner Entlastung erklärt hat, womit die Exkulpation für ihn an sich schon gestorben ist. Wie gesagt, im Sachverhalt stehen dann im Regelfall diese Formulierungen von »jahrelang fehlerfrei« oder so ähnlich. Und davon ist hier nicht die Rede. Allein der Hinweis auf die Missachtung der Vorgaben seitens des Verrichtungsgehilfen reicht selbstverständlich nicht aus (BGH NJW **2003**, 289). Zudem stellt die Rechtsprechung gerade bei Kraftfahrern an den entsprechenden Entlastungsbeweis auch sehr hohe Anforderungen, wörtlich heißt es beim OLG Hamm in dem unserem Fällchen hier zugurndeliegenden Urteil (NJW-RR **1998**, 1403):

> »... *An den Beweis einer ausreichenden Auswahl und Überwachung eines angestellten Kraftfahrers sind im Interesse der Verkehrssicherheit strenge Anforderungen zu stellen. Zu der Frage, mit welcher Sorgfalt der Fahrer im konkreten Fall von seinem Arbeitgeber ausgewählt worden ist, geben die Aussagen der Zeugen nichts her. Auch der Nachweis einer sorgfältigen Überwachung ist nicht geführt. Er setzt nämlich den Nachweis fortdauernder planmäßiger, auch unauffälliger Überwachung mit unerwarteten Kontrollen voraus ...*«

Also: Selbst wenn der Fahrer sorgfältig ausgewählt ist, muss man ihn weiter überwachen (z.B. per Telefon oder Fahrtenschreiber), unter Umständen sogar heimlich kontrollieren, um einen Entlastungsbeweis im Sinne des § 831 Abs. 1 Satz 2 BGB führen zu können (OLG Hamm NJW-RR **1998**, 1403). Und insoweit hat unser E nichts Verwertbares vorgetragen.

<u>ZE.</u>: Ein vermutetes Verschulden des E liegt vor. Der Entlastungsbeweis nach § 831 Abs. 1 Satz 2 BGB ist dem E nicht gelungen.

<u>ZE.</u>: Damit liegen sämtliche Tatbestandsvoraussetzungen des § 831 Abs. 1 Satz 1 BGB vor mit der Folge, dass E dem F zum Ersatz des entstandenen Schadens verpflichtet ist. Und zu diesem Schaden gehört gemäß § 253 Abs. 2 BGB auch eine billige Entschädigung in Geld für die Schäden, die nicht Vermögensschäden sind. Und diese billige Entschädigung nennt man dann »Schmerzensgeld«.

Ergebnis: F steht gegen E ein Anspruch auf ein angemessenes Schmerzensgeld für die erlittene Verletzung an seinem Körper aus den §§ 831 Abs. 1, 253 Abs. 2 BGB zu.

Kurzer Nachtrag noch

Wir haben uns in diesem Fall auf die Ansprüche des F aus dem BGB beschränkt und insbesondere das unter Umständen auch relevante *Straßenverkehrsgesetz* (StVG) außer Betracht gelassen (vgl. die Fallfrage). Das haben wir deshalb getan, um die Lösung, die schon umfangreich genug war und eine Menge wertvoller Botschaften zu den §§ 831, 823 und 278 BGB hatte, nicht noch zu überfrachten und damit den Lerneffekt zu gefährden.

Wir wollen der Vollständigkeit halber bitte hier zum Schluss jetzt noch beachten, dass in der vorliegenden Konstellation (Autounfall!) bei entsprechender Fallfrage durchaus auch Ansprüche aus dem StVG zu prüfen und unter Umständen auch zu bejahen gewesen wären – namentlich die Gefährdungshaftung des Kfz-Halters aus § 7 Abs. 1 StVG sowie die Haftung des Fahrers für vermutetes Verschulden aus § 18 Abs. 1 StVG. Im Einzelnen freilich hätte man dann unter anderem prüfen und feststellen müssen, ob der E überhaupt Halter im Sinne der Norm ist, inwieweit es einen Haftungsausschluss wegen höherer Gewalt nach § 7 Abs. 2 StVG gegeben hätte und etwa auch, ob der Fahrer R ein vermutetes Verschulden hätte widerlegen können, vgl. § 18 Abs. 1 Satz 2 StVG. Wir werden uns an späterer Stelle, und zwar in Fall 24, noch ausführlich mit diesen Fragen und dem StVG beschäftigen, lassen das Ganze hier aus den oben dargelegten Gründen ausnahmsweise außen vor, behalten dafür aber schon mal im Hinterkopf, dass bei Unfällen bzw. Schadenseintritten im Zusammenhang mit Autos auch das StVG eine Rolle spielen kann.

Gutachten

I. Anspruch des F gegen R auf Schmerzensgeld

F könnte gegen R einen Anspruch auf Schmerzensgeld aus den §§ 823 Abs. 1, 253 Abs. 2 BGB haben.

Angesichts der Tatsache, dass nach Auskunft des Sachverhaltes nicht geklärt werden konnte, ob den R bei der Verursachung des Unfalls ein Verschulden im Sinne des § 276 BGB trifft, kann eine Haftung nach § 823 Abs. 1 BGB nicht begründet sein. Die Beweislast für ein Verschulden des Anspruchsgegners trifft im Rahmen des § 823 Abs. 1 BGB grundsätzlich den Anspruchssteller mit der Folge, dass bei nicht geklärtem Sachverhalt die Haftung entfällt.

Ergebnis: Ein Anspruch des F gegen R scheitert daran, dass ein Verschulden des R nicht nachweisbar ist.

II. Anspruch des F gegen E auf Schmerzensgeld

F könnte gegen E ein Anspruch auf Schmerzensgeld aus den §§ 831 Abs. 1 Satz 1, 253 Abs. 2 BGB zustehen.

1.) Die den Schaden verursachende Person muss zunächst ein Verrichtungsgehilfe gewesen sein. Verrichtungsgehilfe im Sinne des § 831 Abs. 1 BGB ist derjenige, dem vom Geschäftsherrn in dessen Interesse eine Tätigkeit übertragen worden und der von den Weisungen des Geschäftsherrn abhängig ist. Der E als Arbeitgeber und Geschäftsherr bedient sich des R als Gehilfen insoweit, als der R für E die Spül- und Waschmaschinen quer durch Nordrhein-Westfalen fahren soll. Dass R insoweit auch Weisungen unterliegt, steht nicht nur ausdrücklich im Sachverhalt, sondern ergibt sich zudem auch schon aus dem Umstand, dass R überhaupt mit dieser Tätigkeit, also dem Bringen der Maschine nach Dortmund, betraut worden ist. Hierin liegt die übertragene Tätigkeit im Sinne der oben genannten Definition. Bei der Fahrt von Köln nach Dortmund war R somit als Verrichtungsgehilfe des E im Sinne des § 831 Abs. 1 Satz 1 BGB tätig.

2.) Der Verrichtungsgehilfe muss einem Dritten widerrechtlich einen Schaden zugefügt haben. Ein Verschulden des Verrichtungsgehilfen ist nicht erforderlich; die Haftung nach § 831 Abs. 1 BGB normiert eine Verschuldenshaftung nur des Geschäftsherrn bei der Auswahl und Überwachung seiner Hilfspersonen.

Es ist bei einem Überholvorgang zu dem Unfall gekommen. Hierbei spielt es keine Rolle, ob dem R dabei ein Verschulden zur Last fällt, auf eine schuldhafte Verursachung seitens des Verrichtungsgehilfen kommt es nicht an.

Nach dem Schutzzweck des § 831 Abs. 1 BGB soll der Geschäftsherr aber trotz rechtswidriger Schadenszufügung nicht haften, wenn der Verrichtungsgehilfe objektiv fehlerfrei gehandelt hat, das heißt, sich so verhalten hat, wie jede mit Sorgfalt ausgewählte und überwachte Person sich in der konkreten Situation verhalten hätte. Wer sich sozialadäquat verhält, ist haftungsrechtlich nicht in Anspruch zu nehmen. Indessen trägt hierfür der Handelnde selbst bzw. bei § 831 Abs. 1 Satz 1 BGB der Geschäftsherr die Beweislast mit der Konsequenz, dass im vorliegenden Fall der nicht erbrachte Nachweis des verkehrsgerechten Verhaltens zulasten des E geht. E kann infolge der nicht geklärten Unfallursache auch nicht nachweisen, dass R sich korrekt verhalten hat.

3.) Diese Schadenszufügung muss des Weiteren in Ausführung der Verrichtung erfolgt sein. Damit der Geschäftsherr nicht für jegliches schädigende Verhalten seines Verrichtungsgehilfen haften muss, ist erforderlich, dass die schädigende Handlung in einem inneren Zusammenhang mit der aufgetragenen Tätigkeit steht. Handlungen, die lediglich bei Gelegenheit der Verrichtung vollzogen werden, fallen aus dem Anwendungsbereich des § 831 Abs. 1 BGB heraus. Es stellt sich demnach die Frage, ob der R bei der Fahrt auf der Landstraße, also als der Unfall passierte, tatsächlich in Ausführung der Verrichtung oder nur bei Gelegenheit derer handelte. Das ist vorliegend deshalb fraglich, weil der R zu dem Zeitpunkt, als der Unfall geschah, weisungswidrig auf der Landstraße unterwegs war, um bei *McDonald's* zu Mittag zu essen. Es ist somit zu prüfen, ob dieses weisungswidrige Verhalten des R die Haftung des E ausschließt.

Grundsätzlich gilt, dass das Überschreiten der Weisungen des Geschäftsherrn nicht auch automatisch schon bedeutet, dass der Verrichtungsgehilfe außerhalb der ihm übertragenen Tätigkeit handelt. Denn wenn dem so wäre, könnte der Geschäftsherr durch entsprechend sparsame Weisungen seine Haftung einfach und mühelos eingrenzen. Vielmehr entscheidet in diesen Konstellationen die Beurteilung des Einzelfalles, also die Frage, ob das in Rede stehende Verhalten wertungsmäßig noch dem Geschäftsherrn zuzurechnen ist. Die willkürliche Überschreitung des Aufgabenbereichs schließt die Haftung für den Gehilfen nicht aus, soweit der Geschäftsherr entweder den Auftrag hätte genauer fassen oder durch ausreichende Überwachung die Überschreitung hätte verhindern können. Im Falle des Abweichens eines Kraftfahrers von seiner Route ist Folgendes ausschlaggebend: Wer als beauftragter Kraftfahrer seine Reiseroute eigenmächtig verändert, handelt immer noch in Ausführung der Verrichtung im Sinne des § 831 Abs. 1 BGB, wenn er dabei einen Unfall verursacht. Dies ist nur dann anders zu beurteilen, wenn der Fahrer eine vom Geschäftsherrn gar nicht genehmigte Fahrt (sogenannte »Schwarzfahrt«) unternimmt. Hier im vorliegenden Fall aber handelt es sich nur um eine Überschreitung der Grenzen des

Auftrags, durch die sich der Verrichtungsgehilfe noch nicht aus dem gesamten Zusammenhang des Auftrags löst, der sich aus dem ihm übertragenen Tätigkeitsbereich ergibt. Die schädigende Tätigkeit steht mit der übertragenen Verrichtung in einem inneren Zusammenhang, auch wenn der Fahrer seine Befugnisse eigenmächtig überschritten haben sollte. R handelt folglich bei der Fahrt über die Landstraße noch in Ausführung der Verrichtung im Sinne des § 831 Abs. 1 Satz 1 BGB.

4.) Erforderlich ist des Weiteren ein Verschulden des Geschäftsherrn. Durch den Eintritt des Schadens wird gemäß § 831 Abs. 1 Satz 1 BGB vermutet, dass der E bei der Auswahl und Überwachung des R schuldhaft seine Sicherungspflichten verletzt hat. Es ist jedoch zu prüfen, ob E sich im Sinne des § 831 Abs. 1 Satz 2 BGB exkulpieren kann. Dafür wäre notwendig, dass er bei der Auswahl und Überwachung des R die im Verkehr erforderliche Sorgfalt beachtet hat oder der Schaden auch bei Beachtung dieser Sorgfalt eingetreten wäre. Insoweit ist allerdings zu beachten, dass der E selbst nichts Entsprechendes vorgetragen bzw. zu seiner Entlastung erklärt hat, womit die Exkulpation für ihn auch nicht in Betracht kommt. Ein vermutetes Verschulden des E liegt vor. Der Entlastungsbeweis nach § 831 Abs. 1 Satz 2 BGB ist dem E nicht gelungen.

Damit liegen sämtliche Tatbestandsvoraussetzungen des § 831 Abs. 1 Satz 1 BGB vor mit der Folge, dass E dem F zum Ersatz des entstandenen Schadens verpflichtet ist. Zu diesem Schaden gehört gemäß § 253 Abs. 2 BGB auch eine billige Entschädigung in Geld für die Schäden, die nicht Vermögensschäden sind.

Ergebnis: F steht gegen E ein Anspruch auf ein angemessenes Schmerzensgeld für die erlittene Verletzung an seinem Körper aus den §§ 831 Abs. 1, 253 Abs. 2 BGB zu.

Fall 22

Tiere suchen ein Zuhause

Rechtsstudent R möchte seinen Bernhardiner *Dr. Jekyll* lieber nicht mit in den vierwöchigen Sommerurlaub nach Spanien nehmen und hat daher mit seinem Kommilitonen K verabredet, dass K sich in dieser Zeit um den Hund kümmert. R zahlt dem K
für Futter und Betreuung eine Aufwandsentschädigung von 150 Euro; K nimmt den
Hund auch in seine Wohnung auf. Zwei Tage nach der Abreise des R geht K mit
Dr. Jekyll im Park spazieren. Hierbei ist der Hund ordnungsgemäß angeleint. Als der
Jogger J überraschend um die Ecke biegt, reißt sich *Dr. Jekyll*, der so etwas trotz seines
hohen Alters von 15 Jahren noch nie getan hat, los und springt den J an, woraufhin
dieser stürzt und sich den Arm bricht. Als K zur Hilfe eilen will, beißt *Dr. Jekyll* den K
in die Hand. Erst die herbeigerufene Feuerwehr kann das Tier beruhigen.

J will nun wissen, von wem er Schadensersatz und Schmerzensgeld fordern kann. K
verweigert jede Zahlung und will vielmehr wissen, ob er selbst gegen R, der ja der
Eigentümer des Hundes ist, Schmerzensgeld für die verletzte Hand verlangen kann.

Rechtslage?

> **Schwerpunkte:** Die Tierhalterhaftung nach § 833 BGB; die Haftung des Tierauf-
> sehers nach § 834 BGB; Begriffe des Tierhalters und des Tieraufsehers; Gefähr-
> dungshaftung und Haftung für vermutetes Verschulden; die Haftung des Tierhal-
> ters gegenüber dem Tieraufseher; die Sicherungspflicht des Tieraufsehers.

Lösungsweg

Einstieg: Die Tierhalterhaftung, mit der wir uns in diesem Fall befassen, spielt in der
Praxis eine sehr beachtliche Rolle und beschäftigt regelmäßig die deutschen Gerichte
(vgl. etwa BGH VersR **2017**, 702; BGH MDR **2016**, 156; BGH NJW **2015**, 1824; OLG
Nürnberg NJW-RR **2017**, 1173; OLG Celle NJW-Spezial **2016**, 203; OLG Schleswig RuS
2016, 98). In den universitären Übungen und auch im Examen gehören die §§ 833, 834
BGB demgegenüber nicht unbedingt zu den Klausurklassikern. Kommen sie indessen
vor, hagelt es zumeist schlechte Noten, weil die Studenten sich nämlich damit in der
Regel wenig bis gar nicht auskennen (*»sowat kommt ja eh nich' dran!«*). Kommt aber
eben doch gelegentlich dran, und für diesen Fall werden wir uns jetzt anhand der
vorliegenden, zugegebenermaßen vergleichsweise unspektakulären Geschichte die
Grundzüge der Materie erarbeiten. Dabei wird es sich gleich weniger um schwierige

rechtliche Konstruktionen oder auswendig zu lernende Regeln oder Definitionen drehen, als vielmehr darum, das Gesetz zum einen überhaupt mal kennen und vor allem richtig lesen zu lernen – und zum anderen die Spannung bzw. das Verhältnis von § 833 BGB zu § 834 BGB zu verstehen. Also dann:

I. Ansprüche des J gegen K

<u>AGL.</u>: **§ 833 Satz 1 BGB** (Haftung des Tierhalters)

1.) Es muss zunächst eine der in § 833 Satz 1 BGB benannten Rechtsgutsverletzungen vorliegen. Das ist hier kein Problem, der J hat durch den Armbruch eine Verletzung seines *Körpers* erlitten (zum Begriff der typischen Tiergefahr im Sinne des § 833 BGB vgl. BGH VersR **2017**, 702 und BGH NJW-RR **2006**, 813).

2.) Die Haftung des § 833 Satz 1 BGB trifft allerdings nur den *Tierhalter*. Es ist somit zu prüfen, ob der K im vorliegenden Fall zum Zeitpunkt der Körperverletzung auch tatsächlich ein solcher Tierhalter gewesen ist.

> **Durchblick:** Das Gesetz konstituiert in § 833 Satz 1 BGB eine *Gefährdungshaftung* desjenigen, der das Tier zum Zeitpunkt der Schädigung *hält*. Begründet wird dies damit, dass der Tierhalter verantwortlich ist für die Unberechenbarkeit tierischen Verhaltens und der dadurch hervorgerufenen Gefährdung von Leben, Gesundheit und Eigentum Dritter, also in der verwirklichten Tiergefahr (BGHZ **67**, 129). Deshalb soll der Tierhalter – verschuldensunabhängig! – für durch das Tier eingetretene Schäden haften (BGH VersR **2017**, 702; BGH MDR **2016**, 156; BGH NJW **2015**, 1824; OLG Nürnberg NJW-RR **2017**, 1173; OLG Celle NJW-Spezial **2016**, 203). Eine Ausnahme gilt nach § 833 Satz 2 BGB nur für sogenannte »Nutztiere«, also solche, die dem Beruf, der Erwerbstätigkeit oder dem Unterhalt des Tierhalters zu dienen bestimmt sind (vgl. BGH VersR **2017**, 702 sowie BGH NJW **2011**, 1961 zu einem Reiterunfall anlässlich einer therapeutischen Reitstunde und BGH NJW **2009**, 3233). In diesen Fällen *vermutet* das Gesetz das Verschulden des Tierhalters, der sich seinerseits aber – ähnlich wie etwa bei der Haftung für den Verrichtungsgehilfen aus § 831 Abs. 1 Satz 2 BGB – exkulpieren kann. Neben dem Begriff des Tierhalters kennt das Gesetz dann noch den sogenannten »**Tieraufseher**« (gelegentlich auch »**Tierhüter**« genannt), der in § 834 BGB normiert ist. Der *Tieraufseher* ist derjenige, der durch Vertrag (nicht notwendig mit dem *Tierhalter)* die Führung und Aufsicht des Tieres vom Tierhalter vorübergehend übernommen hat und daher nach dem Willen des Gesetzes für den Schaden verantwortlich ist, den das Tier während seiner Aufsicht und Führung verursacht (OLG Nürnberg NJW-RR **2017**, 1173; OLG Schleswig RuS **2016**, 98). Dieser Tieraufseher kann sich aber – ebenso wie der Tierhalter eines Nutztieres nach § 833 Satz 2 BGB – gemäß § 834 Satz 2 BGB von seiner Haftung befreien, wenn er die Vermutung seines Verschuldens bei der Beaufsichtigung des Tieres widerlegt (OLG Schleswig RuS **2016**, 98; *Bamberger/Roth/Spindler* § 834 BGB Rz. 1).

So. Das waren jetzt eine ganze Menge Informationen auf einmal, die wir aber unbedingt brauchen, um in der Klausur den richtigen Einstieg bzw. den richtigen Weg zur Lösung zu finden. Vor allem wollen wir bitte beachten, dass nur der **§ 833 Satz 1 BGB** eine *Gefährdungshaftung* (= Haftung ohne Verschulden des Anspruchsgegners) bein-

haltet, während sowohl der § 833 Satz 2 BGB als auch § 834 BGB Haftungen für vermutetes (und damit widerlegbares) Verschulden normieren. Der Tierhalter haftet
demnach nur dann ohne Verschulden, wenn es sich nicht um ein » Nutztier« im Sinne des § 833 Satz 2 BGB, sondern um ein sogenanntes »Luxustier« im Sinne des § 833
Satz 1 BGB handelt (*Erman/Wilhelmi* § 833 BGB Rz. 1). Bei Nutztieren (→ § 833 Satz 2
BGB) und im Falle des Tieraufsehers nach § 834 Satz 2 BGB, wobei da die Unterscheidung zwischen Nutz- und Luxustier übrigens keine Rolle spielt, vermutet das Gesetz
demgegenüber ein Verschulden; es muss also grundsätzlich vorliegen, wird vom
Gesetz aber durch den Eintritt des Schadens vermutet. Der Anspruchsgegner kann
dieses vermutete Verschulden aber widerlegen (= Exkulpationsmöglichkeit).

Für die Klausur: Kommen im Hinblick auf einen geltend gemachten Anspruch mehrere deliktsrechtliche Anspruchsgrundlagen in Betracht, beginnt man grundsätzlich
mit der Norm, die die wenigsten bzw. einfachsten Voraussetzungen hat. Eine Gefährdungshaftung geht aus diesem Grund einer Haftung für vermutetes Verschulden
stets vor und sollte daher in der Fallprüfung auch zuerst erörtert werden (*Medicus/
Petersen* BR Rz. 778). Denn – wie gesagt – für die Gefährdungshaftung ist ein Verschulden nicht erforderlich. Und aus genau diesem Grund haben wir oben auch mit
§ 833 Satz 1 BGB als Anspruchsgrundlage begonnen, obwohl auf den ersten Blick
eigentlich der § 834 Satz 1 BGB hier einschlägig sein könnte.

Zum Fall: Für die Anspruchsbegründung aus § 833 Satz 1 BGB ist neben der Rechtsgutsverletzung, die wir weiter oben schon festgestellt haben, die Haltereigenschaft
des K in Bezug auf den Hund notwendig.

> **Definition:** *Tierhalter* im Sinne des § 833 Satz 1 BGB ist, wer nach der Verkehrsan-
> schauung darüber entscheidet, ob Dritte der von einem Tier ausgehenden und da-
> her nicht beherrschbaren Gefahr ausgesetzt werden, und der deshalb auch das ent-
> sprechende Risiko tragen soll. Insoweit entscheidend sind die Bestimmungsmacht
> über das Tier und die Frage, wer aus eigenem Interesse für die Kosten des Tieres
> aufkommt und dessen allgemeinen Wert und Nutzen in Anspruch nimmt (BGH
> MDR **2009**, 749; OLG Nürnberg NJW-RR **2017**, 1173; RGZ **62**, 79; OLG Schleswig
> RuS **2016**, 98; PWW/*Schaub* § 833 BGB Rz. 6; *Palandt/Sprau* § 833 BGB Rz. 9).

Beachte: An dieser Stelle wird es jetzt natürlich interessant, denn von der Tierhaltereigenschaft hängt – wir haben es oben gesehen – ab, ob man nun verschuldensunabhängig nach § 833 Satz 1 BGB oder aber nur wegen vermuteten Verschuldens mit der
wichtigen Möglichkeit der Exkulpation aus § 834 BGB haftet. Und wer unser Fällchen
sorgfältig gelesen hat, wird bemerkt haben, dass unserem K hier die Widerlegung
eines vermuteten Verschuldens gelingen würde; denn der gute *Dr. Jekyll* hat in
15 Jahren noch niemanden angesprungen und war zudem ordnungsgemäß angeleint.
Es spricht demnach einiges dafür, dass der K die im Verkehr erforderliche Sorgfalt
hat walten lassen mit der Konsequenz, dass er sich über § 834 Satz 2 BGB exkulpieren

könnte. Wäre K hingegen Tierhalter im Sinne des § 833 Satz 1 BGB gewesen, könnte er mit der Exkulpation nichts bewirken und müsste demnach (der Bernhardiner ist sicher kein Nutztier im Sinne des § 833 Satz 2 BGB) aus § 833 Satz 1 BGB zahlen.

Also: Die entscheidende Frage lautet demnach, ob der K nun als *Tierhalter* im Sinne des § 833 Satz 1 BGB oder aber als *Tieraufseher* nach § 834 Satz 1 BGB zu betrachten ist. Und bei der Beantwortung dieser Frage können wir neben der Definition von oben den Gesetzestext aus § 834 Satz 1 BGB heranziehen, denn da steht die Definition des Tieraufsehers drin (bitte prüfen). Die Begriffe des Tierhalters und des Tieraufsehers schließen sich übrigens gegenseitig aus; man ist entweder Tierhalter oder Tieraufseher. Und das ergibt sich schon aus dem Wortlaut des § 834 Satz 1 BGB, denn im Gesetz steht, dass der Tieraufseher »für denjenigen, der ein Tier hält« die Führung und Aufsicht des Tieres durch Vertrag übernimmt. Beide müssen also logischerweise verschiedene Personen sein, denn der eine übernimmt ja für den anderen die Aufsicht und Führung des Tieres. Kapiert!?

Gut. Dann sehen wir uns mal unseren Fall an und stellen fest, dass der K von R die Führung und Aufsicht des Tieres per Vertrag gegen eine Entschädigung in Höhe von 150 Euro für vier Wochen übernommen hat und damit ein klassischer *Tieraufseher* im Sinne des § 834 Satz 1 BGB geworden ist. Selbst wenn das Tier längere Zeit einem anderen überlassen wird, wird dieser andere nicht ohne weitere Indizien zum Tierhalter im Sinne des § 833 Satz 1 BGB (OLG Nürnberg NJW-RR **2017**, 1173; OLG Saarbrücken NJW-RR **1988**, 1492). Entscheidend ist vielmehr, wer nach der Verkehrsanschauung auf Dauer verantwortlich für das Tier und die von diesem ausgehenden Gefahren bleibt (OLG Nürnberg NJW-RR **2017**, 1173; *Palandt/Sprau* § 833 BGB Rz. 9/10; *Medicus/Lorenz* SR II Rz. 1366). Wer das Tier für einen anderen aufbewahrt, wird somit in der Regel nicht zum Tierhalter (OLG Hamm NJW-RR **1995**, 409). In unserem Fall ist somit nach wie vor R Tierhalter im Sinne des § 833 Satz 1 BGB geblieben, der seinen Hund ja nach dem Ende des Urlaubs wieder in Empfang nimmt.

> **Beachte:** Die Abgrenzung zwischen Tierhalter und Tieraufseher kann auch deutlich schwieriger sein als bei dem hier zu entscheidenden Fall. So ist etwa zweifelhaft, ob der Eigentümer auch dann noch Tierhalter bleibt, wenn das Tier entlaufen ist; die herrschende Meinung bejaht in diesen Fällen die Tierhaltereigenschaft, sofern das Tier nicht über viele Monate fort ist (*Palandt/Sprau* § 833 BGB Rz. 9; *Bamberger/Roth/Spindler* § 833 BGB Rz. 17). Anders soll das aber sein, wenn dem Halter das Tier gestohlen worden ist; hier wird dann der Dieb zum Tierhalter (*Eberl-Borges* in VersR 1996, 1070; *Jauernig/Teichmann* § 833 BGB Rz. 3). Derjenige, dem ein Tier unvermittelt zuläuft, wird zum Halter, wenn er das Tier nicht nur vorübergehend bei sich aufnimmt (KG VersR **1981**, 1035). Der Tiertransporteur, der die Viehcher zum Schlachthof bringt, ist nicht Tierhalter, auch wenn er die alleinige Obhut und Fütterung für mehrere Tage übernommen hat (RGZ **168**, 332).

ZE.: Im vorliegenden Fall ist der K nicht dadurch zum Tierhalter im Sinne des § 833 Satz 1 BGB geworden, dass er den Hund für vier Wochen in seine Obhut und Aufsicht genommen hat. Die Verantwortung für den Hund im Sinne der Tierhaltereigenschaft verbleibt vielmehr bei R, der das Tier nach seinem Urlaub wieder in Empfang nehmen will und auch die zwischenzeitlich angefallenen Kosten trägt.

Ergebnis: Ein Anspruch des J gegen K aus § 833 Satz 1 BGB scheitert an der fehlenden Tierhaltereigenschaft des K zum Zeitpunkt des schädigenden Ereignisses.

<u>AGL.:</u> **§ 834 Satz 1 BGB** (Haftung des Tieraufsehers)

Das haben wir ja schon gesagt: Der K ist durch die vierwöchige Betreuung des Hundes *Tieraufseher* im Sinne des § 834 Satz 1 BGB geworden. Er hat somit grundsätzlich für den Schaden einzustehen, den das Tier einem Dritten in der in § 833 BGB bezeichneten Weise zufügt (Gesetz lesen: § 834 Satz 1 BGB). Der § 834 BGB bietet in seinem Satz 2 allerdings die Möglichkeit der *Exkulpation*. Der Tieraufseher kann demnach seiner Haftung entgehen, wenn er nachweist, dass er bei der Beaufsichtigung des Tieres die im Verkehr erforderliche Sorgfalt beachtet hat (*Bamberger/ Roth/Spindler* § 833 BGB Rz. 24). Hierbei richten sich die Anforderungen an die Aufsichtspflicht grundsätzlich nach dem Gefahrpotenzial des Tieres, insbesondere seinen Eigenschaften und der beabsichtigten Verwendung des Tieres (BGH NJW-RR **2005**, 1183; BGH NJW **1986**, 2501). Insoweit werden strenge Anforderungen gestellt, indessen muss der Betroffene nur für die übliche Sicherung sorgen, die bei Tieren der betreffenden Art erwartet werden kann (*Bamberger/Roth/Spindler* § 833 BGB Rz. 30).

Und diesbezüglich gibt es dann tatsächlich für die verschiedenen Arten von Tieren auch unterschiedliche Sorgfaltsmaßstäbe. Für Hunde gilt: Grundsätzlich ist eine Beaufsichtigung erforderlich; ein freies Umherlaufenlassen auf öffentlichen Straßen verletzt selbst dann die Aufsichtspflicht, wenn das Tier bislang friedfertig gewesen ist (BGH VersR **1962**, 807). Gleiches gilt für das Nichtanketten eines Hundes auf einem nicht abgeschlossenen Hof (OLG Köln VersR **1998**, 377; vgl. auch BGH NJW-RR **2005**, 1183). Grundsätzlich müssen Hunde, wenn keine besonderen Umstände hinzukommen, in der Öffentlichkeit an der Leine geführt werden (*Staudinger/ Belling/Eberl-Borges* § 833 BGB Rz. 166). Darüberhinausgehende Maßnahmen sind indessen nur dann erforderlich, wenn es die Umstände des Einzelfalles als notwendig erscheinen lassen, da ein absoluter Schutz Dritter vor den Tiergefahren nicht erreicht werden kann (BGH NJW **1983**, 1311; *Jauernig/Teichmann* § 833 BGB Rz. 8; *Bamberger/Roth/Spindler* § 833 BGB Rz. 33).

Zum Fall: Unser *Dr. Jekyll* war angeleint und in seinem bisherigen Leben nach Auskunft des Sachverhaltes noch nicht als gewalttätig aufgefallen mit der Folge, dass für den K keinerlei Veranlassung bestand, besondere Schutzmaßnahmen zu treffen. Der Hundehüter braucht nicht dafür zu sorgen, dass sein bislang stets friedfertiger, an der Leine laufender Hund einen anderen nicht anspringen kann (BGH NJW **1983**, 1311 → dort war der Betroffene sogar ein Angehöriger; vgl. auch *Erman/Wilhelmi* § 833 BGB Rz. 13). Das Anleinen des Hundes entsprach im vorliegenden Fall mithin der im

Verkehr erforderlichen Sorgfalt bei der Beaufsichtigung des Tieres im Sinne des § 834 Satz 2 BGB. Und dies hat zur Konsequenz, dass dem K die Exkulpation gemäß § 834 Satz 2 BGB gelingt.

Ergebnis: Eine Haftung des K gegenüber J aus § 834 Satz 1 BGB entfällt wegen der Exkulpation aus § 834 Satz 2 BGB. K hat somit gegenüber J keinen Schadensersatz zu leisten. J muss sich mithin an R halten. Also:

II. Ansprüche des J gegen R

<u>AGL.:</u> **§ 833 Satz 1 BGB** (Haftung des Tierhalters)

Auch hier können wir jetzt auf das oben schon Erarbeitete zurückgreifen und demnach als erstes feststellen, dass der R trotz der Übergabe des Hundes an K weiterhin Tierhalter im Sinne des § 833 Satz 1 BGB geblieben ist und der gute *Dr. Jekyll* dem J einen Schaden an seinem Körper beigebracht hat. Und weil *Dr. Jekyll* kein Nutztier im Sinne des § 833 Satz 2 BGB, sondern vielmehr in Ermangelung entgegenstehender Angaben im Sachverhalt ein sogenanntes »Luxustier« ist, scheidet eine Exkulpation über § 833 Satz 2 BGB von vornherein aus. R hat den Schaden des J daher aus dem Tatbestand der Gefährdungshaftung des § 833 Satz 1 BGB zu ersetzen.

Ergebnis: J kann von R gemäß § 833 Satz 1 BGB den Ersatz seines materiellen Schadens (Heilungskosten) über § 249 Abs. 2 BGB sowie ein angemessenes Schmerzensgeld aus § 253 Abs. 2 BGB verlangen.

III. Ansprüche des K gegen R

<u>AGL.:</u> **§ 833 Satz 1 BGB** (Haftung des Tierhalters)

Jetzt wird es noch mal interessant: Denn die Frage lautet natürlich, ob auch der Tieraufseher gegen den Tierhalter einen Anspruch geltend machen kann, wenn das Tier den Tieraufseher im Rahmen seiner Beaufsichtigung schädigt. Das klingt im ersten Moment eigentlich unsinnig, denn der Tieraufseher hat ja nun gerade die Aufsicht über das Tier selbst und freiwillig übernommen und kann daher wohl kaum einen Anspruch gegen den Tierhalter geltend machen.

Irrtum: Das geht – und ist in der Konstellation Tierhalter/Tieraufseher sogar ziemlich unstreitig: Nach dem Schutzzweck des § 833 Satz 1 BGB scheidet zwar eine Haftung mehrerer Tierhalter untereinander aus. Das heißt, wenn ein Tier einen von mehreren Haltern verletzt, kann der Verletzte nicht vom anderen Halter Schadensersatz verlangen (OLG Nürnberg NJW-RR **2017**, 1173; OLG Köln NJW-RR **1999**, 1628; *Palandt/ Sprau* § 833 BGB Rz. 1). Dies gilt jedoch nicht im Verhältnis zwischen **Tieraufseher** und **Tierhalter**: Wenn das Tier dem Tieraufseher einen Schaden zufügt, ist der Tierhalter dem Aufseher gegenüber grundsätzlich zum Schadensersatz aus § 833 Satz 1 BGB verpflichtet, denn auch insoweit realisiert sich die vom Tier ausgehende Gefahr, für die der Halter einzustehen hat (OLG Nürnberg NJW-RR **2017**, 1173; OLG Frankfurt MDR **1996**, 590; OLG Saarbrücken NJW-RR **1988**, 1492; MüKo/*Wagner* § 834 BGB Rz. 5; *Bamberger/Roth/Spindler* § 834 BGB Rz. 4; *Palandt/Sprau* § 834 BGB Rz. 3; anders nur OLG Celle VersR **1990**, 794).

> **Achtung**: Freilich gelten wegen der besonderen Konstellation insoweit Einschränkungen, und zwar: Obwohl dies dem Wortlaut des § 833 Satz 1 BGB nicht zu entnehmen ist, muss der Tieraufseher, der den Tierhalter in Anspruch nimmt, beweisen, dass er seine eigene Aufsichtspflicht, die aus seiner Eigenschaft als Tieraufseher resultiert, gehörig erfüllt hat (OLG Nürnberg NJW-RR **2017**, 1173; *Palandt/Sprau* § 834 BGB Rz. 3; *Bamberger/Roth/Spindler* § 834 BGB Rz. 4). Gelingt ihm dies nicht, muss er grundsätzlich die Vermutung des § 834 Satz 1 BGB gegen sich gelten lassen und bei einem Anspruch aus § 833 Satz 1 BGB gegen den Halter sein eigenes Mitverschulden sich anrechnen lassen. Und das leuchtet auch ein, denn immerhin obliegen dem Tieraufseher durch den mit dem Tierhalter geschlossenen Vertrag ja selbst Sicherungspflichten im Hinblick auf die Tiergefahren. Sollte er diese Pflichten nicht hinreichend erfüllen, kann er dann vom Tierhalter nicht vollumfänglich Schadensersatz fordern; denn die Schädigung hätte er ja im Zweifel durch Einhaltung der eigenen Verkehrssicherungspflichten vermeiden können (OLG Nürnberg NJW-RR **2017**, 1173; OLG Frankfurt MDR **1996**, 590).

Also: Der Tieraufseher kann nur dann vom Tierhalter Schadensersatz aus § 833 Satz 1 BGB fordern, wenn er nachweist, dass er selbst bei der Beaufsichtigung des Tieres die im Verkehr erforderliche Sorgfalt beachtet hat. Dem Tieraufseher obliegt insoweit die Beweislast, das heißt, er muss die Umstände darlegen, die die Einhaltung der Verkehrssicherungspflichten begründen. Gelingt ihm dies nicht, sind die beiderseitigen Haftungsanteile nur im Rahmen des § 254 BGB zu berücksichtigen (OLG Nürnberg NJW-RR **2017**, 1173; *Palandt/Sprau* § 834 BGB Rz. 3).

Zum Fall: Wir haben weiter oben festgestellt, dass der K bei der Aufsicht des Hundes die im Verkehr erforderliche Sorgfalt beachtet hat. Und dies hat zur Konsequenz, dass der R gegenüber K tatsächlich haftet aus § 833 Satz 1 BGB.

Ergebnis: K steht gegen R ein Anspruch auf Schmerzensgeld aus den §§ 833 Satz 1, 253 Abs. 2 BGB zu.

Zum Schluss: Vier prüfungsverdächtige Fälle zur Tierhalterhaftung

I. Das OLG München musste im Jahre 2012 über den folgenden, kuriosen und zudem ziemlich kniffligen Fall entscheiden (→ NJW-RR **2012**, 1233): Auf einer Wiese in der Nähe von München befanden sich acht Schafe in einem Pferch (= durch Zäune abgegrenztes, kleines Weidestück). Sechs Schafe gehörten dem E1, zwei Schafe gehörten dem E2. Die zwei Schafe des E2 und ein Schaf des E1 waren *schwarz*, die anderen fünf Schafe waren *weiß*. An einem Sommerabend büchste eines der schwarzen Schafe aus dem Pferch aus, rannte einen älteren Spaziergänger (S) um und verletzte diesen schwer. Anschließend lief das schwarze Schaf schnell zurück zu den anderen Schafen. **Problem**: Wem das militante schwarze Schaf gehörte (also E1 oder E2), konnte vor Gericht nicht geklärt werden, da die Schafe schwiegen und sich auch nicht gegenseitig beschuldigten.

Frage: Wer haftet? E1 oder E2? Oder vielleicht sogar beide?

Antwort: Das OLG München löste dieses skurrile Fällchen über die Vorschrift des § 830 Abs. 1 Satz 2 BGB (aufschlagen!) auf und verurteilte den von S verklagten E1 zur vollständigen Zahlung von Heilbehandlungskosten und Schmerzensgeld. **Begründung**: Zum einen ist § 830 Abs. 1 Satz 2 BGB auch in den Fällen der Gefährdungshaftung nach § 833 BGB unstreitig anwendbar (BGHZ **55**, 96; *Jauernig/Teichmann* § 830 BGB Rz. 2; *Palandt/Sprau* § 830 BGB Rz. 7). Das Problem, dass der § 830 Abs. 1 BGB an sich voraussetzt, dass immer *mehrere Beteiligte* auch tatsächlich an der schädigenden Handlung mitwirken und hier offensichtlich aber nur *ein* Schaf ausgebüchst war und den S umgerannt hatte, spiele zum anderen keine entscheidungserhebliche Rolle, denn:

»*… Das anspruchsbegründende Verhalten **beider natürlicher Personen** (E1 und E2) besteht hier darin, dass sie ihre Schafe **gemeinsam** in einem Pferch hielten, der nicht ständig überwacht wurde. Sie haben daher gemeinsam eine auf den konkreten Ort und die konkrete Situation im Schadenszeitpunkt bezogene Gefahrenlage geschaffen … Das **tierische Verhalten** ist demgegenüber nur relevant im Rahmen des Tatbestandes des § 833 BGB, soweit es um die Frage geht, ob sich die **typische Tiergefahr** realisiert hat, was hier aber fraglos der Fall war … Aus diesem Grund sind vorliegend beide natürliche Personen grundsätzlich für den Schaden verantwortlich, obwohl nicht festgestellt werden kann, welches Schaf den Schaden letztlich verursacht hat …*«

Ergebnis: Der von S alleine verklagte E1 muss zahlen, obwohl nicht feststeht, dass sein schwarzes Schaf den Schaden verursacht hat (→ OLG München NJW-RR **2012**, 1233).

II. Im **Januar 2015** musste der BGH über die folgende tragische Geschichte entscheiden, die sich in der Nähe von Frankfurt abgespielt hatte (→ NJW **2015**, 1824): Fünf Jugendliche ritten auf Ponys – drei Ponys gehörten dem A, zwei dem B – im Trab über einen Feldweg, als sich an einer Wegeskreuzung plötzlich von der linken Seite eine Kutsche mit zwei weiteren Pferden näherte. Alle fünf Ponys (im Folgenden mit den Nrn. 1 bis 5 benannt) gingen nach den späteren Urteilsfeststellungen »*gemeinschaftlich durch und verfielen ins wilde Galoppieren*«. Nach etwa 300 Metern im Galopp bogen alle fünf Ponys mit ihren Reitern nach rechts in einen Feldweg ein, wo ihnen der Mountainbiker M entgegenkam, der beim Ausweichmanöver stürzte und sich sehr schwer verletzte (Querschnittslähmung). Nachweislich befand sich nur das dem A gehörende Pony Nr. 1 beim Sturz des M in dessen unmittelbarer Nähe. Die Ponys Nrn. 2–5 bogen erst einige Meter dahinter galoppierend in den Feldweg ein. Der A bzw. dessen Versicherung zahlte anschließend über 400.000 Euro Schmerzensgeld an den M und verlangt nun von B, dem ja auch zwei Ponys gehörten, eine Ausgleichszahlung im Wege eines Gesamtschuldnerausgleichs gemäß § 426 Abs. 1 BGB, und zwar wegen der Regelung des **§ 840 Abs. 1 BGB** (aufschlagen!). **Zu Recht?**

Lösung: Der B wäre nur dann auch für den Sturz des M verantwortlich und damit als Gesamtschuldner gemäß den §§ 840 Abs. 1, 426 Abs. 1 BGB dem A gegenüber haftbar, wenn seine beiden Ponys ebenfalls ursächlich für den Unfall waren und demnach über § 833 Satz 1 BGB auch eine Einstandspflicht gegenüber M bestand. **Problem**: Die Ponys des B kamen unstreitig erst einige Sekunden später zur »Unfallstelle«!

Der BGH sah darüber hinweg und stellte Folgendes fest (→ BGH NJW **2015**, 1824):

»… *Die Haftung des B kann entgegen der Auffassung des Berufungsgerichts nicht mit der Begründung verneint werden, der Unfall sei konkret durch das Pony des A verursacht worden und keines der Ponys des B sei dem Geschädigten so nahegekommen, dass sein tierisches Verhalten den Sturz konkret verursacht habe. Es ist darauf hinzuweisen, dass auch bei der Tierhalterhaftung die* **Mitverursachung** *oder bloß* **mittelbare Verursachung** *für die Haftungsbegründung ausreicht. Nach den vom Landgericht getroffenen Feststellungen sind alle fünf Ponys vor dem Sturz des Geschädigten im Kreuzungsbereich ›gemeinschaftlich‹ durchgegangen, ins Galoppieren verfallen und nach rechts in den Feldweg eingebogen, auf dem ihnen der Geschädigte mit einem Mountainbike entgegenkam, worauf dieser stürzte. Auf der Grundlage dieser Feststellungen können alle Ponys jedenfalls mittelbar zu dem Sturz des Geschädigten beigetragen haben. Demzufolge ist die von allen fünf Ponys ausgehende Tiergefahr adäquat kausal für dessen Sturz gewesen … Der B ist folglich als Tierhalter ebenfalls verantwortlich für den Sturz des M und mithin einstandspflichtig über die §§ 833 Satz 1, 840 Abs. 1, 426 Abs. 1 BGB gegenüber A …*«.

III. Am **27. Oktober 2015** hatte der BGH über die folgende Geschichte zu entscheiden, die sich im April 2013 im schönen *Delmenhorst* in Niedersachsen ereignete (→ MDR **2016**, 156): Vater V hatte für seine Familie einen *Jack-Russel-Mischling* (= niedliches kleines Hundchen mit schwarz-weißem Fell – im Folgenden »**JRM**«) gekauft. Als V einige Wochen nach dem Kauf mit dem nicht angeleinten JRM durch *Delmenhorst* schlenderte und am Grundstück des G vorbeiging, steckte JRM seine Nase durch den Gartenzaun. Herbeigeeilt kam sofort der ebenfalls nicht angeleinte Wolfshund (!) des G, der – was er unstreitig zuvor noch nie getan hatte – über den Zaun sprang und auf JRM einbiss. JRM überlebte knapp, die Heilbehandlungskosten beim Tierarzt beliefen sich später auf stolze **4.177,59 Euro**. Vor Gericht gab der auf Schadensersatz klagende V wahrheitsgemäß an, die jährlichen Haltungskosten für JRM lägen bei 1.000 Euro. **Anspruch des V gegen G?**

Lösung: Der BGH bejahte zunächst vom Grundsatz her sowohl einen Anspruch des V gegen G aus **§ 833 Satz 1 BGB** als auch aus **§ 823 Abs. 1 BGB** (wegen fahrlässiger Eigentumsverletzung). Die Besonderheit des Falles lag nun aber offensichtlich darin, dass es hier auf beiden Seiten eine *tierische Gefahr* bzw. ein tierisches Verhalten zu berücksichtigen gab und zudem die seltene Konstellation »Tier verletzt anderes Tier« vorlag mit der kniffligen und entscheidenden Frage, *in welcher Höhe* der G denn jetzt schadensersatzpflichtig gegenüber V sei.

Der BGH urteilte überraschend: Im Hinblick auf den Umfang des Schadensersatzes läge ein Fall des **§ 251 Abs. 2 Satz 2 BGB** (aufschlagen!) in Verbindung mit § 249 Abs. 2 BGB vor mit der Folge, dass der Betrag zu ersetzen sei, den ein verständiger Tierhalter zur Rettung seines Tieres aufzuwenden bereit gewesen wäre. Der BGH entschied sich in dieser schwierigen Lage (wer mag so was beurteilen?) und namentlich unter Berücksichtigung des Umstandes, dass V bereit war, jährlich 1.000 Euro für sein Tier aufzuwenden, für den *dreifachen* Betrag, also 3.000 Euro als Schadensersatz-Obergrenze. Wörtlich bis befremdlich heißt es im Urteil (→ MDR **2016**, 156):

> »... *Der verständige Besitzer eines durchschnittlich begabten und sympathischen Hundes wird das **Dreifache** dieses Betrages (1.000 Euro) aufwenden, um den Hund behandeln zu lassen und damit dessen Leben zu retten. Mehr als dies wäre bei verständiger wirtschaftlicher Betrachtung aber nicht mehr begründbar ...*« (**gegen** eine Begrenzung auf das Dreifache aktuell aber: OLG Hamm in RdL **2017**, 52, wo ein Pferd mit einem objektiven »Wert« von 2.000 Euro für stolze 15.000 Euro – erstattungspflichtig! – gesundgepflegt wurde)

Juristisch wertvoll und knifflig wurde es aber erst danach: Es stellte sich nämlich die weitere Frage, ob auch für den Jack-Russel-Mischling die von diesem Tier ausgehende Tiergefahr (Gefährdungshaftung!) zu berücksichtigen und damit schadensmindernd in Ansatz zu bringen war. Der BGH fand eine erstaunliche Lösung: Im Hinblick auf den Anspruch aus § 833 Satz 1 BGB (= Anspruch aus Gefährdungshaftung) müsse auch die von JRM ausgehende Tiergefahr gemäß **§ 254 BGB** anspruchsmindernd berücksichtigt werden. Der Schaden sei zwar nicht dadurch verursacht worden, dass JRM nicht angeleint war, sondern hätte sich unstrittig auch angeleint ergeben. Gleichwohl realisiere sich in dem »Nase-durch-den-Zaun-Stecken« auch auf Seiten des JRM ein unberechenbares, typisches Verhalten eines Tieres, das den späteren Schadensfall zumindest mitverursacht habe. In Bezug auf den Anspruch aus § 833 Satz 1 BGB müssten die 3.000 Euro daher – jedenfalls theoretisch – um einen noch näher zu bestimmenden Betrag reduziert werden.

Aber: Da V gegen G zudem auch ein Anspruch wegen fahrlässiger Eigentumsverletzung aus **§ 823 Abs. 1 BGB** zustehe (G hätte den Wolfshund besser beaufsichtigen müssen), komme eine Schadensminderung aus dem Gedanken des § 833 Satz 1 BGB wegen der Regel des **§ 840 Abs. 3 BGB** (aufschlagen!) nicht in Betracht, denn:

> »... *Im Hinblick auf den Anspruch aus § 823 Abs. 1 BGB muss sich V die von seinem Tier ausgehende Gefahr demgegenüber **nicht** anspruchsmindernd anrechnen lassen. Zwar hat der Jack-Russel-Mischling seinen Kopf durch den Zaun gesteckt und damit ein klassisches, unberechenbares Verhalten des Tieres gezeigt, das eine Haftung nach § 833 Satz 1 BGB begründen kann. Ihrer Zurechnung steht aber die Vorschrift des § 840 Abs. 3 BGB entgegen. Demnach kommt der Gefährdungshaftung des § 833 Satz 1 BGB keine Bedeutung (mehr) zu, wenn gleichzeitig auch eine Haftung aus verschuldetem Unrecht aus § 823 Abs. 1 BGB vorliegt. Der § 840 Abs. 3 BGB greift seinem Sinngehalt nach zu Lasten eines aus Verschulden haf-*

*tenden Schädigers auch dann ein, wenn es um den eigenen, von dem Tier mitverursachten Schaden des Tierhalters geht ... V steht daher aus § 823 Abs. 1 BGB in Verbindung mit den §§ 840 Abs. 3, 251 Abs. 2 Satz 2, 249 Abs. 2 BGB ein Anspruch auf Zahlung von 3.000 Euro gegen G zu, welcher **nicht** nach § 254 BGB zu mindern ist ...«* (BGH MDR **2016**, 156)

Beachte: Diese Rechtsprechung hat der BGH mit Urteil vom 31. Mai 2016 in einem nahezu identischen Fall bestätigt → NJW **2016**, 2737.

IV. Zum Verhältnis Tierhalter/Tieraufseher lag dem OLG Nürnberg im **März 2017** schließlich der folgende tragische Fall zur Entscheidung vor (→ NJW-RR **2017**, 1173): Eine junge Frau (F) hatte mit der Eigentümerin (E) eines Pferdes vertraglich vereinbart, dass sie (die F) gegen Zahlung von monatlich 100 Euro jederzeit mit dem Pferd der E, das in einer der E gehörenden Stallung untergebracht war, ausreiten durfte. Die F hatte sich zudem verpflichtet, an den Ausreittagen das Pferd auch zu füttern und den Stall auszumisten. An einem der Reittage kam es dann zu einem Unfall: Das Pferd »ging durch« und warf die F ab, wobei die F eine Querschnittslähmung erlitt. Die genauen Umstände des Unfalls konnten nicht aufgeklärt werden, da niemand außer F zugegen war und die F nur noch bruchstückhafte Erinnerungen an den Unfall hatte **Frage**: Stehen F Ansprüche gegen E zu? **Antwort**: Das OLG Nürnberg stellte zunächst fest, dass die F trotz der vertraglichen Abrede mit E nicht zur (Mit-)Halterin im Sinne des § 833 Satz 1 BGB geworden ist und demnach der Anspruch aus § 833 Satz 1 BGB auch nicht von vorneherein ausgeschlossen war. Bei einer sogenannten »**Reitbeteiligung**« bleibt der Eigentümer des Pferdes *alleiniger* Halter und muss daher aus § 833 Satz 1 BGB für dessen Schädigungen einstehen. **Aber**: Der Reiter bzw. hier die Reiterin ist als **Tieraufseher** (auch: »Tierhüter«) im Sinne des § 834 Satz 1 BGB anzusehen. **Konsequenz**: Die Tieraufseherin F trifft die Verschuldensvermutung des **§ 834 Satz 1 BGB** mit der Folge, dass sie nur dann haftungsfrei bleibt und somit von der Tierhalterin E den kompletten Schaden ersetzt verlangen kann, wenn sie (F) nachweisen kann, bei der Aufsicht des Tieres selbst die im Verkehr erforderliche Sorgfalt eingehalten zu haben. Gelingt ihr dies nicht, mindert ihr Haftungsanteil ihren Anspruch gegen die Tierhalterin aus § 833 Satz 1 BGB. Im konkreten Fall waren die Umstände des »Durchgehens« des Pferdes leider nicht mehr aufzuklären mit der Konsequenz, dass der F eine Exkulpation *nicht* gelingt. Sie muss daher ihren Anspruch gegen E aus § 833 Satz 1 BGB nach den Grundsätzen des § 254 BGB (aufschlagen!) kürzen lassen. Das OLG Nürnberg kam auf dieser Grundlage zu einer hälftigen Teilung der Heilbehandlungskosten und auch des Schmerzensgeldes (NJW-RR **2017**, 1173). Tragisch.

Das Allerletzte

Und ganz zum Schluss (versprochen!) noch ein abschließender Hinweis auf eine Entscheidung des OLG Celle aus dem Januar 2016 (VersR **2017**, 567), wo es um die interessante Frage ging, wie sich die Tiergefahr und die Betriebsgefahr eines Autos (→ § 7 StVG), wenn sie zufällig aufeinander treffen, haftungsrechtlich zueinander verhalten. **Kurzfassung**: Ein Auto fuhr über einen Feldweg und erschreckte dabei ein Pferd, das ausbrach und seine neben ihm stehende Eigentümerin schwer verletzte. **Frage**: Wer ist verantwortlich und haftet demnach für den Schaden? **Antwort**: Beide zu gleichen Teilen, also sowohl der Autohalter als auch die (schwer verletzte) Tierhalterin. Das OLG Celle stellte fest, dass bei dem Zusammentreffen von zwei reinen Gefährdungstatbeständen (hier: § 833 BGB und § 7 StVG) in der Regel beide Beteiligten für das Entstehen eines Schadens hälftig haften müssen, es sei denn, besondere Umstände erzwingen eine andere Haftungsquote (OLG Celle VersR **2017**, 567). Die verletzte Tierhalterin konnte, da besondere Umstände nicht vorlagen, demnach nur die Hälfte des ihr entstandenen Schadens vom Autohalter einfordern, den anderen Teil hatte sie selbst zu vertreten (Einzelheiten zur Haftung im Straßenverlehr gibt's dann in Fall Nr. 24 weiter unten). Merken.

Gutachten

I. Ansprüche des J gegen K

J könnte gegen K einen Anspruch auf Schadensersatz und Schmerzensgeld aus den §§ 833 Satz 1, 253 Abs. 2 BGB haben.

1.) Dafür muss zunächst eine der in § 833 Satz 1 BGB benannten Rechtsgutsverletzungen vorliegen. J hat durch den Armbruch eine Verletzung seines Körpers erlitten.

2.) Die Haftung des § 833 Satz 1 BGB trifft allerdings nur den Tierhalter. Es ist somit zu prüfen, ob der K im vorliegenden Fall zum Zeitpunkt der Körperverletzung auch tatsächlich ein solcher Tierhalter gewesen ist. Tierhalter im Sinne des § 833 Satz 1 BGB ist, wer nach der Verkehrsanschauung darüber entscheidet, ob Dritte der von einem Tier ausgehenden und daher nicht beherrschbaren Gefahr ausgesetzt werden und der deshalb auch das entsprechende Risiko tragen soll. Insoweit entscheidend sind die Bestimmungsmacht über das Tier und die Frage, wer aus eigenem Interesse für die Kosten des Tieres aufkommt und dessen allgemeinen Wert und Nutzen in Anspruch nimmt. Dem gegenüber steht der Tieraufseher aus § 834 BGB, der für denjenigen, der ein Tier hält, die Führung und Aufsicht des Tieres durch Vertrag übernimmt. Es ist zu prüfen, ob der K als Tierhalter im Sinne des § 833 Satz 1 BGB oder aber als Tieraufseher nach § 834 Satz 1 BGB zu betrachten ist. Die Begriffe des Tierhalters und des Tieraufsehers schließen sich gegenseitig aus, man ist entweder Tierhalter oder Tieraufseher.

Vorliegend kann festgestellt werden, dass der K von R die Führung und Aufsicht des Tieres per Vertrag gegen eine Entschädigung in Höhe von 150 Euro für vier Wochen übernommen hat und damit ein klassischer Tieraufseher im Sinne des § 834 Satz 1 BGB geworden ist. Selbst wenn das Tier längere Zeit einem anderen überlassen wird, wird dieser andere nicht ohne weitere Indizien zum Tierhalter im Sinne des § 833 Satz 1 BGB. Entscheidend ist vielmehr, wer nach der Verkehrsanschauung auf Dauer verantwortlich für das Tier und die von diesem ausgehenden Gefahren bleibt. Wer das Tier für einen anderen aufbewahrt, wird somit in der Regel nicht zum Tierhalter. Im vorliegenden Fall ist folglich nach wie vor der R Tierhalter im Sinne des § 833 Satz 1 BGB geblieben, der seinen Hund ja nach dem Ende des Urlaubs wieder in Empfang nehmen will. Daraus ergibt sich, dass K nicht dadurch zum Tierhalter im Sinne des § 833 Satz 1 BGB geworden ist, dass er den

Hund für vier Wochen in seine Obhut und Aufsicht genommen hat. Die Verantwortung für den Hund im Sinne der Tierhaltereigenschaft verbleibt vielmehr bei R, der das Tier nach seinem Urlaub wieder in Empfang nehmen will und auch die zwischenzeitlich angefallenen Kosten trägt.

Ergebnis: Ein Anspruch des J gegen K aus § 833 Satz 1 BGB scheitert an der Tierhaltereigenschaft des K zum Zeitpunkt des schädigenden Ereignisses.

J könnte gegen K nun aber ein Anspruch aus § 834 Satz 1 BGB zustehen.

1.) K ist – wie oben geprüft – durch die vierwöchige Betreuung des Hundes Tieraufseher im Sinne des § 834 Satz 1 BGB geworden. Er hat somit grundsätzlich für den Schaden einzustehen, den das Tier einem Dritten in der in § 833 BGB bezeichneten Weise zufügt.

2.) § 834 BGB bietet in seinem Satz 2 allerdings die Möglichkeit der Exkulpation. Der Tieraufseher kann demnach seiner Haftung entgehen, wenn er nachweist, dass er bei der Beaufsichtigung des Tieres die im Verkehr erforderliche Sorgfalt beachtet hat. Hierbei richten sich die Anforderungen an die Aufsichtspflicht nach dem Gefahrpotenzial des Tieres, insbesondere seinen Eigenschaften und der beabsichtigten Verwendung des Tieres. Insoweit werden strenge Anforderungen gestellt, indessen muss der Betroffene nur für die übliche Sicherung sorgen, die bei Tieren der betreffenden Art erwartet werden kann.

Dr. Jekyll war angeleint und in seinem bisherigen Leben noch nicht als gewalttätig aufgefallen mit der Folge, dass für K keinerlei Veranlassung bestand, besondere Schutzmaßnahmen zu treffen. Der Hundehüter braucht nicht dafür zu sorgen, dass sein bislang stets friedfertiger, an der Leine laufender Hund einen anderen nicht anspringen kann. Das Anleinen des Hundes entsprach im vorliegenden Fall mithin der im Verkehr erforderlichen Sorgfalt bei der Beaufsichtigung des Tieres im Sinne des § 834 Satz 2 BGB. Und dies hat zur Konsequenz, dass dem K die Exkulpation gemäß § 834 Satz 2 BGB gelingt.

Ergebnis: Eine Haftung des K gegenüber J aus § 834 Satz 1 BGB entfällt wegen der Exkulpation aus § 834 Satz 2 BGB. K hat somit gegenüber J keinen Schadensersatz zu leisten.

II. Ansprüche des J gegen R

J könnte gegen R ein Anspruch auf Schadensersatz und Schmerzensgeld aus den §§ 833 Satz 1, 253 Abs. 2 BGB zustehen.

Insoweit kann nach dem bereits oben Gesagten festgestellt werden, dass der R trotz der Übergabe des Hundes an K weiterhin Tierhalter im Sinne des § 833 Satz 1 BGB geblieben ist und Dr. Jekyll dem J einen Schaden an seinem Körper beigebracht hat. Und weil Dr. Jekyll kein Nutztier im Sinne des § 833 Satz 2 BGB, sondern vielmehr in Ermangelung entgegenstehender Angaben im Sachverhalt ein sogenanntes Luxustier ist, scheidet eine Exkulpation über § 833 Satz 2 BGB von vornherein aus. R hat den Schaden des J daher aus dem Tatbestand der Gefährdungshaftung des § 833 Satz 1 BGB zu ersetzen.

Ergebnis: J kann von R gemäß § 833 Satz 1 BGB Ersatz seines materiellen Schadens (Heilungskosten) über § 249 Abs. 2 BGB sowie ein angemessenes Schmerzensgeld aus § 253 Abs. 2 BGB verlangen.

III. Ansprüche des K gegen R

K könnte gegen R einen Anspruch auf Schadensersatz und Schmerzensgeld aus den §§ 833 Satz 1, 253 Abs. 2 BGB haben.

1.) Insoweit ist zunächst fraglich, ob auch der Tieraufseher gegen den Tierhalter einen Anspruch geltend machen kann, wenn das Tier den Tieraufseher im Rahmen seiner Beaufsichtigung schädigt. Hiergegen könnte sprechen, dass der Tieraufseher gerade die Aufsicht über das Tier selbst und freiwillig übernommen hat und daher die Geltendmachung eines Anspruchs gegen den Tierhalter nicht sachgerecht erscheint.

Nach dem Schutzzweck des § 833 Satz 1 BGB scheidet zwar eine Haftung mehrerer Tierhalter untereinander aus. Wenn ein Tier einen von mehreren Haltern verletzt, kann der Verletzte nicht vom anderen Halter Schadensersatz verlangen. Dies gilt jedoch nicht im Verhältnis zwischen Tieraufseher und Tierhalter. Wenn das Tier dem Tieraufseher einen Schaden zufügt, ist der Tierhalter dem Aufseher gegenüber grundsätzlich zum Schadensersatz aus § 833 Satz 1 BGB verpflichtet, denn auch insoweit realisiert sich die vom Tier ausgehende Gefahr, für die der Halter einzustehen hat. Freilich gelten wegen der besonderen Konstellation insoweit Einschränkungen. Obwohl dies dem Wortlaut des § 833 Satz 1 BGB nicht zu entnehmen ist, muss der Tieraufseher, der den Tierhalter in Anspruch nimmt, beweisen, dass er seine eigene Aufsichtspflicht, die aus seiner Eigenschaft als Tieraufseher resultiert, gehörig erfüllt hat. Dies begründet sich damit, dass es dem Tieraufseher obliegt, durch den mit dem Tierhalter geschlossenen Vertrag eigene Sicherungspflichten im Hinblick auf die Tiergefahren zu beachten. Sollte er diese Pflichten nicht hinreichend erfüllen, kann er dann vom Tierhalter nicht Schadensersatz fordern; denn die Schädigung hätte er ja im Zweifel durch Einhaltung der eigenen Verkehrssicherungspflichten vermeiden können. Der Tieraufseher kann dementsprechend nur dann vom Tierhalter Schadensersatz aus § 833 Satz 1 BGB fordern, wenn er nachweist, dass er selbst bei der Beaufsichtigung des Tieres die im Verkehr erforderliche Sorgfalt beachtet hat. Dem Tieraufseher obliegt insoweit die Beweislast, das heißt, er muss die Umstände darlegen, die die Einhaltung der Verkehrssicherungspflichten begründen. Gelingt ihm dies nicht, sind die beiderseitigen Haftungsanteile nur im Rahmen des § 254 BGB zu berücksichtigen.

Es ist weiter oben festgestellt worden, dass der K bei der Aufsicht des Hundes die im Verkehr erforderliche Sorgfalt beachtet hat. Und dies hat zur Konsequenz, dass der R gegenüber K aus § 833 Satz 1 BGB haftet.

Ergebnis: Dem K steht gegen R ein Anspruch auf Schmerzensgeld aus den §§ 833 Satz 1, 253 Abs. 2 BGB zu.

Fall 23

Das einzig wahre Warsteiner!

Rechtsstudent R hat während seines Studiums nicht die gewünschten Erfolge erzielt, befindet sich im Alter von 36 Jahren inzwischen im 29. Semester und hat schon vor etwa zehn Jahren damit angefangen, seinen Frust im Alkohol zu ertränken. Seit fünf Jahren hat R deshalb ein erhebliches Alkoholproblem. Er trinkt täglich bis zu zehn Flaschen Bier, vornehmlich von der Brauerei *Warsteiner*. Da R nunmehr medizinisch als alkoholabhängig eingestuft wird und gesundheitlich (→ Leberschaden) sowie in seiner gesamten Lebensführung massiv eingeschränkt ist, beschließt er, die Firma *Warsteiner* (W) auf Schadensersatz und Schmerzensgeld zu verklagen. R meint, die W hätte auf ihren Flaschen Warnhinweise anbringen müssen, die auf eine mögliche Alkoholabhängigkeit und die damit verbundenen Gefahren hinweisen.

Stehen R gegen W Ansprüche zu?

Schwerpunkte: Die Verkehrssicherungspflichten bei § 823 Abs. 1 BGB; Haftung für ein Unterlassen; die sogenannte »Produzentenhaftung« im Rahmen des § 823 Abs. 1 BGB; die sogenannte »Produkthaftung« nach dem Produkthaftungsgesetz; Begriff des »Fehlers« bei den §§ 1 Abs. 1, 3 Abs. 1 ProdHaftG.

Lösungsweg

Einleitung: Was da oben eher wie ein schlechter Scherz klingt, lag dem OLG Hamm im Februar 2001 tatsächlich zur Entscheidung vor (NJW **2001**, 1654): Ein Alkoholabhängiger hatte die Firma *Warsteiner* auf Schadensersatz und 30.000 DM Schmerzensgeld verklagt mit dem Argument, er sei nur deshalb alkoholkrank geworden, weil er nicht gewusst habe, dass der übermäßige Genuss von Alkohol zu Langzeitschäden führt. Die Firma *Warsteiner*, deren Bier er vornehmlich getrunken hatte, habe dies seiner Meinung nach auf den verkauften Flaschen kenntlich machen und den Verbraucher entsprechend warnen müssen.

Was – wie gesagt – zunächst wie ein Witz daherkommt, hat juristisch einen ziemlich wertvollen und vor allem prüfungstechnisch relevanten Hintergrund, denn wir werden anhand dieses Falles jetzt – neben einem kurzen Abstecher ins ProdukHaftG – die sogenannten »**Verkehrssicherungspflichten**« kennenlernen, die im Rahmen des § 823 Abs. 1 BGB eine beachtliche Rolle spielen. Und hierbei geht es konkret um die Frage, ob man auch für ein *Unterlassen* im Rahmen des § 823 Abs. 1 BGB haftungsrechtlich zur Verantwortung gezogen werden kann; bislang hatten wir ja immer nur Fälle, in denen der Schädiger etwas *aktiv* getan und damit dem Geschädigten einen Nachteil bzw. Schaden zugefügt hatte. Das wird sich jetzt ändern, denn die Firma *Warsteiner* hat an sich nichts Verbotenes getan, außer ihr Bier zu produzieren und zu verkaufen, was indessen nicht als haftungsbegründend eingestuft werden kann, denn die Produktion und der Verkauf von Bier sind in unserem Land erlaubt. Ansatzpunkt einer Haftung nach dem BGB kann somit nur das *Unterlassen* möglicher Warnhinweise auf den Flaschen sein. Dass dieses Verfahren bzw. die Klage übrigens keineswegs absurd ist, sieht man daran, dass vergleichbare Rechtsstreitigkeiten gegen Zigarettenhersteller auch erst vor einigen Jahren einen Abschluss gefunden haben (vgl. die Entscheidung des LG Arnsberg in NJW **2004**, 232 sowie die Berufung dazu vor dem OLG Hamm, abgedruckt in NJW **2005**, 295) und dass beispielsweise in anderen Ländern – wie etwa den USA – solche Verfahren um suchtfördernde oder suchtauslösende Produkte durchaus von beachtlichem Erfolg gekrönt sein können. Die Zigarettenhersteller werden dort teilweise zu immens hohen Schadensersatzzahlungen verurteilt, wobei in den USA im Bereich des Zivilrechts – anders als in Deutschland – auch ein sogenannter »Strafcharakter« gegenüber den Firmen zum Tragen kommt und der dem Kläger eigentlich entstandene Schaden demgegenüber dann häufig in den Hintergrund tritt (wer Interesse hat: *Kullmann* in ZLR 2001, 342; *Katzenmeier* in JuS 2003, 943; *Buchner/Wiebel* in VersR 2001, 29 oder auch: *Steffen*, Produzentenhaftung für Raucherschäden in den USA, in NJW 1996, 3062).

Wir kümmern uns jetzt aber mal ums deutsche Recht – und nach unserer Rechtsordnung löst man Fälle der vorliegenden Art so:

Anspruch des R gegen W auf Schadensersatz und Schmerzensgeld

<u>AGL.:</u> §§ 1 Abs. 1, 8 ProdHaftG

Aufgepasst: Wenn Produkte in den Verkehr gebracht werden und dadurch – wie auch immer – bei Personen oder an Sachen Schäden auftreten, muss man zunächst mal in das Produkthaftungsgesetz (ProdHaftG) schauen. Dieses seit 1990 geltende Gesetz normiert nämlich eine *verschuldensunabhängige* (Gefährdungs-)Haftung des Herstellers für Personen- und Sachschäden und hat von der Prüfungsreihenfolge daher grundsätzlich Vorrang, denn die verschuldensunabhängige Haftung nach dem ProdHaftG kommt – weil weniger Tatbestandsvoraussetzungen (kein Verschulden!) zu prüfen sind – stets vor der Haftung für verschuldetes Unrecht aus dem BGB (BGH NJW **2015**, 3096; BGH NJW **2009**, 1080; *Erman/Wilhelmi* vor § 1 ProdHaftG Rz. 6).

> **Aber:** Die Haftung nach dem Produkthaftungsgesetz erfordert zwar kein Verschulden und gewährt gemäß § 8 Satz 2 ProdHaftG bei einer Körperverletzung sogar eine »billige Entschädigung in Geld« (= Schmerzensgeld), setzt allerdings in jedem Falle voraus, dass das Produkt einen »**Fehler**« hat (bitte lies § 1 Abs. 1 Satz 1 ProdHaftG). Die Legaldefinition für den Begriff des Fehlers findet sich in § 3 ProdHaftG – und demnach ist ein Produkt dann fehlerhaft, wenn es nicht die Sicherheit bietet, die un-

ter Berücksichtigung aller Umstände erwartet werden kann (vgl. im Einzelnen die Aufzählung in § 3 ProdHaftG). Und an dieser Stelle muss man nun gut aufpassen, denn beim ProdHaftG geht es nicht darum, die Gebrauchstauglichkeit des Produkts zu gewährleisten, sondern vielmehr darum, die körperliche Integrität und den Eigentumsschutz des Erwerbers zu garantieren. Der Fehlerbegriff des ProdHaftG ist demnach ein anderer als der aus § 434 BGB (BGH NJW **2015**, 3096; BGH NJW **2009**, 1669; *Brox/Walker* BS § 54 Rz. 31). Während das BGB mit seiner Mängelhaftung das Nutzungs- und Äquivalenzinteresse schützt (also die Frage, ob der Erwerber für den Kaufpreis ein gleichwertiges Produkt erhalten hat), schützt das Produkthaftungsgesetz das sogenannte »Integritätsinteresse«, also das Interesse des Erwerbers daran, dass die gekaufte Sache in ihrer Anwendung die Sicherheit für Leben, Gesundheit und Sachwerte bietet, die allgemein erwartet werden kann (*Palandt/Sprau* § 3 ProdHaftG Rz. 1). So ist auch der Schaden am Produkt selbst gemäß **§ 1 Abs. 1 Satz 2 ProdHaftG** gar nicht ersatzfähig (bitte prüfen). Das Produkthaftungsgesetz konzentriert sich demnach auf die an *anderen* Rechtsgütern des Erwerbers durch das fehlerhafte Produkt entstandenen Schäden und hat den Fehlerbegriff folglich nur daran orientiert, dass das Produkt beim bestimmungsgemäßen Gebrauch die erforderliche Sicherheit für die anderen Rechtsgüter des Erwerbers bieten muss (langer, aber sehr wichtiger Satz, bitte mindestens noch einmal lesen und: Merken).

Im vorliegenden Fall kommt nun im Hinblick auf den Fehlerbegriff des ProdhaftG nur **§ 3 Abs. 1 b)** des Gesetzes in Betracht (lesen, bitte!). Demnach ist das Produkt dann fehlerhaft, wenn es unter Berücksichtigung des Gebrauchs, mit dem billigerweise gerechnet werden kann, nicht die Sicherheit bietet, die berechtigterweise erwartet werden kann.

Und an dieser Stelle ist die Prüfung dann im vorliegenden Fall auch schon beendet, denn das verkaufte Bier ist weder schadhaft noch aus anderen Gründen sicherheitstechnisch bedenklich, jedenfalls steht davon nix im Fall. Dass man bei übermäßigem Genuss unter Umständen alkoholkrank wird, mag zwar sein; diese Verwendung liegt dann aber fraglos außerhalb des »bestimmungsgemäßen« Gebrauchs, der von § 3 Abs. 1 b) ProdHaftG gemeint ist (BGH NJW **2009**, 1669; BGH NJW **1981**, 514; *Erman/ Wilhelmi* § 3 ProdHaftG Rz. 5). Beachte insoweit übrigens auch noch, dass die oben schon mal erwähnten Ansprüche der Raucher gegen die Zigarettenkonzerne aus § 1 ProdHaftG unter anderem auch daran scheiterten, dass die Gerichte die Zigaretten – trotz evidenter Gesundheitsgefährdung bei häufigem Konsum – für *nicht* fehlerhaft hielten im Sinne des § 3 ProdHaftG, da sie nach den Bestimmungen der hiesigen Gesetze angefertigt würden (OLG Hamm NJW **2005**, 295; LG Arnsberg NJW **2004**, 232; vgl. insoweit später auch noch die Anmerkungen im Anschluss an die Lösung).

<u>ZE.:</u> Die vorliegend in Frage stehenden Bierflaschen haben keinen »Fehler« im Sinne des ProdHaftG.

Erg.: Ein Anspruch des R gegen die Firma *Warsteiner* aus der Gefährdungshaftung des § 1 Abs. 1 ProdHaftG kommt somit nicht in Betracht.

Und damit sind wir dann endlich bei § 823 Abs. 1 BGB angelangt und können uns nun mit der weiter oben schon mal angesprochenen Frage beschäftigen, inwieweit die Firma *Warsteiner* denn tatsächlich haftungsrechtlich für das **Unterlassen** möglicher Warnhinweise belangt werden kann. Selbstverständlich bleiben wir dabei im uns inzwischen bekannten Aufbaumuster und prüfen demnach den § 823 Abs. 1 BGB wie gewohnt mit seinen einzelnen Merkmalen sorgfältig nacheinander durch, also:

AGL.: §§ 823 Abs. 1, 253 Abs. 2 BGB (Schadensersatz und Schmerzensgeld)

1.) Voraussetzung ist zunächst die Verletzung eines absoluten Rechts oder Rechtsguts. Und das ist hier kein Problem, denn der R ist mit einem Leberschaden erheblich in seiner Gesundheit beeinträchtigt, was man zwanglos als Gesundheitsbeschädigung im Sinne des § 823 Abs. 1 BGB klassifizieren kann.

2.) Diese Gesundheitsbeschädigung müsste nun des Weiteren durch ein Verhalten der Firma *Warsteiner* verursacht worden sein, wobei man unter den Begriff des »Verhaltens« sowohl ein aktives Tun als auch ein Unterlassen subsumieren kann (*Brox/Walker* BS § 45 Rz. 28). Und da die Produktion und der Verkauf von Bier als einzig haftungsrelevantes **Tun** nicht in Frage kommen, denn diese Vorgänge sind von der Rechtsordnung ausdrücklich erlaubt, bleibt nur die Prüfung eines **Unterlassens**.

Durchblick: Ähnlich wie im Strafrecht gilt auch im Zivilrecht das Prinzip, dass ein Unterlassen grundsätzlich unbeachtlich bleibt, es sei denn, man hat eine Rechtspflicht zum Handeln. Im StGB nennt man das herkömmlicherweise die »Garantenstellung«, die dann über § 13 StGB unter Umständen eine strafrechtliche Verantwortlichkeit auch für ein Unterlassen nach sich ziehen kann. Im BGB und insbesondere bei § 823 Abs. 1 gilt das ebenso: Grundsätzlich kommt nur bei einem aktiven Tun eine Einstandspflicht nach § 823 Abs. 1 BGB in Betracht (*Jauernig/Teichmann* § 823 BGB Rz. 29); indessen gibt es verschiedene Möglichkeiten, das Unterlassen wegen einer bestehenden Rechtspflicht zum Handeln gleich einem Tun zu behandeln, und eine davon sind die sogenannten »**Verkehrssicherungspflichten**« (BGH MDR **2018**, 27; BGH VersR **2017**, 1162; BGH NJW **2013**, 48; MüKo/*Wagner* § 823 BGB Rz. 297 ff.; *Bamberger/Roth/Spindler* § 823 BGB Rz. 225).

Diese Verkehrssicherungspflichten folgen dem allgemeinen Prinzip, dass derjenige, der eine Gefahrenquelle eigenmächtig schafft, dafür Sorge zu tragen hat, dass es aufgrund der von ihm selbst geschaffenen erhöhten Gefährlichkeit bei anderen Personen nicht zu einem Schadenseintritt kommt (BGH MDR **2018**, 27; BGH VersR **2017**, 1162; BGH NJW **2013**, 48; BGH NJW **2006**, 3628; OLG Schleswig MDR **2017**, 944; *Brox/Walker* BS § 45 Rz. 33; *Soergel/Zeuner* § 823 BGB Rz. 187). Dem Betroffenen obliegt also die Pflicht, den »Verkehr«, den er selbst geschaffen hat, »**zu sichern**«, deshalb: »**Verkehrssicherungspflicht**«. Freilich muss man das Wort »Verkehr« hier in einem sehr umfassenden Sinn verstehen und so auslegen, dass dieser immer dann vorliegt, wenn man durch ein Verhalten eine irgendwie geartete besondere Gefahrenquelle geschaffen hat: So kann man zum Beispiel durch die Eröffnung eines Kaufhauses, in das dann Tausende von Menschen strömen, ebenso einen »Verkehr« und damit eine erhöhte Gefährlichkeit im benannten Sinne schaffen (➜ viele Menschen auf einem Haufen), wie etwa auch durch die Eröffnung eines Schwimmbades (➜ wieder viele Menschen und dazu noch Gefahr durch Wasser), Veranstaltung eines Fußballspiels (vgl. OLG Frankfurt MDR **2011**, 725), das Bereitstellen von Einkaufswagen vor einem Supermarkt (OLG Hamm NJW **2016**, 505) – oder auch z.B. durch das In-den-Verkehr-Bringen eines Produktes. Denn wenn man ein Produkt erschafft und einer breiten Masse von Menschen in Form des Verkaufs zugänglich macht, hat man dafür zu sorgen, den »Verkehr« vor Gefahren, die von diesem Produkt ausgehen können, zu schützen (BGH NJW **2000**, 1946; BGH NJW **2001**, 2019). Kapiert!?

Gut. Dann können wir uns jetzt mit der Frage befassen, welche Pflichten der (Hersteller-) Firma *Warsteiner* oblagen, als sie die Bierflaschen auf den Markt gebracht hat. Das Ganze nennt man dann übrigens »**Produzentenhaftung**« – und diese darf keinesfalls verwechselt werden mit der »**Produkthaftung**« nach dem ProdHaftG, die wir weiter oben ja schon kennengelernt haben. Die »Produzentenhaftung« hat ihren Platz bei § 823 Abs. 1 BGB und dort insbesondere im Rahmen der Prüfung eines haftungsrechtlich relevanten Unterlassens (*Brox/Walker* BS § 45 Rz. 38). Die Produkthaftung nach dem ProdHaftG stellt hingegen eine andere eigenständige Anspruchsgrundlage dar und ist auch an andere Voraussetzungen geknüpft: Hier wird – siehe oben – schon das In-den-Verkehr-Bringen des Produktes als *aktives Tun* verschuldensunabhängig sanktioniert, wenn das Produkt fehlerhaft ist und einen Schaden an anderen Rechtsgütern des Benutzers verursacht. Und beachte bitte abschließend, dass die Haftung nach dem ProdHaftG und die Einstandspflicht nach den Grundsätzen der »Produzentenhaftung« sich übrigens nicht gegenseitig ausschließen, sie können vielmehr nebeneinander bestehen, lies § 15 Abs. 2 ProdHaftG.

Wer ein Produkt in den Verkehr bringt, hat nun im Rahmen des § 823 Abs. 1 BGB folgende (Verkehrssicherungs-) Pflichten:

➜ die Pflicht zur ordnungsgemäßen und fehlerfreien Entwicklung und Herstellung (**Organisationspflicht**)

➜ die Pflicht, den Verbraucher über die ordnungsgemäße Nutzung zu informieren (**Instruktionspflicht**)

➜ die Pflicht, das Produkt nach Herstellung weiter zu beobachten (**Produktbeobachtungspflicht**)

➜ die Pflicht zum Rückruf des Produktes bei Fehlerhaftigkeit (**Rückrufpflicht**)

Also: Diese Pflichten obliegen jedem Hersteller eines Produktes, sie benennen seine »Verkehrssicherungspflichten« (BGH NJW **2009**, 1669; BGH NJW **2009**; 1080; BGHZ **104**, 323; BGH NJW **1987**, 1009; BGHZ **80**, 199; OLG Saarbrücken NJW-RR **2013**, 271; OLG Schleswig SchlHA **2013**, 35). Wer eine dieser Pflichten zum Handeln durch ein

Unterlassen verletzt und dadurch einem anderen einen Schaden zufügt, hat für sein Unterlassen nach § 823 Abs. 1 BGB einzustehen. In diesem Fall wird demnach das Unterlassen einem aktiven Tun gleichgestellt und begründet – ausnahmsweise – eine Haftung auch für ein Unterlassen.

Zum Fall: Hier bei uns kommt bei genauer Betrachtung nur die sogenannte »**Instruktionspflicht**« in Betracht, also die Pflicht, den Verbraucher über die ordnungsgemäße Nutzung des Produkts zu informieren und ihn damit vor Schaden zu bewahren. Ob diese verletzt ist, beantwortet das OLG Hamm im Original-Fall (NJW **2001**, 1654, 1655) so fein und vor allem nachvollziehbar, dass wir uns das mal im Wortlaut ansehen wollen:

»... Nach anerkannter Rechtsprechung ist der Hersteller eines Produktes im Rahmen der ihm obliegenden **Verkehrssicherungspflicht** *zwar unter anderem gehalten, die Produktanwender durch* **sachgemäße Instruktion** *vor Gefahren zu warnen, die von dem Produkt ausgehen können (***Instruktionspflicht***). Diese Pflicht erstreckt sich jedoch nicht auf solche Risiken, die jedem Verständigen einleuchten. Da sie nur die selbstverantwortliche Gefahrensteuerung ermöglichen soll, ist eine Warnung nicht erforderlich, wenn und soweit der Produktanwender selbst über die sicherheitsrelevanten Informationen verfügt und sie ihm im konkreten Fall gegenwärtig sind (BGH NJW 1994, 923). Da hiernach die Instruktionspflicht grundsätzlich nur im Rahmen der* **vernünftigen Verbrauchererwartung** *besteht, kann eine Instruktion von dem Hersteller im Allgemeinen nur dann verlangt werden, wenn er damit rechnen muss, dass seine Produkte in die Hand von Personen gelangen, die mit den Produktgefahren nicht vertraut sind. Was dagegen auf dem Gebiet allgemeinen Erfahrungswissens der in Betracht kommenden Abnehmerkreise liegt, braucht nicht zum Inhalt einer Warnung gemacht werden (BGH NJW 1986, 1863). Legt man diesen Maßstab, von dem abzuweichen auch in den Fällen der vorliegenden Art, kein Grund besteht, auf die Frage der Warnbedürftigkeit von den Gefahren übermäßigen Alkoholkonsums an, so ist hier eine Instruktionspflicht zu verneinen. Die Kenntnis von den Wirkungen alkoholischer Getränke gehört zwar nicht bezüglich der medizinischen Details, wohl aber hinsichtlich der* **Kernproblematik** *zum* **allgemeinen Grundwissen***. Daran kann bei lebensnaher Würdigung kein ernsthafter Zweifel bestehen. Von der Instruktionspflicht überhaupt nicht berührt ist die Frage der mehr oder weniger leichten Verführbarkeit zu Alkoholkonsum. Die Instruktionspflicht soll dem Produktbenutzer nämlich lediglich eine* **Entscheidungsgrundlage** *dafür bieten, ob er das Risiko bei der Produktbenutzung auf sich nehmen oder das Produkt wegen seines Risikos meiden will (Zikoll in NJW 1999, 2722). Hingegen soll sie ihm diese Entscheidung nicht selbst abnehmen. Diese ist vielmehr grundsätzlich von dem Produktverwender in* **Selbstverantwortung** *für die* **eigene Lebensführung** *zu treffen. Der Senat verkennt nicht, dass charakterlich weniger gefestigte Menschen erfahrungsgemäß trotz ihrer Kenntnis von den Gefahren übermäßigen Alkoholkonsums dazu verleitet werden können, dieses Risiko einzugehen. Diese Gefahren sind jedoch der Sphäre der eigenen Lebensführung zuzuordnen und können auf der Suche nach ›Verantwortlichen‹ nicht ohne weiteres auf die Hersteller von Produkten abgewälzt werden, die von der Gesellschaft nicht nur toleriert, sondern auch als gesellschaftsfähig akzeptiert werden (Steffen in NJW 1996, 3063) ...«*

Also: Klare Ansage, wer säuft, muss wissen, was er tut, und kann sich nachher insbesondere nicht beim Hersteller darüber beschweren, dass er über die Auswirkungen übermäßigen Alkoholkonsums keine Informationen erhalten habe. Das leuchtet jedem ein und kann bei vernünftiger Betrachtung auch nicht in Zweifel gezogen werden. Das OLG Hamm hat dies nun – wie gesehen – in sehr weise Worte gefasst und damit den Weg versperrt für Klagen gegen die Bierindustrie (zur gleichen Problematik mit Zigaretten vgl. den Anhang zum Fall).

ZE.: Die Firma *Warsteiner* war aus dem Gesichtspunkt der Verkehrssicherung somit *nicht* verpflichtet, die Bierflaschen mit Warnhinweisen im Hinblick auf mögliche Folgen bei übermäßigem Genuss ihres Produktes zu versehen.

ZE.: Das Unterlassen des Anbringens dieser Warnhinweise ist folglich im Rahmen des § 823 Abs. 1 BGB unbeachtlich und kann insbesondere nicht einem haftungsrelevanten Tun gleichgestellt werden.

Erg.: Eine Haftung der Firma *Warsteiner* gegenüber R aus § 823 Abs. 1 BGB entfällt mangels vorwerfbaren Verhaltens.

Zwei Anmerkungen noch zum Schluss

1.) Aus dem gleichen Grund wie oben gerade geschildert wurde im Jahre 2005 die Klage gegen die schon erwähnten Zigarettenhersteller vom OLG Hamm abgewiesen. Das Gericht meinte auch hier, dass die Gefahren, die von Zigaretten ausgehen, schon seit Mitte der 60er Jahre allgemein bekannt waren und deshalb auch nicht verlangt werden konnte, dass auf den Packungen Warnhinweise im Hinblick auf mögliche Abhängigkeiten und Gesundheitsgefahren stünden (OLG Hamm NJW **2005**, 295; Vorinstanz LG Arnsberg NJW **2004**, 232). Verklagt war dort übrigens die Firma *Reemtsma*, die die Marke »Ernte 23« herstellte, von der der Kläger in der Zeit von 1964 (damals gab es die Warnhinweise noch nicht) bis 1993 täglich ca. 40 Stück geraucht und sich dann gewundert hatte, dass sein Körper Ende der 80er Jahre schwer geschädigt und er selbst arbeitsunfähig krank geworden war. Das OLG Hamm versagte sowohl einen Anspruch aus dem ProdHaftG, da die Zigaretten nicht »fehlerhaft« im Sinne des Gesetzes seien, als auch einen Anspruch aus § 823 Abs. 1 BGB, da keine entsprechenden Verkehrssicherungspflichten im Hinblick auf Warnhinweise existierten.

> **Tipp:** Wer gerade versucht, sich das Rauchen abzugewöhnen, kann mal einen Blick in den Originaltext des Urteils der Vorinstanz (→ **LG Arnsberg** vom 14.11.2003 in NJW **2004**, 232) werfen. Das erleichtert in jedem Falle die Entscheidung und ist im Übrigen auch deshalb interessant, weil das Gericht hier explizit erklärt, dass auch das Hinzufügen von derben suchtfördernden Stoffen – in Zigaretten sind unbestritten neben dem Tabak etwa 600 (!) verschiedene, gesundheitsschädigende Chemikalien enthalten – keine Haftung begründet. Die Entscheidungsgründe sind insoweit dergestalt unglaublich, dass man beim Lesen den Eindruck gewinnt, es hätten entweder nur Raucher im Gerichtskollegium gesessen oder die Entscheidung sei gesponsert von der Zigarettenindustrie (vgl. im Übrigen insoweit auch noch LG Bielefeld NJW **2000**, 2514). Interessante Anmerkungen zu den Urteilen finden sich in OLG Hamm EWiR § 1 ProdHaftG 1/04, Seite 935 von *Adams/Merten*, wo auch auf die Verfahren in Amerika eingegangen wird sowie in der EWiR 2004, 107 von *Littbarski*.

2.) Bitte beachte, dass wir mit unserem Fall oben nur einen kleinen Ausschnitt aus dem Bereich der »**Verkehrssicherungspflichten**« behandelt haben, nämlich denjenigen der Produktion und des Vertriebes von Produkten.

Daneben gibt es selbstverständlich noch unzählige weitere Spielarten bzw. Möglichkeiten, in denen solche Verkehrssicherungspflichten entstehen können; der *Palandt* z.B. braucht für die (nicht abschließende!) Aufzählung der möglichen Verkehrssicherungspflichten satte 74 Randnummern = 14 Seiten. Das kann man selbstverständlich nicht alles nachlesen, geschweige denn behalten. Wichtig ist für uns deshalb vor allem, dass das dahinter steckende Prinzip verstanden wird, also noch mal:

> Die Verkehrssicherungspflichten führen dazu, dass auch ein *Unterlassen* haftungsrechtlich im Rahmen des § 823 Abs. 1 BGB relevant sein kann (BGH MDR **2018**, 27; BGH VersR **2017**, 1162). Grundsätzlich hat man ja nur für *aktive* Schadenszufügung einzustehen; das ändert sich aber, wenn ausnahmsweise eine *Rechtspflicht zum Handeln* besteht. Diese Rechtspflicht zum Handeln kann sich unter anderem aus den »Verkehrssicherungspflichten« ergeben. Im Prüfungsaufbau gehören die Verkehrssicherungspflichten daher – so wie wir das oben auch gemacht haben – in den haftungsbegründenden Tatbestand, und zwar zur Frage des ursächlichen Verhaltens (= Tun oder Unterlassen) des Schädigers (*Brox/Walker* BS § 45 Rz. 46; *Medicus/Petersen* BR Rz. 647; *Larenz/Canaris* § 75 II 3c). Merken.

Verkehrssicherungspflichten im gerade benannten Sinne können zum Beispiel auch entstehen, wenn man Grund und Boden dem öffentlichen Verkehr zugänglich macht. Dann entsteht die (Verkehrssicherungs-)Pflicht, den eröffneten Bereich in gefahrlosem Zustand zu halten. **Beispiele:** Eröffnung eines Schwimmbades (BGH NJW **2000**, 1964 und NJW **2004**, 1449); Eröffnung eines öffentlichen Parkplatzes (OLG Dresden OLG Report **1996**, 261); Straßenkehr- bzw. Streupflicht bei Wegen, die öffentlich zugänglich sind (BGH NJW **2003**, 1732); ein **Gitterrost** vor der Haustür kann für eine Stöckelschuhträgerin unter Umständen sehr gefährlich sein (OLG Schleswig MDR **2017**, 944; OLG Hamm VersR **2016**, 1328); ebenso der Zugang zu einem Wald, wobei man nach Meinung des BGH nicht für die »**waldspezifischen Gefahren**« (= Astabfall oder auch einstürzende Bäume!) einstehen muss (BGH VersR **2017**, 1162; BGH NJW **2013**, 48; vgl. aber auch BGH MDR **2018**, 27); Betreiben eines Kaufhauses (BGH NJW **1994**, 2617); Bereitstellen von Einkaufswagen vor einem Supermarkt (OLG Hamm NJW **2016**, 505); Betreiben eines Spielplatzes (BGHZ **103**, 338). Des Weiteren können Verkehrssicherungspflichten entstehen z.B. bei (Groß-)Veranstaltungen. Hier hat man für die Sicherheit der Besucher bzw. Zuschauer zu sorgen: Wer ein Eishockey-Spiel veranstaltet, muss für einen abgeirrten Puck, der einen Zuschauer trifft, wegen Verletzung der Verkehrssicherungspflichten haften (BGH NJW **1984**, 801 – passiert übrigens in Rosenheim, die waren früher mal eine große Nummer, heute unterklassig); gleiches gilt, wenn die An- und Zufahrtswege zum Stadion nicht sicher sind (BGH VersR **1990**, 211); auf Fußballplätzen müssen unter Umständen Fangnetze installiert sein (OLG Brandenburg ZfS **2003**, 225); *nicht* verantwortlich ist man als

Veranstalter eines Bundesligaspiels hingegen für Pyrotechnik, jedenfalls dann wenn die Eingangskontrollen ordentlich und entsprechend vorschriftsmäßig waren (OLG Frankfurt MDR **2011**, 725); bei Rock-Konzerten müssen die Zuschauer demgegenüber vor übermäßiger Lautstärke ebenso geschützt werden wie vor dem sogenannten »Stage diving« durch die Künstler (OLG Hamm VersR **2003**, 335 und OLG Koblenz VersR **2003**, 336; vgl. auch BGH NJW **2001**, 1040).

Wie gesagt, es gibt eine Vielzahl von Möglichkeiten, in denen diese Sicherungspflichten entstehen und dem Betreffenden dann eine (Rechts-) Pflicht zum Handeln auferlegen. Wer Interesse an weiteren Varianten hat, kann sich problemlos in Lehrbüchern, vor allem aber in den Kommentaren zum BGB informieren. Wir hatten es oben schon mal gesagt: Die Palette ist sehr reichhaltig; das hinter allen Verkehrssicherungspflichten stehende allgemeine Prinzip bleibt aber stets das gleiche (siehe oben). Alles klar!?

Gutachten

Anspruch des R gegen W auf Schadensersatz und Schmerzensgeld

R könnte gegen W einen Anspruch auf Schadensersatz und Schmerzensgeld aus den §§ 1 Abs. 1, 8 ProdHaftG haben.

1.) Die Haftung nach dem Produkthaftungsgesetz setzt voraus, dass das Produkt einen Fehler hat. Gemäß § 3 ProdHaftG ist ein Produkt dann fehlerhaft, wenn es nicht die Sicherheit bietet, die unter Berücksichtigung aller Umstände erwartet werden kann. Insoweit kommt es darauf an, dass die körperliche Integrität und der Eigentumsschutz des Erwerbers garantiert werden. Der Fehlerbegriff des ProdHaftG ist demnach ein anderer als der aus § 434 BGB. Während das BGB mit seiner Mängelhaftung das Nutzungs- und Äquivalenzinteresse schützt, schützt das Produkthaftungsgesetz das sogenannte »Integritätsinteresse«, also das Interesse des Erwerbers daran, dass die gekaufte Sache in ihrer Anwendung die Sicherheit für Leben, Gesundheit und Sachwerte bietet, die allgemein erwartet werden kann.

Im vorliegenden Fall kommt im Hinblick auf den Fehlerbegriff des ProdHaftG nur § 3 Abs. 1 b) des Gesetzes in Betracht. Demnach ist das Produkt dann fehlerhaft, wenn es unter Berücksichtigung des Gebrauchs, mit dem billigerweise gerechnet werden kann, nicht die Sicherheit bietet, die berechtigterweise erwartet werden kann. Das verkaufte Bier ist indessen weder schadhaft noch aus anderen Gründen sicherheitstechnisch bedenklich. Dass man bei übermäßigem Genuss unter Umständen alkoholkrank wird, liegt im Bereich des Möglichen. Diese Verwendung liegt dann aber außerhalb des bestimmungsgemäßen Gebrauchs, der von § 3 Abs. 1 b) ProdHaftG gemeint ist. Die vorliegend in Frage stehenden Bierflaschen haben somit keinen Fehler im Sinne des ProdHaftG.

Ergebnis: Ein Anspruch des R gegen die Firma Warsteiner aus der Gefährdungshaftung des § 1 Abs. 1 ProdHaftG kommt nicht in Betracht.

Dem R könnte gegen die Firma W aber ein Anspruch aus den §§ 823 Abs. 1, 253 Abs. 2 BGB zustehen.

1.) Voraussetzung ist zunächst die Verletzung eines absoluten Rechts oder Rechtsguts. Nach Auskunft des Sachverhalts ist der R mit einem Leberschaden erheblich in seiner Gesundheit beeinträchtigt, was man als Gesundheitsbeschädigung im Sinne des § 823 Abs. 1 BGB klassifizieren kann und muss.

2.) Diese Gesundheitsbeschädigung müsste nun des Weiteren durch ein Verhalten der Firma Warsteiner verursacht worden sein, wobei unter den Begriff des Verhaltens sowohl ein aktives Tun als auch ein Unterlassen subsumiert werden kann. Da die Produktion und der Verkauf von Bier als einzig haftungsrelevantes Tun nicht in Frage kommen, denn diese Vorgänge sind von der Rechtsordnung ausdrücklich erlaubt, bleibt nur die Prüfung eines Unterlassens. Ein Unterlassen ist nur dann dem Tun gleichzustellen, wenn eine Rechtspflicht zum Handeln bestand. Insoweit kommt angesichts der Tatsache, dass W ein Produkt in den Verkehr gebracht hat, im vorliegenden Fall die Verletzung einer Verkehrssicherungspflicht in Betracht. Diese Verkehrssicherungspflichten folgen dem allgemeinen Prinzip, dass derjenige, der eine Gefahrenquelle eigenmächtig schafft, dafür Sorge zu tragen hat, dass es aufgrund der von ihm selbst geschaffenen erhöhten Gefährlichkeit bei anderen Personen nicht zu einem Schadenseintritt kommt. Dem Betroffenen obliegt also die Pflicht, den Verkehr, den er selbst geschaffen hat, zu sichern.

Es ist zu prüfen, welche Pflichten der (Hersteller-) Firma Warsteiner oblagen, als sie die Bierflaschen auf den Markt gebracht hat. W könnten unter dem Begriff der Produzentenhaftung besondere Pflichten obliegen. Wer ein Produkt in den Verkehr bringt, hat im Rahmen des § 823 Abs. 1 BGB die Pflicht zur ordnungsgemäßen und fehlerfreien Entwicklung und Herstellung, die Pflicht, den Verbraucher über die ordnungsgemäße Nutzung zu informieren, die Pflicht, das Produkt nach Herstellung weiter zu beobachten und letztlich die Pflicht zum Rückruf des Produktes bei Fehlerhaftigkeit. Wer eine dieser Pflichten zum Handeln durch ein Unterlassen verletzt und dadurch einem anderen einen Schaden zufügt, hat für sein Unterlassen nach § 823 Abs. 1 BGB einzustehen. In diesem Fall wird demnach das Unterlassen einem aktiven Tun gleichgestellt und begründet   ausnahms weise – eine Haftung auch für ein Unterlassen.

Im vorliegenden Fall kommt nur die Verletzung der sogenannten »Instruktionspflicht« in Betracht, also der Pflicht, den Verbraucher über die ordnungsgemäße Nutzung des Produkts zu informieren und ihn damit vor Schaden zu bewahren. Diese ist jedoch nicht verletzt. Der Hersteller eines Produktes ist im Rahmen der ihm obliegenden Verkehrssicherungspflicht zwar unter anderem gehalten, die Produktanwender durch sachgemäße Instruktion vor Gefahren zu warnen, die von dem Produkt ausgehen können. Diese Pflicht erstreckt sich jedoch nicht auf solche Risiken, die jedem Verständigen einleuchten. Da sie nur die selbstverantwortliche Gefahrensteuerung ermöglichen soll, ist eine Warnung nicht erforderlich, wenn und soweit der Produktanwender selbst über die sicherheitsrelevanten Informationen verfügt und sie ihm im konkreten Fall gegenwärtig sind. Da hiernach die Instruktionspflicht grundsätzlich nur im Rahmen der vernünftigen Verbrauchererwartung besteht, kann eine Instruktion von dem Hersteller im Allgemeinen nur dann verlangt werden, wenn er damit rechnen muss, dass seine Produkte in die Hand von Personen gelangen, die mit den Produktgefahren nicht vertraut sind. Was dagegen auf dem Gebiet allgemeinen Erfahrungswissens der in Betracht kommenden Abnehmerkreise liegt, braucht nicht zum Inhalt einer Warnung gemacht werden. Legt man diesen Maßstab, von dem abzuweichen auch in den Fällen der vorliegenden Art kein Grund besteht, auf die Frage der Warnbedürftigkeit von den Gefahren übermäßigen Alkoholkonsums an, so ist hier eine Instruktionspflicht zu verneinen. Die Kenntnis von den Wirkungen alkoholischer Getränke gehört zwar nicht bezüglich der medizinischen Details, wohl aber hinsichtlich der Kernproblematik zum allgemeinen Grundwissen. Daran kann bei lebensnaher Würdigung kein ernsthafter Zweifel bestehen. Von der Instruktionspflicht überhaupt nicht berührt ist die Frage der mehr oder weniger leichten Verführbarkeit zum Alkoholkonsum. Die Instruktionspflicht soll dem Produktbenutzer nämlich lediglich eine Entscheidungsgrundlage dafür bieten, ob er das Risiko bei der Produktbenutzung auf sich nehmen oder das Produkt wegen seines Risikos meiden will. Hingegen soll sie ihm diese Entscheidung nicht selbst abnehmen. Diese ist vielmehr grundsätzlich von dem Produktverwender in Selbstverantwortung für die eigene Lebensführung zu treffen. Es wird dabei nicht verkannt, dass charakterlich weniger gefestigte Menschen erfahrungsgemäß trotz ihrer Kenntnis von den Gefahren übermäßigen Alkoholkonsums dazu verleitet werden können, dieses Risiko einzugehen. Diese Gefahren sind jedoch der Sphäre der eigenen Lebensführung zuzuordnen und können auf der Suche nach »Verantwortlichen« nicht ohne weiteres auf die Hersteller von Produkten abgewälzt werden, die von der Gesellschaft nicht nur toleriert, sondern auch als gesellschaftsfähig akzeptiert werden.

Die Firma Warsteiner war aus dem Gesichtspunkt der Verkehrssicherung somit nicht verpflichtet, die Bierflaschen mit Warnhinweisen im Hinblick auf mögliche Folgen bei übermäßigem Genuss ihres Produktes zu versehen. Das Unterlassen des Anbringens dieser Warnhinweise ist folglich im Rahmen des § 823 Abs. 1 BGB unbeachtlich und kann insbesondere nicht einem haftungsrelevanten Tun gleichgestellt werden.

Ergebnis: Eine Haftung der Firma Warsteiner gegenüber R aus § 823 Abs. 1 BGB entfällt mangels vorwerfbaren Verhaltens.

Fall 24

Die schönste Stadt Deutschlands

Rechtsstudent R aus München hat mittlerweile auch mitbekommen, dass Köln die schönste Stadt Deutschlands ist – und er möchte deshalb einige Semester in der rheinischen Metropole studieren. R hat sich von seinem Kommilitonen K dessen Auto ausgeliehen und macht sich zwecks Uni-Besichtigung auf den Weg ins Rheinland. Als R auf der Universitätsstraße in Köln dann vorschriftsmäßig mit 50 km/h an einer Reihe geparkter Autos vorbeifährt, springt zwischen zwei Fahrzeugen plötzlich das neunjährige Mädchen M auf die Fahrbahn und wird trotz Vollbremsung des R seitlich erfasst. M erleidet beim Sturz auf den Asphalt eine Platzwunde am Kopf und diverse Prellungen an Armen und Beinen. Bei der Vollbremsung ist der Wagen zudem nach rechts ausgebrochen und dabei in Richtung Fußweg gerutscht. Die Fußgängerin F, in deren Richtung der Wagen schleuderte, war aus Angst, von dem Fahrzeug erfasst zu werden, zur Seite gesprungen und hatte sich dabei den Knöchel gebrochen.

Die in Anspruch genommenen R und K verweigern jede Haftung gegenüber M und F, da R bei der Verursachung des Unfalls kein Verschulden treffe. K meint zudem, er hafte schon allein deshalb nicht, weil er den Wagen gar nicht gefahren habe.

Stehen M und F Ansprüche gegen R und/oder K zu?

Schwerpunkte: Die Haftung nach dem Straßenverkehrsgesetz (StVG); Ansprüche gegen den Halter und den Fahrer des Wagens aus den §§ 7 und 18 StVG; der Begriff des »Fahrzeughalters« aus § 7 StVG; Ansprüche aus Gefährdungshaftung und Haftung für vermutetes Verschulden; Begriff der »höheren Gewalt«; Anspruchskonkurrenz zu den §§ 823 ff. BGB.

Lösungsweg

I. Ansprüche der M – vertreten durch ihre Eltern – gegen R

<u>AGL.:</u> § 7 Abs. 1 StVG (Halterhaftung)

1.) Erste Voraussetzung der verschuldensunabhängigen (Gefährdungs-)Haftung aus § 7 Abs. 1 StVG ist die Haltereigenschaft des Anspruchsgegners.

Durchblick: Das StVG hat zwei wichtige Anspruchsgrundlagen zu bieten, nämlich zum einen den § 7 Abs. 1, der die *verschuldensunabhängige* Haftung des *Halters* benennt – und zum anderen den § 18 Abs. 1 Satz 1, der die Ersatzpflicht des *Fahrzeugführers* (= Fahrers) normiert, die als Haftung für *vermutetes* Verschulden konzipiert ist, dem Fahrer also die Möglichkeit eröffnet, sich zu exkulpieren, vgl. § 18 Abs. 1 Satz 2 StVG (OLG München VR **2003**, 159; *Brox/Walker* BS § 54 Rz. 3). Sollten Fahrer und Halter personenidentisch sein, greifen zwar grundsätzlich beide Anspruchsgrundlagen ein (→ »echte Anspruchskonkurrenz«), freilich beginnt man dann im Regelfall dennoch mit § 7 Abs. 1 StVG, da diese Norm in Ermangelung eines zu prüfenden Verschuldens die Ersatzpflicht an weniger Voraussetzungen knüpft und den gleichen Haftungsumfang hat wie § 18 StVG. Der § 18 Abs. 1 StVG ist hingegen dann die bessere Wahl, wenn ein Fall »höherer Gewalt« im Sinne des § 7 Abs. 2 StVG vorliegt; dieser Ausschlussgrund gilt nämlich unstreitig nicht für § 18 Abs. 1 StVG (*Hentschel/König/Dauer* § 18 StVG Rz. 3), wobei man sich da dann eben mit der möglichen Exkulpation befassen muss, die bei einem Fall »höherer Gewalt« in der Regel aber gelingen wird. Sind Halter und Fahrer personenidentisch, geht die herrschende Meinung daher davon aus, dass der § 18 StVG überflüssig ist (vgl. nur *Medicus/Lorenz* SR II Rz. 1362).

In unserem Fall ist – ohne dass wir da jetzt schon die Definition bemühen müssen – jedenfalls klar, dass R der »Fahrzeugführer« im Sinne des § 18 Abs. 1 StVG gewesen ist. Er hat die Karre ja gefahren, und der gute K saß derweil 600 km entfernt in München. Es kommt später also durchaus eine Haftung des R nach § 18 Abs. 1 StVG in Betracht. Allerdings kann R zudem auch »Halter« gewesen sein, immerhin hatte er sich den Wagen für zwei Tage von K ausgeliehen und damit die alleinige Verfügungsgewalt erhalten.

Wir müssen also zunächst einmal klären, unter welchen Umständen man denn nun »Halter« eines Fahrzeugs im Sinne des § 7 Abs. 1 StVG ist. Das Gesetz selbst gibt keine Definition, diese ist aber in den vergangenen Jahrzehnten von der Wissenschaft und der Rechtsprechung entwickelt worden, nämlich:

> **Definition:** *Halter* eines Kraftfahrzeugs im Sinne des Straßenverkehrsgesetzes ist derjenige, der die tatsächliche Verfügungsgewalt über das Fahrzeug besitzt und es für eigene Rechnung gebraucht; auf die Eigentumsverhältnisse kommt es dabei nicht notwendig an (BGH NJW **2014**, 1182; BGH NJW **2011**, 996; BGHZ **13**, 351; BGHZ **87**, 133; BGHZ **116**, 200; *Medicus/Lorenz* SR II Rz. 1362; *Hentschel/König/Dauer* § 7 StVG Rz. 14; *Brox/Walker* BS § 54 Rz. 5).

Beachte: Diese Definition sagt alles – und leider auch nichts. Denn die wirklich problematischen Fälle, die in den Klausuren und Hausarbeiten kommen, lassen sich im Zweifel damit zunächst nicht auflösen. Aufgrund der Tatsache, dass die Haltereigenschaft – wie oben schon erwähnt – stets die *verschuldensunabhängige* Haftung nach § 7 Abs. 1 StVG auslöst, hat es in den vergangenen Jahrzehnten unzählige Rechtsstreite darüber gegeben, wann denn nun die Definition erfüllt ist und wann nicht. Und problematisch wird das Ganze natürlich hauptsächlich dann, wenn jemand sein

Fahrzeug einem anderen freiwillig überlässt, zum Beispiel für eine Urlaubsreise, in Erfüllung eines Leasing- oder Mietvertrages oder auch als Arbeitgeber seinem Arbeitnehmer. Des Weiteren stellt sich die Frage der Haltereigenschaft aber auch bei unfreiwilligem Besitzverlust, etwa bei einem Diebstahl oder einer Unterschlagung.

> Folgende **Grundsätze** gelten: Wer das Kraftfahrzeug ausleiht oder mietet und die Betriebskosten bestreitet, ist dann Halter, wenn ihm die Verfügungsgewalt vollständig übertragen worden ist. Diese Übertragung der Verfügungsgewalt hängt im Zweifel von der *Dauer* der Überlassung ab. Bei einer Anmietung für nur ein paar Stunden oder ein oder zwei Tagen ist die Verfügungsgewalt regelmäßig abzulehnen (BGHZ **116**, 200; BGHZ **32**, 331; *Jagow/Burmann* § 7 StVG Rz. 5). Gleiches gilt, wenn das Fahrzeug nur für eine bestimmte Fahrt ausgeliehen wurde (BGHZ **37**, 311; *Hentschel/König/Dauer* § 7 StVG Rz. 16). Dauert die Überlassung hingegen signifikant länger, wird der Entleiher/Mieter dann Halter, und zwar *neben* dem Verleiher/Vermieter, der also ebenfalls Halter bleibt – so zum Beispiel bei einer Überlassung des Wagens wegen einer Urlaubsreise (OLG Hamm ZfS **1990**, 165; vgl. auch OLG Karlsruhe NZV **1988**, 191). Der Vermieter/Verleiher verliert aber seine Haltereigenschaft an den Entleiher/Mieter, wenn das Fahrzeug vollkommen seinem Einflussbereich entzogen wird; dies ist der Fall etwa bei einer Mietdauer von über drei Monaten oder wenn sich das Fahrzeug an einem weit entfernten Ort befindet (OLG Hamburg DAR **1978**, 111; *Hentschel/König/Dauer* § 7 StVG Rz. 16). Der Leasingnehmer wird wegen der regelmäßig langen Dauer der Überlassung im Zweifel alleiniger Halter des Fahrzeugs (BGH NJW **2011**, 996; BGHZ **87**, 133; LG Hamburg VR **1988**, 1302; *Deutsch/Ahrens* Rz. 381; *Geigel/Kuntschert* § 25 Rz. 19). Schließlich wird auch der Dieb alleiniger Halter des gestohlenen Kfz, wenn er die eigene dauerhafte Verfügungsmacht über das Fahrzeug erlangt hat – z.B. nach Beendigung der polizeilichen Ermittlungen (KG NZV **1989**, 273).

Man sieht's: Eine Menge Kasuistik, die man freilich dennoch kennen muss, will man in der Klausur oder Hausarbeit nicht reinfallen. Wie oben schon mal erwähnt: Am Halterbegriff entscheiden sich häufig die Fälle, denn nur der Halter haftet ohne Verschulden und kommt lediglich dann aus der Geschichte raus, wenn er eine »höhere Gewalt« im Sinne des § 7 Abs. 2 StVG nachweisen kann.

Zum Fall: Unser R hat den Wagen des K für eine zweitägige Besichtigungstour nach Köln ausgeliehen. Hierbei handelt es sich nur um eine Leihe von kurzer Dauer, und diese Leihe betrifft auch nur eine bestimmte Fahrt zu einem bestimmten Ziel. Und daraus folgt, dass der K alleiniger *Halter* seines Wagens im Sinne des § 7 Abs. 1 StVG geblieben ist (vgl. dazu BGHZ **116**, 200; BGHZ **32**, 331). R war nur Fahrzeugführer.

Ergebnis: Eine Haftung des R aus § 7 Abs. 1 StVG kommt mangels Haltereigenschaft nicht in Betracht.

<u>AGL.:</u> § 18 Abs. 1 Satz 1 StVG (Haftung des Fahrzeugführers)

Die Prüfung des § 18 Abs. 1 Satz 1 StVG ist jetzt natürlich die logische Folge dessen, was wir soeben festgestellt haben: R ist zwar nicht Halter nach § 7 Abs. 1 StVG, hat das Auto indessen gesteuert und erfüllt damit ziemlich unproblematisch die Definition des »Fahrzeugführers« im Sinne des § 18 Abs. 1 Satz 1 StVG, nämlich:

> **Definition:** *Fahrzeugführer* im Sinne des § 18 Abs. 1 StVG ist derjenige, der im Augenblick des Unfalls das Kfz lenkt und die tatsächliche Gewalt über das Steuer hat (*Hentschel/König/Dauer* § 18 StVG Rz. 2).

Keine Aktion, der R war fraglos Führer des Fahrzeugs im gerade benannten Sinne und ist damit zunächst einmal grundsätzlich einstandspflichtig nach § 18 Abs. 1 Satz 1 StVG, sollten auch die weiteren Voraussetzungen der Norm vorliegen.

Aber: Hier kommt jetzt der **§ 18 Abs. 1 Satz 2 StVG** (lesen!) zur Geltung, denn in der Sachverhaltsschilderung steht, dass R »vorschriftsmäßig« mit 50 km/h über die Straße, vorbei an den geparkten PKW gefahren ist und sofort eine Vollbremsung gemacht hat. Und damit ist er exkulpiert mit der Konsequenz eines Haftungsausschlusses.

Ergebnis: R hat auch nicht nach § 18 Abs. 1 Satz 1 StVG einzustehen, er kann sich nämlich gemäß § 18 Abs. 1 Satz 2 StVG entlasten.

AGL.: § 823 Abs. 1 BGB (unerlaubte Handlung)

Vorab: Zunächst wollen wir bitte beachten, dass Ansprüche aus dem StVG und dem BGB (oder anderen Gesetzen) durchaus nebeneinander bestehen können. Und das steht sogar im Gesetz, nämlich für den Halter in § 16 StVG und für den Fahrzeugführer in § 18 Abs. 2 StVG, der auf den § 16 StVG verweist. Die Haftung nach dem BGB kann vor allem dann interessant sein, wenn die Haftungshöchstgrenzen des StVG überschritten werden, bitte lies § 12 StVG (vgl. dazu *Medicus/Lorenz* SR II Rz. 1381). Das BGB kennt keine entsprechenden Haftungsobergrenzen mit der Folge, dass insoweit auch höhere Ersatzansprüche – Verschulden vorausgesetzt – durchgesetzt werden könnten. Ein Schmerzensgeld gibt es hingegen auch über das StVG (vgl. § 11 Satz 2 StVG), sodass sich diesbezüglich dann keine Abweichungen zur Haftung aus den §§ 823 ff. BGB i.V.m. § 253 Abs. 2 BGB ergeben (vgl. etwa BGH NJW **2014**, 2493).

Hier: In unserem Fall können wir uns eine detaillierte Prüfung des § 823 Abs. 1 BGB ersparen, denn obwohl hier augenscheinlich eine durch R verursachte Körperverletzung auf Seiten der M vorliegt, fehlt es dem R – haben wir eben festgestellt – an einem Verschulden, das für den Anspruch aus § 823 Abs. 1 BGB aber zwingend erforderlich ist.

Ergebnis: R haftet auch nicht nach § 823 Abs. 1 BGB gegenüber M und muss somit, da andere Anspruchsgrundlagen nicht mehr ersichtlich sind, für die entstandenen Schäden bei M nicht aufkommen.

II. Ansprüche der Fußgängerin F gegen R

Wir machen es kurz: Auch im Hinblick auf die F scheitert ein möglicher Anspruch aus § 7 Abs. 1 StVG daran, dass der R nicht Halter, sondern nur Fahrer des Wagens gewesen ist. Ein Anspruch aus § 18 Abs. 1 Satz 1 StVG geht nicht durch, da sich der R bei seiner Unfallverursachung schuldlos verhalten hat und ihm damit die Exkulpation des § 18 Abs. 1 Satz 2 StVG gelingen wird. Und § 823 Abs. 1 BGB fliegt in Ermangelung eines Verschuldens auch raus.

Ergebnis: F stehen keinerlei Ansprüche gegen R wegen ihres gebrochenen Knöchels zu. Sie muss sich – genauso wie M – an den Fahrzeughalter K halten.

III. Ansprüche der M gegen K

<u>AGL.:</u> § 7 Abs. 1 StVG (Halterhaftung)

1.) Ohne Probleme ist K der *Halter* des Wagens im Sinne der Norm, das haben wir oben nämlich bereits geprüft.

2.) Des Weiteren hat die M eine Verletzung an ihrem *Körper* erlitten.

3.) Die Rechtsgutsverletzung muss auch *beim Betrieb* des Kraftfahrzeugs erfolgt sein.

> **Beachte:** Dieses (klausurträchtige) Merkmal ist rechtsdogmatisch notwendig, um die ansonsten unbegrenzte Gefährdungshaftung des Halters einzuschränken. Immerhin steht der Halter des Wagens nach § 7 Abs. 1 StVG verschuldensunabhängig (!) – und auch, wenn er selbst gar nicht gefahren ist (!) – für sämtliche Körper- und Sachschäden ein, die im Zusammenhang mit dem Fahrzeug entstehen. Er hat lediglich über § 7 Abs. 2 StVG die freilich sehr selten vorkommende Möglichkeit, seine Einstandspflicht auszuschließen. Aus diesem Grund hat der Gesetzgeber als Erfordernis und Tatbestandsvoraussetzung in den § 7 Abs. 1 StVG das Merkmal »**bei dem Betrieb**« des Fahrzeugs eingefügt, um klarzustellen, dass auch wirklich nur in diesen Fällen der Halter der strengen Haftung unterliegt (*Brox/Walker* BS § 54 Rz. 7). Hinter dieser Formulierung »bei dem Betrieb« verbirgt sich nun eine Unzahl kniffliger Fälle, die viele Kommentar- und Lehrbuchseiten füllen (vgl. etwa *Hentschel/König/Dauer* § 7 StVG Rzn. 4–14 = 8 Seiten), was natürlich daran liegt, dass die Geschädigten häufig mit allen Mitteln und Argumentationen versuchen, die verschuldensunabhängige Gefährdungshaftung des § 7 Abs. 1 StVG zu begründen. So kann man sich z.B. fragen, ob auch das Hinauswerfen von Gegenständen aus einem fahrenden Wagen »beim Betrieb« eines Fahrzeuges geschieht (LG Bayreuth meint: **Ja.** → NJW **1988**, 1152); oder ob auch das Betanken zum »Betrieb« gehört und die Haftung nach § 7 StVG auslösen kann (OLG Köln meint: **Ja.** → VR **1983**, 287); der BGH hat kürzlich sogar entschieden, dass auch das »Um-das-Auto-gehen« eines Fahrzeugführers nach einem Unfall zur Betriebsgefahr desjenigen Fahrzeugs gehört, das den Unfall verursacht hat (BGH NJW **2013**, 1679); des Weiteren gehört nach Meinung des BGH auch ein durch einen technischen Defekt verursachter Brand eines in einer Tiefgarage geparkten Autos unter das Merkmal »beim Betrieb«, wenn bei diesem Brand ein anderes Fahrzeug beschädigt wird (BGHZ **199**, 377 = BGH NJW **2014**, 1182). Ein Unfall findet übrigens auch dann »beim Betrieb« eines Fahrzeugs statt, wenn es bei der Entstehung des Unfalls gar keine Berührung der Fahrzeuge gegeben hat (BGH RuS **2017**,

95). Den Betrieb bzw. die Betriebsgefahr eines Fahrzeugs im haftungsrechtlichen Sinne lehnte der BGH hingegen ab bei der Nutzung eines Traktors auf einer Wiese, wenn dieser Traktor bei einem Mähvorgang eine Eisenstange verliert, die anschließend an einem anderen Traktor einen Schaden verursacht; hier stehe nämlich die Funktion des Traktors als »Arbeitsmaschine« im Vordergrund (BGH NJW **2015**, 1681). Anders soll das Ganze aber sein, wenn ein Tanklastwagen bei einem Kunden Öl anliefert und wegen eines undichten Schlauchs Öl austritt; hier bejahte der BGH die Betriebsgefahr (BGH DAR **2016**, 261). Ziemlich streitig ist im Übrigen, ob auch das einfache und ordnungsgemäße Abstellen eines Fahrzeugs auf einem öffentlichen Parkplatz den »Betrieb« des Kfz aufrechterhält: Die herrschende Meinung verneint dies (OLG Hamburg VR **1994**, 1441; *Hentschel/König/Dauer* § 7 StVG Rz. 5; *Brögelmann* in JA 2003, 872; *Schneider* in MDR 1984, 907; *Tschernitschek* in NJW 1984, 42); die abweichende Auffassung meint, auch diese Fahrzeuge befänden sich noch in Betrieb, da auch von ihnen eine Gefahr ausgehen könne (OLG Hamm DAR **1997**, 360; *Schopp* in MDR 1990, 884; *Greger* § 7 StVG Rz. 97). Unstreitig befinden sich auch nicht ordnungsgemäß geparkte Fahrzeuge – also z.B. im Parkverbot oder in der »zweiten Reihe« – noch in »Betrieb« im Sinne des § 7 Abs. 1 StVG und können bei einer Unfallbeteiligung die Ersatzpflicht des Halters begründen (OLG Köln NJW-RR **1987**, 478; OLG Karlsruhe VR **1986**, 155; KG VM **1980**, 85; *Hentschel/König/Dauer* § 7 StVG Rz. 5; *Schneider* in MDR 1984, 907). Der BGH hat in diesem Zusammenhang sogar festgestellt, dass auch Unfallfahrzeuge, die auf dem Seitenstreifen einer Autobahn stehen, unter das Merkmal *bei dem Betrieb* im Sinne des StVG fallen, und zwar selbst dann, wenn die Unfallstelle ordnungsgemäß gesichert ist (BGH NJW **2011**, 292).

Wenn man das alles noch nie gehört hat, kann man sich da durchaus wundern und achtet zukünftig dann bitte schon mal darauf, das Auto möglichst nicht mehr im Parkverbot abzustellen. Neben dem obligatorischen Bußgeld kann das – wie gesehen – unter Umständen gewaltige finanzielle Konsequenzen haben.

Die ganze Problematik um den Begriff des »Betriebes« eines Kfz im Rahmen des § 7 StVG wird übrigens dogmatisch schön sauber an einer Definition aufgehängt, die allerdings wenig konkret oder aussagekräftig daherkommt. Wir wollen sie uns dennoch mal ansehen, und zwar:

> **Definition:** Die Rechtsgutsverletzung ist dann *bei dem Betrieb* des Kfz entstanden, wenn sie durch die dem Kfz innewohnende Gefährlichkeit adäquat verursacht worden ist und sich die von einem Kfz üblicherweise ausgehenden Gefahren realisiert haben (BGH RuS **2017**, 95; BGH NJW **2015**, 1681; BGH NJW **2014**, 1182; BGH NJW **2013**, 1679; OLG Hamm NJW **2016**, 505).

Wie gesagt, das ist natürlich sehr allgemein gehalten und bedarf der genauen und fallspezifischen Auslegung; einen ersten Überblick haben wir uns oben geschaffen. Für uns ist an dieser Stelle jetzt zunächst mal wichtig, dass wir ein Problembewusstsein bekommen. Weitere Einzelheiten schauen wir uns später noch bei der Haftung gegenüber der Fußgängerin F an.

Zum Fall: Hier bei der Einstandspflicht des R gegenüber dem auf die Straße laufenden Mädchen M ist das Merkmal »bei dem Betrieb« allerdings kein Problem, denn der R befand sich im fließenden Verkehr auf einer öffentlichen Straße. Bei dem Unfall hat sich demnach genau diejenige Gefahr realisiert, die einem jeden Kraftfahrzeug innewohnt.

<u>ZE.:</u> Der Unfall mit M geschah »beim Betrieb« des Fahrzeugs im Sinne des § 7 Abs. 1 StVG. Die Voraussetzungen der Haftung nach § 7 Abs. 1 StVG sind damit grundsätzlich gegeben.

4.) Möglicher Haftungsausschluss nach § 7 Abs. 2 StVG?

Diese Möglichkeit des Haftungsausschlusses haben wir weiter oben schon kurz erwähnt, hier an dieser Stelle müssen wir sie uns nun mal etwas genauer anschauen. Im Gesetz steht, dass die Ersatzpflicht (nach § 7 Abs. 1 StVG) dann ausgeschlossen ist, wenn der Unfall durch »**höhere Gewalt**« verursacht wird.

> **Durchblick/Historie:** Bis zum Juli 2002 stand an dieser Stelle des Gesetzes noch die Formulierung »**unabwendbares Ereignis**«, bei dessen Vorliegen die Haftung des Halters ausgeschlossen war. Und dieses unabwendbare Ereignis sollte nach der Fassung des alten Gesetzestextes unter anderem dann vorliegen, wenn Halter und Fahrer die »nach den Umständen gebotene Sorgfalt« beachtet hatten (vgl. § 7 Abs. 2 Satz 2 StVG a.F.). Und hierzu sollte dann z.B. gehören, wenn ein Fußgänger – z.B. ein Kind – unvermittelt auf die Fahrbahn springt, denn mit so etwas könnte man selbst bei Beachtung der gebotenen Sorgfalt nicht rechnen (*Brox/Walker* BS § 54 Rz. 10; *Hentschel/König/Dauer* § 7 StVG Rz. 31). Dem Gesetzgeber ist dann aber irgendwann aufgefallen, dass diese Haftungsbefreiung, die auf die *Sorgfalt* des Fahrers bzw. Halters abstellt, eigentlich unvereinbar ist mit dem Rechtsgedanken der beabsichtigten *verschuldensunabhängigen* Haftung des § 7 Abs. 1 StVG. Denn wenn es auf das Verschulden des Halters nicht ankommen soll, kann das Einhalten der gebotenen Sorgfalt sich auch nicht haftungsmildernd auswirken. Und aus diesem Grund hat der Gesetzgeber vor einigen Jahren, und zwar zum 1. August 2002 die Formulierung »höhere Gewalt« eingefügt, den anderen Kram komplett gestrichen und damit dann die Frage nach der Einhaltung irgendeiner Sorgfalt des Halters oder Fahrers abgeschafft (BT-Drs 14/8780 Seite 21). Es kommt also beim Haftungsausschluss des § 7 Abs. 2 StVG seitdem nicht (mehr) auf ein Verschulden bzw. eine eingehaltene Sorgfalt des Halters oder Fahrers an.

Damit wurde die Halterhaftung des § 7 Abs. 1 StVG grundsätzlich erweitert, denn nunmehr waren vom Haftungsausschluss nur noch höchst seltene Fallgestaltungen erfasst (so ausdrücklich *Medicus/Lorenz* SR II Rz. 1376). Gearbeitet wird auch hier jetzt mit einer Definition – die freilich sehr gewöhnungsbedürftig ist. Der Vollständigkeit wegen schauen wir sie uns dennoch an:

> **Definition:** *Höhere Gewalt* im Sinne des § 7 Abs. 2 StVG ist ein außergewöhnliches, betriebsfremdes, von außen durch elementare Naturkräfte oder durch Handlungen dritter Personen herbeigeführtes und nach menschlicher Erfahrung und Ermessen

unvorhersehbares Ereignis, das mit wirtschaftlich erträglichen Mitteln auch durch nach den Umständen äußerste, vernünftigerweise zu erwartende Sorgfalt nicht verhütet werden kann und das auch nicht im Hinblick auf seine Häufigkeit in Kauf genommen zu werden braucht (BT-Drs. 14/7752 Seite 30; BGH NZV **2004**, 395; OLG Saarbrücken NJW-RR **2006**, 748; OLG Oldenburg ZGS **2005**, 33; *Hentschel/König/Dauer* § 7 StVG Rz. 32; *Brox/Walker* BS § 54 Rz. 11).

Logo: So was kann sich natürlich kein Mensch merken – das muss man aber auch nicht. Für uns reicht zu wissen, dass die Voraussetzungen des Haftungsausschlusses nach § 7 Abs. 2 StVG nur noch in ganz seltenen Ausnahmefällen greifen, gemeint sind damit vor allem z.B. Naturereignisse wie etwa eine plötzliche Überflutung, ein Blitzschlag, eine Lawine oder auch ein Erdrutsch; ebenso erfasst sein sollen davon auch mögliche Anschläge oder aber Sabotageakte dritter Personen (BT-Drs. 14/7752 Seite 30; OLG Oldenburg ZGS **2005**, 33, 36; *Hentschel/König/Dauer* § 7 StVG Rz. 34; *Geigel/Kunschert* § 22 Rz. 36).

Zum Fall: Wir müssen somit hier jetzt klären, ob das unvermittelte Laufen der neunjährigen M auf die Fahrbahn aus der Sicht des K als eine Form der »höheren Gewalt« im Sinne des § 7 Abs. 2 StVG zu qualifizieren ist. Und an dieser Stelle zeigen sich dann die Auswirkungen der Gesetzesänderung am deutlichsten. Denn genau diese Art von Fällen sollte nach dem Willen des Gesetzgebers aus dem Anwendungsbereich des § 7 Abs. 2 StVG herausgenommen werden. Bis zum Juli 2002 konnten Autofahrer der Haftung gegenüber Kindern, die auf die Fahrbahn gelaufen waren, nämlich durch den § 7 Abs. 2 StVG in Form des »unabwendbaren Ereignisses« entgehen. Solche Unfälle wurden regelmäßig als »unabwendbar« gesehen mit der Folge des Haftungsausschlusses für den Halter (siehe dazu BT-Drs. 14/7752 Seite 30; *Brox/Walker* BS § 46 Rz. 12; vgl. auch OLG Celle DAR **2004**, 390). Das geht inzwischen *nicht* mehr. Der Halter des Fahrzeugs kann sich in diesen Fällen seit August 2002 nicht mehr auf den Haftungsausschluss berufen, es liegt insbesondere kein Fall der »höheren Gewalt« im Sinne des § 7 Abs. 2 StVG vor, wenn Kinder unvermittelt auf die Fahrbahn laufen und dann von einem Fahrzeug erfasst werden (BT-Drs. 14/7752 Seite 30; OLG Oldenburg ZGS **2005**, 133; *Däubler* in JuS 2002, 625).

Und: Diese Regelung in § 7 Abs. 2 StVG ergänzte den **§ 828 Abs. 2 BGB** (aufschlagen!). Da steht nämlich drin, dass Minderjährige, die das siebte, aber noch nicht das zehnte Lebensjahr vollendet haben, für einen Schaden, den sie bei einem Unfall mit einem Kraftfahrzeug einem anderen zufügen, nicht verantwortlich sind (außer bei Vorsatz, vgl. § 828 Abs. 2 Satz 2 BGB). Bis zum Januar 2002 stand da übrigens noch drin, dass Kinder ab dem siebten Lebensjahr grundsätzlich verantwortlich sein können, wenn sie bei Begehung der schädigenden Handlung die erforderliche Einsicht hatten (vgl. § 828 Abs. 3 BGB). Diese Regelung ist inzwischen geändert, im *Straßenverkehr* ist man erst ab *zehn* Jahren verantwortlich für einen verursachten Schaden – und auch nur dann, wenn eine entsprechende Einsicht beim Minderjährigen vorliegt. Der Gesetzgeber hat damit den zivilrechtlichen Schutz der Kinder im Straßenverkehr deutlich verbessert: Laufen *Pänz* (= kölsches Wort für Kinder) unter zehn Jahren auf die Fahrbahn und verursachen dort einen Unfall, muss der Halter dafür jetzt nach § 7 Abs. 1 StVG einstehen und kann sich insbesondere nicht auf § 7 Abs. 2 StVG berufen (BT-Drs. 14/7752 Seite 30). Und bei diesem Anspruch kann ein Mitverschulden des Kindes wegen § 828 Abs. 2 Satz 1 BGB zudem keinerlei Berücksichtigung finden.

ZE.: Übertragen wir das auf unseren Fall, können wir feststellen, dass das neunjährige Mädchen M, das unvermittelt auf die Fahrbahn gelaufen und dabei vom Fahrzeug des K verletzt worden war, einen Anspruch gegen den Halter K aus § 7 Abs. 1 StVG hat. Und bei der Bemessung des Schadensersatzanspruchs spielt ein mögliches Mitverschulden der M, das wegen § 9 StVG (lesen!) innerhalb des Maßstabes des § 254 BGB an sich berücksichtigt werden müsste, keine Rolle (vgl. dazu etwa BGH NJW **2014**, 2493). Denn die M ist als 9-jähriges Kind wegen § 828 Abs. 2 Satz 1 BGB für den entstandenen Schaden im Straßenverkehr *nicht* verantwortlich.

Ergebnis: M steht gegen den Fahrzeughalter K ein Anspruch auf Ersatz der Heilungskosten und ein angemessenes Schmerzensgeld aus den §§ 7 Abs. 1, 11 Satz 2 StVG zu.

IV. Ansprüche der Fußgängerin F gegen den K

AGL.: § 7 Abs. 1 StVG

Einstieg: Die F hat sich den Knöchel gebrochen, weil sie dem nach der Vollbremsung heranrutschenden Auto, das der R gefahren hat, ausweichen wollte – und möchte jetzt Schadensersatz und Schmerzensgeld vom Fahrzeughalter K. Und bei genauer Betrachtung hängt die Schadensersatzpflicht des K aus § 7 Abs. 1 StVG hier allein davon ab, ob die Körperverletzung der F im vorliegenden Fall auch tatsächlich »**bei dem Betrieb**« des Fahrzeugs verursacht worden ist.

Wir hatten dieses Merkmal weiter oben schon mal angesprochen und festgestellt, dass die Notwendigkeit dessen darin liegt, dem Halter keine vollkommen unbegrenzte Haftung aufzubürden, immerhin steht er ja *verschuldensunabhängig* ein, und das sogar dann, wenn er selbst gar nicht gefahren ist. Der Unfall muss nach dem Willen des Gesetzgebers aus diesem Grund stets »bei dem Betrieb« des Fahrzeugs erfolgen und auch ursächlich darauf beruhen. Wir erinnern uns bitte:

> **Definition:** Die Rechtsgutverletzung ist dann *bei dem Betrieb* des Kfz entstanden, wenn sie durch die dem Kfz innewohnende Gefährlichkeit adäquat verursacht worden ist und sich die von einem Kfz üblicherweise ausgehenden Gefahren realisiert haben (BGH RuS **2017**, 95; BGH NJW **2015**, 1681; BGH NJW **2014**, 1182; BGH NJW **2013**, 1679; BGH NJW **1988**, 2802; BGHZ **115**, 84; OLG Hamm NJW **2016**, 505).

Das Besondere an unserem Fall hier liegt jetzt darin, dass es zwischen dem Fahrzeug und dem Geschädigten überhaupt keine Berührung gegeben hat, was bei einem Verkehrsunfall ja ansonsten der Regelfall ist. Und insoweit stellt sich die Frage nach dem

Zurechnungszusammenhang zwischen dem Betrieb des Wagens und der eingetretenen Verletzung (BGH RuS **2017**, 95; BGHZ **45**, 168; BGHZ **115**, 84).

Im Ergebnis ist das freilich kein Problem: Denn nach allgemeiner Meinung fallen auch solche Rettungsaktionen von ausweichenden Fußgängern oder Unfallbeteiligten unter die eben benannte Definition, namentlich fehlt es nicht am Zurechnungszusammenhang. Zum »Betrieb« eines Fahrzeugs gehört auch ein Unfall ohne Berührung, wenn das Verhalten des Fahrzeugs ein anderes Fahrzeug oder eine Person beeinflusst hat (vgl. instruktiv: BGH RuS **2017**, 95). Das gilt insbesondere dann, wenn ein Fußgänger vor einem schleudernden Kfz flieht und sich dabei verletzt (BGH NJW **1973**, 44; OLG Hamm DAR **2001**, 34; KG OLG Report **1998**, 209; OLG Hamm NZV **1997**, 78; *Medicus/Lorenz* SR II Rz. 1375; *Hentschel/König/Dauer* § 7 StVG Rz. 6).

ZE.: Der Sturz, bei dem die F sich den Knöchel gebrochen hat, geschah »bei dem Betrieb« des Fahrzeugs des K.

Ergebnis: Der Halter K ist der F gegenüber zum Ersatz der Heilungskosten und zur Zahlung eines angemessenen Schmerzensgeldes aus den §§ 7 Abs. 1, 11 Satz 2 StVG verpflichtet.

Kurzer Nachschlag noch für´s richtige Leben:

Der Halter eines Fahrzeugs muss gemäß § 1 Pflichtversicherungsgesetz (PflVG) – im *Schönfelder* die Nr. 63 – eine Haftpflichtversicherung abschließen, was den Vorteil hat, dass man als Geschädigter gemäß § 115 Abs. 1 Nr. 1 VVG auch direkt gegen den entsprechenden Versicherer vorgehen kann. Das ist eine prima Sache, denn es handelt sich hierbei um eine Form des gesetzlich angeordneten *Schuldbeitritts*. Man hat also für einen Anspruch *zwei* Schuldner, und ein Vorgehen gegen den einen schließt den Anspruch gegen den anderen auch nicht aus. Halter und Versicherer haften als *Gesamtschuldner*, vgl. § 115 Abs. 1 VVG. Und wenn der Halter – was erstaunlich häufig vorkommt – den Namen der Versicherung freiwillig nicht rausrücken will, kann man ihn erst mal auf *Auskunft* verklagen, da freut sich der Anwalt gleich doppelt.

Das Allerletzte:

So, und im Nachgang zum gerade Gesagten kommt hier zum Abschluss noch der Hinweis auf eine sehr erstaunliche BGH-Entscheidung aus dem **März 2017** (→ NJW **2017**, 2352), die zudem ziemlich prüfungsverdächtig daherkommt und die wir uns daher mal anschauen wollen. Der Fall ist knifflig, aber rasch erzählt:

> Bei einem Zusammenstoß mit dem Auto des A kommt das Fahrzeuge des F zu Schaden. Es kann nicht geklärt werden, wer den Unfall letztlich verursacht und wer welchen Verschuldensanteil daran zu tragen hat. Zum Zeitpunkt des Unfalls stand das Fahrzeug des F im Sicherungseigentum der Bank B, die nämlich den Kredit für den Autokauf finanziert hatte. F klagt nun mit Ermächtigung der Bank B

im eigenen Namen den am Auto entstandenen Schaden in Höhe von 3.000 Euro gegen die Haftpflichtversicherung V des A ein (möglich, siehe oben → § 115 Abs. 1 Nr. 1 VVG!). **Problem**: Da ein Verschulden am Unfall nicht geklärt werden kann, beruft sich die Versicherung V auf eine (hälftige) Schadensteilung nach § 17 Abs. 2 StVG und will nur 1.500 Euro zahlen. **Zu Recht?**

Lösung: Bei einem Unfall, dessen Hergang nicht geklärt werden kann, findet in aller Regel eine hälftige Schadensteilung statt, da beide Unfallteilnehmer sich die Betriebsgefahr ihres Wagens zurechnen lassen müssen. Die beiderseitigen Ansprüche aus § 7 Abs. 1 StVG bestehen zwar dem Grunde nach, das Verschulden der Halter bzw. die Betriebsgefahr wird aber gemäß § 17 Abs. 1 und Abs. 2 StVG gegeneinander abgewogen; und wenn sich das Verschulden der Unfallteilnehmer nicht ermitteln lässt, wird eben gerechterweise hälftig geteilt (kann ein Verschulden festgestellt werden, gilt übrigens § 9 StVG). Das Besondere an unserem Fall liegt nun darin, dass die Bank B hier gar kein Fahrzeughalter, sondern »nur« **Sicherungseigentümer** des Wagens ist und sie auch garantiert keinerlei Verschulden an der Verursachung des Unfalls trägt und sich mangels Haltereigenschaft auch keine Betriebsgefahr zurechnen lassen muss. **Frage**: Kann sich die Versicherung V des A gleichwohl auf § 17 Abs. 2 StVG (oder auf § 9 StVG) berufen und den Schaden hälftig teilen?

Antwort: Nein!

Der BGH berief sich auf den Wortlaut des Gesetzes und stellte Folgendes klar:

*»… Eine Zurechnung der Betriebsgefahr gemäß § 17 Abs. 2 StVG findet hier **nicht** statt. Der § 17 StVG ist nur dann anzuwenden, wenn auch der Geschädigte nach den Bestimmungen des Straßenverkehrsgesetzes haftet. Eine Erstreckung des Normanwendungsbereiches auf den nicht haltenden Sicherungseigentümer ist nach dem Wortlaut des Gesetzes nicht vorgesehen, insbesondere nachdem der Gesetzgeber durch Änderung des § 17 Abs. 3 Satz 3 StVG im Jahre 2002 zum Ausdruck gebracht hat, dass ihm die Möglichkeit des Auseinanderfallens von Halter- und Eigentümerstellung durchaus bewusst war. Eine Gleichstellung von Halter und Eigentümer in § 17 Abs. 2 StVG ist vom Gesetzgeber somit nicht beabsichtigt mit der Folge, dass vorliegend der nicht haltende Eigentümer B eine hälftige Teilung über § 17 Abs. 2 StVG auch nicht akzeptieren muss. Die Vorschrift des § 17 Abs. 2 StVG ist lediglich anwendbar, wenn die Unfallteilnehmer beide entweder Halter oder Fahrer des Fahrzeugs sind; andernfalls findet § 17 Abs. 2 StVG keine Anwendung … Auch eine Schadensteilung unter Berücksichtigung des § 9 StVG kommt vorliegend nicht in Betracht, da der Unfallhergang nicht geklärt werden kann und mithin auch ein Verschulden des Fahrzeugführers F nicht bewiesen ist …«*

Merke: Kann bei einem Unfall ein Verschulden nicht festgestellt werden, kann gleichwohl eine vollumfängliche Haftung des einen Unfallteilnehmers in Betracht kommen, wenn nämlich das Fahrzeug im Sicherungseigentum eines Dritten steht, dieser zudem nicht der Halter des Fahrzeugs ist, den Fahrzeughalter aber zur Geltendmachung der eigenen Ansprüche ermächtigt (BGH NJW **2017**, 2352). Erstaunlich.

Gutachten

I. Ansprüche der M – vertreten durch ihre Eltern – gegen R

M könnte gegen R einen Anspruch aus § 7 Abs. 1 StVG haben.

1.) Erste Voraussetzung der Haftung aus § 7 Abs. 1 StVG ist die Haltereigenschaft des Anspruchsgegners. Halter eines Kraftfahrzeugs im Sinne des Straßenverkehrsgesetzes ist derjenige, der die tatsächliche Verfügungsgewalt über das Fahrzeug besitzt und es für eigene Rechnung gebraucht; auf die Eigentumsverhältnisse kommt es dabei nicht notwendig an.

Im vorliegenden Fall ist angesichts der Tatsache, dass R sich den Wagen von K für zwei Tage ausgeliehen hat, fraglich, ob R damit zum Halter im Sinne des Gesetzes geworden ist. Wird der Besitz an Kraftfahrzeugen vorübergehend einem anderen überlassen, gilt im Hinblick auf die Haltereigenschaft Folgendes: Wer das Kraftfahrzeug ausleiht oder mietet und die Betriebskosten bestreitet, ist dann Halter, wenn ihm die Verfügungsgewalt vollständig übertragen worden ist. Diese Übertragung der Verfügungsgewalt hängt im Zweifel von der Dauer der Überlassung ab. Bei einer Anmietung für nur ein paar Stunden oder ein oder zwei Tage ist die Verfügungsgewalt regelmäßig abzulehnen. Gleiches gilt, wenn das Fahrzeug nur für eine bestimmte Fahrt ausgeliehen wurde. Dauert die Überlassung hingegen signifikant länger, wird der Entleiher/Mieter zum Halter, und zwar neben dem Verleiher/Vermieter, der also ebenfalls Halter bleibt – so zum Beispiel bei einer Überlassung des Wagens wegen einer Urlaubsreise. Der Vermieter/Verleiher verliert aber seine Haltereigenschaft an den Entleiher/Mieter, wenn das Fahrzeug vollkommen seinem Einflussbereich entzogen wird; dies ist der Fall etwa bei einer Mietdauer von über drei Monaten oder wenn sich das Fahrzeug an einem weit entfernten Ort befindet. R hat den Wagen des K für eine zweitägige Besichtigungstour nach Köln ausgeliehen. Hierbei handelt es sich nur um eine Leihe von kurzer Dauer und diese Leihe betrifft auch nur eine bestimmte Fahrt zu einem bestimmten Ziel. Und daraus folgt, dass der K alleiniger Halter seines Wagens im Sinne des § 7 Abs. 1 StVG geblieben ist. R hat den Wagen lediglich gesteuert.

Ergebnis: Eine Haftung des R aus § 7 Abs. 1 StVG scheidet mangels Haltereigenschaft aus.

M könnte gegen R aber nun ein Anspruch aus § 18 Abs. 1 Satz 1 StVG zustehen.

1.) Fahrzeugführer im Sinne des § 18 Abs. 1 StVG ist derjenige, der im Augenblick des Unfalls das Kfz lenkt und die tatsächliche Gewalt über das Steuer hat. R war vorliegend Führer des Fahrzeugs im gerade benannten Sinne und ist damit zunächst einmal grundsätzlich einstandspflichtig nach § 18 Abs. 1 Satz 1 StVG, sollten auch die weiteren Voraussetzungen der Norm vorliegen.

2.) Angesichts der Tatsache, dass R vorschriftsmäßig mit 50 km/h über die Straße, dabei vorbei an den geparkten PKW gefahren ist und sofort eine Vollbremsung gemacht hat, kommt im hier zu entscheidenden Fall die Anwendung des § 18 Abs. 1 Satz 2 StVG in Betracht. Aufgrund des regelkonformen Fahrens ist R namentlich exkulpiert nach der gerade benannten Vorschrift mit der Konsequenz eines Haftungsausschlusses.

Ergebnis: R hat auch nicht nach § 18 Abs. 1 Satz 1 StVG einzustehen, er kann sich gemäß § 18 Abs. 1 Satz 2 StVG entlasten.

M könnte gegen R ein Anspruch aus § 823 Abs. 1 BGB zustehen.

Im vorliegenden Fall kann eine detaillierte Prüfung des § 823 Abs. 1 BGB ausbleiben, denn obwohl hier augenscheinlich eine durch R verursachte Körperverletzung auf Seiten der M vorliegt, fehlt es dem R – wie eben festgestellt – an einem Verschulden, das für den Anspruch aus § 823 Abs. 1 BGB aber zwingend erforderlich ist.

Ergebnis: R haftet auch nicht nach § 823 Abs. 1 BGB gegenüber M und muss – da andere Anspruchsgrundlagen nicht mehr ersichtlich sind – somit für die entstandenen Schäden bei M nicht aufkommen.

II. Ansprüche der Fußgängerin F gegen R

Auch im Hinblick auf die F scheitert ein möglicher Anspruch aus § 7 Abs. 1 StVG daran, dass der R nicht Halter, sondern nur Fahrer des Wagens gewesen ist. Ein Anspruch aus § 18 Abs. 1 Satz 1 StVG geht nicht durch, da sich der R bei seiner Unfallverursachung schuldlos verhalten hat und ihm damit die Exkulpation des § 18 Abs. 1 Satz 2 StVG gelingen wird. Und § 823 Abs. 1 BGB kommt in Ermangelung eines Verschuldens ebenso nicht in Frage.

Ergebnis: F stehen keinerlei Ansprüche gegen R wegen ihres gebrochenen Knöchels zu. Sie muss sich – genauso wie M – an den Fahrzeughalter K halten.

III. Ansprüche der M gegen K

M könnte gegen K ein Anspruch aus § 7 Abs. 1 StVG zustehen.

1.) K ist der Halter des Wagens im Sinne der Norm; das ist oben bereits geprüft und festgestellt worden.

2.) Des Weiteren hat die M eine Verletzung an ihrem Körper erlitten.

3.) Die Rechtsgutsverletzung muss nun auch bei dem Betrieb des Kraftfahrzeugs erfolgt sein. Die Rechtsgutsverletzung ist dann bei dem Betrieb des Kfz entstanden, wenn sie durch die dem Kfz innewohnende Gefährlichkeit adäquat verursacht worden ist und sich die von einem Kfz üblicherweise ausgehenden Gefahren realisiert haben. Hier bei der Einstandspflicht des R gegenüber dem auf die Straße laufenden Mädchen M ist das Merkmal »bei dem Betrieb« erfüllt, der R befand sich nämlich im fließenden Verkehr auf einer öffentlichen Straße. Bei dem Unfall hat sich demnach genau die Gefahr realisiert, die einem jeden Kfz innewohnt. Der Unfall mit M geschah »beim Betrieb« des Fahrzeugs im Sinne des § 7 Abs. 1 StVG. Die Voraussetzungen der Haftung nach § 7 Abs. 1 StVG sind damit grundsätzlich gegeben.

4.) In Betracht kommt ein Haftungsausschluss nach § 7 Abs. 2 StVG. Dann müsste ein Fall höherer Gewalt vorliegen. Höhere Gewalt im Sinne des § 7 Abs. 2 StVG ist ein außergewöhnliches, betriebsfremdes, von außen durch elementare Naturkräfte oder durch Handlungen dritter Personen herbeigeführtes und nach menschlicher Erfahrung und Ermessen unvorhersehbares Ereignis, das mit wirtschaftlich erträglichen Mitteln auch durch nach den Umständen äußerste, vernünftigerweise zu erwartende Sorgfalt nicht verhütet werden kann und das auch nicht im Hinblick auf seine Häufigkeit in Kauf genommen zu werden braucht. Die Voraussetzungen des Haftungsausschlusses nach § 7 Abs. 2 StVG liegen demnach nur in ganz seltenen Ausnahmefällen vor, gemeint sind damit vor allem z.B. Naturereignisse wie etwa eine plötzliche Überflutung, ein Blitzschlag, eine Lawine oder auch ein Erdrutsch; ebenso erfasst sein sollen davon auch mögliche Anschläge oder aber Sabotageakte dritter Personen. Es ist zu prüfen, ob das unvermittelte Laufen der 9-jährigen M auf die Fahrbahn aus der Sicht des K als eine Form der »höheren Gewalt« im Sinne des § 7 Abs. 2 StVG zu qualifizieren ist. Genau diese Art von Fällen sollte aber nach dem Willen des Gesetzgebers aus dem Anwendungsbereich des § 7 Abs. 2 StVG herausgenommen werden. Nach alter Gesetzesfassung bis zum Juli 2002 konnten Autofahrer der Haftung gegenüber Kindern, die auf die Fahrbahn gelaufen waren, durch den § 7 Abs. 2 StVG in Form des »unabwendbaren Ereignisses« entgehen. Solche Unfälle wurden regelmäßig als »unabwendbar« gesehen mit der Folge des Haftungsausschlusses für den Halter. Das geht jetzt nicht mehr. Der Halter des Fahrzeugs kann sich in diesen Fällen seit dem August 2002 nicht mehr auf den Haftungsausschluss berufen, es liegt insbesondere kein Fall der »höheren Gewalt« im Sinne des § 7 Abs. 2 StVG vor, wenn Kinder unvermittelt auf die Fahrbahn laufen und dann von einem Fahrzeug erfasst werden. Übertragen auf den vorliegenden Fall kann daher festgestellt werden, dass das 9-jährige Mädchen M, das unvermittelt auf die Fahrbahn gelaufen und dabei vom Fahrzeug des K verletzt worden war, einen Anspruch gegen den Halter K aus § 7 Abs. 1 StVG hat. Bei der Bemessung des Schadensersatzanspruchs spielt ein mögliches Mitverschulden der M, das wegen § 9 StVG innerhalb des Maßstabes des § 254 BGB an sich berücksichtigt werden müsste, keine Rolle. Die M ist als 9-jähriges Kind wegen § 828 Abs. 2 Satz 1 BGB für den entstandenen Schaden im Straßenverkehr nicht verantwortlich.

Ergebnis: M steht gegen den Fahrzeughalter K ein Anspruch auf Ersatz der Heilungskosten und ein angemessenes Schmerzensgeld aus den §§ 7 Abs. 1, 11 Satz 2 StVG zu.

IV. Ansprüche der Fußgängerin F gegen den K

F könnte gegen K einen Anspruch aus § 7 Abs. 1 StVG haben.

Insoweit ist allein das Merkmal »bei dem Betrieb« des Fahrzeugs fraglich. Die Rechtsgutsverletzung ist dann bei dem Betrieb des Kfz entstanden, wenn sie durch die dem Kfz innewohnende Gefährlichkeit adäquat verursacht worden ist und sich die von einem Kfz üblicherweise ausgehenden Gefahren realisiert haben. Das Besondere am vorliegenden Fall liegt darin, dass es zwischen dem Fahrzeug und dem Geschädigten überhaupt keine Berührung gegeben hat, was bei einem Verkehrsunfall ja ansonsten der Regelfall ist. Und insoweit stellt sich die Frage nach dem Zurechnungszusammenhang zwischen dem Betrieb des Wagens und der eingetretenen Verletzung.

Nach allgemeiner Meinung fallen auch solche Rettungsaktionen von ausweichenden Fußgängern oder Unfallbeteiligten unter die eben benannte Definition, namentlich fehlt es nicht am Zurechnungszusammenhang. Zum »Betrieb« eines Fahrzeugs gehört auch ein Unfall ohne Berührung, wenn das Verhalten des Fahrzeugs ein anderes Fahrzeug oder eine Person beeinflusst hat. Das gilt insbesondere dann, wenn ein Fußgänger vor einem schleudernden Kfz flieht und sich dabei verletzt. Der Sturz, bei dem die F sich den Knöchel gebrochen hat, geschah »bei dem Betrieb« des Fahrzeugs des K.

Ergebnis: Der Halter K ist F gegenüber zum Ersatz der Heilungskosten und zur Zahlung eines angemessenen Schmerzensgeldes aus den §§ 7 Abs. 1, 11 Satz 2 StVG verpflichtet.

3. Abschnitt

Die Geschäftsführung ohne Auftrag

→ §§ 677 ff. BGB

Fall 25

Undankbarer Mistkerl

Auf der Heimfahrt von einer Party erblickt Rechtsstudent R nachts um drei Uhr in seinem Auto sitzend auf einer abgelegenen Landstraße plötzlich einen leblosen Körper im Straßengraben. R hält an, steigt aus und sieht den Fahrradfahrer F bewusstlos und stark am Kopf blutend neben seinem Rad im Graben liegen. Geistesgegenwärtig trägt R den F in sein Auto und macht sich auf den Weg zum etwa 25 km entfernten Krankenhaus. Dort wird der F, der eine Stunde zuvor schuldlos Opfer eines Zusammenstoßes mit einem Auto geworden war und dabei einen Schädelbruch erlitten hatte, ärztlich versorgt.

R verlangt nunmehr von F Ersatz für die Reinigung der blutverschmierten Rücksitze seines Autos in Höhe von 600 Euro. Der F, ein undankbarer Mistkerl, weigert sich und meint, er trage an alledem keine Schuld und zahle deshalb auch nichts. Er verlange vielmehr seinerseits 250 Euro Schadensersatz von R, da R – was der Wahrheit entspricht – beim Hereinzerren des F ins Auto infolge einer leichten Unachtsamkeit dessen Jacke zerrissen hatte.

Rechtslage?

Schwerpunkte: Die Geschäftsführung ohne Auftrag (GoA) nach den §§ 677 ff. BGB; Grundfall der echten berechtigten GoA; der Fremdgeschäftsführungswille; das »auch fremde Geschäft«; der wirkliche und mutmaßliche Wille nach § 683 Satz 1 BGB; Problem um die Ersatzpflicht von Schäden beim Geschäftsführer; Ansprüche des Geschäftsherrn bei Verletzung von eigenen Rechtsgütern.

Lösungsweg

Vorab: Mit diesem klassischen Lehrbuch-Fall steigen wir in die Regeln der Geschäftsführung ohne Auftrag (GoA) aus den §§ 677 ff. BGB ein und wollen uns im ersten Schritt mal mit den einzelnen Tatbestandsvoraussetzungen der sogenannten »**echten berechtigten GoA**« vertraut machen. Die kleine Geschichte oben firmiert unter dem Begriff »**Rettungsfälle**« und beschreibt die nicht nur im Straßenverkehr relativ häufig vorkommende Situation, dass jemand einen anderen aus einer tatsächlichen oder vermeintlichen Notlage rettet und dabei dann Schäden an Rechtsgütern der Beteiligten entstehen. Wie man das anspruchstechnisch abwickelt, werden wir gleich sehen und wollen im Übrigen bitte beachten, dass diese Fragen seit Jahrzehnten die deutschen Gerichte (→ BGHZ **33**, 254; BGHZ **38**, 270; BGHZ **67**, 371) und auch die Wissenschaftler beschäftigen und demnach natürlich auch ziemlich regelmäßig Gegenstand von Klausuren und Hausarbeiten sind.

So. Und bevor wir mit der Fall-Lösung starten, müssen wir gerade noch zwei für die gesamte GoA zentrale Begriffe klären, die im Gesetz zwar verwendet, aber leider nicht erläutert werden, nämlich: Das Gesetz meint in den §§ 677 ff. BGB mit dem »**Geschäftsführer**« die Person, die *tatsächlich* handelt, also das Geschäft »ausführt«. Demgegenüber ist der »**Geschäftsherr**« diejenige Person, zu dessen Gunsten der Geschäftsführer handelt oder zumindest handeln will (bitte lies jetzt zur Probe § 678 BGB). Diese beiden Personen stehen sich in den Fällen der GoA regelmäßig gegenüber und streiten dann zumeist um Ersatzansprüche. Alles klar!?

Gut, dann können wir anfangen:

I. Ansprüche des R (→ Geschäftsführer) gegen F (→ Geschäftsherr)

<u>AGL.:</u> **§§ 677, 683 Satz 1, 670 BGB** (Aufwendungsersatz)

I. Voraussetzungen: Die berechtigte GoA setzt voraus, dass jemand (der Geschäftsführer) ein Geschäft für einen anderen (den Geschäftsherrn) besorgt, ohne von ihm beauftragt oder ihm gegenüber sonst dazu berechtigt zu sein und dass zudem einer der in den §§ 677 ff. BGB benannten Berechtigungsgründe vorliegt (lies: § 677 BGB).

1.) Es müsste demnach zunächst einmal eine *Geschäftsbesorgung* vorliegen.

> **Definition:** Der Begriff der *Geschäftsbesorgung* ist – wie auch bei § 662 BGB – im weiten Sinne zu verstehen und umfasst demnach *alle* Tätigkeiten des handelnden Geschäftsführers, und zwar sowohl rechtsgeschäftlicher als auch rein tatsächlicher Art (BGHZ **38**, 270; PWW/*Fehrenbacher* § 677 BGB Rz. 10; RGRK/*Steffen* § 677 BGB Rz. 7; MüKo/*Seiler* § 677 BGB Rz. 2; Palandt/*Sprau* § 677 BGB Rz. 2).

Hier: Kein Problem, der R zieht den F aus dem Straßengraben, was entspannt unter eine *tatsächliche* Tätigkeit im gerade benannten Sinne subsumiert werden kann und auch muss. Eine rechtsgeschäftliche Qualität der Handlung ist – wie gesehen – für die Geschäftsbesorgung nicht zwingend notwendig (BGH NJW **1978**, 1258; *Jauernig/ Mansel* § 677 BGB Rz. 2; *Bamberger/Roth/Gehrlein* § 677 BGB Rz. 10).

<u>ZE.:</u> Es liegt eine Geschäftsbesorgung im Sinne des § 677 BGB vor.

2.) Des Weiteren muss diese Geschäftsbesorgung *für einen anderen* erfolgt sein.

Definition: Eine Tätigkeit *für einen anderen* liegt vor, wenn beim Handelnden das Bewusstsein und der Wille vorhanden sind, ein fremdes Geschäft zu besorgen, wozu konkret erforderlich ist, dass das ausgeführte Geschäft einem fremden Rechts- und Interessenbereich zuzuordnen ist. Der Handelnde braucht das Bewusstsein und den Willen, eine Angelegenheit, die eigentlich der Sorge des anderen obliegt, für diesen zu erledigen (RGZ **97**, 61; BGH NJW **2000**, 72; *Jauernig/Mansel* § 677 BGB Rz. 3; MüKo/*Seiler* § 677 BGB Rz. 3; PWW/*Fehrenbacher* § 677 BGB Rz. 11; *Bamberger/Roth/Gehrlein* § 677 BGB 11; *Brox/Walker* BS § 35 Rz. 7).

Durchblick: Hinter dieser Formulierung bzw. Definition verbirgt sich der für die §§ 677 ff. BGB stets erforderliche »**Fremdgeschäftsführungswille**«, der beim Geschäftsführer vorliegen muss (BGH NJW **2012**, 523). Dieser Fremdgeschäftsführungswille – also das Bewusstsein und der Wille, auch wirklich ein *fremdes* Geschäft zu führen – kann nun vor allem dann problematisch sein, wenn der Geschäftsführer neben dem Willen, ein fremdes Geschäft zu führen, auch *eigene* Interessen verfolgt, zum **Beispiel:** In unserem Fall könnte man sagen, dass der R bei der Rettungsaktion wegen § 323c StGB (→ unterlassene Hilfeleistung) auch das eigene Interesse verfolgt, strafrechtlich nicht belangt zu werden. Denn würde R nicht einschreiten, wäre er unter Umständen einer Strafverfolgung wegen Verletzung des § 323c StGB ausgesetzt. Unser R erfüllt also mit der Rettungsaktion zugunsten des F auch eine ihm obliegende allgemeine öffentlich-rechtliche Pflicht (*Brox/Walker* BS § 35 Rz. 14).

> **Lösung:** In solchen Konstellationen spricht die herrschende Meinung dann von einem sogenannten »**auch fremden Geschäft**« und lässt dies ebenfalls genügen, um einen Fremdgeschäftsführungswillen im oben benannten Sinne auf Seiten des Geschäftsführers zu vermuten bzw. zu bejahen: Die Tatsache, dass der Geschäftsführer neben dem fremden Geschäft gleichzeitig auch eine Angelegenheit im eigenen Interesse besorgt, lässt den Fremdgeschäftsführungswillen grundsätzlich nicht entfallen (BGH NJW **2016**, 2407; BGH NJW-RR **2004**, 956; BGH NJW **2000**, 422; BGHZ **40**, 28; PWW/*Fehrenbacher* § 677 BGB Rz. 14; *Palandt/Sprau* § 677 BGB Rz. 6; *Bamberger/Roth/Gehrlein* § 677 BGB Rz. 15).

Das wollen wir uns bitte merken und im Übrigen auch noch beachten, dass es neben dem gerade erwähnten »auch fremden Geschäft« in diesem Zusammenhang noch das »objektiv fremde« und das »subjektiv fremde« Geschäft gibt. Bei einem »objektiv fremde« Geschäft ist bereits *äußerlich* erkennbar, dass es ausschließlich einem fremden Rechtskreis angehört (z.B.: Reparatur einer fremden Sache) mit der Folge, dass der Fremdgeschäftsführungswille grundsätzlich vermutet wird (BGHZ **98**, 235; BGHZ **70**, 389). Bei einem »subjektiv fremde« Geschäft sieht man dem Geschäft die Fremdheit äußerlich zunächst nicht an (z.B.: Kauf einer Sache für einen anderen) mit der Folge, dass der Geschäftsführer seinen Fremdgeschäftsführungswillen im Zweifel beweisen muss, ansonsten hat er ein *eigenes* Geschäft getätigt und bekommt z.B. keinen Aufwendungsersatz aus § 683 BGB (BGHZ **40**, 28).

Zurück zum Fall: Hier bei uns haben wir es zu tun mit einem »**auch fremden Geschäft**«, denn R erfüllt mit der Rettungsaktion zugunsten des F nicht nur eine fremde Angelegenheit des F, sondern kommt auch einer ihm obliegenden allgemeinen öffentlich-rechtlichen Pflicht nach, die sich aus § 323c StGB ergibt. Bei diesem »auch fremden Geschäft« wird der Fremdgeschäftsführungswille des R (widerlegbar) vermutet.

<u>ZE.:</u> R handelte mit Fremdgeschäftsführungswillen, als er den F in sein Auto trug.

3.) Für eine echte berechtigte GoA ist des Weiteren erforderlich, dass zwischen Geschäftsführer und Geschäftsherr weder ein Auftrags- noch ein sonstiges Rechtsverhältnis besteht, aus dem die Berechtigung zur Ausführung des Geschäfts resultiert (lies: § 677 BGB). Denn wenn ein Rechtsverhältnis zwischen den Parteien bereits vorliegt, bedarf es keiner Abwicklung nach den Normen der Geschäftsführung *ohne* (!) Auftrag gemäß den §§ 677 ff. BGB.

> Insoweit ist unter »**Auftrag**« übrigens nicht nur das klassische Rechtsgeschäft im Sinne des § 662 BGB, sondern vielmehr *jeder* verpflichtende Vertrag – also etwa auch ein Dienst- oder Werkvertrag – zu verstehen (BGH NJW **2016**, 2407; BGH NJW **2012**, 523; BGHZ **63**,119; *Jauernig/Mansel* § 677 BGB Rz. 6; PWW/*Fehrenbacher* § 677 BGB Rz. 17), während die »**sonstige Berechtigung**« in jeder gesetzlich eingeräumten Befugnis, die Geschäfte eines anderen zu besorgen, liegen kann – so zum Beispiel als Organ einer juristischen Person, als Eltern gegenüber den Erziehungsberechtigten (BGHZ **109**, 354; MüKo/*Seiler* § 677 BGB Rz. 36; *Bamberger/Roth/Gehrlein* § 677 BGB Rz. 18; *Soergel/Beuthien* § 677 BGB Rz. 15).

Im vorliegenden Fall liegt keine vertragliche Berechtigung in der eben genannten Art zwischen R und F vor; und die oben schon mal erwähnte Handlungspflicht aus § 323c StGB begründet kein »sonstiges Verhältnis« im Sinne einer anderweitigen Berechtigung nach § 677 BGB (*Brox/Walker* BS § 35 Rz. 20).

<u>ZE.:</u> Es bestand weder ein Auftragsverhältnis noch ein sonstiger Berechtigungsgrund im Sinne des § 677 BGB.

4.) Schließlich muss der Geschäftsführer – um die Rechtsfolgen der §§ 677 ff. BGB in Gang zu setzen – zur Führung des fraglichen Geschäfts *berechtigt*, also außerhalb der beiden eben aus § 677 BGB genannten Gründe befugt gewesen sein. Insoweit bietet das Gesetz nun *drei* Berechtigungsgründe an, nämlich:

→ **§ 683 Satz 1 BGB:** Die Geschäftsführung entspricht dem Interesse und dem wirklichen oder mutmaßlichen Willen des Geschäftsherrn.

→ **§§ 683 Satz 2, 679 BGB:** Die Geschäftsführung widerspricht zwar dem Willen des Geschäftsherrn, dient aber entweder der Erfüllung einer ihm obliegenden öffentlichen Pflicht oder einer gesetzlichen Unterhaltspflicht.

→ **§ 684 Satz 2 BGB:** Der Geschäftsführer erteilt seine Genehmigung.

Im vorliegenden Fall kommt mangels Genehmigung seitens des F und nicht erkennbarer öffentlicher oder unterhaltsrechtlicher Pflicht nur die 1. Variante in Betracht: Die Rettung muss also – im Zeitpunkt der Übernahme des Geschäfts (OLG Frankfurt NJW-RR **1996**, 1337) – dem objektiven Interesse *und* dem wirklichen *oder* mutmaßlichen Willen des F entsprochen haben. Prüfen wir mal:

a) Zunächst stellt sich demnach die Frage, ob die vorliegende Art der Rettung des F dessen Interesse entsprach.

> **Definition:** Die Übernahme der Geschäftsführung ist im *Interesse* des Geschäftsherrn, wenn sie objektiv nützlich, also sachlich vorteilhaft ist; ein vermögensrechtliches Interesse ist nicht erforderlich (BGH NJW **2016**, 2407; BGH NJW **2012**, 523; BGHZ **16**, 12; *Jauernig/Mansel* § 683 BGB Rz. 3; *Palandt/Sprau* § 683 BGB Rz. 4).

Hier: Die Rettung eines bewusstlosen und stark am Kopf blutenden Verletzten, der nachts um drei Uhr 25 km entfernt vom nächsten Krankenhaus auf einer Landstraße im Straßengraben liegt, ist für den Verletzten objektiv in jedem Falle nützlich, denn sie verringert die Wahrscheinlichkeit, dass er über einen möglicherweise längeren Zeitraum mit seinen Verletzungen unbehandelt bleibt. Zudem vermindert sie das Risiko weiterer Schäden; unter Umständen besteht angesichts dieser Begebenheiten sogar Lebensgefahr, etwa durch Verbluten (vgl. dazu etwa OLG Frankfurt NJW-RR **1996**, 1337).

ZE.: Die Rettung entsprach mithin dem Interesse des Geschäftsherrn.

b) Des Weiteren müsste die Rettung dem *wirklichen* oder dem *mutmaßlichen* Willen des F entsprochen haben (lies § 683 Satz 1 BGB).

> **Durchblick:** Im Hinblick auf den wirklichen Willen ist natürlich erforderlich, dass dieser Wille auch geäußert wurde und demnach für den Geschäftsführer erkennbar war, sei es entweder durch ausdrückliche oder aber zumindest konkludente Kundgabe (*Palandt/Sprau* § 683 BGB Rz. 6; OLG Koblenz NJW-RR **1995**, 15). Ist ein Wille in diesem Sinne geäußert und erkennbar, ist er übrigens selbst dann maßgebend, wenn er aus objektiver Sicht unvernünftig, unklug oder gar im konkreten Fall interessenwidrig ist; dies gebietet das Autonomieprinzip des Grundgesetzes, wonach der Wille des Einzelnen stets Vorrang hat und der Geschäftsherr sich keine dem gegenläufige Handlung bieten lassen muss (BGHZ **138**, 281; PWW/*Fehrenbacher* § 683 BGB Rz. 5; MüKo/*Seiler* § 683 BGB Rz. 9).

Nur und erst dann, wenn es an einem ausdrücklich oder konkludent geäußerten Willen im eben genannten Sinne fehlt, ist Raum für die Bestimmung des *mutmaßlichen* Willens (BGHZ **47**, 374; *Jauernig/Mansel* § 683 BGB Rz. 5). Im Hinblick auf den mutmaßlichen Willen gilt dann folgende

> **Definition:** Die Besorgung des fremden Geschäfts entspricht dann dem *mutmaß-lichen Willen* des Geschäftsherrn, wenn er bei objektiver Beurteilung aller Umstände der Geschäftsführung zugestimmt hätte; in der Regel deckt sich der mutmaßliche Wille mit dem Interesse des Geschäftsherrn (BGH NJW **2016**, 2407; BGHZ **55**, 128; MüKo/*Seiler* § 683 BGB Rz. 10; *Palandt/Sprau* § 683 BGB Rz. 7).

Hier: Angesichts der Umstände des Falles kann und muss davon ausgegangen werden, dass die Geschäftsführung dem mutmaßlichen Willen des F entsprach. Insoweit gilt das bereits oben zum objektiven Interesse des F Gesagte entsprechend: Der F lag um drei Uhr nachts bewusstlos und stark am Kopf blutend im Graben einer Landstraße. Dass er dann von dem R ins Auto geladen und zum 25 km entfernt liegenden Krankenhaus gebracht wird, entspricht nicht nur seinem objektiven Interesse, sondern würde bei objektiver Beurteilung der Sachlage auch seine Zustimmung gefunden haben. Es ist nicht anzunehmen, dass F – wäre er bei Bewusstsein gewesen – seine Zustimmung verweigert hätte.

ZE.: Die Rettung entsprach dem mutmaßlichen Willen des F.

ZE.: Und damit liegen dann alle vier Tatbestandsvoraussetzungen einer echten berechtigten GoA nach den §§ 677 ff. BGB vor: R besorgt mit der Rettung ein Geschäft für einen anderen (den F), ohne von diesem dazu beauftragt oder ihm gegenüber sonst dazu berechtigt zu sein; die Geschäftsbesorgung entsprach aber dem mutmaßlichen Willen des F.

II. Rechtsfolgen: Gemäß **§ 683 Satz 1 BGB** kann der Geschäftsführer nun wie ein Beauftragter Ersatz seiner *Aufwendungen* verlangen. Der Beauftragte kann gemäß **§ 670 BGB** Ersatz für diejenigen Aufwendungen verlangen, die er nach den Umständen für erforderlich halten durfte.

Zum Fall: Unser R verlangt von F die Erstattung der Reinigungskosten für die blutverschmierten Rücksitze in Höhe von 600 Euro.

> **Problem:** Die in den §§ 683 Satz 1, 670 BGB benannten »**Aufwendungen**« sind definiert als freiwillige Vermögensopfer, was sie von den »**Schäden**« als unfreiwillige Vermögensopfer abgrenzt (BGH NJW **2016**, 2407; BGH NJW **2012**, 523; MüKo/*Seiler* § 683 BGB Rz. 18). Somit werden nach dem Wortlaut des Gesetzes im Rahmen der GoA grundsätzlich nur freiwillige Vermögensopfer des Geschäftsführers erstattet und zudem auch nur solche, die er nach den Umständen des Falles für erforderlich halten durfte (lies: § 670 BGB). Die *Schäden*, also unfreiwillige Vermögensopfer, trägt der Geschäftsführer demgegenüber selbst, jedenfalls erhält er sie nicht aus den §§ 677 ff. BGB ersetzt. Und wenn man sich an diese Regel bzw. den Wortlaut des Gesetzes hält, sieht es für unseren R ziemlich düster aus, denn die verschmutzten Rücksitze stellen fraglos *unfreiwillige* Vermögensopfer dar mit der Folge, dass dem R gegen F insoweit kein Ersatzanspruch aus den §§ 683 Satz 1, 670 BGB zusteht.

Aber: Dass das nicht das letzte Wort sein kann, ist natürlich klar. Denn im Zuge der Übernahme einer im Rahmen der §§ 677 ff. BGB liegenden, unter Umständen gefährlichen Tätigkeit können selbstverständlich auch *Schäden* an Rechtsgütern des Geschäftsführers entstehen; und es wäre nicht sachgerecht, diese Schäden dann ausnahmslos dem Geschäftsführer, der ja im Interesse des Geschäftsherrn gehandelt hat, aufzubürden. Die herrschende Meinung löst dieses Problem deshalb wie folgt:

> **Merke:** Der Geschäftsführer hat gegen den Geschäftsherrn aus *analoger* Anwendung der §§ 683 Satz 1, 670 BGB auch einen Anspruch auf Ersatz der Schäden, die als Folge der typischen und erkennbaren Gefahrenlage der Geschäftsbesorgung aufgetreten sind. Es muss sich dabei aber ein über das allgemeine Lebensrisiko hinausgehendes *tätigkeitsspezifisches Risiko* verwirklicht haben (BGH NJW **2015**, 2880; BGHZ **38**, 270; BGH NJW **1993**, 2234; RGZ **167**, 85; MüKo/*Seiler* § 683 BGB Rz. 19; *Staudinger/Bergmann* § 683 BGB Rz. 5; *Bamberger/Roth/Gehrlein* § 683 BGB Rz. 4; PWW/*Fehrenbacher* § 683 BGB Rz. 9; *Palandt/Sprau* § 683 BGB Rz. 9).

Zum Fall: Aus dem gerade Gesagten ergibt sich somit schon mal auf jeden Fall, dass grundsätzlich auch die hier begehrte Zahlung als Ersatz für von R erlittene *Schäden* über die §§ 683 Satz 1, 670 BGB analog erstattungsfähig sein kann, obwohl im Gesetz ja nur das Wort »Aufwendungen« steht. Klären müssen wir aber noch, ob auch die sonstigen Voraussetzungen des Anspruchs bzw. der Definition von eben vorliegen:

Das ist indessen kein echtes Problem, denn dass die mit Blut beschmutzten Rücksitze die Verwirklichung des tätigkeitsspezifischen Risikos einer Rettungsaktion darstellen, ist bei der vorliegenden Konstellation nicht mehr fraglich. Wenn man einen stark am Kopf blutenden Verletzten in sein Auto lädt, um ihn zum nächsten Krankenhaus zu bringen, liegt es klassischerweise innerhalb der Ausführung dieser Tätigkeit, dass das Blut die Sitze – oder was sonst noch im Auto liegt – verschmutzen kann. In diesem Schaden verwirklicht sich das tätigkeitsspezifische Risiko eines solchen Rettungseinsatzes. Und das hat zur Konsequenz, dass der Geschäftsherr insoweit auch grundsätzlich ersatzpflichtig ist in analoger Anwendung der §§ 677, 683 Satz 1, 670 BGB (BGH NJW **2015**, 2880; BGHZ **33**, 251; BGHZ **52**, 115; BGH MDR **1980**, 123; *Brox/Walker* BS § 35 Rz. 45; *Palandt/Sprau* § 683 BGB Rz. 9; MüKo/*Seiler* § 683 BGB Rz. 19; *Staudinger/Bergmann* § 683 BGB Rz. 5).

Ergebnis: Der F muss gemäß den §§ 677, 683 Satz 1, 670 BGB analog Ersatz für die Reinigung der Rücksitze in Höhe von 600 Euro leisten.

Feinkostabteilung: Im Hinblick auf den Anspruch des sogenannten »**Nothelfers**« sieht das Sozialgesetzbuch (SGB) VII in den §§ 2 Abs. 1 Nr. 13a, 13 unter den dort genannten Voraussetzungen eine Möglichkeit der Schadensübernahme seitens des Staates vor. Macht der Nothelfer hiervon Gebrauch, geht insoweit gemäß § 116 Abs. 1 SGB VII der Anspruch gegen den Geretteten auf den Staat über (im Einzelnen aber streitig, vgl. *Palandt/Sprau* § 683 BGB Rz. 9; *Staudinger/Bergmann* § 683 BGB Rz. 6).

II. Anspruch des F gegen R auf Ersatz für die zerrissene Jacke

<u>AGL.:</u> **§ 280 Abs. 1 BGB** (Pflichtverletzung im Schuldverhältnis)

I. Voraussetzungen: Der Schuldner muss eine Pflicht aus dem Schuldverhältnis verletzt haben (lies: § 280 Abs. 1 Satz 1 BGB).

1.) Zunächst muss demnach ein *Schuldverhältnis* vorliegen.

> **Beachte:** Wir haben zwar weiter oben festgestellt, dass es für die Rettungshandlung des R gerade *keine* vertragliche Berechtigung zwischen R und F gegeben hat, und konnten aus diesem Grund dann ja auch erst die Geschäftsführung *ohne* Auftrag annehmen. Allerdings muss insoweit jetzt beachtet werden, dass durch die tatsächliche *Übernahme* der (Rettungs-) Tätigkeit dann aber ein *gesetzliches Schuldverhältnis*, nämlich das der Geschäftsführung ohne Auftrag, zwischen R und F entstanden ist. Das erkennt man übrigens daran, dass die Vorschriften der GoA nach der Übernahme des Geschäfts *Rechte* und *Pflichten* für beide Parteien normieren: So ist etwa der Geschäftsführer gemäß § 677 BGB verpflichtet, das Geschäft so zu führen, wie es das Interesse des Geschäftsherrn erfordert; und gemäß § 681 BGB obliegen dem Geschäftsführer zudem die dort benannten Nebenpflichten. Der Geschäftsherr ist demgegenüber nach § 683 BGB zum Aufwendungsersatz verpflichtet und muss gemäß § 684 BGB die erlangte Bereicherung herausgeben. Die GoA begründet zwischen dem Geschäftsführer und dem Geschäftsherrn also ein *gesetzliches* Schuldverhältnis – mit entsprechenden Rechten und Pflichten der Parteien. Und daraus folgt, dass die GoA dann auch Grundlage eines möglichen Schadensersatzanspruchs wegen Pflichtverletzung aus § 280 BGB sein kann, und zwar logischerweise dann, wenn eine Partei die aus dem Gesetz erwachsenen Pflichten verletzt hat (*Bamberger/Roth/Gehrlein* § 677 BGB Rz. 1; *Jauernig/Mansel* vor § 677 BGB Rz. 4; PWW/*Fehrenbacher* § 677 BGB Rz. 1; *Palandt/Sprau* vor § 677 BGB Rz. 1).

<u>ZE.:</u> Ein zwischen R und F bestehendes (gesetzliches) Schuldverhältnis liegt vor.

2.) Der R müsste eine aus diesem Schuldverhältnis ihm obliegende *Pflicht* verletzt haben. Und das ist hier kein Problem, **denn:** Aus § 677 BGB oblag dem R die Pflicht, das Geschäft so zu führen, wie es das Interesse des F mit Rücksicht auf dessen wirklichen oder mutmaßlichen Willen erforderte (bitte lies: § 677 BGB). Das Zerstören der Jacke entsprach sicher nicht dem Interesse oder Willen des F mit der Folge, dass R die Pflicht aus § 677 BGB verletzt hat.

<u>ZE.:</u> Eine Pflichtverletzung aus dem (gesetzlichen) Schuldverhältnis liegt vor.

3.) Diese Pflichtverletzung muss aber auch *schuldhaft* erfolgt sein, wobei § 280 Abs. 1 Satz 2 BGB das Vertretenmüssen mit dem Eintritt der Rechtsgutsverletzung grundsätzlich vermutet (*Palandt/Sprau* § 280 BGB Rz. 34).

Hier: Bei uns hat R nach Auskunft des Sachverhaltes »infolge einer leichten Unachtsamkeit« beim Hereinzerren des F ins Auto dessen Jacke zerrissen. Dieses Verhalten kann problemlos unter die *Fahrlässigkeit* im Sinne des **§ 276 Abs. 2 BGB** subsumiert werden, denn R hat augenscheinlich die im Verkehr erforderliche Sorgfalt außer Acht gelassen. Und dies hätte dann zur Folge, dass ein Verschulden und somit alle Tatbestandsvoraussetzungen des § 280 Abs. 1 BGB vorliegen. R müsste mithin Schadensersatz für die beim Rettungseinsatz zerstörte Jacke des F über § 280 Abs. 1 BGB leisten.

Aber: Besonders gerecht fühlt sich dieses Ergebnis nicht an, denn bei Rettungsmaßnahmen der vorliegenden Art kann es durchaus vorkommen, dass der Retter, der im Zweifel unter Zeitdruck und erheblicher nervlicher Belastung steht, kleinere Fehler macht und dabei dann die Rechtsgüter des Opfers verletzt. Würde man auch für solche kleineren Geschichten eine vollumfängliche Haftung des Retters normieren, wäre dies dem ganzen Vorgang im Zweifel hinderlich und entspräche daher auch nicht einer interessengerechten Lösung, da die Bereitschaft zur Nothilfe nicht gefördert, sondern bestraft würde (MüKo/*Seiler* § 680 BGB Rz. 1). Wer sich in dringender Notlage helfen lässt, soll deshalb auch mögliche Risiken im Hinblick auf die Verletzung eigener Rechtsgüter zumindest soweit tragen, wie sie nicht durch grobe oder vorsätzliche Verstöße des Retters verursacht worden sind (*Jauernig/Mansel* § 680 BGB Rz. 1).

Und jetzt lesen wir bitte **§ 680 BGB**.

Also: Der § 680 BGB trägt den eben geschilderten Gedanken Rechnung und begrenzt die Haftung des Retters – bei Abwendung einer drohenden dringenden Gefahr für den Geschäftsherrn – auf Fälle der *groben Fahrlässigkeit* oder des *Vorsatzes*. Darunter, also bei normaler oder leichter Fahrlässigkeit, fehlt es dementsprechend am Verschulden des Geschäftsführers mit der Konsequenz, dass verschuldensabhängige Haftungstatbestände bei diesen Konstellationen ausscheiden (MüKo/*Seiler* § 680 BGB Rz. 7; *Palandt/Sprau* § 680 BGB Rz. 3).

Zum Fall: Unser R hat »infolge einer leichten Unachtsamkeit« die Jacke des F zerrissen mit der Konsequenz, dass er für diese Art der Fahrlässigkeit *nicht* einstehen muss. Seine Haftung ist nach § 680 BGB entsprechend beschränkt.

Ergebnis: Eine Haftung für eine Pflichtverletzung aus dem Schuldverhältnis nach § 280 Abs. 1 BGB scheitert am fehlenden Verschulden des R.

<u>AGL.:</u> § 823 Abs. 1 BGB (Eigentumsverletzung)

Aber: Hier gilt natürlich das Gleiche wie eben beim Anspruch aus § 280 BGB: Es fehlt im Hinblick auf die Rechtsgutsverletzung des R am Verschulden, denn die Haftungserleichterung des § 680 BGB gilt auch für Ansprüche aus den §§ 823 ff. BGB (OLG Oldenburg VersR **1984**, 759; *Staudinger/Bergmann* § 680 BGB Rz. 2; *Soergel/Beuthien* § 680 BGB Rz. 2). Die Feinkostliebhaber können und wollen dann bitte zudem noch beachten, dass man den Anspruch aus § 823 Abs. 1 BGB auch an der fehlenden Rechtswidrigkeit scheitern lassen könnte, denn nach herrschender Meinung stellt die echte berechtigte GoA auch einen Rechtfertigungsgrund innerhalb des § 823 BGB dar (*Jauernig/Mansel* vor § 677 BGB Rz. 4; *Staudinger/Bergmann* vor § 677 BGB Rz. 8; *Palandt/Sprau* vor § 677 BGB Rz. 11; anders aber: MüKo/*Seiler* vor § 677 BGB Rz. 17).

Ergebnis: Ein Anspruch auf Ersatz für die zerrissene Jacke aus § 823 Abs. 1 BGB scheitert am fehlenden Verschulden des R (und je nach Meinung auch an der Rechtswidrigkeit). Der F muss den Schaden an seiner Jacke selbst tragen.

Zwei prüfungsverdächtige Entscheidungen zum Abschluss

I. Dem BGH lag im November 2011 ein klausurträchtiger und zudem auch pikanter Fall zur Entscheidung vor, in dem es um die Geschäftsführung ohne Auftrag ging. Folgendes hatte sich zugetragen (→ BGH MDR **2012**, 90):

> Ein Bestattungsunternehmer (U) aus Schleswig-Holstein hatte gegen den ausdrücklichen Willen der Ehefrau (F) die Beerdigung ihres verstorbenen Mannes vorgenommen – und forderte nun die Erstattung der Beerdigungskosten. Tatsächlich hatte die F in der Leichenhalle des U im Angesicht ihres verstorbenen Mannes erklärt, sie könne sich eine Beerdigung gerade nicht leisten, und man habe ja sowieso schon seit Jahren in Trennung gelebt. Deshalb werde sie auch nichts zahlen. U beerdigte den Mann trotzdem, da nach dem schleswig-holsteinischen »**Bestattungsgesetz**« ein Mensch spätestens 16 Tage nach seinem Tod unter die Erde muss. **Problem:** Wer zahlt?

Der BGH verurteilte die F trotz ihres entgegenstehenden Willens zur Zahlung, und zwar wegen echter, berechtigter GoA aus den §§ 670, 677, 679, 683 BGB.

Begründung: Wegen der öffentlich-rechtlichen Verpflichtung seitens der Angehörigen nach dem Bestattungsgesetz handelt es sich für U um ein *objektiv fremdes Geschäft*. U habe des Weiteren auch mit dem notwendigen *Fremdgeschäftsführungswillen* gehandelt. Und schließlich spiele der ausdrücklich geäußerte, entgegenstehende Wille der Ehefrau als Verpflichtete/Geschäftsherrin keine Rolle. Denn insoweit greife hier jetzt **§ 679 BGB** ein (lesen, bitte!): U habe schließlich eine Pflicht übernommen, deren Erfüllung eindeutig im öffentlichen Interesse lag. Die mangelnde Zahlungsfähigkeit der F sei zudem unbeachtlich, da der F bei Zahlungsunfähigkeit im Falle einer Beerdigung ein Anspruch aus dem Sozialgesetzbuch zustehe (BGH MDR **2012**, 90). Die Beerdigung sei daher Pflicht der F gewesen, die U übernommen habe.

Ergebnis: F muss dem U die Aufwendungen für die Bestattung aus GoA ersetzen. Eine Beerdigung als Geschäftsführung ohne Auftrag. Muss man erst mal drauf kommen.

II. Enorm praxisrelevant und ebenfalls reichlich klausurträchtig kommt schließlich auch folgender Fall daher, den der BGH am 23. Juli 2015 (→ NJW **2015**, 2880) zu entscheiden hatte:

> Der Fußballverein V unterhielt eine Mädchen-Mannschaft. Um die minderjährigen Kinder zu den jeweiligen (Auswärts-)Spielen zu bringen, organisierten die Eltern bzw. Verwandten der Kinder eine Art »Bringdienst« und verabredeten sich untereinander vor den jeweiligen Spielen, wer die Kinder mit dem (Privat-)Auto zum Spielort bringen und wieder abholen sollte. Bei einer solchen Anfahrt zu einem Spiel kam es dann zu einem Unfall, bei dem sich die am Steuer sitzende Oma O, die unter anderem ihre Enkelin zum Spielort bringen wollte, erhebliche Verletzungen zuzog. Die Krankenversicherung der O verklagte anschließend den Verein V auf Erstattung der angefallenen Behandlungskosten für die O. **Zu Recht?**

Lösung: Zur Empörung aller Beteiligten wies der BGH die Klage der Versicherung gegen den Verein V in letzter Instanz ab. Die einzig in Betracht kommende Anspruchsgrundlage – eine echte, berechtigte GoA gemäß den §§ 683 Satz 1, 677, 670 BGB analog (»analog« wegen des geltend gemachten Schadens, siehe oben!) – sah der BGH als nicht erfüllt an, es mangele namentlich am erforderlichen *Rechtsbindungswillen* der Oma O bei der Ausführung der Fahrt. Ein solcher sei aber für die echte, berechtigte GoA erforderlich. Der Begriff der »Geschäftsbesorgung« impliziere, dass die handelnde Person *mit* Rechtsbindungswillen tätig geworden sein müsse. Im vorliegenden Fall aber liege bei objektiver Betrachtung nur eine *Gefälligkeit* zugunsten der Enkelin der O und des Vereins V vor, die dann aber konsequenterweise keine rechtlich verbindlichen Konsequenzen für V haben könne. Der BGH knüpfte zur Begründung dessen eine Verbindung zwischen einem rechtsgeschäftlich begründeten Auftragsverhältnis aus § 662 BGB und dem gesetzlichen Schuldverhältnis der GoA. Wörtlich heißt es (BGH NJW **2015**, 2880):

> *»... Bei der Fahrt der O handelte es sich um eine Gefälligkeit, die daher **keinen** Aufwendungsersatzanspruch für den erlittenen Schaden aus den Regeln der Geschäftsführung ohne Auftrag begründen kann. Dies ergibt sich aus den folgenden Erwägungen: Im Bereich der **rechtsgeschäftlichen Schuldverhältnisse** wird streng zwischen einem Auftrags- und einem Gefälligkeitsverhältnis unterschieden. Ob jemand für einen anderen ein Geschäft im Sinne des § 662 BGB besorgt oder jemandem nur eine (außerrechtliche) Gefälligkeit erweist, hängt vom Rechtsbindungswillen ab. Maßgeblich ist insoweit, wie sich dem objektiven Beobachter das Handeln des Leistenden darstellt. Eine vertragliche Bindung wird insbesondere dann zu bejahen sein, wenn erkennbar ist, dass für den Leistungsempfänger wesentliche Interessen wirtschaftlicher Art auf dem Spiel stehen und er sich auf die Leistungszusage verlässt oder wenn der Leistende an der Angelegenheit ein eigenes rechtliches oder wirtschaftliches Interesse hat. Ist dies hingegen nicht der Fall, kann dem Handeln der Beteiligten nur unter besonderen Umständen ein rechtlicher Bindungswillen zugrunde gelegt werden. Ein Bindungswille wird deshalb in der Regel beim sogenannten **Gefälligkeitshandeln** des täglichen Lebens, bei Zusagen im gesellschaftlichen Bereich oder bei Vorgängen, die diesen ähnlich sind, zu verneinen sein ...*

> *... Genauso muss, um Wertungswidersprüche zu vermeiden, im Bereich der **gesetzlichen Schuldverhältnisse** zwischen der Geschäftsführung ohne Auftrag nach §§ 677 ff BGB und*

der (außerrechtlichen) Gefälligkeit ohne Auftrag unterschieden werden. Maßgeblich ist insoweit ebenfalls, wie sich dem objektiven Beobachter das Handeln des Leistenden darstellt. Die Abgrenzung erfolgt unter Berücksichtigung unter anderem der Art der Tätigkeit, ihrem Grund und Zweck, ihrer wirtschaftlichen und rechtlichen Bedeutung für den Geschäftsherrn, der Umstände, unter denen sie erbracht wird, und der dabei entstehenden Interessenlage der Parteien. **Gefälligkeiten** *des täglichen Lebens oder vergleichbare Vorgänge können daher den Tatbestand der §§ 677 ff BGB* **nicht** *erfüllen … Die O hat ihre Enkelin zum Spielort fahren wollen, um dieser die Teilnahme am Spiel zu ermöglichen. Dies geschah aus Gefälligkeit gegenüber ihrer Enkelin beziehungsweise deren sorgeberechtigten Eltern. An dem Charakter der Fahrt als Gefälligkeit ändert sich nichts dadurch, dass der Transport nicht ausschließlich im alleinigen Interesse der Enkelin, sondern auch im Interesse der Mannschaft und damit des beklagten Sportvereins lag. Der ›Bringdienst‹ der minderjährigen Spielerinnen zu auswärtigen Spielen war im vorliegenden Fall Sache der Eltern, die dies in Eigenregie organisierten … Es handelt sich, wenn minderjährige Mitglieder eines Amateursportvereins von ihren Familienangehörigen oder Angehörigen anderer Vereinsmitglieder zu Sportveranstaltungen gefahren werden, grundsätzlich – auch im Verhältnis zum Sportverein – nur um eine* **reine Gefälligkeit***, die sich im außerrechtlichen Bereich abspielt. Damit scheiden Aufwendungsersatzansprüche – namentlich aus einer Geschäftsführung ohne Auftrag – aus …«*

Gutachten

I. Ansprüche des R gegen F

R könnte gegen F ein Anspruch aus den §§ 677, 683 Satz 1, 670 BGB zustehen.

I. Die berechtigte GoA setzt voraus, dass jemand ein Geschäft für einen anderen besorgt, ohne von ihm beauftragt oder ihm gegenüber sonst dazu berechtigt zu sein und dass zudem einer der in den §§ 677 ff. BGB benannten Berechtigungsgründe vorliegt.

1.) Es müsste eine Geschäftsbesorgung vorliegen. Der Begriff der Geschäftsbesorgung ist im weiten Sinne zu verstehen und umfasst demnach alle Tätigkeiten des handelnden Geschäftsführers, und zwar sowohl rechtsgeschäftlicher als auch rein tatsächlicher Art. R zieht den F aus dem Straßengraben, was unter eine tatsächliche Tätigkeit im gerade benannten Sinne zu subsumieren ist. Eine rechtsgeschäftliche Qualität der Handlung ist – wie gesehen – für die Geschäftsbesorgung nicht zwingend notwendig. Es liegt eine Geschäftsbesorgung im Sinne des § 677 BGB vor.

2.) Des Weiteren muss diese Geschäftsbesorgung für einen anderen erfolgt sein. Eine Tätigkeit für einen anderen liegt vor, wenn das Bewusstsein und der Wille vorhanden sind, ein fremdes Geschäft zu besorgen, wozu konkret erforderlich ist, dass das ausgeführte Geschäft einem fremden Rechts- und Interessenbereich zuzuordnen ist. Das Vorliegen des Fremdgeschäftsführungswillens könnte vorliegend deshalb fraglich sein, weil R durch seine Rettungsaktion auch einer rechtlichen Pflicht, nämlich der aus § 323c StGB, nachkommt. Denn würde R nicht einschreiten, wäre er unter Umständen einer Strafverfolgung wegen Verletzung des § 323c StGB ausgesetzt. R erfüllt also mit der Rettungsaktion zugunsten des F auch eine ihm obliegende allgemeine öffentlich-rechtliche Pflicht. In solchen Konstellationen spricht die herrschende Meinung von einem sogenannten »auch fremden Geschäft« und lässt dies ebenfalls genügen, um einen Fremdgeschäftsführungswillen im oben benannten Sinne auf Seiten des Geschäftsführers zu vermuten bzw. zu bejahen. Die Tatsache, dass der Geschäftsführer neben dem fremden Geschäft gleichzeitig auch eine Angelegenheit im eigenen Interesse besorgt, lässt den Fremdgeschäftsführungswillen grundsätzlich nicht entfallen. R handelte mit Fremdgeschäftsführungswillen, als er den F in sein Auto trug.

3.) Für eine echte berechtigte GoA ist des Weiteren erforderlich, dass zwischen Geschäftsführer und Geschäftsherrn weder ein Auftrags- noch ein sonstiges Rechtsverhältnis besteht, aus dem die Berechtigung zur Ausführung des Geschäfts resultiert. Im vorliegenden Fall liegt keine vertragliche Berechtigung zwischen R und F vor; die oben bereits erwähnte Handlungspflicht aus § 323c StGB begründet kein »sonstiges Verhältnis« im Sinne einer anderweitigen Berechtigung nach § 677 BGB. Es bestand weder ein Auftragsverhältnis noch ein sonstiger Berechtigungsgrund im Sinne des § 677 BGB.

4.) Schließlich muss der Geschäftsführer – um die Rechtsfolgen der §§ 677 ff. BGB in Gang zu setzen – zur Führung des fraglichen Geschäfts berechtigt, also außerhalb der beiden eben aus § 677 BGB genannten Gründe befugt gewesen sein. Dies kommt dann in Betracht, wenn entweder gemäß § 683 Satz 1 BGB die Geschäftsführung dem Interesse und dem wirklichen oder mutmaßlichen Willen des Geschäftsherrn entspricht; oder wenn gemäß §§ 683 Satz 2, 679 BGB die Geschäftsführung zwar dem Willen des Geschäftsherrn widerspricht, aber entweder der Erfüllung einer ihm obliegenden öffentlichen Pflicht oder einer gesetzlichen Unterhaltspflicht dient; oder wenn der Geschäftsführer gemäß § 684 Satz 2 BGB seine Genehmigung erteilt. Im vorliegenden Fall kommt mangels Genehmigung seitens des F und nicht erkennbarer öffentlicher oder unterhaltsrechtlicher Pflicht nur § 683 Satz 1 BGB in Betracht: Die Rettung muss also dem objektiven Interesse und dem wirklichen oder mutmaßlichen Willen des F entsprochen haben.

a) Zunächst stellt sich demnach die Frage, ob die vorliegende Art der Rettung des F dessen Interesse entsprach. Die Übernahme der Geschäftsführung ist im Interesse des Geschäftsherrn, wenn sie objektiv nützlich, also sachlich vorteilhaft ist; ein vermögensrechtliches Interesse ist nicht erforderlich. Die Rettung eines bewusstlosen und stark am Kopf blutenden Verletzten, der nachts um drei Uhr 25 km entfernt vom nächsten Krankenhaus auf einer abgelegenen Landstraße im Graben liegt, ist für den Verletzten objektiv in jedem Falle nützlich, denn sie verringert die Wahrscheinlichkeit, dass er über einen möglicherweise längeren Zeitraum mit seinen Verletzungen unbehandelt bleibt. Zudem vermindert sie das Risiko weiterer Schäden, unter Umständen besteht angesichts dieser Begebenheiten sogar Lebensgefahr, etwa durch Verbluten. Die Rettung entsprach mithin dem Interesse des Geschäftsherrn.

b) Des Weiteren müsste die Rettung dem wirklichen oder dem mutmaßlichen Willen des F entsprochen haben. Die Besorgung des fremden Geschäfts entspricht dann dem mutmaßlichen Willen des Geschäftsherrn, wenn er bei objektiver Beurteilung aller Umstände der Geschäftsführung zugestimmt hätte; in der Regel deckt sich der mutmaßliche Wille mit dem Interesse des Geschäftsherrn. Angesichts der Umstände des Falles kann und muss davon ausgegangen werden, dass die Geschäftsführung dem mutmaßlichen Willen des F entsprach. Insoweit gilt das bereits oben zum objektiven Interesse des F Gesagte entsprechend: Der F lag um drei Uhr nachts bewusstlos und stark am Kopf blutend im Graben einer abgelegenen Landstraße. Dass er dann von dem R ins Auto geladen und zum 25 km entfernt liegenden Krankenhaus gebracht wird, entspricht nicht nur seinem objektiven Interesse, sondern würde bei objektiver Beurteilung der Sachlage auch seine Zustimmung gefunden haben. Es ist nicht anzunehmen, dass F – wäre er bei Bewusstsein gewesen – seine Zustimmung hier verweigert hätte. Die Rettung entsprach dem mutmaßlichen Willen des F.

Und damit liegen dann alle vier Tatbestandsvoraussetzungen einer echten berechtigten GoA nach den §§ 677 ff. BGB vor: R besorgt mit der Rettung ein Geschäft für einen anderen (den F), ohne von diesem dazu beauftragt oder ihm gegenüber sonst dazu berechtigt zu sein; die Geschäftsbesorgung entsprach aber dem mutmaßlichen Willen des F.

II. Gemäß § 683 Satz 1 BGB kann der Geschäftsführer nun wie ein Beauftragter Ersatz seiner Aufwendungen verlangen. Der Beauftragte kann gemäß § 670 BGB Ersatz für diejenigen Aufwendungen verlangen, die er nach den Umständen für erforderlich halten durfte.

1.) R verlangt von F die Erstattung der Reinigungskosten für die blutverschmierten Rücksitze in Höhe von 600 Euro. Insoweit ergibt sich nunmehr folgendes Problem: Die in den §§ 683 Satz 1, 670 BGB benannten Aufwendungen sind definiert als freiwillige Vermögensopfer, was sie von den Schäden als unfreiwillige Vermögensopfer abgrenzt. Somit werden nach dem Wortlaut des Gesetzes im Rahmen der GoA grundsätzlich nur freiwillige Vermögensopfer des Geschäftsführers erstattet und zudem auch nur solche, die er nach den Umständen des Falles für erforderlich halten durfte. Die Schäden, also unfreiwillige Vermögensopfer, trägt der Geschäftsführer demgegenüber selbst, jedenfalls erhält er sie nicht aus den §§ 677 ff. BGB ersetzt. Angesichts dessen dürfte R im vorliegenden Fall keine Ansprüche haben, denn die verschmutzten Rücksitze stellen unfreiwillige Vermögensopfer dar.

2.) Diese Regel gilt jedoch nicht uneingeschränkt. Im Zuge der Übernahme einer im Rahmen der §§ 677 ff. BGB liegenden, unter Umständen gefährlichen Tätigkeit können nämlich auch Schäden an Rechtsgütern des Geschäftsführers entstehen; und es wäre nicht sachgerecht, diese Schäden dann ausnahmslos dem Geschäftsführer, der ja im Interesse des Geschäftsherrn gehandelt hat, aufzubürden.

Der Geschäftsführer hat deshalb gegen den Geschäftsherrn aus analoger Anwendung der §§ 683 Satz 1, 670 BGB auch einen Anspruch auf Ersatz der Schäden, die als Folge der typischen und erkennbaren Gefahrenlage der Geschäftsbesorgung aufgetreten sind. Es muss sich dabei aber ein über das allgemeine Lebensrisiko hinausgehendes tätigkeitsspezifisches Risiko verwirklicht haben. Daraus ergibt sich somit, dass grundsätzlich auch die hier begehrte Zahlung als Ersatz für von R erlittene Schäden über die §§ 683 Satz 1, 670 BGB analog ersatzfähig sein kann.

3.) Zu klären ist nunmehr aber noch, ob auch die sonstigen Voraussetzungen des Anspruchs bzw. der Definition vorliegen.

Die mit Blut beschmutzten Rücksitze stellen die Verwirklichung des tätigkeitsspezifischen Risikos einer Rettungsaktion dar. Wenn man einen stark am Kopf blutenden Verletzten in sein Auto lädt, um ihn zum nächsten Krankenhaus zu bringen, liegt es klassischerweise innerhalb der Ausführung dieser Tätigkeit, dass das Blut die Sitze – oder was sonst noch im Auto liegt – verschmutzen kann. In diesem Schaden verwirklicht sich das tätigkeitsspezifische Risiko eines solchen Rettungseinsatzes. Und das hat zur Konsequenz, dass der Geschäftsherr insoweit auch grundsätzlich ersatzpflichtig ist in analoger Anwendung der §§ 677, 683 Satz 1, 670 BGB.

Ergebnis: Der F muss gemäß den §§ 677, 683 Satz 1, 670 BGB analog Ersatz für die Reinigung der Rücksitze in Höhe von 600 Euro leisten.

II. Anspruch des F gegen R auf Ersatz für die zerrissene Jacke

F könnte gegen R einen Anspruch auf Ersatz für die zerrissene Jacke aus § 280 Abs. 1 BGB haben.

I. Der Schuldner muss eine Pflicht aus dem Schuldverhältnis verletzt haben.

1.) Zunächst muss demnach ein Schuldverhältnis vorliegen. Die GoA begründet zwischen dem Geschäftsführer und dem Geschäftsherrn ein gesetzliches Schuldverhältnis – mit den aus den §§ 677 ff. BGB folgenden Rechten und Pflichten der Parteien. Daraus folgt, dass die GoA Grundlage eines möglichen Schadensersatzanspruchs wegen Pflichtverletzung aus § 280 BGB sein kann, und zwar dann, wenn eine Partei die aus dem Gesetz erwachsenen Pflichten verletzt hat. Ein zwischen R und F bestehendes Schuldverhältnis liegt vor.

2.) Der R müsste eine aus diesem Schuldverhältnis ihm obliegende Pflicht verletzt haben. Aus § 677 BGB oblag dem R die Pflicht, das Geschäft so zu führen, wie es das Interesse des F mit Rücksicht auf dessen wirklichen oder mutmaßlichen Willen erforderte. Das Zerstören der Jacke entsprach sicher nicht dem Interesse oder Willen des F mit der Folge, dass R die Pflicht aus § 677 BGB verletzt hat. Eine Pflichtverletzung aus dem (gesetzlichen) Schuldverhältnis liegt vor.

3.) Diese Pflichtverletzung muss aber auch schuldhaft erfolgt sein, wobei § 280 Abs. 1 Satz 2 BGB das Vertretenmüssen mit dem Eintritt der Rechtsgutsverletzung grundsätzlich vermutet. Im vorliegenden Fall hat R nach Auskunft des Sachverhaltes »infolge einer leichten Unachtsamkeit« beim Hereinzerren des F ins Auto dessen Jacke zerrissen. Dieses Verhalten kann unter die Fahrlässigkeit im Sinne des § 276 Abs. 2 BGB subsumiert werden; R hat augenscheinlich die im Verkehr erforderliche Sorgfalt außer Acht gelassen. Und dies hätte dann zur Folge, dass ein Verschulden und somit alle Tatbestandsvoraussetzungen des § 280 Abs. 1 BGB vorliegen. R müsste mithin Schadensersatz für die beim Rettungseinsatz zerstörte Jacke des F über § 280 Abs. 1 BGB leisten.

Etwas anderes könnte sich noch aus § 680 BGB ergeben. Der § 680 BGB begrenzt die Haftung des Retters – bei Abwendung einer drohenden dringenden Gefahr für den Geschäftsherrn – auf Fälle der groben Fahrlässigkeit oder des Vorsatzes. Darunter, also bei normaler oder leichter Fahrlässigkeit, fehlt es dementsprechend am Verschulden des Geschäftsführers mit der Konsequenz, dass verschuldensabhängige Haftungstatbestände bei diesen Konstellationen ausscheiden. R hat »infolge einer leichten Unachtsamkeit« die Jacke des F zerrissen mit der Konsequenz, dass er für diese Art der Fahrlässigkeit nicht einstehen muss. Seine Haftung ist nach § 680 BGB entsprechend beschränkt.

Ergebnis: Eine Haftung für eine Pflichtverletzung aus dem Schuldverhältnis nach § 280 Abs. 1 BGB scheitert am fehlenden Verschulden des R.

Ein Anspruch des F gegen R könnte sich aber noch aus § 823 Abs. 1 BGB ergeben.

Indessen gilt hier das Gleiche beim Anspruch aus § 280 BGB: Es fehlt im Hinblick auf die Rechtsgutsverletzung des R am Verschulden, denn die Haftungserleichterung des § 680 BGB gilt auch für Ansprüche aus den §§ 823 ff. BGB. Im Übrigen scheitert der Anspruch aus § 823 Abs. 1 BGB auch an der fehlenden Rechtswidrigkeit, denn nach herrschender Meinung stellt die echte berechtigte GoA einen Rechtfertigungsgrund innerhalb des § 823 BGB dar.

Ergebnis: Ein Anspruch auf Ersatz für die zerrissene Jacke aus § 823 Abs. 1 BGB scheitert am fehlenden Verschulden des R und auch an der Rechtswidrigkeit seines Handelns. Der F muss den Schaden an seiner Jacke selbst tragen.

Fall 26

Schöne Grüße vom Zuckerhut!

Rechtsstudent R hat eine neue Leidenschaft und sucht jetzt professionell nach Erben, die das Nachlassgericht im Anschluss an einen Todesfall nicht ermitteln kann. Als R im Bundesanzeiger eine Aufforderung des Nachlassgerichtes *Köln* liest, in der das Gericht mögliche Erben des vermögenden Geschäftsmanns G bittet, sich zu melden, macht R sich auf die Suche. Nach wochenlanger Recherche stößt er auf einen in Brasilien lebenden entfernten Verwandten (V) des G, der von seinem Glück allerdings nichts weiß. R setzt sich daraufhin mit V in Verbindung und erklärt, er habe Kenntnis von einer möglichen Erbschaft; gegen Zahlung von 20 % der zu erwartenden Erbsumme biete er ihm an, sein Wissen komplett offen zu legen und ihm bei der Ermittlung des Nachlasses zu helfen. V verweigert die Annahme dieses Angebots und reist vielmehr sofort nach Deutschland. Nach vier Tagen hat V sämtliche Nachlassgerichte abtelefoniert und nimmt einige Wochen darauf die Erbschaft des verstorbenen G in Höhe von 2,9 Millionen Euro entgegen. Ein halbes Jahr später wäre das Erbe dem Fiskus zugefallen.

Hat R gegen V einen Vergütungsanspruch?

Schwerpunkte: Die GoA im Falle der sogenannten »Erbensucher«; BGH NJW **2000**, 72; die Frage nach dem Fremdgeschäftsführungswillen; Vergütung für Aufwendungen in Erwartung eines Vertragsschlusses; Grundsätze des Bürgerlichen Rechts zum Aufwendungsersatz bei der Vertragsanbahnung. Im Anhang: Die GoA bei der Abwicklung nichtiger Verträge.

Lösungsweg

Einstieg: Da tränen einem schon beim Lesen die Augen, wenn man sich vorstellt, dass der R hier unter Umständen leer ausgehen könnte. Wir werden gleich sehen, dass hinter der Geschichte da oben ein ziemlich praxisrelevantes Fällchen steckt, das nicht nur der BGH (BGHR § 677 BGB Erbensucher 1; BGH NJW **2000**, 72), sondern auch andere Gerichte schon häufiger zur Entscheidung vorliegen hatten (vgl. etwa KG MDR **2009**, 497; OLG Celle ZEV **1999**, 449 oder OLG Frankfurt OLGR **1998**, 375). Unser Fall hier ist nahezu originalgetreu nachgebildet der BGH-Entscheidung vom 23. September 1999 (→ BGH NJW **2000**, 72), die den vorläufigen Abschluss einer interessanten Rechtsentwicklung darstellt, die allerdings bis heute höchst umstritten geblieben ist und uns deshalb auch die Möglichkeit bietet, einen sehr klausur- und hausarbeitsrelevanten Bereich der GoA kennen zu lernen. Inhaltlich geht es dabei gleich zum einen um den Fremdgeschäftsführungswillen und zum anderen um ganz grundlegende Fragen nach Ersatzansprüchen für die im Vorfeld eines Vertragsschlusses gemachten Aufwendungen. Das Ergebnis übrigens wird nachher durchaus überraschend sein, der Leser mag sich bitte mal – ohne gleich an den Schluss der Lösung zu springen – rein vom Bauchgefühl her fragen, ob er dem R hier einen Anspruch auf Zahlung einer Vergütung zubilligen würde oder nicht.

Dann prüfen wir mal:

Anspruch des R gegen V auf Zahlung einer Vergütung

<u>AGL.</u>: §§ 677, 683 Satz 1, 670 BGB (Aufwendungsersatz wegen GoA)

I. Voraussetzungen: Die berechtigte GoA setzt voraus, dass jemand (der Geschäftsführer) ein Geschäft für einen anderen (den Geschäftsherrn) besorgt, ohne von ihm beauftragt oder ihm gegenüber sonst dazu berechtigt zu sein, und dass zudem einer der in den §§ 677 ff. BGB benannten Berechtigungsgründe vorliegt (lies: § 677 BGB).

1.) Es müsste demnach zunächst einmal eine *Geschäftsbesorgung* vorliegen.

> **Definition:** Der Begriff der *Geschäftsbesorgung* ist – wie auch bei § 662 BGB – im weiten Sinne zu verstehen und umfasst demnach *alle* Tätigkeiten des handelnden Geschäftsführers, und zwar sowohl rechtsgeschäftlicher als auch rein tatsächlicher Art (BGHZ **38**, 270; RGRK/*Steffen* § 677 BGB Rz. 7; MüKo/*Seiler* § 677 BGB Rz. 2; *Palandt/Sprau* § 677 BGB Rz. 2).

Hier: Keine Aktion, der R führt bei der Ermittlung des V umfangreiche Recherchen durch, was problemlos als tatsächliche Tätigkeit im oben benannten Sinne subsumiert werden kann.

<u>ZE.:</u> Es liegt eine Geschäftsbesorgung im Sinne des § 677 BGB vor.

2.) Des Weiteren muss diese Geschäftsbesorgung gemäß § 677 BGB aber auch *für einen anderen* erfolgt sein.

> **Definition:** Eine Tätigkeit *für einen anderen* liegt vor, wenn das Bewusstsein und der Wille vorhanden sind, ein fremdes Geschäft zu besorgen, wozu konkret erforderlich ist, dass das ausgeführte Geschäft einem fremden Rechts- und Interessenbereich zuzuordnen ist. Der Handelnde braucht das Bewusstsein und den Willen, eine Angelegenheit, die eigentlich der Sorge des anderen obliegt, für diesen zu erledigen (RGZ **97**, 61; BGH NJW **2000**, 72; *Jauernig/ Mansel* § 677 BGB Rz. 3; MüKo/ *Seiler* § 677 BGB Rz. 3; PWW/*Fehrenbacher* § 677 BGB Rz. 11; *Bamberger/Roth/ Gehrlein* § 677 BGB 11; *Brox/Walker* BS § 35 Rz. 7).

Wiederholung: Insoweit haben wir im vorherigen Fall schon gelernt, dass man diesbezüglich verschiedene Arten von Geschäften unterscheidet und dementsprechend vom Vorliegen eines Fremdgeschäftsführungswillens ausgehen kann, nämlich:

→ Bei einem sogenannten »**objektiv fremden**« Geschäft (z.B. Reparatur einer fremden Sache) ist bereits äußerlich erkennbar, dass dieses Geschäft für einen Dritten besorgt wird mit der Konsequenz, dass der Fremdgeschäftsführungswille grundsätzlich vermutet wird (BGHZ **43**, 188; BGHZ **47**, 370).

→ Bei einem »**subjektiv fremden**« Geschäft erkennt man demgegenüber den Fremdcharakter zunächst nicht (z.B. Kauf einer Sache für einen Dritten) mit der Konsequenz, dass der Geschäftsführer seinen Fremdgeschäftsführungswillen nachweisen muss (BGHZ **82**, 330; BGH NJW-RR **2001**, 1283).

→ Und schließlich gibt es die »**auch fremden**« Geschäfte, bei denen der Geschäftsführer sowohl eine eigene als auch zugleich eine fremde Angelegenheit besorgt; bei diesen Geschäften wird der Fremdgeschäftsführungswille – ebenso wie bei »objektiv fremden« Geschäften – in der Regel widerlegbar vermutet (BGHZ **40**, 30; BGHZ **114**, 250).

Beachte aber: Wer demgegenüber ein Geschäft ausschließlich im *eigenen* Interesse führt, kann sich selbstredend nicht auf einen Fremdgeschäftsführungswillen berufen und entsprechenden Aufwendungsersatz nach den §§ 677 ff. BGB beanspruchen, denn – wie gesagt – er hat ja tatsächlich gar keinen Willen zur Führung einer fremden Angelegenheit. Für diesen Fall sind die §§ 677 ff. BGB demnach ausgeschlossen – und das steht sogar im Gesetz, nämlich in **§ 687 Abs. 1 BGB** (bitte lesen).

Für den vorliegenden Fall hat der BGH nun in seiner ersten Entscheidung zur Problematik im Jahre 1990 den Fremdgeschäftsführungswillen *verneint* und damit die Klage folgerichtig abgewiesen. Zur Begründung des fehlenden Fremdgeschäftsführungswillens des Erbensuchers heißt es wörtlich im Urteil vom 26. April **1990** (→ BGHR § 677 BGB Erbensucher 1):

*»... Das Berufungsgericht ist vielmehr zu Recht aufgrund der Würdigung des gesamten Sachverhaltes zu der Überzeugung gelangt, dass der Kläger bei seiner Tätigkeit als Erbensucher bis zum Abschluss einer möglichen Vereinbarung mit dem Erben **nicht** mit dem Willen handelte, ein Geschäft des gesuchten Erben zu besorgen. Es stützt diese Überzeugung auf die Feststellung, dass der Kläger einerseits keine Verpflichtung gegenüber dem noch nicht gefundenen Erben übernehmen wollte, insbesondere keine Sorgfaltspflicht und ersichtlich auch nicht die Verpflichtung, dem Erben ohne Rücksicht auf das Zustandekommen einer Honorarvereinbarung Auskunft zu erteilen (§ 681 Satz 2 BGB in Verbindung mit § 666 BGB), und dass er andererseits sich nicht mit dem Ersatz nachgewiesener Aufwendungen zufriedengebe. Diese Ansicht des Berufungsgerichts ist rechtlich nicht zu beanstanden ...«*

Also: Der Erbensucher handelt nach Meinung des BGH aus dem Jahre 1990 ausschließlich im *eigenen* Interesse und kann demnach auch keine Vergütung nach den §§ 677 ff. BGB vom gefundenen Erben verlangen, wenn dieser eine Honorarvereinbarung ablehnt. Denn es handelt sich um keine Form eines fremden Geschäfts im Sinne des Gesetzes.

> Dem widersprach dann mit Urteil vom 11. Februar **1998** aber das OLG Celle (→ ZEV **1999**, 449), das sich auf den Standpunkt stellte, der Erbensucher vollziehe ein »**auch fremdes**« Geschäft mit der dann logischen Konsequenz, dem Erbensucher den Fremdgeschäftsführungswillen zu unterstellen und einen Ersatzanspruch – dort waren es tatsächlich **20 %** der Erbsumme – gegen den Erben aus den §§ 677 ff. BGB zuzubilligen. Zur Begründung führt das Gericht aus, dass das Geschäft auch dem Interesse und dem mutmaßlichen Willen des gesuchten Erben entspreche und demnach kein rein eigenes Geschäft des Erbensuchers sei. Dem widerspreche auch nicht eine mögliche Gewerbsmäßigkeit der Tätigkeit des Erbensuchers. Schließlich hält das OLG Celle es für »wirtschaftlich widersinnig«, wenn die Erbenermittlung stets kostenlos bleibe. Im Falle der Ermittlung des Erben erhalte der Ermittler daher üblicherweise ein Erfolgshonorar (dem zustimmend etwa *Falk* in JuS 2003, 833, 838).

Den Abschluss der Rechtsentwicklung findet das Ganze dann im bereits erwähnten Urteil des BGH vom 23. September 1999 (→ BGH NJW **2000**, 72 = WM **1999**, 2411). Und dort zeigt sich dann in der Tat ziemlich Erstaunliches, denn der BGH spricht zwar – entgegen der Ansicht des OLG Celle – im Ergebnis wieder die *Abweisung* der Klage aus, bietet dafür aber eine völlig neue, und zwar sehr bemerkenswerte Begründung an: Der BGH behauptet nämlich nun zunächst, dass es sich hier durchaus um ein »**auch fremdes**« Geschäft handeln könne, lässt die Beantwortung dessen im Ergebnis dann aber offen und verneint schon die grundsätzliche Anwendbarkeit der Regeln der GoA auf die Fälle der Erbensucher. Wörtlich heißt es im Urteil:

> *»... Nach den von der Rechtsprechung entwickelten Grundsätzen könnte es sich im Falle des Erbensuchers allenfalls um ein »auch fremdes« Geschäft handeln. Die zur Ermittlung der gesetzlichen Erbfolge erforderliche Feststellung der Verwandtschaftsverhältnisse ist nicht derart allein dem Rechts- und Interessenkreis der Verwandten des Erblassers zugewiesen, dass ein Dritter mit eigenen Nachforschungen unberechtigt in deren Persönlichkeitsrechte eingreifen würde ... Hiernach käme es darauf an, ob die bei ›auch fremden‹ Geschäften gleichfalls geltende Vermutung für eine Fremdgeschäftsführung im Streitfall widerlegt wäre. Eine solche Fragestellung verkennt indes im Ansatz die aus den Grundsätzen des Bürgerlichen Rechts folgende Risikoverteilung. Sie ließe zudem bei einer denkbaren Bejahung des Fremdgeschäftsführungswillens Ergebnisse zu, die weder sach- noch interessengerecht wären. Es geht hier nämlich um die Vorbereitung und Anbahnung von Vertragsverhandlungen. Der Erbensucher verschafft sich durch seine Ermittlungstätigkeit das Material, das er dem Erben gegen Entgelt überlassen, also quasi ›verkaufen‹ will. Eigene Aufwendungen im Vorfeld eines Vertragsschlusses bleiben aber, sofern es nicht zu einem Abschluss kommt, nach den Regeln des Privatrechts unvergütet; jede Seite trägt das Risiko des Scheiterns der Vertragsverhandlungen selbst. Diese von der Vertragsrechtsordnung angelegte Risikoverteilung würde durch einen Anspruch aus GoA unterlaufen. An diesem Ergebnis vermag auch der Umstand, dass der Erbensucher im vorliegenden Fall dem Erben schon bei der ersten*

Kontaktaufnahme Erkenntnisse übermittelt hat, nichts ändern. Ein Entgelt hierfür ist nur auf vertraglicher Grundlage zu erbringen. Die Annahme einer GoA in derartigen Fällen wäre schließlich auch deswegen nicht interessengerecht, weil sich der Erbe bei Bemühungen mehrerer Erbensucher unabhängig voneinander Ansprüchen aller dieser Erbenermittler ausgesetzt sähe. Denn Ansprüche aus GoA setzen einen Erfolg der Tätigkeit grundsätzlich nicht voraus …«

Also: Der BGH erwägt zunächst ein – im Jahre 1990 noch klar abgelehntes – »**auch fremdes**« Geschäft auf Seiten des Erbensuchers, erklärt dann aber die Regeln der GoA grundsätzlich für unanwendbar – und zwar mit dem Argument, dass es sich im vorliegenden Fall lediglich um Aufwendungen zur Anbahnung eines Vertrags handele, die von der Rechtsordnung grundsätzlich aber nicht erstattungsfähig seien, da sie dem Risikobereich der Partei aufzubürden sind, die die Aufwendungen tätigt (BGH NJW **2000**, 72).

> **Durchblick:** Die Erbensucher befinden sich – was den erhofften Vertragsschluss und die im Vorfeld erbrachten Aufwendungen angeht – in einer denkbar blöden Situation: Sie kennen nämlich logischerweise, wenn sie ihre Tätigkeit aufnehmen, ihren Vertragspartner noch gar nicht und können folglich mit ihm auch keinen Vertrag über einen möglichen Aufwendungsersatz abschließen (vgl. dazu etwa den tragischen Fall des Kammergerichts in der MDR **2009**, 497 zum Problem des »Scheinerben«). Damit erbringen sie aber quasi »blind« eine Vorleistung bzw. tätigen Aufwendungen, ohne zu wissen, ob sie dafür jemals entschädigt werden. Denn wenn sie demjenigen, von dem sie die Vergütung später haben möchten, ihre Zahlungsvorstellung bzw. den Grund ihres möglichen Aufwendungsanspruchs mitteilen, haben sie ihre eigentliche »Leistung« – nämlich die Kenntnis vom Erbfall – in der Regel schon ausgeplaudert (was sollen sie dem Erben sagen? »Hallo, ich weiß was, aber was, das sage ich Ihnen erst, wenn Sie mit mir einen Vergütungsvertrag abgeschlossen haben!?«). In dieser ziemlich misslichen Situation nun kam in Ermangelung eines Vertrages nur die GoA als Anspruchsgrundlage in Betracht, was das OLG Celle ja dann auch genutzt und dem Erbensucher einen Anspruch zugebilligt hat (siehe oben). Der BGH sieht das allerdings anders und meint, hier drehe es sich allein um eine Risikoverteilung der vorvertraglichen Aufwendungen, und die ginge beim Nichtzustandekommen des Vertrages eben zulasten desjenigen, der die – im Ergebnis nutzlosen – Aufwendungen getätigt habe (BGH NJW **2000**, 72).

Beachte: Dem muss man nicht zwingend folgen und wird sich als Klausurschreiber ebenso der Ansicht des OLG Celle anschließen können. Dass das Urteil des BGH nicht uneingeschränkt Zustimmung gefunden hat, zeigen diverse Aufsätze und Besprechungen, die im Nachgang des BGH-Urteils erschienen sind (lesbar davon sind: *Falk* in JuS 2003, 833, 838; *Emmerich* in JuS 2000, 603; *Hau* in NJW 2001, 2863; *Schulze* in JZ 2000, 523). Die überwiegende Kommentarliteratur hat das BGH-Urteil indessen begrüßt und ist ihm dementsprechend gefolgt unter Hinweis darauf, dass damit eine »ausufernde Anwendung der GoA-Vorschriften« vermieden werde (vgl. etwa MüKo/ *Seiler* § 677 BGB Rz. 12; *Palandt/Sprau* § 677 BGB Rz. 7a; *Erman/Dornis* § 677 BGB Rz. 4; *Jauernig/Mansel* vor § 677 BGB Rz. 7).

ZE.: Wir wollen hier – ohne Wertung – dann auch der Ansicht des BGH folgen und somit feststellen, dass im Falle des Erbensuchers zwar möglicherweise ein »auch fremdes« Geschäft vorliegt, indessen die Regeln der GoA hier grundsätzlich gar nicht anwendbar sind, da es sich allein um die Frage der Risikoverteilung im Hinblick auf im Vorfeld eines möglichen Vertragsschlusses getätigte Aufwendungen handelt.

Ergebnis: Dem R steht gegen V also kein Vergütungsanspruch aus den §§ 677 ff. BGB zu. Der V kann sein Erbe, von dem er vermutlich ohne den R niemals erfahren hätte, alleine einstreichen – tragisch.

Noch ein kurzer Nachschlag

In den eben besprochenen Zusammenhang gehört noch ein weiterer Problembereich der GoA, den wir uns hier im Nachspann gerade mal anschauen wollen, es geht namentlich um die Frage, ob Aufwendungen, die im Zuge eines *nichtigen* Vertrages erbracht worden sind, über die §§ 677 ff. BGB erstattungsfähig sein können. Folgender kleiner (krimineller) Fall verdeutlicht das Problem:

> Rechtsstudent R möchte ohne viel Arbeit einen Doktortitel tragen und zahlt daher an den Vermittler V einen Betrag von 30.000 Euro, damit V die Möglichkeiten »erkundet«, um dem R einen entsprechenden Titel zu verschaffen. V tritt in Verhandlungen mit »Dr. N.« und zahlt – ohne nähere Nachforschungen anzustellen – an ihn als Vorschuss einen beachtlichen Teil des Geldes aus, womit sich »Dr. N.« dann aber aus dem Staub macht. R verlangt nun von V die Rückzahlung der 30.000 Euro. **Zu Recht?** (→ Original-Fall (!) des OLG Stuttgart vom 15.02.1995, abgedruckt in NJW **1996**, 665)

Problemstellung: Der Vertrag zwischen R und V ist wegen *Sittenwidrigkeit* ohne Frage *nichtig* nach § 138 BGB (vgl. BGH NJW **1994**, 187), was eigentlich zur Folge hätte, dass R von V das Geld über die Vorschriften der ungerechtfertigten Bereicherung nach **§ 812 Abs. 1 BGB** und auch über **§ 817 Satz 1 BGB** zurückverlangen könnte. Allerdings steht diesen beiden Ansprüchen der **§ 817 Satz 2 BGB** (lesen, bitte!) entgegen, da der R ja auch wusste, dass die ganze Geschichte unredlich war (BGH NJW **2009**, 984; OLG Stuttgart NJW **1996**, 665). Die einzige Möglichkeit, dem R sein Geld zurück zu verschaffen, besteht daher in den Vorschriften der GoA, und zwar mit dem Argument, es handele sich hier bei der Tätigkeit des V um eine Geschäftsbesorgung für R *ohne* (→ nichtiger Vertrag) rechtliche Grundlage, und der V habe im Rahmen dieser Geschäftsbesorgung schuldhaft seine Pflicht verletzt. Anspruchsgrundlage wären dann die §§ 280, 677 BGB gewesen mit der Folge, dass der V den dem R entstandenen Schaden ersetzen müsste (→ Pflichtverletzung aus der GoA als gesetzliches Schuldverhältnis, vgl. insoweit schon den vorherigen Fall).

Aber: Um überhaupt zur Anwendung der GoA zu kommen, muss der V bei seiner Tätigkeit einen *Fremdgeschäftsführungswillen* gehabt haben. Dafür erforderlich ist – wie wir inzwischen wissen – zumindest mal das Vorliegen eines »**auch fremden**« Geschäfts, was allerdings im vorliegenden Fall ziemlich fraglich sein dürfte, **denn:** Als der V tätig wird, handelt er seiner Vorstellung nach ja aufgrund einer Vereinbarung mit dem R, aus der er (V) einen Vergütungsanspruch erhält. Damit aber erledigt V – so wie jeder, der innerhalb eines Vertragsverhältnisses tätig wird – eine *eigene* Angelegenheit. Wer einen Vertrag erfüllt, tut dies in der Regel ausschließlich im *eigenen* Interesse, denn er erfüllt die ihm aus dem Vertrag obliegenden Verpflichtungen. Und überträgt man dies nun auf den zwar geschlossenen, letztlich aber unwirksamen Vertrag, müsste man eigentlich sagen, dass auch insoweit die Leistungen erbracht wurden in vermeintlicher Erfüllung der *eigenen* Vertragspflichten (vgl. *Falk* in JuS 2003, 833).

Und genau so macht das auch eine weit verbreitete Ansicht unter den Instanzgerichten mit der Folge, dass Ansprüche aus GoA im Falle nichtiger Verträge mangels Fremdgeschäftsführungswillens nicht in Betracht kommen (OLG Oldenburg MDR **2000**, 1373; OLG Hamm DNotZ **2000**, 307; OLG Koblenz NJW **1999**, 2904; OLG Saarbrücken NJW **1998**, 828). Ein beachtlicher Teil der Literatur ist gleicher Meinung, begründet dies aber damit, dass mit der Anwendung der Vorschriften über die GoA im Falle nichtiger Verträge die Regeln der §§ 812 ff. BGB systemwidrig umgangen würden (MüKo/*Seiler* § 677 BGB Rz. 48; *Bamberger/Roth/Gehrlein* § 677 BGB Rz. 18; *Jauernig/Mansel* § 677 BGB Rz. 6; *Soergel/Beuthien* § 677 BGB Rz. 16; *Erman/Dornis* § 677 BGB Rz. 9; *Lorenz* in NJW 1996, 883; *Berg* in JuS 1975, 681). Dem wiederum steht eine Auffassung gegenüber, unter anderem der BGH, die die Fälle nichtiger Verträge gleichwohl über die Normen der §§ 677 ff. BGB regeln will, zumindest dann, wenn der Vertrag für beide Parteien »**unerkannt nichtig**« gewesen ist; denn hier liege – insbesondere bei Dienst- oder Werkleistungen – zum einen der Wille vor, in jedem Falle *auch* ein fremdes Geschäft zu führen; und zum anderen seien die §§ 677 ff. BGB durch die §§ 812 ff. BGB in diesen Konstellationen nicht zwingend ausgeschlossen (BGHZ **37**, 263; BGHZ **40**, 28; BGHZ **101**, 399; BGHZ **140**, 109; BGH NJW **2000**, 72, 73; vgl. auch PWW/*Fehrenbacher* § 677 BGB Rz. 18). Und schließlich gibt es die Auffassung des OLG Stuttgart, die im vorliegenden Fall, in dem man wohl eher nicht von »unerkannter Nichtigkeit« sprechen kann, dem R dennoch den Zahlungsanspruch aus GoA zugebilligt und die Frage nach dem Fremdgeschäftsführungswillen dabei komplett ausgespart hat (→ NJW **1996**, 665).

Und jetzt?

Also: Für die Klausur wollen wir uns bitte zunächst mal merken, dass im Falle eines nichtigen Vertrages die Anwendung der Regeln der GoA für die Abwicklung durchaus in Betracht kommen kann, was insbesondere dann interessant wird, wenn die eigentlich für solche Fälle vorgesehenen §§ 812 ff. BGB aus irgendeinem Grund nicht greifen (so wie hier z.B. wegen § 817 Satz 2 BGB). Geht es dann um die Rückabwicklung der erbrachten Leistungen, sind verschiedene Wege möglich und auch vertretbar, und zwar:

→ Man wird zum einen sehr gut argumentieren können, dass es den Parteien jedenfalls am Fremdgeschäftsführungswillen fehlt, denn sie erbringen ihre Leistungen ja nur, weil sie glauben, vertraglich dazu verpflichtet zu sein. Und wer in Erfüllung eines Vertrages handelt, nimmt in der Regel ausschließlich ein *eigenes* Geschäft vor (so OLG Koblenz NJW **1999**, 2904; OLG Oldenburg MDR **2000**, 1373; OLG Hamm DNotZ **2000**, 307; OLG Saarbrücken NJW **1998**, 828 oder auch z.B. *Falk* in JuS 2003, 833).

→ Ebenfalls möglich wäre es zu argumentieren, die Anwendung der GoA würde das Wertungssystem des Gesetzes aus den §§ 812 ff. BGB in Fällen der Nichtigkeit des zugurndeliegenden Vertragsverhältnisses unterlaufen und sei daher grundsätzlich nicht möglich. Was zum Beispiel wegen § 817 Satz 2 BGB nicht mehr rückgabefähig ist, kann nicht über eine Hilfskonstruktion nach den § 677 ff. BGB dann doch herausverlangt werden (so: MüKo/*Seiler* § 677 BGB Rz. 48; *Jauernig/Mansel* § 677 BGB Rz. 6; *Soergel/Beuthien* § 677 BGB Rz. 16; *Erman/Dornis* § 677 BGB Rz. 9). Insoweit scheitert die GoA nicht erst am Fremdgeschäftsführungswillen, sondern schon an seiner grundsätzlichen Anwendbarkeit auf Fälle der nichtigen Vertragsgrundlage.

→ Mit dem BGH lässt sich schließlich vertreten, im Falle der Nichtigkeit der Vertragsrundlage die Vorschriften der GoA dennoch anzuwenden und zu behaupten, die Vertragspartner erbringen jedenfalls »**auch fremde**« Geschäfte, da sie – etwa bei einem Dienst- oder auch einem Werkvertrag – *auch* für den anderen tätig werden und im Übrigen die §§ 812 ff. BGB dem nicht entgegen stehen (BGHZ **101**, 393; BGH NJW **2000**, 72; BGH NJW-RR **1993**, 200; BGH NJW **1997**, 47). Nach der Entscheidung des BGH aus Jahre 1999 (NJW **2000**, 72) ist insoweit allerdings Vorsicht geboten, da das Gericht – wie oben schon mal erwähnt – dies nach dortiger Ausführung auf Fälle beschränkt sehen möchte, in denen die Unwirksamkeit beiden Seiten zunächst *unbekannt* ist.

Zum Fall: Unser Geschichte hier, also der Zahlungsanspruch des R gegen V, dürfte somit nach *allen* Varianten scheitern, denn zum einen ist die Unwirksamkeit des Vertrages den Sportskameraden fraglos bekannt, und zum anderen fehlt es dann entweder am Fremdgeschäftsführungswillen des V oder aber schon an der Anwendbarkeit der GoA-Normen wegen einer Umgehung der §§ 812 ff. BGB.

Ergebnis: R steht gegen V kein Anspruch auf Rückzahlung der 30.000 Euro zu.

Das Letzte: Gegen sämtliche Bedenken hat das OLG Stuttgart (NJW **1996**, 665) in unserem Fall – wie oben schon mal erwähnt – dennoch dem R den Zahlungsanspruch über die GoA zugebilligt, was dogmatisch – wie wir jetzt wissen – kaum tragbar ist und daher auch allgemein abgelehnt wird (vgl. etwa OLG Koblenz NJW **1999**, 2904; *Falk* in JuS 2003, 833 mit umfangreichen Nachweisen).

Gutachten

Anspruch des R gegen V auf Zahlung einer Vergütung

R könnte gegen V einen Anspruch auf Zahlung einer Vergütung aus den §§ 677, 683 Satz 1, 670 BGB haben.

I. Die berechtigte GoA setzt voraus, dass jemand ein Geschäft für einen anderen besorgt, ohne von ihm beauftragt oder ihm gegenüber sonst dazu berechtigt zu sein, und dass zudem einer der in den §§ 677 ff. BGB benannten Berechtigungsgründe vorliegt.

1.) Es müsste eine Geschäftsbesorgung vorliegen. Der Begriff der Geschäftsbesorgung ist – wie auch bei § 662 BGB – im weiten Sinne zu verstehen und umfasst demnach alle Tätigkeiten des handelnden Geschäftsführers, und zwar sowohl rechtsgeschäftlicher als auch rein tatsächlicher Art. Der R führt bei der Ermittlung des V umfangreiche Recherchen durch, was als tatsächliche Tätigkeit im oben benannten Sinne subsumiert werden kann. Es liegt eine Geschäftsbesorgung im Sinne des § 677 BGB vor.

2.) Des Weiteren muss diese Geschäftsbesorgung gemäß § 677 BGB aber auch für einen anderen erfolgt sein. Eine Tätigkeit für einen anderen liegt vor, wenn das Bewusstsein und der Wille vorhanden sind, ein fremdes Geschäft zu besorgen, wozu konkret erforderlich ist, dass das ausgeführte Geschäft einem fremden Rechts- und Interessenbereich zuzuordnen ist. Der Handelnde braucht das Bewusstsein und den Willen, eine Angelegenheit, die eigentlich der Sorge des anderen obliegt, für diesen zu erledigen. Wer ein Geschäft ausschließlich im eigenen Interesse führt, kann sich nicht auf einen Fremdgeschäftsführungswillen berufen und entsprechenden Aufwendungsersatz nach den §§ 677 ff. BGB beanspruchen, denn er hat ja tatsächlich gar keinen Willen zur Führung einer fremden Angelegenheit. Für diesen Fall sind die §§ 677 ff. BGB demnach ausgeschlossen.

Im vorliegenden Fall ist somit fraglich, ob die Regeln der GoA überhaupt Anwendung finden können.

a) Nach einer Auffassung ist dies zu bejahen und die vorliegende Fallgestaltung unter das sogenannte »auch fremde Geschäft« zu subsumieren. Das Geschäft entspricht auch dem Interesse und dem mutmaßlichen Willen des gesuchten Erben und stellt demnach kein rein eigenes Geschäft des Erbensuchers dar. Dem widerspricht auch nicht eine mögliche Gewerbsmäßigkeit der Tätigkeit des Erbensuchers. Schließlich wäre es wirtschaftlich widersinnig, wenn die Erbenermittlung stets kostenlos bleibe. Im Falle der Ermittlung des Erben erhalte der Ermittler daher üblicherweise ein Erfolgshonorar.

Dem kann jedoch nicht gefolgt werden. Es scheitert namentlich bereits an der Anwendbarkeit der §§ 677 ff. BGB auf die Fallgestaltungen der vorliegenden Art. Nach den von der Rechtsprechung entwickelten Grundsätzen könnte es sich im Falle des Erbensuchers allenfalls um ein »auch fremdes« Geschäft handeln. Die zur Ermittlung der gesetzlichen Erbfolge erforderliche Feststellung der Verwandtschaftsverhältnisse ist nicht derart allein dem Rechts- und Interessenkreis der Verwandten des Erblassers zugewiesen, dass ein Dritter mit eigenen Nachforschungen unberechtigt in deren Persönlichkeitsrechte eingreifen würde. Hiernach käme es darauf an, ob die bei »auch fremden« Geschäften gleichfalls geltende Vermutung für eine Fremdgeschäftsführung im Streitfall widerlegt wäre. Eine solche Fragestellung verkennt indes im Ansatz die aus den Grundsätzen des Bürgerlichen Rechts folgende Risikoverteilung. Sie ließe zudem bei einer denkbaren Bejahung des Fremdgeschäftsführungswillens Ergebnisse zu, die weder sach- noch interessengerecht wären.

Es geht hier nämlich um die Vorbereitung und Anbahnung von Vertragsverhandlungen. Der Erbensucher verschafft sich durch seine Ermittlungstätigkeit das Material, das er dem Erben gegen Entgelt überlassen, also quasi »verkaufen« will. Eigene Aufwendungen im Vorfeld eines Vertragsschlusses bleiben aber, sofern es nicht zu einem Abschluss kommt, nach den Regeln des Privatrechts unvergütet; jede Seite trägt das Risiko des Scheiterns der Vertragsverhandlungen selbst. Diese von der Vertragsrechtsordnung angelegte Risikoverteilung würde durch einen Anspruch aus GoA unterlaufen. An diesem Ergebnis vermag auch der Umstand, dass der Erbensucher im vorliegenden Fall dem Erben schon bei der ersten Kontaktaufnahme Erkenntnisse übermittelt hat, nichts zu ändern. Ein Entgelt hierfür ist nur auf vertraglicher Grundlage zu erbringen. Die Annahme einer GoA in derartigen Fällen wäre schließlich auch deswegen nicht interessengerecht, weil sich der Erbe bei Bemühungen mehrerer Erbensucher unabhängig voneinander Ansprüchen aller dieser Erbenermittler ausgesetzt sähe. Denn Ansprüche aus GoA setzen einen Erfolg der Tätigkeit grundsätzlich nicht voraus.

Ergebnis: Dem R steht gegen V kein Vergütungsanspruch aus den §§ 677 ff. BGB zu.

Fall 27

Retter ohne Not

Rechtsstudent R sitzt an einem sonnigen Nachmittag am örtlichen Baggersee und sieht den Menschen beim Baden zu. Als ein Mädchen (M), das mit Freundinnen im Wasser Ball gespielt hatte, plötzlich abtaucht und für eine halbe Minute verschwunden bleibt, glaubt R an einen Notfall: Er springt sofort in voller Montur in den See und schwimmt zu der ca. 20 Meter vom Ufer entfernten Stelle, an der M untergetaucht war. Als er dort ankommt, taucht M gerade wieder auf und schnappt mit den Armen wedelnd nach Luft. Ohne zu zögern, greift R der M beherzt unter ihre Arme und zieht sie ans Ufer. Dort angekommen stellt sich heraus, dass die 11-jährige M lediglich ihrer Brille, die ihr beim Ballspielen von der Nase gerutscht war, hinterher getaucht war. Bei der vermeintlichen Rettungsaktion des R hat M sich zudem nun die Schulter ausgekugelt und die gerade wieder hoch geholte Brille im See unwiederbringlich verloren. R kann später nachweisen, dass ihn im Hinblick auf die Verletzung der M und die verloren gegangene Brille kein Verschulden trifft.

M verlangt nun – vertreten durch ihre Eltern – von R ein angemessenes Schmerzensgeld für die ausgekugelte Schulter und 300 Euro Ersatz für die Brille. R weigert sich und meint, er habe vielmehr gegen M einen Anspruch auf Ersatz seiner durch den Sprung ins Wasser zerstörten nagelneuen Wildlederschuhe.

Rechtslage?

> **Schwerpunkte:** Die echte unberechtigte GoA; Voraussetzungen und Rechtsfolgen eines möglichen Anspruchs aus § 678 BGB; der wirkliche und der mutmaßliche Wille des Geschäftsherrn; Widerspruch zwischen Handlung und Willen; die Regel des § 680 BGB im Falle der Scheingefahr; Schadensersatzansprüche des scheinbaren Nothelfers.

Lösungsweg

Einstieg: Zum Schluss sehen wir uns noch die Situation an, in der jemand meint, er müsste in einer Notlage unbedingt helfen, sich dabei aber über die tatsächlichen Begebenheiten irrt. Welche Konsequenzen das im Hinblick auf mögliche Schadensersatzansprüche der Beteiligten haben kann, ist Gegenstand des letzten Falles unseres Buches. Inhaltlich geht es dabei um die sogenannte »**echte unberechtigte GoA**«, die ebenfalls in den §§ 677 ff. BGB geregelt ist und zum Teil erstaunliche Ergebnisse bzw.

Rechtsfolgen bereithält. Wir werden jetzt einen weiteren wichtigen Sinn der Regeln der Geschäftsführung ohne Auftrag aus den §§ 677 ff. BGB kennenlernen: Der für uns gleich interessante **§ 678 BGB** soll nämlich gewährleisten, dass selbsternannte »Retter« und diese ständig und überall herumlaufenden Kandidaten, die sich mit der Ansage »*ich wollte ja nur helfen*« an falscher Stelle einmischen, im Zweifel für Schäden, die sie damit verursachen, selbst aufzukommen haben (vgl. *Bamberger/Roth/Gehrlein* § 678 BGB Rz. 1). Auch dieses Prinzip verbirgt sich hinter den §§ 677 ff. BGB. Und zwar so:

I. Ansprüche der M gegen R

<u>AGL.</u>: **§ 678 BGB** (Geschäftsführung gegen den Willen des Geschäftsherrn)

I. Voraussetzungen: Der R müsste als Geschäftsführer für die M als Geschäftsherrin ein Geschäft besorgt haben, das im Widerspruch zum wirklichen oder mutmaßlichen Willen der M stand, und R hätte dies erkennen müssen (lies: § 678 BGB).

> **Durchblick:** Die echte *unberechtigte* GoA unterscheidet sich damit nur in einem einzigen Punkt von der echten *berechtigten* GoA: Es fehlt – bei ansonsten gleichen Voraussetzungen – lediglich an der Berechtigung des Geschäftsführers zur Besorgung des konkret ausgeführten Geschäfts (*Brox/Walker* BS § 35 Rz. 50). Und in der Fallprüfung hat das dann logischerweise zur Konsequenz, dass wir das bislang Erlernte aus den beiden vorherigen Fällen vollständig nutzbar machen und uns insoweit daran orientieren können. Wir brauchen folglich eine Geschäftsbesorgung für einen anderen ohne vertragliche oder sonstige Grundlage – und der Geschäftsführer darf nunmehr aber *nicht* aus den §§ 677 ff. BGB berechtigt sein. Deshalb natürlich auch echte »**unberechtigte**« GoA. Alles klar!?

Gut. Dann prüfen wir mal:

1.) Es müsste demnach zunächst eine *Geschäftsbesorgung* vorliegen.

> **Definition:** Der Begriff der *Geschäftsbesorgung* ist – wie auch bei § 662 BGB – im weiten Sinne zu verstehen und umfasst demnach <u>alle</u> Tätigkeiten des handelnden Geschäftsführers, und zwar sowohl rechtsgeschäftlicher als auch rein tatsächlicher Art (BGHZ **38**, 270; RGRK/*Steffen* § 677 BGB Rz. 7; MüKo/*Seiler* § 677 BGB Rz. 2; *Palandt/Sprau* § 677 BGB Rz. 2).

Hier: Kein Problem, der R zerrt die M aus dem Wasser, was man fraglos als rein tatsächliche Ausführung im gerade genannten Sinne subsumieren kann.

<u>ZE.</u>: Es liegt eine Geschäftsbesorgung im Sinne des § 677 BGB vor.

2.) Des Weiteren muss diese Geschäftsbesorgung gemäß § 677 BGB *für einen anderen* erfolgt sein.

Definition: Eine Tätigkeit *für einen anderen* liegt vor, wenn das Bewusstsein und der Wille vorhanden sind, ein fremdes Geschäft zu besorgen, wozu konkret erforderlich ist, dass das ausgeführte Geschäft einem fremden Rechts- und Interessenbereich zuzuordnen ist. Der Handelnde braucht das Bewusstsein und den Willen, eine Angelegenheit, die eigentlich der Sorge des anderen obliegt, für diesen zu erledigen (RGZ **97**, 61; BGH NJW **2000**, 72; *Jauernig/ Mansel* § 677 BGB Rz. 3; MüKo/ *Seiler* § 677 BGB Rz. 3; PWW/*Fehrenbacher* § 677 BGB Rz. 11; *Bamberger/Roth/Gehrlein* § 677 BGB 11; *Brox/Walker* BS § 35 Rz. 7).

Hier: Auch das ist kein Problem, unser R wollte die M vor dem Ertrinken retten und hatte damit zumindest das Bewusstsein und den Willen zu einem »**auch fremden**« Geschäft, wenn man nämlich annimmt, dass er neben der Rettung der M auch einer eigenen Bestrafung aus § 323c StGB entgehen wollte (BGHZ **40**, 30; BGHZ **114**, 250; PWW/*Fehrenbacher* § 677 BGB Rz. 14; *Palandt/Sprau* § 677 BGB Rz. 6; *Bamberger/Roth/ Gehrlein* § 677 BGB Rz. 15). Bei einem »auch fremden« Geschäft wird der Fremdgeschäftsführungswille vermutet (BGHZ **98**, 235; BGHZ **70**, 389).

<u>ZE.</u>: Unser R handelte mit Fremdgeschäftsführungswillen.

3.) Für eine echte unberechtigte GoA ist des Weiteren erforderlich, dass zwischen Geschäftsführer und Geschäftsherrn weder ein Auftrags- noch ein sonstiges Rechtsverhältnis besteht, aus dem die Berechtigung zur Ausführung des Geschäfts resultiert (lies: § 677 BGB). Denn wenn ein Rechtsverhältnis zwischen den Parteien bereits vorliegt, bedarf es keiner Abwicklung nach den Normen der Geschäftsführung <u>ohne</u> (!) Auftrag gemäß den §§ 677 ff. BGB.

Hier: Auch kein Problem, zwischen R und M bestand weder ein Rechtsverhältnis noch eine sonstige aus dem Gesetz folgende Berechtigung, die Geschäftsbesorgung zu übernehmen.

<u>ZE.</u>: Zwischen R und M lag kein Rechts- oder sonstiges Verhältnis zur Übernahme des Geschäfts vor.

4.) Schließlich darf der Geschäftsführer, um die Rechtsfolgen des § 678 BGB in Gang zu setzen, zur Führung des fraglichen Geschäfts nicht *berechtigt* gewesen sein. Das heißt: Die Übernahme des Geschäfts muss – sofern kein Fall des § 679 BGB vorliegt – im Widerspruch zum wirklichen oder mutmaßlichen Willen des Geschäftsherrn gestanden haben, und der Geschäftsführer hätte dies erkennen müssen (lies: § 678 BGB).

Zum Fall: Angesichts der Umstände des vorliegenden Sachverhaltes kann zunächst einmal festgestellt werden, dass die Rettungsaktion des R weder dem wirklichen noch dem mutmaßlichen Willen der M entsprach und auch nicht in ihrem objektiven Interesse lag. Die M war nämlich gar nicht in Gefahr; sie hatte nur nach ihrer Brille gesucht bzw. getaucht.

Problematisch bleibt dann aber noch die Frage, ob der Geschäftsführer R »dies hätte erkennen müssen«. Und jetzt aufgepasst: Dieses »**Erkennenmüssen**« des Widerspruchs zum wirklichen oder mutmaßlichen Willen des Geschäftsherrn bei der Übernahme des Geschäfts meint neben dem *Vorsatz* in entsprechender Anwendung des § 122 Abs. 2 BGB auch die *fahrlässige* Unkenntnis, womit übrigens *jede* Form der Fahrlässigkeit, also auch die leichte nach § 276 Abs. 2 BGB, gemeint ist (*Bamberger/Roth/Gehrlein* § 678 BGB Rz. 3; *MüKo/Seiler* § 678 BGB Rz. 6; *Palandt/Sprau* § 678 BGB Rz. 3). **Also:** Der Geschäftsführer muss bei der *Übernahme* des Geschäfts entweder *positiv gewusst* oder infolge von mindestens leichter *Fahrlässigkeit* verkannt haben, dass diese *Übernahme* dem wirklichen oder mutmaßlichen Willen des Geschäftsherrn widersprach. Wichtiger Satz, bitte noch mal lesen.

Und noch was: Ob den Geschäftsführer dann bei der späteren konkreten *Ausführung* des Geschäfts ein Verschulden im Hinblick auf die Verletzung von Rechtsgütern trifft, ist für den Anspruch aus § 678 BGB unerheblich. Die Vorschrift des § 678 BGB normiert nämlich ein sogenanntes »Übernahmeverschulden« mit der Konsequenz, dass lediglich im Hinblick auf den Übernahmezeitpunkt ein Verschulden vorausgesetzt wird, während eine spätere Schädigung des Geschäftsherrn bei der Ausführung des Geschäfts auch ohne weiteres Verschulden zum Schadensersatz nach § 678 BGB verpflichtet (BGHZ **43**, 188; *PWW/Fehrenbacher* § 678 BGB Rz. 1; *Palandt/Sprau* § 678 BGB Rz. 3; *Jauernig/Mansel* § 678 BGB Rz. 2). Sofern der Geschäftsführer also bei der *Übernahme* der tatsächlichen Tätigkeit schuldhaft im Hinblick auf seine fehlende Berechtigung handelt, spielt sein weiteres Verhalten unter Verschuldensgesichtspunkten bei § 678 BGB keine Rolle mehr. Er haftet dann für alle *adäquat kausal* bei der Ausführung verursachten Schäden ohne Rücksicht auf ein etwaiges Vertretenmüssen – zufällige Schädigungen gehen somit auch zu seinen Lasten (*Erman/Dornis* § 678 BGB Rz. 1).

Prüfen wir mal: Der R müsste also bei der Übernahme der Geschäftsbesorgung schuldhaft im Hinblick auf seine fehlende Berechtigung gehandelt haben. Bei genauem Hinsehen bieten sich hier nun *zwei* Zeitpunkte an, auf die man abstellen könnte: Zum einen ist das der Moment, als R ins Wasser springt; zum anderen könnte auch der Moment ausschlaggebend sein, als R der M unter die Arme greift, um sie an Land zu ziehen.

Grundsätzlich soll im Rahmen des § 678 BGB allerdings der Zeitpunkt maßgebend sein, in dem der Geschäftsführer die *erste erkennbare Ausführungshandlung* zur Besorgung des Geschäfts vornimmt (*Staudinger/Bergmann* § 678 BGB Rz. 7; *Bamberger/Roth/Gehrlein* § 678 BGB Rz. 2; *PWW/Fehrenbacher* § 678 BGB Rz. 2; *MüKo/Seiler* § 678 BGB Rz. 3). Denn dadurch manifestiert sich die *Übernahme* des Geschäfts, die den Haftungsgrund des § 678 BGB ausmacht (*Erman/Dornis* § 678 BGB Rz. 1). Wer dokumentiert, dass er ein fremdes Geschäft übernommen hat, soll nach dem Sinn und Zweck des § 678 BGB ab diesem Zeitpunkt für die dann entstehenden Schäden haften, wenn die Geschäftsübernahme nicht dem wirklichen oder mutmaßlichen Willen des Geschäftsherrn entsprochen hat (*PWW/Fehrenbacher* § 678 BGB Rz. 1). Es kommt somit im Hinblick auf ein mögliches Verschulden des R auf den Zeitpunkt an, als er mit seinen Klamotten in den See springt. Wir müssen prüfen, ob er in *diesem* Moment wusste oder es ihm infolge von Fahrlässigkeit unbekannt war, dass sein Einsatz nicht dem Willen der M entsprach.

Im vorliegenden Fall kommt insoweit selbstverständlich nur die *Fahrlässigkeit* in Betracht, also gemäß **§ 276 Abs. 2 BGB** das Außerachtlassen der im Verkehr erforderlichen Sorgfalt: Und diesbezüglich wird man sagen müssen, dass man nicht schon dann, wenn ein Mensch in einem Badesee länger als 30 Sekunden unter Wasser bleibt, zwingend von einer Gefahr durch Ertrinken ausgehen kann und entsprechend in voller Montur ins Wasser springt. Im Übrigen war die M mit einer Gruppe anderer Mädchen im Wasser, sodass man bei einer Entfernung von 20 Metern zum Ufer durchaus auch hätte erwägen können, die anderen Mädchen zunächst durch Zurufen zu fragen, um Klarheit über den Sachverhalt zu erlangen. Dem R ist mithin infolge des Außerachtlassens der im Verkehr erforderlichen Sorgfalt unbekannt geblieben, dass seine Geschäftsübernahme nicht dem Willen der M entsprach. Angesichts der Umstände kann vorliegend von *leichter* bis *normaler* (= mittlerer) Fahrlässigkeit gesprochen werden; eine *grobe* Fahrlässigkeit kommt hingegen nicht in Betracht, denn der Rettungsversuch ist nicht derart abwegig und ungewöhnlich, dass die Nutzlosigkeit jedem recht und billig denkenden Menschen auf Anhieb hätte einleuchten müssen (vgl. BGHZ 77, 276; BGH NJW **1994**, 2094). Grobe Fahrlässigkeit kann nur dann angenommen werden, wenn die verkehrserforderliche Sorgfalt in schwerstem Maße verletzt wird und dasjenige unbeachtet bleibt, was in der konkreten Situation sich jedem hätte sofort aufdrängen müssen (*Jaunernig/Stadler* § 276 BGB Rz. 33; vgl. auch *Staudinger/Bergmann* § 680 BGB Rz. 25). Davon kann hier – wie gesehen – aber nicht gesprochen werden, denn R handelt durchaus mit nachvollziehbarer Motivation, hätte aber die Rettungsaktion durch andere Maßnahmen verifizieren und damit vermeiden können.

ZE.: Unser R handelte somit im Hinblick auf die nicht vorhandene Berechtigung zur Geschäftsführung *normal* fahrlässig, da ihm wegen des Außerachtlassens der im Verkehr erforderlichen Sorgfalt unbekannt blieb, dass er die M nicht retten musste. Und damit wäre R dann gemäß § 678 BGB zum Schadensersatz verpflichtet, ohne dass es im Hinblick auf die tatsächlich ausgeführten Schädigungshandlungen noch auf ein Verschulden ankäme, denn – wir haben es oben gesagt – der § 678 BGB erfordert lediglich ein Verschulden im Hinblick auf die *Geschäftsübernahme*, nicht auch auf die spätere Ausführung (BGHZ 43, 188).

> **Aber:** Möglicherweise ist die Haftung des R bei der Übernahme des Geschäfts nach **§ 680 BGB** beschränkt auf *Vorsatz* und *grobe Fahrlässigkeit*: In Fällen drohender dringender Gefahr hat der Geschäftsführer nämlich grundsätzlich nur vorsätzliches oder grob fahrlässiges Verhalten zu vertreten, und der § 680 BGB gilt nach allgemeiner Ansicht auch für die unberechtigte GoA im Sinne des § 678 BGB (BGHZ 43, 188; *PWW/Fehrenbacher* § 680 BGB Rz. 3; *Erman/Dornis* § 680 BGB Rz. 2; *Soergel/Beuthien* § 680 BGB Rz. 2). Und für den vorliegenden Fall würde dies bedeuten, dass der R, der nur *normal* fahrlässig verkannt hat, dass keine berechtigte GoA vorlag, aus der Haftung des § 678 BGB wegen des § 680 BGB raus wäre (vgl. *Erman/Dornis* § 680 BGB Rz. 2). Für ihn bliebe dann nur noch eine mögliche Schadensersatzpflicht nach den

§§ 280, 677 BGB und dem § 823 BGB, die indessen jeweils am fehlenden Verschulden scheitern würde.

Moment! Einen entscheidenden Punkt haben wir dabei aber übersehen, **nämlich:** In unserem Fall lag tatsächlich gar keine dringende Gefahr im Sinne des § 680 BGB vor, der R hat das nur irrtümlich angenommen. Und ob der § 680 BGB auch in den Fällen anwendbar ist, in denen der Geschäftsführer nur irrtümlich vom Vorliegen einer dringenden Gefahr ausgegangen ist, eine solche also gar nicht vorlag, ist außerordentlich **umstritten:**

- Nach einer Meinung soll der § 680 BGB mit seiner Privilegierung für den Geschäftsführer auch bei irrtümlicher Annahme der dringenden Notlage anwendbar sein. Dies gebiete der Zweck des § 680 BGB, der darauf gerichtet sei, eine rasche, aber eben auch fehlergeneigte, mitmenschliche Hilfe zu mobilisieren. Dem liefe es zuwider, wenn man dem Hilfswilligen das volle, durch § 678 BGB sogar noch verschärfte Irrtumsrisiko aufbürde (BAG NJW **1976**, 1229; OLG München WM **1999**, 1878; *Erman/Dornis* § 680 BGB Rz. 5; *Soergel/Beuthien* § 680 BGB Rz. 8; *Bamberger/Roth/Gehrlein* § 680 BGB Rz. 1; RGRK/*Steffen* § 680 BGB Rz. 7).

- Nach anderer Auffassung soll § 680 BGB den Geschäftsführer demgegenüber nur dann privilegieren, wenn die dringende Gefahr auch tatsächlich vorgelegen hat; eine irrtümliche Annahme dessen genüge nicht (OLG Frankfurt MDR **1976**, 201; OLG Bamberg VersR **1976**, 1021; *Staudinger/Bergmann* § 680 BGB Rz. 13; MüKo/*Seiler* § 680 BGB Rz. 5; *Dietrich* in JZ 1974, 535; *Berg* in JuS 1975, 681). Diese Meinung beruft sich zunächst auf die Gesetzesmaterialien, in denen das tatsächliche Vorliegen der Gefahr für die Anwendung des § 680 BGB vorausgesetzt worden sei (vgl. *Staudinger/Bergmann* § 680 BGB Rz. 13). Im Übrigen sei zu bedenken, dass bei Anwendung des § 680 BGB ohne tatsächliches Vorliegen einer dringenden Gefahr der Geschäftsherr weitestgehend schutzlos dastünde, da ihm in Konsequenz dessen die Ansprüche aus § 678 BGB größtenteils versagt blieben.

Beide Ansichten scheinen gut vertretbar, wobei die besseren Argumente wohl für die letztgenannte Auffassung sprechen dürften, weswegen wir ihr hier auch folgen wollen (zur Streitdarstellung in der Klausur vgl. bitte das Gutachten im Anschluss). Wer der anderen Meinung den Vorzug gewähren möchte, sollte bitte bedenken, dass der Fall dann relativ flott vorbei ist, **denn:** Wenn die Haftung des R aus § 678 BGB wegen Anwendung des § 680 BGB ausgeschlossen ist, bleiben als Anspruchsgrundlagen nur noch die **§§ 280, 677 BGB** und der **§ 823 BGB** übrig; beide aber – haben wir oben schon mal kurz erwähnt – sind mangels Verschulden bei der Ausführungshandlung nicht einschlägig. Im Übrigen würde der § 680 BGB nach herrschender Meinung auch für den Anspruch aus § 823 BGB den Verschuldensmaßstab heraufsetzen (BGH NJW **1972**, 475; BGH VersR **1970**, 620; *Erman/Dornis* § 680 BGB Rz. 3).

ZE.: Die Haftung des R aus § 678 BGB ist im vorliegenden Fall nicht wegen § 680 BGB ausgeschlossen, da nach hier vertretener Auffassung diese Norm im Falle der nur irrtümlich angenommenen Gefahrenlage nicht zur Anwendung kommt.

ZE.: Damit liegen alle Tatbestandsvoraussetzungen des § 678 BGB vor.

II. Rechtsfolgen: R ist der M zum Ersatz des aus der Geschäftsführung entstandenen Schadens verpflichtet, ohne dass es auf ein sonstiges Verschulden des R ankommt (lies: § 678 BGB). Erfasst sind hiervon nunmehr alle Schäden, die *adäquat kausal* und zurechenbar durch die Geschäftsführung verursacht worden sind (*Staudinger/ Bergmann* § 678 BGB Rz. 17; *Erman/Dornis* § 678 BGB Rz. 1). Die Abwicklung bzw. Schadensbegleichung orientiert sich an den allgemeinen Vorschriften der **§§ 249 ff. BGB** (*Palandt/Sprau* § 678 BGB Rz. 4).

Zum Fall: Der R hat der M somit gemäß **§ 253 Abs. 2 BGB** ein angemessenes Schmerzensgeld und nach **§ 251 Abs. 1 BGB** Geldersatz für die Brille zu zahlen, da diese Schäden bei der Geschäftsführung entstanden und insoweit adäquat kausal sind. Darauf, dass R im Hinblick auf diese Schäden kein Verschulden trifft, kommt es nicht an.

Ergebnis: M steht gegen R ein Anspruch auf Zahlung eines Schmerzensgeldes sowie eines Geldersatzes für die Brille aus § 678 BGB zu.

II. Ansprüche des R gegen M auf Ersatz für die Wildlederschuhe

AGL.: §§ 677, 683 Satz 1, 670 BGB (Aufwendungsersatz)

Aber: Die Geschäftsführung entsprach nicht dem wirklichen oder mutmaßlichen Willen der M, was aber Tatbestandsvoraussetzung für § 683 Satz 1 BGB ist (bitte prüfen). Ein Anspruch auf Aufwendungsersatz kommt folglich nicht in Betracht.

Ergebnis: R steht gegen M kein Anspruch aus den §§ 677, 683 Satz 1, 670 BGB zu.

AGL.: § 684 Satz 1 BGB (Herausgabe des Erlangten)

Die Norm bleibt dann noch für den unberechtigten Geschäftsführer; sie hilft dem R im vorliegenden Fall freilich nicht, denn M hat durch die Geschäftsführung nichts erlangt, was sie dem R herausgeben könnte.

Ergebnis: R steht gegen M auch kein Anspruch aus § 684 Satz 1 BGB zu mit der Folge, dass R seine Wildlederschuhe selbst bezahlt.

Noch mal zum Verständnis

Wir haben also jetzt gesehen, dass der **§ 678 BGB** – das war oben die Geschichte mit den Ansprüchen der M gegen R – für den Geschäftsherrn die Möglichkeit eröffnet, gegenüber einem unberechtigt einschreitenden Geschäftsführer Ansprüche geltend zu machen. Und das Besondere an dieser Anspruchsgrundlage lag in der Tatsache begründet, dass lediglich im Hinblick auf den Zeitpunkt der *Geschäftsübernahme* ein Verschulden des Geschäftsführers erforderlich ist. Wer also mindestens fahrlässig verkennt, dass er nicht hätte einschreiten müssen bzw. dürfen, steht nach § 678 BGB auch für später *unverschuldet* eingetretene Schäden ein, sofern sie nur *adäquat kausal* auf die Geschäftsführung zurück zu führen sind. Das ist ein ganz wichtiges Prinzip, bitte merken.

> Im Übrigen stünden dem Geschäftsherrn neben diesem Anspruch grundsätzlich zum einen auch noch die **§§ 280 Abs. 1, 677 BGB** als Anspruchsgrundlagen zur Verfügung, um gegen den unberechtigt eingreifenden Geschäftsführer vorzugehen. Denn auch bei der unberechtigten GoA unterliegt der Geschäftsführer den Pflichten aus § 677 BGB mit der Folge, dass bei *schuldhafter* Verletzung der Ausführungspflichten die Inanspruchnahme nach § 280 Abs. 1 BGB möglich ist (*Palandt/Sprau* vor § 677 BGB Rz. 5; PWW/*Fehrenbacher* § 677 BGB Rz. 7; MüKo/*Seiler* § 677 BGB Rz. 50). Und das begründet man damit, dass der unberechtigte Geschäftsführer nicht besser stehen dürfe als der berechtigte; daher treffen auch den unberechtigten Geschäftsführer die Pflichten aus § 677 BGB; und wenn er die verletzt, ist er natürlich nach § 280 Abs. 1 BGB ersatzpflichtig – wegen »Pflichtverletzung« im gesetzlichen Schuldverhältnis (*Palandt/Sprau* vor § 677 BGB Rz. 5; vgl. auch *Staudinger/Bergmann* § 678 BGB Rz. 1, der daraus folgert, dass § 678 BGB gar keine eigene AGL sei). Freilich – und das ist eben wichtig und entscheidend – muss in diesem Falle dann ein *Verschulden* bei der *Ausführung* des Geschäfts vorliegen, was bei § 280 Abs. 1 Satz 2 BGB im Falle eines Schadenseintritts grundsätzlich *vermutet* wird.

Und das ist dann der maßgebliche Unterschied zu § 678 BGB: Dort braucht das Verschulden nur in Bezug auf die unberechtigte *Geschäftsübernahme* vorzuliegen. Wenn später bei der *Ausführung* Schäden entstehen, muss der Geschäftsführer dafür nach § 678 BGB einstehen, auch wenn ihn kein Verschulden diesbezüglich trifft. Merken.

Schließlich stehen dem Geschäftsherrn im Falle der Verletzung absoluter Rechtsgüter grundsätzlich auch noch Ansprüche aus **§ 823 BGB** zur Seite. Allerdings setzen auch die ein – jetzt sogar von ihm nachzuweisendes – *Verschulden* des Geschäftsführers voraus. Kann der Geschäftsherr diesen Nachweis erbringen, wäre der Weg dann auch frei zur unerlaubten Handlung nach den §§ 823 ff. BGB. In den Klausuren scheitert es jedoch zumeist an genau diesem Punkt, **denn:** Dann wäre der Fall viel zu einfach – und der Prüfer will ja die Auseinandersetzung mit den §§ 677 ff. BGB sehen. Deshalb übrigens handelte unser R oben auch ohne Verschulden. Alles klar!?

Gutachten

I. Ansprüche der M gegen R

M könnte gegen R ein Anspruch auf Schadensersatz und Schmerzensgeld aus § 678 BGB zustehen.

I. Dann müsste R als Geschäftsführer für die M als Geschäftsherrin ein Geschäft besorgt haben, das im Widerspruch zum wirklichen oder mutmaßlichen Willen der M stand, und R hätte dies erkennen müssen.

1.) Es müsste demnach zunächst eine Geschäftsbesorgung vorliegen. Der Begriff der Geschäftsbesorgung ist im weiten Sinne zu verstehen und umfasst demnach alle Tätigkeiten des handelnden Geschäftsführers, und zwar sowohl rechtsgeschäftlicher als auch rein tatsächlicher Art. Der R zerrt die M aus dem Wasser, was als rein tatsächliche Ausführung im gerade genannten Sinne subsumiert werden kann. Es liegt eine Geschäftsbesorgung im Sinne des § 677 BGB vor.

2.) Des Weiteren muss diese Geschäftsbesorgung gemäß § 677 BGB für einen anderen erfolgt sein. Eine Tätigkeit für einen anderen liegt vor, wenn das Bewusstsein und der Wille vorhanden sind, ein fremdes Geschäft zu besorgen, wozu konkret erforderlich ist, dass das ausgeführte Geschäft einem fremden Rechts- und Interessenbereich zuzuordnen ist. Der Handelnde braucht das Bewusstsein und den Willen, eine Angelegenheit, die eigentlich der Sorge des anderen obliegt, für diesen zu erledigen. Der R wollte die M vor dem Ertrinken retten und hatte damit zumindest das Bewusstsein und den Willen zu einem »auch fremden« Geschäft, wenn man nämlich annimmt, dass er neben der Rettung der M auch seiner vermeintlichen Rettungspflicht nachkommen wollte. R handelte mit Fremdgeschäftsführungswillen.

3.) Für eine echte unberechtigte GoA ist des Weiteren erforderlich, dass zwischen Geschäftsführer und Geschäftsherrn weder ein Auftrags- noch ein sonstiges Rechtsverhältnis besteht, aus dem die Berechtigung zur Ausführung des Geschäfts resultiert. Zwischen R und M bestand weder ein Rechtsverhältnis noch eine sonstige aus dem Gesetz folgende Berechtigung, die Geschäftsbesorgung zu übernehmen.

4.) Schließlich darf der Geschäftsführer, um die Rechtsfolgen des § 678 BGB in Gang zu setzen, zur Führung des fraglichen Geschäfts nicht berechtigt gewesen sein. Die Übernahme des Geschäfts muss – sofern kein Fall des § 679 BGB vorliegt – im Widerspruch zum wirklichen oder mutmaßlichen Willen des Geschäftsherrn gestanden haben, und der Geschäftsführer hätte dies erkennen müssen.

a) Angesichts der Umstände des vorliegenden Falles kann zunächst festgestellt werden, dass die Rettungsaktion des R weder dem wirklichen noch dem mutmaßlichen Willen der M entsprach und auch nicht in ihrem objektiven Interesse lag. Die M war nämlich gar nicht in Gefahr, sie hatte nur nach ihrer Brille gesucht bzw. getaucht.

b) Problematisch ist indessen die Frage, ob der Geschäftsführer R dies hätte erkennen müssen. Dieses Erkennenmüssen des Widerspruchs zum wirklichen oder mutmaßlichen Willen des Geschäftsherrn bei der Übernahme des Geschäfts meint neben dem Vorsatz in entsprechender Anwendung des § 122 Abs. 2 BGB auch die fahrlässige Unkenntnis, womit jede Form der Fahrlässigkeit, also auch die leichte nach § 276 Abs. 2 BGB, gemeint ist . Der Geschäftsführer muss bei der Übernahme des Geschäfts somit entweder positiv gewusst oder infolge von mindestens leichter Fahrlässigkeit verkannt haben, dass diese Übernahme dem wirklichen oder mutmaßlichen Willen des Geschäftsherrn widersprach.

Der R müsste also bei der Übernahme der Geschäftsbesorgung schuldhaft im Hinblick auf seine fehlende Berechtigung gehandelt haben. Zur Beurteilung dessen bieten sich vorliegend zwei Zeitpunkte an, auf die man abstellen könnte: Zum einen ist das der Moment, als R ins Wasser springt; zum anderen könnte auch der Moment ausschlaggebend sein, als R der M unter die Arme greift, um sie an Land zu ziehen. Grundsätzlich soll im Rahmen des § 678 BGB allerdings der Zeitpunkt maßgebend sein, in dem der Geschäftsführer die erste erkennbare Ausführungshandlung zur Besorgung des Geschäfts vornimmt. Denn dadurch manifestiert sich die Übernahme des Geschäfts, die den Haftungsgrund des § 678 BGB ausmacht. Wer dokumentiert, dass er ein fremdes Geschäft übernommen hat, soll nach dem Sinn und Zweck des § 678 BGB ab diesem Zeitpunkt für die dann entstehenden Schäden haften, wenn die Geschäftsübernahme nicht dem wirklichen oder mutmaßlichen Willen des Geschäftsherrn entsprochen hat. Es kommt somit im Hinblick auf ein mögliches Verschulden des R auf den Zeitpunkt an, als er in den See springt. Es ist mithin zu prüfen, ob R in diesem Moment wusste oder es ihm infolge von Fahrlässigkeit unbekannt war, dass sein Einsatz nicht dem Willen der M entsprach.

Im vorliegenden Fall kommt insoweit nur Fahrlässigkeit in Betracht, also gemäß § 276 Abs. 2 BGB das Außerachtlassen der im Verkehr erforderlichen Sorgfalt: Und diesbezüglich ist hier festzustellen, dass man nicht schon dann, wenn ein Mensch in einem Badesee länger als 30 Sekunden unter Wasser bleibt, zwingend von einer Gefahr durch Ertrinken ausgehen kann und entsprechend in voller Montur ins Wasser springt. Im Übrigen war die M mit einer Gruppe anderer Mädchen im Wasser, sodass man bei einer Entfernung von 20 Metern zum Ufer durchaus auch hätte erwägen können, die anderen Mädchen zunächst durch Zurufen zu fragen, um Klarheit über den Sachverhalt zu erlangen. Dem R ist mithin infolge des Außerachtlassens der im Verkehr erforderlichen Sorgfalt unbekannt geblieben, dass seine Geschäftsübernahme nicht dem Willen der M entsprach. Angesichts der Umstände kann vorliegend von leichter bis normaler (= mittlerer) Fahrlässigkeit gesprochen werden; eine grobe Fahrlässigkeit kommt hingegen nicht in Betracht, denn der Rettungsversuch ist nicht derart abwegig und ungewöhnlich, dass die Nutzlosigkeit jedem recht und billig denkenden Menschen auf Anhieb hätte einleuchten müssen. Grobe Fahrlässigkeit kann nur dann angenommen werden, wenn die verkehrserforderliche Sorgfalt in schwerstem Maße verletzt wird und dasjenige unbeachtet bleibt, was in der konkreten Situation sich jedem hätte sofort aufdrängen müssen. Davon kann hier aber nicht gesprochen werden, denn R handelt durchaus mit nachvollziehbarer Motivation, hätte aber die Rettungsaktion durch andere Maßnahmen verifizieren und damit vermeiden können.

R handelte somit im Hinblick auf die nicht vorhandene Berechtigung zur Geschäftsführung normal fahrlässig, da ihm wegen des Außerachtlassens der im Verkehr erforderlichen Sorgfalt unbekannt blieb, dass er die M nicht retten musste. Und damit wäre R dann gemäß § 678 BGB zum Schadensersatz verpflichtet, ohne dass es im Hinblick auf die tatsächlich ausgeführten Schädigungshandlungen noch auf ein Verschulden ankäme, denn § 678 BGB erfordert lediglich ein Verschulden im Hinblick auf die Geschäftsübernahme, nicht auch auf die spätere Ausführung.

c) Etwas anderes könnte sich aber noch aus § 680 BGB ergeben. Möglicherweise ist die Haftung des R bei der Übernahme des Geschäfts demnach beschränkt auf Vorsatz und grobe Fahrlässigkeit. In Fällen drohender dringender Gefahr hat der Geschäftsführer grundsätzlich nur vorsätzliches oder grob fahrlässiges Verhalten zu vertreten, und der § 680 BGB gilt nach allgemeiner Ansicht auch für die unberechtigte GoA im Sinne des § 678 BGB. Für den vorliegenden Fall würde dies bedeuten, dass der R, der nur normal fahrlässig verkannt hat, dass keine berechtigte GoA vorlag, aus der Haftung des § 678 BGB wegen des § 680 BGB herausgenommen wäre. Für ihn bliebe dann nur noch eine mögliche Schadensersatzpflicht nach den §§ 280, 677 BGB und dem § 823 BGB, die indessen jeweils am fehlenden Verschulden scheitern würde.

Im Hinblick auf die Anwendung des § 680 BGB muss jedoch noch geklärt werden, wie es sich auswirkt, dass tatsächlich gar keine dringende Gefahr vorlag, der R dies aber annahm, als er ins Wasser gesprungen ist. Ob der § 680 BGB auch in diesen Fällen anwendbar ist, ist umstritten:

aa) Nach einer Meinung soll der § 680 BGB mit seiner Privilegierung für den Geschäftsführer auch bei irrtümlicher Annahme der dringenden Notlage anwendbar sein. Dies gebiete der Zweck des § 680 BGB, der darauf gerichtet sei, eine rasche, aber eben auch fehlergeneigte, mitmenschliche Hilfe zu mobilisieren. Dem liefe es zuwider, wenn man dem Hilfswilligen das volle, durch § 678 BGB sogar noch verschärfte Irrtumsrisiko aufbürde.

bb) Dem kann jedoch nicht gefolgt werden. Die Vorschrift des § 680 BGB kann nur dann angewendet werden, wenn die dort beschriebene Notlage auch tatsächlich vorliegt. Dafür sprechen nämlich zunächst die Gesetzesmaterialien, in denen das tatsächliche Vorliegen der Gefahr für die Anwendung des § 680 BGB vorausgesetzt worden ist. Im Übrigen ist zu bedenken, dass bei Anwendung des § 680 BGB ohne tatsächliches Vorliegen einer dringenden Gefahr der Geschäftsherr weitestgehend schutzlos dastünde, da ihm in Konsequenz dessen die Ansprüche aus § 678 BGB größtenteils versagt blieben. Dies aber kann nicht hingenommen werden.

Die Haftung des R aus § 678 BGB ist im vorliegenden Fall somit nicht wegen § 680 BGB ausgeschlossen, da nach hier vertretener Auffassung diese Norm im Falle der nur irrtümlich angenommenen Gefahrenlage gar nicht zur Anwendung kommt.

Damit liegen sämtliche Tatbestandsvoraussetzungen des § 678 BGB vor.

II. R ist folglich der M zum Ersatz des aus der Geschäftsführung entstandenen Schadens verpflichtet, ohne dass es auf ein sonstiges Verschulden des R ankommt. Erfasst sind hiervon nunmehr alle Schäden, die adäquat kausal und zurechenbar durch die Geschäftsführung verursacht werden. Die Abwicklung bzw. Schadensbegleichung orientiert sich nach den allgemeinen Vorschriften der §§ 249 ff. BGB. Der R hat der M somit gemäß § 253 Abs. 2 BGB ein angemessenes Schmerzensgeld und nach § 251 Abs. 1 BGB Geldersatz für die Brille zu zahlen, da diese Schäden bei der Geschäftsführung entstanden und insoweit adäquat kausal sind. Darauf, dass R im Hinblick auf diese Schäden kein Verschulden trifft, kommt es nicht an.

Ergebnis: M steht gegen R ein Anspruch auf Zahlung eines Schmerzensgeldes sowie eines Geldersatzes für die Brille aus § 678 BGB zu.

II. Ansprüche des R gegen M auf Ersatz für die Wildlederschuhe

R könnte gegen M einen Anspruch auf Schadensersatz für die zerstörten Wildleder-schuhe aus den §§ 677, 683 Satz 1, 670 BGB haben.

Die Geschäftsführung entsprach allerdings nicht dem wirklichen oder mutmaßlichen Willen der M, was aber Tatbestandsvoraussetzung für § 683 Satz 1 BGB ist. Ein Anspruch auf Aufwendungsersatz kommt folglich nicht in Betracht.

Ergebnis: R steht gegen M kein Anspruch aus den §§ 677, 683 Satz 1, 670 BGB zu.

R könnte schließlich gegen M einen Anspruch aus § 684 Satz 1 BGB haben.

M hat indessen durch die Geschäftsführung nichts erlangt, was sie dem R hätte herausge-ben können.

Ergebnis: R steht gegen M auch kein Anspruch aus § 684 Satz 1 BGB zu mit der Folge, dass R seine Wildlederschuhe nicht ersetzt erhält.

Sachverzeichnis

Abstraktionsprinzip 17, 19, 29

Abtretung 32, 151

Abwehrrecht 188

Abzug.......................... 43

Adäquanz 178

Adäquanzformel 168, 171, 243

Alkohol 279

Alkoholabhängigkeit 279

allgemeine Eingriffskondiktion 106

allgemeines Persönlichkeitsrecht ... 217

Als-ob-Betrachtung 131

analoge Anwendung des § 816
    Abs. 1 Satz 1 BGB 104

Anfechtung....................... 67

Anfechtungserklärung................ 67

Angehörige 176

angemessene Entschädigung.......... 224

Anpassung des Vertrages............. 78

Anschläge 297

Anspruchsinhaber 105

Antiquitätenhändler 31

Anwalt 47

Anwälte 234

Anweisung 129, 137

Anweisungsfälle................... 138

Anzahlungen..................... 81

Äquivalenz 175

Äquivalenzformel 171, 243

Äquivalenzinteresse............. 203, 281

Arbeitgeber.................. 255, 292

Arbeitnehmer................. 235, 255

Arztpraxis 234

atypischer Kausalverlauf............. 172

auf Kosten...................... 19

Aufbau 181

Auffangtatbestand................. 238

Aufsichtspflicht 269

Auftrag 309

Aufwendungen............. 23, 116, 311

Aufwendungsersatz................. 322

Aufwendungsersatz nach den
    §§ 677 ff. BGB 324

August Macke 137

Ausführungshandlung 335

Auskunft....................... 299

Ausnahmen der Saldo-Theorie........ 72

ausreichender Anlass 176

Ausschlussgrund 291

Ausübung der Verrichtung........... 253

Autofahrer 170

Autonomieprinzip................. 310

Autounfall 262

Baggersee 332

Bank.......................... 152

Bankgeschäft 138

Banklehre 138

Bankverkehr 137

Bauchgefühl.................... 101

Baustelle 195

Behaltendürfen 49

Behandlungskosten 168, 178

bei Gelegenheit 257

Beinbruch...................... 232

berechtigte GoA 307

berechtigte Interessen 216

Berechtigter 89, 90

berechtigter Besitzer.............. 102

Berechtigung 309

Bereicherung 115

Bereicherung in sonstiger Weise 106

Bereicherungsgegenstand 43

Bereicherungsschuldner 33

Bernhadiner 265

Berufsschule 108

Beschädigung 22, 188, 207

Beschaffenheit des Erlangten 39

Beseitigung 225

Besichtigungstour 292

Besitz 18

Besitzberechtigung..............................89
Besitzüberlassung 103
Betonboden......................................241
betriebsbezogener Eingriff.......187, 198
Betriebsbezogenheit..........................199
Betriebsbezogenheit des Eingriffs...232
Betriebskosten..................................292
Beweislast..253
Bierflaschen.....................................281
Bierindustrie 285
Bildaufnahmen................................218
blinder Passagier 113
Blitz...216
Blitzschlag.......................................297
bösgläubig..50
Bösgläubigkeit.............................71, 119
Botenmacht......................................142
Brandstiftung...................................151
Brasilien...322
Brille..332
Bruteier-Fall.....................................188
Bundesanzeiger................................322
Bundesbeamte..................................242
Bundesligaspieler.............................235
Bußgeld..295
Butterbrot..258

Caroline von Monaco 222
Chemikalien.....................................285
condictio causa data causa
    non secuta 76
condictio indebiti 16, 29
condictio ob causam finitam..............38
condictio ob rem..........................76, 80
conditio sine qua non 171, 189

Dagmar Berghoff...............................217
Dämme...192
Das allgemeine Persönlichkeits-
    recht 215
Deckungsverhältnis..........................138
Dieb...268
Diebstahl 58
Dienstleistung..................................114

Doktortitel 327
Doppelmangel 127, 132
doppelter Geheißerwerb 128
Dortmund.. 255
Dreier-Konstellationen 152
Durchgriff.. 130
Durchlieferung 127, 139

echte Anspruchskonkurrenz........... 291
echte unberechtigte GoA................. 332
Ehrverletzungen.............................. 218
Eigengeschäftsführung.................... 101
Eigenschaften des Menschen 188
Eigentum 217
Eigentümer-Besitzer-Verhältnis . 49, 88
Eigentumserwerb 161
Eigentumsschaden 187
Eigentumsübertragung.................... 205
Eigentumsverletzung..95, 188, 204, 210
Eingriff 116
Eingriff in den Zuweisungsgehalt . 162
Eingriffskondiktion 88, 106, 116,
    130, 160
Einreden 130
Einwendungen 130
Einwilligung 91, 215, 216
Eishockey-Spiel................................ 286
Eisverkäufer 189
Eltern.. 119, 309
Empfängerhorizont.......................... 141
Energieversorgung........................... 192
Entgangener Verdienst 177
Entlastungsbeweis........................... 261
entreichert 41
Entziehung 22
Erbe 81
Erbenermittlung 325
Erbensucher 322, 325
Erbschaft................................... 81, 322
Erdrutsch 297
Erfüllungserfolg.............................. 80
Erkennenmüssen 335
ersparte Aufwendungen 34
Erziehungsberechtigte 309

Etwas 114
E-Werk 187
Exkulpationsmöglichkeit 253,
    260, 267
Explosiv 216

Fabrik 234
Fabrikationsfehler 204
Fahrbahn 297
fahrlässige Unkenntnis 335
Fahrlässigkeit 313, 335
Fahrradfahrer 168
Fahrtenschreiber 261
Fahrzeugbrief 195
Fahrzeugführer 291, 292
Fahrzeugpapiere 66
Fehler 280
Fehlerbegriff 281
Feringa-See 215
Feuerwehr 265
Fiktion der Rückwirkung 67
Filmaufnahme 220
Fleet 196
Fleet-Fall 196
Fleischwaren 162
Flughafen 113
Flugreise-Fall 113, 158
Flugzeug 113
Forderungszession 154
Freiheit 217
Freiheitsstrafe 151
freiwillige Vermögensopfer 311
Fremdgeschäftsführungs-
    wille 308, 324, 334
Frikadellen 158
Früchte 23
Fußball-Fan 76
Fußballplatz 78
Fußgänger 296, 299
Fütterung 268

Galileo 215
Garantenstellung 282
Gartenzwerg 172

Gaszug 208
Gaszug-Entscheidung 203
Gebrauch der Sache 23
Gebrauchsausfallschaden 195
Gebrauchsbeeinträchtigung 188, 195
Gebrauchsmöglichkeit 196
Gebrauchstauglichkeit 281
Gebrauchsüberlassung 104
Gebrauchtwagenhändler 66
Geburtstag 47
Gedanken- und Gefühlswelt 219
Gedankenlösung 25
Gefährdungshaftung 265, 267, 281
Gefahrenquelle 282
Gefahrpotential des Tieres 269
Gefahrtragungsregel 60
Gefängnis 158
Gegenleistung 59, 94
Gegenseitigkeitsverhältnis 59
Gegenwert 105
Geheimhaltung 219
Geheißerwerb 127
Geldersatz 217
Gelegenheit 257
Gemütsstimmungen 169
Genehmigung 91, 309
Gerichtsentscheidungen 38
Gerichtskollegium 285
Gesamtabrechnung 34, 40, 48
Gesamtsache 207
Gesamtschuldner 299
Geschäftsbesorgung 307, 323, 333
Geschäftsbesorgungsvertrag 138
Geschäftsführer 307
Geschäftsführung ohne
    Auftrag 306, 313
Geschäftsgrundlage 77
Geschäftsherr 255, 307
Geschäftsübernahme 336
Geschlechtsmerkmal 215
Gesetzesmaterialien 337
gesetzliches Schuldverhältnis 313
gesteigertes Risiko 246
Gesundheit 168, 217

Gesundheitsgefährdung 281
Gesundheitsverletzung 169
Gesundheitszustand 218
Gewährleistung 204
Gewährleistungsvorschriften 73
Gewerbebetrieb 187, 198, 233
Gewinnausfall 194
Gewinnerzielung 234
Goethe 29
Graben 306
Grabungsarbeiten 187
Grimaldi 222
grobe Fahrlässigkeit 336
grober Undank 38
Grundgesetz 217
Grundstück 78
Gutachten 25
Güter- und Interessenabwägung 220
Güterzuordnung 106
gutgläubiger und unverklagter
    Besitzer 95
Gutschrift 138

Hacksteak 158
Haftbefehl 241
Haftpflichtversicherung 232
Haftung bei Sportveranstaltungen . 235
Haftung des unberechtigten
    Besitzers 159
Haftung für den Verrichtungs-
    gehilfen 253
Haftung nach dem Straßen-
    verkehrsgesetz 290
haftungsausfüllende
    Kausalität 168, 177
Haftungsausschluss 262
Haftungsausschluss nach § 7
    Abs. 2 StVG 296
haftungsbegründende
    Kausalität 170, 175, 177
Haftungserleichterung des
    § 680 BGB 314
Haftungshöchstgrenzen des StVG .. 293
Haftungsrisiko 191

Haftungssystem der
    §§ 987 ff. BGB 160
Haltereigenschaft 267, 290
Halterhaftung 294
Hamburg 113
Handlungspflicht aus
    § 323c StGB 309
Hausarbeit 208
Heilbehandlung 177
Herausgabe 20
Herausgabepflicht 31
Herrenreiter-Fall 217
Hilfspersonen 256
Hinterreifen 210
höhere Gewalt 296
Holland-Rad 57
Honorarvereinbarung 325
Hubschrauber 218
Hühnereier 188
Hund 268

immaterieller Schaden 224
in sonstiger Weise 18, 116
Individualsphäre 219
Insolvenz 130
Instruktionspflicht 283
Integritätsinteresse 203, 206
Interesse des Geschäftsherrn 310
Intimsphäre 219
Irrtumsrisiko 337

Journalisten 222
Jungbullen-Fall 158

Kabel 187
Kardinal 219
Kausalität 169, 170
Kausalität nach der Adäquanz-
    formel 190
Kausalität nach der Äquivalenz-
    formel 171, 189
Kausalitätstheorie 172
Kennen müssen 50
Kenntnis des Minderjährigen 117

Kind 296
Kinder im Straßenverkehr 297
Klageerhebung 53
Kleinlaster 253
Köln 290
Kompressor-Fall 210
Kondiktion 121
Kondiktion der Kondiktion 31, 133
Konzertgitarre 87
Kopfschmerzen 168
Körper 217
körperliche Integrität 281
Körperverletzung 168, 169,
    176, 266, 298
Korrektor 20
Kraftfahrer 258
Kraftfahrzeug 195, 292
Krankenhaus 306, 310
Krankheitsentwicklung 178
Krankheitsfall 241
Kreditinstitut 137
Kummer 169
Kunsturhebergesetz 215

Landstraße 253, 310
Langzeitschäden 279
Lautstärke 287
Lawine 297
Leasingnehmer 292
Leben 217
Lebenserfahrung 175
Lebensrisiko 173
Lehre vom Schutzzweck
    der Norm 168, 190, 243
Leistung 18, 29, 59, 116
Leistungskondiktion 16, 29, 80
Leistungsstörungen 77
Leistungsverhältnis 18
Leistungsverpflichtung 155
Leistungswillen 116
Leserbrief 217
Leverkusen 253
Liebhaberpreis 57
Literatur 153

Lufthansa 113
Luxusausgaben 41, 118
Luxusgüter 41
Luxustier 267, 270

Mallorca 218
Mandanten 255
Mangel des Rechtsgrundes 50
mangelfreies Eigentum 205
Marktpreis 80
McDonalds 253
Meinungsäußerungen 218
Mickey Mouse 29
Mieter 102
Mietvertrag 104
Miezekatze 170
Milch 189
Minderjährigenschutz 72, 119
Minderjährigkeit 30
Minderung des Ersatzanspruchs 192
Minus 34, 48
mitmenschliche Hilfe 337
Mitverschulden 187, 192,
    241, 247, 298
Modeboutique 234
Motor 207
Mountainbike 57
München 113, 290

Nachlassgericht 322
nachträgliche Zustimmung 91
Nachweis des verkehrsgerechten
    Verhaltens 257
Nacktbadestrand 220
Nacktheit 215
Nervenzusammenbruch 168
New York 113
Nichtberechtigter 89, 90, 103
nichtgegenständliche Zuwen-
    dungen 115
Nichtleistungs-
    kondiktion 88, 95, 106, 140
Nichtzustandekommen des
    Vertrages 326

Nothelfer 312
Nothilfe...314
Notlage 306
Notstromaggregat.....................187, 193
Nutztiere 266
Nutzungen 16, 39
Nutzungs- bzw. Äquivalenz-
  interesse...207
Nutzungsmöglichkeit......................195
Nutzungsrecht..................................188

objektive Geschäftsgrundlage 77
objektiver Verkehrswert.....................31
Öffentlichkeit..................................222
ohne rechtlichen Grund 19
Opfer..242
Organisationspflicht 283

Paarlauf 232
Pänz..297
Parkplatz 295
Parkverbot..295
persönliche Beziehung 175
Persönlichkeitsrecht.........................216
Persönlichkeitsschutz 217
Persönlichkeitsverletzungen 217
Pflichtverletzung aus
  § 280 BGB 313
Pflichtversicherungsgesetz 233, 299
Pilot...259
Platzwunde................................168, 290
Polizei 87, 158, 241
positive Kenntnis 50
Post..218
Potenzmittel....................................217
Preis 32
Presse- und Rundfunkfreiheit 215
Pressefreiheit 222
Privatsphäre..............................218, 219
Produktanwender 284
Produktbeobachtungspflicht 283
Produkthaftung......................279, 283
Produkthaftungsgesetz 204, 279
Produzentenhaftung................279, 283

Produzentenhaftung für Raucher-
  schäden 280
Profi-Eiskunstlaufpaar.................... 234
Profisportler 234
Prominente 222
ProSieben.. 215

Rahmenrechte 220
Rasenmäher..................................... 172
Raucher.. 281
Recht 187
Recht am eigenen Bild 215
Recht am eingerichteten und aus-
  geübten Gewerbebetrieb 197, 232
Recht zum Besitz 105
Rechtsanspruch 81
Rechtsfolgen der §§ 812 ff. BGB........ 20
Rechtsfolgenverweisung 160
Rechtsgeschichte............................. 188
Rechtsgrundverweisung 38, 160
Rechtsgut... 187
Rechtsgutsverletzung 170, 173
Rechtshängigkeit 49, 52, 89
Rechtsinhaber 94
Rechtsobjekt 188
Rechtsordnung 326
Rechtspflicht zum Handeln 282, 286
Rechtsschein................................... 141
Rechtssubjekt 187
Rechtsunwirksamkeit des Kausal-
  geschäfts 50
Rechtswidrigkeit 220, 314
Rechtswidrigkeitszusammenhang. 172
Reifenfall... 210
Reinigungskosten............................ 311
Reitpferd 37
Rettungsaktion....................... 309, 332
Rettungseinsatz 314
Rettungsfälle 306
Rettungsmaßnahmen....................... 314
Rettungsversuch.............................. 336
Rock-Konzerte 287
Rosenheim....................................... 286
Rückabwicklung der Bereicherung.. 48

Rückabwicklung über das
  Dreieck.................................. 137, 151
Rückflug 113
Rückrufpflicht................................. 283
Rücksitze 312
Rücktritt... 78
Rückübertragung 31, 70
Rückzahlungspflicht 72

Sabotageakte 297
Sachschäden 294
Saldo-Theorie 60, 61, 69
Schaden.................33, 101, 114, 192, 256
Schadensausgleich........................... 238
Schadensersatz...........37, 42, 89, 96, 114
Schadensersatzanspruch 108
Schadensersatzpflicht 173
Schadenszufügung........................... 257
Schädigungshandlung 173
Scham.. 215
Scheingefahr.................................... 332
Schenkung....................................... 17
Schenkungsvertrag.......................... 18
Schiff 196
Schlachthof..................................... 268
Schmerzensgeld 170, 224, 253,
  261, 265, 279, 282, 293, 332
Schock 168
Schockerlebnis 173, 177
Schockschäden................................ 168
Schuldbeitritt.................................. 299
Schuldrechtsmodernisierung.......... 208
Schuldverhältnis.............................. 313
Schutzbereich 219
Schutzwürdigkeit des Empfängers.. 49
Schutzzweck der Norm 171
Schwarzfahrt................................... 259
Schwimmschalter-Fall 210
Sicherheitsabstand.......................... 253
Sicherungspflicht des Tier-
  aufsehers...................................... 265
Signalanlagen.................................. 192
Sittenwidrigkeit.............................. 327
Sommerurlaub................................. 265

Sozialgesetzbuch............................. 312
Sperrwirkung des § 993 Abs. 1
  Satz 1, 2. Halbsatz BGB 95
Sportwagen 203
Staat... 217
Stage diving.................................... 287
Stiftung Warentest......................... 237
Stoffgleichheit 203, 206
Störung der Geschäftsgrundlage...... 38
Straßengraben 306
Straßenverkehr............................... 297
Straßenverkehrsgesetz 261
Streckengeschäft 128
Streik 236
Streupflicht 286
Strom 187
Stromkabel...................................... 189
Stromkabeleigentümer.................... 191
Stromkabelfälle............................... 188
Stromkabelzerstörer 236
Stromnetz....................................... 188
Stromunterbrechung 194
Stromzufuhr................................... 189
Sturz 168
subjektive Geschäftsgrundlage......... 77
Subsumtionstechnik........................ 25
Surrogat 22, 58, 133
Synallagma 60
synallagmatisch 59

Tagebücher 218
Täter 242
Täterschaft 151
tätigkeitsspezifisches Risiko........... 312
Tatsachenbehauptungen 218
Tatsachenkenntnis.......................... 50
tatsächliche Gewalt 293
Tatverdächtiger............................... 245
Täuschung....................................... 68
Telefon 261
Tieraufseher............................. 265, 269
Tiere 159
Tiergefahr....................................... 266
Tierhalterhaftung............................ 265

Tierhüter 266
Tilgungsbestimmung 138
Tilgungswirkung 142
Todesfall 322
Toilettenfenster 241, 246
Tonbandaufnahmen 218
Totalschaden 204
Trauer 169
TV-Bericht 226

Übelkeit 168
Überholvorgang 257
Übernahmeverschulden 335
Überweisung 142
Überweisungsauftrag 138
Ufermauer 196
Umfang der Bereicherung 37
Umfang der Herausgabepflicht 30
unabwendbares Ereignis 296
Unachtsamkeit 177, 314
unberechtigter Besitzer 102
Unfall 192, 203, 257
Unfallbeobachter 174, 191
Unfallopfer 168
Unfallverursacher 168, 237
Unfallverursachung 170
unfreiwillige Vermögensopfer 311
Universität 168
Unmittelbare Eingriffe 236
unmöglich 32
Unterbringungsgebühr 37
Unterföhring 215
Untergrund 245
Unterhaltskosten 42
Unterlassen 177, 189, 280
Unterlassung 225
Unterlassungsklage 108
Untervermietung 100
Urlaubsreise 292
Ursächlichkeit 170
USA 280
Uschi Glas 237

Valutaverhältnis 138
Ventil 211
Verarbeitung 160
Veräußerungserlös 22
Verbraucher 279
Verdinglichung 104
Verfolger 244
Verfolger-Fälle 241
Verfügung 89, 90, 103
Verfügung des Nichtberechtigten .. 105
Verfügung eines Nichtberechtigten . 89
Verfügungsgewalt 292
Vergütung 325
Verjährungsvorschriften 208
Verkaufserlös 94
Verkaufswert 189
Verkehr 282
Verkehrsrowdy 226
Verkehrssicherheit 261
Verkehrssicherungs-
    pflichten 271, 279, 282
Verkehrsunfall 232, 237
Verletzung der Ehre 218
Verlust 33
Vermietung 22, 104
Vermögen 18, 233
Vermögensaustausch 19
Vermögensminderung 33
Vermögensnachteil 20
vermögensrechtliches Interesse 310
Vermögensschaden 189, 195, 233
vermögenstechnischen Nachteile 42
Vermögensvermehrung 34, 40,
    48, 114, 118, 160
Verrichtungsgehilfe 254, 255
verschärften Haftung des
    § 819 BGB 120
Verschlechterung der Sache 133
Verschulden 53, 256
Verschuldensmaßstab 337
Versicherung 151, 233, 299
Versicherungsleistung 58
Versicherungsnehmer 154
Versicherungssumme 151

Versicherungsvertrag 151
Versorgungsleitungen 192
Vertragsgrundlage 329
Vertragsrecht................................... 82
Vertragsverhandlungen 76
Verwandtschaftsverhältnisse 325
Verweisung auf die Bereicherungs-
    vorschriften 38
Verzug.. 50
Verzug mit der Rückgabe 53
Vindikationslage......................... 88, 102
Vollbremsung 290
vorbeugende Unterlassungsklage.. 227
vorherige Zustimmung 91
Vorrang der Leistungskondiktion.. 129
Vorsatz.. 336
Vorschuss 327

Warenlieferant 155
Warnhinweise................................. 280
Warsteiner 279
Waschmaschinen............................ 255
Wasser....................................... 189, 283
Wegfall der Bereicherung............... 33,
    39, 58, 71
weiterfressender Mangel................. 208
Weiterveräußerung........................... 30
Werbeeinnahmen 232
Werbeverträge 232
Werkvertrag.................................... 329
Wertersatz 21, 24, 48, 117, 134
Widerruf.............................. 38, 51, 224
Widerruf der Anweisung................ 141
Widerspruch 332

Wiederbeschaffung 21
Wohnung 40

Zahlungsanweisung......................... 145
Zahlungsempfänger 140, 153
Zahlungspflicht............................... 163
Zedent 153
Zerstörung................................... 22, 188
Zessionar.. 153
Zielrichtung des § 816 Abs. 1
    Satz 1 BGB 105
Zigarettenhersteller 280, 285
Zigarettenkonzerne 281
Zivilprozess 223
Zuckerhut 322
Zufahrtswege 286
Zufall..................................... 50, 151
zukünftige Beeinträchtigung 227
Zuordnung 105
Zuordnungsverletzung.................... 188
Zurechnung...................................... 171
Zurechnungszusammenhang 299
Zurückbehaltungsrecht 70
Zuschauer 286
Zustimmung...................................... 30
Zuweisungsgehalt 106, 107, 119
Zuwendungsverhältnis.................... 138
Zweckbestimmung.......................... 154
Zweck-Mittel-Relation 245
Zweckrichtung................................ 154
Zweckstaffelung 82
Zwei-Kondiktionen-Theorie 60, 69
Zweiterwerber 128
Zwischenschritt................................. 51